Los éxitos elevan el potencial de supervivencia hacia la supervivencia infinita.

Los fracasos disminuyen el potencial de supervivencia hacia la muerte.

La mente humana se dedica a percibir y retener datos, a formar o computar conclusiones, así como a plantear y resolver problemas relacionados con organismos a lo largo de las cuatro dinámicas; y el propósito de la percepción, retención, conclusión y resolución de problemas es el de dirigir su propio organismo y simbiontes y otros organismos y simbiontes a lo largo de las cuatro dinámicas hacia la supervivencia.

La *inteligencia* es la capacidad de percibir, plantear y resolver problemas.

La *dinámica* es la tenacidad hacia la vida, y el vigor y la persistencia en la supervivencia.

Tanto la *dinámica* como la *inteligencia* son necesarias para la persistencia y el logro, y ninguna es una cantidad constante de individuo a individuo, de grupo a grupo.

Las *dinámicas* se ven inhibidas por engramas que las obstaculizan y dispersan la fuerza vital.

La *inteligencia* se ve inhibida por engramas, que alimentan al analizador con datos falsos o incorrectamente calificados.

La *felicidad* es la superación de obstáculos no desconocidos hacia una meta conocida y, pasajeramente, la contemplación del placer o el entregarse a este.

(continúa en las páginas de cubierta posteriores)

AL LECTOR

Dianetics (del griego *dia:* "a través", y *nous:* "alma") define principios fundamentales de la mente y el espíritu. A través de la aplicación de estos descubrimientos, se hizo evidente que Dianetics trataba con un ser que desafiaba al tiempo (el espíritu humano) originalmente denominado el "yo" y subsecuentemente el "thetán". A partir de ahí, el Sr. Hubbard continuó su investigación, trazando finalmente el mapa del camino a la libertad espiritual total del individuo.

Dianetics es un precursor y un subestudio de Scientology que, como la practica la Iglesia, solo se dirige al "thetán" (espíritu), que es superior al cuerpo, y a su relación y efectos sobre el cuerpo.

Este libro se presenta en su forma original y es parte de la literatura y de las obras religiosas de L. Ronald Hubbard, y no es una declaración de pretensiones hechas por el autor, la editorial ni ninguna Iglesia de Scientology. Es un registro de las observaciones e investigaciones del Sr. Hubbard sobre la vida y la naturaleza del hombre.

Ni Dianetics ni Scientology se ofrecen ni se presentan como una curación física ni hacen ninguna afirmación a tal efecto. La Iglesia no acepta individuos que deseen tratamiento de enfermedades físicas o mentales sino que, en su lugar, exige un examen médico competente en cuanto a condiciones físicas, realizado por especialistas calificados, antes de abordar su causa espiritual.

El Electrómetro Hubbard®, o E-Metro, es un aparato religioso utilizado en la Iglesia. El E-Metro, por sí mismo, no hace nada y solo lo utilizan ministros, o personas que se están preparando como ministros, capacitados en su uso para ayudar a los feligreses a localizar la fuente de sus tribulaciones espirituales.

El logro de los beneficios y metas de Dianetics y Scientology exige la participación dedicada de cada individuo, ya que solo se pueden lograr a través del esfuerzo propio.

Esperamos que la lectura de este libro sea el primer paso de un viaje personal de descubrimiento, a esta nueva y vital religión mundial.

ESTE LIBRO PERTENECE A

DIANETICS

LA CIENCIA MODERNA
DE LA SALUD MENTAL

DIANETICS

LA CIENCIA MODERNA
DE LA SALUD MENTAL

L. RONALD HUBBARD

Bridge
Publications, Inc.

UNA
PUBLICACIÓN
HUBBARD®

Bridge Publications, Inc.
5600 E. Olympic Boulevard
Commerce, California 90022

© 1987, 1999, 2003, 2007, 2017 L. Ronald Hubbard Library.
Ilustración de cubierta: © 2007 L. Ronald Hubbard Library.

ISBN 978-1-4031-4701-1

LATIN AMERICAN SPANISH - DIANETICS:
THE MODERN SCIENCE OF MENTAL HEALTH

Impreso en Estados Unidos

DEDICADO A

Will Durant

Nota Importante

Al leer este libro, asegúrate muy bien de no pasar nunca una palabra que no comprendas por completo. La única razón por la que una persona abandona un estudio, se siente confusa o se vuelve incapaz de aprender, es porque ha pasado una palabra que no comprendió.

La confusión o la incapacidad para captar o aprender vienen DESPUÉS de una palabra que la persona no definió ni comprendió. Tal vez no sean solo las palabras nuevas e inusuales las que tengas que consultar. Algunas palabras que se usan comúnmente, a menudo pueden estar definidas incorrectamente y así causar confusión.

Este dato acerca de no pasar una palabra sin definir es el hecho más importante en todo el tema del estudio. Cada tema que has comenzado y abandonado contenía palabras que no definiste.

Por lo tanto, al estudiar este libro asegúrate muy, muy bien de no pasar nunca una palabra que no comprendas totalmente. Si el material se vuelve confuso o parece que no puedes captarlo, justo antes habrá una palabra que no comprendiste. No sigas adelante, sino regresa a ANTES de que tuvieras dificultades, encuentra la palabra malentendida y defínela.

Glosario

Al final de este libro se proporciona un glosario de *Términos de Dianetics*. Además, para facilitar la comprensión del lector, L. Ronald Hubbard dio instrucciones a los editores para que proporcionaran un glosario con otras palabras y frases. Este se incluye en el Apéndice: *Glosario Editorial de Palabras, Términos y Frases*. Las palabras tienen a veces varios significados. El *Glosario Editorial* solo contiene las definiciones de las palabras como se usan en este texto. Se pueden encontrar otras definiciones en diccionarios estándar del idioma y en diccionarios de Dianetics y Scientology.

Si encuentras alguna otra palabra que no conoces, búscala en un buen diccionario.

SINOPSIS

Dianetics (del griego *dia*, a través, y *nous*, mente o alma) es la ciencia de la mente. Mucho más simple que la física o la química, es equiparable a ellas en la exactitud de sus axiomas y está en un nivel considerablemente más alto de utilidad. *La fuente oculta de todos los males psicosomáticos y la aberración humana se ha descubierto y se han desarrollado técnicas para su cura invariable.*

DIANETICS ES EN REALIDAD una familia de ciencias que abarca las diversas humanidades y las transforma en definiciones útiles y precisas. El presente libro trata de Dianetics para el Individuo y es un manual que contiene las técnicas necesarias tanto para el manejo de las relaciones interpersonales como para el tratamiento de la mente. Con las técnicas que se presentan en este manual, el profano inteligente puede tratar con éxito todos los males psicosomáticos y todas las aberraciones inorgánicas. Aún más importante, las técnicas que se ofrecen en este manual producirán el *Clear* de Dianetics, un individuo óptimo con inteligencia considerablemente mayor que la del hombre común y normal, o el *Liberado* de Dianetics, un individuo al que se ha liberado de sus principales ansiedades o enfermedades. El Liberado se puede hacer en menos de veinte horas de trabajo y es un estado superior a cualquier estado producido por varios años de psicoanálisis, ya que el Liberado no recaerá.

Dianetics es una ciencia exacta y su aplicación es del calibre de la ingeniería, pero más simple. Sus axiomas no se deberían confundir con teorías porque se puede demostrar que existen como leyes naturales no descubiertas hasta la fecha. El hombre ha conocido muchos fragmentos de Dianetics en los últimos miles de años. Pero la importancia de los datos no se evaluó, estos no se organizaron en un corpus de conocimiento preciso. Además de cosas conocidas aunque no evaluadas, Dianetics incluye un gran número de nuevos descubrimientos propios sobre el pensamiento y la mente.

Los axiomas se pueden encontrar en las páginas finales de este libro. Cuando se comprenden y se aplican, abarcan el campo de las actividades y el pensamiento humanos y proporcionan resultados precisos.

La primera contribución de Dianetics es el descubrimiento de que los problemas del pensamiento y de la función mental se pueden resolver dentro de los límites del universo finito, es decir: que todos los datos necesarios para la solución de la acción mental y las actividades del hombre se pueden medir, sentir y experimentar como verdades científicas independientes del misticismo o de la metafísica. Los diversos axiomas no son suposiciones ni teorías (como sucedía con las anteriores ideas acerca de la mente), sino que son leyes que pueden someterse a las pruebas clínicas y de laboratorio más rigurosas.

La primera ley de Dianetics es un enunciado del Principio Dinámico de la Existencia.

EL PRINCIPIO DINÁMICO DE LA EXISTENCIA ES: ¡SOBREVIVE!

No se ha encontrado ningún comportamiento ni actividad que exista al margen de este principio. No es nuevo que la vida esté sobreviviendo. Es nuevo que la vida tenga como su total impulso dinámico *únicamente* la supervivencia.

La supervivencia se divide en cuatro dinámicas. Se puede considerar que la supervivencia se encuentra en cualquiera de las dinámicas, y mediante una lógica defectuosa, se le puede explicar en términos de cualquier dinámica por sí sola. Puede decirse que un hombre sobrevive únicamente para sí mismo y que con esto se puede expresar todo comportamiento. Puede decirse que sobrevive solo para el sexo y que todo

[nota manuscrita: Axioma, enonciado de leyes naturales similar a la de la ciencia física]

comportamiento puede expresarse mediante el sexo únicamente. Puede decirse que él sobrevive solo para el grupo o solo para la Humanidad, y en cualquiera de estos dos casos se pueden explicar y poner en forma de ecuación todas las actividades y todo el comportamiento del individuo. Estas son cuatro ecuaciones de supervivencia, cada una aparentemente verdadera. Sin embargo la totalidad del problema del propósito del hombre no se puede resolver a menos que uno acepte las cuatro dinámicas en cada individuo. Expresado con estas ecuaciones, el comportamiento del individuo se puede estimar con precisión. Estas dinámicas abarcan entonces la actividad de uno o muchos hombres.

> DINÁMICA UNO: el impulso del individuo para alcanzar el máximo potencial de supervivencia en cuanto a *sí mismo* y sus simbiontes inmediatos.

> DINÁMICA DOS: el impulso del individuo para alcanzar el máximo potencial de supervivencia en cuanto al *sexo*, el acto sexual y la creación de los niños y su crianza.

> DINÁMICA TRES: el impulso del individuo para alcanzar el máximo potencial de supervivencia en cuanto al *grupo*, ya sea civil, político o racial, y los simbiontes de ese grupo.

> DINÁMICA CUATRO: el impulso del individuo para alcanzar el máximo potencial de supervivencia en cuanto a la *Humanidad* y los simbiontes de la Humanidad.

Motivado de esta manera, el individuo o la sociedad buscan la supervivencia, y ningún tipo de actividad humana en absoluto tiene otra base: la experimentación, la investigación y muchas pruebas demostraron que el *individuo no aberrado*, el Clear, estaba motivado en sus acciones y decisiones por *todas* las dinámicas anteriormente mencionadas y no por una sola.

El Clear, la meta de la terapia de Dianetics, se puede crear partiendo de gente psicótica, neurótica, trastornada, criminal o normal si tienen sistemas nerviosos en buen estado orgánico. Él demuestra la naturaleza básica de la Humanidad, y se ha encontrado uniforme e invariablemente que esa naturaleza básica es *buena*. Eso es ahora un *hecho científico* establecido, no una opinión.

El Clear ha logrado un estado estable en un plano muy elevado. Es persistente y vigoroso y se entrega a la vida con entusiasmo y satisfacción. Está motivado por las cuatro dinámicas anteriormente mencionadas. Ha logrado el dominio y uso completo de aptitudes hasta ahora ocultas.

La inhibición de una o más dinámicas en un individuo causa una condición aberrada, tiende al trastorno mental y a la enfermedad psicosomática y hace que el individuo saque conclusiones irracionales y actúe, todavía en un intento por sobrevivir, de maneras destructivas.

La técnica de Dianetics elimina, sin drogas, hipnotismo, cirugía, choque ni otros medios artificiales, los bloqueos de estas diversas dinámicas. La eliminación de estos bloqueos permite el flujo libre de las diversas dinámicas y, por supuesto, resulta en una mayor persistencia en la vida y en una inteligencia mucho mayor.

La precisión de Dianetics hace posible obstaculizar o liberar estas dinámicas a voluntad con resultados invariables.

Uno de los descubrimientos de Dianetics fue la fuente oculta de todos los trastornos mentales inorgánicos y de las enfermedades psicosomáticas. Esta fuente había sido desconocida e insospechada, aunque se le buscara enérgicamente, durante miles de años. Que la fuente descubierta *sea* la fuente requiere menos pruebas de laboratorio de las que habrían sido necesarias para demostrar lo correcto del descubrimiento de William Harvey sobre la circulación de la sangre. La prueba no depende de un análisis de laboratorio con aparatos complicados, sino que la puede realizar cualquier individuo inteligente en cualquier grupo de hombres.

Se ha encontrado que *la fuente de la aberración* es una submente insospechada hasta la fecha que, con sus propias grabaciones y todo, subyace a lo que el hombre entiende que es su mente "consciente". El concepto de mente inconsciente se ve reemplazado en Dianetics por el descubrimiento de que la mente "inconsciente" es la *única* mente que está *siempre* consciente. En Dianetics a esta submente se le llama *mente reactiva*. Siendo un vestigio de una etapa anterior en la evolución del hombre, la mente reactiva posee vigor y poder de mando en un nivel celular. No "recuerda": graba y usa las grabaciones únicamente para producir acción. No "piensa": selecciona grabaciones y hace que estas incidan sobre la mente "consciente" y el cuerpo sin el conocimiento ni consentimiento del individuo. La única información que tiene el individuo respecto a tal acción es su percepción ocasional de que no está actuando racionalmente sobre una cosa u otra y que no puede comprender por qué. No hay ningún "censor".

La mente reactiva opera exclusivamente con dolor físico y emoción dolorosa. No es capaz de pensamiento diferenciativo, sino que actúa a base de estímulo-respuesta. Este es el principio según el que funciona la mente animal. No recibe sus grabaciones como memoria ni como experiencia, sino solo como fuerzas que reactivar. Recibe sus grabaciones como *engramas* celulares cuando la mente "consciente" está "inconsciente".

En un estado drogado, cuando está anestesiado como en una operación, cuando se queda "inconsciente" por lesión o enfermedad, el individuo tiene sin embargo su mente reactiva en pleno funcionamiento. Puede que él no sea "consciente" de lo que ha pasado, pero, como Dianetics ha descubierto y puede demostrar, todo lo que le pasó en el intervalo de "inconsciencia" se grabó total y completamente. Su mente consciente no está al tanto de esta información, ni tampoco la evalúa ni la razona. Puede, en cualquier momento del futuro, reactivarse por circunstancias similares observadas por el individuo despierto y consciente. Cuando cualquier grabación así (un engrama) se reactiva, tiene poder de mando. Desconecta la mente consciente en mayor o menor medida, se hace cargo de los controles motores del cuerpo y ocasiona un comportamiento y acción que la mente consciente, el individuo mismo, nunca consentiría. Sin embargo, sus engramas lo manejan como una marioneta.

Las fuerzas antagonistas del entorno exterior se introducen así dentro del propio individuo sin el conocimiento ni consentimiento del individuo. Y ahí crean un mundo interior de fuerza, que se ejerce no solo contra el mundo exterior, sino contra el propio individuo. La aberración está causada por lo que se le ha hecho *al* individuo, no por lo hecho *por* el individuo.

Durante mucho tiempo el hombre ha ayudado a la mente reactiva sin darse cuenta suponiendo que una persona, cuando está "inconsciente" por drogas, enfermedad, lesión o anestesia, no tenía capacidad alguna de grabación. Esto permite que entren una enorme cantidad de datos en el banco reactivo, ya que nadie ha tenido cuidado de mantener silencio alrededor de una persona "inconsciente". La invención del lenguaje y la entrada del lenguaje en el banco de engramas de la mente reactiva complica seriamente las reacciones mecánicas. Los engramas que contienen lenguaje inciden en la mente consciente como órdenes. Los engramas contienen entonces un valor de mando muy superior a cualquier cosa del mundo exterior. El pensamiento está dirigido y motivado por los engramas irracionales. Los procesos de pensamiento se ven trastornados no solo por estas órdenes engrámicas, sino también por el hecho de que la mente reactiva reduce, al volver a generar inconsciencia, la capacidad de pensar en sí. A causa de esto, pocas personas están en posesión de más del 10 por ciento de su consciencia potencial.

Todo el dolor físico y la emoción dolorosa de una vida (tanto si el individuo lo "sabe" como si no) están contenidos, grabados, en el banco de engramas. Nada se olvida. Y todo el dolor físico y la emoción dolorosa, no importa cómo pueda creer el individuo que los ha manejado, son capaces de volver a imponerse sobre él desde este nivel oculto a menos que ese dolor se elimine con terapia de Dianetics.

El engrama y solo el engrama causa aberración y enfermedad psicosomática.

La terapia de Dianetics puede exponerse brevemente. Dianetics elimina todo el dolor de una vida. Cuando se borra este dolor en el banco de engramas y se rearchiva como memoria y experiencia en los bancos de memoria, todas las aberraciones y enfermedades psicosomáticas se desvanecen, las dinámicas se rehabilitan completamente y el ser se regenera física y mentalmente. Dianetics deja a un individuo con memoria completa, pero sin dolor. Pruebas exhaustivas han demostrado que el dolor oculto no es algo necesario, sino que es *siempre* e invariablemente un riesgo para la salud, la destreza, la felicidad y el potencial de supervivencia del individuo. No tiene *ningún* valor de supervivencia.

El método que se usa para rearchivar el dolor es otro descubrimiento. El hombre ha poseído sin saberlo otro proceso de recordar del cual no era consciente. Aquí y allá unos cuantos han sabido al respecto y lo han usado sin darse cuenta de lo que hacían o que hacían algo que el hombre en general no sabía que se podía hacer. Este proceso es *retornar*. Completamente despierto y sin drogas, un individuo puede *retornar* a cualquier periodo de la totalidad de su vida, siempre y cuando su paso no esté bloqueado por engramas. Dianetics desarrolló técnicas para salvar estos obstáculos y reducirlos del estado de Poderoso Desconocido al de memoria útil.

La técnica de la terapia se hace en lo que se llama *reverie* de Dianetics. El individuo que está pasando por este proceso se sienta o se recuesta en una sala tranquila, acompañado por un amigo o un terapeuta profesional que actúa como *auditor*. El auditor dirige la atención del paciente al propio paciente y luego empieza a situar al paciente en diversos periodos de la vida del paciente diciéndole simplemente que "vaya allí" en lugar de que "recuerde".

Toda la terapia se hace, no recordando ni asociando, sino viajando por la *línea temporal*. Todo ser humano tiene una línea temporal. Comienza con la vida y termina con la muerte. Es una secuencia de sucesos completa de principio a fin, tal y como se grabó.

La mente consciente, en Dianetics, se denomina con el término algo más preciso de *mente analítica*. La mente analítica consiste en el "yo" (el centro de consciencia), toda la capacidad computacional del individuo y los bancos estándar de memoria, que están llenos con todas las percepciones pasadas del individuo, despierto o dormido con normalidad (toda información que no sea engrámica). No falta ningún dato en estos bancos estándar, todos están ahí, a no ser que haya defectos físicos orgánicos, con todo su movimiento, color, sonido, tacto, olfato y todos los demás sentidos. Puede que el "yo" no sea capaz de alcanzar sus bancos estándar debido a los datos reactivos que impiden al "yo" la visión de partes de los bancos estándar. El "yo", llevado a Clear, es capaz de alcanzar todos los momentos de su vida sin esfuerzo ni incomodidad y percibir todo lo que alguna vez haya sentido, recordándolo con pleno movimiento, color, sonido, tono y otros sentidos. La totalidad y profusión de datos en los bancos estándar es un descubrimiento de Dianetics, y la importancia de tales recuerdos es otro descubrimiento más.

El auditor dirige el viaje del "yo" por la línea temporal del paciente. El paciente sabe todo lo que está sucediendo, tiene pleno control de sí mismo y es capaz de volver al presente siempre que quiera. No se usa hipnotismo ni otros medios. Puede que el hombre no haya sabido que podía hacer esto, pero es simple.

El auditor, con métodos precisos, recupera datos de los momentos "inconscientes" más antiguos de la vida del paciente, comprendiendo que tal "inconsciencia" la causó la conmoción o el dolor, no la simple falta de consciencia. El paciente contacta así los engramas de nivel celular. Retornado a ellos y progresando a través de ellos gracias al auditor, el paciente reexperimenta estos momentos unas cuantas veces, punto en el que entonces se borran y se rearchivan automáticamente como memoria estándar. Tal y como el auditor y el paciente pueden descubrir, todo el incidente ya se ha desvanecido y no existe. Si buscaran cuidadosamente en los bancos estándar, lo encontrarían otra vez, pero rearchivado como "Antaño aberrativo, no permitir como tal dentro de la computadora". Las áreas recientes de "inconsciencia" son impenetrables hasta que se borran las antiguas.

La cantidad de incomodidad experimentada por el paciente es escasa. Él se ve repelido principalmente por órdenes engrámicas que dictan la emoción y la reacción de diversas maneras.

En un *Liberado*, el caso no se le ha hecho avanzar hasta el punto de un recuerdo completo. En un *Clear*, existe memoria completa durante la vida, con el beneficio adicional de que tiene recuerdo fotográfico en color, movimiento, sonido, etc., así como una óptima capacidad de computar.

Las enfermedades psicosomáticas del *Liberado* se reducen, normalmente, a un nivel en que a partir de entonces no le vuelven a molestar. En un *Clear*, la enfermedad psicosomática ha dejado de existir y no volverá, ya que su verdadera fuente se ha anulado permanentemente.

El *Liberado* de Dianetics es comparable a alguien considerado normal o superior en la actualidad. El *Clear* de Dianetics es al individuo normal actual como este es al gravemente demente.

Dianetics dilucida diversos problemas con sus muchos descubrimientos, sus axiomas, su organización y su técnica. En el progreso de su desarrollo, se le lanzaron muchos datos sorprendentes, porque cuando uno trata con leyes naturales y condiciones existentes medibles que producen resultados específicos e invariables, uno tiene que aceptar lo que hay en la Naturaleza, no lo que es agradable o se desea. Cuando uno trata con hechos más que con teorías y contempla por primera vez los mecanismos de la acción humana, varias cosas lo confunden, de manera muy parecida a cómo las palpitaciones del corazón confundían a Harvey o las acciones de las levaduras confundían a Pasteur. La sangre no circulaba porque Harvey dijera que podía hacerlo, ni porque él dijera que lo hacía. Circulaba y había estado circulando durante eones. Harvey fue lo suficientemente inteligente y observador para descubrirlo, y fue muy parecido lo que pasó con Pasteur y otros exploradores de lo hasta entonces desconocido o no confirmado.

En Dianetics, el hecho de que la mente analítica fuera inherentemente *perfecta* y permaneciera estructuralmente capaz de recuperar el pleno funcionamiento, no fue el menos importante de los datos encontrados. Que el hombre era bueno, como lo estableció una investigación rigurosa, no fue una gran sorpresa. Pero que a un individuo desaberrado le repeliera vigorosamente el mal y sin embargo adquiriera una enorme fuerza era asombroso, ya que desde hace mucho se suponía incorrectamente que la aberración era la raíz de la fuerza y la ambición según las autoridades desde los tiempos de Platón. Que el hombre tenía un mecanismo que grababa con una precisión diabólica cuando el hombre estaba, de forma observable y según todos los tests razonables, "inconsciente", era digno de interés y sorprendente.

Para el profano en la materia, la relación entre la vida prenatal y el funcionamiento mental no ha pasado completamente inadvertida, ya que durante incontables siglos la gente estuvo preocupada por la "influencia prenatal". Para el psiquiatra, el psicólogo y el psicoanalista la memoria prenatal era un hecho aceptado desde hace mucho tiempo, puesto que se estaba de acuerdo en que "las memorias de la matriz" influenciaban la mente del adulto. Pero el aspecto prenatal de la mente llegó como una sorpresa total a Dianetics: una observación indeseada y, en aquel tiempo, inoportuna. A pesar de las creencias existentes (que no son hechos científicos) de que el feto tenía memoria, el psiquiatra y otros del gremio creían, también, que la memoria no podía existir en un ser humano hasta que se formara un revestimiento de mielina alrededor de los nervios. Esto resultó tan confuso para Dianetics como lo era para la psiquiatría. Después de mucho trabajo durante algunos años, Dianetics estableció con precisión la influencia exacta que tenía la vida prenatal sobre la mente que habría después.

Habrá quienes, en su desinformación, dirán que Dianetics "acepta y cree en" la memoria prenatal. Completamente aparte del hecho de que una ciencia exacta no "cree", sino que establece y demuestra hechos, Dianetics decididamente *no* cree en la memoria prenatal. Dianetics tuvo que invadir la citología y la biología y llegar a muchas conclusiones mediante investigación; tuvo que localizar y establecer tanto la mente reactiva como los bancos ocultos de engramas nunca antes conocidos antes de que diera con problemas "prenatales". Se había descubierto que la grabación del engrama se hacía probablemente en un nivel celular, que el banco de engramas estaba contenido en las células. Se descubrió entonces que las células, reproduciéndose de una generación a la siguiente, dentro del organismo, aparentemente llevaban consigo sus propios bancos de memoria. Las células son el primer escalón de la estructura, los componentes fundamentales. Ellas construyeron la mente analítica. Conducen, como un cochero, la mente reactiva. Donde uno tenga células humanas, uno tiene engramas potenciales. Las células humanas empiezan con el cigoto, siguen en su desarrollo con el embrión, se convierten en el feto y finalmente en el bebé. Cada fase de este crecimiento tiene capacidad de reacción. En cada fase del crecimiento de la colonia de células, estas son células completas capaces de grabar engramas. En Dianetics, no se toma en consideración la memoria prenatal porque los bancos estándar que algún día servirán al analizador completo, en el bebé, en el niño y en el hombre, no están completos. En lo que se refiere a la terapia de Dianetics, no existe ni "memoria" ni "experiencia" antes de que los nervios estén revestidos. Pero la terapia de Dianetics tiene que ver con *engramas*, no con memorias; con *grabaciones*, no con experiencia. Y dondequiera que haya células humanas, se puede demostrar que los engramas son posibles; y cuando el dolor físico estuviera presente, se puede demostrar que se han creado engramas.

El engrama es una grabación como las ondas en el surco de un disco fonográfico: es una grabación completa de todo lo que ocurrió durante el periodo de dolor. Dianetics puede localizar, con sus técnicas, cualquier engrama que las células hayan escondido; y en la terapia el paciente descubrirá a menudo que está en la línea temporal celular prenatal. Ahí localizará engramas, y va ahí solo porque existen engramas ahí. El nacimiento es un engrama y Dianetics lo recupera *como grabación*, no como *memoria*. Mediante el retorno y la extensión celular de la línea temporal, el almacenamiento del dolor del cigoto se puede recuperar, y se recupera. *No* es memoria. Incidió en la mente analítica y obstruyó los bancos estándar donde se almacena la memoria. Esto es muy distinto de la memoria prenatal. Dianetics recupera *los engramas prenatales* y ve que son responsables de mucha aberración y descubre que ningún paciente siente añoranza por la matriz, sino que los engramas dictan a veces un retorno a ella, como en algunas psicosis regresivas que tratan entonces de convertir el cuerpo de nuevo en un feto.

Este asunto de la vida prenatal se trata aquí extensamente en esta sinopsis para darle al lector una perspectiva sobre el tema. Estamos tratando aquí con una ciencia exacta, axiomas de precisión y nuevas técnicas de aplicación. Con estas cosas logramos dominar la aberración y los males psicosomáticos. Y con ellas damos un paso evolutivo en el desarrollo del hombre que lo coloca en otra etapa aún más elevada sobre sus primos lejanos del reino animal.

CONTENIDO

LIBRO DOS: *La* ÚNICA FUENTE *de* TODAS *las* ENFERMEDADES
MENTALES INORGÁNICAS *y* PSICOSOMÁTICAS ORGÁNICAS

Cómo Leer
este Libro

Dianetics es una aventura. Es una exploración de la *Terra Incognita*, la mente humana, esa vasta y hasta ahora desconocida región que se encuentra a un centímetro detrás de nuestras frentes.

Los descubrimientos y desarrollos que hicieron posible la formulación de Dianetics llevaron muchos años de investigación exacta y pruebas cuidadosas. Esto fue exploración; también fue consolidación. El camino está abierto, las rutas están suficientemente trazadas en el mapa para que viajes con seguridad al interior de tu propia mente y recuperes ahí todo tu potencial inherente, que ahora sabemos que no es bajo, sino muy, muy alto. Según progreses en la terapia, es tuya la aventura de saber por qué hiciste lo que hiciste cuando lo hiciste; de saber *qué* causaba esos Miedos Tenebrosos y Desconocidos que llegaban como pesadillas cuando eras niño; de saber *dónde* se encuentran tus momentos de dolor y de placer. Hay mucho que un individuo no sabe sobre sí mismo, sobre sus padres, sobre sus propios "motivos". Algunas de las cosas que encontrarás pueden asombrarte, porque los datos más importantes de tu vida puede que no sean memoria, sino engramas en las ocultas profundidades de tu mente: no claramente expresados, sino únicamente destructivos.

Encontrarás muchas razones por las que "no puedes ponerte bien" y finalmente sabrás, cuando encuentres las frases dictatoriales de los engramas, lo graciosas que son esas razones, especialmente para ti.

Dianetics no es una aventura solemne. A pesar de que tiene que ver con el sufrimiento y la pérdida, siempre acaba en risa: tan tontas, tan malinterpretadas fueron las cosas que causaron la aflicción.

Tu primer viaje al interior de tu propia *Terra Incognita* será a través de las páginas de este libro. Según vayas leyendo, encontrarás que muchas cosas que "siempre supiste que eran así" están expresadas aquí. Te alegrará saber que en muchos de tus conceptos sobre la existencia no mantenías opiniones, sino hechos científicos. Encontrarás, también, muchos datos que han sido conocidos desde hace mucho tiempo por todos, y posiblemente considerarás que ni mucho menos son noticias nuevas y tenderás a subestimarlos. Ten por seguro que la subestimación de estos hechos es lo que impidió que fueran valiosos, no importa durante cuánto tiempo se conocieran, pues un hecho nunca es importante sin una evaluación adecuada de él y de su relación precisa con otros hechos. Estás siguiendo aquí una vasta red de hechos que, al extenderse, puede verse que abarca todo el campo del hombre en todas sus obras. Afortunadamente, no tienes que preocuparte de seguir muy lejos por ninguna de estas líneas hasta que hayas terminado. Y entonces, estos horizontes se ampliarán lo suficiente para satisfacer a cualquiera.

Dianetics es un tema amplio, pero solo lo es porque el hombre es en sí un tema amplio. La ciencia de su pensamiento no puede sino abarcar todas sus acciones. Compartimentando y relacionando los datos cuidadosamente, se ha mantenido el campo lo suficientemente delimitado como para poder seguirlo con facilidad. Este manual te hablará sobre todo, sin ninguna mención específica, de ti mismo, tu familia y tus amigos, pues los encontrarás aquí y los reconocerás.

Este libro no ha hecho ningún esfuerzo por emplear frases rimbombantes o grandilocuentes, polisílabos que hacen fruncir el ceño ni distanciamiento profesional. Cuando uno está dando respuestas que son sencillas, no necesita hacer la comunicación más difícil de lo necesario para transmitir las ideas. Se ha empleado un "lenguaje básico", gran parte de la nomenclatura es coloquial; no solo no se ha empleado lo pedante, sino que se ha ignorado. Este libro comunica a diversos niveles de la vida y profesiones; no se han respetado las nomenclaturas favoritas de ninguno, ya que usarlas obstaculizaría la comprensión de otros. Así que ten paciencia con nosotros, psiquiatra, cuando no se use tu estructura, porque aquí no tenemos necesidad de estructura, y ten paciencia con nosotros, doctor, por llamar resfriado a un resfriado y no trastorno catarral del tracto respiratorio. Porque esto es esencialmente ingeniería, y estos ingenieros son capaces de decir cualquier cosa. Y a ti, erudito, no te gustaría que se te abrumara con signos de sumatorios y con las ecuaciones de Lorentz-FitzGerald-Einstein, así que no abrumaremos al lector menos purista con los elementos científicamente imposibles de la gramática hegeliana que insiste en que los absolutos existen de hecho.

El plan del libro podría representarse como un cono que comienza con sencillez y desciende hacia una aplicación más amplia. Este libro sigue, más o menos, los pasos en sí del desarrollo de Dianetics. Primero fue el Principio Dinámico de la Existencia, luego su significado, luego la fuente de la aberración, y finalmente la aplicación de todo como terapia y las técnicas de la terapia. Nada de esto te resultará muy difícil. Fue quien le dio origen el que tuvo las dificultades. ¡Deberías haber visto las primeras ecuaciones y postulados de Dianetics! Según progresaba la investigación y evolucionaba el campo, Dianetics empezó a simplificarse. Esta es una buena garantía de que uno está en un camino correcto de la ciencia. Solo lo que se conoce mal se complica cuanto más se trabaja en ello.

Se sugiere que lo leas de un tirón. Para cuando llegues al final deberías tener un dominio excelente del tema. El libro está dispuesto de esa forma. Cada hecho relacionado con la terapia de Dianetics se expone de diversas maneras y se presenta una y otra vez. De este modo se han recalcado los hechos importantes para llamar tu atención. Cuando hayas terminado el libro, puedes volver al principio, repasarlo y estudiar lo que creas necesario saber.

Casi toda la filosofía básica y, desde luego, todas las derivaciones del tema principal de Dianetics se excluyeron aquí, en parte porque este libro tenía que limitarse a menos de medio millón de palabras, y en parte porque pertenecen a otro texto donde se les pueda hacer plena justicia.

No obstante, en este libro tienes el ámbito de la ciencia, además de la terapia en sí.

Estás empezando una aventura. Trátala como una aventura. Y que nunca vuelvas a ser el mismo.

La Meta *del* Hombre

LIBRO UNO

El Ámbito de Dianetics

UNA CIENCIA DE LA MENTE es una meta que ha absorbido a miles de generaciones del hombre. Ejércitos, dinastías y civilizaciones enteras han perecido por carecer de ella. Roma se convirtió en polvo por falta de ella. China nada en sangre por la necesidad de ella. Y abajo, en el arsenal, hay una bomba atómica con su esperanzado morro totalmente armado, ignorante de ella.

Ninguna búsqueda se ha llevado a cabo más implacablemente ni ha sido más violenta. Ninguna tribu primitiva, sin importar lo ignorante que fuera, ha dejado de reconocer el problema como un problema, ni ha dejado de presentar, al menos, un intento de formularlo. Hoy en día encontramos al aborigen australiano sustituyendo una ciencia de la mente por un "cristal mágico curativo". El chamán de la Guayana Británica trata de suplir la falta de verdaderas leyes mentales con su canto monótono y su cigarro consagrado. El rítmico tambor del hechicero goldi sirve para aliviar la falta de sosiego en los pacientes, a falta de una técnica adecuada.

Sin embargo, la Edad de Oro y de la ilustración de Grecia no tenía más que superstición en su principal sanatorio para los males mentales: el templo a Esculapio. Lo máximo que los romanos podían hacer por el sosiego de los enfermos era apelar a los *penates*, las divinidades domésticas, u ofrecer un sacrificio a *Febris*, diosa de las fiebres. Y siglos después, podría haberse encontrado a un rey inglés en las manos de exorcistas que intentaban curar sus delirios expulsando a los demonios fuera de él.

Desde los tiempos más antiguos hasta la actualidad, en la tribu primitiva más tosca o en la civilización más esplendorosamente ornamentada, el hombre se ha encontrado en un sobrecogido estado de desamparo cuando se ha visto enfrentado a los fenómenos de extrañas enfermedades o aberraciones. Su desesperación en sus esfuerzos por tratar al individuo apenas ha variado en toda su historia y, hasta que se rebasó la mitad de este siglo XX, los porcentajes de sus alivios en lo que respecta a desarreglos mentales individuales son equiparables a los éxitos de los chamanes al enfrentarse a los mismos problemas. Según un escritor moderno, el único avance de la psicoterapia ha sido un alojamiento limpio para el loco. En cuanto a la brutalidad en el tratamiento del demente, los métodos del chamán o de Bedlam han sido sobrepasados por las técnicas "civilizadas" de destruir tejidos nerviosos con la violencia del electrochoque y la cirugía; tratamientos que los resultados obtenidos no justificaban, y que no habrían sido tolerados en la sociedad primitiva más cruel, ya que reducen a la víctima a un mero estado de zombi, destruyendo la mayor parte de su personalidad y ambición y dejándolo convertido en nada más que un animal manejable. Lejos de una denuncia de las prácticas del "neurocirujano" y del picahielos que clava y retuerce en las mentes enfermas, estas se mencionan solo para demostrar la profunda desesperación a la que el hombre puede llegar al enfrentarse con el problema, aparentemente irresoluble, de las mentes trastornadas.

En la esfera más amplia de las sociedades y naciones, la falta de esta ciencia de la mente jamás fue más evidente; porque las ciencias físicas, al avanzar irreflexivamente mucho más allá de la capacidad del hombre para comprender al hombre, le han dotado de armas terribles y absolutas que aguardan solo a otro estallido de la demencia social que es la guerra.

Estos problemas no son leves; se encuentran obstaculizando el camino de cada hombre; lo esperan en compañía de su futuro. Mientras el hombre ha reconocido que su principal superioridad sobre el reino animal era una mente pensante, mientras ha comprendido que su mente era su única arma, ha buscado y reflexionado y postulado en sus intentos por encontrar una solución.

Como un rompecabezas desparramado por una mano descuidada, las ecuaciones que conducirían a una ciencia de la mente y, por encima de eso, a una ciencia superior del universo, se vieron revueltas una y otra vez. En ocasiones se unieron dos fragmentos; en ocasiones, como en el caso de la Edad de Oro de Grecia, se construyó una sección completa. El filósofo, el chamán, el hechicero, el matemático: cada uno de ellos miró las piezas. Algunos vieron que todas debían pertenecer a rompecabezas diferentes. Algunos pensaron que todas pertenecían al mismo rompecabezas. Algunos dijeron que, en realidad, ahí había seis rompecabezas; algunos dijeron que dos. Y las guerras continuaron, y las sociedades se enfermaron o se dispersaron, y se escribieron tomos eruditos sobre hordas de locos que no paraban de crecer.

Con los métodos de Bacon, con las matemáticas de Newton, las ciencias físicas continuaron, consolidando y ampliando sus fronteras. Y como un batallón negligente, sin tener en cuenta cuántas tropas aliadas se exponían a la destrucción por el enemigo, los estudios de la mente se quedaron atrás.

Pero, después de todo, en cualquier rompecabezas solo hay un cierto número de piezas. Antes y después de Francis Bacon, Herbert Spencer y muy pocos más, muchas de las pequeñas secciones se habían unido; muchos hechos honestos se habían observado.

Para aventurarse en las miles de variables que componían ese rompecabezas, uno solo tenía que distinguir lo correcto de lo incorrecto, lo verdadero de lo falso, y usar a toda la Humanidad y a la Naturaleza como su tubo de ensayo.

¿De qué debe estar compuesta una ciencia de la mente?

1. Una respuesta a la meta del pensamiento.
2. Una única fuente de todas las demencias, psicosis, neurosis, compulsiones, represiones y trastornos sociales.

3. Evidencia científica invariable respecto a la naturaleza básica de la mente humana y respecto a los datos básicos sobre su funcionamiento.

4. Técnicas (el arte de la aplicación) mediante las cuales pudiera curarse invariablemente la fuente única descubierta, exceptuando, por supuesto, las demencias de cerebros o sistemas nerviosos con malformaciones, extirpaciones o daños patológicos y especialmente las psicosis iatrogénicas (aquellas causadas por los médicos y que suponen la destrucción del cerebro vivo en sí).

5. Métodos de prevención de los trastornos mentales.

6. La causa y curación de todos los males psicosomáticos, cuya cantidad, según algunos, es un 70 por ciento de las dolencias catalogadas del hombre.

Una ciencia así rebasaría las condiciones más rigurosas previamente establecidas para ella en cualquier época, pero cualquier computación sobre el tema debería revelar que una ciencia de la mente tendría que poder ser y hacer exactamente estas cosas.

Una ciencia de la mente, si fuera verdaderamente digna de ese nombre, tendría que estar, en cuanto a precisión experimental, al nivel de la física y de la química. No podría haber "casos especiales" para sus leyes. No se podría utilizar la Autoridad como recurso. La bomba atómica estalla tanto si Einstein le da permiso como si no. Las leyes propias de la Naturaleza regulan el estallido de esa bomba. Los técnicos, aplicando las técnicas que se derivan de leyes naturales descubiertas, pueden hacer una o un millón de bombas atómicas todas iguales.

Después de que el cuerpo de axiomas y técnica se organizaran y funcionaran como ciencia de la mente, al mismo nivel que las ciencias físicas, se encontraría que esta tiene puntos de acuerdo acerca del pensamiento con casi todas las escuelas del pensamiento que hayan existido jamás. Esto es una vez más una virtud y no un defecto.

A pesar de su sencillez, Dianetics hace y es estas cosas:

1. Es una ciencia organizada del pensamiento, construida sobre axiomas precisos: enunciados de leyes naturales, del orden de los de las ciencias físicas.

2. Contiene una técnica terapéutica con la que se pueden tratar todos los males mentales inorgánicos y todos los males psicosomáticos orgánicos, con garantía de una total curación, en casos no seleccionados.

3. Produce en el hombre una condición de capacidad y racionalidad muy por encima de la norma actual, mejorando su vigor y personalidad en lugar de destruirlos.

4. Dianetics proporciona una comprensión completa de todas las potencialidades de la mente, descubriendo que estas superan con creces las suposiciones pasadas.

5. En Dianetics se descubre, en vez de aventurarse o postularse, la naturaleza básica del hombre, ya que esa naturaleza básica se puede poner en acción completamente en cualquier individuo. Y se descubre que esa naturaleza básica es *buena*.

6. Dianetics descubre y demuestra basándose en experiencias clínicas o de laboratorio la única fuente del trastorno mental.

7. Dianetics establece finalmente el alcance y la capacidad de almacenamiento y de recuerdo de la memoria humana.

8. Dianetics descubre todas las capacidades de grabación de la mente, con la conclusión de que son muy distintas a suposiciones anteriores.

9. Dianetics presenta la teoría no microbiana de la enfermedad, complementando a la bioquímica y a la obra de Pasteur sobre la teoría microbiana, para englobar el campo.

10. Con Dianetics termina la "necesidad" de destruir el cerebro mediante electrochoque o cirugía para producir "docilidad" en los pacientes mentales y "ajustarlos".

11. En Dianetics existe una explicación funcional de los efectos fisiológicos de las drogas y de las sustancias endocrinas, y se da respuesta a muchos problemas planteados por la endocrinología.

12. Dianetics mejora los diversos estudios educacionales, sociológicos, políticos, militares y otros estudios humanos.

13. Dianetics ayuda al campo de la citología, así como a otros campos de investigación.

Esta es, pues, una descripción esquemática de cuál sería el ámbito de una ciencia de la mente y de cuál es el ámbito de Dianetics. ✖

El Clear

Dianéticamente hablando, al individuo óptimo se le llama *Clear*. Esa palabra aparecerá mucho en este libro como sustantivo, y como verbo, en forma de "llevar a Clear"; así que merece la pena dedicar tiempo aquí al principio a exponer con exactitud lo que se puede llamar un Clear, la meta de la terapia de Dianetics.

Se puede someter a un Clear a pruebas de todas y cada una de las psicosis, neurosis, compulsiones y represiones (todas ellas aberraciones), y se le puede examinar en busca de cualquiera de las enfermedades autogénicas (autogeneradas) a las que se denomina males psicosomáticos. Estas pruebas confirman que el Clear carece completamente de tales males o aberraciones. Pruebas adicionales de su inteligencia indican que esta está muy por encima de lo que es normal en la actualidad. La observación de su actividad demuestra que se entrega a la existencia con vigor y satisfacción.

Además, estos resultados pueden obtenerse comparativamente. A un individuo neurótico, que tiene además males psicosomáticos, se le puede someter a pruebas en busca de estas aberraciones y enfermedades, demostrándose que existen. Se le puede aplicar entonces la terapia de Dianetics con el fin de eliminar estas neurosis y enfermedades.

Finalmente, se le puede examinar obteniéndose los resultados antedichos. Esto, dicho sea de paso, es un experimento que se ha realizado muchas veces con resultados invariables. Se puede demostrar en un laboratorio que todos los individuos que tengan sistemas nerviosos orgánicamente completos responden de esta manera al clearing de Dianetics.

Es más, el Clear posee atributos fundamentales e inherentes, pero no siempre disponibles en un estado de no-Clear, que no se habían sospechado en el hombre y que no están incluidos en pasadas exposiciones de sus aptitudes y comportamiento.

Primero está la cuestión de las percepciones. Incluso las personas supuestamente normales no siempre ven a todo color, oyen con tonalidad completa, ni perciben óptimamente con sus órganos del olfato, gusto, tacto y sensación orgánica.

Estas son las principales líneas de comunicación con el mundo finito que la mayoría de la gente reconoce como realidad. Es un comentario interesante que, aunque los observadores del pasado creían que hacer frente a la realidad era una necesidad absoluta si el individuo aberrado deseaba estar cuerdo, no se presentó explicación alguna de cómo se podía hacer. Para hacer frente a la realidad en el presente, sin duda uno tendría que ser capaz de percibirla por los conductos de comunicación que el hombre usa más frecuentemente en sus asuntos.

Cualquiera de las percepciones del hombre puede estar aberrada por trastornos psíquicos que no permiten que la porción analítica de la mente del individuo se dé cuenta de las sensaciones que recibe. En otras palabras, aunque puede que nada vaya mal con los mecanismos de recepción del color, pueden existir circuitos en la mente que supriman el color antes de que se le permita a la consciencia ver el objeto. Se puede descubrir que el daltonismo es relativo o existe en grados, de tal modo que los colores parecen ser menos brillantes, apagados o, en caso extremo, estar totalmente ausentes. Todos conocemos gente para quien los colores "vivos" son detestables y gente que los encuentra insuficientemente "vivos" para advertirlos. Este grado variable de daltonismo no se ha reconocido como factor psíquico, sino que se ha presupuesto de una manera nebulosa que era alguna especie de afección de la mente cuando se advirtió en grado alguno.

14

Hay personas para quienes los ruidos son bastante molestos; para quienes el insistente son agudo de un violín, por ejemplo, se parece mucho a tener metido un berbiquí en el tímpano; y hay otros para quienes cincuenta violines tocando fuertemente resultarían relajantes; y están aquellos que en presencia de un violín muestran desinterés y aburrimiento; y también hay personas para quienes el sonido de un violín, aunque esté tocando la melodía más intrincada, es algo monótono. Estas diferencias de percepción sónica (auditiva), al igual que de color y otros errores visuales, se han atribuido a la naturaleza inherente de la persona o a deficiencias orgánicas, o bien no se les ha asignado ningún origen en lo más mínimo.

Análogamente, los olores, las sensaciones táctiles, las percepciones orgánicas, el dolor y la gravedad, varían ampliamente y sin razón aparente de persona a persona. Una verificación superficial entre sus amigos demostrará a cualquiera que existen enormes diferencias en la percepción de estímulos idénticos. Para uno, el olor del pavo en el horno es maravilloso; otro lo huele con indiferencia; y puede que otro ni siquiera lo huela. Y puede que algún otro mantenga que el pavo asándose huele exactamente igual que la brillantina, por poner algo extremo.

Hasta que obtenemos Clears, permanece oscuro por qué han de existir estas diferencias. Porque en su mayor parte, esta aleatoria calidad y cantidad de percepción se debe a la aberración. Debido a las experiencias agradables del pasado y a la sensibilidad inherente, habrá cierta diferencia entre los Clears; y no se debe suponer automáticamente que la respuesta de un Clear sea un término medio estandarizado y ajustado: esa gris y execrable meta de doctrinas del pasado. El Clear obtiene una respuesta máxima, compatible con su propio deseo por la respuesta. La cordita ardiendo sigue oliéndole peligroso, pero no lo pone enfermo. El pavo asándose le huele bien si tiene hambre y le gusta el pavo, en cuyo caso le huele muy, muy bien. Los violines tocan melodías, no monotonías; no causan dolor y se disfrutan al máximo si, por cuestión de gustos, al Clear le gustan los violines; de no ser así, le gustarán los timbales, los saxofones o, según su estado de ánimo, ninguna música en absoluto.

En otras palabras, hay dos variables en juego. Una, la más descontrolada, es la causada por las aberraciones. La otra, completamente racional y comprensible, es causada por la personalidad.

Así que las percepciones de un aberrado* (individuo no Clear) difieren mucho de las del individuo que es Clear (no aberrado).

Ahora, están las diferencias de los órganos de percepción en sí y de los errores ocasionados por estos. Algunos de estos errores, un mínimo, son orgánicos: los tímpanos perforados no son mecanismos aptos para el registro del sonido. La mayoría de los errores de los percépticos (mensajes sensoriales) en la esfera orgánica están causados por errores psicosomáticos.

Por todas partes se ven gafas sobre narices, incluso en niños. La mayoría de estos anteojos se posan en la cara en un intento por corregir una condición que el propio cuerpo está luchando por desarreglar otra vez. La vista, cuando se ha llegado a la etapa de las gafas (no debido a las gafas), se está deteriorando según el principio psicosomático. Y esta observación es tan irresponsable como la afirmación de que cuando las manzanas caen de los árboles, normalmente obedecen a la gravedad. Una de las cosas secundarias que le ocurren a un Clear es que su vista, si como aberrado había sido mala, generalmente mejora de forma muy marcada y, con una ligera atención, recuperará la percepción óptima con el tiempo. (Lejos de ser para el oculista un argumento en contra de Dianetics, esto le asegura un negocio bastante bueno, pues se ha sabido de Clears que al final del tratamiento han tenido que comprar, en sucesión rápida, cinco pares de gafas para compensar el ajuste de la vista, y muchos aberrados que se hacen Clear a edad avanzada se estabilizan en un máximo de visión ocular que está un poco por debajo de la óptima).

La vista se redujo en el aberrado de manera orgánica debido a sus aberraciones, de modo que se redujo la función operativa óptima del órgano perceptivo en sí. Repetidas pruebas han demostrado que, con la eliminación de las aberraciones, el cuerpo hace un valeroso esfuerzo por hacer que vuelva a su condición óptima.

---

* *Aberrado* es un neologismo que significa una persona que padece de aberración.

El oído, junto con otros percépticos, varía orgánicamente en una amplia banda. Por ejemplo, las acumulaciones de calcio pueden hacer que los oídos "zumben" sin cesar. La eliminación de las aberraciones permite al cuerpo reajustarse hacia la condición más favorable que pueda alcanzar: la acumulación de calcio desaparece y los oídos dejan de zumbar. Pero dejando aparte este caso tan específico, hay grandes diferencias de audición desde el punto de vista orgánico. Tanto orgánica como aberrativamente, la audición puede aumentar notablemente o inhibirse marcadamente, de modo que una persona puede escuchar pasos a una manzana de distancia como actividad normal y otra no oiría un bombo atronando en el porche.

El que las diversas percepciones difieran ampliamente de individuo a individuo, tanto desde el punto de vista aberrativo como psicosomático, es el menor de los descubrimientos aquí descritos. La variación en la capacidad de recordar, de una persona a otra, es mucho más fantástica.

En el proceso de observar Clears y aberrados, salió a la luz un método de recordar completamente nuevo que era inherente a la mente pero que no había sido observado. Este método de recordar, en su sentido más pleno, solo es posible en una pequeña porción de aberrados. Sin embargo, es estándar en un Clear. Naturalmente, no se insinúa aquí que los eruditos de épocas pasadas hayan sido poco observadores. Nos estamos ocupando aquí de un objeto de inspección totalmente nuevo y hasta ahora inexistente: el Clear. Lo que un Clear puede hacer fácilmente, solo unas cuantas personas han sido parcialmente capaces de hacerlo, de vez en cuando, en el pasado.

A la capacidad inherente, no aprendida, de los mecanismos de recordar de la mente, se le puede denominar, como palabra técnica de Dianetics, *retornar*. Se usa con el sentido que el diccionario le da a esa palabra, añadiendo el hecho de que la mente la tiene como una función normal de recordar, del modo siguiente: la persona puede "enviar" una porción de su mente a un periodo pasado, de forma mental, o bien de forma mental y física combinada, y puede reexperimentar incidentes que han tenido lugar en su pasado de la misma manera y con las mismas sensaciones que antes. Érase una vez, un arte conocido como hipnotismo el cual usaba en sujetos hipnotizados lo que se llamaba "regresión", en la que el hipnotizador enviaba al sujeto de vuelta en una de dos maneras a incidentes de su pasado. Esto se hacía con técnicas de trance, drogas y considerable tecnología. Al sujeto hipnotizado se le podía enviar "completamente" de vuelta a un momento, de manera que presentara todo el aspecto de tener la edad a la que se le había retornado, manifestando únicamente las facultades y recuerdos que tenía en aquel momento: a esto se le llamó "revivificación" (revivir). La "regresión" era una técnica mediante la cual parte del propio individuo permanecía en el presente y parte regresaba al pasado. Se suponía que estas aptitudes de la mente eran connaturales solo en estado hipnótico y solo se usaban dentro de la técnica hipnótica. Este arte es muy antiguo, remontándose varios miles de años, y existe hoy día en Asia como ha existido, aparentemente, desde el albor de los tiempos.

Retorno sustituye aquí a "regresión" porque no es algo comparable y porque "regresión", como palabra, tiene algunos significados peyorativos que interrumpirían su uso. *Revivir* sustituye en Dianetics a "revivificación" porque, en Dianetics, se pueden encontrar explicados los principios del hipnotismo, y el hipnotismo no se usa en la terapia de Dianetics, como se explicará más adelante.

La mente, entonces, tiene otra capacidad de recordar. Parte de la mente puede "retornar", aun cuando una persona esté totalmente despierta, y reexperimentar incidentes pasados completamente. Si quieres comprobar esto, inténtalo con varias personas hasta que descubras a una que lo haga fácilmente. Completamente despierto, él puede "retornar" a momentos de su pasado. Hasta que no se le pida que lo haga, probablemente no sepa que tiene esa capacidad. Si la tenía, probablemente pensaba que todo el mundo podía hacerlo (el tipo de suposición que ha impedido que gran cantidad de estos datos salieran a la luz con anterioridad). Puede volver a una ocasión en que estaba nadando, y nadar con pleno recuerdo de oído, vista, gusto, olfato, sensación orgánica, tacto, etc.

En una ocasión, un "docto" caballero pasó varias horas demostrando a una concurrencia que el recuerdo de un olor como sensación, por ejemplo, era totalmente imposible, ya que "la neurología había demostrado que los nervios olfatorios no estaban conectados con el tálamo".

Dos personas de la concurrencia descubrieron esta capacidad de *retornar* y, a pesar de esta evidencia, el docto caballero continuó argumentando que el recuerdo olfatorio era imposible. Una prueba entre la concurrencia sobre esta facultad, que es independiente del retorno, puso de manifiesto el hecho de que la mitad de los presentes recordaban un olor oliéndolo otra vez.

Retornar es la representación total del recuerdo de imágenes. La memoria completa es capaz de hacer que las áreas orgánicas sientan otra vez los estímulos de un incidente pasado. El recuerdo parcial es común: no lo suficientemente común como para ser normal, pero, desde luego, lo suficientemente común como para haber merecido un estudio considerable. Porque es, una vez más, una amplia variable.

La percepción del presente sería un método para hacer frente a la realidad. Pero si uno no puede hacer frente a la realidad del pasado, entonces, en cierta medida no está haciendo frente a una porción de la realidad. Y si se acepta que hacer frente a la realidad es deseable, entonces uno tendría que hacer frente también a la realidad del ayer, si desea ser considerado completamente "cuerdo", según la definición contemporánea. "Hacer frente al ayer" requiere disponer de una cierta condición de recuerdo. Uno tendría que ser capaz de recordar. Pero, ¿cuántas maneras hay de recordar?

Primero está el *retorno*. Esto es nuevo. Proporciona la ventaja de examinar los cuadros en movimiento y otras percepciones sensoriales grabadas en el momento del suceso con todos los sentidos presentes. Uno también puede retornar a sus conclusiones e imaginaciones pasadas. Poder estar otra vez en el lugar donde se inspeccionaron por primera vez los datos deseados, es de considerable ayuda en el aprendizaje (en la investigación y en la vida ordinaria).

Después están los recuerdos más habituales. El recuerdo óptimo se consigue mediante el método de *retorno* de uno o múltiples sentidos, mientras que el individuo permanece en tiempo presente. En otras palabras, algunas personas, cuando piensan en una rosa, ven una, huelen una, sienten una. Ven a todo color, intensamente, con el "ojo de la mente", por usar una vieja expresión coloquial. La huelen vívidamente, y pueden sentir incluso hasta las espinas. Están pensando en rosas recordando realmente una rosa.

Estas personas, al pensar en un barco, verían un barco concreto, sentirían su movimiento si pensaran en estar a bordo, olerían la resina o incluso aromas menos gratos, y oirían cualquier sonido que hubiera en torno al barco. Verían el barco en movimiento a todo color, y lo escucharían con toda su gama de sonidos.

Estas facultades varían ampliamente en el aberrado. Algunos, cuando se les dice que piensen en una rosa, solo pueden visualizarla. Algunos pueden olerla, pero no verla. Algunos la ven sin color o de un color muy pálido. Cuando se les dice que piensen en un barco, algunos aberrados solo ven una imagen plana, sin color, estática, como un cuadro o una fotografía de un barco. Algunos perciben una nave en movimiento, sin color, pero con sonido. Algunos oyen el sonido de un barco pero no consiguen ver ninguna imagen en absoluto. Algunos meramente piensan en un barco como un concepto de que los barcos existen y saben acerca de ellos, y no consiguen ver, sentir, oír, oler o percibir por lo demás nada en forma de recuerdo.

Algunos observadores del pasado han llamado a esto "imaginería", pero el término es tan inaplicable al sonido y al tacto, a la sensación orgánica y al dolor que uniformemente se usa *recuerdo* como el término técnico de Dianetics. El valor del recuerdo en este asunto del vivir ha recibido tan escasa atención, que nunca antes se ha formulado el concepto completo. Por eso se detalla aquí con cierta extensión, como hemos hecho más arriba.

Es muy sencillo comprobar los recuerdos. Si uno pregunta a sus compañeros cuáles son *sus* aptitudes, se hará una excelente idea de lo mucho que varía esta capacidad de un individuo a otro. Algunos tienen este recuerdo, otros tienen aquel, otros no tienen ninguno sino que actúan únicamente a base de conceptos de recuerdo. Y si haces una prueba con los que te rodean, recuerda que cualquier percepción se archiva en la memoria, y por lo tanto, tiene un recuerdo que incluirá dolor, temperatura, ritmo, gusto y peso, junto con la vista, sonido, tacto y olor antes mencionados.

Los nombres de Dianetics para estos recuerdos son *visión* (vista), *sónico* (sonido), *táctil* (tacto), *olfatorio* (olor), *rítmico, cinestésico* (peso y movimiento), *somático* (dolor), *térmico* (temperatura) y *orgánico* (sensaciones internas y, por nueva definición, emoción).

Luego hay otro grupo de actividades mentales que se pueden resumir en los apartados de *imaginación* e *imaginación creativa*. Aquí hay, una vez más, material abundante para hacer pruebas.

La imaginación es la recombinación de cosas que uno ha sentido, pensado o a las que ha dado existencia mediante una computación intelectual, las cuales no necesariamente existen. Este es el método de la mente para contemplar metas deseables o predecir futuros. La imaginación es sumamente valiosa como parte de las soluciones esenciales en cualquier problema mental y en la existencia diaria. El hecho de que sea recombinación, no le priva en ningún sentido de su vasta y maravillosa complejidad.

Un Clear usa la imaginación en su totalidad. Hay una impresión de la imaginación para la vista, el olfato, el gusto, el sonido; en resumen, para cada una de las percepciones posibles. Estas son impresiones fabricadas según modelos que hay en los bancos de memoria, combinados por medio de ideas y construcción conceptuales. Nuevas estructuras físicas, el mañana en términos del hoy, el próximo año en términos del año pasado, el placer a obtener, acciones que llevar a cabo, accidentes que evitar, todas estas son funciones de la imaginación.

El Clear posee plena imaginación de color-visión, tono-sónica, táctil, olfatoria, rítmica, cinestésica, térmica y orgánica, del mismo tipo que la que recibe. Al pedírsele que se vea a sí mismo dando un paseo en un carruaje dorado tirado por cuatro caballos, él "ve" el carruaje moviéndose a todo color, "oye" todos los sonidos que deberían estar presentes, "huele" todos los olores que él cree que deberían estar ahí, y "siente" la tapicería, el movimiento, y su propia presencia en el carruaje.

Además de la imaginación normal, está la *imaginación creativa*. Esta es una capacidad muy amplia e ilimitada, bastante variable de un individuo a otro, que algunos poseen en enorme cantidad. Se incluye aquí, no como una parte de la actividad de la mente tratada como parte usual de Dianetics, sino para aislarla como una entidad existente.

En un Clear que posea *imaginación creativa*, aunque estuviera inhibida, al estar aberrado, esta está presente y es demostrable. Es inherente. Se puede aberrar solo mediante la prohibición de su práctica general, es decir, aberrando la persistencia en su aplicación o enquistando la mente entera. Pero la imaginación creativa, esa posesión gracias a la cual se hacen obras de arte, se construyen estados y el hombre se enriquece, se puede contemplar como una función especial, de funcionamiento independiente y cuya existencia no depende en modo alguno de una condición aberrada en el individuo, ya que el examen de su actividad en un Clear que la posee, y del uso que él hace de ella, demuestra suficientemente su carácter inherente. Rara vez se encuentra ausente en algún individuo.

Finalmente, está la última, pero más importante actividad de la mente. Se debe considerar al hombre como un ser sensitivo y consciente. Su sensibilidad y consciencia dependen de su capacidad para resolver problemas percibiendo o creando y comprendiendo situaciones. Esta racionalidad es la función primaria y de nivel superior de esa parte de la mente que hace de él un hombre, no simplemente otro animal. Recordando, percibiendo, imaginando, él tiene la notable capacidad de llegar a conclusiones y usar conclusiones a las que se ha llegado para llegar a conclusiones adicionales. Este es el hombre racional.

La racionalidad, como algo divorciado de la aberración, solo se puede estudiar en una persona Clear. Las aberraciones del aberrado le dan la apariencia de irracionalidad. Aunque a tal irracionalidad se le pueden dar nombres más suaves como "excentricidad" o "error humano" o incluso "idiosincrasia personal", es, no obstante, irracionalidad. La personalidad no depende de lo irracionalmente que pueda actuar un hombre. No es un rasgo de la personalidad, por ejemplo, conducir borracho y matar a un niño en un cruce, o incluso exponerse a matar a un niño al conducir borracho. La irracionalidad es simplemente eso: la incapacidad de obtener respuestas correctas a partir de los datos.

Ahora bien, es curioso que aunque "todo el mundo sabe" (y qué terrible cantidad de información equivocada deja circular *esa* afirmación) que "errar es humano", la parte consciente de la mente que computa las respuestas a los problemas y que hace hombre al hombre, *es absolutamente incapaz de errar.*

Este fue un descubrimiento sorprendente cuando se hizo, pero no tenía por qué serlo. Podía haberse deducido algún tiempo antes, pues es bastante sencillo y fácil de comprender. La verdadera capacidad de computar del hombre nunca se equivoca, ni siquiera en una persona muy seriamente aberrada. Observando la actividad de tal persona aberrada, uno podría suponer irreflexivamente que las computaciones de esa persona estaban equivocadas. Pero eso sería un error del observador. Cualquier persona, aberrada o Clear, computa perfectamente *según los datos almacenados y percibidos.*

Toma cualquier máquina calculadora corriente (y la mente es un instrumento excepcionalmente magnífico, muy, muy superior a cualquier máquina que ella invente en épocas venideras) y plantéale un problema para que lo resuelva. Multiplica 7 por 1. Responderá, correctamente, 7. Ahora multiplica 6 por 1, pero continúa apretando el 7; 6 por 1 es 6, pero la respuesta que obtendrás es 42. Continúa apretando el 7 y plantéale otros problemas a la máquina. Están mal, no como problemas, sino como respuestas. Ahora fija el 7 de manera que permanezca apretado sin importar qué teclas se pulsen, e intenta regalar la máquina. Nadie la querrá porque, obviamente, la máquina está loca. Dice que 10 por 10 son 700. Pero, ¿está realmente mal la parte de la máquina que hace los cálculos, o simplemente se le están proporcionando datos erróneos?

De la misma manera, la mente humana, a la que se le exige resolver problemas de tal magnitud y con tantas variables como para confundir a cualquier mera máquina calculadora mil veces por hora, es víctima de datos incorrectos. Entran datos incorrectos en la máquina. La máquina da respuestas equivocadas. Entran datos incorrectos en los bancos de memoria humanos, la persona reacciona de una "manera anormal". Esencialmente, entonces, el problema de resolver la aberración es el problema de encontrar un "7 atorado". Pero de eso hablaremos mucho, mucho más, más adelante. Por ahora, hemos alcanzado nuestros fines inmediatos.

Estas son las diversas aptitudes y actividades de la mente humana en su constante tarea de resolver y solucionar una multitud de problemas.

Percibe, recuerda o retorna, imagina, concibe, y entonces resuelve. Sirviéndose de sus prolongaciones (los percépticos, los bancos de memoria y las imaginaciones), la mente produce respuestas que son invariablemente exactas, modificadas solo por la observación, la educación y el punto de vista.

Y los propósitos básicos de esa mente y la naturaleza básica del hombre, según se puede descubrir en el Clear, son constructivos y buenos, uniformemente constructivos y uniformemente buenos, viéndose modificadas las soluciones únicamente por la observación, la educación y el punto de vista.

El hombre es bueno.

Quítale sus aberraciones básicas, y con ellas se va la maldad a la que el escolástico y el moralista le tenían tanto cariño. La única parte que se puede separar de él es la parte "maligna". Y cuando se separa, su personalidad y su vigor se intensifican. Y él se alegra de ver cómo desaparece la parte "maligna", porque era *dolor físico*.

Más adelante hay experimentos y pruebas para estas cosas, y se pueden medir con la precisión con la que el físico está tan encariñado.

El Clear, pues, no es una persona "ajustada", impulsada a la actividad por sus represiones ahora totalmente enquistadas. Es una persona sin represiones, que actúa con autodeterminismo, y sus aptitudes para percibir, recordar, retornar, imaginar, crear y computar están esbozadas como hemos visto.

El Clear es la meta de la terapia de Dianetics, una meta que con algo de paciencia y un poco de estudio y trabajo se puede alcanzar. A cualquier persona se le puede llevar a Clear a menos que haya sido tan desafortunada que se le haya extirpado una gran parte de su cerebro o que haya nacido con una estructura nerviosa enormemente deformada.

Hemos visto aquí la meta de Dianetics. Inspeccionemos ahora la meta del hombre. 🕱

La Meta *del* Hombre

La meta del hombre, el mínimo común denominador de todas sus actividades, el Principio Dinámico de su Existencia, se ha buscado durante mucho tiempo. Si esa respuesta se descubriera, sería inevitable que de ella fluyeran muchas respuestas. Explicaría todos los fenómenos del comportamiento, conduciría hacia una solución de los principales problemas del hombre; y sobre todo, sería funcional.

Considérese que todo el conocimiento queda por encima o por debajo de una línea de demarcación. Todo lo que se encuentra por encima de esta línea no es necesario para la solución de las aberraciones y deficiencias generales del hombre, y no se conoce con exactitud. Se podría considerar que tal campo de pensamiento engloba cosas como la metafísica y el misticismo. Por debajo de esta línea de demarcación se podría considerar que se encuentra el universo finito. Todas las cosas que hay en el universo finito, ya sean conocidas o todavía desconocidas, se pueden percibir, experimentar o medir. Los datos conocidos del universo finito se pueden clasificar como *verdad científica* cuando han sido percibidos, experimentados y medidos. Todos los factores necesarios para la resolución de una ciencia de la mente se encontraron dentro del universo finito y fueron descubiertos, percibidos, medidos y experimentados, y se convirtieron en verdad científica. El universo finito contiene TIEMPO, ESPACIO, ENERGÍA y VIDA. No se halló la necesidad de ningún otro factor en la ecuación.

Tiempo, espacio, energía y vida tienen un único denominador en común. Como analogía, se podría considerar que tiempo, espacio, energía y vida empezaron en algún punto de origen y se les ordenó continuar hacia algún destino prácticamente infinito. Lo único que se les dijo fue *qué* hacer. Obedecen a una sola orden, y esa orden es "¡sobrevive!".

EL PRINCIPIO DINÁMICO DE LA EXISTENCIA ES LA SUPERVIVENCIA.

Se puede considerar que la meta de la vida es la supervivencia infinita. Se puede demostrar que el hombre, como ser vivo, obedece en todas sus acciones y propósitos a la orden única de: ¡sobrevive!

No es un pensamiento nuevo que el hombre esté sobreviviendo. Es un pensamiento nuevo que el hombre esté motivado *solo* por la supervivencia.

Que su única meta sea la supervivencia no significa que él sea el mecanismo óptimo de supervivencia que la vida haya logrado o que desarrollará. La meta del dinosaurio también era la supervivencia y el dinosaurio ya no existe.

La obediencia a esta orden, ¡sobrevive!, no significa que cada intento por obedecerla tenga éxito invariablemente. El entorno cambiante, la mutación y muchas otras cosas se oponen a que los organismos alcancen técnicas o formas infalibles de supervivencia.

Los seres vivos cambian y mueren a medida que se desarrollan nuevos seres vivos, con tanta seguridad como que un organismo de vida, carente de inmortalidad en sí, crea otros organismos de vida y entonces muere como tal. Un método excelente, si uno deseara hacer que la vida sobreviviera durante un periodo de tiempo muy largo, sería establecer medios por los que pudiera adoptar muchas formas. Y la muerte en sí sería necesaria para facilitar la supervivencia de la fuerza vital en sí, ya que solo la muerte y la descomposición podrían eliminar formas más viejas cuando nuevos cambios en el entorno necesitaran nuevas formas. La vida, como fuerza que existe durante un periodo casi infinito, necesitaría un aspecto cíclico en sus organismos unitarios y seres vivos.

¿Cuáles serían las características óptimas de supervivencia de los diversos seres vivos? Tendrían que tener diversas características fundamentales, que difirieran de una especie a otra, igual que un entorno difiere de otro.

Esto es importante, ya que en el pasado no se ha considerado sino de forma inadecuada que un conjunto de características de supervivencia en una especie no serían características de supervivencia en otra.

Los métodos de supervivencia se pueden resumir en los apartados de comida, protección (defensiva y ofensiva) y procreación. No existen seres vivos que carezcan de soluciones a estos problemas. Cada ser vivo yerra, de una manera u otra, al mantener una característica durante demasiado tiempo o al desarrollar características que pueden conducir a su extinción. Pero los desarrollos que producen el éxito de un ser vivo son mucho más sorprendentes que sus errores. El naturalista y el biólogo están continuamente resolviendo las características de este o aquel ser vivo al descubrir que es la necesidad, más que el capricho, lo que gobierna tales desarrollos. La charnela de la concha de la almeja, la imponente cara en las alas de la mariposa, tienen valor de supervivencia.

Una vez que se aisló la supervivencia como la única *dinámica** de un ser vivo que explicaría todas sus actividades, fue necesario estudiar más a fondo la acción de la supervivencia, y se descubrió que cuando uno tenía en cuenta el dolor y el placer, tenía a mano todos los ingredientes necesarios con los que formular la acción que lleva a cabo la vida en su esfuerzo por sobrevivir.

---

* A fin de establecer una nomenclatura en Dianetics que no fuera demasiado compleja para su propósito, a palabras que normalmente se consideran adjetivos, ocasionalmente se les ha hecho actuar como sustantivos. Esto se ha hecho según el principio válido de que la terminología existente, al significar tantas cosas diferentes, no podía ser usada por Dianetics sin que se hiciera necesario explicar constantemente un significado antiguo para presentar uno nuevo. Para eliminar el paso de explicar el significado antiguo y luego decir que uno no quiere decir *eso*, enredando así nuestras comunicaciones inextricablemente, y para eliminar la antigua costumbre de componer palabras altisonantes y voluminosas a partir de las lenguas griega y latina, se ha adoptado este principio y algunos otros para la nomenclatura. *Dinámica* se usa aquí como sustantivo y se seguirá usando así durante todo el libro. Somático, percéptico y algunos otros se anotarán y se definirán cuando se usen.

Según se verá en la gráfica adjunta*, se ha concebido un espectro de la vida que abarca desde el cero de la muerte o extinción, hacia el infinito de la inmortalidad potencial. Se consideró que este espectro contenía una infinidad de líneas, que se extendían escalonadamente hacia el potencial de inmortalidad. A medida que se ascendía por la escala, cada línea estaba un poco más separada que la anterior, en progresión geométrica.

El empuje de la supervivencia es alejarse de la muerte y acercarse hacia la inmortalidad. Se podría concebir que el dolor máximo existe justo antes de la muerte y se podría concebir el placer máximo como inmortalidad.

Se podría decir que para el organismo unitario o para la especie la inmortalidad tiene un tipo de fuerza que atrae y la muerte una fuerza que repele. Pero a medida que la supervivencia se eleva más y más hacia la inmortalidad, se encuentran espacios más y más amplios hasta que las distancias son imposibles de salvar en términos finitos. El impulso es alejarse de la muerte, que tiene una fuerza que repele, y acercarse hacia la inmortalidad, que tiene una fuerza que atrae; la fuerza que atrae es placer, la fuerza que repele es dolor.

Para el individuo, podría considerarse que la longitud de la flecha está en un potencial alto dentro de la cuarta zona. Aquí, el potencial de supervivencia sería excelente y el individuo disfrutaría de la existencia.

De izquierda a derecha podrían marcarse los años.

El impulso hacia el placer es dinámico. El placer es la recompensa; y la búsqueda de la recompensa (metas de supervivencia) sería un acto placentero. Y para asegurarse de que la supervivencia se logra bajo el mandato de ¡SOBREVIVE!, parece haberse dispuesto que la reducción desde un potencial alto proporcionaría dolor.

El dolor se proporciona para ahuyentar al individuo de la muerte; el placer se proporciona para atraerlo hacia la vida óptima. *La búsqueda y obtención del placer no es menos válida en la supervivencia que la elusión del dolor.* De hecho, según algunas evidencias observadas, el placer parece tener un valor mucho mayor en el esquema cósmico que el dolor.

---

* Una versión desplegable de esta gráfica se incluye al final de este libro.

Gráfica Descriptiva de Supervivencia

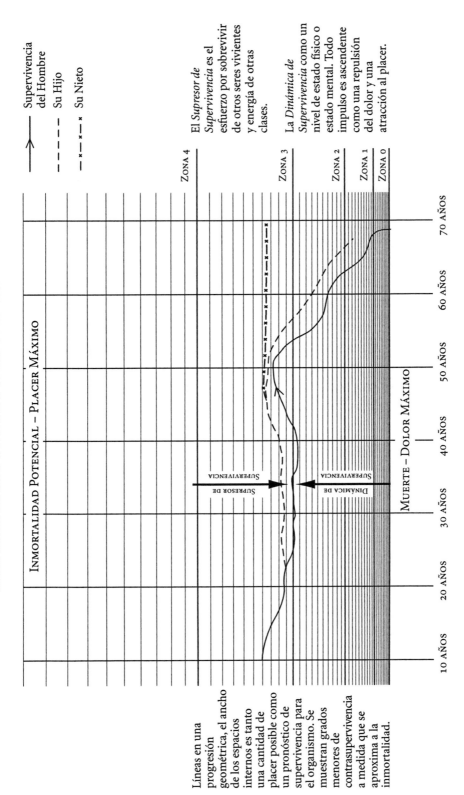

Inmortalidad Potencial – Placer Máximo

Muerte – Dolor Máximo

→ Supervivencia del Hombre

- - - Su Hijo

-x-x- Su Nieto

El *Supresor de Supervivencia* es el esfuerzo por sobrevivir de otros seres vivientes y energía de otras clases.

La *Dinámica de Supervivencia* como un nivel de estado físico o estado mental. Todo impulso es ascendente como una repulsión del dolor y una atracción al placer.

Zona 4

Zona 3

Zona 2

Zona 1

Zona 0

Supresor de Supervivencia

Dinámica de Supervivencia

10 años   20 años   30 años   40 años   50 años   60 años   70 años

Líneas en una progresión geométrica, el ancho de los espacios internos es tanto una cantidad de placer posible como un pronóstico de supervivencia para el organismo. Se muestran grados menores de contrasupervivencia a medida que se aproxima a la inmortalidad.

Ahora estaría bien definir qué se entiende por *placer* aparte de su conexión con la inmortalidad. El diccionario dice que placer es "satisfacción; emociones agradables, mentales o físicas; goce transitorio; opuesto al dolor". El placer se puede encontrar en tantas cosas y actividades, que solo un catálogo de todas las cosas y actividades que el hombre tiene, hace y puede considerar placenteras, podría redondear la definición.

¿Y qué queremos decir con *dolor*? El diccionario dice: "sufrimiento físico o mental; castigo".

Estas dos definiciones, dicho sea de paso, demuestran un tipo de pensamiento intuitivo que se encuentra presente por todo el lenguaje. Una vez que uno tiene algo que lleva a la resolución de problemas hasta ahora no solucionados, se encuentra con que incluso los diccionarios "lo han sabido siempre".

Si quisiéramos hacer esta gráfica para el ciclo de una forma de vida, sería idéntico salvo que el valor de los años se aumentaría para medir eones, porque no hay diferencias, al parecer, excepto en magnitud, entre el alcance del individuo y el alcance de la especie. Esta deducción podría hacerse incluso sin una evidencia tan notable como el hecho de que un ser humano, creciendo desde cigoto hasta adulto, evoluciona a través de todas las formas por las que se supone que toda la especie ha evolucionado.

Ahora bien, hay más en esta gráfica de lo que se ha comentado hasta ahora. El estado mental y físico del individuo varía de hora en hora, de día en día, de año en año. Por lo tanto, el nivel de supervivencia formaría o una curva diaria o la curva de una vida, según una medida de la posición horaria o anual en las zonas. Y esto haría posible que hubiera dos curvas: la curva física y la curva mental. A medida que avancemos hacia el final del libro, encontraremos que las relaciones entre estas dos curvas son vitales y se verá también que, ordinariamente, una caída en la curva mental precederá a una caída en la curva física.

Las zonas, pues, pueden corresponder a dos cosas: al ser físico y al ser mental. Por lo tanto, estas cuatro zonas se pueden llamar zonas de los estados de ser. Si una persona es mentalmente feliz, el nivel de supervivencia se puede situar en la Zona 4. Si la persona está físicamente muy enferma, podría localizarse, según su enfermedad, en la Zona 1 o cerca de la muerte.

Se han asignado a estas zonas nombres muy imprecisos, pero no obstante descriptivos:

La Zona 3 es una zona de felicidad y bienestar generales.
La Zona 2 es un nivel de existencia tolerable.
La Zona 1 es una zona de enojo.
La Zona 0 es la zona de apatía.

Estas zonas se pueden usar como una Escala Tonal mediante la cual se puede clasificar un estado anímico. Justo por encima de la muerte, que es 0, estaría la apatía mental más baja o el más bajo nivel de vida física, 0.1. Un Tono 1, en el que el cuerpo está luchando contra el dolor físico o la enfermedad, o donde el ser está luchando con enojo, se podría clasificar desde 1.0, que sería resentimiento u hostilidad, pasando por el Tono 1.5 que sería una cólera desenfrenada, hasta 1.9, que sería meramente una tendencia pendenciera. Desde el Tono 2.0 hasta el Tono 3.0, habría un creciente interés en la existencia, y así sucesivamente.

Así, resulta que el estado del ser físico o del ser mental no permanece estático por mucho tiempo. Por lo tanto, hay diversas fluctuaciones. En el curso de un solo día, un aberrado puede subir y bajar desde 0.5 hasta 3.5 como ser mental. Un accidente o una enfermedad podrían causar una fluctuación similar en un día.

Estas son, pues, cifras que pueden asignarse a cuatro cosas: el estado mental transitorio y el estado mental general medio, y el estado físico transitorio y el estado físico general. En Dianetics no empleamos mucho la Escala Tonal física. ¡La Escala Tonal mental es, sin embargo, de una importancia enorme y vital!

Estos valores de felicidad, existencia tolerable, enojo y apatía no son valores arbitrarios. Se deducen de la observación del comportamiento de los estados emocionales. En un día normal, se encuentra que un Clear varía en torno al Tono 4, más o menos. Generalmente su Tono es 4, lo que es una de las condiciones inherentes a ser Clear. El "promedio" en la sociedad actual, en una conjetura totalmente al azar, está probablemente alrededor de un Tono general de 2.8.

En esta gráfica descriptiva, que es bidimensional, los datos vitales para la solución del problema de la dinámica de la vida están combinados de modo práctico. Las líneas horizontales están en términos de progresión geométrica empezando con la línea del cero inmediatamente por encima de la muerte. Hay diez líneas para cada zona y cada zona denota un estado de ser mental o físico, como se ha indicado. La progresión geométrica, así usada, deja espacios siempre en aumento entre las líneas. La anchura de este espacio es el potencial de supervivencia que existe en el momento en que el punto más alto de la flecha de la dinámica de supervivencia está dentro de ese espacio. Cuanto más lejos de la muerte esté el punto más alto de la flecha de la dinámica de supervivencia, mayor posibilidad de supervivencia tiene el individuo. La progresión geométrica asciende hacia el imposible de infinito y no puede, por supuesto, alcanzar el infinito. El organismo sobrevive a través del tiempo, de izquierda a derecha. La supervivencia óptima (la inmortalidad) se halla, en cuanto al tiempo, a la derecha. El potencial solo se mide verticalmente.

La *dinámica de supervivencia*, de hecho, reside en el organismo como algo heredado de la especie. El organismo es parte de la especie, del mismo modo que podría decirse que una traviesa vista por un observador desde un tren es parte de la vía férrea, estando el observador siempre en el "ahora"; aunque esta analogía quizá no sea la mejor.

Dentro de sí mismo, el organismo posee una fuerza repulsiva hacia las fuentes de dolor. La fuente de dolor no es más una fuerza impulsora que la espina que lastima la mano; el organismo repele el dolor potencial de una espina.

Al mismo tiempo, el organismo posee una fuerza en acción que lo atrae hacia las fuentes del placer. El placer no magnetiza al organismo para que se acerque a él. Es el organismo el que posee la fuerza de atracción. Es inherente.

La repulsión de las fuentes del dolor se suma a la atracción por las fuentes del placer para actuar como un impulso combinado que aleja de la muerte y lleva hacia la inmortalidad. El impulso que aleja de la muerte no es más poderoso que el impulso hacia la inmortalidad. En otras palabras, en lo que respecta a la dinámica de supervivencia, el placer tiene tanta validez como el dolor.

No se debería interpretar aquí que la supervivencia sea siempre cuestión de tener la vista puesta en el futuro. La contemplación del placer, el puro deleite, la contemplación de placeres pasados, todos se combinan formando armonías que, aunque actúan automáticamente como un ascenso hacia el potencial de supervivencia a través de su acción dentro del organismo físicamente, no le exigen al futuro ser una parte activa de la computación mental en esa contemplación.

Un placer que reacciona para dañar físicamente al cuerpo, como en el caso del libertinaje, muestra en acción una relación entre el efecto físico (que se ve hundido hacia el dolor) y el efecto mental del placer experimentado. Hay un consecuente descenso de la dinámica de supervivencia. Como promedio, la posibilidad futura de angustia debido al acto, añadida al estado de ser en el momento de haberse experimentado el libertinaje, hunde una vez más la dinámica de supervivencia. Debido a esto, varias clases de libertinaje se han visto con desaprobación por el hombre a través de su historia. Esta es la ecuación de los "placeres inmorales". Y cualquier acción que haya ocasionado supresión de la supervivencia o que pueda ocasionarla, cuando se le persigue como placer, ha sido censurada alguna que otra vez en la historia del hombre. La inmoralidad se cuelga originalmente como una etiqueta sobre algún acto o clase de acciones porque deprimen el nivel de la dinámica de supervivencia. La imposición futura de un estigma moral puede depender ampliamente del prejuicio y la aberración y hay, consecuentemente, una continua disputa sobre lo que es *moral* y lo que es *inmoral*.

Debido a que ciertas cosas que se practican como placeres son de hecho dolores (y qué fácil será saber por qué, cuando hayas terminado este libro) y debido a la *ecuación moral* antes expuesta, el placer en sí, en cualquier sociedad aberrada, puede llegar a ser condenado. Un cierto tipo de pensamiento, del que más tarde hablaremos, permite una pobre diferenciación entre un objeto y otro. Confundir a un político deshonesto con todos los políticos sería un ejemplo de esto. En tiempos remotos, al romano le gustaban sus placeres, y algunas de las cosas a las que llamaba placer eran un poquitín extenuantes para otros grupos, como los cristianos. Cuando los cristianos derrocaron al estado pagano, el antiguo orden romano hizo el papel de malo. Por lo tanto, cualquier cosa que fuera romana era infame. Esto llegó a extremos tan marcados que la afición del romano por el baño hizo del bañarse algo tan inmoral que Europa permaneció sin bañarse durante unos mil quinientos años. Lo romano se había convertido en una fuente de dolor tan general, que todo lo romano era *maligno* y permaneció siendo maligno durante mucho tiempo después de que el paganismo romano pereciera. La inmoralidad, de esta manera, tiende a convertirse en un asunto intrincado. En este caso se convirtió en algo tan intrincado que el placer mismo se vio estigmatizado.

Cuando la mitad del potencial de supervivencia se tacha de la lista de cosas legítimas, hay verdaderamente una reducción considerable de la supervivencia. Considerando esta gráfica en una escala racial, la reducción del potencial de supervivencia a la mitad predeciría que a la raza le esperan cosas horrendas. De hecho, debido a que el hombre después de todo es hombre, ningún conjunto de leyes, se impongan como se impongan, pueden eliminar completamente la atracción del placer. Pero en este caso, *se* eliminó y prohibió lo suficiente como para ocasionar precisamente lo que pasó: las Eras de Oscurantismo y el retroceso de la sociedad. La sociedad brilló solo en periodos tales como el Renacimiento donde el placer se volvió menos ilegítimo.

Cuando una raza o un individuo cae en la segunda zona, según se marca en el diagrama, y el tono general oscila entre la primera zona y apenas llega a la tercera, sobreviene una condición de demencia. La demencia es irracionalidad. Es también un estado en el cual ha habido continuamente una aproximación tal a la contrasupervivencia, que la raza o el organismo se entregan a todo tipo de soluciones descabelladas.

En una interpretación más amplia de esta gráfica descriptiva, nos encontramos con la cuestión del *supresor de supervivencia*. Esto, como se verá, es un empuje hacia abajo alejándose de la inmortalidad potencial de la raza u organismo que está representada como la *dinámica de supervivencia*. El supresor de supervivencia son las amenazas, combinadas y variables, contra la supervivencia de la raza u organismo. Estas amenazas provienen de otras especies, del tiempo, de otras energías. Estas están también comprometidas en la lucha por la supervivencia hacia la inmortalidad potencial en términos de sus propias especies o identidades. De este modo, hay un conflicto implicado. Cualquier otra forma de vida o energía podría trazarse en una gráfica descriptiva como la *dinámica de supervivencia*. Si usáramos la dinámica de supervivencia de un pato en una gráfica descriptiva, veríamos al pato buscando un nivel de *supervivencia* alto y el hombre sería una parte del *supresor* del pato.

El equilibrio y la naturaleza de las cosas no permiten alcanzar la meta infinita de la inmortalidad. En un equilibrio fluctuante y en una complejidad casi ilimitada, la vida y las energías fluyen y refluyen partiendo de la nebulosidad hasta las formas y, a través de la descomposición, vuelven otra vez a la nebulosidad*. Podrían formularse muchas ecuaciones sobre esto, pero se escapa a la esfera de nuestro presente interés.

En lo que respecta a las zonas de la gráfica descriptiva, es de relativo interés cuál es la cantidad de fuerza del supresor en contra de la dinámica de supervivencia. La dinámica es inherente a individuos, grupos y razas, y se desarrolló para resistir al supresor a través de los eones. En el caso del hombre, él lleva consigo otro nivel de técnicas ofensivas y defensivas: sus culturas. Su tecnología primaria de supervivencia es la actividad mental gobernando la acción física en el nivel consciente. Pero cada forma de vida tiene su propia tecnología, desarrollada para resolver los problemas de alimentación, protección y procreación. El grado de viabilidad de la tecnología que cualquier forma de vida desarrolla (coraza o cerebros, rapidez de movimiento o apariencia engañosa) es un índice directo del potencial de supervivencia, la inmortalidad relativa, de esa forma. Ha habido grandes trastornos en el pasado: el hombre, cuando se convirtió en el animal más peligroso del mundo (puede matar y de hecho mata o esclaviza a cualquier forma de vida, ¿no es así?), reforzó al supresor de muchas otras formas de vida y estas disminuyeron en número o desaparecieron.

Un gran cambio climático, como el que aprisionó a tantos mamuts en los hielos siberianos, puede sobrecargar el supresor sobre una forma de vida. Una gran sequía en el sudoeste americano, en tiempos no muy remotos, borró del mapa la mayor parte de una civilización india.

---

* Los Vedas; también *De la Naturaleza de las Cosas* de Lucrecio.

Un cataclismo, como una explosión del núcleo de la Tierra, si eso fuera posible, la bomba atómica o el repentino cese de la combustión en el Sol destruirían todas las formas de vida *sobre la Tierra.*

Y una forma de vida puede incluso sobrecargar el supresor sobre sí misma. Un dinosaurio destruye todo su alimento y así destruye al dinosaurio. Un bacilo de la peste bubónica ataca a sus huéspedes con tal voraz apetito que toda la generación de *pasteurella pestis* desaparece. La intención del suicida, con tales cosas, no es suicidarse; la forma de vida se ha topado con una ecuación que tiene una variable desconocida, y esa variable desconocida, desgraciadamente, contenía valor suficiente como para sobrecargar al supresor. Esta es la ecuación de "no sabía que la pistola estaba cargada". Y si el bacilo de la peste bubónica sobrecarga a su propio supresor en un área y entonces cesa de molestar a su alimento y cobijo (los animales) entonces los animales se consideran beneficiados.

Temerario, inteligente y prácticamente indestructible, el hombre ha seguido un curso considerablemente distinto al de una lucha encarnizada con "garra y colmillo" en todas las esferas. Así mismo lo han hecho la secoya y el tiburón. Simplemente como forma de vida, el hombre, como cualquier forma de vida, es "simbiótico". La vida es un esfuerzo de grupo. A los líquenes, el plancton y las algas les puede ir muy bien con luz solar y minerales únicamente, pero ellos son los componentes fundamentales. Por encima de esa existencia, según las formas se hacen más complejas, existe una tremenda interdependencia.

Está muy bien que un guardabosques crea que ciertos árboles matan intencionadamente a todas las otras variedades de árboles a su alrededor y entonces llegue a la conclusión de que los árboles tienen una "actitud" engañosa. Deja que lo mire otra vez. ¿Qué dio origen a la tierra del suelo? ¿Qué proporciona los medios para mantener el equilibrio de oxígeno? ¿Qué hace posible que la lluvia caiga en otras áreas? Estos árboles malintencionados y asesinos. Y las ardillas plantan árboles. Y el hombre planta árboles. Y los árboles cobijan árboles de otro tipo. Y los animales fertilizan los árboles. Y los árboles cobijan animales. Y los árboles mantienen firme la tierra del suelo de forma que las plantas con raíces menos fuertes puedan crecer. Miramos en cualquier y en toda dirección y vemos a la vida apoyando a la vida. La multitud de complejidades de la vida como afinidades por la vida no son espectaculares. Pero son la razón constante, práctica e importante de que la vida pueda siquiera continuar existiendo.

Una secoya puede estar aislada de otras secoyas, y aunque da muy bien la impresión de existir sola como una secoya, una mirada más de cerca mostrará que tiene dependencias y que se depende de ella.

Por lo tanto, puede verse que a la dinámica de cualquier forma de vida le ayudan muchas otras dinámicas y se combina con ellas en contra de los factores supresivos. *Nadie sobrevive solo.*

Se ha dicho que la necesidad es algo maravilloso. Pero necesidad es una palabra que se ha dado por sentada bastante a la ligera. Parece que el oportunismo se ha entendido ampliamente como necesidad. ¿Qué es necesidad? Además de ser la "madre de la invención", ¿es una cosa dramática y repentina que justifica guerras y asesinatos, que afecta al hombre solo cuando está a punto de morir de hambre? ¿O es la necesidad una magnitud mucho más suave y menos dramática? "Todo", según Leucipo, "está impulsado por la necesidad". Este ha sido un punto fundamental de mucha teorización a través de los tiempos. *Impulsado,* esta es la clave del error. Impulsadas, las cosas son impulsadas. La necesidad impulsa. El dolor impulsa. La necesidad y el dolor, el dolor y la necesidad.

Recordando lo dramático y pasando por alto lo importante, el hombre se ha concebido a sí mismo, de vez en cuando, como un objeto acosado por la necesidad y el dolor. Estas eran dos cosas antropomorfas (de forma humana) que, completamente equipadas, le punzaban con lanzas. Puede decirse que se trata de un concepto equivocado, simplemente porque no funciona para producir más respuestas.

Lo que haya de necesidad está *dentro* de él. Nada lo impulsa, excepto su ímpetu original por sobrevivir. Y lleva esto en sí mismo o en su grupo. Dentro de él está la fuerza con la que repele el dolor. Dentro de él está la fuerza con la que atrae el placer.

Resulta ser un hecho científico que el hombre es un organismo autodeterminado, hasta el límite más extremo en que pueda serlo cualquier forma de vida, pues todavía depende de otras formas de vida y de su entorno general. Pero él es autodeterminado. Este es un asunto que se tratará más adelante. Pero aquí mismo, es necesario indicar que no es de forma inherente un organismo determinado en el sentido de que se le impulse maravillosamente a base de estímulo-respuesta, teoría la cual parece tan ingeniosa en ciertos libros de texto, y que resulta tan completamente impracticable en el mundo del hombre. Los encantadores ejemplitos sobre ratas no sirven cuando hablamos del *hombre*. Cuanto más complejo es el organismo, menos se puede confiar en que la ecuación de estímulo-respuesta funcione. Y cuando se llega a esa máxima complejidad que es el hombre, se ha alcanzado un buen grado de variabilidad en términos de estímulo-respuesta. Cuanto más consciente y más racional es un organismo, más autodeterminado es ese organismo. Como todas las cosas, el autodeterminismo es relativo. Sin embargo, en comparación con una rata, el hombre es de hecho muy autodeterminado. Esto es únicamente un hecho científico porque puede demostrarse fácilmente.

Cuanto más consciente es el hombre, menos es un instrumento de "apretar el botón". En estado aberrado y reducido, puede hacérsele actuar, naturalmente, en un grado limitado, como una marioneta; pero entonces se entiende que cuanto más aberrada esté una persona, más se acerca al coeficiente de inteligencia de un animal.

Dado este autodeterminismo, es interesante observar qué es lo que hace un hombre con él. Aunque nunca se pueda escapar de la ecuación "no sabía que estaba cargada", en términos de cataclismo o del beneficio inesperado de alguna otra forma de vida, él actúa en una zona de alto nivel de potencial de supervivencia. Pero aquí está, autodeterminado, racional, con su arma primaria, la mente, en excelente estado de funcionamiento. ¿Cuáles son sus instintos de necesidad?

La necesidad, según ese artículo tan sensato, si bien sujeto a rápidos cambios de tema, que es el diccionario, es: "el estado de ser necesario; aquello que es inevitable; compulsión". También añade que necesidad es "pobreza extrema", pero nosotros no queremos *eso*. Estamos hablando de supervivencia.

La compulsión mencionada puede reevaluarse en términos de la dinámica de supervivencia. Esto es interno en el organismo y en la raza. ¿Y qué es "necesario" para la supervivencia?

Hemos visto, y podemos demostrar clínicamente que hay dos factores en acción. La necesidad de evitar el dolor es un factor porque, poco a poco, pequeñas cosas que en sí no son mucho, pueden acumularse para formar grandes dolores que, combinados en esa rápida progresión geométrica, producen la muerte. Dolor es la tristeza de ser regañado por un trabajo mal hecho, porque eso podría llevarlo al despido, que podría llevarlo a morirse de hambre, que podría acarrearle la muerte. Desarrolla cualquier ecuación en la que ha entrado el dolor y verás que se reduce a una posible contrasupervivencia. Y si esto fuera todo lo que hubiera con respecto a sobrevivir, y si la necesidad fuera un pequeño gnomo perverso con un tridente, parece bastante obvio que habría escasas razones para seguir viviendo. Pero está la otra parte de la ecuación: el placer. Esa es una parte más estable que el dolor, pese a los estoicos, según lo demuestran las pruebas clínicas de Dianetics.

Hay por lo tanto una necesidad de placer, de trabajar, como la felicidad se puede definir, hacia metas conocidas por encima de obstáculos no incognoscibles. Y la necesidad de placer es tal, que para obtenerlo puede soportarse una gran cantidad de dolor. El placer es el patrimonio positivo. Es gozar del trabajo, es contemplar las obras bien hechas, es un buen libro o un buen amigo; es despellejarse las rodillas escalando el Matterhorn; es escuchar al niño decir papi por primera vez; es un bullicioso festejo en el Bund de Shangai o el silbido de *amour* desde un portal; es aventura y esperanza y entusiasmo y "algún día aprenderé a pintar"; es comer una buena comida o besar a una chica guapa o jugarse un buen farol en la bolsa de valores. Es lo que el hombre hace que disfruta hacer; es lo que el hombre hace que disfruta contemplar; es lo que el hombre hace que disfruta recordar; y puede ser simplemente la conversación sobre cosas que él sabe que no hará nunca.

El hombre soportará una gran cantidad de dolor para obtener un poco de placer. Fuera, en el laboratorio del mundo, se tarda muy poco en confirmar eso.

¿Y cómo encaja la necesidad en este panorama? Hay una necesidad de placer, una necesidad tan viva, tan vibrante y tan vital como el corazón humano en sí mismo. Aquél que dijo que un hombre que tuviera dos hogazas de pan debería vender una para comprar jacintos blancos, dijo una gran verdad. Lo creativo, lo constructivo, lo bello, lo armonioso, lo audaz, sí, e incluso escapar de las fauces del olvido, estas cosas son placer y estas cosas son necesidad. Hubo una vez un hombre que había caminado mil millas solo para ver un naranjo, y otro, que era una masa de cicatrices y huesos desajustados, que ansiaba tener la oportunidad de "espolear otro potro salvaje".

Está muy bien el morar en las alturas de algún Olimpo y escribir un libro sobre castigos, y está muy bien leer para encontrar lo que unos escritores dijeron que otros escritores decían, pero no es muy práctico.

La teoría del impulso por medio del dolor no funciona. Si algunos de estos principios básicos de Dianetics fueran solo poesía en torno al estado idílico del hombre, podrían justificarse como tal. Pero resulta que allá afuera en el laboratorio del mundo, funcionan.

El hombre, en afinidad con el hombre, sobrevive. Y esa supervivencia es placer. ✦

Las Cuatro Dinámicas

En las ecuaciones originales de Dianetics, cuando la investigación estaba en sus primeras etapas, se creía que la *supervivencia* podría contemplarse en términos personales únicamente y aun así responder a todas las condiciones. Una teoría solo es buena en la medida en que funciona. Y funciona en la medida en que explique los datos observados y prediga nueva información que, de hecho, se encontrará que existe.

La supervivencia se computó en términos personales, hasta que se pudo explicar teóricamente la totalidad de la actividad del hombre en términos de *él mismo* únicamente. La lógica parecía bastante válida. Pero después se aplicó al mundo. Algo andaba mal: no resolvía los problemas. De hecho, la teoría de la supervivencia en términos personales únicamente era tan inviable que dejaba sin explicación la mayor parte de los fenómenos del comportamiento. Pero se podía computar y todavía tenía buen aspecto.

Fue entonces cuando surgió una idea casi intuitiva. La comprensión del hombre se desarrolló en proporción a su reconocimiento de su fraternidad con el Universo. Eso era altisonante, pero produjo resultados.

¿Era el propio hombre una hermandad del hombre? Había evolucionado y se había hecho fuerte como un ser gregario, un animal que cazaba en manadas. Parecía posible que todas sus actividades pudieran computarse en términos de la supervivencia del grupo. Se hizo esa computación. Parecía adecuada. El hombre sobrevivía, se postuló, únicamente en términos de la supervivencia de su grupo. Parecía adecuada, pero dejaba sin explicación la mayoría de los fenómenos observados.

Se intentó entonces explicar el comportamiento del hombre en términos de la Humanidad únicamente, es decir, se supuso que la Humanidad sobrevivía para la Humanidad de una forma altamente altruista. Esto iba claramente por la senda bucólica de Jean Jacques Rousseau. Podía computarse que el hombre vivía solo para la supervivencia de toda la Humanidad. Pero cuando esto se llevó al laboratorio (el mundo) no funcionó.

Finalmente, se recordó que algunos habían pensado que toda la actividad del hombre y todo su comportamiento podían explicarse mediante la suposición de que vivía únicamente para el sexo. Esta no era una suposición original. Pero en función de ella se hicieron algunas computaciones originales, y es cierto que mediante unos cuantos cambios rápidos de la ecuación se podía hacer que su actividad de supervivencia se resolviera únicamente en función del sexo. Pero cuando esto se aplicó a los datos observados, una vez más fracasó en explicar todos los fenómenos.

Se procedió a examinar lo que se había intentado. Se había supuesto que el hombre sobrevivía solo para sí mismo como individuo; se había computado que sobrevivía solo para el grupo, la manada, para la sociedad; se había postulado que sobrevivía solo para la Humanidad; y finalmente, se había teorizado que vivía solo para el sexo. *Ninguna de estas funcionó por sí sola.*

Se hizo una nueva computación sobre la dinámica de supervivencia. ¿Para qué estaba sobreviviendo el hombre exactamente? Todos estos factores, *uno mismo, el sexo, el grupo* y *la Humanidad*, se introdujeron en una ecuación nueva. Y ahora se encontró que se disponía de una teoría que funcionaba. Explicaba todos los fenómenos observados y predecía nuevos fenómenos que se descubrió que existían. ¡Por lo tanto, era una ecuación científica!

A partir de la dinámica de supervivencia, de esta manera, se desarrollaron las cuatro dinámicas. Con *dinámica de supervivencia* se quiere decir la orden básica "¡SOBREVIVE!", que subyace a toda actividad. Con *dinámica* se quiere decir una de las cuatro divisiones de propósito de todo el principio dinámico. Las cuatro *dinámicas* no son fuerzas nuevas, son subdivisiones de la fuerza primaria.

LA DINÁMICA UNO es el impulso hacia la máxima supervivencia por parte del individuo y para sí mismo. Incluye a sus simbiontes directos*, la extensión de la cultura para su propio beneficio, y la inmortalidad del nombre.

LA DINÁMICA DOS es el impulso del individuo hacia la máxima supervivencia mediante el acto sexual, la creación y la crianza de los hijos. Incluye a sus simbiontes, la extensión de la cultura para ellos, y su provisión futura.

LA DINÁMICA TRES es el impulso del individuo hacia la máxima supervivencia del grupo. Incluye a los simbiontes del grupo y la extensión de su cultura.

LA DINÁMICA CUATRO incluye el impulso del individuo hacia la máxima supervivencia para toda la Humanidad. Incluye a los simbiontes de la Humanidad y la extensión de su cultura.

La vida, el átomo y el universo, y la energía en sí se incluyen en la categoría simbiótica.

Se verá inmediatamente que estas cuatro dinámicas son en realidad un espectro sin líneas divisorias precisas. Puede verse que la dinámica de supervivencia parte del individuo para abarcar la totalidad de la especie y sus simbiontes.

---

* El significado dianético de *simbionte* se amplía más allá de la definición del diccionario para significar: "Todos y cada uno de los seres vivos y formas de energía que dependen mutuamente para la supervivencia". El átomo depende del Universo, el Universo depende del átomo.

Ninguna de estas dinámicas es necesariamente más fuerte que cualquiera de las otras. Cada una es fuerte. Son los cuatro caminos que un hombre toma hacia la supervivencia. Y los cuatro caminos son de hecho un camino. Y el único camino es, en realidad, un espectro de miles de caminos contenidos en los cuatro. Todos están en términos de pasado, presente y futuro en el sentido de que el presente puede ser una suma del pasado, y el futuro puede ser el producto del pasado y el presente.

Se puede considerar que todos los propósitos del hombre se encuentran dentro de ese espectro, y así se explica todo comportamiento.

El que el hombre sea egoísta es una afirmación válida cuando se trata de un hombre *aberrado*. El que el hombre sea antisocial es una afirmación igualmente válida si se añade el modificador de la aberración. Y otras afirmaciones de este tipo se resuelven de la misma manera.

Ahora bien, resulta que estas cuatro dinámicas pueden observarse compitiendo entre sí, al actuar dentro de un individuo o de una sociedad. Hay un motivo racional para esto. La frase "rivalidad social" es una combinación de comportamiento aberrado y de dificultades perceptivas.

Cualquier hombre, grupo o raza puede estar en competición con cualquier raza, grupo u hombre, e incluso en competición con el sexo en un nivel completamente racional.

La Ecuación de la Solución Óptima sería que *un problema bien resuelto es aquel que representa el máximo bien para el máximo número de dinámicas.* Es decir, que cualquier solución, modificada por el tiempo disponible para poner en práctica la solución, debería ser creativa o constructiva para el mayor número posible de dinámicas. La solución óptima para cualquier problema sería una solución que lograra el máximo beneficio en todas las dinámicas. Esto significa que a un hombre, al tomar una decisión respecto a algún proyecto, le iría mejor si beneficiara a todo lo referente a las cuatro dinámicas según su proyecto las afectara. Tendría entonces que beneficiarse él mismo, también, para que la solución fuera óptima. En otras palabras, beneficiar a las Dinámicas del Grupo y de la Humanidad, pero bloquear a la Dinámica del Sexo y a la Dinámica de Uno Mismo sería bastante inferior a la mejor solución. La *pauta de conducta de supervivencia* está construida sobre esta Ecuación de la Solución Óptima. Es la ecuación básica de todo comportamiento racional y es la ecuación sobre la que funciona el Clear. Es inherente al hombre.

En otras palabras, la mejor solución a cualquier problema es aquella que traerá el mayor bien al mayor número de seres, incluyendo a uno mismo, a la progenie, a los parientes, a los grupos políticos y raciales y, finalmente, a toda la Humanidad. El mayor bien puede requerir también algo de destrucción, pero la solución se deteriora en proporción a la destructividad empleada. El autosacrificio y el egoísmo son por igual reductores de la ecuación de la acción óptima y por igual se ha sospechado y se debe sospechar de ellos.

Esto es enteramente una cuestión de: *¿funciona?* Aun de una forma no aberrada, hay veces en que una u otra de estas dinámicas tiene que sacarse de la computación de alguna actividad y, en realidad, pocos problemas son tan completamente intensos como para que deban tenerse en cuenta todas las dinámicas. Pero cuando un problema alcanza tal intensidad, y el tiempo no es un factor importante, la omisión de una u otra de las dinámicas en los factores considerados puede ocasionar errores serios.

En el caso de un Napoleón "salvando a Francia", a costa del resto de la Humanidad en Europa, la Ecuación de la Solución Óptima se descuidó tanto que se perdieron todos los beneficios revolucionarios que el pueblo francés había logrado. En el caso de César "salvando a Roma", la ecuación se llevó a cabo de forma tan deficiente que se impidió la supervivencia de Roma.

Pero hay casos especiales en que la Ecuación de la Solución Óptima se complica tanto con el tiempo, que ciertas dinámicas tienen que descuidarse para permitir que otras dinámicas persistan. El caso de un marinero que entrega su propia vida para salvar su barco, responde a la Dinámica de Grupo. Tal acción es una solución válida a un problema, pero viola la solución *óptima* porque no respondió a la Dinámica Uno: uno mismo.

Podrían citarse muchos ejemplos de diversas clases en que una u otra de las dinámicas, forzosamente, tiene que recibir prioridad, todo ello de forma completamente racional.

Sobre una base aberrada la ecuación sigue siendo válida, pero se ve complicada por irracionalidades que no forman parte de la situación. Muchas soluciones resultan malas meramente debido a datos educacionales falsos, o por ausencia total de datos. Pero estas siguen siendo soluciones. En el caso de las soluciones aberradas, las dinámicas se obstruyen real y activamente, como se explicará plenamente más adelante. ◈

RESUMEN

EL PRINCIPIO Dinámico de la Existencia es la SUPERVIVENCIA.

Esta supervivencia puede graduarse en cuatro zonas, significando cada una progresivamente una mejor oportunidad de alcanzar el potencial de la inmortalidad. La Zona 0 parte del linde de la muerte e incluye la apatía; la Zona 1 parte del linde de la apatía e incluye el esfuerzo violento; la Zona 2 parte del linde de la violencia hacia un éxito mediocre pero no totalmente satisfactorio; la Zona 3 parte del linde de lo mediocre a la posibilidad excelente. Cada una de estas zonas está causada por la proporción entre el *supresor* y la *dinámica de supervivencia*. En la apatía, Zona 0, el supresor parece demasiado grande para ser vencido. En el área de la violencia, Zona 1, el supresor supera más o menos a la dinámica de supervivencia, exigiendo un esfuerzo enorme que, cuando se emplea sin resultado, hace caer al organismo en la Zona 0. En el área de la mediocridad, Zona 2, el supresor y la dinámica de supervivencia están más o menos equilibrados de forma equitativa. En el área de la Zona 3, la dinámica de supervivencia ha vencido al supresor y, siendo excelentes las posibilidades de supervivencia, esta es el área de mejor respuesta a los problemas. Estas cuatro zonas podrían clasificarse como: la zona de ninguna esperanza, la zona de acción violenta, el área de equilibrio y el área de esperanza elevada. El experimento clínico es la base de estas zonas, ya que estas siguen un progreso del ser mental o físico según este asciende desde el área de la muerte hacia la de la existencia elevada.

Las cuatro *dinámicas* son subdivisiones de la *dinámica de supervivencia* y son, en la Humanidad, el empuje hacia la supervivencia potencial en términos de entidades. Abarcan todos los propósitos, las actividades y el comportamiento de la Humanidad. Podría decirse que son una *pauta de conducta de supervivencia*. La primera de ellas, aunque no necesariamente la más importante, ni tampoco la que recibirá prioridad en los diversos esfuerzos, es la Dinámica Individual, la DINÁMICA UNO, que incluye la supervivencia personal del individuo como persona viviente y la supervivencia de sus simbiontes personales. La DINÁMICA DOS es el empuje hacia la inmortalidad potencial mediante los hijos e incluye toda actividad sexual, así como los simbiontes de los hijos. La DINÁMICA TRES es la supervivencia en términos del grupo, que puede incluir cosas como un club, una compañía militar, una ciudad, un estado, una nación; esta incluiría los simbiontes del grupo. La DINÁMICA CUATRO es el impulso hacia la inmortalidad potencial de la Humanidad como especie y los simbiontes de la Humanidad. En estas categorías queda abarcada cualquier parte de la existencia, cualquier forma de materia y, de hecho, el Universo.

Cualquier problema o situación que pueda descubrirse dentro de las actividades o los propósitos de la Humanidad, se encuentra comprendido dentro de estas dinámicas.

La Ecuación de la Solución Óptima es inherente al organismo y, modificada por la educación o por el punto de vista, y modificada ulteriormente por el tiempo, es el método de actuación de los individuos no aberrados, los grupos o la Humanidad. La Ecuación de la Solución Óptima siempre está presente, aun en individuos gravemente aberrados, y se aplica en función de su educación, punto de vista y tiempo disponible. La aberración no elimina la actividad de las dinámicas de supervivencia. La conducta aberrada es una conducta de supervivencia *irracional*, y toda su intención está dirigida a la supervivencia. Que la intención no se corresponda con el acto, no erradica la intención.

ESTOS SON LOS AXIOMAS
FUNDAMENTALES DE DIANETICS:

El Principio Dinámico de la Existencia: ¡SOBREVIVE!

La *supervivencia*, considerada como el Propósito único y exclusivo, se subdivide en cuatro *dinámicas*. Con *simbionte* se quiere decir todas las entidades y energías que ayudan a la supervivencia.

LA DINÁMICA UNO es el impulso del individuo hacia la supervivencia del individuo y sus simbiontes.

LA DINÁMICA DOS es el impulso del individuo hacia la supervivencia mediante la procreación; incluye tanto el acto sexual como la crianza de la progenie, el cuidado de los hijos y el de sus simbiontes.

LA DINÁMICA TRES es el impulso del individuo hacia la supervivencia para el grupo, o del grupo para el grupo, e incluye a los simbiontes de ese grupo.

LA DINÁMICA CUATRO es el impulso del individuo hacia la supervivencia para la Humanidad, o el impulso hacia la supervivencia de la Humanidad para la Humanidad, así como también del grupo para la Humanidad, etc., e incluye a los simbiontes de la Humanidad.

La *meta absoluta* de la supervivencia es la inmortalidad o supervivencia infinita. El individuo busca esto por sí mismo como organismo, como espíritu o como nombre, o como sus hijos, como un grupo del cual es miembro, o como la Humanidad y la progenie y los simbiontes de otros, así como los suyos propios.

La recompensa de la actividad de supervivencia es el *placer*.

El máximo castigo de la actividad destructiva es la muerte o la total contrasupervivencia, y es *dolor*.

Los éxitos elevan el potencial de supervivencia hacia la supervivencia infinita.

Los fracasos disminuyen el potencial de supervivencia hacia la muerte.

ʰente humana se dedica a percibir y retener datos, a formar o computar conclusiones, así como a plantear y resolver problemas relacionados con organismos a lo largo de las cuatro dinámicas; y el propósito de la percepción, retención, conclusión y resolución de problemas es el de dirigir su propio organismo y simbiontes y otros organismos y simbiontes a lo largo de las cuatro dinámicas hacia la supervivencia.

La *inteligencia* es la capacidad de percibir, plantear y resolver problemas.

La *dinámica* es la tenacidad hacia la vida, y el vigor y la persistencia en la supervivencia.

Tanto la *dinámica* como la *inteligencia* son necesarias para la persistencia y el logro, y ninguna es una cantidad constante de individuo a individuo, de grupo a grupo.

Las *dinámicas* se ven inhibidas por engramas que las obstaculizan y dispersan la fuerza vital.

La *inteligencia* se ve inhibida por engramas, que alimentan al analizador con datos falsos o incorrectamente calificados.

La *felicidad* es la superación de obstáculos no desconocidos hacia una meta conocida y, pasajeramente, la contemplación del placer o el entregarse a este.

La *mente analítica* es aquella parte de la mente que percibe y retiene datos de experiencias para plantear y resolver problemas, y dirigir al organismo a lo largo de las cuatro dinámicas. *Piensa basándose en diferencias y semejanzas.*

La *mente reactiva* es aquella parte de la mente que archiva y retiene el dolor físico y la emoción dolorosa, y trata de dirigir al organismo únicamente a base de estímulo-respuesta. *Solo piensa basándose en identidades.*

La *mente somática* es aquella mente que, dirigida por la mente analítica o la reactiva, pone en práctica las soluciones en el nivel físico.

Una *pauta de entrenamiento* es aquel mecanismo de estímulo-respuesta dispuesto por la mente analítica para ocuparse de la actividad habitual o de la actividad de emergencia. Permanece en la mente somática, y la mente analítica puede cambiarla a voluntad.

Hábito es aquella reacción de estímulo-respuesta dictada por la mente reactiva a partir del contenido de los engramas y ejecutada por la mente somática. Puede ser cambiado solo por aquellas cosas que cambian los engramas.

Las *aberraciones*, entre las que se incluye todo comportamiento perturbado o irracional, están causadas por engramas. Son estímulo-respuesta pro- y contrasupervivencia.

Los *males psicosomáticos* están causados por engramas.

El *engrama* es la única fuente de aberraciones y males psicosomáticos.

Los momentos de "inconsciencia", en los que la mente analítica está atenuada en mayor o menor grado, son los únicos momentos en los que pueden recibirse engramas.

El *engrama* es un momento de "inconsciencia" que contiene dolor físico o emoción dolorosa y todas las percepciones, y no está disponible para la mente analítica como experiencia.

La *emoción* se compone de tres cosas: respuesta engrámica a situaciones, dosificación endocrina del cuerpo ante situaciones en un nivel analítico, y la inhibición o el fomento de la fuerza vital.

El *valor potencial* de un individuo o de un grupo se puede expresar mediante la ecuación:

$$VP = ID^x$$

donde I es Inteligencia y D es Dinámica.

La *valía* de un individuo se computa en términos del alineamiento, en cualquier dinámica, de su valor potencial con la supervivencia en esa dinámica. Un alto VP puede, debido a un vector invertido, resultar en un valor negativo, como sucede en algunas personas fuertemente aberradas. Un alto VP en cualquier dinámica *asegura* una valía elevada solo en la persona no aberrada. ✦

La Única Fuente de Todas las Enfermedades Mentales Inorgánicas y Psicosomáticas Orgánicas

LIBRO DOS

La Mente Analítica *y los* Bancos *de* Memoria Estándar

Este capítulo inicia la búsqueda del error humano y dice dónde no está.

Puede considerarse que la mente humana tiene tres divisiones principales: primero, está la *mente analítica;* segundo, está la *mente reactiva;* y tercero, está la *mente somática.*

Considérese la mente analítica como una máquina computadora. Esto es una analogía porque la mente analítica, aunque se comporta como una máquina computadora, es aún más fantásticamente capaz que cualquier máquina computadora que se haya construido jamás, e infinitamente más compleja. Podría llamársele "mente computacional" o la "egsusheyftef". Pero para nuestros fines, el de mente analítica como nombre descriptivo servirá. Esta mente podría encontrarse en los lóbulos prefrontales (hay algún indicio de eso) pero este es un problema de estructura y nadie sabe realmente acerca de la estructura. Así es que a esta parte computacional de la mente le llamaremos "mente analítica" porque analiza datos.

El *monitor* se puede considerar como parte de la mente analítica. Al monitor se le podría llamar el centro de consciencia de la persona. Este, hablando sin precisión estricta, *es* la persona. Durante miles de años se le han hecho aproximaciones con diversos nombres, reduciéndose cada uno de ellos al "yo". El monitor tiene bajo su control a la mente analítica. No la tiene bajo su control porque se le haya dicho, sino simplemente porque así es de forma inherente. No es un demonio que vive en el cráneo ni un hombrecillo que vocaliza nuestros pensamientos. Es el "yo". No importa cuántas aberraciones pueda tener una persona, el "yo" siempre es el "yo". No importa lo "Clear" que llegue a ser una persona, el "yo" sigue siendo el "yo". El "yo" puede estar sumergido, de vez en cuando, en un aberrado, pero siempre está presente.

La mente analítica muestra varias evidencias de ser un órgano, pero como sabemos tan poco en esta época sobre la estructura, todo el conocimiento estructural de la mente analítica tendrá que venir después de que sepamos qué es lo que hace. Y en Dianetics, sabemos eso con *precisión*, por primera vez. Se sabe, y se puede demostrar fácilmente, que la mente analítica, ya sea un órgano del cuerpo o varios, se comporta como se esperaría que lo hiciera cualquier máquina computadora en buen estado.

¿Qué le pedirías a una máquina computadora? La acción de la mente analítica (o analizador) es todo lo que cualquiera pudiera pedirle a la mejor computadora disponible. Puede hacer y hace todos los trucos de una computadora. Y además y por encima de todo esto, dirige la construcción de computadoras. Y es tan rigurosamente exacta como jamás haya sido computadora alguna. La mente analítica no es simplemente una *buena* computadora, es una computadora *perfecta*. Jamás comete un error. No puede equivocarse en forma alguna mientras un ser humano esté razonablemente intacto (a menos que algo le haya arrebatado una pieza de su equipo mental).

La mente analítica es incapaz de error, y está tan segura de que es incapaz de error, que todo lo resuelve basándose en que no puede cometer un error. Si una persona dice: "No puedo sumar", quiere decir que nunca le enseñaron a sumar o que tiene una aberración con respecto a sumar. No significa que algo ande mal con la mente analítica.

Mientras todo el ser es, en un estado aberrado, gravemente capaz de errar, la mente analítica, sin embargo, no lo es. Porque una computadora es tan buena como los datos con los que opera, y no mejor. La aberración, entonces, surge de la naturaleza de los datos ofrecidos a la mente analítica como problema a computarse.

La mente analítica tiene sus bancos de memoria estándar. Tampoco nos concierne en este momento dónde están ubicados estos estructuralmente. Para operar, la mente analítica necesita tener percepciones (datos), memoria (datos) e imaginación (datos).

Hay otro banco de almacenaje de datos y otra parte de la mente humana que contienen aberraciones y son la fuente de las demencias. Trataremos éstas en detalle más adelante, y no deben confundirse con la mente analítica ni con los bancos de memoria estándar.

Ya sea que se evalúen o no correctamente los datos contenidos en los bancos de memoria estándar, todo está ahí. Los diversos sentidos reciben información, y esta información se archiva directamente en los bancos de memoria estándar. No pasa primero por el analizador. Se archiva, y el analizador la obtiene entonces de los bancos estándar.

Hay varios de estos bancos estándar y se pueden copiar en sí, de manera que haya varios bancos de cada clase. La naturaleza parece generosa en estas cosas. Hay un banco o conjunto de bancos para cada percepción. Estos pueden considerarse como estantes de datos archivados en un sistema de índices cruzados que haría corroerse de envidia a cualquier oficial de los servicios secretos. Cualquier *percepción* aislada se archiva como *concepto*. La visión de un coche en movimiento, por ejemplo, se archiva en el banco de visión en color y en movimiento del momento en que se vio, en índice cruzado con el área en que se vio, en índice cruzado con todos los datos sobre coches, en índice cruzado con pensamientos sobre coches, etc., etc., con el archivo adicional de conclusiones del momento (corriente del pensamiento) y corrientes de pensamiento del pasado con todas sus conclusiones. El sonido de ese coche se archiva, de modo similar, desde los oídos directamente en el banco de sónico y se dispone copiosamente en índices cruzados como antes. Las otras sensaciones de ese momento también se archivan en sus propios bancos.

Ahora, puede ser que todo el archivo se haga en un solo banco. Sería más sencillo de esta manera. Pero aquí no estamos considerando la estructura, sino el funcionamiento mental. Algún día, alguien descubrirá cómo están archivados exactamente. Ahora mismo, la función de archivo es todo lo que nos interesa.

Toda percepción: vista, sonido, olor, tacto, gusto, sensación orgánica, dolor, ritmo, cinestesia (peso y movimiento muscular) y emoción se archiva por completo, adecuada y ordenadamente, en los bancos estándar. No importa cuántas aberraciones tenga una persona físicamente intacta, o si cree que puede o no contener estos datos o recordarlos, el archivo está ahí y está completo.

Este archivo se inicia en un periodo muy temprano, lo cual se tratará con mayor amplitud más adelante. A partir de entonces, sigue discurriendo consecutivamente, tanto si el individuo está dormido como si está despierto, excepto en momentos de "inconsciencia"*, durante toda una vida. Al parecer tiene una capacidad infinita.

La cantidad de estos conceptos (*concepto* significa aquello que se retiene después de que algo se ha percibido) haría tambalearse a la computadora de un astrónomo. La existencia y profusión de las memorias retenidas se descubrió y estudió en un gran número de casos, y se pueden examinar en cualquiera por medio de ciertos procesos.

Todo lo que hay en este banco es correcto en lo concerniente a la sola acción de la percepción. Puede haber errores orgánicos en los órganos de percepción, como la ceguera o la sordera (cuando son físicos, no producidos por aberración) que dejarían espacios en blanco en los bancos; y puede haber impedimentos orgánicos, como la sordera orgánica parcial, que dejarían secciones parcialmente en blanco. Pero estas cosas no son errores en los bancos de memoria estándar; son simplemente ausencia de datos. Al igual que la computadora, *los bancos de memoria estándar son perfectos y registran fiable y fidedignamente.*

Ahora, una parte de los bancos estándar es sónico-semántica, o sea, las grabaciones de palabras oídas. Y una parte de los bancos es visión-semántica, es decir, las grabaciones de palabras leídas. Estas son secciones especiales de los archivos del sonido y de la vista. Un ciego que tiene que leer con los dedos, desarrolla un archivo tacto-semántico.

---

* En este libro, "inconsciencia" significa una reducción mayor o menor de la consciencia por parte del "yo"; una atenuación del poder de funcionamiento de la mente analítica.

El contenido de los archivos del habla es exactamente como se oyó, sin alteración.

Otra parte interesante de los bancos de memoria estándar es que, aparentemente, archivan el original y entregan copias exactas al analizador. Proporcionarán tantas copias exactas como se les pida, sin disminuir el original en sí del archivo. Y entregan estas copias, cada una en buen estado, con vista de color-movimiento, tono-sónico, etc.

La cantidad de información que se retiene en los bancos de memoria estándar corrientes llenaría varias bibliotecas. Pero el método de retención es invariable. Y la *potencialidad* de recordar es perfecta.

La fuente primaria del error en la computación "racional" entra en los apartados de "datos insuficientes" y "datos erróneos". El individuo, al enfrentarse diariamente a situaciones nuevas, no siempre tiene en su poder toda la información que requiere para tomar una decisión. Y puede que se le haya dicho algo de buena tinta, que no era cierto, y de lo cual, sin embargo, no encontró contraevidencia en los bancos.

Entre los bancos estándar, que son perfectos y fiables, y la computadora (la mente analítica) que es perfecta y fiable, no hay ninguna interacción irracional. La respuesta es siempre todo lo correcta que se le pueda hacer que sea a la luz de los datos disponibles, y eso es todo lo que cualquiera puede pedir de un aparato computador o de un aparato de grabación.

La mente analítica va aún más lejos de lo que uno supondría en sus esfuerzos por tener razón. Constantemente examina y sopesa las nuevas experiencias a la luz de las experiencias antiguas, forma nuevas conclusiones a la luz de las viejas conclusiones, cambia viejas conclusiones, y en general está muy ocupada teniendo razón.

Podría considerarse que las células han dado a la mente analítica un puesto de confianza sagrado para salvaguardar la colonia, y ella hace todo lo que está en su poder para llevar a cabo esa misión. Tiene datos correctos, tan correctos como sea posible, y según ellos hace computaciones correctas, tan correctas como puedan hacerse. Cuando se considera el enorme número de factores que uno maneja, por ejemplo, en la acción de conducir un coche diez manzanas, uno puede valorar lo tremendamente ocupada que puede estar esa mente analítica en tan gran número de niveles.

Ahora, antes de introducir al villano de esta obra, *la mente reactiva*, es necesario comprender algo sobre la relación de la mente analítica con el organismo en sí.

La mente analítica, cargada con responsabilidad total, está lejos de carecer de autoridad para llevar a cabo sus acciones y deseos. Por medio de los mecanismos del regulador de las funciones vitales (que maneja todas las funciones mecánicas del vivir), la mente analítica puede influir en cualquier función del cuerpo en la que desee influir.

En un estado de funcionamiento excelente (es decir, cuando el organismo no está aberrado) la mente analítica puede influir en los latidos del corazón, las glándulas endocrinas (cosas como el calcio y el azúcar en la sangre, la adrenalina, etc.), el flujo sanguíneo selectivo (pararlo en las extremidades o iniciarlo a voluntad), la orina, los excrementos, etc. Todas las funciones glandulares, de ritmo y fluidos del cuerpo *pueden* estar bajo el mando de la mente analítica. Esto no quiere decir que en una persona Clear siempre lo estén. Eso sería muy incómodo y molesto. Pero sí significa que la mente analítica puede efectuar cambios a voluntad cuando se entrena para hacerlo. Este es un asunto de prueba de laboratorio, muy fácil de realizar.

Desde hace mucho tiempo, la gente se ha mostrado "intuitiva" respecto al "poder pleno de la mente". Bueno, el poder pleno de la mente sería la mente analítica trabajando con los bancos de memoria estándar, el regulador de las funciones vitales y una cosa más.

La última cosa y la más importante es, por supuesto, el organismo. Este está bajo el mando de la mente analítica. Y la mente analítica lo controla de otras maneras aparte de la función vital. Todos los músculos y el resto del organismo pueden estar bajo el mando absoluto de la mente analítica.

Para que ella y sus circuitos se mantengan libres de menudencias y de actividades menores, la mente analítica está provista de un regulador de pautas de entrenamiento aprendidas. Mediante la educación, ella puede colocar en este regulador las pautas de estímulo-respuesta necesarias para la realización de tareas como hablar, caminar, tocar el piano, etc.

Estas pautas aprendidas no son inalterables. Como son seleccionadas por la mente analítica tras pensamiento y esfuerzo, pocas veces es necesario modificarlas; si surgen situaciones nuevas, a los músculos se les entrena en una nueva pauta. Ninguna de estas son "condicionamientos", simplemente son pautas de entrenamiento que el organismo puede usar sin que el analizador tenga que prestarles apenas atención. Con este método, se puede establecer un incontable número de pautas así, dentro del organismo. Y no son la fuente de ningún problema, puesto que se archivan por tiempo y situación, y bastará con una muy pequeña cantidad de pensamiento para anular pautas viejas en favor de otras nuevas.

Todos los músculos, voluntarios e "involuntarios", pueden estar bajo el mando de la mente analítica.

Esta es, pues, la composición de un ser consciente. No hay posibilidad de error, aparte de los errores debidos a datos insuficientes y erróneos pero aceptados (y estos últimos serán empleados por el analizador solo una vez, si en esa ocasión se demuestra que los datos son erróneos). Aquí está el reino del placer, la emoción, la creación y la construcción, e incluso la destrucción si la computación de la solución óptima dice que hay que destruir algo.

Las dinámicas sustentan las actividades de la mente analítica. El impulso hacia la supervivencia explica todas sus acciones. El hecho de que podamos comprender la sencillez fundamental del mecanismo funcional, no significa, sin embargo, que un hombre que solo actúe de esta manera sea frío o calculador o esté decidido a actuar según "la garra y el colmillo". Cuanto más se aproxime el hombre a este estado óptimo como individuo o como toda una sociedad, cuanto más viva y cordial sea esa sociedad, más honestos pueden ser sus talantes y sus acciones.

La cordura depende de la racionalidad. Aquí está la racionalidad óptima y, por tanto, la cordura óptima. Y aquí están también todas las cosas que al hombre le gusta pensar sobre cómo debería ser el hombre o, lo que viene a ser lo mismo, cómo ha representado que son sus mejores dioses. Esto es el *Clear*.

Esto es cordura. Esto es felicidad. Esto es supervivencia.

¿Dónde está el error?

La MENTE REACTIVA

ESTÁ BASTANTE ACEPTADO en la actualidad que la vida evolucionó en todas sus formas partiendo de los componentes fundamentales: el virus y la célula. La única relevancia con respecto a esto en cuanto a Dianetics es que tal premisa funciona, y de hecho, eso es todo lo que le pedimos a Dianetics. No tiene sentido aquí escribir un tomo enorme sobre biología y evolución. Podemos añadirle algunos capítulos a esas cosas, pero Charles Darwin hizo bien su trabajo y los principios fundamentales de la evolución pueden encontrarse en sus obras y en las de otros.

La premisa sobre la que se emprendió originalmente Dianetics fue la evolución. Se postuló que las células en sí tenían el impulso de sobrevivir y que ese impulso era común a la vida. Se postuló, además, que los organismos (los individuos) estaban compuestos de células, y que en realidad eran agregados de colonias de células.

Según funcionara el componente fundamental, así funcionaba el organismo. En los ámbitos finitos, y para cualesquiera de nuestros propósitos, se podía considerar al hombre como un agregado colonial de células y se podía suponer que su propósito era idéntico al propósito de sus componentes fundamentales.

La célula es una unidad de vida que está buscando sobrevivir y nada más que sobrevivir.

El hombre es una estructura de células que están buscando sobrevivir y nada más que sobrevivir.

La mente del hombre es el puesto de mando de operaciones, y está construida para resolver problemas y plantear problemas relacionados con la supervivencia y solo con la supervivencia.

La acción de la supervivencia, si fuera óptima, conduciría a la supervivencia.

La pauta óptima de conducta de supervivencia fue formulada y entonces estudiada en busca de excepciones, y no se encontró ninguna excepción.

Se descubrió que la pauta de conducta de supervivencia no solo distaba mucho de ser estéril y yerma, sino que estaba llena de actividad abundante y sumamente placentera.

Ninguno de estos postulados proscribió ningún concepto respecto al alma humana o la divinidad o la imaginación creativa. Se comprendió perfectamente que este era un estudio en el universo finito únicamente y que muy bien podrían existir esferas y reinos de pensamiento y de acción por encima de esta esfera finita. Pero también se descubrió que ninguno de estos factores era necesario para resolver el problema completo de la aberración y de la conducta irracional.

Se descubrió que la mente humana había sido flagrantemente calumniada, pues se encontró que poseía facultades que excedían con mucho a cualesquiera que se hubieran imaginado hasta ahora, ni hablar de las que han sido sometidas a prueba.

Se encontró que el carácter humano básico se había puesto en la picota porque el hombre no había sido capaz de distinguir entre la conducta irracional derivada de datos deficientes y la conducta irracional derivada de otra fuente mucho más perversa.

Si alguna vez hubo un diablo, él diseñó la mente reactiva.

Este mecanismo funcional se las arregló para desaparecer de la vista tan concienzudamente que solo la filosofía inductiva, viajando del efecto hacia la causa, sirvió para descubrirlo. El trabajo detectivesco que se invirtió en la localización de este archicriminal de la psique humana llevó muchos años. Ahora su identidad puede ser certificada por cualquier técnico de laboratorio en cualquier clínica o en cualquier grupo de hombres. Se han examinado y tratado doscientos setenta y tres individuos, representando todos los diversos tipos de enfermedades mentales inorgánicas y de las muchas variedades de males psicosomáticos. En cada uno de ellos, se encontró esta mente reactiva actuando, sin que sus principios sufrieran variación alguna. Esta es una larga serie de casos y pronto se hará más larga.

Todo el mundo posee una mente reactiva. No se encontró ningún ser humano, examinado en parte alguna, que estuviera exento de ella o libre del contenido aberrativo de su *banco de engramas*, el depósito de datos que abastece a la mente reactiva.

¿Qué es lo que hace esta mente? Bloquea el recuerdo auditivo. Coloca circuitos vocales en la mente. Hace que la gente sea sorda a los tonos. Hace que la gente tartamudee. Hace todas y cada una de las cosas que pueden encontrarse en cualquier lista de males mentales: psicosis, neurosis, compulsiones, represiones…

¿Qué puede hacer? Puede ocasionarle a un hombre artritis, bursitis, asma, alergias, sinusitis, trastornos coronarios, hipertensión sanguínea, y así sucesivamente a lo largo de todo el catálogo de males psicosomáticos, añadiendo algunos más que nunca fueron específicamente clasificados como psicosomáticos, tales como el catarro común.

Y es lo único en el ser humano que puede producir estos efectos. Es lo que invariablemente los origina.

Esta es la mente que hizo pensar a Sócrates que tenía un demonio que le daba respuestas. Esta es la mente que hizo que Calígula nombrara a su caballo para un puesto en el gobierno. Esta es la mente que hizo que César cortara las manos derechas de miles de galos; la que hizo que Napoleón redujera la estatura de los franceses una pulgada.

Esta es la mente que mantiene la guerra como una preocupación constante, la que hace que la política sea irracional, la que hace gruñir a los oficiales superiores, la que hace que los niños lloren por miedo a la oscuridad. Esta es la mente que hace que un hombre suprima sus esperanzas, la que mantiene sus apatías, la que le da indecisión cuando debería actuar y la que lo mata antes de que haya empezado a vivir.

Si alguna vez hubo un diablo, él la inventó.

Descarga el contenido del banco de esta mente, y la artritis se desvanece, la miopía mejora, la enfermedad cardiaca disminuye, el asma desaparece, los estómagos funcionan correctamente y todo el catálogo de males se va para no volver.

Descarga el banco reactivo de engramas y el esquizofrénico finalmente hace frente a la realidad, el maníaco-depresivo se lanza a lograr cosas, el neurótico deja de aferrarse a libros que le dicen cuánto necesita sus neurosis y empieza a vivir, la mujer deja de regañar a sus hijos y el dipsómano puede beber cuando quiera y dejarlo.

Estos son hechos científicos. Se contrastan invariablemente con la experiencia observada.

La mente reactiva es la fuente total de la aberración. Puede demostrarse, y se ha demostrado repetidamente, que no hay ninguna otra, pues cuando se descarga ese banco de engramas todos los síntomas indeseables se desvanecen y el hombre empieza a actuar según su pauta óptima.

Si uno estuviera buscando algo parecido a demonios en una mente humana (como los que uno observa en algunos pacientes de los manicomios), podría encontrarlos bastante fácilmente. Solo que no son demonios. Son circuitos de desviación que proceden del banco de engramas. ¡Cuántos rezos y exhortaciones se han empleado en contra de estos circuitos de desviación!

Si uno no creyera en los demonios, si uno supusiera que el hombre era bueno después de todo (como postulado, naturalmente), ¿cómo entraría en él la maldad? ¿Cuál sería la fuente de estos arrebatos dementes? ¿Cuál sería la causa de sus *lapsus linguae*? ¿Cómo llegaría a conocer el miedo irracional?

¿Por qué a uno no le cae bien su jefe, aunque su jefe siempre haya sido amable?

¿Por qué los suicidas hacen pedazos sus cuerpos?

¿Por qué el hombre se comporta destructivamente, irracionalmente, combatiendo en guerras, matando, destruyendo secciones enteras de la Humanidad?

¿Cuál es la fuente de todas las neurosis, psicosis, demencias?

Volvamos a un breve examen de la mente analítica. Examinemos sus bancos de memoria. Encontramos archivados aquí todos los conceptos sensoriales. O al menos, eso parece a primera vista. Echemos otra mirada, una mirada al factor tiempo. Hay un sentido temporal en torno a estos bancos de la mente analítica. Es muy exacto, como si el organismo estuviera equipado con un reloj excelente. Pero algo anda mal aquí en cuanto al tiempo: ¡tiene lagunas en él! Hay momentos en los que parece que nada está archivado en estos bancos estándar. Estas son lagunas que tienen lugar durante momentos de "inconsciencia", ese estado de ser causado por anestesia, drogas, lesión o conmoción.

Estos son los únicos datos que faltan de un banco estándar. Si en un trance hipnótico examinas el recuerdo que un paciente tiene de una operación, estos incidentes son los únicos periodos en los bancos que no encontrarás. Puedes encontrarlos si te molestas en mirar y no te importa lo que le pase a tu paciente; de lo que hablaremos más adelante. Pero el asunto es que falta algo que todos y en todas las épocas siempre han considerado que nunca se había registrado.

Nadie, en ninguna época, ha sido capaz de identificar con precisión la demencia. ¿Están estos dos datos de acuerdo y tienen alguna interrelación? Definitivamente, la tienen.

Hay dos cosas que parecen estar (pero no están) registradas en los bancos estándar: la *emoción dolorosa* y el *dolor físico*.

¿Cómo emprenderías la construcción de una máquina sensible de la cual dependieran los asuntos de vida y muerte de un organismo y que tuviera que ser la herramienta principal de un individuo? ¿Dejarías sus delicados circuitos expuestos a cualquier sobrecarga, o instalarías un sistema de fusibles? Si un instrumento delicado está conectado a un cable de alta tensión, se le protege con varios juegos de fusibles. Cualquier computadora estaría protegida así.

Resulta que hay algunas pruebas para apoyar la teoría eléctrica del sistema nervioso. Cuando hay dolor, hay muy fuertes sobrecargas en los nervios. Bien puede haber sido (y en otra parte se han hecho algunas computaciones de Dianetics al respecto) que el cerebro sea el que absorbe las sobrecargas de energía que resultan de alguna lesión, siendo generada la energía en sí por las células lastimadas en el área de la lesión.

Eso es teoría y no tiene cabida aquí salvo para servir de ejemplo. Nos estamos ocupando únicamente de hechos científicos ahora.

La acción de la mente analítica se suspende durante un momento de dolor intenso. De hecho la mente analítica se comporta justo como si fuera un órgano del que se desconecta el abastecimiento vital siempre que esté presente la conmoción.

Por ejemplo: un hombre golpeado en un costado por un coche queda "inconsciente", y al recuperar la "consciencia" no tiene ningún registro del periodo en que estuvo sin sentido. Esta sería una circunstancia de contrasupervivencia. Significa que no habría voluntad alguna en quien estuviera lesionado, y este es el momento en que el organismo más necesita de la voluntad. Así que, si toda la mente se desconecta cada vez que aparece el dolor, esto es contrasupervivencia. ¿Dejaría un organismo con más de mil millones de años de ingeniería biológica tras de sí un problema como este sin resolver?

En realidad, el organismo resolvió el problema. Quizá el problema sea muy difícil, biológicamente, y quizá la solución no sea muy buena, pero se han tomado grandes medidas para estos momentos en los que el organismo está "inconsciente".

La respuesta al problema de hacer que el organismo reaccione en momentos de "inconsciencia" o casi "inconsciencia", es también la respuesta a la demencia y a las enfermedades psicosomáticas y a todas aquellas extrañas peculiaridades mentales a las que la gente es propensa, y que dieron origen a la fábula de que "errar es humano".

Experimentos clínicos prueban que estas afirmaciones son hechos científicos:

1. La mente registra continuamente, en algún nivel, durante toda la vida del organismo.
2. Todos los registros de la vida están disponibles.
3. La "inconsciencia", en la cual la mente no es consciente de lo que le rodea, solo es posible en la muerte y no existe como amnesia total en la vida.
4. Todos los trastornos mentales y físicos de naturaleza psíquica se producen a partir de momentos de "inconsciencia".

5. Tales momentos se pueden localizar y drenar de carga, con el resultado de que la mente retorne a una condición óptima de funcionamiento.

La "inconsciencia" es la única fuente de la aberración. No existe una acción como el "condicionamiento mental", excepto en un nivel de entrenamiento consciente, en el que existe solo con el consentimiento de la persona.

Si te tomas la molestia de hacer el experimento, puedes tomar a un hombre, dejarlo "inconsciente", hacerle daño y proporcionarle información. Mediante la técnica de Dianetics, no importa qué información le hayas dado, esta puede ser recuperada. Este experimento no se debe hacer descuidadamente, pues *también podrías volverlo demente*.

Se puede obtener una vaga sombra de esta operación mediante la hipnosis, ya sea mediante sus técnicas habituales o con drogas. Instalando "sugestiones positivas" en un sujeto, puede hacérsele actuar como una persona demente. Esta prueba no es nueva. Ha sido bien sabido que las compulsiones o las represiones pueden ser introducidas de este modo en la psique. Los antiguos griegos estaban bastante familiarizados con ello y lo usaban para producir diversas delusiones.

Está lo que se conoce como "sugestión posthipnótica". Una comprensión de esto puede ayudar a la comprensión del mecanismo básico de la demencia. Las acciones en ambas circunstancias no son idénticas, pero son lo bastante parecidas en su esencia.

Se pone a un hombre en trance hipnótico mediante la técnica hipnótica estándar o con alguna droga hipnótica. El hipnotizador puede decirle entonces: "Cuando despiertes, hay algo que tienes que hacer. Cada vez que yo me toque la corbata, te quitarás la chaqueta. Cuando yo suelte la corbata, te pondrás la chaqueta. Ahora olvidarás que te he dicho que hagas esto".

Se despierta entonces al sujeto. Él no tiene conocimiento de forma consciente de la orden. Si se le dijera que se le había dado una orden mientras "dormía", se resistiría a la idea o se encogería de hombros, pero no lo sabría. Entonces el hipnotizador se toca la corbata. El sujeto puede hacer un comentario de que hace demasiado calor y así quitarse la chaqueta. Entonces el hipnotizador suelta la corbata. El sujeto puede decir que ahora tiene frío y volverá a ponerse la chaqueta. El hipnotizador, entonces, se toca la corbata. El sujeto puede decir que ha llevado la chaqueta al sastre y de forma muy verbosa explica finalmente por qué se la quita, quizá para ver si la costura de la espalda estaba bien cosida. Entonces, el hipnotizador suelta su corbata y el sujeto dice que está satisfecho con el sastre y vuelve a ponerse la chaqueta. El hipnotizador puede tocar su corbata muchas veces y todas ellas conseguir que el sujeto actúe.

Finalmente, por las expresiones en los rostros de la gente, el sujeto puede darse cuenta de que algo anda mal. No sabrá qué es lo que anda mal. Ni siquiera sabrá que el tocar la corbata es la señal que le hace quitarse la chaqueta. Empezará a sentirse incómodo. Puede que le saque defectos al aspecto del hipnotizador y empiece a criticar su indumentaria. Todavía no sabe que la corbata es una señal. Seguirá reaccionando y continuará ignorando que hay alguna razón extraña por la que debe quitarse la chaqueta; lo único que sabe es que se siente incómodo con la chaqueta puesta cada vez que el hipnotizador se toca la corbata, e incómodo sin la chaqueta cada vez que el hipnotizador suelta la corbata.

Estas diversas acciones son muy importantes para una comprensión de la mente reactiva. El hipnotismo es una herramienta de laboratorio. No se emplea en la terapia de Dianetics, pero ha servido como medio para examinar las mentes y obtener sus reacciones. El hipnotismo es una variable incontrolable. Pocas personas pueden ser hipnotizadas; muchas no pueden serlo. Las sugestiones hipnóticas a veces "entran en vigencia" y a veces no lo harán. A veces mejoran a las personas y a veces las ponen enfermas; la misma sugestión produce reacciones diferentes en diferentes personas. Un ingeniero sabe cómo usar una variable incontrolable. Hay algo que la hace impredecible. Encontrar la razón básica por la que el hipnotismo era una variable ayudó a descubrir la fuente de la demencia. Y la comprensión del mecanismo de la sugestión posthipnótica puede ayudar a la comprensión de la aberración.

No importa lo tonta que sea la sugestión dada a un sujeto bajo hipnosis, él la llevará a cabo de una manera u otra. Se le puede decir que se quite los zapatos o que llame a alguien a las diez del día siguiente o que coma guisantes para desayunar, y lo hará. Estas son órdenes directas, y él las obedecerá. Se le puede decir que sus sombreros no le sientan bien, y lo creerá así. Cualquier sugestión operará en el interior de su mente sin que sus niveles más altos de consciencia tengan conocimiento de ello.

Pueden darse sugestiones muy complejas. Una de estas sería la de que fuera incapaz de pronunciar la palabra "yo". La omitiría en su conversación, improvisando unos giros extraordinarios, sin "darse cuenta" de que tenía que evitar la palabra. O bien se le podría decir que jamás debe mirarse las manos, y no lo hará. Estas son *represiones*. Dadas al sujeto estando este drogado o en un sueño hipnótico, estas sugestiones actúan cuando está despierto. Y seguirán actuando hasta que el hipnotizador lo libere de ellas.

Se le puede decir que tiene necesidad de estornudar cada vez que escucha la palabra "alfombra" y que estornudará cuando se pronuncie. Se le puede decir que debe dar un salto de medio metro de altura cada vez que vea un gato, y saltará. Y hará estas cosas después de que se le haya despertado. Estas son *compulsiones*.

Se le puede decir que tendrá pensamientos muy eróticos respecto a cierta chica, pero que cuando los tenga sentirá que le pica la nariz. Se le puede decir que tiene un continuo impulso de acostarse y dormir, y que cada vez que se acueste sentirá que no puede dormir. Experimentará estas cosas. Estas son *neurosis*.

En experimentos adicionales se le puede decir, mientras se encuentra en su "sueño" hipnótico, que es el presidente del país y que los agentes del servicio secreto están tratando de asesinarlo. O se le puede decir que se le está dando veneno en todo restaurante en el que intenta comer. Estas son *psicosis*.

Se le puede informar de que en realidad es otra persona y de que posee un yate y responde al nombre de "Sir Reginald". O bien puede decírsele que es un ladrón, que tiene antecedentes penales y que la policía lo anda buscando. Estas serían demencias *esquizofrénicas* y *paranoico-esquizofrénicas*, respectivamente.

El hipnotizador puede informar al sujeto de que el sujeto es la persona más maravillosa de la Tierra y que todo el mundo así lo cree; o de que el sujeto es el objeto de adoración de todas las mujeres. Esto sería una demencia de tipo *maníaco*.

Se le puede convencer, mientras está hipnotizado, de que cuando despierte se sentirá tan mal, que no tendrá más esperanza que la muerte. Esta sería la demencia de tipo *depresivo*.

Se le puede decir que lo único en lo que puede pensar es en lo enfermo que está y que hará suyo todo trastorno sobre el que lea. Esto lo haría reaccionar como un *hipocondríaco*.

Así podríamos recorrer todo el catálogo de males mentales e, ingeniando sugestiones positivas para crear el estado de ánimo, podríamos lograr en el sujeto despierto una apariencia de cada demencia.

Se sobreentiende que estas son *apariencias*. Son similares a la demencia en el sentido de que el sujeto *actuaría* como una persona demente. No *sería* una persona demente. En el momento en que se libera la sugestión (informando al individuo de que se trataba de una sugestión) la aberración (y todas estas demencias, etc., se agrupan bajo el apartado de *aberración*) teóricamente desaparece*.

La duplicación de aberraciones de todas clases y tipos en sujetos que han sido hipnotizados o drogados, ha demostrado que hay alguna porción de la mente que no está en contacto con la consciencia, pero que contiene datos.

Fue la búsqueda de esta parte de la mente lo que condujo a la resolución del problema de la demencia, los males psicosomáticos y otras aberraciones. No se le abordó mediante el hipnotismo, y el hipnotismo es simplemente otra herramienta, una herramienta que no es útil en la práctica de Dianetics y que, de hecho, no se necesita en absoluto.

Aquí tenemos a un individuo que actúa cuerdamente, al que se le da una sugestión positiva y que luego, temporalmente, actúa de forma demente. Su cordura se reestablece mediante la liberación de la sugestión

---

* Una advertencia aquí. Estas son pruebas. Se han hecho en personas que pudieron ser hipnotizadas y a personas que no pudieron serlo pero que fueron drogadas. Proporcionaron datos valiosos para Dianetics. Estas pruebas solo se pueden reproducir cuando se conoce Dianetics, a menos que quieras volver a alguien loco realmente por accidente, pues estas sugestiones no siempre desaparecen. El hipnotismo es una variable incontrolable. Es *peligroso*, y encaja en el salón del mismo modo que querrías ahí una bomba atómica.

pasándola a su consciencia, momento en que pierde la fuerza que tiene sobre él. Pero esto es solo una apariencia del mecanismo implicado. La verdadera demencia, la que no ha sido instalada por algún hipnotizador, no es necesario que emerja a la consciencia para que se libere. Existen esta y otras diferencias entre el hipnotismo y la verdadera fuente de la aberración, pero el hipnotismo constituye una demostración de sus partes funcionales.

Revisemos el primer ejemplo de la sugestión positiva. El sujeto estaba "inconsciente", lo que quiere decir que no se encontraba en posesión de su plena consciencia o autodeterminismo. Se le dio algo que debía hacer, y ese algo estaba oculto a su consciencia. El hipnotizador le dio una señal. Cuando la señal se produjo, el sujeto llevó a cabo un acto. El sujeto dio razones para el acto que no eran las verdaderas para este. El sujeto le sacaba defectos al hipnotizador y a la indumentaria del hipnotizador, pero no se daba cuenta de que era la corbata la que daba la señal para la acción. Se liberó la sugestión, y el sujeto ya no sintió la compulsión de llevar a cabo el acto.

Estas son las partes de la aberración. Una vez que uno sabe exactamente qué partes de qué cosa *son* aberraciones, todo el problema es muy sencillo. A primera vista parece increíble que la fuente pudiera haber permanecido tan perfectamente oculta durante tantos miles de años de investigación. Pero, reconsiderándolo, resulta prodigioso que la fuente se llegara a descubrir alguna vez, porque está escondida astutamente y bien.

La "inconsciencia" de la variedad no hipnótica es un poco más resistente. Se necesita más que algunos pases de mano para causar "inconsciencia" de la variedad que produce demencia.

La conmoción en accidentes, las anestesias empleadas para operaciones, el dolor de las lesiones y los delirios de la enfermedad son las fuentes principales de lo que llamamos "inconsciencia".

El mecanismo, en nuestra analogía de la mente, es muy sencillo. Entra una ola destructiva de dolor físico o algún veneno penetrante como el éter y se funden algunos o todos los fusibles de la mente analítica. Cuando esta queda desconectada, lo mismo sucede con lo que conocemos como los bancos de memoria estándar.

Los periodos de "inconsciencia" son lagunas en los bancos de memoria estándar. Estos periodos que faltan constituyen lo que Dianetics llama el *banco de la mente reactiva*.

Los momentos en que la mente analítica está en pleno funcionamiento, más los momentos en que la mente reactiva está en funcionamiento, son una línea continua de registro consecutivo del periodo completo de la vida.

Durante los periodos en los que la mente analítica se encuentra desconectada, ya sea total o parcialmente, la mente reactiva entra en acción total o parcialmente. En otras palabras, si la mente analítica no está en contacto de forma que está medio desconectada, la mente reactiva está conectada a medias. En realidad no es posible establecer proporciones tan exactas, pero esto es para dar una aproximación.

Cuando el individuo está total o parcialmente "inconsciente", la mente reactiva se conecta total o parcialmente. Cuando está totalmente consciente, su mente analítica se encuentra en pleno control del organismo. Cuando se reduce su consciencia, la mente reactiva se conecta y entra en circuito en la misma proporción.

Los momentos que contienen "inconsciencia" en el individuo son momentos contrasupervivencia, en general. Por lo tanto, es vital que algo tome el control, de forma que el individuo pueda realizar las acciones esperadas para salvar a todo el organismo. El luchador que pelea por sí mismo aun medio inconsciente, el hombre quemado que se arrastra fuera del fuego, estos son casos en que la mente reactiva resulta valiosa.

La mente reactiva es muy resistente. Tendría que serlo para poder enfrentarse a las oleadas de dolor que ponen fuera de combate cualquier otra sensitividad en el cuerpo. No es muy refinada. Pero es formidablemente precisa. Posee una capacidad de computación de baja categoría, una categoría que es subidiota, pero uno no esperaría otra cosa más que una baja categoría de capacidad de una mente que sigue conectada mientras el cuerpo está siendo aplastado o achicharrado.

El banco reactivo no almacena memorias según el concepto que nosotros tenemos de estas. Almacena *engramas**. *Estos* engramas son un

---

* La palabra *engrama* en Dianetics se usa en su sentido más preciso como "huella definida y permanente que un estímulo deja en el protoplasma (sustancia constitutiva de las células) de un tejido". Se considera un grupo unitario de estímulos que inciden únicamente en el ser celular.

registro completo, hasta el último y preciso detalle de cada percepción presente en un momento de "inconsciencia" parcial o total. Son tan exactos como cualquier otro registro en el cuerpo. Pero tienen su propia *fuerza*. Son como discos fonográficos o películas cinematográficas, si estas tuvieran todas las percepciones de vista, sonido, olor, gusto, sensación orgánica, etc.

La diferencia entre un engrama y una memoria, sin embargo, es muy clara. Un engrama puede estar permanentemente conectado a todos y cada uno de los circuitos del cuerpo y se comporta como una entidad.

En todas las pruebas de laboratorio sobre estos engramas, se encontró que poseían fuentes "inagotables" de poder para mandar al cuerpo. Sin importar cuántas veces se reactivara uno de ellos en un individuo, todavía era poderoso. De hecho, se volvía aún más capaz de ejercer su poder en proporción a su reactivación.

Lo único que pudo empezar a debilitar estos engramas fue la técnica que se desarrolló hasta convertirse en la terapia de Dianetics, que se tratará en su totalidad en la tercera sección de este libro.

Este es un ejemplo de un engrama: a una mujer se le derriba de un golpe. Se le deja "inconsciente". Se le dan patadas y se le dice que es una farsante, que no vale para nada, que siempre está cambiando de opinión. Se derriba una silla mientras pasa esto. Hay un grifo abierto en la cocina. Un coche pasa por la calle, afuera. El engrama contiene un registro consecutivo de todas estas percepciones: vista, sonido, tacto, gusto, olor, sensación orgánica, sentido cinético, posición de las articulaciones, registro de la sed, etc. El engrama constaría de la declaración completa que se le hizo cuando estaba "inconsciente": los tonos de la voz y la emoción en la voz, el sonido y la sensación del primer golpe y los subsiguientes, el tacto del suelo, la sensación y el sonido de la silla al derribarse, la sensación orgánica del golpe, quizás el sabor de la sangre en la boca o cualquier otro sabor presente ahí, el olor de la persona que la ataca y los olores de la habitación, el sonido del motor del coche que pasa y de los neumáticos, etc.

Todas estas cosas caerían dentro de la categoría de la "sugestión positiva". Pero hay otra cosa aquí que es nueva; algo que no está en los bancos estándar, excepto por contexto: *dolor* y *emoción dolorosa*.

Estas cosas son las que establecen la diferencia entre los bancos estándar y los bancos reactivos de engramas: el dolor físico y la emoción dolorosa. El dolor físico y la emoción dolorosa representan la diferencia entre un engrama, que es la causa de la aberración (de *toda* aberración), y una memoria*.

Todos hemos oído que la mala experiencia ayuda en la vida y que sin mala experiencia, el hombre jamás aprende. Esto puede ser muy, muy cierto, pero no incluye al engrama. Eso no es *experiencia*. Eso es *acción mandada*.

Quizá, antes de que el hombre poseyera un vocabulario extenso estos engramas le fueron de alguna utilidad. Representaban supervivencia en formas que se explicarán más adelante. Pero cuando el hombre adquirió un buen lenguaje homonímico (palabras que suenan igual pero que significan cosas diferentes) y, de hecho, cuando adquirió cualquier lenguaje, estos engramas se convirtieron mucho más en un riesgo que en una ayuda. Y ahora, con el hombre bastante evolucionado, estos engramas no lo protegen en absoluto, sino que lo vuelven loco, ineficiente y enfermo.

La prueba de cualquier afirmación está en su aplicabilidad. Cuando estos engramas se borran del banco de la mente reactiva, la racionalidad y la eficiencia aumentan enormemente; la salud mejora considerablemente, y el individuo computa racionalmente según la pauta de conducta de supervivencia, es decir, disfruta de sí mismo y de la compañía de los que le rodean, y es constructivo y creativo. Es destructivo solo cuando algo *realmente* amenaza la esfera de sus dinámicas.

Estos engramas, entonces, tienen un valor enteramente negativo en esta etapa del desarrollo del hombre. Cuando se encontraba más cerca

---

* En Dianetics, se considera que una *memoria* es cualquier concepto de percepciones almacenadas en los bancos estándar de memoria, el cual puede ser, en potencia, recordado por el "yo". Una escena contemplada por los ojos y percibida por los otros sentidos se convierte en un registro en los bancos estándar de memoria, y más tarde puede ser recordada por el "yo" para referencia.

del nivel de sus primos los animales (todos los cuales tienen mentes reactivas de este mismo tipo), los datos podrían haberle sido útiles. Pero el lenguaje y su existencia modificada convierten a cualquier engrama en un claro riesgo, y ningún engrama tiene *ningún* valor constructivo.

La mente reactiva se dispuso para asegurar la supervivencia. Todavía aparenta actuar en este sentido. Pero sus descabellados errores ahora solo conducen en la otra dirección.

Hay en realidad tres clases de engramas, todos ellos aberrativos. El primero es el *engrama contrasupervivencia*. Este contiene dolor físico, emoción dolorosa, todas las otras percepciones y una amenaza para el organismo. Una niña a la que un violador golpea, deja sin sentido y abusa de ella, recibe este tipo de engrama. El engrama contrasupervivencia contiene un antagonismo aparente o verdadero hacia el organismo.

El segundo tipo de engrama es el *engrama prosupervivencia*. Un niño a quien se ha maltratado está enfermo. Mientras está parcial o totalmente "inconsciente" se le dice que se le cuidará, que se le tiene mucho cariño, etc. Este engrama no se toma como contrasupervivencia, sino como prosupervivencia. Parece estar a favor de la supervivencia. De los dos, este último es el más aberrativo, ya que se ve reforzado por la ley de la afinidad que siempre es más poderosa que el miedo. El hipnotismo se aprovecha de esta característica de la mente reactiva, al ser un trato compasivo hacia un sujeto artificialmente inconsciente. El hipnotismo es tan limitado como es porque no contiene, como factor, dolor físico y emoción dolorosa: cosas que mantienen a un engrama fuera de la vista y anclado por debajo del nivel de "consciencia".

El tercero es el *engrama de emoción dolorosa*, que es similar a los otros engramas. Está causado por la conmoción de una pérdida repentina, como la muerte de un ser amado.

El banco de la mente reactiva se compone exclusivamente de estos engramas. La mente reactiva piensa exclusivamente con estos engramas. Y "piensa" con ellos de una forma que haría blasfemar a Korzybski, porque piensa en términos de identificación total, es decir, *identidades:* una cosa *idéntica* a otra.

Si la mente analítica hiciera una computación sobre manzanas y gusanos, probablemente esta podría formularse como sigue: algunas manzanas tienen gusanos, otras no; al morder una manzana, ocasionalmente uno encuentra un gusano, a menos que la manzana haya sido debidamente fumigada; los gusanos en las manzanas dejan agujeros.

La mente reactiva, sin embargo, haciendo una computación acerca de manzanas y gusanos según el contenido de *su* banco de engramas, calcularía de la siguiente forma: las manzanas son gusanos, son mordiscos, son agujeros en manzanas, son agujeros en cualquier cosa, son manzanas y siempre son gusanos, son manzanas, son mordiscos, etc.

Las computaciones de la mente analítica podrían abarcar los sumatorios más asombrosos del cálculo matemático, los ingeniosos giros de la lógica simbólica, las computaciones requeridas para la construcción de puentes o la confección de vestidos. Cualquier ecuación matemática que se haya visto jamás procedió de la mente analítica y podría ser usada por la mente analítica para resolver los problemas más comunes.

¡Pero no así la mente reactiva! Esta es tan hermosa y maravillosamente simple que puede afirmarse que funciona únicamente con una ecuación: A = A = A = A = A.

Comienza cualquier computación con la mente reactiva. Comiénzala con los datos que esta contiene, por supuesto. Para esta, cualquier dato es exactamente igual a cualquier otro dato en la misma experiencia.

Una computación analítica hecha sobre la mujer a la que le dieron patadas, según se mencionó, sería que las mujeres se meten a veces en situaciones en que se les da patadas y se les hace daño, y que se sabe de hombres que han dado patadas y hecho daño a las mujeres.

Una computación de la mente reactiva sobre este engrama, como engrama, sería: el dolor de la patada es *igual* al dolor del golpe, es *igual* a la silla que se derriba, es *igual* al coche que pasa, es *igual* al grifo, es *igual* al hecho de que ella es una farsante, es *igual* al hecho de que ella no vale para nada, es *igual* al hecho de que ella cambia de opinión, es *igual* a los tonos de voz del hombre, es *igual* a la emoción, es *igual* a una farsante, es *igual* a un grifo abierto, es *igual* al dolor de la patada, es *igual* a la sensación orgánica en el área de la patada, es *igual* a la silla que se derriba, es *igual* a cambiar de parecer, es *igual* a… Pero, ¿para qué continuar? Cada una de las percepciones de este engrama es *igual* a cualquier otra percepción de este engrama. ¿Qué? ¿Es eso una locura? ¡Precisamente!

Continuemos examinando nuestra sugestión positiva posthipnótica de la corbata que se toca y la chaqueta que se quita. En esta tenemos los factores visibles de cómo actúa la mente reactiva.

Esta sugestión posthipnótica solo necesita una carga emocional y dolor físico para transformarse en un engrama peligroso. En realidad, *es* una cierta forma de engrama. Es implantado por empatía entre el hipnotizador y el sujeto, lo que haría de él un engrama de compasión: prosupervivencia.

Ahora, sabemos que el hipnotizador solo tenía que tocar su corbata para que el sujeto despierto se quitara la chaqueta. El sujeto no sabía qué era lo que le hacía quitarse la chaqueta, y encontraba todo tipo de explicaciones para la acción, ninguna de las cuales era la correcta. El engrama, la sugestión posthipnótica en este caso, en realidad estaba situado en el banco de la mente reactiva. Estaba por debajo del nivel de consciencia; era una compulsión que surgía debajo del nivel de consciencia. Y actuaba sobre los músculos para hacer que el sujeto se quitara la chaqueta. Eran datos en contacto con los circuitos del cuerpo, por debajo del nivel de mando de la mente analítica, y no solo operaban sobre el cuerpo, sino también sobre la mente analítica en sí.

Si este sujeto se quitara la chaqueta cada vez que viera que alguien tocaba una corbata, la sociedad lo consideraría ligeramente loco. Y, sin embargo, no hubo poder de consentimiento sobre esto. Si él hubiera intentado frustrar al hipnotizador negándose a quitarse la chaqueta, el sujeto habría experimentado una gran incomodidad de una u otra clase.

Tomemos ahora un ejemplo de los procesos de la mente reactiva en un nivel inferior de la vida: un pez entra nadando en lugares poco profundos donde el agua es salobre, amarilla y tiene sabor a hierro. Acaba de tomar un bocado de camarón cuando un pez más grande embiste contra él y lo golpea en la cola.

El pececillo consigue escapar, pero ha sido lastimado físicamente. Teniendo poderes analíticos insignificantes, el pececillo depende de la reacción para una gran parte de la elección de su actividad.

Ahora, se le cura la cola y sigue con lo suyo. Pero un día lo ataca un pez más grande que le golpea la cola. Esta vez no es lastimado seriamente; simplemente golpeado. Pero algo ha sucedido. Algo en su interior considera que en su elección de acción ahora está siendo descuidado. Aquí hay una segunda lesión en la misma área.

La computación en el nivel reactivo del pez fue: poca profundidad es igual a salobre, es igual a amarillo, es igual a sabor a hierro, es igual a dolor en la cola, es igual a camarón en la boca, y cualquier cosa de estas es igual a cualquier otra.

El golpe en la cola en la segunda ocasión hizo *key-in* al engrama. Le demostró al organismo que algo como el primer accidente (pensamiento mediante identidad) podría volver a suceder. Por lo tanto, ¡cuidado!

El pececillo, después de esto, nada en aguas salobres. Esto lo pone ligeramente "nervioso". Pero sigue nadando y se encuentra en aguas amarillas y salobres. Y todavía no se da la vuelta. Comienza a sentir un pequeño dolor en la cola. Pero sigue nadando. De repente, siente un sabor a hierro y el dolor en la cola se hace intenso. Y se aleja como un rayo. Ningún pez lo perseguía. Ahí había camarones para comer. Pero se alejó de ahí, de todas formas. ¡Peligroso lugar! Y, si no se hubiera retirado, habría conseguido de verdad un dolor en la cola.

El mecanismo es una especie de actividad de supervivencia. En un pez, puede tener una finalidad. Pero en un hombre que se quita la chaqueta cada vez que alguien toca una corbata, el mecanismo de supervivencia ha sobrevivido a su momento. *¡Pero está ahí!*

Investiguemos más a nuestro joven y la chaqueta. La señal para quitarse la chaqueta era muy precisa. El hipnotizador se tocaba la corbata. Esto es equivalente a cualquiera de las percepciones que recibía el pez y que hacían que el pez se diera la vuelta, o a todas ellas. El tocarse la corbata podría haber sido una docena de cosas. Cualquiera de la docena podría haber indicado el quitarse la chaqueta.

En el caso de la mujer que quedó inconsciente y a la que se le dieron patadas, cualquier percepción en el engrama que recibió tiene cierta característica de *reestimulación*. El agua saliendo de un grifo podría no haberla afectado en gran medida. Pero el agua saliendo del grifo, *más* un coche que pasa, podrían haber iniciado una leve reactivación del engrama, una vaga molestia en las áreas en que fue golpeada y donde se le dieron patadas, aunque todavía no lo suficiente como para causarle verdadero dolor, pero de todos modos está ahí. Al agua saliendo y al coche pasando le añadimos la estrepitosa caída de una silla y la mujer experimenta una conmoción de ligeras proporciones. Añade ahora el olor y la voz del hombre que le dio las patadas, y el dolor empieza a aumentar. El mecanismo le está diciendo que ella se encuentra en terreno peligroso, que debería irse. Pero ella no es un pez; es un ser altamente capaz de percibir, según lo que sabemos, la más compleja estructura mental que ha evolucionado hasta ahora en la Tierra: el organismo de la especie humana, el hombre. Hay muchos otros factores en el problema aparte de este único engrama. Ella se queda. Los dolores en las áreas en que fue maltratada se transforman en una predisposición a la enfermedad o son enfermedad crónica en sí mismos; cierto que de menor importancia en el caso de este incidente, pero enfermedad de todos modos. Su afinidad por el hombre que la golpeó puede ser tan alta que el nivel analítico, ayudado por un tono general normalmente alto, puede contrarrestar estos dolores. Pero si ese nivel es bajo, sin mucho que lo apoye, entonces los dolores pueden hacerse mayores.

El pez que fue golpeado y recibió un engrama no rechazó los camarones. Puede ser que después perdiera un poco su entusiasmo por los camarones, pero el potencial de supervivencia de comer camarones hizo que los camarones se identificaran mucho más con el placer que con el dolor.

Una vida agradable y esperanzada en general (y nunca pienses que insinuamos que la mujer se queda solo por la comida, digan lo que digan los listillos de las mujeres) tiene un alto potencial de supervivencia, y eso puede vencer una gran cantidad de dolor. Sin embargo, según disminuye el potencial de supervivencia, nos acercamos más estrechamente al nivel del dolor (Zona 0 y Zona 1), y un engrama así podría empezar a verse seriamente reactivado.

Aquí hay otro factor, sin embargo, además del dolor; de hecho varios factores más. Si al joven que se quita la chaqueta se le hubiera dado una de las sugestiones positivas *neuróticas* que se enumeraron hace unas cuantas páginas, habría reaccionado a ella al recibir la señal.

El engrama que esta mujer ha recibido contiene una sugestión positiva neurótica además de los *reestimuladores* generales, como el grifo, el coche y la silla al derribarse. Se le ha dicho que es una farsante, que no vale para nada y que siempre está cambiando de opinión. Cuando el engrama se reestimula de una de las muchísimas formas posibles, ella tiene la "sensación" de que no vale para nada, de que es una farsante, y *cambiará* de opinión.

Hay disponibles varios casos que ilustran con propiedad lo triste de esto. Un caso en particular, que se llevó a Clear, había sido golpeada seriamente muchas veces habiéndosele dicho una cosa similar cada vez, todas ellas despectivas. El contenido sugería que era de moral muy relajada y que cohabitaría con cualquiera. Su padre, que la trajo como caso (ella ya se había divorciado), se quejaba de que era de moral muy relajada y había cohabitado con varios hombres en unas tantas semanas. Ella misma admitió que esto era cierto, que no podía comprenderlo, que le preocupaba, pero que simplemente "parecía no poder evitarlo". Un examen de los engramas en su banco de mente reactiva sacó a la luz una larga serie de palizas con este contenido. Como este era un asunto de investigación, no de tratamiento (aunque este se le administró) se entró en contacto con su ex marido. Un examen, del que ella no supo, demostró que la dramatización iracunda del hombre contenía estas mismísimas palabras. *Había pegado a su mujer hasta convertirla en una mujer de moral relajada porque él tenía miedo de las mujeres de moral relajada.*

Todos los casos examinados en toda esta investigación fueron verificados cotejando los engramas del paciente con los engramas del que los proporcionó. Los contenidos de los incidentes se comprobaron siempre que fue posible, y se encontró uniformemente que concordaban. Se tomaron todas las medidas para evitar cualquier otro método de comunicación entre el que los proporcionó y el paciente. *Todo lo hallado en los periodos "inconscientes" de cada paciente, cuando se cotejaba con otras fuentes, se encontró que era exacto.*

La analogía entre el hipnotismo y la aberración demuestra ser buena. El hipnotismo introduce, mediante sugestión positiva, una u otra forma de demencia. Generalmente es de efecto temporal, pero a veces la sugestión hipnótica no se "disipará" o eliminará de forma deseable para el hipnotizador. El peligro de efectuar experimentos con hipnosis en pacientes que no son Clear se encuentra en otro mecanismo de la mente reactiva.

Cuando existe un engrama como el de nuestro ejemplo anterior, la mujer obviamente estaba "inconsciente" en el momento de recibir el engrama. Ella no poseía una memoria (registro) del incidente en el banco estándar, aparte de saber que el hombre la había dejado sin sentido. El engrama no era, entonces, una "experiencia", tal y como entendemos la palabra. Podía actuar por debajo para aberrar sus procesos pensantes. Podía ocasionarle extraños dolores (que ella atribuía a alguna otra cosa) en las áreas lastimadas. Pero este era *desconocido* para ella.

Fue necesario el *key-in* para activar el engrama. Pero, ¿qué era exactamente lo que podía hacer que hiciera key-in? Algún tiempo después, encontrándose cansada, el hombre la amenazó con pegarle de nuevo y la insultó. Esta fue una experiencia en un nivel consciente. Ella la encontró "mentalmente dolorosa". Y era "mentalmente dolorosa" solo porque había dolor físico, vivo y real, oculto por debajo de esta, al cual la experiencia consciente había hecho "key-in". La segunda experiencia era un *candado*. Era una memoria, pero tenía una nueva clase de acción en los bancos estándar. Tenía demasiado poder y ese poder lo obtuvo de un golpe físico pasado. La mente reactiva no es demasiado cuidadosa en cuanto a su mecanismo de medición del tiempo. No puede distinguir entre la edad de un año y la de noventa, de hecho, cuando se inicia un key-in. El engrama real se colocó bajo el banco estándar.

Ella cree que está preocupada por lo que él le dijo en la experiencia del *candado*. En realidad está preocupada por el engrama. De esta forma, las memorias se vuelven "dolorosas". Pero el dolor no se almacena en los bancos estándar. No hay lugar *para* el dolor en ese banco. Ninguno. Hay un lugar para el concepto del dolor, y estos conceptos de lo que es doloroso son lo bastante buenos para mantener a ese organismo sensible y consciente llamado hombre alejado de todo el dolor que él cree que es realmente peligroso. En un Clear no *hay* memorias que provoquen dolor, porque no se ha dejado ningún registro de dolor físico en el banco de la mente reactiva que eche a perder la maquinaria.

El joven que se quitaba la chaqueta no sabía qué era lo que le preocupaba o qué le llevaba a hacer lo que hacía. La persona con un engrama no sabe qué es lo que le preocupa. Cree que es el *candado*, y el *candado* puede encontrarse a una distancia muy remota de cualquier cosa que se parezca al engrama. El candado puede tener un contenido similar de percepciones; pero puede ser sobre un asunto completamente diferente.

No es muy complicado comprender qué es lo que hacen estos engramas. Simplemente son momentos de dolor físico lo bastante fuertes como para desconectar una parte o la totalidad de la maquinaria analítica; son antagonismo hacia la supervivencia del organismo o compasión fingida hacia la supervivencia del organismo. Esa es la totalidad de la definición. "Inconsciencia" grande o pequeña, dolor físico, contenido de percepciones y datos contrasupervivencia o prosupervivencia. Los maneja la mente reactiva, que piensa exclusivamente en identidades de que todo es igual a todo. Y estos imponen sus órdenes al organismo blandiendo el látigo del dolor físico. Si el organismo no hace exactamente lo que ellos dicen (y créele a cualquier Clear, ¡eso es imposible!), se conecta el dolor físico. Dirigen a una persona como un domador dirige a un tigre; y pueden convertir a un hombre en un tigre durante el proceso, sin mucha dificultad, y de paso pegarle la sarna.

Si el hombre no hubiera inventado el lenguaje o, como se demostrará, si sus lenguajes fueran un poco menos homonímicos y más específicos con sus pronombres personales, los engramas todavía serían datos de supervivencia y el mecanismo funcionaría. Pero el hombre ha sobrepasado su uso. Eligió entre lenguaje y locura potencial, y por los vastos beneficios del primero, recibió la maldición de la segunda.

El engrama es la única y exclusiva fuente de la aberración y de la enfermedad psicosomática.

Se ha pasado por la criba una enorme cantidad de datos. No se ha encontrado una sola excepción. En "personas normales", en el neurótico y demente, la eliminación total o parcial de estos engramas, sin otra terapia, ha producido de manera uniforme un estado muy superior a la norma actual. No se encontró necesidad de ninguna otra teoría o terapia que las que se dan en este libro para el tratamiento de todos los males psíquicos o psicosomáticos. ✳

La Célula y el Organismo

La razón de que el engrama permaneciera oculto durante tanto tiempo como la única fuente de la aberración y los males psicosomáticos es la amplia variedad y la casi infinita complejidad de las manifestaciones que se pueden derivar de simples engramas.

Diversas teorías podrían postularse sobre por qué la mente humana evolucionó exactamente como lo hizo; pero estas son teorías y Dianetics no se ocupa de la estructura. Se podría hacer un par de comentarios como estímulo para futuros trabajadores en ese campo, sin embargo, y totalmente a modo de postulado, de que hay una conexión precisa entre cualquier energía de tipo eléctrico en el cuerpo y la liberación de energía de las células que sufren una lesión. Se podría construir una teoría de que las células lesionadas, hiriendo aún más a sus vecinas mediante una descarga de energía de tipo eléctrico, obligaron el desarrollo de una célula especial que actuaría como un conducto para "drenar" esta carga dolorosa. Los conductos de células podrían haberse convertido en neuronas, y la carga podría haber estado así mejor distribuida por todo el cuerpo, con menos probabilidad de incapacitación local en el punto de impacto de la lesión. Estos conductos (las neuronas) podrían haber comenzado a formarse por impactos en la extremidad del cuerpo que da a la dirección de la locomoción. Esto haría del cráneo la mayor masa de neuronas. El hombre, caminando erecto, podría haber tenido otro nuevo punto de impacto, la frente, y así obtuvo sus lóbulos prefrontales. Y puede que no. Eso es solo teoría, con solo unos cuantos datos para apoyarla que tengan valor científico. Y no se ha sometido a experimento de ninguna clase.

Todo esto, sin embargo, se debe proponer como teoría sobre la estructura. La célula es uno de los componentes fundamentales del cuerpo. Las células, para sobrevivir mejor, parecen haberse convertido en colonias que, a su vez, tenían como interés primario la supervivencia. Y las colonias se reprodujeron o aumentaron su población para formar agregados que, a su vez, fueron organismos, también con el único propósito de la supervivencia. Y los organismos desarrollaron mentes para coordinar los músculos y resolver los problemas de la supervivencia. Una vez más, esto sigue siendo teoría y, aunque fuera la ruta de razonamiento que llevó hacia Dianetics, puede ser totalmente incorrecta. Funciona. Se le puede eliminar de Dianetics y esta seguirá siendo una ciencia y continuará funcionando. El concepto del cerebro electrónico no fue vital sino solo útil para Dianetics y podría eliminarse igualmente; Dianetics seguiría siendo válida. Una ciencia es un asunto cambiante en lo que respecta a su teoría interna. En Dianetics, tenemos nuestra cuña introducida en un enorme campo de investigación. En su estado actual, Dianetics funciona y funciona siempre y sin excepción. Las razones por las que funciona serán sin duda alguna reconsideradas y se cambiarán aquí y allá para su mejora; si no lo son, la perdurable fe en esta y en las futuras generaciones de científicos no habrá sido justificada.

La razón por la que hablamos de células se hará evidente a medida que progresemos. El motivo por el que sabemos que los anteriores conceptos de estructura no son correctos, es porque *no* sirven como función. Todos nuestros hechos son funcionales, y estos hechos son hechos científicos apoyados total y completamente por pruebas de laboratorio. La función precede a la estructura. La matemática de James Clerk Maxwell se postuló y la electricidad se usó amplia y beneficiosamente mucho antes de que nadie tuviera una idea real acerca de la estructura del átomo. La función siempre viene antes que la estructura. La asombrosa falta de progreso en el campo de la mente humana durante los últimos miles de años es en parte atribuible a que su "órgano del pensamiento" se encontraba dentro de un campo, la medicina, que era y puede que siga siendo durante mucho tiempo un arte, no una ciencia. La filosofía básica para explicar la vida tendrá que venir antes de que ese arte progrese mucho más.

Las facultades de la célula, por ejemplo, no se han estudiado sino de forma inadecuada. Se ha llevado a cabo algo de trabajo durante los últimos años, para descubrir más, pero la filosofía básica se encontraba ausente. La célula se estaba observando, no prediciendo.

Los estudios de células en el hombre se han hecho, en gran medida, a partir de tejidos muertos. En el tejido muerto falta una cualidad desconocida, la cualidad importante: la vida.

En Dianetics, en el nivel de observación de laboratorio, descubrimos, para gran asombro nuestro, que las células son aparentemente sensibles y conscientes, de alguna manera inexplicable actualmente. A menos que postulemos un alma humana entrando en el espermatozoide y en el óvulo en el momento de la concepción, hay cosas que ningún otro postulado abarcará, excepto que estas células *son* de algún modo sensibles y conscientes. Introduciéndonos en un terreno nuevo con postulados que funcionan en todos los sentidos (y la filosofía básica de la supervivencia es un guía que nos lleva hacia ámbitos más y más lejanos, explicando y prediciendo fenómenos por todos lados) es inevitable que aparezcan datos que no están de acuerdo con teorías pasadas. Cuando esos datos son tan científicos como la observación de que cuando sueltas una manzana en condiciones normales en la Tierra, esta cae, uno no puede hacer otra cosa que aceptarlos. Abandonar teorías pasadas puede hacer daño a atesoradas creencias y al cariño nostálgico de uno por la corbata del viejo uniforme del colegio; pero un hecho es un hecho.

Las células como unidades de pensamiento tienen aparentemente influencia, como células, en el cuerpo, como unidad de pensamiento y como organismo. No tenemos que desenredar este problema estructural para determinar nuestros postulados funcionales. Las células aparentemente retienen engramas de sucesos dolorosos. Después de todo, ellas son las que resultan heridas. Y aparentemente se guardan un látigo de castigo para cada ocasión en que el analizador les falla. La historia del engrama parece ser la historia de una batalla entre las tropas y el general cada vez que el general hace que muera una parte de las tropas. Cuanto menos afortunado sea este general en proteger a estas tropas, más poder asumirán las tropas. Las células evidentemente impulsaron al cerebro a una evolución ascendente hacia una sensibilidad y consciencia mayor. El dolor invierte el proceso, como si las células se arrepintieran de haber puesto tanto poder en las manos de un comandante central.

La mente reactiva muy bien puede ser la inteligencia celular combinada. Uno no necesita suponer que lo sea, sino que es una teoría estructural práctica, a falta de cualquier trabajo real hecho en este campo de la estructura. El banco reactivo de engramas puede ser material almacenado en las células en sí. Ahora mismo no importa si esto es creíble o increíble. Algo ha de decirse acerca de esto para proporcionarle a uno una comprensión mental sobre lo que ocurre en momentos de "inconsciencia".

El hecho científico, observado y probado, es que el organismo, en presencia de dolor físico, permite que el analizador se desconecte, de forma que hay una cantidad limitada, o ninguna en absoluto, de consciencia personal como organismo unitario. Lo hace bien para proteger al analizador o para retirar su poder en la creencia de que un engrama es lo mejor en una emergencia; con lo que el analizador, por cierto, según experiencia observada, no está de acuerdo.

Cada percepción presente, incluyendo el dolor físico, se registra durante estos momentos no-analíticos. Siempre que el dolor está presente (es decir, el dolor físico), el analizador se desconecta en mayor o menor medida. Si la duración del dolor es solo de un instante, sigue habiendo ahí un instante de reducción analítica. Esto se puede demostrar muy fácilmente: simplemente trata de recordar la última vez que te hiciste daño seriamente, y ve si no hay ahí por lo menos un periodo momentáneo en blanco. Dormirse bajo anestesia y despertar algún tiempo después es un tipo más complicado de desconexión puesto que incluye dolor físico, pero está inicialmente causada por un veneno (y, técnicamente, todos los anestésicos son venenos). Luego está la asfixia, como en el ahogamiento, y esto es un periodo de desconexión en mayor o menor medida. Además, está la condición causada por la sangre que, por una u otra razón, abandona el área o las áreas que contienen el poder analítico, dondequiera que estén; y esto, una vez más, causa un mayor o menor grado de desconexión analítica: estos incidentes incluyen conmoción (en la cual la sangre tiende a estancarse en el centro del cuerpo); pérdidas de sangre por cirugía o heridas o anemia y la obstrucción de las arterias que pasan por la garganta. El sueño natural causa una reducción de la actividad analítica, pero en realidad no es ni muy profunda ni muy seria. Por medio de la terapia de Dianetics, cualquier experiencia que tenga lugar durante el sueño se puede recuperar con facilidad.

Se puede ver ahora que hay muchas maneras de desconectar el poder analítico. Y se puede ver que existe una mayor o menor reducción. Cuando uno se quema el dedo con un cigarrillo, hay un pequeño instante de dolor y una pequeña cantidad de reducción. Cuando uno se somete a una operación, la duración puede ser cuestión de horas y la cantidad de desconexión puede ser extrema. La duración y la cantidad de reducción son dos cosas diferentes, relacionadas pero muy distintas. Esto no es demasiado importante, pero se menciona.

Hemos visto, en lo que llevamos leído de Dianetics hasta ahora, que el principio del "espectro" nos ha sido muy útil. Y se puede ver que la cantidad de reducción del poder analítico se puede describir de la misma forma en que puede describirse el potencial de supervivencia. Puede haber muy poca, y puede haber muchísima. Volviendo atrás y echando un vistazo al campo que abarca el potencial de supervivencia, se puede ver que en el fondo estaría la muerte y en la cima estaría la inmortalidad. Hay supervivencia "infinita". Si puede o no haber un poder analítico infinito, es cosa del misticismo. Pero que hay una relación precisa entre el tono del individuo y la cantidad de desconexión analítica es un hecho científico. Pongámoslo así: con el individuo bien, contento y entusiasta, el poder analítico se puede considerar alto (Zonas 3 y 4); con el individuo bajo las ruedas de un camión, "inconsciente" y en agonía, se puede considerar que el poder analítico se encuentra en la Zona 0. Hay una proporción entre el potencial de supervivencia y el poder analítico.

Según baja uno, baja el otro. De aquí se pueden sacar más datos de los que uno podría pensar a primera vista. Esta es una proporción muy importante.

En un engrama están incluidas todas las percepciones. Dos de estas percepciones son el dolor físico y la emoción dolorosa. Una tercera es la sensación orgánica, es decir, el estado del organismo durante el momento del engrama. ¿Y cómo estaba el organismo cuando se recibió el engrama? Había una mayor o menor "inconsciencia" presente. Esto significaba que había una sensación orgánica de poder analítico reducido, puesto que el poder analítico procede, evidentemente, de uno o varios órganos del cuerpo. Si un engrama es reactivado por un reestimulador o varios reestimuladores (es decir, si el individuo que tiene un engrama recibe en su entorno algo similar a las percepciones que hay en el engrama), el engrama pone todo su contenido (sus percepciones, como grifos y palabras) en funcionamiento en mayor o menor grado.

Puede haber una reestimulación mayor o menor. Los reestimuladores en el entorno del individuo pueden poner en funcionamiento un engrama, solo un poco, o, si hay muchos reestimuladores presentes y el cuerpo se encuentra en un estado ya reducido, el engrama puede desplegar toda su fuerza (de lo que se hablará más adelante). Pero si el engrama se ve reestimulado tanto leve como fuertemente, todo su contenido entra en acción de un modo u otro.

Solo hay un denominador común en todos los engramas, solo una cosa que todo engrama contiene y que todos los demás engramas poseen. Cada uno de ellos contiene el dato de que *el analizador está más o menos desconectado*. Hay un dato de desconexión en cada engrama. Por lo tanto, cada vez que un engrama es reestimulado, *aun cuando el cuerpo no haya recibido dolor físico*, algo de poder analítico se desconecta; el órgano u órganos que constituyen el analizador sufren un cortocircuito en cierto grado.

Esto es sumamente importante para una comprensión de la mecánica de la aberración. Es un hecho científico susceptible de demostración, y nunca varía. Esto siempre sucede: cuando se recibe un engrama, el dolor físico y la emoción desconectan al analizador; cuando se reestimula el engrama el analizador se desconecta como parte de las órdenes del engrama. En realidad, esto es algo muy mecánico: el engrama se reestimula y parte del poder analítico se desconecta. Esto es tan inevitable como encender y apagar una luz eléctrica. Tira del cordel y la luz se apaga. La reducción del analizador no es tan drástica (hay grados de luz), pero es así de mecánica.

Pon a un hombre bajo los efectos del éter y hazle daño en el pecho. Él ha recibido un engrama porque se desconectó su poder analítico, primero por el éter y luego por un dolor en el pecho. Mientras estaba ahí, en la mesa de operaciones, la mente reactiva registró el ruido de los instrumentos, todo lo que se dijo y todos los sonidos y olores. Supongamos que una enfermera estaba sujetando uno de sus pies porque él estaba pataleando. Esto es un engrama completo.

En el futuro, algo, un incidente similar, causará un key-in del engrama. Después de esto, en mayor o menor medida, cuando él oye ruidos como los ruidos metálicos de instrumentos, se pone nervioso. Si presta atención a lo que está sucediendo en su cuerpo en ese momento, puede encontrar que su pie tiene la ligera sensación de que lo están sujetando. Pero no es probable que le preste atención alguna a su pie porque, si pudiera prestar algo de atención, el dolor del pecho se encontraría presente en alguna medida. Pero su capacidad analítica se ha visto levemente desconectada. Así como el pie sentía que lo estaban sujetando, del mismo modo el analizador tiene la idea de verse desconectado por el éter y el dolor. El reestimulador (el ruido metálico) tendió a hacer aparecer ligeramente el engrama completo, y parte de la orden del engrama es un poder analítico reducido.

La precisión de esto es como apretar un botón. Si uno conociera los principales reestimuladores de alguien (palabras, tonos de voz, música… lo que sea; cosas que están archivadas en el banco de la mente reactiva como partes de engramas), uno podría desconectar casi completamente el poder analítico de esa persona y de hecho dejarla inconsciente.

Todos conocemos personas que hacen que nos sintamos estúpidos. Puede haber dos causas para eso, pero ambas proceden de engramas, y una de ellas es el hecho de que, no importa qué engrama se reestimule, parte del poder analítico se desconecta.

¡Los engramas pueden, si el entorno es siempre el mismo, mantenerse en reestimulación crónica! Esto significa una desconexión parcial crónica del poder analítico. La recuperación de la inteligencia por un Clear y el aumento de esa inteligencia hasta alturas tan fantásticas son producto, en parte, del alivio de órdenes verbales en los engramas que dicen que él es estúpido, y en mayor parte, del alivio de esta condición de desconexión crónica.

Esto no es teoría. Esto es un hecho científico. Es puro tubo de ensayo. El engrama contiene la percepción de un analizador desconectado. Cuando se reestimula, el engrama vuelve a poner este dato en acción en cierto grado.

Los engramas, entonces, recibidos en un estado de "inconsciencia" causan una "inconsciencia" parcial cada vez que se reestimulan. La persona que tiene un engrama (cualquier aberrado) no necesita recibir nuevo dolor físico para que tenga lugar un nuevo momento de "inconsciencia" parcial. Sentirse "amodorrado", "adormilado" o "embotado" procede en parte de un analizador desconectado parcialmente. Estar "nervioso" o hecho una furia o temeroso también conlleva poder analítico suspendido parcialmente.

El hipnotizador tiene "éxito" cuando lo tiene porque es capaz, al hablarle a la gente sobre "sueño", de poner en reestimulación algún engrama que contiene la palabra *sueño* y desconectar el poder analítico. Este es uno de los motivos por los que el hipnotismo "funciona".

Toda la sociedad, sin embargo, está expuesta a la desconexión analítica, en mayor o menor medida, por la reestimulación de engramas.

El número de engramas que contiene el banco reactivo de una persona puede, no obstante, que no establezca el grado de reducción analítica al que está sujeta. Una persona puede tener engramas y puede que a estos no se les haya hecho key-in. Y si se les ha hecho key-in, podría no estar en un entorno que contenga un gran número de reestimuladores. Bajo estas condiciones, la posición de su zona de supervivencia puede ser alta, aun cuando posea un gran número de engramas. Y una vez más, podría haberse autoeducado superando estos engramas hasta cierto ligero grado.

Pero una persona que tiene engramas a los que se ha hecho key-in y vive en un área de muchos reestimuladores, está expuesta a una gran cantidad de reestimulación y desconexión analítica. Esta es una condición normal. Si una persona tiene un gran número de engramas, y se les hace key-in y si vive rodeada de muchos reestimuladores, su estado puede cambiar de normal a demente. Y en un solo día (como en el caso de un hombre que experimenta momentos de ira o una mujer que cae en estados de apatía), la condición de una persona puede variar de normal a demente y otra vez a normal. Tomamos aquí la palabra demente con el significado de completa irracionalidad. Por lo tanto, hay demencia temporal o crónica.

El tribunal que lleva a cabo el lúgubre proceso de declarar a un hombre cuerdo o demente, después de que ese hombre haya asesinado a alguien, está en sí siendo irracional. Por supuesto, el hombre estaba demente *cuando* cometió el asesinato. Lo que el tribunal está preguntando ahora, es si el hombre está o no *crónicamente* demente. Esto tiene poco que ver con el asunto. Si un hombre se ha vuelto lo bastante demente como para asesinar una vez, en el futuro se volverá lo bastante demente como para asesinar de nuevo. Crónico, entonces, significa o bien un ciclo crónico o una condición continua. La ley dice que la cordura es la "capacidad de distinguir lo correcto de lo incorrecto". Cuando el hombre está sujeto a un mecanismo (y todos los hombres lo están) que le permite ser racional un minuto y estar reestimulado al siguiente, no se puede considerar que nadie en la sociedad, sin ser Clear, sea capaz de distinguir siempre lo correcto de lo incorrecto. Todo esto completamente al margen de lo que la ley entiende por "correcto" y lo que entiende por "incorrecto".

Este es un ejemplo de la curva de cordura tipo montaña rusa de un aberrado. Todos los aberrados poseen engramas (el número normal es probablemente del orden de centenares por individuo). Analíticamente, la gente tiene una amplia libertad de elección, e incluso puede ocuparse de lo correcto y lo incorrecto en términos filosóficos. Pero en las personas aberradas, el banco de engramas es siempre susceptible de reestimulación. El aberrado "más cuerdo" un martes, puede ser un asesino el miércoles si se da la situación precisa que dispare el engrama exacto. Un Clear no es totalmente predecible en ninguna situación dada; así de amplio es su poder de elección. Pero una persona aberrada se escapa a toda predicción por las siguientes razones:

1. Nadie sabe qué engramas tiene un aberrado en su mente reactiva, ni siquiera él mismo.
2. Los reestimuladores que una situación contendrá es cosa del azar.
3. No se puede establecer cuál será su poder de elección al encontrarse con los factores en los engramas en un nivel reactivo.

La variedad de conducta que se puede desarrollar a partir de esta mecánica básica es tan amplia que no es de extrañar que algunas filosofías consideraban al hombre más bien un caso perdido.

Teóricamente, si el banco de engramas se conserva a nivel celular, se podría suponer que las células se han asegurado de que el analizador no se volviera demasiado aventurero en este asunto de vida y muerte que es el vivir. Por lo tanto, se podría considerar que han hecho una copia de todos los datos contenidos en cada momento de dolor físico y de emoción que dan lugar a "inconsciencia" o que están contenidos en ella. Entonces, cuando cualesquiera datos similares a estos aparecieran en el entorno, podrían ponerse en guardia. Y con un gran número de reestimuladores a la vista, se podría considerar que desconectan al analizador y pasan a reaccionar. Esto posee un burdo factor de seguridad. Obviamente, si el organismo sobrevivió a un periodo de "inconsciencia", las células pudieron teorizar que el poner en marcha los datos y la acción en circunstancias que amenazaban con ser similares, daría como resultado una vez más supervivencia. Lo que le sirve al Abuelo, me sirve a mí. Lo que sirvió en el accidente de autobús, sirve en un autobús.

Esta forma idiota de "pensar" es típica de la mente reactiva. Es exactamente el tipo de pensamiento que hace. Es el colmo del conservadurismo. Pasa por alto lo esencial y los datos importantes a cada paso, sobrecarga de dolor al cuerpo, es un remolino de confusión. Si solo hubiera un engrama por situación, quizá pasaría desapercibido. Pero puede haber diez engramas con datos similares (una *cadena de candados de engramas*) y, sin embargo, los datos pueden ser tan contradictorios que, cuando se presenta una nueva emergencia que contiene los reestimuladores de la cadena, no se puede presentar ninguna conducta anterior adecuada para hacerle frente.

Obviamente, el factor *x* es el lenguaje. Las células, si este es un problema de células (pues recuerda que esta parte es teoría basada en datos, en un esfuerzo por explicar lo que sucede, y una teoría se puede alterar sin alterar la utilidad científica de los hechos), probablemente no entiendan muy bien los lenguajes. Si lo hicieran, no desarrollarían esas "soluciones".

Tomemos dos engramas sobre bates de béisbol. En el primero, al individuo se le golpea en la cabeza, y queda sin sentido, y alguien grita: "¡Corre! ¡Corre! ¡Corre!". En el segundo, el individuo queda sin sentido por el golpe del bate en el mismo entorno y alguien grita: "¡Quédate ahí! ¡Estás quieto!". Ahora, ¿qué hace cuando oye un bate de béisbol o huele uno o ve uno o escucha estas palabras? ¿Corre o se queda ahí? Él tiene un dolor parecido para cada acción. ¿Qué sucede en realidad? Le da un dolor de cabeza. Esto es lo que llamamos conflicto. Esto es ansiedad. Y la ansiedad puede hacerse verdaderamente muy aguda, en un nivel puramente mecánico, cuando uno tiene noventa engramas tirando de él hacia el sur y ochenta y nueve tirando de él hacia el norte. ¿Va hacia el norte o hacia el sur? ¿O sufre una "crisis nerviosa"?

El nivel de inteligencia de la mente reactiva es más o menos el mismo que el de un fonógrafo. Se pone la aguja sobre el disco y el disco suena. La mente reactiva meramente pone la aguja. Cuando intenta seleccionar varios discos y hacerlos sonar todos a la vez, suceden cosas.

Mediante construcción intencionada o accidente en el diseño u omisión evolutiva (donde el órgano viejo, inútil se sigue construyendo), las células se las arreglaron para ocultar este banco de engramas bastante bien. El hombre es consciente en su mente analítica. Cuando está "inconsciente", su mente analítica es incapaz de regular los datos que entran, y los datos no se encontrarán en lo que, por analogía, llamamos bancos estándar. Por lo tanto, lo que sea que entró, no afectó a la consciencia. Y, no habiéndola afectado, la consciencia no puede recordarlo (sin el proceso de Dianetics), puesto que no hay conducto para el recuerdo.

El engrama se introduce cuando la consciencia está ausente. A partir de entonces actúa directamente en el organismo. Solo mediante la terapia de Dianetics puede el analizador entrar en posesión de estos datos. (Y su eliminación no depende en absoluto de que el analizador haga contacto con ellos, a pesar de una vieja creencia de que el "darse cuenta" de algo lo cura. "Date cuenta" de un engrama y estarás rápidamente en dificultades sin la terapia de Dianetics). El engrama lo recibe el cuerpo celular. La mente reactiva podría ser el nivel más bajo de poder analítico, por supuesto, pero esto no altera el hecho científico de que el engrama actúa como si fuera una conexión soldada al regulador de las funciones vitales y a la coordinación orgánica y al nivel básico de la mente analítica en sí. Por "soldado" se entiende "en conexión permanentemente". Este key-in es la conexión del engrama como parte de la maquinaria operativa del cuerpo. Un proceso de pensamiento analítico no está conectado permanentemente, sino que puede ser conectado y desconectado a voluntad del analizador. Esto no ocurre con el engrama. De ahí el término "soldado".

La mente analítica establece una pauta de entrenamiento. Mediante estímulo-respuesta, esta pauta de entrenamiento funcionará bien y sin dificultades en aquellos casos en los que haga el mayor bien al organismo. Un engrama es una pauta de entrenamiento que forma un conjunto completo, "permanentemente" conectado a los circuitos (sin la terapia de Dianetics) y entra en funcionamiento, como pauta de entrenamiento, sin consentimiento alguno del analizador.

Al estar las diferentes formas de poder analítico reducidas por la influencia y por la sugestión positiva del engrama, la mente analítica es incapaz de descubrir ninguna razón verdaderamente válida para la conducta del organismo. Por lo tanto, se inventa una razón, pues es su trabajo asegurar que el organismo siempre tenga razón. Así como el joven que se quitaba la chaqueta proporcionó una cantidad de explicaciones ridículas sobre por qué se estaba quitando la chaqueta, la mente analítica, observando el cuerpo dedicado a acciones irracionales, incluyendo el habla, para las que parece no haber explicación, justifica las acciones.

El engrama puede dictar todos los diversos procesos que acompañan al vivir; puede dictar creencias, opiniones, procesos de pensamiento o carencia de ellos y acciones de todas clases, y puede establecer condiciones extraordinarias por su complejidad, así como por su estupidez. Un engrama puede dictar cualquier cosa que contenga y los engramas pueden contener todas las combinaciones de palabras del idioma. Y la mente analítica está obligada, ante el comportamiento o la convicción irracionales a *justificar* los actos y condiciones del organismo, así como sus propios y extraños errores. Esto es *pensamiento justificado*.

Hay tres clases de pensamiento, entonces, de los que el organismo es capaz:

1. Pensamiento analítico, que es racional según sea modificado por la educación y el punto de vista.
2. Pensamiento justificado, pensamiento analítico intentando explicar reacciones.
3. Pensamiento reactivo, que existe totalmente en términos de que cualquier cosa en un engrama es igual a cualquier cosa en un engrama es igual a todos los reestimuladores en el entorno y a todas las cosas asociadas con esos reestimuladores.

Todos hemos visto a alguien cometer un error y luego dar una explicación de por qué se había cometido ese error. Esto es pensamiento justificado. El error se cometió, a menos que fuera debido a educación o punto de vista, por un engrama. La mente analítica tuvo que justificar entonces el error para asegurarse de que el cuerpo tuviera razón y de que sus computaciones fueran correctas.

Ahora, hay otras dos condiciones que pueden estar causadas por engramas. Una es la *dramatización* y la otra es la *valencia*.

Has visto a algún niño que sale con una invectiva, un berrinche. Has visto a algún hombre sufrir todo un arrebato de ira. Has visto gente llevar a cabo toda una serie de acciones irracionales. Estas son *dramatizaciones*. Se producen cuando un engrama se reestimula a consciencia, tan a consciencia que su aspecto soldado se hace cargo del organismo. Puede conectarse ligera o totalmente, lo cual quiere decir que hay grados de dramatización. Cuando está en plena manifestación, el engrama se está ejecutando al pie de la letra y el individuo es como un actor, como una marioneta, interpretando su papel dictado. Se le pueden dar a una persona nuevos engramas que harán que los viejos tengan una importancia secundaria (el complejo de castigo de la sociedad está dirigido totalmente a proporcionar una educación antiengrama).

La dramatización es conducta de supervivencia (en la forma idiota de pensar de la mente reactiva) basada en la premisa de que el organismo, en una situación "similar", sobrevivió porque estas acciones estuvieron presentes.

La mujer que fue derribada y recibió patadas dramatizaría su engrama, posiblemente, haciendo y diciendo exactamente las mismas cosas que se le hicieron y dijeron a ella. Su víctima puede que sea su hijo u otra mujer. Podría ser o sería la persona que le dio el engrama si ella fuera lo bastante fuerte para vencerla. El simple hecho de tener este engrama no significa que ella lo vaya a usar. Puede que tenga otro centenar de engramas que pueda usar. Pero cuando ella dramatiza uno, es como si el engrama, soldado, estuviera controlando a una marioneta. El poder analítico que le queda puede estar dedicado a alterar la pauta. Por lo tanto, puede hacer una dramatización similar o idéntica.

Este aspecto de la dramatización es supervivencia estrictamente de "garra y colmillo". Este es el tipo de cosa que hizo que los observadores pensaran que "garra y colmillo" era una regla primaria.

El engrama entró, pasando por alto la racionalidad y los bancos estándar de memoria. Ahora está en el organismo, pero el organismo no lo sabe en un nivel consciente. Una experiencia en un nivel consciente le causa un key-in. Entonces se puede dramatizar. Y lejos de hacerse más leve cuanto más se usa, cuanto más se dramatiza un engrama más sólido es su dominio sobre los circuitos. Músculos, nervios, todos tienen que obedecer.

Supervivencia "de garra y colmillo". Las células se estaban asegurando. Y aquí llegamos a la *valencia*. *Valens* significa "poderoso" en latín. Es un buen término porque es la segunda mitad de ambivalente (poder en dos direcciones) y existe en cualquier buen diccionario. Es un buen término porque describe (aunque el diccionario no lo pretendía) la intención del organismo al dramatizar un engrama. *Multivalencia* significaría "muchos poderosos". Abarcaría los fenómenos de personalidad dividida, las extrañas diferencias de personalidad en las personas en una situación y luego en otra. *Valencia, en Dianetics, significa la personalidad de uno de los personajes dramáticos en un engrama.*

En el caso de la mujer que quedó sin sentido, y se le dieron patadas, había dos valencias presentes: ella misma y su marido. Si hubiera estado presente otra persona, el engrama habría contenido tres valencias, siempre y cuando esta hubiera participado: ella misma, su marido y la tercera persona. En un engrama de un accidente de autobús, por ejemplo, en el que diez personas hablan o actúan, habría, en la persona "inconsciente", un engrama conteniendo once valencias: la persona "inconsciente" y las diez que hablaron o actuaron.

Ahora, en el caso de la mujer golpeada por su marido, el engrama contiene solo dos valencias. ¿Quién ganó? Aquí tenemos la ley de "garra y colmillo", el aspecto de la supervivencia en los engramas. ¿Quién ganó? El marido. Por lo tanto, es el marido quien será dramatizado. Ella no ganó. Ella fue herida. ¡Ajá! Cuando estos reestimuladores están presentes lo que hay que hacer es ser el ganador, el marido; hablar como él, decir lo que él dijo, hacer lo que él hizo. Él sobrevivió. "¡Sé como él!", dicen las células.

De ahí, cuando alguna acción de su hijo, por ejemplo, reestimula a la mujer y la mete en este engrama, ella dramatiza la valencia ganadora. Tira al niño y le da patadas, le dice que es un farsante, que no vale para nada, que siempre está cambiando de opinión.

¿Qué pasaría si se dramatizara a sí misma? Tendría que caer al suelo derribando una silla, desmayarse y creer que era una farsante, que no valía para nada y que siempre estaba cambiando de opinión, ¡y tendría que sentir el dolor de todos los golpes!

"Sé tú misma" es un consejo que cae en los oídos sordos de la mente reactiva. Aquí está el ardid. Cada vez que la vida castiga al organismo, la mente analítica, según la mente reactiva, ha errado. La mente reactiva, entonces, desconecta la mente analítica en proporción a la cantidad de reestimulación presente (peligro), y hace que el cuerpo reaccione como si fuera la persona que ganó en la situación más antigua pero semejante, en que el organismo fue herido.

Ahora, ¿qué pasa si la "sociedad", el marido o alguna fuerza exterior le dijera a esta mujer que está dramatizando este engrama, que tiene que hacer frente a la realidad? Eso es imposible. La realidad es igual a ser ella misma, y ella misma resulta herida. ¿Qué pasa si alguna fuerza exterior *pone fin a la dramatización*? Es decir, si la sociedad se opone a la dramatización y se rehúsa a dejarla dar patadas, gritar y chillar. El engrama sigue soldado. La mente reactiva la está obligando a ser la valencia ganadora. Pero no puede serlo. Como castigo, cuanto más se acerca a ser ella misma, la mente reactiva aproxima las condiciones de la otra valencia que hay en el engrama. Después de todo, esa valencia no murió. Y el dolor de los golpes se conecta y ella piensa que es una farsante, que no vale para nada y que siempre está cambiando de opinión. En otras palabras, está en la valencia perdedora. *Ponerle fin a la dramatización* de forma constante pondrá enferma a una persona con tanta certeza como que hay días grises.

Una persona acumula, con los engramas, medio centenar de valencias antes de los diez años. ¿Cuáles fueron las valencias ganadoras? Encontrarás a la persona usándolas cada vez que se pone un engrama en reestimulación. ¿Personalidad múltiple? ¿Dos personas? Digamos que de cincuenta a cien. En Dianetics, puedes ver valencias activarse y desactivarse en las personas, y cambiar con una rapidez que asombraría a un transformista.

Observa estas complejidades de conducta, de comportamiento. Si uno se dispusiera a resolver el problema de la aberración mediante un sistema de catalogar todo lo que observara, y no fuera consciente de la fuente básica, acabaría con tantas diferentes demencias, neurosis, psicosis, compulsiones, represiones, obsesiones y discapacidades, como combinaciones de palabras hay en el idioma. El descubrimiento de los fundamentos por clasificación nunca es buena investigación. Y las ilimitadas complejidades posibles a partir de los engramas (y los experimentos más serios y concienzudamente controlados descubrieron que estos engramas eran capaces del comportamiento exacto que se enumera aquí) son el catálogo completo de la conducta humana aberrada.

Hay otras pocas cosas básicas, fundamentales, que hacen los engramas. Estas se estudiarán bajo sus propios apartados: circuitos parásito, impacto emocional y males psicosomáticos. Con los pocos fundamentos enumerados aquí, se puede resolver el problema de la aberración. Estos fundamentos son sencillos; han dado lugar a tantos problemas como los individuos y las sociedades han experimentado. Los manicomios para los locos, las prisiones para los criminales, los armamentos acumulados por las naciones, sí, e incluso el polvo que fue una civilización de ayer, existen porque estos fundamentos no se comprendieron.

Las células evolucionaron formando un organismo y, en la evolución, crearon lo que una vez fuera una condición necesaria de la mente. El hombre ha crecido hasta un punto en el que él ahora crea los medios para superar ese error evolutivo. El examen del Clear prueba que ya no lo necesita. Ahora está en una posición en que puede dar un paso evolutivo artificial, por sí mismo. Se ha construido el puente que cruza el cañón.

Los "Demonios"

Dejemos por un momento cosas tan científicas como las células, y consideremos algunos otros aspectos del problema de comprender la mente humana.

Durante muchos milenios ha habido personas trabajando en problemas relativos al comportamiento Humano. Los hindúes, los egipcios, los griegos, los romanos y nuestros propios filósofos e investigadores en los últimos cientos de años han estado bregando con una superabundancia de complejidad.

Dianetics se pudo desarrollar únicamente mediante la compartimentación filosófica del problema en sus elementos, y la invención de varias docenas de criterios de valoración, como La Introducción de un Factor Arbitrario, La Ley de la Afinidad, La Dinámica, La Ecuación de la Solución Óptima, Las Leyes de La Selección de Importancias, La Ciencia de Organizar Ciencias, Anulación por Comparación de Autoridad con Autoridad, etc., etc. Todo esto está muy bien para un tratado de filosofía, pero aquí está Dianetics, que es una ciencia. Debería mencionarse, sin embargo, que uno de los primeros pasos dados no fue inventado, sino que se tomó prestado y se modificó: ese fue lo Cognoscible y lo Incognoscible de Herbert Spencer.

El absolutismo es un buen camino hacia el estancamiento, y no creo que Spencer hubiera querido ser tan completamente absoluto acerca de su "Cognoscible" e "Incognoscible". ¡SOBREVIVE! es el punto de demarcación entre las cosas que pueden ser experimentadas por los sentidos (nuestros viejos amigos Hume y Locke) y las que no necesariamente pueden ser conocidas a través de los sentidos, pero que quizá podrían conocerse, pero que uno no necesita para resolver el problema.

Entre esas cosas que uno no necesariamente necesitaba conocer (la versión de Dianetics de lo "Incognoscible") estaban los reinos del misticismo y la metafísica. En la evolución de Dianetics, se dejaron a un lado muchas cosas únicamente porque no le habían aportado solución a ningún otro. Por lo tanto se despachó al misticismo sin prestarle demasiada atención, a pesar de que el autor lo estudió y no en las fuentes poco doctas y de segunda mano frecuentemente usadas a modo de autoridad por algunas sectas mentales de Occidente, sino en Asia, donde un místico que no pueda hacer que su "yo astral" vaya a hacerle recados es verdaderamente un personaje de segunda categoría. Muy consciente de que había piezas en este rompecabezas que eran de color naranja con manchas amarillas y púrpura con tiras de carmín, se encontró necesario escoger solo aquellas piezas que eran relevantes. Algún día aparecerá un gran número de piezas (entre ellas la de la estructura) y habrá respuestas a la telepatía, la presciencia, y demás, etc. Comprende que hay muchas piezas en la construcción de un universo filosófico. Pero ninguna de las piezas místicas se encontró necesaria para la construcción de una ciencia de la mente aplicable uniformemente y que resolviera la aberración. En esta etapa de Dianetics, no se emitirá una opinión sobre los fantasmas o el truco de la cuerda hindú, excepto que son piezas multicolores, y las únicas piezas que queremos son las blancas. Tenemos la mayoría de las piezas blancas, y eso crea una grande y sólida blancura donde antes había negrura.

Imagina, entonces, la consternación que uno debió haber sentido cuando se descubrieron los demonios. Recordarás que Sócrates tenía un demonio. No le decía qué hacer, sino si había tomado o no la decisión correcta. Aquí habíamos estado siguiendo un rumbo en el universo finito que habría complacido al mismísimo Hume por su empeño en las cosas que se podían percibir. Y van y aparecen los "demonios".

Un examen concienzudo de una serie de sujetos (14) reveló que, aparentemente, cada uno tenía un "demonio" de algún tipo. Eran sujetos seleccionados al azar en diversas circunstancias en la sociedad. Por lo tanto, el aspecto "demonio" era de lo más alarmante. Sin embargo, a diferencia de algunas sectas (o escuelas, como se denominan a sí mismas), se resistió la tentación de lanzarse al etiquetado romántico, inexplicable y desconcertante. Había que construir un puente a través del cañón, y los demonios son vigas condenadamente malas.

Allá, en las Islas del Pacífico (Borneo, las Filipinas), yo había visto gran cantidad de demonología en funcionamiento. La demonología es un asunto fascinante. Un demonio se introduce en una persona y la pone enferma, o se mete en ella y habla en lugar de ella. O la persona se vuelve loca porque tiene un demonio dentro, y va corriendo por ahí, con el demonio gritando. Esto es demonología en sentido limitado. El chamán, el hechicero, toda esta gente, se dedican en muy alto grado a la demonología (es muy remunerativa). Pero, aun no siendo particularmente escéptico, siempre me había parecido que los demonios podrían explicarse un poco más fácilmente que en términos de ectoplasma o algún otro material imperceptible.

Encontrar "demonios" habitando nuestros civilizados compatriotas fue preocupante. Pero ahí estaban. Al menos, ahí estaban las manifestaciones que el chamán y el hechicero habían dicho que estaban causadas por demonios. Se halló que estos "demonios" podían catalogarse. Había "demonios mandones", "demonios criticones", "demonios te-diré-lo-que-tienes-que-decir" normales, y "demonios" que se quedaban por ahí y vociferaban, o "demonios" que simplemente ocultaban las cosas y las mantenían fuera de la vista. Estas no son todas las clases, pero abarcan el campo general de la "demonología".

Unos cuantos experimentos con sujetos drogados mostraron que era posible instalar estos "demonios" a voluntad. Era posible, incluso, hacer que la mente analítica completa pareciera un "demonio". Así que algo fallaba en la demonología. Sin un ritual adecuado, simplemente de boca en boca, uno podía hacer que aparecieran nuevos "demonios" en las personas. *Así que no hay demonios reales en Dianetics.* (Eso está subrayado, no sea que algún místico vaya por ahí diciéndole a la gente que una nueva ciencia de la mente cree en los demonios).

Un demonio de Dianetics es un circuito parásito. Tiene una acción en la mente que hace dar la impresión de otra entidad diferente de uno mismo; y procede completamente de palabras contenidas en engramas.

Cómo llega ahí este demonio no es muy difícil de comprender, una vez que has inspeccionado uno de cerca. Papá, mientras el bebé está inconsciente, le grita a Mamá que tiene que escucharlo a él y a nadie más, ¡por Dios! El bebé recibe un engrama. A este se le hace key-in en algún momento entre la infancia y la muerte. Y entonces, ahí está el circuito demonio en funcionamiento.

Un ingeniero electrónico puede instalar demonios en un circuito de radio hasta hartarse. En términos humanos, es como si uno tendiera un cable desde los bancos estándar hacia el analizador, pero, antes de llegar ahí, pusiera un altavoz y un micrófono, y luego continuara con el cable hasta el plano de la consciencia. Entre el altavoz y el micrófono habría una sección del analizador que sería una sección normal, funcional, pero seccionada aparte del resto del analizador. El "yo", en un plano consciente, quiere datos. Estos deberían llegar directamente desde el banco estándar, computarse en un subnivel, y llegar simplemente como datos. No datos hablados. Simplemente datos.

Con la porción del analizador seccionada aparte y la instalación del altavoz-micrófono y el engrama que contiene las palabras de antes, "tienes que escucharme, ¡por Dios!", en reestimulación crónica, pasa otra cosa. El "yo", en las unidades de atención de un nivel superior, quiere datos. Empieza a explorar los bancos estándar con un subnivel. Los datos llegan a él *hablados*. Como una voz en el interior de su cabeza.

¡Un Clear no tiene "voces mentales"! No piensa vocalmente. Piensa sin articulación de sus pensamientos, y sus pensamientos no son en términos de voz. Esto será una sorpresa para muchos. El demonio de "escúchame" es muy común en la sociedad, lo que significa que este engrama circula ampliamente. "Quédate ahí y escúchame" fija el engrama en tiempo presente (y fija al individuo en el tiempo del engrama en cierta medida). Después de que se le hace key-in, y a partir de entonces, el individuo piensa en "voz alta", es decir, convierte sus pensamientos en lenguaje.

Esto es muy lento. La mente desarrolla soluciones (en un Clear) a tal velocidad que el torrente verbal de la consciencia se quedaría en el punto de salida.

Demostrar esto fue muy fácil. En cada caso en que se ha hecho un Clear, sin excepción, se descubrió uno u otro de estos demonios. Algunos casos tenían tres o cuatro. Algunos tenían diez. Algunos tenían uno. Es una suposición segura que casi todo aberrado contiene un circuito demonio.

El tipo de engrama que crea un "demonio criticón" es: "Siempre me estás criticando". Hay docenas de tales afirmaciones contenidas en engramas, cada una de las cuales creará un demonio criticón, al igual que cualquier combinación de palabras que dan como resultado una exigencia de escuchar y obedecer órdenes, crearán un demonio mandón.

Todos estos demonios son parásitos. Es decir, toman una parte del analizador y la seccionan aparte. Un demonio puede pensar solo tan bien como pueda pensar la mente de la persona. No hay poder extra. No hay beneficio. Todo es pérdida.

Es posible establecer la computadora (el analizador) al completo como un circuito demonio, y dejar al "yo" en una estantería diminuta y abandonada. Esto, en apariencia, es un truco muy bueno. Hace que sea posible para la mente analítica completa elaborar computaciones sin ser molestada, y transmitir la respuesta al "yo". Pero en la práctica es muy malo, pues el "yo" es la voluntad, la fuerza determinante del organismo, la consciencia; y muy pronto, el "yo" se vuelve tan dependiente de este circuito que el circuito comienza a absorberlo. Cualquier circuito así, para durar, tendría que tener dolor y ser crónico. Tendría que ser, en resumen, un engrama. Por lo tanto, tendría que ser reductor del intelecto y convertiría al poseedor en una víctima poniéndolo enfermo a la larga, de una forma u otra.

De todos los circuitos demonio engrámicos encontrados y eliminados, aquellos que contenían una entidad exterior, aparentemente todopoderosa, que resolvería todos los problemas y respondería a cualquier deseo, eran los más peligrosos. Según el engrama hacía key-in más y más y se reestimulaba constantemente, al final convertía al "yo" en una marioneta sin carácter. Como existían otros engramas, la suma de la reducción tendía hacia un tipo grave de demencia. Si quieres un ejemplo, solo imagina qué tendrías que decirle a una persona hipnotizada para hacerle pensar que estaba en manos de un ser poderoso que le daba órdenes, y luego imagina esto como la frase dicha cuando había quedado inconsciente de un modo u otro.

Hay toda otra clase de demonios: los "demonios de oclusión", los demonios que bloquean las cosas. Estos no son demonios propiamente dichos porque no hablan. Un demonio genuino es el que le da voz a los pensamientos, o hace eco de la palabra hablada interiormente o da todo tipo de consejos complicados, como una voz viva y real desde el exterior (las personas que oyen voces tienen demonios vocales exteriores: circuitos que han atado y bloqueado sus circuitos de imaginación). El demonio de oclusión no tiene nada que decir. Lo que él no permite que se diga o haga es lo que crea el desarreglo mental.

Un demonio de oclusión puede existir para una única palabra. Por ejemplo, una niña recibe un engrama al caerse de la bicicleta y perder el conocimiento. Un policía trata de ayudarla. Ella sigue inconsciente pero moviéndose, y balbucea que no se puede mover (un viejo engrama en funcionamiento). El policía dice: alegremente, "¡nunca digas nunca!". Algún tiempo después, ella tiene una experiencia en un nivel consciente, como otra caída, pero sin lesión (seguimos mencionando este segundo paso necesario, el *candado*, porque es lo que los místicos de los viejos tiempos pensaban que estaba causando todo el problema: es "angustia mental"). Ahora ella tiene dificultades para decir "nunca". Eso es peligroso en cualquier caso. ¿Qué pasaría si ella tuviera esa expresión engrámica normal: "¡Nunca digas no!"?

Los demonios de oclusión le ocultan cosas al "yo". Le es igual de fácil a uno de ellos enmascarar muchas palabras. El individuo, al tener uno, omitirá entonces estas palabras, las alterará o las pronunciará mal, y cometerá errores con ellas. El demonio no es el único motivo de que se alteren las palabras, pero es un caso específico. Un demonio de oclusión puede tener una fuerza y una extensión mucho mayores. Puede ser creado con las frases "¡No hables!", "¡Nunca conteste a tus mayores!" o "¡No puedes hablar aquí! ¿Quién te ha dicho que podías hablar?". Cualquiera de estas frases podría producir un tartamudo.

Se pueden ocluir otras cosas además de la palabra. Cualquier capacidad de la mente puede ser inhibida por un demonio destinado específicamente a obstruir esa capacidad. "¡No puedes ver!", ocluirá el recuerdo visual. "¡No puedes oír!", ocluirá el recuerdo auditivo. "¡No puedes sentir!", ocluye el dolor y el recuerdo táctil (asunto homonímico, el español).

Cualquier percepción puede estar ocluida en el recuerdo. Y siempre que esté ocluida en el recuerdo, afecta a la percepción real y al órgano de la percepción también. "¡No puedes ver!", puede reducir, no solo el recuerdo, sino la capacidad orgánica real de los ojos, como en el astigmatismo o la miopía.

Uno puede imaginarse, con todo el idioma español (o, en otros países, con otras lenguas, con cualquier idioma) susceptible de ser incluido en los engramas, cuántas capacidades de funcionamiento de la mente se pueden ocluir. Una común en extremo es: "¡No puedes pensar!".

Hasta el momento, la segunda persona se ha usado en ilustraciones y ejemplos para mantener la semejanza con pruebas hipnóticas o de drogas. En realidad, las oraciones que van en primera persona son más destructivas: "No puedo sentir nada", "No puedo pensar", "No puedo recordar". Estas y sus miles y miles de variaciones, cuando se dicen dentro del alcance auditivo de una persona "inconsciente", son aplicables a ella misma cuando el engrama hace key-in y entra en acción.

La segunda persona tiene varios efectos. "No vales para nada", dicho a una persona despierta, hace que la persona se sienta muy enfadada, tal vez, si tiene un engrama con respecto a eso. En su interior, posiblemente sienta que la gente piensa que ella no vale para nada. Puede que tenga un demonio que le dice que no vale para nada. Y dramatizará, diciéndoles a otras personas que *ellos* no valen para nada. Esto se puede difundir al ser dramatizado. Una persona que tiene un engrama de modo que él sea estéril sexualmente, por ejemplo, les dirá a los demás que ellos son estériles sexualmente. ("No hagas lo que yo hago, haz lo que yo digo"). Si tiene un engrama que dice "No vales para nada, tienes que comer con tu cuchillo", puede que coma con su cuchillo, pero se pone nervioso respecto a que la gente coma con sus cuchillos, y se enfadaría mucho si alguien le dijera que *comiera* con *su* cuchillo.

Así, hay "demonios de compulsión", "demonios de confusión", etc., etc.

El engrama tiene un valor de mando. En la mente reactiva hay un poder de elección que se ejerce respecto a qué engramas se usarán. Pero cualquier engrama, reestimulado con la suficiente fuerza, saldrá a la superficie para ser dramatizado. Y si la dramatización se bloquea, se volverá contra el individuo, de forma temporal o crónica.

La literalidad de esta mente reactiva, en su interpretación de las órdenes, y la literalidad de la acción de estas en la pobre y atormentada mente analítica es algo extraño en sí mismo. "No se puede concebir nada tan horrible" podría interpretarse en el sentido de que un bebé estaba en tan mala condición que más le valdría no haber sido concebido. Hay miles de clichés en cualquier idioma que, cuando se toman literalmente, significan todo lo contrario a lo que pretende el que habla.

El banco reactivo de engramas los toma, los almacena junto con dolor, emoción e "inconsciencia" y, con literalidad idiota, los entrega para que sean ley y mandato para la mente analítica. Y cuando la pequeña idiota feliz que dirige el banco de engramas ve posible utilizar algunos circuitos de la mente analítica con algunos de estos malditos demonios, lo hace.

Se puede ver, entonces, que la mente analítica está sometida a otra forma más de desgaste. Sus circuitos, normalmente diseñados para una computación rápida y fluida, se encuentran inmovilizados y sobrecargados con artilugios demoníacos que la maniatan. Los demonios son parásitos. Son trozos de la mente analítica que se han seccionado aparte y que se deniegan para computaciones mayores.

¿Es de extrañar que, cuando estos demonios se borran, el coeficiente de inteligencia se eleve tanto como se ha observado que lo hace en un Clear? Añade los circuitos demonio al aspecto de desconexión que tiene la reestimulación, y se puede ver la verdad que hay en la observación de que la gente funciona aproximadamente a un cinco por ciento de su poder mental. La investigación y la tabulación científica indican que, con el aspecto de "inconsciencia" y los circuitos demonio eliminados del banco de engramas y con los datos restaurados en el banco estándar como experiencia, donde deberían estar, alrededor del noventa y ocho por ciento de la mente se ha puesto al servicio del "yo", el cual nunca pudo usar como aberrado. ✠

La ENFERMEDAD PSICOSOMÁTICA

LAS ENFERMEDADES PSICOSOMÁTICAS son aquellas que tienen un origen mental, pero que no obstante son orgánicas. A pesar del hecho de que no existían pruebas científicas precisas sobre esto antes de Dianetics, una opinión sobre su existencia ha sido firme desde los días de Grecia, y en tiempos recientes se han fabricado y vendido varios preparados farmacológicos que se suponía que aliviarían estas enfermedades. Se obtuvieron algunos éxitos, los suficientes para justificar una gran cantidad de trabajo de los investigadores. Por ejemplo, las úlceras de estómago han cedido a la persuasión y al cambio de entorno. Una droga reciente llamada ACTH ha tenido resultados sorprendentes, aunque totalmente impredecibles. Se ha descubierto que las alergias cedían más o menos a cosas que deprimían la histamina en el cuerpo.

El problema de la enfermedad psicosomática queda totalmente abarcado por Dianetics y, mediante la técnica de Dianetics, enfermedades de ese tipo se han erradicado totalmente en cada uno de los casos.

Más o menos un 70 por ciento de la actual lista médica de enfermedades entra en la categoría de enfermedad psicosomática. Cuántas más se puedan clasificar como tales después de que se haya estado practicando Dianetics durante algunos años es difícil de predecir, pero es seguro que más enfermedades de las que hasta la fecha se habían clasificado como psicosomáticas lo son. Por supuesto, es absurdo que *todas* las enfermedades sean psicosomáticas, pues, después de todo, existen formas de vida llamadas microbios que tienen como *su* meta la supervivencia.

La obra de Louis Pasteur formulaba la teoría microbiana de la enfermedad. Con Dianetics se ha conseguido la teoría no microbiana de la enfermedad. Estas dos, junto con la bioquímica, se complementan mutuamente para formar todo el campo de la patología, hasta donde se puede determinar en este momento, siempre y cuando, por supuesto, que se incluya al virus en la teoría microbiana.

Dianetics agrega una página adicional a la teoría microbiana, en el sentido de que incluye la *predisposición*. Hay tres etapas de patología: *predisposición*, por lo que se entiende los factores que prepararon al cuerpo para la enfermedad; *precipitación*, por lo que se entiende los factores que hacen que la enfermedad se manifieste; y *perpetuación*, por lo que se entiende los factores que hacen que la enfermedad continúe.

Hay dos clases de enfermedad: la primera podría llamarse *autógena*, que significa que se originó dentro del organismo y fue autogenerada; y la otra *exógena*, que significa que el origen de la enfermedad fue exterior. En realidad, aunque esta es buena medicina, no es tan precisa como Dianetics podría desear. La enfermedad mental en sí es en realidad de origen exterior, pero médicamente consideramos que el cuerpo puede generar sus propias enfermedades (autógenas), o que la enfermedad puede venir de una fuente exterior, como las bacterias (exógenas). La teoría microbiana de Pasteur sería la teoría de la enfermedad exógena (generada desde el exterior). La enfermedad psicosomática sería autógena, generada por el cuerpo en sí.

El tratamiento de lesiones accidentales, la cirugía para diversas cosas como malformaciones inherentes al cuerpo con base genética, y la ortopedia, que en realidad se puede clasificar bajo las dos anteriores, permanecen adecuadamente fuera del campo de Dianetics, aunque puede hacerse la observación, de pasada, de que se puede hallar el origen de casi todos los accidentes en la dramatización de engramas, y que los Clears rara vez tienen accidentes.

Psico, por supuesto, se refiere a la mente y *somático* se refiere al cuerpo; el término psicosomático significa la mente poniendo enfermo al cuerpo, o enfermedades que han sido creadas físicamente dentro del cuerpo por un desarreglo de la mente. Naturalmente, cuando se ha resuelto el problema de la aberración humana, tales enfermedades llegan a ser uniformemente susceptibles de curación.

La artritis, la dermatitis, las alergias, el asma, algunos problemas coronarios, los problemas de la vista, la bursitis, las úlceras, la sinusitis, etc., forman una sección muy pequeña del catálogo psicosomático. Las molestias y dolores extraños en diversas partes del cuerpo, son generalmente psicosomáticos. Las jaquecas son psicosomáticas y, al igual que las otras, se curan invariablemente con la terapia de Dianetics (y la palabra *curar* se usa en su sentido más pleno).

La cuestión de cuántos errores físicos son psicosomáticos depende de cuántas afecciones pueda generar el cuerpo a partir de los factores contenidos en los engramas. Por ejemplo, se ha encontrado que el resfriado común es psicosomático. Los Clears no pescan resfriados. Qué papel desempeña el virus en el resfriado común, si es que desempeña alguno, no se sabe; pero sí se sabe que cuando se disipan los engramas que tienen que ver con resfriados, ya no aparecen más resfriados; lo cual es un hecho de laboratorio que hasta ahora no ha sido contradicho por 270 casos. Generalmente, el resfriado común proviene de un engrama que lo sugiere y que se confirma por una mucosidad real presente en otro engrama. Los engramas predisponen a un buen número de enfermedades microbianas y las perpetúan. La tuberculosis es una.

El engrama en sí, como ya se ha explicado, sigue un ciclo de acción. El cuerpo está predispuesto a la conducta y a las condiciones que contenía ese engrama cuando ese engrama se recibió por primera vez. Luego, una experiencia a nivel consciente hace un key-in del engrama, y otra experiencia, o el contenido del engrama en sí, puede hacerlo crónico. Esto es predisposición, precipitación y perpetuación en el plano mental.

Engramas, incapacidades heredadas, accidentes y microbios, son las cuatro formas en que se puede reducir físicamente el estado óptimo de un organismo. Muchas afecciones, a las que se ha denominado "incapacidades hereditarias", son en realidad engrámicas. Los engramas predisponen a la gente a los accidentes. Los engramas pueden predisponer y perpetuar infecciones bacterianas. Por lo tanto, el catálogo de enfermedades en las que Dianetics produce un efecto es muy largo. Este no es un libro que enumere efectos, sino un libro que establece causas, por lo que se le pide al lector que recurra a sus propios conocimientos o que consulte un texto de medicina para comprender cuántas miles y miles de afecciones resultan de engramas que trastornan o perturban al cuerpo.

Actualmente, está previsto que la investigación de Dianetics incluya el cáncer y la diabetes. Hay un buen número de razones para suponer que el origen de estas enfermedades es probablemente engrámico, sobre todo el cáncer maligno. Se hace esta observación para que quizá se le preste atención a la posibilidad; no se ha hecho ningún tipo de pruebas en pacientes cancerosos o diabéticos, y la idea es puramente teórica y no debe interpretarse como afirmación alguna de una cura para el cáncer. Sin embargo, se han hecho pruebas exhaustivas en aquellas enfermedades catalogadas anteriormente, y han cedido uniformemente a la terapia de Dianetics.

El mecanismo mediante el cual la mente puede causar discapacidad física o predisponer al cuerpo a una enfermedad y perpetuarla es algo muy simple en cuanto a su causa básica. La complejidad llega cuando uno empieza a combinar todos los factores posibles; entonces puede escribirse una lista asombrosa de enfermedades potenciales.

Se puede realizar una serie de pruebas sencillas en pacientes drogados o hipnotizados que demostrarán clínicamente, en otros laboratorios, este mecanismo básico. En la formulación de Dianetics se llevó a cabo una serie de estas pruebas, obteniéndose un éxito uniforme.

Tomemos, primero, algo que sea solo levemente psicosomático y apenas llegue a ser una enfermedad. Se hipnotiza a un paciente. Se le da la sugestión positiva de que podrá oír con mucha mayor agudeza. Esto es "audición amplificada". Controlando que no obtenga información por otros medios (incluyendo protecciones contra la telepatía entre el operador y el sujeto), se puede encontrar que la audición puede amplificarse muchísimo. De hecho, por todas partes existen aberrados que poseen "audición amplificada". Mediante sugestión, se puede disminuir o aumentar la capacidad de audición a tal grado que una persona se vuelva casi sorda o que pueda escuchar caer alfileres a mucha distancia. Cuando se elimina la sugestión, la capacidad auditiva del sujeto vuelve a su estado normal previo.

Análogamente, se pueden hacer experimentos con los ojos, empleando la sensibilidad a la luz. Se aumenta o disminuye la visión del paciente de forma que sus ojos sean mucho más o mucho menos sensibles a la luz de lo que es normal para él. Esto se hace totalmente a base de sugestión verbal, como: "La luz te parecerá muy, muy brillante" o "La luz te parecerá tan tenue que te será difícil ver". Con la primera sugestión, puede hacerse que el paciente vea casi tan bien como un gato, aunque otras personas presentes puedan pensar que es imposible ver las cosas que el paciente indica inequívocamente. En la segunda sugestión, al paciente se le puede colocar bajo una luz casi cegadora y sin embargo puede leer a través de un resplandor con visible comodidad.

El sentido del tacto se puede igualmente aumentar o disminuir mediante sugestión verbal hasta que el tacto se haga dolorosamente agudo, o tan embotado que apenas se perciba.

Así sucede con los diversos sentidos. Aquí tenemos simplemente la palabra hablada que entra en la mente y hace que la función física varíe.

Dirijámonos ahora al corazón. Mediante hipnosis profunda o drogas, ponemos a un paciente en trance amnésico; un estado de ser en el que el "yo" no está controlando, sino que el operador es el "yo" (y eso es, en realidad, todo lo que hay respecto a la función de la hipnosis: la transferencia del poder analítico del sujeto al operador mediante la ley de la afinidad, algo que tuvo un valor de desarrollo racial y de supervivencia en los animales que corrían en manadas).

Debe tenerse la precaución de elegir para este experimento a un paciente que posea un corazón muy sano y sin antecedentes de enfermedades cardíacas, porque este experimento, más que ningún otro experimento hipnótico, puede poner muy enfermo a un paciente con antecedentes cardíacos. Y no se debe llevar a cabo ninguna de estas pruebas hipnóticas hasta haber terminado la lectura de este libro y saber bien cómo eliminar las sugestiones. Porque la hipnosis, como se practica, es un asunto fulminante, y el hipnotizador que no esté familiarizado con Dianetics no tiene más idea de cómo librar al individuo de una sugestión que él ha creado, que lo que pudiera saber sobre cómo pelar un átomo. El hipnotizador ha *creído* que tenía la respuesta, pero Dianetics ha tratado a muchísimos sujetos que anteriormente fueron hipnotizados, encontrándolos totalmente "embrollados", como dicen los ingenieros interesados en Dianetics. Esto no es una crítica de la hipnosis ni de los hipnotizadores, que a menudo son personas muy capaces, sino que es un comentario respecto a que hay más cosas por saber en ese campo.

La velocidad del ritmo cardíaco, con la sugestión positiva únicamente, se puede aumentar o reducir o se puede estimular el corazón de alguna otra manera. Aquí hay *palabras* que, dirigidas a los más profundos niveles de la mente, causan acción *física*. Además, puede inhibirse el flujo de sangre en algún área del cuerpo con la sugestión por sí sola. (Se advierte que este experimento sobrecarga particularmente al corazón). Por ejemplo, se puede impedir que la sangre llegue a una mano, de manera que si cortaras una vena de esa mano sangraría muy poco, si es que sangrara en lo más mínimo. Un buen truco de un swami que sorprendió mucho al autor cuando estuvo en la India, fue la inhibición del flujo sanguíneo que el individuo despierto provocaba en sí mismo. A una orden, una herida sangraba o dejaba de sangrar. Parecía fantástico y sirvió de muy buena publicidad en el sentido de que allí había un swami que se había asociado de tal manera con el Nirvana que controlaba todas las cuestiones materiales. La admiración se desvaneció cuando el autor averiguó que, mediante hipnosis, podía obligar a su propio cuerpo a hacer lo mismo y no había Nirvana alguno implicado. El mecanismo se desvanece rápidamente, y en unos cuantos días tendría que renovarse: el cuerpo tiene su propio funcionamiento óptimo, y aunque tal función puede ser manejada "analíticamente", el mantener el flujo de la sangre en la mano no es una tarea analítica de nivel superior. Lo importante aquí es que se puede interrumpir el flujo de la sangre mediante sugestión verbal. Las palabras establecen conexión con el ser físico.

Respecto a cómo puede producirse esto, no nos interesa tanto la estructura como la función en esta etapa de la ciencia de la mente. ¿Por qué no?, si con solo conocer la función podemos curar aberraciones y males psicosomáticos en cada ocasión, predecir nuevos males y afecciones y, en general, "obrar milagros", como se llamaba a esas acciones antes de que el hombre supiera algo sobre la mente.

Los excrementos están entre las cosas que son más fáciles de regular mediante la sugestión. El estreñimiento puede ser causado o curado mediante sugestión positiva, con una velocidad y facilidad extraordinarias. La orina también se puede controlar de este modo. *Y lo mismo sucede con el sistema endocrino.*

Es más difícil hacer pruebas sobre algunas de las funciones endocrinas peor comprendidas. La investigación glandular no ha progresado mucho hasta la fecha. Pero, al eliminar los engramas y observar cómo se reequilibra el sistema endocrino, ha resultado obvio que el sistema endocrino es una parte del mecanismo de control con el que la mente maneja al cuerpo. Es fácil influir en las glándulas. Estos fluidos y secreciones (la testosterona, el estrógeno, la adrenalina, la tiroidina, la paratirina, la pituitrina, etc.) son las sustancias que la mente emplea como un medio para controlar el cuerpo. Forman circuitos de retransmisión, por así decirlo. Cada uno tiene su propia acción dentro del cuerpo.

Este experimento tiende a demostrar la falacia de una antigua suposición de que la mente estaba controlada por las glándulas. Un aberrado recibe una inyección de 25 mg de testosterona en aceite dos veces por semana. Puede que haya alguna mejoría en su estado físico durante un corto tiempo: su voz puede hacerse más profunda y puede salirle más vello en el pecho. Ahora, sin sugestión, simplemente borramos los engramas de su banco reactivo de manera que puedan volverse a formar como experiencia en el banco estándar. Antes de que hayamos completado esta tarea, su cuerpo empieza a usar más de la testosterona. Se puede reducir la dosis notablemente, y aún así, proporcionar más beneficio que antes. Finalmente, puede eliminarse la dosis. Este experimento también se ha llevado a cabo en personas que no habían podido obtener beneficios de sustancias glandulares, como la testosterona y el estrógeno, y en personas que se habían puesto enfermas a causa de la administración de estas hormonas. La eliminación de los engramas del banco reactivo produjo uniformemente una condición en la que esos pacientes podían beneficiarse de las hormonas, pero en la que la administración artificial no resultaba necesaria, salvo en casos de vejez extrema. Lo que esto significa para la gerontología (el estudio de la longevidad) no se puede estimar en este momento, pero se puede predecir con confianza que la eliminación de engramas del banco reactivo tiene un marcado efecto sobre la extensión de la vida. Dentro de unos cien años, estos datos serán accesibles, pero ningún Clear ha vivido tanto tiempo hasta ahora.

Ahora mismo, para nuestros fines, es fácil demostrar el efecto de la sugestión positiva sobre el sistema endocrino y la falta de efecto que las hormonas artificiales tienen en los aberrados.

Este tipo de engrama tiene un terrible efecto reductor en la secreción de testosterona: "El sexo es horrible, es asqueroso, lo detesto".

Se puede ver que el sistema nervioso autónomo, del que se ha supuesto que funciona sin mucha conexión con la mente, está influenciado en sus diferentes partes por la mente. Hay un efecto de espiral descendente (obsérvense las líneas en la gráfica del potencial de supervivencia) mediante el cual el engrama hace que el regulador de las funciones vitales comience a funcionar mal; esto produce fallos en la mente, que a su vez ejerce más influencia en el regulador de las funciones vitales; esto reduce una vez más la actividad física, y la mente, al ser parte del órgano y, por lo que sabemos, orgánica en sí, experimenta una reducción aún mayor en su tono. El tono mental hace descender el tono del cuerpo. Entonces el tono del cuerpo, al bajar, hace descender el tono mental. Este es un asunto de progresión geométrica invertida. Un individuo se empieza a poner enfermo, y, teniendo engramas, se pone más enfermo aún. Los Clears no están sujetos a esta espiral descendente. De hecho, esta horrible cosa llamada enfermedad psicosomática es tan totalmente superficial que es lo primero en ceder, y puede ser aliviada sin el Clearing.

Ahora, la razón por la cual diversos fármacos que buscan modificar las enfermedades psicosomáticas tienen un éxito tan incierto, reside en el hecho de que la mente, conteniendo estos engramas que son "supervivencia" (tanto como un individuo necesita un agujero en la cabeza), maneja el regulador de las funciones vitales para producir enfermedades activamente. Algo entra para eliminarlas (son "supervivencia", ¿ves?, y estas malditas células, estúpidamente, insisten en ello), y la mente tiene que revertir rápidamente la actividad y volver a poner en su sitio la enfermedad. Trata de influir en la mente reactiva con la razón o con agujas y no es más fácil de convencer que un individuo enloquecido por drogas decidido a asesinar a todo el mundo presente en un bar. Él está "sobreviviendo", también.

Un menjurje como el ACTH tiene un efecto ligeramente diferente. Es demasiado exclusivo como para que se hayan hecho investigaciones con él, pero, según informes sobre este compuesto, parece afectar a los engramas en el sentido temporal. Es decir, que, como se explicará en la terapia, desplaza la ubicación reactiva del individuo en el tiempo. El ACTH, y quizá muchas otras drogas de su categoría, llevan al individuo de un engrama crónico a otro. Esto es más o menos tan digno de confianza, como cambiar de dictadores en Europa. El siguiente puede ser el doble de malo. Incluso puede ser un engrama maníaco y esto es horrible, pese a su aparente "euforia".

El tratamiento de electrochoque, las palizas de Bedlam y otras cosas de esa calaña, *incluyendo el tratamiento quirúrgico de cosas que son de origen psicosomático*, tienen otro efecto, pero no muy distinto al de las drogas como el ACTH, en el sentido de que proporcionan otro choque que transfiere la pauta del engrama a otra parte del cuerpo (y desplaza de un lado a otro las aberraciones; cuando estas cosas funcionan, es porque la nueva aberración es menos violenta que la anterior). Los electrochoques, los golpes, la cirugía y quizá hasta cosas como el veneno de la cobra, cambian el efecto del banco de engramas sobre el cuerpo, no necesariamente a peor, no necesariamente a mejor; solo lo cambian. Es como jugar a los dados: a veces obtienes un siete.

Luego está el tratamiento de males psicosomáticos por eliminación de tejido. Este simplemente elimina el área que se dedica a dramatizar en el plano físico. Esto puede significar la amputación de un dedo del pie, o la extirpación de un cerebro. Estas cosas son de uso bastante común en el momento de escribir esto. La amputación del dedo está dirigida a una parte del contenido engrámico, el *somático*, y la extirpación de partes del cerebro (como en la leucotomía transorbital y la lobotomía prefrontal o cualquier otra cosa más reciente) está erróneamente dirigida a la "extirpación" de la psico-aberración. En esto también hay un sistema de abandono en funcionamiento: el cirujano o el paciente tienen una aberración sobre "deshacerse de ello", y de esa manera se despedazarán o se extirparán trozos del cuerpo. Algunos pacientes entregan su anatomía siguiendo un consejo o por su propia insistencia, igual que los antiguos sangraban en una flebotomía. Hay un marcado paralelismo entre sangrar al paciente para sanarlo y cortarle partes para curarlo. Ambos procedimientos están basados en un engrama de abandono (deshacerse de algo), y ninguno de los dos es eficaz en modo alguno. Se espera que la medicina de palangana de barbero acabe pasando a mejor vida, como lo hicieron sus pacientes.

Estas son las cinco clases de males psicosomáticos:

1. Aquellos males que resultan de un desarreglo causado mentalmente en el flujo de fluidos físicos, clase que se subdivide en:
    a. Inhibición del flujo de fluidos.
    b. Aumento del flujo de fluidos.
2. Aquellos males que resultan de un desorden causado mentalmente en el crecimiento físico, clase que se subdivide en:
    a. Inhibición del crecimiento.
    b. Aumento del crecimiento.
3. Aquellos males que resultan de la predisposición a la enfermedad resultante de un dolor psicosomático crónico en un área.
4. Aquellos males resultantes de la perpetuación de una enfermedad debido al dolor crónico en un área.
5. Aquellos males causados por el contenido verbal de mando de los engramas.

La Clase 1a comprende cosas tan normales como el estreñimiento y cosas tan extraordinarias como la artritis. La artritis es un mecanismo complejo con una causa simple y una cura relativamente simple. Recuerda que en un engrama están presentes dos cosas: dolor físico y mandato verbal. En la artritis, deben estar presentes ambas (como en la gran mayoría de males psicosomáticos). La articulación o el área afectadas deben haber sufrido un accidente, y debe haberse dado un mandato durante la "inconsciencia" acompañando a la lesión, que haría que el engrama fuera susceptible de una reestimulación crónica (los mandatos como: "Siempre es así" o "No deja de doler" o "No me puedo mover", producirán resultados similares). Con este engrama y dado que se le haya hecho key-in, hay un dolor crónico en el área de la lesión. Puede ser menor, pero de todas maneras es dolor (puede ser un dolor, pero que no se siente si el engrama contiene un mandato anestésico, como "Nunca lo sentirá", que produce una condición similar, pero lo hace a uno "inconsciente" del dolor que hay ahí). Este dolor en el cuerpo probablemente le diga a las células y a la sangre que esta área es peligrosa. Por lo tanto se evita. El mandato permite que la mente influya, digamos, en la paratiroides, que contiene el secreto de cómo se regula el contenido de calcio en el torrente sanguíneo. Un depósito mineral empieza entonces a asentarse en el área. El depósito mineral no es necesariamente la causa del dolor, pero sí es un reestimulador orgánico, de manera que, cuanto más mineral haya, más dolor hay y más hace key-in el engrama. Esta es la espiral descendente. Y esta es la artritis en acción. Date cuenta de que la paratiroides y el que la sangre evite el área son la causa teórica; el hecho científico es que cuando se encuentra y se elimina un engrama referente a un área que contiene artritis, entonces la artritis se desvanece y no vuelve; y esto está demostrado con radiografías. Sucede cada vez, y no sucede debido a ninguna sugestión ni medicamento. Sucede porque se encuentra un engrama y se rearchiva. Conforme se elimina el engrama, se desvanece el dolor, y desaparece la artritis. Esto forma toda una clase de males, de los cuales la artritis es solo uno. Los mecanismos implicados varían ligeramente. Todos pueden clasificarse bajo el título de "desorden físico causado por un flujo reducido de los fluidos del cuerpo".

La Clase 1b de los males psicosomáticos, el aumento del flujo de fluidos, incluye cosas como presión sanguínea alta, diarrea, sinusitis, priapismo (hiperactividad de las glándulas sexuales masculinas), o cualquier otra afección física resultante de una superabundancia de fluido.

La Clase 2a puede causar cosas como un brazo atrofiado, una nariz contraída, órganos genitales poco desarrollados, o cualquier otro subdesarrollo de alguna glándula que tenga que ver con el tamaño (que pertenecería también a la clase 1a), la calvicie (que, al igual que el resto, también puede ser parte del modelo genético y por tanto inherente) y, en resumen, la reducción en el tamaño de cualquier parte del cuerpo.

La Clase 2b provoca cosas como manos excesivamente grandes, una nariz alargada, orejas demasiado grandes, órganos agrandados y otras deformaciones físicas comunes (es posible que el cáncer pudiera entrar en este apartado, como curación en exceso).

La Clase 3 incluiría tuberculosis (algunos casos), trastornos hepáticos, trastornos renales, erupciones, resfriados comunes, etc. (perteneciendo de forma cruzada a otras clases, como sucede con todas estas de una manera o de otra).

La Clase 4 incluiría aquellas enfermedades que, presentándose sin influencia psicosomática, se fijan, sin embargo, por accidente en un área previamente lesionada y, mediante reestimulación mantienen un engrama en estado de key-in en esa área, de manera que la afección se vuelve crónica. Aquí podría incluirse la tuberculosis. La conjuntivitis, todas las heridas supurantes y cualquier afección que se niega a curarse, etc.

Esta cuarta clase también incluiría todos los dolores y enfermedades extraños en los que no se encuentra un verdadero estado patológico.

La clase 5 abarca un catálogo enormemente amplio de afecciones, cualquiera de las cuales puede estar en índice cruzado con otras clases, o que surgen únicamente de engramas que dictan la presencia o necesidad de una enfermedad. "Siempre estás con resfriados", "Tengo los pies deshechos", etc., anuncian una enfermedad psicosomática y los mecanismos del cuerpo pueden proporcionarla.

Cualquier enfermedad puede ser precipitada por engramas. La enfermedad puede tener origen microbiano; el individuo posee un engrama en el sentido de que puede ponerse enfermo y, en función de esta generalización, se pone enfermo de cualquier cosa que haya a mano. Además, e incluso de forma más general, el engrama reduce la resistencia física que el cuerpo presenta a la enfermedad. Y cuando un engrama entra en reestimulación (tal vez debido a una riña doméstica, un accidente o algo por el estilo), la capacidad del individuo para resistir las enfermedades disminuye automáticamente.

Los niños, como se explicará, tienen muchos más engramas de lo que se ha supuesto. Casi todas las enfermedades de la infancia van precedidas de algún trastorno psíquico y, si hay presente trastorno psíquico (manteniendo un engrama reestimulado), esas enfermedades pueden ser mucho más violentas de lo que deberían ser. Por ejemplo, el sarampión puede ser simplemente sarampión, o puede ser sarampión acompañado de reestimulación engrámica, en cuyo caso puede llegar a ser casi o totalmente fatal. Una revisión de muchos sujetos sobre este asunto de que la enfermedad infantil sea predispuesta, precipitada y perpetuada por engramas, hace que uno se pregunte lo graves que son realmente las enfermedades en sí. Nunca han sido observadas en un niño llevado a Clear, y hay razones para investigar la posibilidad de que las enfermedades infantiles sean en sí extremadamente leves, y que se vean complicadas solo por trastornos psíquicos, es decir, la reestimulación de engramas.

De hecho, se podría plantear esta pregunta en el campo completo de la patología: ¿Cuál es el verdadero efecto de la enfermedad al restar la ecuación mental? ¿Qué tan graves son las bacterias?

El campo de la bacteriología ha carecido hasta ahora de principios dinámicos; la dinámica, supervivencia, es aplicable a todas las formas de vida, y el término "formas de vida" incluye a los microbios. El propósito del microbio es sobrevivir. Sus problemas son los de la alimentación, la protección (defensiva y ofensiva) y la procreación. Para conseguir estas cosas, el microbio sobrevive en su nivel óptimo de eficiencia. Experimenta mutación, se altera mediante selección natural y cambia dinámicamente debido a la necesidad de sobrevivir (este último, el paso que faltaba en la teoría de la evolución), con el fin de llegar al máximo posible de supervivencia. Comete errores al matar a sus huéspedes; pero tener el propósito de sobrevivir no significa necesariamente que una forma sobreviva.

En patología, el microbio, empeñado en su propósito, actúa como supresor de la dinámica de supervivencia de la especie humana. No se ha determinado cuál es la gravedad de este supresor en ausencia de la supresión engrámica en el humano. Hay suficientes datos para indicar que un ser humano que tenga su potencial en la cuarta zona, aparentemente no está muy expuesto a las enfermedades. El resfriado común, por ejemplo, sea o no un virus, le pasa de largo, y las infecciones crónicas están ausentes. Qué tienen que ver los anticuerpos con esto, o cuál es este factor, es otra cuestión. Pero el hecho de que un Clear no se pone enfermo fácilmente sigue en pie. En el aberrado, la enfermedad sigue de cerca a la depresión mental (depresión del nivel dinámico).

La aberración de la mente y del cuerpo por los engramas, entonces, no solo conduce a males psicosomáticos, sino también a estados patológicos reales, que hasta ahora se han considerado más o menos independientes del estado mental. Como se ha demostrado mediante investigación clínica, la eliminación de los engramas hace algo más que eliminar la enfermedad psicosomática, sea esta potencial, aguda o crónica. El clearing también contribuye a inmunizar al individuo contra la recepción de estados patológicos; aún no se sabe hasta qué punto, pues para establecer las estadísticas reales, se requiere una observación tan extensa y de duración tan prolongada que el proyecto requerirá miles de casos, además de las observaciones hechas por médicos durante un largo periodo de tiempo.

La cantidad de aberración que una persona manifiesta, es decir, la posición que ocuparía en una escala de cordura, tiene poco que ver con las enfermedades psicosomáticas. Tales enfermedades solo necesitan uno o dos engramas de una naturaleza específica para hacerse patentes. Estos engramas puede que no sean aberrativos más allá de predisponer al individuo a la enfermedad. Tener una enfermedad psicosomática no es lo mismo que estar "loco" o tener tendencias hipocondríacas. El hipocondríaco cree que tiene enfermedades, un caso especial de la Clase 5 antes citada.

El trastorno se divide claramente en dos categorías. La primera es el trastorno mental, cualquier condición irracional, que en Dianetics llamamos *aberración* con el fin de evitar la constante catalogación de los miles, los millones de manifestaciones que puede tener la irracionalidad. El otro trastorno del individuo es *somático:* este concierne enteramente a su ser físico y su capacidad y salud físicas. Ambas cosas están presentes en todo engrama: la *aberración* y el *somático.* Pero el engrama puede manifestarse crónicamente, ya sea como un *somático* (aquí se ha hecho un sustantivo a partir de un adjetivo, y se emplea comúnmente en Dianetics para evitar el uso de la palabra *dolor*, que no es exhaustivo y es reestimulativo) o como una *aberración*, o ambas cosas juntas.

Un engrama debe contener dolor físico. Cuando se reestimula un engrama en la vida diaria, ese dolor físico puede aparecer o no. Si no aparece como dolor, sino como aberración, entonces el individuo está en una valencia que no es la suya (la "necesidad de manifestar sus hostilidades"). Si está lo bastante cuerdo como para estar en su propia valencia, el dolor físico estará presente. En Dianetics decimos que ha aparecido el *somático*. Cuando aparece cualquier somático, a menos que el individuo sea un preclear recibiendo terapia, también está apareciendo algo de la aberración. En resumen, la aberración puede aparecer por sí misma, o bien puede aparecer el somático más parte de la aberración. Cuando una persona dramatiza una valencia que no es la suya, la aberración está presente; cuando la dramatización, reproduciendo el engrama en una valencia u otra a la manera de un disco fonográfico, se ve suprimida por algún otro factor, como la policía, una persona más fuerte o incluso el individuo mismo (a esto se le ha llamado *represión*; el término no se emplea aquí por estar cargado de otros significados), el somático aparecerá con toda seguridad. El individuo está entonces aparentemente "mejor", como querían las células que estuviera, para ocupar el papel de supervivencia en el engrama, la valencia ganadora, porque, por lo menos, no está enfermo. Pero, ¿cuántas personas han sido asesinadas, cuántos bancos han sido robados y a cuántos cónyuges han vuelto locos estas dramatizaciones? Así que, en su esfuerzo por proteger a sus miembros, la sociedad consideraría la salud del individuo como un asunto secundario. De hecho, la "sociedad" no ha sabido de este aspecto mecánico. El individuo que dramatiza la valencia de supervivencia que hay en sus engramas puede hacerle cosas violentas a otra gente. El individuo que no se permita a sí mismo tal dramatización o que esté obligado por la sociedad a evitarla, lo más seguro es que contraiga un mal psicosomático. "Cara, yo gano; cruz, tú pierdes". La respuesta está en el alivio o eliminación del engrama. Puesto que hay muchos otros aspectos en este problema, el hombre que dramatiza sus engramas, haya o no sociedad, no es apto para sobrevivir; y si los dramatiza, está expuesto a cualquiera de las afrentas que otra valencia en ese mismo engrama hubiera dirigido contra la valencia en que él está.

Las combinaciones de las clases y aspectos de las enfermedades psicosomáticas enumeradas y aquí descritas llevan a algunas situaciones altamente complejas. Es un hecho científico que ninguna enfermedad psicosomática existe sin una aberración. Y es cierto que ninguna aberración existe sin un mal psicosomático potencial o verdadero. Una de las enfermedades psicosomáticas que uno menos esperaría encontrar como asunto psicosomático es la enfermedad de la perversión sexual.

El pervertido sexual (y con este término en Dianetics, para ser breve, se incluyen todas y cada una de las formas de desviación en la Dinámica Dos, como la homosexualidad, el lesbianismo, el sadismo sexual, etc., y todas las del catálogo de Ellis y Krafft-Ebing) está de hecho muy enfermo físicamente. La perversión, como enfermedad, tiene tantas manifestaciones que debe estar esparcida por toda la gama de clases antes citadas, desde la 1 hasta la 5. El desarrollo excesivo o el subdesarrollo de los órganos sexuales, la inhibición o el aumento seminal, etc., se encuentran, algunas en unos pervertidos, otras en otros. Y el compendio de esto es que el pervertido es siempre, de un modo u otro, una persona muy enferma físicamente, tanto si es consciente de ello como si no. Está muy lejos de ser culpable de su condición, pero también dista tanto de ser normal, y es tan extremadamente peligroso para la sociedad, que la tolerancia de la perversión resulta tan perjudicial para la sociedad como su castigo. A falta de medios apropiados, antes de esta época, la sociedad ha estado atrapada entre la tolerancia y el castigo, y el problema de la perversión, por supuesto, no se ha resuelto. Saliéndonos un poco del tema, se puede mencionar acerca de la perversión que la mejor explicación que antes había para ella era algo como que las chicas envidiaban el pene de papá, o que los chicos se trastornaban por esa cosa terrible, la vulva, que, imprudentemente, mamá mostró un día. Hace falta mucho más que estas verdaderas tonterías para crear un pervertido. Es, más bien, algo del calibre de darle patadas a un bebé en la cabeza, pasarle una apisonadora por encima, cortarlo por la mitad con un cuchillo herrumbroso, hervirlo en Lysol, a la vez que gente chiflada le grita las cosas más horribles e impublicables. El ser humano es un personaje muy duro. Es tan condenadamente duro que ha sometido a todo el reino animal y puede hacer temblar las estrellas. Y cuando se trata de desequilibrar su Segunda Dinámica, lo que se necesita es digno de Dante y Sax Rohmer combinados. De ahí que el pervertido que posee cientos y cientos de engramas atroces haya tenido poca oportunidad de escoger entre estar muerto o ser un pervertido. Pero con una ciencia eficaz para manejar el problema, una sociedad que continúe soportando la perversión y todos sus tristes y sórdidos efectos no merece sobrevivir.

La perversión puede tener otros aspectos. En una sociedad examinada, estas aberraciones se habían multiplicado hasta tal extremo que surgió una secta mística principal que sostenía que toda enfermedad mental provenía del sexo. Esto, por supuesto, dio más ímpetu a las aberraciones en torno a la Segunda Dinámica (sexo), pues una creencia sectaria así tiene que haber sido originada por un individuo que tenía aberraciones graves en la Segunda Dinámica. Esta creencia de que el sexo era la única fuente de tribulación y de aberración humana atrajo de forma natural como practicantes suyos a individuos que tenían pautas aberrativas similares. Y así, la secta siguió reforzando factores aberrativos que ya existían en la sociedad, puesto que toda su actividad estaba dirigida a hacer del sexo una cosa monstruosa y horrible, etiquetándolo como la fuente primaria de las enfermedades mentales en la sociedad. El profeta de este dios era Maniqueo, un persa del siglo III, que enseñaba que todo lo que tenía que ver con el cuerpo, especialmente el sexo, era malo. El culto de Maniqueo continuó hasta bien entrada la Edad Media, y después desapareció para no preocupar más al hombre.

Cualquier dinámica puede verse obstruida: la Dinámica Personal, la Dinámica del Sexo, la Dinámica del Grupo o la Dinámica de la Humanidad. Cada una de estas ha sido, en alguna época, el blanco de una u otra secta que trataba de curar todos los males del hombre y salvarlo. Dianetics no está interesada en salvar al hombre, pero puede hacer mucho para evitar que *se le* "salve". Como corpus organizado de conocimiento científico, Dianetics solo puede extraer las conclusiones que observa en el laboratorio.

Se puede observar que la Iglesia tiene toda la razón en hacer cuanto esté en su poder para evitar la blasfemia. Muy a menudo, se pueden

pronunciar blasfemias durante la "inconsciencia" de una persona que
ha sido golpeada. Esto introduciría nombres sagrados y maldiciones en
engramas que, al reaccionar en el interior del individuo, le proporcionan
un terror y compulsión o repulsión antinaturales hacia Dios. No es la
religión la culpable, es el blasfemar respecto a la religión. Tal blasfemia
da como resultado al fanático demente y al ateo asesino; y la Iglesia
prescindiría de ambos con mucho gusto.

En el terreno de la enfermedad psicosomática, cualquier combinación
del idioma es un factor tan dañino en un engrama como cualquier otro
factor. El razonamiento idiota de la mente reactiva, que considera que
cualquier cosa en un engrama es igual a cualquier cosa en un engrama,
también considera que cualquier cosa que sea similar al engrama en el
mundo exterior (los reestimuladores) es causa suficiente para poner
en acción un engrama. De ahí, pueden producirse la aberración y la
enfermedad.

Sin embargo, en las enfermedades psicosomáticas hay una peculiaridad
que es crónica: la mente reactiva del aberrado ejerce un poder de
elección hasta tal punto que *solo los engramas prosupervivencia se hacen
crónicos.* Podría decirse, en un nivel reactivo, que el aberrado no se
permitirá sufrir enfermedades procedentes de sus engramas, a menos
que esas enfermedades tengan valor de "supervivencia". Esto es muy
importante en la terapia. Las enfermedades psicosomáticas crónicas que
muestra un paciente son aquellas que tienen un trasfondo de compasión
(prosupervivencia).

No es posible "echar a perder" a un niño con amor y afecto. Cualquiera
que postulara que era posible, estaba postulando a partir de datos
erróneos y de ninguna observación. Un niño *necesita* todo el amor
y el afecto que pueda recibir. Se realizó una prueba en un hospital,
que se ocupó de mostrar que a los bebés les daba fiebre cuando se les
dejaba sin atención. Cuando se les prestaba atención, la fiebre remitía
inmediatamente. La prueba, aunque no fue observada personalmente
por el autor, parece haber sido llevada a cabo con los controles debidos,
según el informe. Si esto es cierto, ello postula un mecanismo en el
ser humano que emplea la enfermedad para obtener afecto, de manera
genética. No hay ninguna razón para que no sea así; ha habido suficientes

años de ingeniería (casi dos mil millones) para incorporar cualquier cosa al plano genético. Estos bebés, en varios grupos, fueron dejados por sus padres en el hospital para hacer la prueba; invariablemente se ponían enfermos cuando no se les daba afecto. Aquí está la ley de la afinidad en funcionamiento si estas pruebas se realizaron con precisión. Su propósito no era el de ayudar a Dianetics, sino mostrar que el hecho de dejar en el hospital a un bebé después de su nacimiento porque tiene una ligera enfermedad, invariablemente agrava esa enfermedad.

Una serie de experimentos de Dianetics, estrictamente controlados, llevados a cabo durante un periodo mucho más largo, demostró que la ley de la afinidad, en lo que concierne a la enfermedad psicosomática, era más potente que el miedo y el antagonismo por un margen muy amplio. Este margen es tan grande, que podría hacerse una analogía entre la fuerza de una viga de acero comparada a una brizna de paja. Se encontró, como se dice más arriba, que las enfermedades psicosomáticas crónicas solo existían cuando las respaldaba un engrama de compasión. La ley de la afinidad podría interpretarse como la ley de la cohesión; "afinidad" podría definirse como "amor" en sus dos sentidos. La privación o ausencia de afecto podría considerarse como una violación de la ley de la afinidad. Para sobrevivir, el hombre debe estar en afinidad con el hombre. Normalmente, el suicida comete el acto según la computación de que la eliminación de sí mismo, de alguna manera, beneficiará a otros; esto, en un nivel de la mente reactiva, es una computación muy común que se deriva exclusivamente de engramas. El violento jefe de la fábrica con su porte despiadado, cuando sufre alguna enfermedad psicosomática, por lo general se debe a un engrama de compasión.

El engrama de compasión finge ser prosupervivencia. Según dijo un preclear, el hombre no es víctima de sus enemigos sino de sus amigos. Un engrama se produce siempre a partir de un momento de mayor o menor "inconsciencia". No existe engrama sin "inconsciencia". Solo cuando el analizador está desconectado es cuando el mundo exterior puede entrar sin ser razonado, y funcionar desde dentro. En el momento en que el analizador identifica uno de esos engramas como tal, ese engrama pierde alrededor del 20 por ciento de su valor para aberrar y generalmente un 100 por ciento de su valor para causar una enfermedad psicosomática.

El dolor es extremadamente perecedero. El placer está grabado en bronce. (Esto no es poesía, sino ciencia. El dolor físico se borrará con un poco de atención. Una experiencia grata, o incluso una experiencia así, está fijada en la mente con tal solidez que ningún tratamiento conocido por Dianetics podrá hacer mella en ella, y se ha dirigido una gran cantidad de esfuerzo contra los registros de placer, solo para poner a prueba su permanencia. Son permanentes; el dolor físico es perecedero. Lo sentimos mucho, señor Schopenhauer, pero estaba usted terriblemente equivocado).

Exponer un candado (un momento de "angustia mental") al analizador una vez que se ha ido el engrama que le daba poder, hace que ese candado vuele como una brizna de heno al viento. El analizador funciona según la Doctrina del Dato Verdadero: no tiene ningún trato con algo que haya descubierto que es falso. La sola exposición de un engrama sin aliviarlo tiene cierto valor terapéutico (un 20 por ciento) y esto dio lugar a la creencia de que a uno le bastaba con saber sobre sus males y estos desaparecerían. Sería bonito si así fuera.

El engrama más aberrativo, entonces, es aquél que está retenido por el concepto de la mente reactiva (esa idiota) de que es necesario para la supervivencia del individuo. Este engrama de compasión es el que aflora y permanece crónico como enfermedad psicosomática. Hay dos razones para esto: generalmente uno se encuentra en su propia valencia cuando se recibe un engrama de compasión, y la mente reactiva de uno, que conoce bien el valor de la afinidad, presenta la enfermedad psicosomática para atraer afinidad. Aquí no hay presente voluntad alguna por parte del propio "yo" analítico del individuo. Pero sí está presente toda la "voluntad" de la mente reactiva.

Un engrama de compasión sería algo así: un niño pequeño, muy maltratado por sus padres, está gravemente enfermo. Su abuela lo atiende y, mientras él delira, lo tranquiliza y le dice que ella lo cuidará, que se quedará ahí a su lado hasta que se ponga bien. Esto le da un alto valor de "supervivencia" al hecho de estar enfermo. Él no se siente a salvo cerca de sus padres; quiere la presencia de su abuela (ella es una valencia ganadora porque les da órdenes a los padres) y él ahora tiene un engrama. Sin el engrama no habría enfermedad psicosomática. Enfermedad, "inconsciencia" y dolor físico, son esenciales para la recepción de este engrama. Pero no es un engrama contrasupervivencia. Es un engrama prosupervivencia. Se puede dramatizar en la valencia de uno mismo.

La enfermedad psicosomática, en un caso como este, sería una "posesión preciosa". El "yo" ni siquiera conoce la computación. El analizador estaba fuera cuando el engrama entró. El analizador no puede recordar ese engrama a falta de la terapia de Dianetics. Y el engrama no se retirará.

Ahora, con este engrama, tenemos a un paciente con sinusitis y predisposición a infecciones pulmonares. Puede que sea lo bastante desafortunado para casarse con una réplica de su madre o de su abuela. La mente reactiva no puede distinguir entre la abuela o la madre y la esposa, si se parecen, aunque sea vagamente, en el habla, tono de voz o modales. La esposa no es compasiva. Ahí va el engrama para exigir esa compasión; y aun cuando la esposa piense que la sinusitis y la infección pulmonar son suficientemente repulsivas para provocar el divorcio, la mente reactiva mantiene ese engrama en un estado de key-in. Cuanto más odio de la esposa, más key-in tiene el engrama. Se puede matar a un hombre de esta manera.

Lo anterior es un engrama estándar de compasión. Cuando un terapeuta trata de quitarle al paciente ese engrama, la mente reactiva se niega a seguir adelante. El "yo" no se niega a seguir adelante. El analizador no se niega a seguir adelante. Ellos esperan que este engrama salte. Pero la mente reactiva lo mantiene clavado hasta que el dianeticista le meta una palanca por debajo. Entonces se va. (Se pueden disipar suficientes candados, por cierto, como para aliviar esta condición. ¡Pero el paciente sacará otro engrama!).

La resistencia a terapias pasadas ha resultado de estos engramas de compasión. Sin embargo, ahí están, justo en la superficie, plenamente expuestos como enfermedades psicosomáticas crónicas.

Administrarle a un paciente con un mal psicosomático cualquier cantidad de drogas, puede resultar en un alivio únicamente temporal. El "yo" no quiere la enfermedad. El analizador no la quiere. Pero el cuerpo la tiene, y si alguien tiene éxito en curarla de otra manera que no sea eliminando el engrama, entonces el cuerpo, bajo el mando de la mente reactiva, encontrará alguna otra cosa con que sustituir ese mal, o desarrollará una "alergia" a la droga, o bien anulará totalmente el efecto de la droga.

Por supuesto, siempre se puede arrancar tejido vivo del interior del cráneo con cuchillos, picahielos o electrochoques al por mayor. Esto curará el mal psicosomático. Desgraciadamente, también cura la personalidad, el intelecto y, con demasiada frecuencia, la vida misma.

En Dianetics, la aplicación de la técnica para aliviar los engramas que causan estos males ha producido el alivio invariable de todos los pacientes tratados, sin recaída. Resumiendo y brevemente, ahora pueden curarse los males psicosomáticos. Todos ellos. ⊠

La Emoción
y las Dinámicas

La emoción es una cantidad θ (theta), lo que significa que está tan implicada en las fuerzas vitales, que Dianetics, en su estado actual, la maneja con éxito invariable, pero no trata de aportar más que una teoría descriptiva. Hay que hacer mucha investigación sobre la emoción; pero mientras la terapia la abarque y la descargue con éxito, se puede prescindir de más datos, hasta cierto punto.

La emoción tendría que dividirse claramente en emociones negativas y emociones positivas. La emoción negativa tendría carácter de contrasupervivencia; la positiva de prosupervivencia. Las emociones agradables y placenteras no nos preocupan demasiado aquí. Se cree que toda emoción es la misma cosa. Pero en sus aspectos por encima de la Zona 1, podemos dejarla a un lado, pues su explicación es innecesaria, en este momento, para el propósito de este libro.

En las Zonas 1 y 0, la emoción se vuelve muy importante para la terapia. Como se ha dicho antes, las Zonas 1 y 0 son las zonas del enojo y la apatía, respectivamente. Desde la muerte hasta la línea de separación entre el enojo y el miedo es la Zona 0. Desde este límite hasta el principio del aburrimiento está el enojo, Zona 1.

Es como si la dinámica de supervivencia, al contraerse en la Zona 1, primero empezara a mostrar hostilidad. Luego, al haber una mayor supresión hacia la muerte, enojo. Al continuar la supresión, se empezaría a mostrar ira, luego, como nivel inmediato inferior, miedo, luego terror y, por último, justo por encima de la muerte, apatía.

Y según se suprime la dinámica, las células reaccionan enérgicamente a la amenaza, se podría decir, resistiéndose a ella. El analizador resiste hasta el límite superior de la Zona 1, pero con el control en una continua disminución. De ahí hacia abajo son las células, el organismo en sí, las que resisten en un último esfuerzo desesperado. La mente reactiva está totalmente al mando a partir del límite superior de la Zona 1, bajando directamente hasta la muerte, y su dominio del organismo crece continuamente a medida que se suprime la dinámica.

La emoción parece estar ineludiblemente conectada con la verdadera fuerza de la vida. Ningún ingeniero podría dudar que hay una fuerza vital. El hombre y la medicina normalmente miran la jarra y olvidan que la jarra solo está ahí para contener la leche y que la leche es la magnitud importante. La fuerza vital es el helio que llena el globo que sube. Afuera va el helio, abajo va el globo. Cuando este tipo de energía se localice y se aísle como lo que es (si *es* solo un tipo de energía) entonces la medicina podrá empezar a avanzar a tales zancadas que hará que todos los pasos anteriores que haya dado se parezcan a los de un hombre en una carrera de sacos. La medicina no tiene ningún helio de repuesto, por mencionar una cosa.

No se sabe hasta qué altura puede llegar esta fuerza vital en la escala de la supervivencia. Por encima de la Zona 3 se encuentra el área de los signos de interrogación. Un Clear asciende a un nivel de persistencia, vigor, tenacidad, racionalidad y felicidad. Quizá algún día un Clear alcance la nebulosidad de la que el autor solía oír hablar en la India, que señalaba al hombre que era todo alma.

Hasta dónde puede bajar, se sabe sin lugar a dudas. Un hombre muere. No se mueve ni piensa. Muere como organismo, luego muere como células. Hay diferentes periodos de "vida después de la muerte" para las células, y los biólogos dicen que las células del cabello y de las uñas no mueren durante meses. Así que aquí hay un espectro de la muerte; primero el organismo, y luego, colonia a colonia, las células.

Eso es desde la parte inferior de la Zona 0 hacia abajo. Pero en lo que nosotros estamos interesados es en el área que baja desde la Zona 1 hasta la parte más baja de la Zona 0. Se podría postular que la mente analítica tiene su mayor capacidad de rechazo contra el supresor, su más alta capacidad de cuidar del organismo, cuando está en la tercera zona. Según el supresor empuja hacia abajo contra este, el analizador que está en la parte más baja de la Zona 3, lo hace retroceder con fuerza. Esto es *necesidad* en funcionamiento. *¡El nivel de necesidad puede elevarse, en esta acción, a un punto en que todos los engramas hagan key-out!*

Hay que comprender que el analizador tiene en cuenta supresores futuros y está continuamente ocupado en computaciones que plantean problemas del futuro, que el analizador resuelve: esta es una de las funciones de la imaginación. También hay que darse cuenta de que el analizador está ocupado en un sinfín de computaciones sobre el presente, pues la mente analítica está manejando continuamente un número enorme de factores que abarcan al supresor del presente y al supresor del futuro. Por ejemplo, computa sobre las alianzas con los amigos y los simbiontes, y alcanza sus mayores victorias cuando toma algo del supresor y lo convierte en un factor de alianza.

En el espectro de la supervivencia, puede verse al individuo estando en la cima de la dinámica de supervivencia. El supresor empuja hacia abajo, o bien supresores futuros amenazan con empujarle, y la mente analítica empuja hacia arriba con soluciones. El nivel del individuo está determinado por la efectividad con que aparentemente hace frente a estos supresores.

Hablamos ahora del Clear y, hasta nueva mención, continuaremos refiriéndonos a él. El Clear es una persona no aberrada. Es racional en el sentido de que desarrolla las mejores soluciones posibles según los datos que tiene y desde su punto de vista. Obtiene el máximo placer para el organismo, presente y futuro, así como para los individuos que hay en las otras dinámicas. El Clear no tiene engramas que puedan ser reestimulados para confundir la exactitud de la computación mediante la introducción de datos ocultos y falsos en ella. Ninguna aberración. De ahí, la razón de que lo usemos aquí como ejemplo.

La dinámica de supervivencia es alta, supera al supresor. Toma esto como una primera condición. Esto colocaría la dinámica en la Zona 3, Tono 3.9. Ahora, aumenta el supresor. Se empuja la dinámica hacia atrás, al Tono 3.2. Surge la necesidad. El supresor es rechazado. La dinámica está una vez más en el Tono 3.9. Se podría denominar a esta acción como resurgimiento entusiasta. El individuo se ha "enfadado" realmente, es decir, ha recurrido a su ser para que le suministre poder para el pensamiento y la acción. Mentalmente, recurre a cualquier cosa que constituya energía mental. Físicamente, si la supresión fuera física, recurriría a su adrenalina. Este es el uso correcto de las glándulas endocrinas: usarlas para recuperar la posición en relación con el supresor. Todas y cada una de las funciones del cuerpo están bajo el mando analítico (aunque no necesariamente regulado).

Ahora, supongamos que el supresor se lanza hacia abajo contra la dinámica y lleva a la dinámica hasta 3.0. El nivel de necesidad se eleva. Se entra en acción. Toda la fuerza del ser se lanza contra el supresor. Ahora supongamos que se introduce un nuevo factor en el supresor y lo hace mucho, mucho más fuerte. El individuo todavía intenta resurgir ante este. Pero el supresor carga con más y más fuerza sobre él. Empiezan a consumirse sus reservas de energía mental o física (y este supresor puede estar tanto en el nivel mental como en el físico). Al fatigarse, el individuo cae hasta un 2.5. El supresor vuelve a crecer. Una vez más se intenta el resurgimiento. Se lanza la última reserva de energía o información disponible. Y entra otro factor en el supresor aumentando su peso. El individuo se derrumba a 2.0.

Exactamente en este punto, el analizador, habiendo fallado, finalmente deja de funcionar. Aquí se entra en la parte superior de la Zona 1. Sobreviene la hostilidad. El supresor está abajo, presionando contra la supervivencia celular real. Y baja más. El individuo se enfada, reuniendo en un nivel celular, pero no conscientemente, las últimas fuerzas. De nuevo el supresor cobra más peso. El individuo se enciende en ira. Una vez más, el supresor desciende. El individuo entra en miedo, Tono 0.9. De nuevo, el supresor baja, reuniendo nuevos factores. El individuo se ve empujado hacia abajo hasta 0.6 y aquí está aterrorizado. Una vez más, el supresor cae con nueva fuerza. El individuo entra en una parálisis por el miedo, 0.2.

Supón que establecemos un paralelismo de esto con un ejemplo dramático muy simple, de forma que no tengamos que considerar mil factores sutiles. Un Clear sin experiencia en la caza decide cazar un oso pardo. Tiene un buen rifle. El oso pardo parece una presa fácil. El hombre está en 3.9 o por encima. Se siente bien. Va a acabar con ese oso, ya que el oso ha estado amenazando el ganado del hombre. Un gran entusiasmo lo lleva a la guarida del oso. Espera, finalmente ve al oso. Hay un despeñadero sobre el hombre al que normalmente no podría trepar. Pero, para conseguir un buen disparo antes de que el oso desaparezca, el hombre tiene que trepar el despeñadero. El ver que estaba en peligro de perder el juego baja al hombre a 3.2. La necesidad lo lleva a subir el despeñadero. Dispara, pero al disparar se cae precipitándose por el despeñadero. El oso está herido. Empieza a avanzar hacia el hombre. Surge la necesidad. El hombre recupera el arma y dispara otra vez. Está en 3.0 en el momento de disparar. Falla. Dispara otra vez, pero el fallo, con el oso embistiendo, lo baja a 2.5. Dispara una vez más. El oso recibe la bala y sigue acercándose. El hombre dispara otra vez, pero se ha dado cuenta de repente de que su rifle no va a parar al oso. Su tono baja a 2.0. Empieza a refunfuñar y a disparar su rifle febrilmente. Las balas vuelan a ciegas. Experimenta furia contra el rifle, el oso, el mundo, y tira el arma dispuesto a hacer frente al oso, que está casi encima de él, con las manos desnudas. De repente, el hombre conoce el miedo. Su tono es 1.2. Baja a 0.9 con el olor del oso en sus fosas nasales. Sabe que el oso lo matará. Da la vuelta y trata de trepar el despeñadero y escapar, pero sus esfuerzos son frenéticos. Su Tono es 0.6, terror total. El oso lo golpea y lo tira desde un lado del despeñadero. El hombre yace inmóvil, con la respiración casi detenida, con las palpitaciones del corazón reducidas casi a cero. El oso lo golpea otra vez y el hombre sigue inmóvil. Entonces, el oso lo da por muerto y se aleja. Desconcertado, el hombre finalmente empieza a reaccionar, su tono empieza a subir gradualmente hasta 2.0, punto en el que su analizador dejó de funcionar. Se mueve más y se levanta. Su tono es otra vez de 2.5, está analíticamente temeroso y cauto.

Recupera su arma. Empieza a abandonar el escenario. Siente una gran necesidad de recuperar su autoestima, y su tono sube a 3.2. Se aleja y llega a un área segura. De repente, se le ocurre que puede tomar prestado el Máuser de un amigo. Empieza a hacer planes para cazar ese oso. Su entusiasmo crece. Pero, completamente aparte del engrama recibido cuando el oso lo golpeó, actúa en función de su experiencia. Tres días después, mata al oso y su tono sube a 4.0 mientras dura la contemplación y la narración de la historia, y después su mente se ocupa de otros asuntos.

La vida es mucho más complicada que este asunto de cazar osos pardos, y generalmente mucho menos dramática, pero siempre está llena de situaciones que causan una fluctuación del supresor. La consecución de todas las metas placenteras (cazar un oso, besar a una mujer, un asiento en la primera fila en la ópera, ganarse un nuevo amigo, una manzana robada) representan variaciones por diversos niveles de tono. Y el individuo generalmente está llevando a cabo tres o tres mil computaciones al mismo tiempo, y hay treinta o treinta mil variables en sus computaciones. Demasiadas incógnitas, demasiadas entradas de factores de "no sabía que la pistola estaba cargada"; todas estas cosas pueden arrojar al analizador de un ajuste correcto a la dispersión desperdigada del no-funcionamiento. Se puede considerar que el analizador se desconecta cuando se alcanza el Tono 2.0. De 2.5 para abajo, las computaciones que hace no son muy racionales; demasiadas incógnitas, demasiados factores inesperados, demasiados descubrimientos de cálculos erróneos.

Esto es vivir como "Clear". Cuando nuestro cazador fue golpeado por el oso, recibió un engrama. Ese engrama, al hacérsele key-in, le provocaría miedo y una actitud apática en presencia de ciertos factores: la presencia de cada percéptico (el olor de ese terreno, las ramitas, el aliento del oso, etc.). Pero él mató al oso. Las probabilidades de que ese engrama haga key-in son remotas. No porque matara al oso, sino porque era, después de todo, un adulto. Y, de ser Clear, podría haber vuelto con el pensamiento y haber limpiado todo el asunto por sí mismo.

Este es un ciclo completo de *emoción*. El entusiasmo y el placer elevado se encuentran en la cima. El miedo y la parálisis se encuentran en el fondo. En el hombre, la muerte fingida está muy cerca de la verdadera en la escala tonal. Es un mecanismo válido. Pero es apatía total.

Mientras el analizador esté funcionando, es imposible la recepción de un engrama. Todo se archiva en los bancos estándar. Tan pronto se cruza el límite de 2.0 en el descenso, puede considerarse que ha surgido la "inconsciencia", y todo lo que se registra, junto con el dolor o la emoción dolorosa, es un engrama. Esto no es un viraje en la definición. Con anestesia quirúrgica, el analizador se desconecta en 2.0. La anestesia puede disminuir más el nivel de consciencia. El dolor puede reducirlo aún más. Pero disminuir el nivel de consciencia no es necesariamente disminuir la emoción. ¿Qué cantidad de peligro imaginado o de compasión hay presente en el entorno? Esto es lo que deprime la Escala Tonal. Puede haber un engrama reactivo que contenga un Tono 4.0 o uno que contenga un 1.0 u otro que contenga un 0.1. Esto de la emoción no es, entonces, estrictamente bidimensional.

El nivel de profundidad de la consciencia puede verse afectado por la emoción dolorosa, venenos u otras cosas que reducen el estado de consciencia. Después de eso, todo es engrama, y los engramas tienen su propia Escala Tonal que va de 4.0 a 0.1.

Ahora pueden observarse dos cosas en acción. Primero está el estado de ser físico. Esto es lo que atenúa al analizador. Luego está el estado de ser mental. Esto es lo que atenúa la Escala Tonal emocional.

Pero recuerda que en los engramas está presente otro factor: la valencia. Una vez que su propio analizador está desconectado, el cuerpo adoptará la evaluación o condición emocional de cualquier otro analizador presente. Aquí tenemos a la afinidad trabajando en serio. Un individuo "inconsciente" en presencia de otros seres, recoge una valencia por cada otro ser presente. Algunas de estas valencias son incidentales. Elegirá primero aquella valencia que le sea más compasiva como futuro amigo deseable (o alguna persona similar). Y elegirá aquella valencia que es la valencia superior (máxima supervivencia: el jefe, el ganador) para su dramatización. También tomará la valencia de la entidad ganadora (que le gana a él o a otros) para el tono emocional. Si la valencia ganadora es también la valencia compasiva, tiene un engrama que se puede utilizar en su más completa extensión.

Pongamos un ejemplo: un hombre está bajo los efectos del óxido nitroso (el anestésico más nocivo jamás inventado, dado que en realidad *no* es un anestésico, sino un hipnótico) mientras se le extrae una muela. Como de costumbre, todo el mundo alrededor del paciente "inconsciente" charla y parlotea sobre el paciente, sobre el tiempo, la estrella de cine más popular, o el béisbol. El dentista tiene un carácter duro, es mandón con la enfermera, dado a enojarse por tonterías; también es muy compasivo con el paciente. La enfermera es una rubia de ojos azules que está aberrada sexualmente. El paciente, verdaderamente en agonía, recibiendo un engrama pero de los buenos, que podría arruinar su vida (terrible cosa ese óxido nitroso, realmente, proporciona un engrama "sofisticado", según puede atestiguar cualquier dianeticista) no está analítico. Todo lo que se le dice o que se habla a su alrededor se toma literalmente. Él adopta la valencia del dentista como la valencia superior presente y la valencia compasiva. Pero cada frase pronunciada es aberrativa y será interpretada por esa pequeña idiota feliz, la mente reactiva, del mismo modo que el tonto de Simón Simplón, a quien se le dijo que tuviera cuidado con pisar los pasteles, así que pisó los pasteles con mucho cuidado. Estas personas pueden estar hablando de algún otro, pero cada "yo" o "él" o "tú" que se dice, es engrámico y el paciente lo aplicará a otros y a sí mismo en el más literal de los sentidos. "No puede acordarse de nada", dice el dentista. Muy bien, cuando al engrama se le haga key-in, este paciente tendrá una oclusión de la memoria en un grado mayor o menor. "No puede verlo ni sentirlo": esto significa oclusión de vista, dolor y táctil. Si al paciente le lloran los ojos en la agonía del momento (aunque esté completamente "inconsciente"), puede obtener mala visión de hecho, así como recuerdo visual pobre, como consecuencia de esta experiencia. Ahora lo ponen en manos de esta enfermera rubia para que duerma hasta que desaparezca el efecto de la droga y se recupere. Ella es una aberrada de primera categoría. Sabe que los pacientes hacen cosas raras cuando todavía están "inconscientes"; de manera que se dedica a sonsacarle información sobre su vida. Y ella sabe que están hipnotizados (sí, claro que lo sabe), así que le proporciona algunas sugestiones positivas. Se está divirtiendo. Le dice que a él le gustará ella, que ella será buena con él. Y que por ahora se quede ahí.

Así, el pobre paciente a quien le han sacado dos muelas del juicio mal encajadas, tiene una dramatización completa de enojo-compasión.

El tono general que adopta es el que el dentista les mostró a los demás que había en la sala. El dentista estaba enfadado con la enfermera. Con todos sus recuerdos hechos un lío, unos años más tarde, el paciente conoce a una mujer parecida a esta enfermera. La enfermera le ha proporcionado compulsiones hacia ella. La pequeña estúpida idiota, la mente reactiva, encuentra en esta persona, que es completamente diferente, suficiente similitud para crear una identidad entre la enfermera y esta nueva mujer. Así, el paciente se divorcia de su mujer y se casa con la pseudoenfermera. Solo que ahora que está casado con la pseudoenfermera, el engrama dental empieza a hacer key-in en serio. El hombre se pone enfermo físicamente: las dos muelas adyacentes a las muelas del juicio que se le extrajeron desarrollan grandes caries y empiezan a desmoronarse (desconexión de la circulación, dolor en el área, pero no puede sentirse porque hay un cierre del recuerdo del dolor). Su memoria se hace pedazos. Sus recuerdos empeoran. Empieza a tener problemas con los ojos y desarrolla una extraña conjuntivitis. Además (debido a que el dentista se apoyó en su pecho y abdomen con su anguloso codo de vez en cuando), tiene dolores de pecho y estómago. El óxido nitroso le dañó los pulmones y este dolor también está en reestimulación crónica. Pero lo más horrible es que cree que esta pseudoenfermera lo va a cuidar y en cierta medida deja de cuidar de sí mismo de manera alguna. Su energía se disipa y analíticamente él sabe que todo anda mal y que él no es él mismo. Porque ahora está fijado en la valencia del dentista que está enojado con la enfermera, y entonces le pega a la pseudoenfermera pues siente que todo el mal proviene de ella. La muchacha con quien se casó no es, ni era, la enfermera: suena un poco como ella y es rubia. Ella tiene sus propios engramas, y reacciona. Intenta suicidarse.

Entonces, un día, como este es un engrama entre muchos, el hospital mental pesca a nuestro paciente y ahí los médicos deciden que lo que necesita es una buena serie de electrochoques seguidos para hacer pedazos su cerebro y, si eso no funciona, un lindo picahielos en cada ojo durante y después del electrochoque, con el picahielos describiendo un amplio arco para hacer pedazos la mente analítica. Su mujer está de acuerdo. Nuestro paciente no se puede defender a sí mismo: está loco y los locos no tienen derechos, ya sabes.

Solo que la caballería, en este caso en concreto, llegó en la forma de Dianetics y llevó a Clear al paciente y a la esposa, y son felices hoy en día. Este es un engrama verdadero y un historial de caso real. Es un engrama de compasión prosupervivencia en el nivel de la idiota mente reactiva.

Esto es para mostrar el flujo y reflujo de la emoción en el interior de este engrama en concreto. El ser físico está inconsciente y en agonía. Al ser mental se le da una variedad de tonos emocionales según el principio del contagio. El tono emocional real del paciente, el suyo propio, es el de una apatía abatida; de ahí, que ya no pueda ser "él mismo".

Debe mencionarse, de pasada, que solo un silencio absoluto, un silencio completo y un silencio sepulcral deberían acompañar a una operación o lesión de cualquier tipo. *No hay nada que se pueda decir o suministrar como percéptico en cualquier momento de "inconsciencia" que sea beneficioso para el paciente. ¡Nada!* A la luz de estas investigaciones y hallazgos científicos (que se pueden comprobar en cualquier otro laboratorio o grupo de personas de forma muy rápida), las palabras o el sonido en la proximidad de una persona "inconsciente" se deberían castigar como actos criminales, puesto que para cualquiera que conozca estos hechos, un acto así sería un esfuerzo intencionado por destruir el intelecto o el equilibrio mental de un individuo. Si se felicita a un paciente, como en la hipnosis o durante una lesión u operación, se le forma un engrama *maníaco* que le proporcionará una euforia temporal, y finalmente le hundirá en la etapa *depresiva* del ciclo*.

---

* El autor es muy consciente de que muchos médicos, al emplear narcosíntesis ocasionalmente han entrado en periodos "de inconsciencia" por accidente. Han considerado rápidamente, entonces, que estas áreas eran equívocas, que el paciente probablemente no estaba inconsciente. En la investigación de Dianetics se ha llevado a la "inconsciencia" a algunos pacientes a satisfacción de dos médicos, ambos escépticos (desde entonces ya no lo son), y se les dio información de la que el dianeticista no sabía nada. Junto con los datos completos de las pruebas, según murmuraron los médicos a medida que los tomaban para asegurarse, mediante observación de la presión sanguínea, respiración, etc., de que el paciente no podía estar más "inconsciente", a menos que estuviera muerto, se recuperó el total de los datos en cada uno de los casos y para cada estado de "inconsciencia". Dos pacientes estuvieron gravemente aberrados por un tiempo, debido a los comentarios descuidados del anestesista y de los médicos que los examinaban, nota que se añade para advertir a los que intenten este experimento en el futuro. Este es el material del que está hecha la locura. Ten cuidado con ello cuando estés manejando a pacientes.

La regla de oro se podría alterar para decir: si amas a tu hermano, mantén tu boca cerrada cuando esté inconsciente.

Se puede ver, entonces, que la emoción existe en dos planos: el plano personal y el plano de las valencias adicionales. Esta puede comunicarse en términos de pensamiento idéntico. La ira presente cuando un hombre está "inconsciente" le proporcionará un engrama de Tono 1: contendrá ira. La apatía presente en la proximidad de una persona "inconsciente" le proporcionará un engrama de Tono 0. La felicidad presente durante un engrama no es muy aberrativa, pero le dará un engrama de Tono 4. Y así sucesivamente. En otras palabras, la emoción de aquellos que están presentes alrededor de una persona "inconsciente" se transmite a su interior como parte de su engrama. Cualquier estado de ánimo puede comunicarse así.

Al dramatizar un engrama, el aberrado siempre adopta la valencia ganadora y esa valencia, por supuesto, no es él mismo. Si solo hay otra persona presente y esa persona está hablando en términos de apatía, entonces el valor de tono del engrama es la apatía. Cuando se reestimula un engrama de apatía, el individuo, a menos que quiera ser lastimado seriamente, se pone apático, y este tono, al ser el más próximo a la muerte, es el más peligroso para el individuo. La emoción de ira transmitida a una persona "inconsciente", le proporciona un engrama de ira que ella puede dramatizar. Esto es de lo más dañino para la sociedad. Un tono exiguamente hostil presente en torno a una persona "inconsciente", le proporciona a él un engrama exiguamente hostil (hostilidad encubierta). Con dos personas presentes, cada una con un estado de ánimo diferente, la persona "inconsciente" recibe un engrama con dos valencias, aparte de la suya propia. Cuando esto sucede, dramatizará primero la valencia ganadora con el estado de ánimo de esta, y si se le fuerza a salir de esta, dramatizará la segunda valencia con el estado de ánimo de esta. Si se le saca de esta en un engrama crónico, se vuelve loco.

Nada debe interpretarse aquí en el sentido de que un individuo solo usa o dramatiza engramas de compasión. Esto está muy lejos de la realidad. El engrama de compasión le proporciona la enfermedad psicosomática crónica. Él puede dramatizar cualquier engrama que tenga cuando este se reestimula.

La emoción, pues, es comunicación *y* una condición personal. La evaluación de una situación, en un nivel celular, depende de cualquier otro analizador que esté presente, aun cuando ese analizador le sea totalmente hostil. Al carecer de tal evaluación, el individuo adopta su propio tono para el momento.

Hay otra condición de emoción que es de interés y utilidad extrema para el terapeuta, pues es lo primero con lo que tendrá que tratar al abrir un caso. Nuestra intención aquí no es la de empezar a hablar de la terapia, sino describir una parte inevitable de la emoción.

Una gran pérdida y otras acciones supresoras rápidas y severas estancan la emoción en un engrama. La pérdida en sí puede ser un choque que reduce el poder analítico. Y se recibe un engrama. Si se trata de la pérdida de una persona compasiva de la cual un individuo ha dependido, a este le parece como si la muerte misma lo estuviera acechando. Cuando ocurre tal efecto supresor es como si se hubiera comprimido en el interior del engrama un potente muelle de acero. Cuando se libera, sale con una tremenda avalancha de emoción, (si es que esta descarga es realmente emoción, aunque apenas sabemos qué otro nombre darle).

Aparentemente, la fuerza vital queda estancada en estos puntos de la vida. Puede haber disponibles enormes cantidades de esa fuerza vital, pero una parte de ella queda suprimida en un engrama de pérdida. Después de eso, la persona no parece poseer tanto flujo de vitalidad como antes. Esto puede que no sea emoción, sino fuerza vital en sí misma. La mente, pues, tiene bajo sí, como en un quiste, una gran cantidad de aflicción o desesperación. Cuantas más cargas de estas existan en ese estado de enquistamiento, tanto menos libres son las emociones del individuo. Esto puede ser en forma de supresión hasta un punto desde el cual no hay una subida rápida. Nada en el futuro de la persona parece elevarla hasta algún plano como alguno de los que ocupaba antes.

La gloria y el color de la infancia se desvanecen según uno avanza hacia los años posteriores. Pero lo extraño de esto es que este encanto, belleza y sensibilidad ante la vida no se han *perdido*. Están enquistados. Una de las experiencias más extraordinarias que tiene un Clear es la de encontrar, en el proceso de la terapia, que está recuperando el aprecio por la belleza del mundo.

Las personas, según van avanzando desde la niñez, sufren pérdida tras pérdida, y cada pérdida les resta un poco más de esa cantidad θ que puede ser, en realidad, la fuerza vital misma. Constreñida en el interior de ellas, esa fuerza se les niega y, de hecho, reacciona en su contra.

Solo este enquistamiento emocional puede, por ejemplo, compartimentar la mente de una persona que es multivalente o que no puede ver ni oír su pasado. La mente analítica, hostigada por el banco reactivo, se compartimenta y se divide, con una pérdida tras otra, hasta que no queda flujo libre. Entonces, un hombre muere.

Así, podríamos decir que la emoción, o a lo que se ha llamado emoción, se encuentra realmente en dos secciones: en la primera, está el sistema endocrino que, controlado por la mente analítica en las dos zonas superiores o por la mente reactiva en las dos zonas inferiores, da respuestas emocionales de miedo, entusiasmo, apatía, etc. En la segunda estaría la fuerza vital en sí misma compartimentándose por engramas y sellada, poco a poco, en el banco reactivo.

Es posible que se pudiera formular una terapia que liberara estas diversas cargas de fuerza vital únicamente, y a partir de ahí creara un Clear completo. Desafortunadamente, hasta la fecha, esto no ha sido posible.

El aspecto raro de la emoción es que esté de forma tan habitual basada en el contenido verbal de los engramas. Si un engrama dice: "Tengo miedo", entonces el aberrado tiene miedo. Si un engrama dice: "Estoy tranquilo", aun cuando el resto del engrama le haga dar sacudidas traqueteantes, el aberrado aún tiene que estar "tranquilo".

El problema de la emoción como equilibrio endocrino y fuerza vital tiene otra complicación que es que el dolor físico en un engrama se confunde a menudo con una emoción concreta mencionada en el engrama. Por ejemplo, el engrama puede decir con el contenido verbal que el individuo está "sexualmente excitado" y tener, como contenido doloroso, un dolor en las piernas, y como contenido emocional verdadero (la valencia que dice: "Estoy sexualmente excitado"), enojo. Eso es un asunto complejo para el aberrado que lo está dramatizando.

Cuando está "sexualmente excitado" (tiene una idea de lo que esto significa, simplemente en un nivel de lenguaje) está también enfadado y tiene un dolor en las piernas. Esto es realmente muy divertido en muchos casos, y ha llevado a un conjunto estándar de bromas clínicas, que empiezan todas con: "¿Sabes?, me siento como todo el mundo".

Los dianeticistas, habiendo descubierto que las personas evalúan las emociones, creencias, inteligencia y somáticos del mundo en términos de sus propias reacciones engrámicas, disfrutan descubriendo nuevos conceptos de "emoción". "Ya sabes cómo se sienten las personas cuando están contentas: les arden las orejas". "Cuando estoy contento me siento exactamente como cualquier otro: me duelen los ojos y los pies". "Claro que sé lo que siente la gente cuando está contenta: simplemente sienten alfilerazos por todo el cuerpo". "Me pregunto cómo la gente puede soportar ser apasionada con lo mucho que hace que les duela la nariz". "Claro que sé qué siente la gente cuando está excitada: tiene que ir al cuarto de baño".

Probablemente cada persona de la Tierra tenga su propia definición particular para cada estado emocional en cuanto a órdenes engrámicas. La orden más los somáticos y los percépticos crean lo que llaman el "estado emocional".

En realidad, el problema, entonces, debería definirse en términos del Clear, quien puede actuar sin órdenes engrámicas de la mente reactiva. Así definido, se analiza en términos del sistema endocrino y el nivel variante de la fuerza vital libre para resurgir en contra del supresor.

Debe añadirse que la risa no es estrictamente hablando una emoción, sino un alivio de la emoción. Los antiguos italianos tenían una idea muy clara, según lo representan sus relatos populares, de que la risa tenía valor terapéutico. La melancolía era la única enfermedad mental que estos relatos consideraban y la risa era su única cura. En Dianetics, tenemos mucho que ver con la risa. En la terapia, los pacientes varían en su reacción de risa desde una leve risita entre dientes hasta un regocijo hilarante. Puede esperarse de cualquier engrama que verdaderamente se descargue, que empiece en algún punto entre lágrimas y aburrimiento y termine en risa; cuanto más se acerque el tono del engrama a las lágrimas en el primer contacto, tanto más seguro es que aparecerá la risa en cuanto se haya aliviado.

Hay una etapa en la terapia que el preclear alcanza frecuentemente, en la que toda su vida pasada parece ser un asunto de un regocijo incontrolable. Esto no significa que sea Clear, pero sí que una gran proporción de las cargas enquistadas se ha extraído. Un preclear se estuvo riendo durante dos días casi sin parar. La hebefrenia no es lo mismo que esta risa. Pues el alivio del preclear, al darse cuenta del aspecto ilusorio y el carácter completamente conocible de sus temores y terrores pasados, es desbordante.

La risa desempeña un papel claro y definido en la terapia. Es muy divertido ver a un preclear, que se ha visto acosado por un engrama que contenía gran carga emocional, liberarlo de repente. Pues la situación, no importa lo espantosa que fuera, cuando se libera es, en todos sus aspectos, motivo de gran regocijo. La risa desaparece a medida que él deja de estar interesado en ello, y puede decirse que está en "Tono 3" al respecto.

La risa es, definitivamente, el alivio de la emoción dolorosa. 🟦

La Experiencia Prenatal *y el* Nacimiento

Hace menos de cien años, las ancianas hablaban sabiamente acerca de la "influencia prenatal" y de cómo una mujer marcaba a su hijo. Muchos de estos pensamientos intuitivos estaban basados, de hecho, en datos observados. Se puede observar que un niño nacido fuera del matrimonio es a menudo una criatura poco afortunada (en una sociedad que ve con malos ojos tales comportamientos). Estos principios se han mantenido en la calle durante muchísimos milenios. Solo porque se hayan mantenido no significa que sean verdad, pero constituyen un excelente comienzo para un capítulo sobre la experiencia prenatal y el nacimiento.

Si Dianetics hubiera trabajado sobre teorías oscuras, como las de las ancianas o las de los místicos que creían que las "delusiones infantiles" pueden aberrar a un niño, Dianetics no sería una ciencia de la mente. Pero no fue ninguna teoría oscura la que llevó al descubrimiento del papel exacto que la experiencia prenatal y el nacimiento desempeñan en la aberración y en los males psicosomáticos.

Se estudiaron muchas escuelas de curación mental, desde la de Esculapio hasta el hipnotizador moderno, después de que se hubiera postulado la filosofía básica de Dianetics. Se acumularon muchos datos y se hicieron muchos experimentos. Los fundamentos de los engramas se habían formulado, y se había descubierto que la "inconsciencia" era un periodo de grabación real, cuando la teoría empezó a predecir nuevos fenómenos no observados hasta ahora.

En los últimos años, ha habido una práctica llamada "narcosíntesis". Esta era, en realidad, una rama del "hipnoanálisis" y del "psicoanálisis profundo". No producía Clears y ni siquiera producía alivio en la mayoría de los casos, sino que se descubrió que era, en sí misma, un factor aberrativo. Una cosa que aberra, bien puede conducir a algo que elimine las aberraciones si se estudia científicamente. La narcosíntesis se estudió así. Se examinaron varios casos en los que se había empleado la narcosíntesis. Algunos de estos casos habían experimentado alivio gracias a la narcosíntesis. Otros habían empeorado muchísimo.

Al trabajar con hipnoanálisis, se descubrió que se podía variar la técnica hasta que realmente eliminara la carga aberrativa contenida en los *candados*. Al tratar a esquizofrénicos con narcosíntesis, se encontró que los *candados* (periodos de angustia mental que no incluyen dolor físico o "inconsciencia") a veces saltaban (se eliminaban) y a veces no.

Narcosíntesis es un nombre complicado para un proceso muy antiguo, bastante bien conocido en Grecia y en la India. Es hipnotismo con drogas. Y en general lo emplean aquellos profesionales que no conocen la hipnosis, o se emplea en aquellos pacientes que no sucumben al hipnotismo común. Se le administra al paciente una inyección intravenosa de pentotal sódico y se le pide que cuente hacia atrás. Al poco rato deja de contar, y en ese momento se detiene la inyección. Ahora el paciente se encuentra en un estado de "sueño profundo". El hecho de que no es *sueño* parece habérseles escapado tanto a los que practican la narcosíntesis como a los hipnotizadores. Es en realidad un depresivo de la consciencia de un individuo de modo que puedan alcanzarse directamente aquellas unidades de atención que se encuentran detrás de la cortina de su banco reactivo. Estas unidades de atención están en contacto con los bancos estándar. A estos circuitos de desviación (circuitos demonio) que se encuentran entre estos bancos y el "yo" se les ha pasado por alto en sí mismos. En otras palabras, se ha puesto a la vista una sección de la mente analítica que no está aberrada. No es muy poderosa y no es muy inteligente, pero tiene la ventaja de estar en estrecho contacto con los bancos estándar. Esta es la *personalidad básica.* La intención y el propósito y la persistencia de estas pocas unidades de atención tienen la misma cualidad y dirección que tendría toda la mente analítica si fuera Clear. Es un grupo de unidades de atención muy agradable, muy cooperativo y que es sumamente útil, pues la personalidad básica tiene todos los recuerdos: sónico, audio, táctil, olor, dolor, etc. Puede llegar a cualquier cosa que esté en los bancos, que es todo lo que se ha percibido o pensado durante toda una vida, minuto a minuto. Estas cualidades de la personalidad básica se han descrito de forma muy inapropiada en el hipnotismo, y es dudoso, aunque este fuera conocido en general, que el sónico formara parte del sistema de recuerdo desvelado por la hipnosis profunda o el hipnotismo con drogas llamado narcosíntesis.

Un estudio de la personalidad básica en un sujeto multivalente que tenía mala memoria, recuerdos deficientes y escasa imaginación, reveló la información de que la BP (las unidades de atención llamadas *personalidad básica;* del inglés, *basic personality*) estaba mejor capacitada para seleccionar datos que la AP (*personalidad aberrada,* del inglés, *aberrated personality,* la representada por el sujeto despierto). Se descubrió además que la AP generalmente podía *retornar* mejor que la BP, en cuanto a tiempo-distancia, pero que cuando la AP llegaba al lugar más antiguo, no podía conseguir recordar. Pero si la AP había vuelto y establecido un vago contacto con un incidente, el hipnotismo con drogas o el hipnotismo estándar, empleado en el individuo cuando estaba en *tiempo presente* (ya no en el *retorno*), permitía entonces el retorno de la BP. El hipnotismo con drogas pocas veces ha logrado forzar el regreso a una época muy antigua de la vida de un paciente. Pero haciendo que la fuerza de la AP retroceda, y usando entonces a la BP para el recuerdo, se pudieron alcanzar algunos incidentes muy tempranos. Este truco se inventó para superar algunas de las dificultades que habían hecho de la hipnosis con drogas algo relativamente incierto en sus resultados.

Entonces se descubrió otro factor. Todos aquellos pacientes a los que se había tratado con narcosíntesis habían empeorado cada vez que las personas que hacían el trabajo habían pasado por encima de un periodo de "inconsciencia", pero lo habían dejado (porque "todo el mundo sabía" que una persona "inconsciente" no grababa). Cuando se exploraba así alguno de estos periodos "inconscientes" (mediante la hipnosis con drogas llamada narcosíntesis) el paciente generalmente empeoraba en vez de mejorar. Explorando un poco más a fondo de lo que lo habían hecho aquellos que la practicaban habitualmente, la investigación de Dianetics entró en algunos de los periodos "inconscientes" recientes y, con mucho trabajo, los puso al descubierto.

Ahora, toda hipnosis con drogas, llámesele narcosíntesis o una visita del dios Esculapio, sigue siendo hipnosis. Cualquier cosa que se le diga a un sujeto hipnotizado permanece como sugestión positiva, y estas sugestiones positivas son simplemente engramas con un efecto algo más leve y una duración más corta. Cuando hay una droga presente, el hipnotismo se complica por el hecho de que las drogas hipnóticas son, después de todo, venenos; el cuerpo está entonces afectado por un somático permanente (al menos hasta que se descubrió Dianetics) que acompaña a la sugestión. El hipnotismo con drogas invariablemente crea un engrama. Cualquier cosa que un individuo que lo practica le diga a un sujeto drogado, se vuelve engrámico en cierta medida. En el curso de la investigación de Dianetics, lo primero que se supuso al repasar la charla descuidada de los que lo practicaban, sacada de las mentes de los pacientes que estos habían puesto bajo hipnosis con drogas, era que este descuido al decir tantas cosas aberrativas era responsable de parte del fracaso. Pero se encontró que esto era cierto en un sentido muy limitado. Luego se descubrió que cuando se alcanzaban periodos "inconscientes" mediante la hipnosis con drogas, estos se negaban a *disiparse*, aun cuando el paciente los relataba un sinfín de veces. Se culpó de esto al hecho de que la hipnosis se hiciera con droga.

Se usó entonces hipnotismo puro para alcanzar estos periodos "inconscientes" recientes, y estos periodos seguían sin *disiparse*. Por lo tanto, se juzgó seguro continuar usando drogas en aquellos pacientes que rechazaban la hipnosis. Y se empezó a emplear el truco alternativo de AP-BP.

Se descubrió mediante la hipnosis con drogas, donde fue necesario, y con hipnosis pura, donde fue posible, que se podía hacer que el "esquizofrénico" (el aberrado *multivalente*) alcanzara periodos muy antiguos en todos los casos. Y se encontró además que un periodo *antiguo* de "inconsciencia" a menudo se disiparía. La experimentación condujo a un axioma científico:

CUANTO MÁS ANTIGUO ES EL PERIODO DE "INCONSCIENCIA",
MÁS PROBABILIDADES HAY DE QUE SE DISIPE.

Ese es un axioma fundamental de la terapia de Dianetics.

Se trabajó con maníaco-depresivos que tenían recuerdo sónico, empleando hipnosis pura en la mayoría de ellos, y se descubrió que también ellos seguían esta regla. Pero era sumamente dramático en el aberrado multivalente porque, cuando un engrama no se disipaba, incidía en su mente analítica cuando se le despertaba, y creaba una variación en sus psicosis y acarreaba asimismo enfermedades psicosomáticas.

Esto condujo a la comprensión de por qué el aberrado multivalente, sometido a narcosíntesis, empeoraba cada vez que alguien que practicara estas disciplinas se había deslizado por un periodo reciente de "inconsciencia" (pero no había entrado en él, por supuesto). Se presentó ahora el problema de aplicar el axioma. Se postuló que el engrama primario debe suprimir de alguna forma engramas posteriores. En vista de otros datos y postulados, esta era una suposición perfectamente razonable. Cuanto más antigua era la época en la que una persona entraba en la vida de un aberrado multivalente, menos probabilidad había de reestimularlo artificialmente. A menudo, un engrama recibido alrededor de los dos o tres años de edad se disipaba por completo y le proporcionaba un gran alivio.

El problema de esta investigación distaba mucho de ser el mismo problema de aquellos que, no sabiendo nada acerca de la mente reactiva y la "inconsciencia", simplemente trataban de encontrar factores de computación en un nivel racional, o incidentes de la vida diaria, como factores aberrativos en un paciente.

Cuando se hace contacto con un engrama, es muy resistivo, sobre todo cuando es posterior a la edad de dos años. Además, todo el banco reactivo estaba enterrado profundamente bajo capas nebulosas de "inconsciencia", y estaba además salvaguardado por un mecanismo de la mente analítica que tendía a prohibirle que tocara el dolor o la emoción dolorosa. El banco reactivo se estaba protegiendo a sí mismo durante toda la investigación, pero era obviamente la respuesta. El problema era cómo lograr su eliminación, si es que se podía eliminar.

Habiendo hecho que varias personalidades multivalentes se sintieran intensamente incómodas, se alcanzó un nuevo nivel de necesidad en el cual algo se tenía que hacer acerca del problema. Pero ahí estaba esa brillante esperanza, el axioma anterior. Había que construir un puente entre la locura y la cordura, y ahí, en el axioma, uno tenía al menos el atisbo de un plan. Cuanto más temprano se había experimentado esta confusión y este dolor, más ligeros parecían ser esos engramas.

Entonces, un día, un paciente multivalente, bajo el efecto de drogas, volvió a su nacimiento. Sufrió el dolor (y fue muy doloroso con esta tosca técnica, porque Dianetics todavía no se había pulido hasta el grado de ser una pieza de maquinaria bien engrasada) y se abrió paso torpemente a través de la "inconsciencia" de ese periodo y luchó contra el médico que había tratado de ponerle gotas en los ojos, y en general resintió todo el procedimiento. La AP se había enviado primero, entonces más tarde, bajo el efecto de drogas, la BP había contactado con el incidente.

Este pareció ser un día extraordinario para Dianetics. Después de recorrer el nacimiento veinte veces, el paciente experimentó una remisión de todos los somáticos, la "inconsciencia" y el contenido aberrativo. Había tenido asma. Parecía que esta asma había sido causada por el entusiasmo del médico que le arrancó de la mesa en el preciso instante en que estaba luchando por su primera bocanada de aire. Había tenido conjuntivitis. Esta vino por las gotas en los ojos. Había tenido sinusitis. Esta había provenido de las gasas que usó la guapa enfermera.

Hubo regocijo porque él parecía ser un hombre nuevo. Una psicosis primaria que le hacía sentir que le estaban "mangoneando" había desaparecido. La realidad subjetiva de este incidente era intensa. La realidad objetiva no importaba, pero este paciente tenía a mano a su madre, y la realidad objetiva se estableció simplemente haciendo que ella retornara en terapia al nacimiento de _él_. Ellos no se habían comunicado sobre esto en detalle. El registro de la secuencia de ella era igual a la grabación de él, palabra por palabra, detalle por detalle, nombre por nombre. Aun cuando se hubieran comunicado, la posibilidad de tal duplicación, al margen de la situación en cuanto a Dianetics, era matemáticamente imposible. Además ella había estado "inconsciente" durante el nacimiento de su hijo, y siempre había supuesto que el asunto había sido bastante diferente, y los datos del *retorno* desplomaron su descripción consciente del hecho, siendo esta una gran fábula.

Para asegurar que esto no era un hecho insólito (pues el investigador que basa sus conclusiones en un solo caso vale muy poco como tal), se retornó a dos maníaco-depresivos a sus respectivos nacimientos y ambos finalizaron la experiencia. *¡Pero uno de estos dos engramas de nacimiento no se disipaba!*

Se puso en acción una vez más el axioma que se había postulado. Si se podía encontrar el engrama más antiguo, los otros se disiparían uno por uno. Esa era la esperanza.

Se retornó al maníaco-depresivo cuyo nacimiento no se había disipado a un periodo anterior a su nacimiento, en un esfuerzo por encontrar un engrama más antiguo.

Las teorías estructurales que con tanto celo se habían mantenido durante mucho tiempo, ya se habían derrumbado cuando se atravesó la niebla de lo "inconsciente" y el dolor para descubrir al engrama como una unidad aberrativa. Las pruebas habían apoyado el descubrimiento de que todos los datos, en estado despierto, dormido e "inconsciente", del momento de la concepción en adelante se registraban siempre en alguna parte de la mente o del cuerpo. El pequeño asunto del revestimiento de mielina, que ya había sido refutado por la investigación de laboratorio que incluyó llegar hasta el nacimiento, se descartó. La teoría de que no puede registrarse nada en la mente hasta que los nervios estén recubiertos, depende de un postulado teórico; nunca ha sido objeto de investigación científica, y para su existencia depende únicamente de la Autoridad; y una "ciencia" que solo depende de la Autoridad es un soplo en el viento de la verdad y, por lo tanto, no es ciencia alguna. El que los bebés no puedan registrar hasta que esté formado el revestimiento de mielina tiene más o menos la misma validez, al investigarse, que el hecho de que la envidia del pene sea la causa de la homosexualidad femenina. Ninguna de las dos teorías funciona cuando se aplica. Porque después de todo el bebé está compuesto de células y, después de mucha investigación, se ha probado que la célula, no un órgano, registra el engrama.

Por lo tanto, no hubo ninguna inhibición acerca de buscar antes del nacimiento lo que Dianetics había empezado a llamar *básico-básico* (el primer engrama de la primera cadena de engramas). Y se alcanzó un engrama más antiguo.

A partir de entonces, se ha descubierto que la criatura, dentro de la matriz, registra una gran cantidad de cosas que no son engrámicas. Durante un tiempo se pensó que la criatura en la matriz registra según la premisa de la "audición amplificada", en la que la audición se agudiza en presencia del peligro y en particular durante la "inconsciencia". Pero la primera investigación descubrió que los engramas prenatales se alcanzaban más fácilmente cuando contenían gran cantidad de dolor. *Está demostrado que son las células, no el individuo, las que registran el dolor. Y el banco reactivo de engramas está compuesto solo de células.*

El auténtico componente fundamental de la ciencia moderna es el recurso a la naturaleza en vez del recurso a la Autoridad. Mientras Galeno permaneció como una Autoridad acerca de la sangre, ¡solo los "locos" como da Vinci, Shakespeare y William Harvey pensaron siquiera en experimentar para descubrir cuál era verdaderamente la acción de la sangre! Mientras Aristóteles permaneció como Autoridad para todo, la Era del Oscurantismo reinó. El progreso proviene de plantearle a la naturaleza preguntas libres de prejuicios, no de citar las obras ni de tener los pensamientos de años pasados. Recurrir al precedente es una afirmación de que los mentores del ayer estaban mejor informados que los de hoy, afirmación que se evapora ante la verdad de que el conocimiento está compuesto por la experiencia de antaño, de la que hoy tenemos más, sin duda, de lo que podía tener el mentor mejor informado de antaño.

Dado que Dianetics estaba basada en una filosofía que usaba a la célula como el componente fundamental, el hecho de que el registro de engramas lo efectuaran las células llegó con menos sorpresa de lo que podría haber llegado. El engrama no es un recuerdo, *es una huella celular de registros profundamente impresos en la estructura del cuerpo mismo.*

Ya se había sometido a prueba la experiencia de la que eran capaces las células en sí. Se había encontrado que un ser unicelular no solo dividía su sustancia, sino que entregaba a su prole toda su experiencia, al igual que un disco original dará lugar a copias. Ahora, esta es una peculiaridad de los seres unicelulares: sobreviven como identidades. Cada uno es, por sí mismo, su antepasado. La Célula A se divide dando lugar a una primera generación; esta generación también es la Célula A. La segunda generación, la segunda división, crea una entidad que sigue siendo la Célula A. Careciendo de la necesidad de procesos tan laboriosos como son la construcción, el nacimiento y el crecimiento antes de la reproducción, el ser unicelular simplemente se escinde. Y se puede postular que todo lo que ha aprendido está contenido en la nueva generación. La Célula A muere, pero a lo largo de sus generaciones, la última generación sigue siendo la Célula A. La creencia del hombre de que *él* perdurará en su progenie posiblemente proceda de esta identidad celular de la procreación. Otra posibilidad interesante se encuentra en el hecho de que incluso las neuronas existen en forma embriónica en el cigoto, y que las neuronas en sí no se dividen, sino que son como organismos (y quizá tengan al virus como su propio componente fundamental).

Dianetics, como estudio de la función y como ciencia de la mente, no necesita, sin embargo, ningún postulado en cuanto a la estructura. La única prueba es si un hecho funciona o no. Si funciona y se puede usar, es un hecho científico. Y el engrama prenatal es un hecho científico. Sometido a pruebas y a comprobaciones en busca de la realidad objetiva, aún se mantiene firme. Y en cuanto a la realidad subjetiva, *la sola aceptación del engrama prenatal como un hecho funcional, hace posible que exista el Clear.*

Al final de una serie de 270 Clears y alivios, se tomó una breve serie de cinco casos para acabar de una vez con la discusión. A estos cinco casos no se les permitió admitir la existencia de nada antes del nacimiento. Fueron tratados con todo lo que podían ofrecer Dianetics, el hipnotismo y otras terapias, y no se obtuvo ningún Clear. Esto descartó la "personalidad del operador", la "sugestión" o la "fe" como factores en Dianetics. Estos cinco casos no habían sido nunca informados sobre los engramas prenatales. Cada uno de ellos viró hacia los engramas prenatales, pero se les refrenó sin informarles de que los engramas existían en una etapa tan antigua. Los cinco se aliviaron de algunos tipos de males psicosomáticos, pero los males solo se aliviaron, no se curaron por completo. Las aberraciones permanecieron, con poco cambio en ellas. Estaban sumamente decepcionados, ya que cada uno de ellos había oído algo sobre "los milagros que Dianetics podía realizar". Antes de ellos, se había trabajado con 270 casos y 270 casos habían alcanzado engramas prenatales. Y 270 casos se habían llevado a Clear o aliviado, según lo dispusiera el dianeticista y lo permitiera el tiempo. Se podría haber llevado a Clear a todos con un promedio de unas 100 horas adicionales para cada una de las personas a las que se alivió. En resumen, en casos tomados al azar (y en casos seleccionados, con el fin de incluir en el clearing al menos a dos de cada clasificación de neurosis o psicosis), cuando se tuvieron en cuenta y se usaron en la terapia engramas prenatales y el nacimiento, siempre se obtuvieron resultados. Cuando estos factores no se tuvieron en cuenta, los resultados no fueron más favorables que los obtenidos en los mayores éxitos de escuelas pasadas, lo cual no es ni con mucho lo bastante bueno para una ciencia de la mente.

Dianetics se había encontrado con la imposición de los engramas prenatales y del nacimiento como hechos que existían en la naturaleza de las cosas. El que las escuelas del pasado hayan estado pasando por alto estos engramas y llegando dentro del área prenatal sin éxito, no significa que los prenatales no se pudieran encontrar, como tampoco significa que estas escuelas del pasado encontraran gran valor en la experiencia prenatal, si es que la llegaron a considerar en lo más mínimo. El problema es ligeramente más complejo: la dificultad radicaba en encontrar el banco reactivo que estaba ocluido por la "inconsciencia", que nunca antes había sido penetrada a sabiendas como "inconsciencia". El descubrimiento de este banco reactivo condujo al descubrimiento de los *engramas prenatales*, que son muy diferentes de la "memoria prenatal".

Después de que se examinaran unos cuantos casos en cuanto a la realidad objetiva y subjetiva, Dianetics se vio obligada a aceptar, si es que deseaba un Clear, el hecho de que las células del feto registran. Unos cuantos casos más y algo más de experiencia revelaron que las células del embrión registran. Y de repente se descubrió que la grabación comienza en las células del cigoto, es decir, con la concepción. Que el cuerpo recuerde la concepción, que es una actividad de supervivencia de alto nivel, tiene poco que ver con los engramas. La mayoría de los pacientes que hemos tenido hasta ahora, tarde o temprano se sobresaltan al encontrarse nadando por un conducto o esperando que se les conecte. El registro está ahí. Y de poco sirve discutir con un preclear que no pueda recordar ser un espermatozoide, ya sea que el caso sea engrámico o no. Esto se debe recalcar, porque cualquier dianeticista se lo encontrará.

Quienquiera que postulara que el "retorno a la matriz" era una ambición, debería haber examinado un poco más cuidadosamente la vida en la matriz. Hasta un científico mediocre hubiera tratado por lo menos de averiguar si alguien podía recordarlo, antes de afirmar que había una memoria de ello. Pero la vida en la matriz no parece ser el Paraíso que poéticamente, por no decir científicamente, se ha presentado. La realidad revela que tres hombres y un caballo metidos en una cabina de teléfono tendrían poco menos de espacio del que tiene un bebé nonato. La matriz es húmeda, incómoda y carece de protección.

Mamá estornuda, el bebé queda "inconsciente" por el golpe. Mamá se da ligera y despreocupadamente contra una mesa y al bebé se le quiebra la cabeza. Mamá está estreñida y al bebé, en el enérgico esfuerzo, se le estruja. Papá se apasiona y el bebé tiene la sensación de estar metido en una lavadora en marcha. Mamá se pone histérica, el bebé recibe un engrama. Papá le pega a mamá, el bebé recibe un engrama. Junior brinca en el regazo de mamá, el bebé recibe un engrama. Y así va la cosa.

Las personas tienen montones de engramas prenatales cuando son normales. Pueden tener más de doscientos. Y cada uno de ellos es aberrativo. Cada uno de ellos contiene dolor e "inconsciencia".

Los engramas recibidos como cigoto son potencialmente los más aberrativos, al ser totalmente reactivos. Los que se reciben como embrión son intensamente aberrativos. Los que se reciben como feto bastan por sí solos para enviar a la gente a los manicomios.

Cigoto, embrión, feto, bebé, niño, adulto: todos son la misma persona. Se ha considerado que el tiempo lo cura todo. Esto puede archivarse entre las cosas que "todo el mundo sabía". En un nivel consciente, puede ser cierto. Pero en un nivel reactivo, el tiempo no es nada. El engrama, no importa cuando se haya recibido, es fuerte en proporción al grado en que se reestimule.

El mecanismo de un engrama tiene una característica interesante. No se "razona" o analiza, ni tiene significado alguno hasta que se le haya hecho key-in. Un bebé, antes de hablar, podría tener un engrama en reestimulación, pero a ese engrama le deben de haber hecho key-in los datos analíticos que el bebé tiene.

La mente reactiva le roba significación a la mente analítica. Un engrama es simplemente una cantidad de registros de ondas hasta que se le hace key-in, y esos registros, mediante esa reestimulación, producen un efecto sobre la mente analítica. Puede ser que el engrama nunca tenga ninguna razón o significación en sí mismo, sino que simplemente lance sus ondas hacia adelante, como cosas no razonadas contra el cuerpo y el analizador, y el cuerpo y el analizador le dan significado mediante mecanismos. En otras palabras, el engrama no es un registro consciente que contenga significaciones. Simplemente es una serie de impresiones como las que podría hacer una aguja sobre la cera. Estas impresiones carecen de significación para el cuerpo hasta que al engrama se le hace key-in, en cuyo momento tienen lugar las aberraciones y los psicosomáticos.

Así, puede comprenderse que la criatura en estado prenatal no tenga la menor idea de lo que se está diciendo en cuanto a palabras. Sí aprende, al ser un organismo, que ciertas cosas pueden significar ciertos peligros. Pero eso es lo más lejos que llega en cuanto a registro. La mente debe estar más o menos formada del todo antes de que el engrama pueda incidir en el nivel analítico.

La criatura en estado prenatal puede, por supuesto, experimentar terror. Cuando los padres o el abortista profesional empiezan a asediarla y la agujerean por todas partes, ella conoce el miedo y el dolor.

Sin embargo, esta criatura prenatal tiene una ventaja en su situación. Al estar rodeada de líquido amniótico y depender de su madre para nutrirse, al encontrarse en estado de crecimiento y con gran facilidad para restaurarse físicamente, puede reparar una enorme cantidad de daño, y lo hace. Las cualidades de recuperación del cuerpo humano nunca son mayores que antes del nacimiento. Un daño que lisiaría a un bebé para toda su vida o que mataría a un hombre adulto, puede ser tolerado fácilmente por la criatura prenatal. Esto no quiere decir que este daño no cause un engrama; sin duda lo hace, con todos los datos, lenguaje y emoción incluidos, pero la cuestión aquí es que ese daño no lo mata fácilmente.

El porqué la gente trata de abortar a los niños, es un problema que tiene su respuesta solo en la aberración, pues es muy difícil abortar a una criatura. Puede decirse que en el intento, la madre misma corre un mayor riesgo de morir que la criatura, *no importa el método que se use.*

Una sociedad que suprime el sexo como algo malo, y que está tan aberrada como para que cualquiera de sus miembros intente un aborto, es una sociedad que se está condenando a una demencia cada vez mayor, pues es un hecho científico que los intentos de aborto son el factor más importante en la aberración. ¡La criatura en la que se ha intentado el aborto está condenada a vivir con *asesinos*, que sabe reactivamente que lo son, a lo largo de su débil e indefensa juventud! Crea vínculos irracionales con los abuelos, tiene reacciones de terror contra todos los castigos, se pone enfermo fácilmente y sufre durante mucho tiempo. Y no hay un modo garantizado para abortar a una criatura. Usa anticonceptivos, no una aguja para tejer ni un irrigador vaginal, para controlar la superpoblación. Una vez que una criatura ha sido concebida, no importa lo "vergonzosas" que sean las circunstancias, no importan las *costumbres*, no importan los ingresos, el hombre o mujer que intente el aborto de una criatura nonata, está intentando un asesinato que rara vez tendrá éxito y está poniendo los cimientos de una infancia de enfermedad y angustia. Cualquiera que intente un aborto está cometiendo un acto en contra de toda la sociedad y del futuro. Cualquier juez o médico que recomiende un aborto debería ser privado del puesto y del ejercicio inmediatamente, sea cual sea su "razón".

Si una persona sabe que ha cometido este crimen contra un niño que ha nacido, debe hacer todo lo posible para llevar a Clear al niño tan pronto como sea posible después de los ocho años y, entretanto, debe tratar a ese niño con la mayor decencia y cortesía posible para impedir que se reestimule el engrama. De lo contrario, puede que envíe a ese niño a una institución para dementes.

Una gran proporción de niños supuestamente deficientes mentales son, en realidad, casos de intento de aborto cuyos engramas los llevan a una parálisis por el miedo o a una parálisis regresiva que les ordena no crecer, sino quedarse donde están para siempre.

Sin importar cuantos miles de millones gaste anualmente Estados Unidos en hospitales para dementes y en cárceles para criminales, se gastan principalmente debido a abortos intentados por madres con algún bloqueo sexual, para quienes los hijos son una maldición, no una bendición de Dios.

La antipatía hacia los niños significa una Segunda Dinámica bloqueada. El examen fisiológico de cualquier persona que tenga tal bloqueo demostrará un trastorno físico de los genitales o las glándulas. La terapia de Dianetics demostraría la presencia de un intento de aborto o una existencia prenatal igualmente espantosa y llevaría a Clear al individuo.

El caso de la criatura que, mientras se lee esto, todavía no ha nacido, pero en la que se intentó el aborto, no es un caso perdido. Si se le trata con decencia cuando haya nacido, y si no se le reestimula haciéndole testigo de peleas, crecerá y será próspero hasta la edad de ocho años, que es cuando se le puede llevar a Clear, en cuyo momento probablemente se sobresaltará mucho al saber la verdad, pero ese sobresalto y cualquier antagonismo que este incluya se desvanecerán cuando haya llegado a Clear, y el amor por sus padres será mucho mayor que antes.

Todas estas cosas son hechos científicos, sometidos a prueba, vueltos a verificar y vueltos a someter a prueba. Y con ellas se puede producir un Clear, del cual depende el futuro de nuestra especie. ✴

El Contagio
de la Aberración

L A ENFERMEDAD ES CONTAGIOSA. Los microbios, viajando de un individuo a otro, deambulan por toda la sociedad sin respetar a nadie, hasta que se les para con cosas como la sulfamida o la penicilina.

Las aberraciones son contagiosas. Al igual que los microbios, no respetan a nadie y siguen adelante de individuo en individuo, de padres a hijos, sin respetar a nadie, hasta que Dianetics las para.

La gente del pasado suponía que debía existir la demencia genética, porque podía observarse que los hijos de padres aberrados a menudo estaban aberrados ellos mismos también. Sí hay demencia genética, pero está limitada a los casos en que realmente le faltan partes al organismo. Un porcentaje muy reducido de la demencia se clasifica en esta categoría, y su manifestación es estupidez o falta de coordinación, y, aparte de esto, no tiene ninguna cualidad aberrativa (estas personas reciben engramas que complican sus casos).

El contagio de la aberración es demasiado sencillo en cuanto a principio para que nos extendamos mucho aquí. En Dianetics aprendemos que solo los momentos de "inconsciencia", cortos o largos y de mayor o menor profundidad, pueden contener engramas. Cuando se deja "inconsciente" a una persona, la gente que la rodea reacciona más o menos al dictado de sus engramas: de hecho, la "inconsciencia" está causada bastante habitualmente por la dramatización de alguien. A un Clear, entonces, lo podría dejar inconsciente un aberrado que está dramatizando y la dramatización del aberrado de su engrama entraría como engrama en el Clear.

La mecánica es sencilla. Las personas que están bajo tensión, si están aberradas, dramatizan engramas. Esa dramatización puede implicar la lesión de otra persona y dejarla en un estado más o menos "inconsciente". La persona "inconsciente" recibe entonces la dramatización como engrama.

No es esta la única forma en que una aberración puede contagiarse. Las personas que están en las mesas de operaciones bajo anestesia, están sometidas a la conversación más o menos aberrada de los que estén presentes. Esta conversación entra en la persona "inconsciente" en forma de engrama. De manera similar, en el lugar de un accidente, el carácter de emergencia de la experiencia puede provocar la dramatización de la gente, y si una persona está "inconsciente" debido al accidente, se recibe un engrama.

Con toda seguridad, los padres aberrados infectarán a sus hijos con engramas. El padre y la madre, al dramatizar sus propios engramas en torno a sus hijos enfermos o lesionados, se los transmiten con tanta certeza como si esos engramas fueran bacterias. Esto no significa que el banco reactivo completo de un niño esté compuesto únicamente de los engramas de los padres, pues hay muchas influencias exteriores al hogar que pueden entrar en el niño cuando este está "inconsciente". Y no significa que el niño vaya a reaccionar a los mismos engramas de la forma en que podrían reaccionar el padre o la madre, porque el niño, después de todo, es un individuo con una personalidad inherente, un poder de elección y un modelo de experiencia diferente. Pero sí significa que es completamente inevitable que los padres aberrados aberren a sus hijos de alguna forma.

Los conceptos equivocados y la falta de datos en la cultura de una sociedad se convierten en engramas porque no toda la conducta en torno a una persona "inconsciente" es dramatización. Si alguna sociedad creyera que comer pescado acarreaba la lepra, es muy seguro que este dato falso se abriría camino hasta entrar en engramas y, tarde o temprano, alguien desarrollaría una enfermedad semejante a la lepra después de haber comido pescado.

Las sociedades primitivas, al estar sujetas a mucho vapuleo de los elementos, tienen muchas más posibilidades de lastimarse que las sociedades civilizadas. Además, estas sociedades primitivas están rebosantes de datos falsos. Además, su práctica de la medicina y de la curación mental está en un nivel muy aberrativo por sí misma. El número de engramas en un hombre primitivo sería asombroso. Si se le sacara de su área reestimulante y se le enseñara inglés, escaparía al castigo de muchos de sus datos reactivos. Pero en su hábitat nativo, el hombre primitivo está fuera de los barrotes de un manicomio solo porque su tribu no tiene manicomios. Es una apreciación segura y basada en una experiencia mayor que aquella de la que generalmente disponen los que basan sus conclusiones sobre el "hombre moderno" en el estudio de razas primitivas, que los pueblos primitivos están mucho más aberrados que los civilizados. Su salvajismo, su carácter retrógrado, su índice de enfermedades, todo ello proviene de sus modelos reactivos, no de sus personalidades inherentes. Medir a un grupo de aberrados con otro grupo de aberrados no es probable que arroje muchos datos. Y el contagio de la aberración, al ser mucho mayor en una tribu primitiva, y la falsedad de los datos supersticiosos en los engramas de esa tribu, ambos llevan a una conclusión que, cuando se observa en la escena, se ve corroborada por la realidad.

El contagio de la aberración se estudia muy fácilmente en el proceso de llevar a Clear a cualquier aberrado cuyos padres se peleaban. Mamá, por ejemplo, podía estar relativamente no-aberrada al principio del matrimonio. Si es golpeada por su marido que, después de todo, está dramatizando, ella empezará a adquirir las aberraciones de él como parte de su propia pauta reactiva. Esto es especialmente evidente cuando uno está llevando a Clear a una persona que fue concebida poco después del matrimonio de sus padres, o antes de este. Papá puede empezar con cierta dramatización que incluye pegarle a su mujer. Cualquier cosa que diga durante esa dramatización, tarde o temprano empezará a afectar a la esposa y ella (a menos que esté extraordinariamente equilibrada) puede comenzar a dramatizar estas cosas por su cuenta. Finalmente, cuando la criatura nazca, ella empezará a dramatizar en el niño, poniéndole así en un estado continuo de reestimulación.

El nacimiento es uno de los engramas más extraordinarios en cuanto al contagio. Aquí, la madre y el niño reciben, ambos, el mismo engrama, con la sola diferencia de ubicación del dolor y de la profundidad de la "inconsciencia". Cualquier cosa que los médicos, las enfermeras y otras personas asociadas con el alumbramiento le digan a la madre durante el parto y nacimiento e inmediatamente después, antes de retirar al niño, se registra en el banco reactivo creando un engrama idéntico tanto en la madre como en el niño.

Este engrama es extraordinariamente destructivo en varias formas. La voz de la madre puede reestimular el engrama del nacimiento en el niño, y la presencia del niño puede reestimular en la madre el engrama de dar a luz. Así, son mutuamente reestimulativos. En vista del hecho de que también tienen en común todos los otros reestimuladores, alguna situación posterior en la vida puede hacer que los dos sufran simultáneamente por el engrama. Si el nacimiento incluyó una ventana cerrada de golpe, una ventana cerrada de golpe disparará la dramatización del nacimiento en ambos, simultáneamente, con las hostilidades o apatías resultantes.

Si un médico se enfada o se desespera, el tono emocional del nacimiento puede ser grave. Y si el médico llega a hablar, la conversación adquiere todo su significado reactivo, literal, tanto para la madre como para el niño.

Se llevaron a Clear muchos casos en los que tanto la madre como el niño estaban disponibles. En uno de estos se encontró a la madre (según escuchó el niño durante el clearing de Dianetics) gimiendo: "Me da tanta vergüenza, me da tanta vergüenza", una y otra vez. El niño tenía una neurosis sobre la vergüenza. Cuando se llevó a Clear a la madre, se encontró que *su* madre, al dar a luz, gemía: "Me da tanta vergüenza, me da tanta vergüenza". Puede suponerse que esto ha continuado, por contagio, desde que Keops construyera su tumba.

En la esfera más amplia de la sociedad, el contagio de la aberración es extremadamente peligroso y no puede menos que considerarse como un factor vital en minar la salud de esa sociedad.

El cuerpo social se comporta de manera similar a un organismo en el sentido de que hay aberraciones sociales que existen dentro de la sociedad. La sociedad crece y puede desaparecer como un organismo que tiene como componentes personas en vez de células. Cuando la cabeza de la sociedad envía dolor hacia cualquier miembro de esa sociedad, se origina una fuente de aberración que será contagiosa. Las razones en contra del castigo corporal no son "humanitarias", son prácticas. La sociedad que practica cualquier clase de castigo contra cualquiera de sus miembros, está llevando a cabo un contagio de la aberración. La sociedad tiene un engrama social, de tamaño social, que dice que el castigo es necesario. Se impone el castigo. Se llenan las cárceles y los manicomios. Y entonces, un día, una porción de la sociedad, deprimida hasta la Zona 1 por la libertad gubernamental de aplicar engramas gubernamentales, se alza y acaba con el gobierno. Y se forma un nuevo grupo de aberraciones a partir de la violencia que resulta de la destrucción. Las revoluciones violentas nunca ganan porque inician este ciclo de aberración.

Una sociedad llena de aberrados puede considerar necesario castigar. No ha habido otro remedio más que el castigo. Proporcionar un remedio para la conducta antisocial por parte de los miembros de un grupo tiene un interés más que pasajero para un gobierno, en lugar de una continuidad de sus propias prácticas de castigo corporal; añadir estas a las aberraciones continuadas del pasado reduce seriamente el potencial de supervivencia de ese gobierno, y algún día hará que ese gobierno caiga. Después de que muchos gobiernos caigan de este modo, su gente también desaparecerá de esta Tierra.

El contagio de la aberración nunca es más evidente que en esa demencia social llamada guerra. Las guerras jamás resuelven la necesidad de guerras. Lucha para salvar el mundo en aras de la democracia o para salvarlo del confucianismo, y la lucha será inevitablemente perdida por todos. En el pasado, la guerra se ha asociado con la competición y, por una lógica sospechosa, se ha creído, por tanto, que las guerras eran necesarias.

Una sociedad que avanza hacia la guerra como solución a sus problemas, no puede sino reducir su propio potencial de supervivencia. A ningún gobierno se le permitió jamás entrar en guerra sin que le costara a su pueblo algunas de sus libertades. El producto final es la apatía de un sacerdocio gobernante que solo puede unir los restos dementes de un pueblo mediante el misterio y la superstición. Esto es demasiado fácil de observar en las historias del pasado como para que necesite más aclaración. Una democracia que se involucra en la guerra siempre ha perdido algunos de sus derechos democráticos. A medida que se involucra en más y más guerras, finalmente cae bajo el mando de algún dictador (gobierno por un solo engrama). El dictador, imponiendo su forma de gobierno, aumenta las aberraciones por su actividad contra las minorías. Una revuelta sigue a otra. Los sacerdocios florecen. La apatía espera. Y después de la apatía viene la muerte. Así sucedió con Grecia y así pasó con Roma. Así pasa con Inglaterra. Así pasa con Rusia. Y así pasa con los Estados Unidos y con ello toda la Humanidad.

Gobernar por la fuerza es una violación de la ley de la afinidad, porque la fuerza engendra fuerza. El gobernar por la fuerza reduce el autodeterminismo de los individuos en una sociedad y, por lo tanto, el autodeterminismo de la sociedad misma. El contagio de la aberración se propaga como un incendio en el bosque. Los engramas engendran engramas. Y a menos que la espiral descendente sea detenida por nuevas tierras y razas híbridas que escapen de sus entornos aberrativos, o por la llegada de un método para romper el contagio de la aberración llevando a los individuos a Clear, toda la raza se irá hacia abajo hasta llegar al final del ciclo: Zona 0.

Una raza es tan grande como autodeterminados sean cada uno de sus miembros.

En la esfera más reducida de la familia, así como en los ámbitos nacionales, el contagio de la aberración produce una interrupción de la supervivencia óptima.

El autodeterminismo es la única forma posible de construir una computadora que dé respuestas racionales. Mantener atorado el 7 en una calculadora hace que dé respuestas erróneas. Introducir en cualquier ser humano respuestas fijas y que no han de racionalizarse hará que él compute respuestas erróneas. La supervivencia depende de las respuestas correctas. Los engramas entran desde el mundo exterior en los lugares recónditos por debajo del nivel del pensamiento racional, e impiden que se alcancen respuestas racionales. Esto es determinismo exterior. Cualquier interferencia en el autodeterminismo no puede sino conducir a computaciones erróneas.

Dado que un Clear es cooperativo, una sociedad de Clears cooperaría. Esto puede ser un sueño idílico, utópico, y puede no serlo. En una familia de Clears se observa armonía y cooperación. Un Clear puede reconocer una computación superior cuando la ve. No hay que golpearlo, someterlo y obligarlo a *obedecer* para hacer que arrime el hombro. Si *se* le obliga a obedecer, independientemente de su forma de pensar, se interrumpe su autodeterminismo hasta un punto en que no puede obtener respuestas correctas; la sociedad que lo retiene se ha penalizado a sí misma en su capacidad de pensar y actuar racionalmente. La única manera en que se podría forzar así a un Clear sería dándole engramas o dejando que un neurocirujano hiciera lo que quisiera con su cerebro. Pero no es necesario obligar a un Clear. Porque si el trabajo es lo bastante importante, en función de la necesidad general, con toda seguridad lo ejecutará de acuerdo a su inteligencia y lo hará lo mejor posible. Jamás se observa a un individuo *obligado* que haga bien su trabajo, como jamás se ve tampoco a una sociedad *obligada* que gane contra una sociedad que es libre y próspera en la misma medida.

Una familia que funciona según la idea del jefe supremo, en la que hay alguien que debe ser obedecido sin réplica, jamás es una familia feliz. Su prosperidad puede estar presente en algunos aspectos materiales, pero su supervivencia aparente como unidad es superficial.

Los grupos obligados son invariablemente menos eficientes que los grupos libres que trabajan para el bien común. Pero cualquier grupo que contiene miembros aberrados es probable que se aberre completamente como grupo por contagio. El esfuerzo por refrenar a los miembros aberrados de un grupo, inevitablemente refrena al grupo como un todo, y conduce a más y más limitación.

El clearing de un miembro de una familia de aberrados rara vez es suficiente para resolver los problemas de esa familia. Si el marido ha estado aberrado, habrá aberrado o reestimulado a su mujer y a sus hijos de una forma u otra, aun cuando no usara violencia física en ellos. Los padres implantan sus aberraciones mutuas en los hijos, y los hijos, siendo unidades potencialmente autodeterminadas, se rebelan en su contra agitando las aberraciones de los padres. Debido a que muchas de estas aberraciones por contagio se han hecho mutuas y se mantienen en común en toda la familia, la felicidad de la familia se ve gravemente minada.

El castigo corporal de los niños es simplemente otra faceta del problema del grupo obligado. Si alguien desea discutir sobre la necesidad de castigar a los niños, haz que examine la fuente del mal comportamiento de los niños.

Puede que los engramas del niño que está aberrado no estén por completo en un estado de key-in. Quizá tenga que esperar a estar casado él mismo y tener niños o una esposa embarazada para tener suficientes reestimuladores que le hagan convertirse, de repente, en una de esas cosas que llaman un "adulto maduro", ciego a la belleza del mundo y cargado con todas las penalidades de este. Pero el niño está aberrado de todas formas, y tiene muchas dramatizaciones. El niño está en una situación muy desafortunada puesto que sus dos reestimuladores más poderosos, su padre y su madre, están con él. Estos dan por hecho el derecho a castigarle físicamente. Y para él, ellos son gigantes. Él es un pigmeo. Y tiene que depender de ellos para la comida, la ropa y el alojamiento. Uno puede hablar de forma grandilocuente sobre las "delusiones de la infancia", hasta que conoce el trasfondo engrámico de la mayoría de los niños.

El niño está en el cruel extremo receptor de todas las dramatizaciones de sus padres. Un niño Clear es la cosa más extraordinaria de observar: ¡es humano! La afinidad por sí sola puede hacer que se recobre. El niño malcriado es aquel al que se le ha obstaculizado continuamente en sus decisiones y al que se le ha robado su independencia. El afecto podría malcriar a un niño igual que se podría apagar el Sol con un balde de gasolina.

El principio y el fin de la "psicología infantil" es el hecho de que el niño es un ser humano que tiene derecho a su dignidad y autodeterminismo.

El hijo de padres aberrados es un problema debido al contagio de la aberración y porque se le niega todo derecho a dramatizar o a replicar. Lo extraordinario no es que los niños sean un problema, sino que sean cuerdos en cualquier acción. Porque, por contagio, castigo y negación de su autodeterminismo, a los niños de hoy en día se les ha negado todo lo que se requiere para llevar una vida racional. Y ellos son la futura familia y la futura raza.

Sin embargo, esto no es una disertación sobre niños ni sobre política, sino un capítulo sobre el contagio de la aberración. Dianetics se encarga del pensamiento humano, y el pensamiento humano es un terreno amplio. Contemplar las potencialidades inherentes al mecanismo del contagio, no puede sino inducir a respeto por la inherente estabilidad del hombre. Ningún "animal salvaje", reaccionando con "tendencias antisociales" inherentes, podría haber construido Nínive ni la presa de Boulder Dam. A pesar de llevar el mecanismo del contagio como algún Viejo del Mar, hemos llegado lejos. Ahora que lo sabemos, quizá realmente alcanzaremos las estrellas.

El KEY-IN
del ENGRAMA

LA ÚNICA FUENTE de la enfermedad mental inorgánica y de la enfermedad psicosomática orgánica es el banco reactivo de engramas. La mente reactiva hace que estos engramas afecten a la mente analítica y al organismo, siempre que se les reestimula después de que se les haya hecho key-in.

Hay muchos incidentes conocidos en una vida que aparentemente tienen una profunda influencia sobre la felicidad y la condición mental del individuo. El individuo los recuerda y atribuye sus problemas a estos. Hasta cierto punto tiene razón: al menos, está mirando atrás a incidentes que se mantienen en su sitio debido a engramas. Él no ve los engramas. De hecho, a menos que esté familiarizado con Dianetics, no sabe que los engramas están ahí. Y aun entonces, no sabrá su contenido hasta que se haya sometido a la terapia.

Puede demostrarse con facilidad que cualquier momento de desdicha en un "nivel consciente", que contenía una gran tensión o emoción, no era culpable del cargo de causar la aberración y las enfermedades psicosomáticas. Esos momentos, por supuesto, desempeñaron un papel en el asunto: fueron los *key-ins*.

El proceso de hacer key-in de un engrama no es muy complejo. Digamos que el engrama 105 era un momento de "inconsciencia" en que la criatura prenatal fue golpeada por papá, al pegar este a mamá. El padre, consciente o no de la criatura, profirió las palabras: "Maldita seas, puta asquerosa; ¡no vales para nada!". Este engrama estaba donde se impresionó, en el banco reactivo. Ahora, podría quedarse ahí durante setenta años y no hacer nunca key-in. Contiene un dolor de cabeza, un cuerpo que cae, rechinar de dientes y los sonidos intestinales de la madre. Y después del nacimiento, cualquiera de estos sonidos puede estar presente en grandes cantidades sin hacer *key-in* de este engrama.

Sin embargo, un día el padre se exaspera con el niño. El niño está cansado y con fiebre, lo que quiere decir que su mente analítica puede no estar en su más alto nivel de actividad. Y el padre tiene cierto conjunto de engramas que dramatiza, y uno de estos engramas es el incidente citado anteriormente. Y el padre alarga la mano y abofetea al niño, diciendo: "Maldito seas; ¡no vales para nada!". El niño llora. Esa noche tiene dolor de cabeza y está mucho peor físicamente. Y siente un intenso odio hacia su padre y miedo de él. El engrama ha hecho *key-in*. Ahora, el sonido de un cuerpo que cae, o el rechinar de dientes, o cualquier asomo de enojo de cualquier tipo en la voz del padre, pondrá nervioso al niño. Su salud física sufrirá. Empezará a tener dolores de cabeza.

Si abordamos a este niño, que ahora ya es un adulto, y revisamos a fondo su pasado, descubriremos (aunque puede estar ocluido) un candado como el key-in anterior. Y ahora no solo el key-in; puede que descubramos cincuenta o quinientos de estos candados solo sobre este único asunto. Uno diría, a menos que conociera Dianetics, que este niño se echó a perder después de su nacimiento porque el padre le pegaba, y podría intentar devolver la mente del paciente a un estado mejor, eliminando estos candados.

En la vida normal, hay miles, decenas de miles de candados. Eliminar todos estos candados sería un trabajo hercúleo. Cada engrama que tiene una persona, si ha hecho key-in, puede tener cientos de candados.

Si existiera el condicionamiento como mecanismo de dolor y tensión, la Humanidad estaría en muy malas condiciones. Afortunadamente, un condicionamiento no existe de esa forma. Parece existir, pero la apariencia no es el hecho. Uno pensaría que si a un niño se le golpeara y reprendiera diariamente, al final estaría condicionado a creer que así era la vida y que lo mejor era volverse contra ella.

Sin embargo, el condicionamiento no existe. Pavlov puede haber sido capaz de volver locos a perros mediante experimentos repetidos; esto simplemente fue mala observación por parte del observador. Los perros se podrían entrenar para hacer esto o aquello. Pero esto no era condicionamiento. Los perros enloquecían porque les daban engramas, si es que enloquecían. Una serie de experimentos así, debidamente dirigidos y observados, prueba este argumento.

El niño, al que diariamente se le decía que no servía para nada, y que aparentemente empezó a decaer solo a causa de eso, decayó únicamente debido al engrama. Este es un hecho afortunado. La localización del engrama puede llevar algún tiempo (unas cuantas horas) pero cuando se alivia o se rearchiva en los bancos de memoria estándar, también se rearchiva todo lo que se le había añadido en forma de candados.

Las personas que trataban de ayudar a otros con sus aberraciones y que no conocían nada sobre engramas, estaban operando, por supuesto, con un 99 por ciento de probabilidades de fracaso. En primer lugar, los candados mismos pueden desaparecer en el interior del banco reactivo. Así obtenemos un paciente que dice: "Bueno, mi padre no era tan malo. Era un tipo bastante bueno". Y al hacer saltar un engrama, descubrimos, y el paciente descubre, que papá se encontraba habitualmente dramatizando. Lo que el paciente sabe sobre su pasado antes de hacer saltar los engramas no merece la pena ni catalogarlo. En otro caso podemos encontrar a un paciente que dice: "Bueno, yo tuve una infancia terrible; una infancia terrible. Me golpeaban demasiado". Y descubrimos, cuando se rearchivan sus engramas, que los padres de este paciente jamás le pusieron la mano encima ni como castigo ni por ira en toda su vida.

Un engrama puede seguir adelante durante décadas sin hacer key-in. Uno de los tipos de caso más extraordinarios es aquel que se pasó toda la juventud sin mostrar ninguna aberración. Luego de repente, a la edad de veintiséis años, le descubrimos tan aberrado, tan de repente, que parece que se le hubiera echado un maleficio. Quizá la mayoría de sus engramas estaban relacionados con casarse y tener hijos.

Nunca antes se había casado. La primera vez que está fatigado o enfermo y se da cuenta de que tiene una esposa a su cargo, hace key-in el primer engrama. Luego, la espiral descendente empieza a ponerse en marcha. Este key-in desconecta al analizador lo suficiente como para que se pueda hacer key-in de otros engramas. Y al final, quizá lo encontraremos en un manicomio.

La jovencita que ha sido feliz y despreocupada hasta los trece años y que de pronto empieza a decaer, no ha recibido un engrama en ese momento. Se ha hecho key-in de un engrama que permitió que otro hiciera key-in. Fisión en cadena. Este key-in puede no haber requerido más que el descubrimiento de que estaba sangrando por la vagina. Ella tiene un engrama emocional con respecto a esto; se pone frenética. Los demás engramas, según pasan los días, pueden ir tomando posiciones para afectarla. Y así, se pone enferma.

La primera experiencia sexual puede ser una que haga key-in de un engrama. Esto es tan normal, que el sexo ha adquirido la mala reputación para sí mismo, aquí y allá, de ser un factor que causa aberración por sí mismo. El sexo no es ni nunca ha sido aberrativo. El dolor físico y la emoción que incidentalmente contiene el sexo como tema son los factores aberrativos.

Puede darse el caso de que una paciente insista tenazmente en que su padre la violó cuando ella tenía nueve años, y que esta es la causa de toda su desgracia. Un gran número de pacientes dementes alegan esto, y es perfectamente cierto. Papá sí la violó, pero resulta que solo habían pasado nueve días desde que había sido concebida. La presión y el trastorno del coito son muy molestos para la criatura y se puede esperar que normalmente proporcione a la criatura un engrama que tendrá como contenido el acto sexual y todo lo que se dijo.

La hipnosis con drogas es peligrosa cuando se intenta tratar a psicóticos, como ya se ha mencionado. Y hay otras razones por las que es peligrosa. Cualquier operación bajo anestesia o cualquier administración de drogas a un paciente, puede provocar el key-in de engramas. Aquí está la desconexión del analizador, ahí está el banco reactivo abierto para que lo agite cualquier comentario que hagan las personas en torno al sujeto drogado. El hipnotismo en sí es una condición en la que puede hacerse key-in de engramas que nunca antes habían sido reestimulados. La mirada vidriosa de una persona que ha sido "hipnotizada demasiado a menudo", la falta de voluntad que se observa en personas a las que se ha hipnotizado con demasiada frecuencia, la dependencia que el sujeto tiene hacia el hipnotizador: todas estas cosas provienen del key-in de engramas. En *cualquier* ocasión en que el cuerpo queda "inconsciente" sin dolor físico, no importa lo leve que sea el grado de "inconsciencia", aunque solo se trate de algo tan ligero como la fatiga, un engrama puede hacer key-in. Y cuando la inconsciencia se complica con un nuevo dolor físico, se forma un nuevo engrama que puede reunir con él a todo un montón de viejos engramas que hasta entonces no habían hecho key-in. Un engrama reciente sería un *engrama cruzado*, puesto que cruza cadenas de engramas. Y si un engrama de este tipo diera como resultado una pérdida de cordura, se llamaría *engrama de ruptura*.

Hay algunos aspectos de diversas "inconsciencias" por drogas que han causado gran perplejidad en el pasado. Las mujeres psicóticas a menudo sostienen, después de despertar de un sueño causado por drogas (y a veces de un sueño hipnótico), que han sido violadas. Los hombres ocasionalmente mantienen que el operador ha tratado de realizar un acto homosexual con ellos mientras estaban drogados. Pese a que ocasionalmente ocurre que la gente *es* violada después de haber sido drogada, el mayor número de estas afirmaciones es meramente un aspecto del mecanismo de key-in. Casi cualquier niño ha pasado por la molestia prenatal del coito. A menudo, estaban presentes otras emociones violentas además de la pasión. Tal engrama puede permanecer desactivado durante años hasta que la "inconsciencia" por drogas, o algo por el estilo, le hace key-in. El paciente se duerme sin un engrama con key-in; se despierta con uno. Él trata de justificar las extrañas sensaciones que tiene (y los engramas son cosas sin tiempo, a menos que se les coloque debidamente en la línea temporal) y sale con la "solución" de que le han debido de violar.

Las violaciones en la infancia rara vez son la causa de la aberración sexual. Son el key-in.

Uno mira a los candados que hay en un nivel consciente y ve tristeza, angustia mental e infortunio. Algo de la experiencia que hay ahí parece ser tan terrible que sin duda debe causar aberración. Pero no lo hace. El hombre es una criatura dura y resistente. Estas experiencias en un nivel consciente no son más que señales indicadoras que conducen a la base real de los problemas en el mejor de los casos, y esa base real no es conocida de ninguna forma detallada por el individuo.

El engrama nunca se "computa". Un ejemplo de esto, en un nivel de aberración ligera, se puede encontrar en el castigo de un niño. Si uno examina una infancia en la que el castigo ha sido corporal y frecuente, empieza a comprender la total futilidad de la teoría de la obligación mediante el dolor. El castigo, real, literal y enfáticamente, no hace bien de ningún tipo, sino que logra todo lo contrario, puesto que ocasiona una rebelión reactiva contra la fuente del castigo, y es probable que cause, no solo la desintegración de la mente, sino también un continuo tormento para la fuente del castigo. El hombre reacciona para luchar contra las fuentes de dolor. Cuando deja de luchar contra ellas, está mentalmente destrozado y es de poca utilidad para nadie, mucho menos para sí mismo.

Tomemos el caso de un niño al que pegaban con un cepillo cada vez que era "malo". Al investigar este caso, el más minucioso interrogatorio no consigue revelar ningún recuerdo vívido de *por qué* se le castigaba, sino solo *que* se le castigó. El desarrollo del suceso sería algo así: actividad más o menos racional, miedo ante la amenaza de castigo, castigo, aflicción por el castigo, actividad reanudada. La mecánica del caso demostró que la persona había estado ocupada en alguna actividad que, tanto si otros lo consideraban así como si no, sin embargo era para ella una actividad superviviente, que le proporcionaba placer o beneficios reales o incluso la afirmación de que podía sobrevivir y que sobreviviría. En el momento en que se le amenaza con el castigo, viejos castigos entran en reestimulación como engramas menores, que generalmente descansan sobre engramas mayores; esto desconecta el poder analítico en cierta medida, y el registro se hace ahora en un nivel reactivo. El castigo tiene lugar, sumergiendo la consciencia analítica de forma que el castigo se registra en el banco de engramas únicamente; la aflicción que le sigue está todavía en el periodo de desconexión analítica; el analizador se conecta gradualmente; vuelve la consciencia plena y entonces puede reanudarse la actividad en un plano analítico. Todo castigo corporal sigue esta gama, y todos los demás castigos son, en el mejor de los casos, candados que siguen esta misma pauta, a los que solo les falta la desconexión completa que resulta del dolor.

Si el analizador quiere estos datos para computar, no están disponibles. Hay una reacción en la mente reactiva cuando se aborda el asunto. *¡Pero hay cinco cursos que puede seguir la mente reactiva en cuanto a estos datos!* Y no hay garantía ni método alguno sobre la faz de la Tierra para saber qué curso seguirá la mente reactiva con los datos, excepto conocer el banco de engramas al completo; y si se conoce eso, a la persona se le podría llevar a Clear con unas cuantas horas más de trabajo y no necesitaría ningún castigo.

Estas cinco maneras de manejar datos hacen del castigo corporal algo inestable y nada fiable. Existe una proporción que se puede poner a prueba y demostrar en la experiencia de cualquier hombre: *un hombre es perverso en proporción directa a la destructividad que se ha dirigido contra él.* Un individuo (incluyendo a aquellos individuos que la sociedad suele olvidar como individuos: los niños) reacciona *contra* la fuente de castigo, tanto si esa fuente son los padres como si es el gobierno. Cualquier cosa que se enfrente al individuo como fuente de castigo se considerará en mayor o menor grado (como lo es en proporción a los beneficios) como un blanco para las reacciones del individuo.

Los pequeños derrames accidentales del vaso de leche de los niños, ese ruido que ocurre accidentalmente en el portal donde están jugando los niños, ese pequeño destrozo accidental en el sombrero de papá o en la alfombra de mamá: todas estas son, a menudo, acciones frías y calculadas de la mente reactiva contra las fuentes de dolor. La mente analítica puede contemporizar con respecto al amor, el afecto y la necesidad de tres comidas como Dios manda. La mente reactiva recita de corrido las lecciones que ha aprendido y manda al diablo las comidas.

Si dejáramos una calculadora en manos de un idiota para que hiciera una auditoría de los libros de la empresa, y permitiéramos que le impidiera al auditor tocar tanto la maquinaria como los datos que debe tener si ha de obtener respuestas que sean correctas, poco es lo que se conseguiría en forma de respuestas correctas. Y si se siguiera alimentando al idiota, engordándolo y haciéndolo poderoso, la compañía tarde o temprano iría a la ruina. La mente reactiva es el idiota, el auditor es el "yo" y la compañía es el organismo. El castigo alimenta al idiota.

El impotente asombro de la policía acerca del "criminal empedernido" (y la creencia policial en el "tipo criminal" y en la "mente criminal") se produce mediante este ciclo. La policía, por una razón u otra, como los gobiernos, se ha identificado con la sociedad. Toma a cualquiera de estos "criminales", llévalo a Clear y la sociedad recupera a un ser racional de los que le vendrían bien tantos como pudiera conseguir. Mantén en marcha el ciclo del castigo, y las prisiones se harán más numerosas y estarán más llenas.

El problema del niño que arremete contra sus padres mediante "negativas" y el problema de Jimmie el Capo, que revienta a un guardia del banco durante un atraco a mano armada, provienen ambos del mismo mecanismo. El niño, examinado en un "nivel consciente", no es consciente de sus motivaciones, sino que presentará diversas justificaciones para su conducta. Cuando a Jimmie el Capo, que está esperando a que esta tan sensible sociedad le ate con correas a una silla eléctrica y le aplique una terapia de electrochoque que le hará cesar y desistir para siempre, se le examine en busca de sus causas, enunciará múltiples justificaciones para explicar su vida y su conducta. La mente humana es una maravillosa máquina de computar. Las razones que puede aducir para explicar actos irracionales han asombrado a propios y a extraños, y en particular a los asistentes sociales. Sin conocer la causa y el mecanismo, las probabilidades de llegar a una conclusión correcta comparando todas las conductas disponibles son tan remotas como ganarle a un chino en el juego del fan-tan. De ahí que los castigos hayan continuado como la respuesta confusa a una sociedad muy confusa.

Hay cinco maneras en que un ser humano reacciona contra una fuente de peligro. Estos son también los cinco cursos que puede seguir ante cualquier problema dado. Y se podría decir que esto es acción de cinco valores.

La parábola de la pantera negra* resulta apropiada aquí. Supongamos que una pantera negra con especial mal genio está sentada en las escaleras, y que un hombre llamado Gus está sentado en la sala de estar. Gus quiere irse a la cama. Pero la pantera está ahí. El problema es subir las escaleras. Hay cinco cosas que Gus puede hacer con esta pantera:

1. Puede *atacar* a la pantera negra.
2. Puede salir corriendo de la casa y *huir* de la pantera negra.
3. Puede usar las escaleras de atrás y *evitar* a la pantera negra.
4. Puede *ignorar* a la pantera negra.
5. Puede *sucumbir* ante la pantera negra.

Estos son los cinco mecanismos: *atacar, huir, evitar, ignorar* o *sucumbir*.

Se puede ver que todas las acciones encajan en estos cinco cursos, y todas estas acciones son visibles en la vida. En el caso de una fuente de castigo, la mente reactiva puede sucumbir ante ella, ignorarla, evitarla, huir de ella, o atacarla. La acción está dictada por una complejidad de engramas y depende de cuál entre en reestimulación. Esta vorágine de reacción se resuelve, sin embargo, según uno de los cinco cursos.

Si a un niño se le castiga y después de eso obedece, puede considerarse que ha sucumbido. Y la valía de un niño que sucumbe al castigo es tan insignificante que los espartanos lo habrían ahogado hace mucho, porque esto significa que se ha hundido en la apatía, a menos que suceda que por sí mismo haya computado, dejando a un lado toda reacción, la idea de que aquello por lo que se le castigó no fue muy inteligente (en esta computación no se le puede ayudar si quien trata de ayudarlo ha introducido el castigo en la mente reactiva). Puede huir de la fuente del castigo, lo que al menos no es apatía, sino simplemente cobardía, según el juicio popular. Puede no prestarle atención al asunto en lo más mínimo, e ignorar la fuente del castigo, y los antiguos le habrían llamado estoico, pero sus amigos quizá le llamarían simplemente bobo. Puede evitar la fuente de castigo, lo que le podría proporcionar el dudoso elogio de ser

---

* En Dianetics, los pacientes y los dianeticistas han desarrollado una considerable jerga, y llaman "mecanismo de la pantera negra" a ignorar el problema. Se supone que esto tiene su origen en la ridiculez de morder a las panteras negras.

astuto o taimado o adulador. O puede atacar a la fuente de castigo bien por acción directa o bien trastornando o embrollando a la persona o a las posesiones de la fuente; en cuyo caso se le llamaría, si lo hiciera con acción directa, un valiente idiota, teniendo en cuenta el tamaño de los padres; o "encubiertamente hostil", si es de una manera menos directa; o podría decirse que era "terco". Mientras un ser humano ataque como respuesta a una amenaza válida, se puede decir que está en una condición mental adecuada ("normal") y de un niño se dice que "simplemente actúa como cualquier niño normal".

Introduce el castigo en la computación y ya no se puede pensar con ella. En el caso de la "experiencia" es totalmente diferente. La vida tiene mucha experiencia dolorosa aguardando a cualquier ser humano sin necesidad de que otros seres humanos compliquen el asunto. Una persona que está aún desbloqueada en sus dinámicas o a la que se ha desbloqueado con Dianetics puede soportar las palizas más increíbles en el asunto del vivir sin verse afectada negativamente. Aquí, aun cuando la mente reactiva reciba engramas como resultado de algo de esta experiencia, la mente analítica puede continuar arreglándoselas con la situación sin aberrarse en forma alguna. El hombre es un tipo duro, resistente, competente. Pero cuando la ley de la afinidad empieza a romperse, y esa ruptura de afinidad entra en el banco reactivo, los *seres humanos*, como fuentes antagónicas de contrasupervivencia, se convierten en una fuente de castigo. Si en el contenido del banco de engramas de una época más antigua (antes de los cinco años) no hay engramas contrasupervivencia en los que haya seres humanos implicados, los engramas prosupervivencia se toman como una cosa normal y no serán seriamente aberrativos. En otras palabras, es la ruptura de la afinidad con sus congéneres en un nivel engrámico lo que bloquea más sólidamente las dinámicas. La afinidad del hombre con el hombre es mucho más un hecho científico que una idea poética e idílica.

Es fácil inferir, entonces, cuál será el ciclo de vida "normal" (estado promedio actual) o psicótico. Comienza con un gran número de engramas antes del nacimiento; reúne más engramas en la condición dependiente y bastante indefensa en que está después de nacer. El castigo de diversas clases, que ahora entra como candados, hace key-in de los engramas.

Entran nuevos engramas que complicarán a los anteriores. Se acumulan nuevos candados. Lo más seguro es que la enfermedad y la acción aberrada se presenten alrededor de los cuarenta o cincuenta años. Y la muerte le sigue cierto tiempo después.

A falta de la solución óptima de eliminar los engramas, hay varias cosas que pueden hacerse con respecto a la aberración y los males psicosomáticos. Que estos métodos sean inciertos y solo de un valor limitado, no significa que no darán ocasionalmente con algunas reacciones asombrosamente beneficiosas.

Tales métodos pueden clasificarse en los apartados de cambio de ambiente, educación y tratamiento físico. Sacar factores del entorno de un aberrado o sacar al aberrado del entorno en que es desdichado o ineficaz puede ocasionar algunas recuperaciones asombrosamente rápidas: esta es una terapia válida; retira los reestimuladores del individuo o aleja al individuo de los reestimuladores. Generalmente es cuestión de cara o cruz, y son más las cruces que las caras, y no se eliminarán *todos* los reestimuladores en nueve de cada diez casos, pues el individuo mismo lleva con él la mayor parte de estos o se ve obligado a entrar en contacto con ellos. Esto le recuerda a uno un caso de asma grave. Lo había recibido en un engrama muy grave de nacimiento; sus desesperados padres lo llevaron a todos los retiros de montaña para asmáticos que les sugirieron, y gastaron miles y miles de dólares en estas excursiones. Cuando este paciente llegó a Clear y el engrama se rearchivó, se descubrió que el reestimulador de su asma ¡era el aire limpio y frío! La única certeza en cuanto al enfoque del entorno es el hecho de que un niño enfermizo se recuperará cuando se le aparte de unos padres reestimulativos y se le lleve adonde se le quiera y se sienta seguro: pues su enfermedad es el resultado inevitable de la reestimulación de engramas prenatales por parte de su padre o su madre o ambos. En algún punto de su historia, probablemente haya un marido o una mujer que, después del matrimonio, después de haberse casado con una pseudomadre o un pseudopadre o un pseudoabortista, ha descendido de forma crónica a las dos primeras zonas.

En el campo educacional, los datos o entusiasmos nuevos muy bien pueden hacer que los engramas hagan key-out, contrarrestando a la mente reactiva debido a un nuevo impulso analítico. Si tan solo se puede convencer a un hombre de que ha estado peleando contra sombras, o si se le puede persuadir de que atribuya sus temores a alguna causa indicada, sea esa causa verdadera o no, se le puede beneficiar. A veces se le puede "educar" en una gran fe por alguna deidad o secta que pueda hacerle sentirse tan invulnerable que se eleve por encima de sus engramas. Elevar su potencial de supervivencia de cualquier forma elevará su tono general a un punto en el cual ya no esté al nivel del banco reactivo. Darle una educación en ingeniería o música, donde puede recibir un nivel más alto de respeto, a menudo le defenderá de sus reestimuladores. Elevarse a una posición de estima es, en realidad, un cambio de entorno, pero también es educacional, pues se le ha enseñado que él es valioso. Si se puede hacer que un hombre se mantenga ocupado en alguna afición o trabajo provechoso para él mediante la educación personal o exterior, se forma otro mecanismo: la mente analítica se encuentra tan enfrascada que absorbe para sí más y más energía para su actividad y comienza a alinearse con un nuevo propósito.

El tratamiento físico que da como resultado una mejor condición física producirá esperanza o cambiará las reacciones de un hombre, desplazándole en su línea temporal. Esto puede hacer key-out de engramas.

Estos métodos son terapia válida; también son, por el contrario, las cosas que hacen que se manifiesten las aberraciones. Hay formas equivocadas de actuar, y cosas equivocadas que hacer y formas equivocadas de tratar a los hombres que, teniendo en cuenta lo que ahora sabemos, son criminales.

Lanzar a un hombre a un entorno que le reestimula, y obligarle a permanecer ahí, es en cierto modo un asesinato. Obligarle a conservar un socio que es reestimulativo, es malo; obligar a un hombre o a una mujer a permanecer con un compañero de matrimonio que es reestimulativo es una *costumbre* que no es funcional, a menos que se use la terapia de Dianetics. Hacer que un niño permanezca en un hogar donde se le reestimula es con la mayor seguridad inhibitorio, no solo de su felicidad, sino también de su desarrollo mental y físico: un niño debería tener muchos más derechos sobre esas cosas, más lugares adonde ir.

En el nivel de terapia física, cualquier cosa tan violenta como la cirugía o la extracción de muelas en el plano psicosomático es puro barbarismo a la luz de Dianetics. El "dolor de muelas" es normalmente psicosomático. Las enfermedades orgánicas, suficientes para llenar varios catálogos, son psicosomáticas. No se debería recurrir a ningún tipo de cirugía hasta tener la certeza de que la dolencia no es psicosomática o que la enfermedad no disminuirá por sí sola si se reduce el poder de la mente reactiva. La terapia mental física es demasiado ridícula para que se le mencione seriamente, ahora que la fuente de la aberración es una ciencia. Porque ningún médico o psiquiatra pensante que posea esta información volvería a tocar un electrodo para terapia de electrochoque o lanzaría siquiera una mirada a un escalpelo o a un picahielos para llevar a cabo una operación en los lóbulos prefrontales del cerebro, a menos que ese médico o psiquiatra esté él mismo tan completamente aberrado que ese acto surja, no del deseo de aliviar, sino del sadismo más brutal y repugnantemente cobarde al que los engramas pueden llevar a un hombre.

DIANETICS
PREVENTIVA

Hay muchas ramas en Dianetics. Es realmente una familia de ciencias a las que abarca un único conjunto de axiomas. Está, por ejemplo, la *Dianetics Educacional,* que contiene el corpus de conocimiento organizado necesario para entrenar mentes hasta su eficiencia óptima y hasta un nivel óptimo de destreza y conocimiento en las diversas ramas de las actividades del hombre. Y está también la *Dianetics Política,* que abarca el campo de la actividad de grupo y organización, para establecer las condiciones y procesos óptimos del liderazgo y las relaciones entre grupos. Y una vez más está la *Dianetics Médica.* Y está la *Dianetics Social.* Hay muchas subdivisiones así, que son ciencias en sí mismas, guiadas por sus propios axiomas.

En este libro estamos tratando, de hecho, con Dianetics básica y la terapia de Dianetics tal como se usa con el individuo. Esta es la más importante de forma inmediata y la más valiosa para el individuo.

Pero ningún libro sobre terapia de Dianetics estaría completo sin la mención de una rama de Dianetics que, según dicen algunos, es aún más importante para la raza humana que la terapia. Se trata de la *Dianetics Preventiva.*

Si uno conoce la causa de algo, generalmente puede evitar que esa causa produzca un efecto. El descubrimiento y la demostración de Ronald Ross de que el microbio de la malaria se transmitía por vía del mosquito hace posible impedir que esta enfermedad cometa los estragos de los que una vez disfrutó a costa de la Humanidad. Análogamente, cuando uno conoce la causa de la aberración y de la enfermedad psicosomática, puede hacer mucho para prevenirlas.

Mientras que la Dianetics Preventiva es un tema amplio que penetra en los campos de la industria y de la agricultura y otras actividades especializadas del hombre, su principio básico es el hecho científico de que se pueden mantener los engramas a un mínimo de contenido o que se pueden prevenir por completo, con amplias ganancias en favor de la salud mental y del bienestar físico, así como de la adaptación social.

El engrama es en realidad algo muy simple: es un momento en que la mente analítica se desconecta debido al dolor físico, drogas u otros medios, y el banco reactivo está abierto a la recepción de un registro. Cuando ese registro tiene contenido verbal, se vuelve muy gravemente aberrativo. Cuando contiene antagonismo en un nivel emocional se vuelve muy destructivo. Cuando su contenido es intensamente prosupervivencia, con toda seguridad es capaz de trastornar completamente una vida.

El engrama, entre otras cosas, determina el destino. El engrama dice que un hombre tiene que fracasar para sobrevivir, y así, él maquina numerosas maneras de fracasar. El engrama ordena que solo puede experimentar placer entre los miembros de otra raza y así se va a vivir entre ellos y abandona la suya. Ordena que debe matar para vivir, y así mata. Y, mucho más sutilmente, el engrama se abre paso de incidente en incidente para causar la catástrofe que dicta.

Se rastreó un caso reciente que llegó a enormes extremos para romperse un brazo, pues con un brazo roto recibiría la compasión sin la cual el engrama decía que no podía vivir. La trama abarcaba tres años, y medio centenar de incidentes aparentemente inocentes que, al relacionarse, revelaron la historia.

La persona propensa a los accidentes es un caso en el que la mente reactiva ordena accidentes. Es una seria amenaza en cualquier sociedad porque sus accidentes son deliberados reactivamente e incluyen la destrucción de otras personas que son inocentes.

Los conductores con diversos accidentes en sus antecedentes son generalmente propensos a los accidentes. Tienen engramas que les ordenan tener accidentes. Cuando hayas recorrido un caso, uno solo, verás la concienzuda y maliciosa disposición que esta cosa idiota, la mente reactiva, puede tener respecto a estos asuntos. Los conductores que se han hecho Clear podrían tener accidentes solo por dos causas: (a) fallo mecánico y, más importante, (b) debido a personas propensas a los accidentes. El terrible e imponente número de muertes que se cobra nuestro transporte automotor es casi por completo atribuible a la conducción mediante la mente reactiva en vez de mediante respuestas aprendidas. La apatía de esta sociedad se mide por el hecho de que no actúa con rigurosidad para impedir *todos* los accidentes automotores; un solo parabrisas roto es demasiado. Ahora que hay una respuesta al alcance de la mano, pueden tomarse medidas.

El aberrado complica de mil maneras las vidas de los demás. Dianetics Preventiva permite seleccionar al aberrado que es propenso a los accidentes y excluirle de actividades que amenazarán a otros. Este es un aspecto general de la Dianetics Preventiva. El hecho de que a los aberrados aislados de este modo se les pueda llevar a Clear es otro tipo de problema.

El otro aspecto general de la Dianetics Preventiva, y el más importante, es la prevención de engramas y la modificación del contenido, tanto a escala social como individual. A escala social, se eliminarían las causas de la aberración en esa sociedad como si se estuvieran eliminando los engramas del individuo. De la misma forma, puede evitarse que se den las causas sociales en primer lugar.

En el individuo, la prevención de los engramas es un asunto muy fácil. Una vez que se conoce la fuente de la aberración y de la enfermedad, se puede impedir que esa fuente se introduzca en una vida. Si se sabe que la fuente ya se ha introducido, se puede prevenir el siguiente paso, el key-in. Por supuesto, la respuesta final a todo esto es la terapia con el fin de obtener un Clear, pero hay un aspecto de la fuente que queda sin respuesta.

Al niño no se le puede llevar a Clear sin peligro hasta que tenga al menos cinco años de edad, y la práctica actual sitúa esta cifra alrededor de los ocho años. Un mejor enfoque de este problema puede reducir esta cifra, pero no es posible reducirla a una época anterior al habla a menos que en el futuro alguien invente un catalizador que simplemente elimine la mente reactiva sin tratamiento adicional (lo cual no es tan descabellado como pueda sonar). Pero solo por el momento, y probablemente durante mucho tiempo, el niño permanecerá como problema para Dianetics.

La enfermedad infantil procede principalmente de los engramas. Es más probable que sea grave antes de que el niño empiece a hablar, y el número de muertes durante el primer año de vida, aunque la medicina puede reducirlo, es todavía un asunto serio.

Dianetics Preventiva aborda este problema en dos fases: primero, la prevención de engramas; y segundo, la prevención del key-in.

Considerando primero el key-in, hay dos cosas que se pueden hacer para impedirlo. Se puede proporcionar al niño una atmósfera tranquila y armoniosa que no sea reestimulativa o, si parece que el niño se reestimula pese al trato amable, se le puede retirar a otro entorno del que estén ausentes las dos fuentes más seguras de reestimulación, su padre y su madre, y en el que haya presente una fuente de afecto. La prueba de si un niño está reestimulado o no, antes de poder hablar o después de poder hablar, es muy sencilla. ¿Es él propenso a las enfermedades? ¿Come bien? ¿Está nervioso? Puede que el niño tenga algunas cosas físicas mal, por supuesto, pero esto lo puede determinar rápidamente un médico, y se encuentran en la categoría de trastorno físico.

Las peleas dentro del alcance auditivo de un niño, los ruidos fuertes, la conducta frenética, la compasión empalagosa cuando está enfermo o herido, son algunas de las cosas que constituyen el catálogo de key-ins. Estas *enferman* a un niño físicamente y lo aberran mentalmente, haciendo key-in de sus engramas; y ¡nadie puede saber cuántos tiene!

La fuente primaria de la prevención reside en el área, por extraño que parezca, de la consideración que se tiene por otra persona: su madre.

No es "amor biológico" lo que hace que la madre desempeñe un papel tan enorme en la vida de un ser humano. Es la simple verdad mecánica de que la madre es un denominador común de todos los prenatales del niño.

El engrama prenatal es mucho más grave que el postnatal. Cualquier engrama de estos que tenga una persona, contiene a su madre, o a su madre y otra persona, pero siempre a su madre. Por lo tanto, su voz, las cosas que ella dice, las cosas que hace, tienen un efecto amplio y enorme en la criatura nonata.

No es verdad que la emoción penetre en una criatura a través del cordón umbilical, como la gente siempre supone en cuanto oye algo sobre prenatales. La emoción viene en otro tipo de ondas (más eléctricas que físicas); qué tipo de onda, es problema de la estructura. Por lo tanto, quienquiera que se muestre emotivo en torno a una mujer embarazada está comunicando directamente esa emoción a la criatura. Y la emoción de la madre se dirige del mismo modo a su mente reactiva.

Que la criatura nonata sea "no analítica" no tiene nada que ver con que pueda sufrir engramas. El engrama prenatal es simplemente otro engrama. Solo cuando a la criatura se le golpea o se le hace daño realmente por alta presión sanguínea, por orgasmos o por otras fuentes de lesión, es cuando cae en la "inconsciencia". Cuando queda "inconsciente", recibe todos los percépticos y palabras que hay en el área de la madre en forma de engramas. El poder analítico no tiene nada que ver con los engramas. Que la criatura sea "no-analítica" no la predispone a los engramas. Que la criatura esté "inconsciente" o lastimada, sí lo hace. La presencia o ausencia del "poder analítico" no tiene nada que ver con que se reciban o no se reciban engramas.

Las náuseas matutinas, la tos, todo monólogo (la madre hablando consigo misma), los ruidos de la calle, los ruidos de la casa, etc., todo se le comunica a la criatura "inconsciente" cuando está lesionada; y a la criatura se le lesiona muy fácilmente. No está protegida por huesos formados y no tiene movilidad. Está ahí; cuando algo la golpea o la presiona, sus células y órganos se lesionan. Un experimento sencillo para demostrar cómo influye la movilidad en esto, es recostarse en la cama y poner la cabeza sobre una almohada. Luego, hacer que alguien te apoye una mano en la frente. Como no hay movilidad, la presión de la mano es mucho mayor de lo que sería si la mano se pusiera en la frente cuando uno estuviera de pie. El tejido y el agua que rodean a la criatura forman amortiguadores muy débiles. Cuando hay una lesión, el líquido amniótico, que es un medio que no se puede comprimir, lo oprime a él, puesto que el líquido no puede comprimirse. La criatura está en una situación en la que dista mucho de estar blindada. Incluso el acto de la madre de atarse los zapatos en las últimas fases del embarazo puede ser grave para la criatura. El esfuerzo de la madre al levantar objetos pesados es especialmente dañino. Y la colisión de la madre con objetos como los bordes de una mesa bien podría aplastar la cabeza de un bebé. Las posibilidades de reparación de una criatura nonata, como se menciona en alguna otra parte, son muy superiores a cualquier cosa que jamás se haya descubierto. A la criatura se le puede aplastar la cabeza, pero el plano genético sigue ahí, y los materiales de construcción y la reparación se pueden hacer. Así que, no es una cuestión de que la criatura "esté bien" solo porque pueda sobrevivir a casi cualquier cosa. La cuestión es si estas lesiones van a tener un alto valor aberrativo como engramas o no.

El intento de aborto es muy común; y extraordinariamente carente de éxito. La madre, cada vez que lastima a la criatura de un modo tan perverso, está realmente castigándose a sí misma. Las náuseas matutinas son totalmente engrámicas, hasta donde se puede descubrir, pues las mujeres Clear no las han experimentado hasta ahora durante sus embarazos. Y el acto de vomitar debido al embarazo es por contagio de la aberración. La enfermedad real generalmente ocurre solo cuando la madre ha estado interfiriendo con la criatura, ya sea mediante irrigadores vaginales, agujas para tejer o alguna cosa así. Esa interferencia hace que la madre se ponga enferma, y desde un punto de vista físico, es mucho más duro para la madre que para la criatura. Evidentemente, las náuseas matutinas entran en una sociedad debido a estas interferencias, como el intento de aborto y, por supuesto, la lesión.

Las células saben cuándo se produce el embarazo. La mente reactiva tiene conocimiento del hecho antes que el analizador por el proceso de la sensación orgánica, pues el sistema endocrino se altera. De ahí que el descubrimiento del embarazo por la madre tiene poco que ver con que estuviera o no enferma antes de descubrirlo.

Todo este campo ha estado sometido a una investigación considerable en Dianetics. Se debe investigar mucho más. Estas conclusiones son provisionales. Pero la conclusión de que el engrama se recibe y de que es tan violento como lo es su contenido, más que su auténtico dolor, es un hecho científico y de ningún modo una teoría. Es un descubrimiento tan real como la gravedad.

La primera consideración es impedir estos engramas. La segunda, es impedir que tengan contenido alguno. Las mujeres que llevan vidas rurales, haciendo trabajo pesado, están sujetas a toda clase de accidentes. Quizá esos accidentes no se puedan impedir, debido al fin que estas mujeres cumplen en la sociedad. Pero cuando se sabe que cualquier lesión de la madre puede crear un engrama en la criatura nonata, todos los que estén presentes durante una de estas lesiones, incluyendo a la madre, deben tener cuidado de mantener un completo y absoluto silencio. *Cualquier comentario es aberrativo* en un engrama. Incluso una afirmación como: "Podrás recordar esto cuando estés en terapia de Dianetics" dirigida a una criatura nonata, instala un engrama de tal modo que cada palabra de esta afirmación significa un dolor físico justo donde lo recibió en su momento; y en el futuro, "terapia de Dianetics" será reestimulativo para él.

El médico, apretando aquí y allá para averiguar si mamá está embarazada, puede decir: "Bueno, es difícil decirlo tan pronto". Años después, en la terapia de Dianetics, el paciente *retornará* a la proximidad de este incidente, solo para quedarse en blanco y no encontrar nada, hasta que el dianeticista suponga de pronto el contenido por la forma en que el paciente describe sus reacciones. Si el médico es muy duro y dice: "Más le vale cuidarse bien, Sra. Jones; ¡si no lo hace, se pondrá usted muy enferma!", la criatura, "inconsciente" a causa del examen, no importa lo ligero que sea este, tendrá una ligera hipocondría cuando el engrama haga key-in, y se preocupará mucho por su salud.

Si el marido usa lenguaje durante el coito, cada una de sus palabras va a ser engrámica. Si golpea a la madre, los golpes y todo lo que él diga y *ella* diga se volverá parte del engrama.

Si ella no quiere la criatura y él sí, más tarde el niño reaccionará hacia él como un aliado y quizá tenga un ataque de nervios cuando muera el padre. Si ella quiere la criatura y él no, la computación de aliado se invierte. Esto es verdad cuando hay una amenaza o intento de aborto, siempre y cuando la amenaza esté contenida en un engrama.

Si la madre se lesionara y el padre se mostrara muy solícito y preocupado, el engrama tendría esto como contenido y la criatura tendría un engrama de compasión. La forma de sobrevivir, entonces, consistiría en ser patético cuando uno se lesiona, e incluso en arreglárselas para lesionarse.

Una mujer embarazada debería recibir toda la consideración de una sociedad que se preocupara un mínimo por sus generaciones futuras. Si se cae, se le debe ayudar, pero en *silencio*. No se debe esperar que lleve cosas pesadas. Y no se le debe obligar a que acepte el coito. *Porque toda experiencia de coito es un engrama en la criatura durante el embarazo.*

Debe haber un asombroso número de embarazos que pasan desapercibidos. La violencia del coito, el uso de irrigadores vaginales y de gelatinas (usadas porque la mujer todavía está impidiendo la concepción y no sabe que ya está embarazada), los movimientos de los intestinos que ejercen un exceso de presión, las caídas y accidentes, deben de ser responsables de una gran cantidad de abortos espontáneos que se producen en algún momento durante el primer periodo después de la concepción, pues las formas de cigoto y embrión de la criatura se agarran muy débilmente a la existencia, y se lesionan de gravedad por cosas que la madre consideraría sin importancia. Una vez que se ha pasado la primera falta menstrual, las posibilidades de aborto disminuyen rápidamente, y solo cuando la criatura es una monstruosidad genética o cuando se intentan abortos, puede esperarse que haya un aborto espontáneo. Las monstruosidades representan un porcentaje tan reducido que son desdeñables como posibilidad.

La bolsa amniótica se puede perforar muchas veces y repetidamente, y toda su agua puede vaciarse después de la primera falta, y la criatura aún puede sobrevivir. Veinte o treinta intentos de aborto no son inusuales en el aberrado, y en cada intento podría haberse perforado el cuerpo o el cerebro de la criatura.

Antes de su nacimiento, la criatura no depende de los sentidos estándar para sus percepciones. Los engramas no son memorias sino registros en un nivel celular. Por lo tanto, la criatura no necesita tímpanos para grabar un engrama. Hay casos disponibles en los que cualquiera que fuera el mecanismo auditivo que tenía la criatura nonata, este debe haber sido temporalmente destruido por un intento de aborto. Y aún así, el engrama se registró. Las células reconstruyeron el aparato que había de ser la fuente del sonido para los bancos estándar, y almacenaron sus propios datos en el banco reactivo.

La liberación de estos engramas significa la restitución de una racionalidad para el individuo muy por encima de la norma actual y una estabilidad y bienestar mayores de los que el hombre jamás pensó que el hombre poseyera. Estos engramas se han confirmado tomándose los datos del niño, de la madre y del padre, y verificándose todos los datos. Así que estamos tratando aquí hechos científicos que, por sorprendentes que sean, no dejan de ser ciertos.

La madre, entonces, debe ser extremadamente delicada consigo misma durante el embarazo, y todos los que la rodean deben estar totalmente informados de la necesidad de guardar silencio después de cualquier sacudida o lesión. Y en vista del hecho de que no es posible saber cuándo una mujer ha quedado embarazada, y en vista también de la alta potencialidad de aberración en los engramas del cigoto y el embrión, es obvio que la sociedad tiene que mejorar el trato que le da a las mujeres, si se ha de preservar la salud futura de la criatura.

La mujer se ha llegado a considerar, hasta cierto punto, menos valiosa en esta sociedad que en otras sociedades y épocas. Se espera de ella que compita con los hombres. Eso es una tontería. Una mujer tiene un plano de actividad tan elevado como el hombre. Él no puede competir con ella más de lo que ella puede competir con él en las esferas de la constitución y de la actividad enérgica. Gran parte de la vorágine social que existe hoy en día tiene por eje el hecho de no reconocer el importante papel de la mujer como mujer y la separación de los campos de las mujeres y los hombres.

No es necesario insistir aquí en los cambios que se producirán en los próximos veinte años. Pero con los recientes descubrimientos en fotosíntesis, que deberían asegurar suficiente comida para alimentar al hombre mejor y a menos costo, disminuye la importancia del control de la natalidad. Las normas de moralidad ya han cambiado, pese a lo que hagan los moralistas por impedir el cambio. Y a la mujer, por lo tanto, se le puede liberar de muchas de sus indeseables cadenas.

Bajo la custodia del hombre está el mundo actual y su actividad y estructura. A cargo de la mujer está el cuidado de la persona física del ser humano y de sus hijos. Casi única custodia de la generación del mañana, tiene derecho a mucho más respeto del que se le otorgó en el periodo del pasado, en que se le consideró como una pertenencia.

Por tanto, no es un pensamiento descabellado y utópico el que se pueda situar a la mujer por encima del nivel que ha ocupado hasta ahora. Y ahí se le debe situar si la infancia de la generación del mañana ha de alcanzar un estándar elevado, si los hogares han de ser pacíficos y sin hostilidades y si la sociedad ha de avanzar.

La Dianetics Preventiva, en la esfera del hogar, debe poner énfasis en la mujer para proteger a la criatura.

Como primer paso, a una madre se le debe llevar a Clear, porque cualquier madre que intente el aborto está bloqueada en la Segunda Dinámica, y cualquier bloqueo amenaza su salud, al igual que su felicidad. Se ha encontrado que la aberración sexual va acompañada de aversión hacia los niños.

La Dianetics Preventiva, pues, en el nivel del individuo, requiere padres Clears y entonces precaución para no aberrar al niño, y más precaución para no hacer key-in de cualquier aberración que el niño pudiera haber recibido.

Hacer esto es muy fácil. Mantén silencio en presencia de cualquier lesión. Haz lo que tengas que hacer por el lesionado o el enfermo y hazlo en silencio. Mantén silencio en un nacimiento para salvaguardar tanto la cordura de la madre *como* la de la criatura, y para proteger el hogar al que irán. Y mantener silencio no significa una retahíla de "shss", porque eso produce tartamudos.

En un campo más amplio, mantener silencio en torno a una persona "inconsciente" o lesionada es de tal importancia que solo lo supera el evitar la "inconsciencia" en primer lugar.

No digas nada ni hagas ningún ruido en torno a una persona "inconsciente" o lesionada. Hablar, no importa lo que se diga, es amenazar su cordura. No digas nada mientras se está operando a una persona. No digas nada cuando hay un accidente en la calle. ¡No hables!

No digas nada en torno a un niño enfermo lesionado. Sonríe, muéstrate tranquilo, pero no digas nada. Las acciones no comunican más que las palabras, pero acciones es lo único que se puede realizar en torno a los enfermos y lesionados, a menos que uno tenga un fuerte deseo de llevarlos a la neurosis o a la demencia, o en el mejor de los casos producirles una enfermedad futura.

Y por encima de todo, no digas nada cerca de una mujer que haya sido golpeada o sacudida en modo alguno. Ayúdala. Si ella habla, no contestes. Simplemente ayúdala. No tienes ni idea de si está embarazada o no.

Y es un hecho extraordinario, un hecho científico, que los niños más sanos proceden de las madres más felices. El parto, por ejemplo, es un asunto muy leve para una madre Clear. Solo los engramas de nacimiento de la madre lo hacían difícil. Una madre que es Clear no necesita anestesia. Y eso está bien porque la anestesia produce una criatura aturdida y el engrama, cuando reacciona, le hace parecer un niño lerdo. Una mujer feliz tiene muy pocas dificultades. Y aun unos cuantos engramas, que llegan pese a todas las precauciones, no son nada si el tono general de la madre es feliz.

Mujer, tienes derecho, y una razón, para exigir un buen trato.

La TERAPIA

LIBRO TRES

La Protección *de la* Mente

LA MENTE ES un mecanismo que se autoprotege. Al no usar drogas, como en la narcosíntesis, el electrochoque, el hipnotismo o la cirugía, el auditor* no puede cometer ningún error que él mismo u otro auditor no pueda remediar. Las cosas en las que se hace hincapié, entonces, en este libro son las formas de llevar a cabo la terapia lo más rápidamente posible con el mínimo de errores; pues los errores consumen tiempo. Los auditores van a cometer errores; eso es inevitable. Si cometen el mismo error repetidas veces, lo mejor será que alguien los guíe *a ellos* a través de la terapia.

Probablemente hay miles de formas de meterse en problemas con la curación mental, pero todas estas formas pueden clasificarse en estos grupos:

1. El uso de choque o cirugía en el cerebro.
2. El uso de drogas fuertes.
3. El uso de la hipnosis como tal.
4. Tratar de cruzar Dianetics con otras formas más antiguas de terapia.

---

* El término *auditor* se usa en Dianetics para designar a cualquier persona diestra en la práctica de la terapia de Dianetics. *Auditar* es tanto escuchar como computar.

La mente no permitirá que se le sobrecargue seriamente mientras pueda conservar una consciencia parcial de sí misma; solamente se le puede sobrecargar cuando su consciencia se reduce hasta un punto en el que no puede evaluar nada: entonces puede trastornarse por completo. El *reverie* de Dianetics deja a un paciente plenamente consciente de todo lo que está teniendo lugar y con recuerdo pleno de todo lo que ha sucedido. Los tipos de terapia que no hacen esto son posibles y útiles, pero deben abordarse con el pleno conocimiento de que no son infalibles. Dianetics, entonces, usa el reverie para la mayor parte de su trabajo y, usando el reverie, no es posible que un auditor se meta en dificultades de las que no se pueda sacar a sí mismo y al paciente. Él está trabajando con un mecanismo casi infalible siempre y cuando la mente retenga cierta consciencia; una radio, un reloj o un motor eléctrico son mucho más susceptibles al daño en manos de un trabajador que la mente humana. La mente fue construida para ser lo más dura posible. Se encontrará que es difícil meterla en situaciones que la hagan estar incómoda, y es imposible, con el reverie, embrollarla lo suficiente como para causar neurosis o demencia.

En el manual de infantería de EE.UU. hay una línea sobre la decisión: "Cualquier plan, no importa lo mal concebido que esté, si se ejecuta con audacia es mejor que la inacción".

En Dianetics, cualquier caso, no importa lo grave que sea, no importa la poca destreza del auditor, es mejor abrirlo que dejarlo cerrado. Es mejor comenzar la terapia, aunque haya que interrumpirla después de dos horas de trabajo, que no comenzar la terapia en absoluto. Es mejor contactar con un engrama que dejar un engrama sin contactar, aun cuando el resultado sea incomodidad física para el paciente, pues, a partir de entonces, ese engrama no tendrá tanto poder, y la incomodidad remitirá gradualmente.

Esto es un hecho científico. El mecanismo que usa Dianetics es una capacidad del cerebro que el hombre en general no sabía que tenía. Es un proceso de pensamiento que cada uno posee de forma inherente y que evidentemente estaba para usarse en el proceso general de pensar, pero que, por algún extraño descuido, el hombre nunca ha descubierto antes.

Una vez que una persona se ha enterado de que posee esta nueva facultad concreta, es más capaz de pensar que antes. Y esta facultad la puede descubrir en diez minutos. Además, cuando uno aborda un engrama con esta facultad (que, una vez intensificada, es el reverie), algunas de las conexiones de nivel inferior de ese engrama se rompen y los factores aberrativos ya no tienen tanta fuerza, tanto en las esferas físicas como en las mentales. Además, el conocimiento de que hay una solución para los males mentales es un factor estabilizador.

Abordar un engrama con el reverie dista mucho de ser lo mismo que reestimular exteriormente el engrama, como sucede en la vida. El engrama es un tipo poderoso y maligno mientras permanezca intacto en su contenido. En su sitio y activo, se puede reestimular y causar innumerables males mentales y físicos. Pero abordarlo con el reverie es hacerlo por una nueva ruta, una que lo desarma. El poder del engrama es, en parte, el miedo a lo desconocido: saber da estabilidad de por sí.

No pienses que no incomodarás a los pacientes. Eso no es verdad. El trabajo del auditor, cuando toca los engramas que no se pueden disipar, puede causarle al paciente dolores de cabeza, diversas molestias y dolores e incluso enfermedades físicas leves, aun cuando el trabajo se haga cuidadosamente. Pero la vida le ha estado haciendo esto al paciente a una escala muchísimo mayor durante años y, no importa lo cruelmente que se haya maltratado al caso, no importa cuántas aberraciones salten a la vista para atormentar al paciente durante un día o dos, ninguno de estos trastornos es tan grave como los que puede ocasionar el entorno actuando sobre el engrama del que no se ha empezado a extraer su contenido.

El auditor puede hacerlo todo al revés, en completo desorden y totalmente mal, y aún así el paciente estará mejor, siempre y cuando no trate de emplear drogas, no use el hipnotismo y no trate de mezclar Dianetics con alguna terapia más antigua. Una vez que haya usado Dianetics no volverá a caer en esfuerzos místicos para sanar mentes. En resumen, lo que se expone aquí es que, mientras el auditor tome un caso relativamente sencillo al principio (para ver como funcionan los mecanismos de la mente) y utilice solo el reverie, no puede meterse en dificultades. Habrá quienes, sin duda, crean que tienen tanta experiencia en golpear el tam-tam o en agitar calabazas que no le darán a Dianetics una oportunidad de funcionar como Dianetics, sino que se lanzarán vigorosamente y empezarán a atormentar al paciente con "la envidia del pene" o haciéndole arrepentirse de sus pecados. Pero el paciente que empiece a recibir esto será inteligente si cambia su posición del diván a la silla del auditor y limpia algunas de las aberraciones del auditor antes de que este continúe el trabajo.

Cualquiera que haya leído este libro completamente una vez y haya conseguido un paciente con recuerdo sónico para hacer un intento, sabrá más sobre la mente, a partir de esas acciones, de lo que haya sabido jamás. Y será más diestro y capaz para tratar la mente que cualquiera que intentara hacerlo hace muy poco tiempo, independientemente de su reputación. Esto no significa que aquellos que hayan tenido experiencia con pacientes mentales no tendrán, conociendo Dianetics (*sabiendo Dianetics*), ventaja sobre aquellos que no se dan cuenta de algunas de las debilidades en que puede incurrir el hombre en un estado aberrado. Por otra parte, tampoco significa que algún ingeniero, abogado o cocinero con algunos casos de Dianetics en su haber no será más diestro que todos los demás facultativos de cualquier formación o clase. En este caso, el cielo no es límite alguno.

No podríamos decir a la ligera que un hipnotizador capaz o un psicólogo capaz, preparado y dispuesto a desechar y olvidar los errores de ayer, no esté mejor preparado para practicar Dianetics. En el campo de la medicina psicosomática, el doctor en medicina, con una gran cantidad de experiencia en la curación, podría muy bien estar muy por encima de otros auditores en el trabajo de Dianetics. Pero este no es necesariamente el caso, pues en la investigación se ha demostrado que los hombres y las mujeres con las formaciones profesionales más dispares se han convertido de repente en auditores superiores en destreza a aquellos de campos que podrías sospechar que están más estrechamente relacionados. Los ingenieros, en especial, son un excelente material y constituyen magníficos auditores. Una vez más, Dianetics no se publica para una profesión, pues ninguna profesión podría abarcarla.

Es insuficientemente complicada como para justificar años de estudio en alguna universidad. Pertenece al hombre, y es dudoso que alguien pudiera monopolizarla, pues no entra en ninguna clase de legislación en ninguna parte. Y si Dianetics fuera legislada como una profesión con título, entonces uno se teme que el escuchar historias y bromas y experiencias personales también tendría que legislarse como una profesión. Tales leyes pondrían entre alambre de espinos a todos los hombres de buena voluntad que prestan un oído compasivo a los problemas de un amigo. Dianetics *no* es psiquiatría. *No* es psicoanálisis. *No* es psicología. *No* es relaciones personales. *No* es hipnotismo. Es una ciencia de la mente, y necesita tanta autorización y regulación como la aplicación de la ciencia de la física. Esas cosas para las que se establece una legislación son un asunto legal porque de algún modo pueden perjudicar a los individuos o a la sociedad. Existe legislación para el psicoanálisis en unos tres estados de la Unión, legislación en contra o acerca de la psiquiatría existe en todas partes. Si un auditor desea convertirse en psiquiatra con el poder de practicar la vivisección en cerebros humanos, si desea convertirse en médico y administrar drogas y medicinas, si quiere practicar hipnotismo y verter sugestiones en un paciente, entonces debe resolver el asunto con la psiquiatría, la medicina y las leyes locales sobre el hipnotismo, pues se ha introducido en otros campos que no son Dianetics. En Dianetics, el hipnotismo no se usa, no se operan cerebros y no se administran drogas. Dianetics no está en modo alguno cubierta por la legislación en ninguna parte, pues ninguna ley puede impedir que un hombre se siente y le cuente a otro sus problemas. Y si alguien quiere un monopolio sobre Dianetics, estate seguro de que lo quiere por razones que no tienen que ver con Dianetics, sino con sacar provecho. No hay suficientes psiquiatras en el país para comenzar a llenar de personal los hospitales mentales. Sin duda, esta generación, especialmente con todo el trabajo iatrogénico* que se ha hecho, continuará necesitando esos hospitales y necesitará psiquiatras: su campo es el tratamiento del demente, por

---

* *Iatrogénico* significa enfermedad causada por los médicos. Una operación durante la que el escalpelo del médico se resbalara accidentalmente y dañara al paciente podría causar una enfermedad o daño iatrogénico, puesto que la culpa habría sido del cirujano.

definición, y eso no tiene nada que ver contigo ni conmigo. Dianetics, con respecto a la psicología, encaja sin molestar en nada en lo concerniente al personal, la investigación o los puestos de enseñanza, pues la psicología es simplemente el estudio de la psique, y ahora que existe una ciencia de la psique, puede seguir adelante con determinación. Por lo tanto, Dianetics no es enemiga de nadie, y Dianetics cae completamente fuera de las legislaciones existentes, ninguna de las cuales dispuso nada para una ciencia de la mente. ✴

El LIBERADO *o el* CLEAR

EL OBJETO de la terapia de Dianetics es producir un *Liberado* o un *Clear*.

Un *Liberado* (sustantivo) es un individuo del cual se ha eliminado tensión de importancia y angustia mediante la terapia de Dianetics.

Un *Clear* (sustantivo) es un individuo que, como resultado de la terapia de Dianetics, no tiene enfermedades psicosomáticas activas ni potenciales ni aberración.

Llevar a *Clear* es liberar todo el dolor físico y la emoción dolorosa que hay en la vida de un individuo o, como en el caso de Dianetics Política, en una sociedad. El resultado de esto producirá persistencia en las cuatro dinámicas, una capacidad analítica óptima para el individuo y, junto con ello, un recuerdo completo. El Clear tiene a su disposición la experiencia de toda su vida y tiene toda su capacidad mental e imaginación inherentes libres para su uso. Su vitalidad física y su salud han mejorado notablemente, y todas las enfermedades psicosomáticas han desaparecido y no volverán. Tiene mayor resistencia a la enfermedad real. Se puede adaptar a su entorno y es capaz de cambiarlo. No está "ajustado"; es dinámico. Sus estándares de ética y moral son elevados, su capacidad para buscar y experimentar placer es grande. Su personalidad está reforzada y es creativo y constructivo. Todavía no se sabe qué duración se añade a la vida en el proceso del clearing, pero a la vista del reajuste automático del sistema endocrino, de la disminución en la frecuencia de accidentes y de la mejoría del tono físico general, con toda seguridad se ve aumentada.

Un Liberado es un individuo al que se ha liberado de las dificultades mentales y físicas actuales o crónicas y la emoción dolorosa. La valía de un Liberado, cuando se le compara con un Clear, quizá no se considere muy alta al principio. Pero cuando uno comprende que un Liberado generalmente excede en estabilidad mental a la norma* contemporánea, se puede ver que la condición no carece de gran valor.

Como estándar de comparación, un Clear es a la norma contemporánea, como lo que la norma contemporánea es a un caso de manicomio contemporáneo. El margen es amplio y sería difícil exagerarlo. Un Clear, por ejemplo, tiene recuerdo completo de todo lo que le ha sucedido alguna vez o de cualquier cosa que haya estudiado alguna vez. Hace computaciones mentales como las del ajedrez, por ejemplo, que alguien normal haría en media hora, en diez o quince segundos. No piensa "vocalmente" sino espontáneamente. No hay circuitos demonios en su mente excepto aquellos que le divirtiera instalar (y destruir de nuevo) para ocuparse de diversos aspectos del vivir. Es absolutamente autodeterminado. Y su imaginación creativa es alta. Puede hacer un estudio rápido de cualquier cosa dentro de su capacidad intelectual, que es inherente, y el estudio sería para él el equivalente a un año o dos de formación cuando era "normal". Su vigor, persistencia y tenacidad ante la vida son mucho más elevados de lo que nadie haya creído posible.

La objeción de que es peligroso crear demasiados Clears en una sociedad es irreflexiva. El Clear es racional. Los actos que perjudican a una sociedad son irracionales. Que un puñado de Clears probablemente podrían manejar a cualquier número de "normales" es razonable, pero que el Clear los manejaría para detrimento de ellos es irrazonable. Cuantos más Clears tuviera una sociedad, más probabilidades tendría esa sociedad de prosperar. Que un Clear no es ambicioso no se ha demostrado por observación científica, pues la curva de ambición descendente sigue la

---

* "Norma" es un término de psicología que denota el individuo normal, es decir, una persona media. El coeficiente intelectual y el comportamiento de alguien que pertenece a la "norma" sería la media de la población actual. No hay nada deseable en pertenecer a la "norma", ya que la persona está gravemente aberrada.

curva de reducción de la racionalidad; y aquellos a los que se ha llevado a Clear han demostrado esto reactivando todas sus destrezas hacia las metas que una vez habían deseado, pero que habían comenzado a considerar inalcanzables cuando pertenecían a la "norma". Que un Clear esté en cierta medida separado de la "norma" es atribuible a la diferencia que hay entre sus respectivas capacidades mentales, pues llega a soluciones y conclusiones antes que aquel que pertenece a la "norma" haya comenzado a formarse una idea de lo que debía resolver. Esto no hace que un Clear sea intolerable para el "normal", ya que el Clear carece totalmente de esa actitud de superioridad que es, en realidad, producto de los engramas. Esto es un vistazo rápido al estado de ser Clear. Pero el estado no se puede describir; se tiene que experimentar para poder apreciarse.

Un Liberado es algo variable en términos de cantidad. Cualquier individuo que esté bastante avanzado en el camino hacia Clear es un Liberado. No hay comparación entre un Clear y cualquier cosa que el hombre haya creído obtenible anteriormente, y no hay comparación entre el clearing y cualquier terapia que se haya practicado hasta ahora. Solo en el caso del Liberado hay una base de comparación entre Dianetics y algunas terapias pasadas, como el "psicoanálisis" y cualquier otra. Se puede hacer un Liberado en pocas semanas. La condición resultante será, por lo menos, equivalente a la que se obtiene después de dos años de psicoanálisis, con la diferencia de que el Liberado tiene una garantía de resultados permanentes, mientras que el psicoanálisis no ha dado jamás ninguna garantía de éxito. Un Liberado no recae en ninguna pauta de la que se le haya aliviado.

Estas son las dos metas del auditor de Dianetics: el *Clear* y el *Liberado*. Al escribir la presente obra no se conoce el tiempo medio que se necesita para subir al demente de manicomio al nivel de neurótico: se ha hecho en dos horas, se ha hecho en diez, y en algunos casos se han necesitado doscientas*.

---

* El presente libro está dirigido al tratamiento de la persona normal o del paciente neurótico no lo suficientemente violento como para ser internado. Sin embargo, con inteligencia e imaginación, estas mismas técnicas pueden aplicarse con éxito a cualquier estado mental o enfermedad física. La Dianetics para dementes es principalmente la reducción de una demencia a una neurosis: las técnicas son similares a las que se describen aquí, pero más inclinadas hacia medidas heroicas.

El auditor de Dianetics debería determinar de antemano y en cada caso si desea intentar hacer un Liberado o un Clear. Puede lograr cualquiera de los dos con cualquiera que no sea un demente orgánico (partes del cerebro que faltan o están cauterizadas, que producen demencia, principalmente genética o iatrogénica, y que son relativamente raras, excepto en los manicomios). Pero debe hacer una estimación de la cantidad de tiempo que puede invertir en cada una de las personas, y regular su intención en consecuencia, comunicándosela a su paciente. Las dos metas son ligeramente diferentes. En un *Liberado*, no se intenta entrar en fases del caso que conducirán, o pueden conducir, a la necesidad de un trabajo prolongado, y se presta atención a la localización y alivio de carga emocional. En un *Clear*, el auditor presta su atención a la localización del engrama *básico-básico*, a la descarga de la emoción y a todo el banco de engramas.

Hay una tercera meta que podría considerarse como un subtítulo para el Liberado. Esta es una *ayuda*. Se hace después de una lesión o de una enfermedad que sigue a la lesión, o en una enfermedad recién experimentada, con el fin de contribuir a una recuperación más rápida: para *ayudar* al cuerpo en su rehabilitación después de una lesión o enfermedad. Esto es terapia especializada, que probablemente se practique con bastante frecuencia, pero que es de beneficio primario para el médico, quien con ella puede salvar vidas y acelerar la curación liberando el engrama de esa enfermedad o lesión concretas, eliminando así las diversas concepciones engrámicas que el fomento del daño reestimula. Cualquier auditor de Dianetics puede practicar esto. La ayuda tiene más o menos el mismo nivel de utilidad que un milagro de curación por la fe que funcionara cada vez.

Las estimaciones de la cantidad de tiempo que el caso llevará son difíciles de obtener con una seguridad mayor del 50 por ciento, y el paciente debe comprender que el tiempo es variable en la terapia. Hasta cierto punto depende de la destreza del auditor, de la cantidad de engramas insospechados que nunca han sido reactivados hasta ahora y de la cantidad de reestimulación a la que esté sujeto el paciente durante la terapia. Por lo tanto, el auditor no debería ser optimista en la estimación del tiempo, sino que debería hacer comprender a su paciente que la terapia puede requerir un tiempo mayor o menor.

Cualquier persona que sea inteligente y posea una persistencia promedio y que esté dispuesta a leer este libro a fondo, debería ser capaz de convertirse en un auditor de Dianetics. Cuando haya llevado a Clear a dos o tres casos, habrá aprendido mucho más y habrá comprendido mucho más de lo que contiene este libro. Pues no hay nada que desarrolle una comprensión de una máquina como manejarla en acción. Este es el libro de instrucciones; la máquina en cuestión está disponible dondequiera que haya hombres. Contrariamente a la superstición acerca de la mente, es casi imposible dañar permanentemente el mecanismo. Se puede hacer con un electrochoque o con un escalpelo o un picahielos, pero es casi imposible hacerlo con la terapia de Dianetics. 🗝

El Papel *del* Auditor

El PROPÓSITO DE LA TERAPIA y su único objetivo es la eliminación del contenido del banco reactivo de engramas. En un Liberado, la mayor parte de la tensión emocional se borra de este banco. En un Clear se elimina todo el contenido*.

La aplicación de una ciencia es un arte. Eso es verdad para cualquier ciencia. La eficacia de su aplicación depende de la comprensión, destreza y capacidad de quien la aplique. El químico tiene la ciencia de la química y, sin embargo, la profesión de ser químico es un arte. El ingeniero puede estar respaldado por la precisión de todas las ciencias físicas y, sin embargo, la práctica de la ingeniería es un arte.

Después de comprender los axiomas básicos de una ciencia se pueden formular ciertas reglas de procedimiento. Además de esas reglas de procedimiento, están la comprensión, la destreza y la capacidad necesarias para la aplicación.

---

* En realidad, el contenido del banco de engramas se *desplaza* en lugar de *eliminarse*, pues se rearchiva bajo la categoría de *experiencias* en los bancos estándar. Sin embargo, el material parece desaparecer en la terapia, debido a que la terapia está dirigida al banco de engramas, no a los bancos estándar.

Dianetics es extremadamente sencilla. Esto no significa que algunos casos no puedan ser extremadamente complicados. Para abarcar en este libro un caso para cada tipo de caso, se requerirían dos mil millones de casos, y eso abarcaría solo la población actual, pues cada hombre es diferente con mucho de cualquier otro hombre. Su personalidad inherente es diferente. El conjunto de sus experiencias es diferente. Y sus dinámicas tienen potencias diferentes. La única constante es el mecanismo del banco reactivo de engramas, y ese es el único que no varía. El contenido de ese banco es distinto de un individuo a otro, tanto en cantidad como en intensidad, pero el mecanismo de funcionamiento del banco y, por tanto, los mecanismos básicos de Dianetics, son constantes de un individuo a otro; y lo fueron en toda época y lo serán en toda época futura hasta que el hombre evolucione formando otro organismo.

El blanco es el engrama. Este es también el blanco de la mente analítica del paciente y de sus dinámicas, mientras trata de vivir su vida. Es el blanco de la mente analítica del auditor y de sus dinámicas. Acotado y acribillado con salvas de este modo, entrega su reserva de engramas.

Esto debería ser sumamente obvio para cualquier auditor: en cuanto se relaja y abandona la posición de auditor y olvida el blanco, cosecha dificultades que consumirán su tiempo. En cuanto comete el error de pensar que la *persona*, la *mente analítica* o las *dinámicas* del paciente están oponiendo resistencia, tratando de detener la terapia o rindiéndose, el auditor ha cometido el error fundamental y primario en la práctica de Dianetics. Casi todo lo que sale mal tiene su origen en este error. No puede decirse con suficiente énfasis que la mente analítica y las dinámicas del paciente nunca, nunca, nunca se resisten al auditor. El auditor no está ahí para recibir oposición. La única oposición que le interesa es la de los engramas del paciente (y a veces la de los suyos propios).

El auditor no está ahí como guía o consejero del paciente. No está ahí para que los engramas del paciente lo intimiden, ni para asustarse por el aspecto de estos. Está ahí para auditar y solo para auditar. Si siente que es necesario que sea arrogante con el paciente, entonces más le valdría tomar el lugar de este, pues está empezando a mostrar un caso de autoritarismo. Se emplea la palabra auditor, no "operador" o "terapeuta", porque se trata de un esfuerzo de cooperación entre el auditor y el paciente, y la ley de la afinidad está en funcionamiento.

El paciente no puede ver sus propias aberraciones. Esa es una de las razones por las que el auditor está ahí. El paciente necesita que se le aliente para enfrentarse a las incógnitas de su vida. Esa es otra razón por la que el auditor está ahí. El paciente no se atrevería a dirigirse al mundo que tiene dentro y dar la espalda al mundo que está fuera de él, a menos que tuviera un centinela. Esa es otra de las razones por las que el auditor está ahí.

La tarea del auditor es la de salvaguardar a la persona del paciente durante la terapia, computar las razones de por qué la mente del paciente no puede llegar al banco de engramas, reforzar el temple del paciente y *obtener esos engramas.*

En este momento hay un caso de afinidad en tres direcciones en funcionamiento. Yo estoy en afinidad con el auditor: le digo todo lo que se ha descubierto y existe en la práctica de Dianetics y deseo que tenga éxito. El auditor está en afinidad con el paciente; desea que este ataque los engramas. El paciente está en afinidad con el auditor porque, con un mínimo de trabajo, ese paciente va a mejorar y con la persistencia que le presta el auditor, más la suya propia, llegará a ser un Liberado o un Clear. Aún hay más afinidades en funcionamiento, una vasta red de ellas. Este es un esfuerzo cooperativo.

El banco de engramas es el blanco, no el paciente. Si el paciente maldice, gime, llora y suplica, eso son engramas hablando. Después de un rato, los engramas que le hacen maldecir, gemir, llorar y suplicar se descargarán y se rearchivarán. En cualquier estado, el paciente sabe perfectamente bien que la acción llevada a cabo es necesaria. Si el auditor está tan escaso de racionalidad que confunde esta maldición o gemido con algo dirigido a él personalmente, más vale que intercambie posiciones con el preclear y se someta a terapia.

¡Lo único que se opone es el engrama! Cuando se le está reestimulando, este incide contra el analizador del paciente, tiende a reducir el poder analítico, y el paciente exhibe una dramatización modificada.

Ningún auditor con dos células cerebrales en conexión correrá el menor riesgo de su persona a manos del *preliberado* o *preclear**. Si el auditor quiere usar hipnotismo y trata de recorrer engramas físicamente dolorosos recientes, como operaciones, cuando hay engramas antiguos disponibles, puede encontrarse siendo el blanco. Pero entonces ha hecho algo muy mal. Si el auditor de repente se vuelve supermoral y sermonea al paciente, puede enredarse. Pero de nuevo ha hecho algo muy mal. Si el auditor gruñe y regaña al paciente, puede convertirse en el blanco. Pero una vez más se ha cometido un error fundamental.

El blanco es el banco de engramas. El trabajo del auditor es atacar al banco de engramas del preclear. El trabajo del preclear es atacar a ese banco. Atacar al preclear es permitir que su banco de engramas ataque al preclear.

Sabemos que hay cinco formas de manejar un engrama. Cuatro de ellas son erróneas. Sucumbir ante un engrama es apatía, ignorar uno es descuido, pero evitar uno o huir de él es cobardía. *Atacar*, y solo *atacar*, resuelve el problema. El deber del auditor es asegurarse muy bien de que el preclear continúa atacando a los engramas, no al auditor ni al mundo exterior. Si el auditor ataca al preclear, eso es tener una puntería muy mala y una lógica muy deficiente.

La mejor forma de atacar al banco de engramas es ante todo descargar su carga emocional dondequiera que esta se pueda contactar. Tras eso, el mejor ataque es averiguar lo que el preclear, en reverie, piensa que le sucedería si sanara, mejorara, averiguara, etc. Y luego, lo más y siempre más importante, de cualquier forma posible, es entrar en contacto con el momento primario de dolor o de inconsciencia en la vida del paciente. Este es el *básico-básico*. Una vez que el auditor tenga el básico-básico, el caso se resolverá rápidamente. Si la mente reactiva del preclear está suprimiendo al básico-básico, entonces el auditor debe descargar más emoción reactiva, descubrir la computación que está ahora en vigor, e

---

* Los términos *preliberado* y *preclear* se emplean para designar a un individuo que ha entrado en la terapia de Dianetics y se está sometiendo a ella. El término *preclear* se usa más comúnmente. La palabra *paciente* es menos descriptiva porque implica enfermedad, pero se usa de forma intercambiable.

intentarlo de nuevo. Al final obtendrá el básico-básico. Eso es importante. Y eso es todo lo que es importante en un preclear.

En el preliberado (paciente trabajando solo para llegar a Liberado), la tarea es descargar la emoción y cuantos más engramas antiguos que se presenten fácilmente. La reducción de candados puede incluirse en el preliberado, pero en un preclear solo deben tocarse candados cuando estos conducen al básico-básico.

Hay tres niveles de curación. El primero es hacer el trabajo eficazmente. Por debajo de eso está el hacer que el paciente esté cómodo. Por debajo de eso está la compasión. En resumen, si no puedes hacer nada por un hombre con una espalda rota, puedes hacerle sentirse cómodo. Y si ni siquiera puedes conseguir que se sienta cómodo, puedes compadecerte de él.

El segundo y tercero de los niveles citados no tienen justificación alguna en Dianetics. El trabajo puede hacerse con eficiencia. Hacer que el paciente esté cómodo es una pérdida de tiempo. Ofrecerle compasión puede enredar todo el caso, porque sus peores engramas serán engramas de compasión, y la compasión puede reestimularlos indebidamente. El auditor que se permite "consolar", no importa lo indicado que parezca, está perdiendo el tiempo y haciendo que el caso vaya más lento. La rudeza indebida no es lo indicado. Una actitud amable, alegre y optimista se hará cargo de todo. A veces, un preclear necesita una amplia sonrisa. Pero ya ha recibido más "consuelo" del que el analizador ha sido capaz de computar. *Su enfermedad psicosomática crónica contiene compasión en su engrama.*

Lo siguiente que el auditor debería saber y vivir es el Código del Auditor*. Esto puede sonar a algo así como: *Cuando la Caballería Estaba en Flor,* o bien *Trece Rituales para Alcanzar la Bienaventuranza Celestial y el Nirvana,* pero a menos que el auditor lo emplee en sus pacientes,

---

* Es interesante que el Código del Auditor describe, salvo por su última cláusula, la *pauta de conducta de supervivencia* del hombre. El Clear opera más o menos de forma automática según este código. Dianetics es paralela al pensamiento, ya que sigue las leyes naturales del pensamiento. Lo que funciona en Dianetics funciona también en la vida.

el auditor va a sudar tinta. Este código no está hecho para la comodidad del preclear; es exclusivamente para la protección del auditor.

El Código del Auditor no debe violarse *jamás*. La práctica en Dianetics ha demostrado que la violación del Código del Auditor por sí sola puede interrumpir el avance de los casos.

El auditor debe ser *cortés* en el trato con todos los preclears.

El auditor debe ser *amable*, no permitiéndose ninguna crueldad hacia los preclears, ni rindiéndose a ningún deseo de castigar.

El auditor debe estar *callado* durante la terapia, no siendo dado a hablar más de lo que es absolutamente esencial en Dianetics durante una sesión real.

El auditor debe ser *digno de confianza*, manteniendo su palabra cuando la haya dado, cumpliendo los horarios de sus citas y sus compromisos de trabajo, y no contrayendo ningún tipo de compromiso si tiene la más mínima razón para creer que quizá no lo pueda cumplir.

El auditor debe ser *valiente*, nunca cediendo terreno o violando los fundamentos de la terapia porque un preclear piense que debiera hacerlo.

El auditor debe ser *paciente* en su trabajo, nunca inquietándose o molestándose a causa del preclear, sin importar lo que haga o diga el preclear.

El auditor debe ser *concienzudo*, no permitiendo jamás que se influya en su plan de trabajo o que se eluda una carga.

El auditor debe ser *persistente*, no desistiendo jamás hasta haber logrado resultados.

El auditor debe ser *reservado*, jamás debe darle al paciente información alguna sobre su caso, incluyendo evaluaciones de datos o estimaciones adicionales de tiempo en la terapia.

Se presentan diversas condiciones cuando se viola cualquiera de los puntos citados arriba. Todas las violaciones hacen que la terapia vaya más despacio y le dan más trabajo al auditor. Todas las violaciones redundan en detrimento del auditor.

Por ejemplo, en el último punto, de ningún modo es parte del trabajo del auditor informar al preclear sobre nada. En cuanto empieza a hacerlo, el preclear conecta rápidamente al auditor al circuito como la fuente de información y evita así los engramas.

El auditor verá en acción las más violentas y perturbadoras emociones humanas. Puede conmoverse hasta mostrar compasión. Pero si lo hace, ha pasado algo por alto y ha entorpecido la terapia: siempre que aparece una emoción, es una emoción que pronto será historia. No importa cuánto se retuerza un preclear, por mucho que se mueva o se retuerza, el auditor debe mantener firmemente en su mente que cada gemido o retorcimiento es un paso más hacia la meta. Pues, ¿por qué asustarse o despilfarrar compasión por algo que, cuando se haya relatado unas pocas veces, dejará más feliz al preclear?

Si el auditor se asusta cuando el preclear empieza a temblar, y recurre a ese error de errores ("¡Vuelve a tiempo presente!") puede estar seguro de que el preclear tendrá un par de días malos y de que la próxima vez que el auditor quiera entrar en ese engrama, estará bloqueado.

Si el auditor adopta la actitud de poder estar "sentado y silbando mientras Roma arde" ante él y aún estar dispuesto a reírse de ello, entonces hará un trabajo óptimo. Las cosas a las que mira, no importa lo que parezcan, no importa cómo suenen, son ganancias firmes. Es el paciente tranquilo y disciplinado el que está teniendo pocas ganancias. Esto no significa que el auditor no intente conseguir más que violencia, pero sí significa que cuando la consigue puede sentirse feliz y satisfecho de que un engrama más haya perdido su carga.

La tarea de auditar es más bien la tarea de un pastor conduciendo a las ovejitas, los engramas, hacia el matadero para la matanza. El preclear no está bajo las órdenes del auditor. Pero el preclear, si el caso va bien, hará con estos engramas lo que quiera el auditor, porque *la mente analítica y las dinámicas del preclear quieren que se lleve a cabo ese trabajo. La mente sabe cómo funciona la mente.*

DIAGNOSIS

UNA DE LAS CONTRIBUCIONES más importantes de Dianetics es la resolución del problema de la diagnosis en el campo de la aberración. Hasta ahora, ha habido clasificaciones casi ilimitadas. Además, no ha habido un estándar óptimo. A medida que uno investiga en el campo de los textos psiquiátricos, encuentra un gran desacuerdo en la clasificación y una queja continua de que la clasificación es muy compleja y carente de utilidad. Sin una meta óptima de conducta o estado mental, y sin conocimiento de la causa de la aberración, solo fueron posibles los catálogos de descripciones, y estos eran tan complicados y contradictorios que resultaba casi imposible asignar con precisión a un psicótico o a un neurótico cualquier clasificación que condujera a la comprensión de su caso. La mayor incapacidad de este sistema de clasificación era que la clasificación no conducía a la curación porque no había un tratamiento estándar ni un estado óptimo que indicara cuándo se acababa el tratamiento. Y como no había curación para la aberración ni para las enfermedades psicosomáticas, no podía haber clasificación que indicara la dirección que se debía seguir o lo que podría esperarse invariablemente de un caso.

Esto, por supuesto, no es una crítica de los esfuerzos pasados, sino que es una fuente de alivio saber que la clasificación de la aberración según un enfoque tan complejo como el que se ha usado es innecesaria y que la catalogación de los males psicosomáticos, aunque necesaria para el médico, carece de importancia para el auditor. En la evolución de la ciencia de Dianetics hubo varias fases de clasificación hasta que finalmente se hizo patente que la etiqueta para una condición patológica debería ser solo lo que el auditor tenía que superar para lograr la curación. Este sistema, tal y como ha evolucionado con la práctica, hace posible que el auditor "diagnostique" sin mayor conocimiento que el contenido en este capítulo y su propia experiencia futura.

El número de aberraciones posibles es el número de combinaciones posibles de palabras en un idioma, según estén contenidas en los engramas. En otras palabras, si un psicótico piensa que es Dios, tiene un engrama que le dice que es Dios. Si está preocupado por tener veneno en su guiso de carne, tiene un engrama que le dice que puede tener veneno en su guiso de carne. Si está seguro de que le pueden despedir de su trabajo en cualquier momento, aun cuando sea competente y se le tenga en buena estima, tiene un engrama que le dice que están a punto de despedirle. Si piensa que es feo, tiene un engrama acerca de ser feo. Si le tiene miedo a las serpientes o a los gatos, tiene engramas que le dicen que le tenga miedo a las serpientes y a los gatos. Si está seguro de que tiene que comprar todo lo que ve, a pesar de sus ingresos, tiene un engrama que le dice que compre todo lo que vea. Y en vista del hecho de que cualquiera que no se haya llevado hasta Liberado o Clear tiene más de doscientos o trescientos engramas, y que estos engramas contienen un surtido de lenguaje realmente extraordinario, y puesto que puede elegir una de las cinco maneras de manejar cualquiera de estos engramas, el problema de la aberración carece de importancia *para el auditor*, excepto cuando hace más lenta la terapia.

La mayoría de la gente aberrada habla en gran medida a partir de sus engramas. Cualquiera que sea la palabrería crónica del individuo (su pauta de ira, su pauta de apatía, su actitud general hacia la vida) esta palabrería está contenida en engramas siempre que se aleje, incluso en el grado más mínimo, de la completa racionalidad. El hombre que "no puede estar seguro", que "no sabe" y que es escéptico acerca de todo, está hablando a partir de engramas. El hombre que está seguro de que "no puede ser cierto", de que "no es posible", de que "se debe avisar a la Autoridad", está hablando a partir de engramas. La mujer que está convencida de que necesita divorciarse, o de que su marido la va a asesinar cualquier noche, está hablando a partir de sus engramas o de los de él. Al hombre que entra y dice que tiene un fuerte dolor de estómago, que es "como si me estuvieran atravesando con un alambre de cobre del 12", es posible que de hecho fuera atravesado con un alambre de cobre del 12 en un intento de aborto, o puede que se hablara de algo así mientras sufría algún dolor. El individuo que dice que *eso* "se tiene que extirpar de raíz" está hablando directamente a partir de un engrama, ya sea por alguna operación que recibió él mismo o que le hicieron a su madre o por un intento de aborto. El hombre que "tiene que deshacerse de eso", posiblemente esté hablando otra vez a partir de un engrama de intento de aborto. El individuo que "no puede deshacerse de eso", puede estar hablando desde la misma fuente, pero desde otra valencia. La gente, en resumen, especialmente cuando está hablando de Dianetics y engramas, sale con charla engrámica en torrentes continuos. Normalmente, no son conscientes de que las cosas que dicen son dramatizaciones menores de sus engramas, y suponen que ellos mismos han llegado a esas conclusiones o bien que piensan esas cosas. La suposición y la explicación son solo pensamiento justificado: el analizador ejecuta su deber de garantizar que el organismo tenga razón, sin importar lo estúpidamente que esté actuando.

El auditor puede estar seguro, especialmente cuando esté hablando de Dianetics, de que va a escuchar un montón de contenido engrámico, porque el discurso de la mente reactiva generalmente tiene lugar en lenguaje que ella misma contiene.

Recuerda que la mente reactiva solo puede pensar según esta ecuación: $A=A=A$, en la que las tres "Aes" pueden significar un caballo, una palabrota y el verbo "escupir". Escupir es lo mismo que caballos, y es lo mismo que Dios. La mente reactiva es un Simón Simplón muy entusiasta, pisando con mucho cuidado cada pastel. Así, cuando se le dice a un hombre que tiene que borrar el contenido del banco reactivo, puede que diga que está seguro de que si lo hiciera perdería toda su ambición. Puedes estar seguro (y qué fácilmente se comprueba esto en la terapia, y cómo se sonrojan algunos preclears) de que tiene un engrama que puede ir así:

(Golpe o sacudida, prenatal).

PADRE: Maldita sea, Inés, tienes que deshacerte de ese maldito bebé. Si no lo haces nos vamos a morir de hambre. No me lo puedo permitir.

MADRE: Ay, no, no, no. No puedo deshacerme de él. ¡No puedo, no puedo, no puedo! De verdad. Yo le voy a cuidar, créeme. Voy a trabajar y a trabajar como un burro y voy a mantenerlo. Por favor, no me hagas deshacerme de él. Si lo hiciera, me moriría. ¡Perdería la cabeza! No tendría ninguna esperanza. Perdería todo mi interés en la vida. Perdería mi ambición. ¡Por favor, déjame conservarlo!

Qué común es ese engrama, y qué sincero, "racional" y serio puede ser un aberrado al apoyar la conclusión que acaba de "idear", la "computación" de que si "se deshace de ello", perderá la cabeza y su ambición y ¡quizá, incluso muera!

En el momento de escribir esta obra, la mayoría de los engramas que se encontrarán en adultos vienen del primer cuarto del siglo XX. Este fue el periodo de "¡Ajá, Jack Dalton, al fin te tengo en mis manos!". Fue el periodo de *Sangre y Arena* y Theda Bara. Fue el periodo del whisky clandestino y del sufragio femenino. Abarcó los días de la "juventud ardiente" y de "¡Ahí vienen los yankees!", y fragmentos de esta naturaleza exigirán acción en los bancos de engramas. Los auditores de Dianetics han sacado pasajes completos de la Gran Obra teatral *El borracho*, de engramas prenatales, no como una pieza de cómica "cursilería", sino como un sincero y apasionado esfuerzo de mamá por reformar a papá. Superdramón, melodramón. Y no solo eso, sino también tragedia. La resaca de los alegres noventa, cuando la "mujer de la vida alegre" apenas comenzaba a ser "libre" y Carrie Nation salvaba al mundo a expensas de los cantineros, será un "menú" habitual en los engramas que se encuentren en los adultos de hoy. Los clichés y las absurdidades de ayer se transforman, bastante trágicamente, en las órdenes engrámicas de hoy. Por ejemplo, se encontró que un joven muy, muy taciturno, tenía como motivo central de su mente reactiva las históricas vacilaciones de Hamlet sobre "Ser o no ser, esa es la cuestión". Mamá (que era lo que estos auditores a los que les gusta expresarse coloquialmente llaman una "chiflada") lo había obtenido por contagio de un padre actor, cuyo fracaso en convertirse en un Barrymore le había llevado a la bebida y a pegar a su mujer; y nuestro joven se pasaba las horas sentado, en una apatía taciturna, cavilando sobre la vida. Su psicosis se clasificaba simplemente como "joven apático".

La mayor parte del contenido engrámico se compone meramente de clichés y tópicos y crisis emocionales de mamá o papá. Pero el auditor tendrá sus momentos. Y cuando de pronto se entere de estas locuciones, el preclear tendrá sus carcajadas.

En otras palabras, la aberración puede ser cualquier combinación de palabras contenidas en un engrama. Así pues, clasificar por aberración no solo es completamente imposible, sino completamente innecesario. Después de que un auditor haya recorrido un caso, estará mucho más capacitado para apreciar esto.

En cuanto a los males psicosomáticos, según se les clasifica en un capítulo anterior, estos dependen también de combinaciones de palabras accidentales o intencionales, y de toda la variedad posible de lesión, fluido y crecimiento desequilibrados. Está muy bien llamar "tendinitis" a un dolor vago, pero es más probable y acertado que se trate de una caída o lesión prenatal. El asma se origina casi constantemente en el nacimiento, así como la conjuntivitis y la sinusitis, pero aun cuando estos puedan suceder en el nacimiento, generalmente existe antecedente prenatal. Por tanto, puede decirse que sea lo que sea lo que le duele a un hombre o a una mujer, es de importancia menor para el auditor, excepto para utilizar la enfermedad crónica del paciente con el fin de localizar la cadena de engramas de compasión, y todo lo que el auditor necesita saber sobre esa enfermedad es que al paciente le duele algún área del cuerpo. Eso, para el auditor, es suficiente para una diagnosis psicosomática.

Resulta que el grado de aberración y el grado de enfermedad psicosomática no son los factores reguladores que establecen cuánto tiempo puede llevar un caso. Un paciente puede ser un lunático estridente y, sin embargo, requerir solo cien horas para llegar a Clear. Otro puede ser una persona "bien equilibrada" y moderadamente próspera, y sin embargo necesitar quinientas horas para llegar a Clear. Por lo tanto, en vista de que el grado de aberración y el de enfermedad solo tienen una influencia menor sobre lo que le interesa al auditor (la terapia), la clasificación según estas es tiempo perdido en muy buena medida.

Oh, hay cosas como un hombre demasiado enfermo del corazón para que se le pueda tratar muy enérgicamente, y cosas como un paciente que se preocupa tan continuamente como manifestación de su vida normal que el auditor encuentra difícil su trabajo; pero estas son rarezas, y una vez más tienen poca importancia en la clasificación de un caso.

La regla en la diagnosis es que cualquier cosa que el individuo ofrezca al auditor como una reacción perjudicial para la terapia, es engrámica, y así se demostrará en el proceso. Cualquier cosa que estorbe al auditor en su trabajo es idéntica a cualquier cosa que esté estorbando al paciente en su pensar y en su vivir. Piensa en ello de este modo: el auditor es una mente analítica (la suya propia) enfrentándose con una mente reactiva (la del preclear). La terapia es un proceso de pensamiento. Cualquier cosa que preocupe al paciente, también le preocupará al auditor; cualquier cosa que le preocupe al auditor, también le ha preocupado a la mente analítica del paciente. El paciente no es toda una mente analítica. De vez en cuando, el auditor se encontrará con un paciente que no hará más que insultarle y, sin embargo, cuando llega la hora de la cita, ahí está, ávido por continuar la terapia. O bien el auditor puede encontrarse con una paciente que le dice lo inútil que es todo el procedimiento y cómo detesta que se le dé tratamiento; y sin embargo, si él le dijera: "Muy bien, dejaremos de trabajar", ella entraría en un rápido declive. La mente analítica del paciente quiere hacer lo mismo que está tratando de hacer el auditor; es decir, luchar para penetrar en el banco reactivo. Por lo tanto, cuando el auditor encuentra oposición, teorías contrarias acerca de Dianetics, crítica personal, etc., no está escuchando datos analíticos, sino engramas reactivos. Y debería proceder tranquilamente y seguro de ese conocimiento. Porque las dinámicas del paciente le ayudarán, en todo lo posible, siempre y cuando el auditor sea un aliado en contra de la mente reactiva del preclear, más que un crítico o un atacante de la mente analítica del preclear.

Aquí tenemos un ejemplo:

(En reverie; área básica prenatal):

PRECLEAR: *(creyendo que se refiere a Dianetics)* No sé. No sé. No puedo recordarlo. No dará resultado. Sé que no va a dar resultado.

AUDITOR: *(Técnica Repetitiva, descrita más adelante)* Repasa eso. Di: "No dará resultado".

PRECLEAR: "No dará resultado. No dará resultado. No dará resultado… etc., etc.". ¡Ay, me duele el estómago! "No dará resultado, no dará resultado, no dará resultado…". *(Risa de alivio)*. Esa es mi madre. Está hablando sola.

AUDITOR: Muy bien, obtengamos el engrama completo. Comienza desde el principio.

PRECLEAR: *(citando el recuerdo con somáticos, [dolores])* "No sé cómo hacerlo. No puedo recordar lo que me dijo Becky. No puedo acordarme. Oh, estoy tan desanimada. No dará resultado así. No dará resultado. Ojalá supiera lo que me dijo Becky, pero no puedo acordarme. Oh, ojalá…". Oye, ¿qué ha metido aquí? Vaya, maldita sea, ¡eso empieza a quemar! Es un irrigador vaginal. ¡Oye, sácame de aquí! ¡Tráeme a tiempo presente! ¡Eso quema de verdad!

AUDITOR: Vuelve al principio y repásalo otra vez. Recoge cualquier dato adicional con el que puedas contactar.

PRECLEAR: *repite el engrama, encontrando todas las frases viejas y algunas nuevas, más algunos sonidos. Lo relata cuatro veces más, "reexperimentándolo" todo. Comienza a bostezar, casi se queda dormida (la "inconsciencia" saliendo), se reaviva y repite el engrama dos veces más. Luego comienza a reírse de ello. El somático se ha ido. De repente, el engrama* se ha "ido". *(Se ha rearchivado y no puede descubrirlo otra vez. Está muy satisfecha).*

AUDITOR: Ve al siguiente momento más antiguo de dolor o malestar.

PRECLEAR: *Uh. Mmmm.* No puedo entrar ahí. ¡Oye, no puedo entrar ahí! Lo digo en serio. Me pregunto dónde...

AUDITOR: Repite eso, "No puedo entrar ahí".

PRECLEAR: "No puedo entrar ahí. No puedo...". Siento raras las piernas. Hay un dolor agudo. Oye, ¿qué demonios está haciendo ella? ¡Maldita sea! Hombre, me gustaría ponerle las manos encima solo una vez. ¡Solo una vez!

AUDITOR: Empieza por el principio y relátalo.

PRECLEAR: *(relata varias veces el engrama, elimina la "inconsciencia" bostezando, suelta una risita cuando ya no puede encontrar el engrama. Se siente mejor).* Bueno, me imagino que ella tenía sus problemas.

AUDITOR: *(absteniéndose con mucho cuidado de estar de acuerdo con que mamá tenía sus problemas, ya que esto le convertiría en un aliado de mamá).* Ve al siguiente momento de dolor o malestar.

PRECLEAR: *(incómoda).* No puedo. No me estoy moviendo en la línea temporal. Estoy clavada. Oh, muy bien. "Estoy clavada, estoy clavada". No. "Está clavada. Está clavada esta vez". No. "¡La he clavado esta vez!". ¡Vaya, maldita sea! ¡Ese es mi problema de coronaria! ¡Eso es! ¡Ese es el dolor agudo que me da!

AUDITOR: Empieza en el principio del engrama y relátalo; etc.

Cada vez (como puede verse en este ejemplo) que el paciente, en reverie, se encontraba analíticamente muy cerca del engrama, la orden engrámica incidía en el paciente mismo y él se la entregaba al auditor como opinión analítica. Un preclear en reverie está muy cerca del material que origina sus aberraciones. Un aberrado totalmente despierto puede estar dando opiniones altamente complejas, y luchará hasta la muerte por defenderlas como propias, pero en realidad son solo sus aberraciones incidiendo contra su mente analítica. Habrá pacientes que continuarán declarando que saben que el auditor es peligroso, que jamás debió haber iniciado la terapia con ellos, etc., y pese a esto, continuarán trabajando bien y con eficiencia. Esa es una de las razones por las que el Código del Auditor es tan importante: el paciente está tan deseoso de liberarse de sus engramas como pudiera desearse, pero los engramas le dan la apariencia de distar mucho de estar ansioso de ser liberado.

También se verá en el ejemplo anterior que el auditor tampoco está haciendo ninguna sugestión positiva. Si la frase no es engrámica, el paciente se lo dirá muy rápidamente con gran certeza, y aunque aún pueda serlo, el auditor no tiene gran influencia sobre el preclear en reverie, más allá de ayudarle a atacar engramas. Si el preclear contradijera algo de lo anterior, esto significaría que el engrama que contiene las palabras sugeridas no está listo para ser liberado, y deberá emplearse otra combinación de palabras.

La diagnosis, entonces, es algo que no necesita muchos cuidados en el plano psicosomático y de la aberración. En el ejemplo antes citado, el auditor pudo haber supuesto (y guardado para sí) que estaban surgiendo una serie de intentos de aborto antes de que él entrara en el área. Podría haber supuesto que la indecisión del paciente provenía de su madre. El auditor, sin embargo, no comunica sus conjeturas. Esto sería sugestión, y el paciente podría aferrarse a ella. Es el preclear quien lo debe descubrir. Por ejemplo, el auditor no podría haber sabido dónde se encontraba el "dolor coronario" del preclear en la línea temporal, ni conocido la naturaleza de la lesión. Buscar por todas partes tras algún dolor específico sería una pérdida de tiempo. Todas esas cosas cederán en el curso de la terapia. El único interés en ellas es si las aberraciones y enfermedades desaparecen o no para no volver. Al final de la terapia habrán desaparecido. Al principio, son solo complicación.

La diagnosis de la aberración y de la enfermedad psicosomática, entonces, no es parte esencial de la diagnosis de Dianetics.

En lo que estamos interesados es en el funcionamiento mecánico de la mente. *Esa* es la esfera de la diagnosis. ¿Cuál es la mecánica de funcionamiento de la mente analítica?

1. Percepción: vista, audición, táctil y dolor, etc.
2. Recuerdo: visión-color, tono-sónico*, táctil, etc.
3. Imaginación: visión-color, tono-sónica, táctil, etc.

Estos son los procesos mecánicos. La diagnosis trata principalmente con estos factores, y con ellos puede establecerse el tiempo que debería llevar un caso, lo difícil que será el caso, etc. Y solo necesitamos unos cuantos de ellos.

Esto se simplifica aún más en un código:

1. Percepción: excesiva o deficiente respecto al óptimo.
   a. Vista.
   b. Sonido.
2. Recuerdo: deficiente.
   a. Sónico.
   b. Visión.
3. Imaginación: excesiva.
   a. Sónica.
   b. Visión.

En otras palabras, cuando examinamos a un paciente, antes de hacer de él un preclear (iniciando la terapia con él), nos interesan solo tres cosas: demasiada o muy poca percepción, muy poco recuerdo, demasiada imaginación.

En Percepción queremos decir lo bien o lo mal que puede oír, ver y sentir.

En Recuerdo queremos saber si puede recordar mediante sónico (oyendo), visión (viendo) y somático (sintiendo).

En Imaginación queremos saber si "recuerda" sónicos, visiones o somáticos en exceso.

---

* "Visión" en Dianetics significa *recuerdo* visual. "Sónico" significa *recuerdo* de sonido. "Somático" significa *recuerdo* de dolor. Un paciente que puede *ver, oír* y sentir *dolor*, los almacena. El "yo", al recordar, los evoca como visión, sónico y somático.

Aclaremos esto al máximo: es muy sencillo, no es complejo y no requiere de un gran examen. Pero es importante y determina la duración de la terapia.

No hay nada de malo en una imaginación activa, siempre y cuando la persona *sepa* que está imaginando. La clase de imaginación que nos interesa es la que se usa para hacer "dub-in" sin saberlo, y solo esa clase. Una imaginación activa, que el paciente sabe que es imaginación, es para él un atributo sumamente valioso. Una imaginación que sustituye al recuerdo es muy dura en la terapia.

La ceguera y la sordera "histéricas" o la vista y la audición amplificadas son útiles en la diagnosis. Lo primero, la ceguera "histérica", significa que el paciente tiene miedo de ver; la sordera "histérica" significa que tiene miedo de oír. Estas requerirán de considerable terapia. Igualmente, la vista amplificada y el oído amplificado, aun no siendo tan malos como la ceguera y la sordera, son un índice de *lo asustado* que está realmente el paciente, y a menudo es un índice directo del contenido prenatal en cuanto a violencia.

Si el paciente teme ver con sus ojos u oír con sus oídos en tiempo presente, puedes estar seguro de que en sus antecedentes hay mucho que le asusta, porque estas percepciones verdaderas no se "desactivan" fácilmente.

Si el paciente salta cuando hay sonidos y se sobresalta por cosas que ve o se desconcierta mucho ante estas cosas, puede decirse que sus percepciones están amplificadas, lo que significa que su banco reactivo contiene gran cantidad de etiquetas de "muerte".

Los recuerdos que nos interesan en la diagnosis son solo los que están por debajo del óptimo. Cuando son *"excesivos* respecto al óptimo", son en realidad un *dub-in* de imaginación en lugar del recuerdo. El recuerdo (por debajo) y la imaginación (excesiva), son en realidad, pues, un solo grupo, pero para mayor sencillez y claridad, los mantenemos aparte.

Si el paciente no puede "oír" sonidos o voces en incidentes pasados, entonces no tiene sónico. Si no "ve" escenas de experiencias pasadas como imágenes en movimiento con color, no tiene visión.

Si el paciente oye voces que no han existido o ve escenas que no han existido, y pese a esto supone que esas voces realmente hablaron y que esas escenas eran reales, tenemos "imaginación *excesiva*". En Dianetics, el recuerdo del sonido imaginario sería *hiper-sónico;* y el recuerdo visual imaginario, *hiper-visión* (hiper = por encima, excesivo).

Tomemos ejemplos específicos de cada una de esas tres clases y demostremos cómo resultan fundamentales en la terapia y cómo su presencia o ausencia pueden hacer difícil un caso.

Un paciente con un caso ligero de sordera "histérica" es alguien que tiene dificultad para oír. La sordera puede ser orgánica, pero si es orgánica, no variará de una ocasión a otra. Hay algo que este paciente teme oír. Escucha la radio con mucho volumen, hace que las personas repitan continuamente lo que dicen y se le escapan trozos de la conversación. No vayas a un manicomio para encontrar este grado de sordera "histérica". Hay hombres y mujeres que son "histéricamente" sordos sin que tengan conocimiento consciente de ello. Su "audición sencillamente no es muy buena". En Dianetics, esto se llama *hipo-audición* (hipo- = por debajo).

El paciente que siempre pierde algo cuando está justo enfrente de él, que no ve letreros, anuncios de teatro y gente que están a plena vista, es "histéricamente" ciego hasta cierto grado. Tiene miedo de ver algo. Dado que la palabra "histérico" es muy inadecuada y demasiado dramática, en Dianetics se llama a esto *hipo-vista*.

Luego está el caso del *exceso de* percepción. Esto no es necesariamente imaginación, pero puede llegar al grado en que las personas vean y oigan cosas que en realidad no están ahí en absoluto, lo que resulta ser una demencia común. Estamos interesados en un grado menos extremo en el funcionamiento estándar.

Por ejemplo, una joven que ve algo, o solo cree verlo, pero que sabe que no es así y está muy agitada por esto, que salta de miedo cuando alguien entra silenciosamente en un cuarto y que puede sobresaltarse bastante habitualmente, sufre de vista amplificada. Ella tiene miedo de encontrar algo, pero en vez de estar ciega a ello, es demasiado sensible a ello. Esto es *hiper-vista*.

Una persona que se alarma mucho con los ruidos, con los sonidos en general, con ciertas voces, a la que le da dolor de cabeza o que se enfada cuando la gente que la rodea es "ruidosa" o cuando una puerta se cierra de golpe o cuando los cacharros hacen ruido, es víctima de audición amplificada. Oye los sonidos mucho más fuerte de lo que son en realidad. Esto es *hiper-audición*.

La calidad real de la visión y la audición no tiene por qué ser buena. Los órganos reales de la vista y del oído pueden estar en un estado deficiente. El único hecho de importancia es el "nerviosismo" respecto a la recepción.

Esto zanja el asunto de las dos percepciones en las que estamos interesados en Dianetics. A medida que el auditor hable con personas a su alrededor y obtenga sus reacciones a lo que ven y oyen, encontrará una amplia variedad en la calidad de las respuestas.

El recuerdo es lo más directamente importante para la terapia, porque no es un síntoma sino una herramienta de trabajo en sí. Hay muchas maneras de usar el recuerdo. El Clear tiene recuerdo vívido y exacto para cada uno de los sentidos. Pocos aberrados lo tienen. El auditor no está interesado en otros sentidos que no sean la vista y el oído, porque a los otros se les prestará atención en el curso normal de la terapia. Pero si tiene un paciente que no tiene sónico, ¡alerta! Y si tiene un paciente que no tiene ni sónico ni visión, ¡cuidado! Esta es la personalidad multivalente, el esquizofrénico, el paranoico de la psiquiatría, con síntomas que no son lo suficientemente agudos como para que se le clasifique así en la vida normal. Esto no significa, (no significa, categóricamente) que las personas sin recuerdo visual y de sonido estén dementes, pero sí significa un caso por encima de la media, y representa además un caso que llevará algún tiempo. No quiere decir que el caso sea "incurable", pues no hay nada más lejos de la verdad, pero tales casos a veces llevan quinientas horas. Significa simplemente que un caso así no es ningún paseíto por el parque: hay un drama ahí detrás, en esa mente reactiva, un drama que dice: "¡No veas! ¡No oigas!". Algunos de los engramas en este caso exigen un recuerdo reducido o ninguno. Los órganos de la vista y del oído pueden tener una receptividad altamente amplificada. Esto no significa que algo deba andar mal en la forma en que esta persona percibe y registra las ondas del sonido y de la luz. Pero sí significa que después de haberlas registrado no puede recuperarlas fácilmente del banco estándar, porque el banco reactivo de engramas ha montado circuitos (circuitos demonio de oclusión) para impedirle que averigüe cosas de su pasado. Hay, por supuesto, grados mayores o menores de recuerdo.

La prueba es simple. Dile al paciente, completamente despierto, que regrese al momento en que entró en la sala. Pregúntale qué se estaba diciendo. Si puede "oírlo" estando completamente despierto, tiene recuerdo sónico. El auditor sabe muy bien lo que se dijo, porque si tiene intención de usar esta prueba, pronuncia un cierto conjunto de palabras y observa los sonidos reales que están presentes. Por lo tanto, si el paciente pertenece a la siguiente categoría, la del *dub-in*, el auditor se percatará de ello.

La prueba del recuerdo visual es igualmente sencilla. Muéstrale al paciente un libro con una ilustración. Después de un intervalo de tiempo, pídele que "regrese" mientras está bien despierto y mire ese libro "en su mente", y averigua si puede verlo. Si no puede, esto es *hipo-visión*.

Otras pruebas similares a esta establecerán claramente si nuestro paciente está o no ciego y sordo en cuanto al recuerdo, o bien si entra en el siguiente grupo.

La imaginación excesiva que con entusiasmo hace dub-in de vista y sonido para el paciente, sin el conocimiento de este, es algo que definitivamente obstaculiza una rápida terapia. Hay demasiados circuitos demonio que enredan el pensamiento, pero estos demonios de dub-in en particular significan que el operador va a tener una tremenda carga de lo que los auditores llaman, coloquialmente, "basura"*. Continuando con algo de la terminología indudablemente indignante que, pese a todo lo que uno haga constantemente, sigue surgiendo en este campo, hay algo en acción en el cerebro que es una "fábrica de mentiras"**.

El paciente al que se le pidió que relatara la conversación cuando entró por la puerta, "escuchándola" otra vez, puede lanzarse confiadamente a pronunciar toda clase de discursos que son una variación completa de las palabras o completamente ficticios. Si se le pregunta sobre la ilustración

---

* La *basura* se llamó técnicamente *delusión* en la obra filosófica de Dianetics, pero el término es demasiado duro y crítico, pues, ¿quién no tiene alguna concepción errónea de algún incidente pasado?

** Una *fábrica de mentiras* es, técnicamente, una frase contenida en un engrama que exige tergiversación (decir mentiras). Originalmente se le llamaba *mentiroso*.

y la página que se le han mostrado, "verá" vívidamente mucho más de lo que había, o bien algo completamente diferente. Si se muestra dubitativo al respecto, eso es una señal saludable. Si está seguro, ¡cuidado!, porque este es un circuito demonio que está haciendo dub-in sin su conocimiento analítico, y el auditor tendrá que escuchar más incidentes de los que podría comenzar a catalogar, que jamás sucedieron, y tendrá que buscar y encontrar su camino continuamente entre esta "basura", para llevar a su preclear a un punto en que la información sea fidedigna. (Y no es cuestión de clasificar la "basura" por su improbabilidad: la verdad siempre es más extraña que la ficción; se trata de reducir engramas que no están presentes, o eludir engramas que sí lo están, y así sucesivamente en un lío enmarañado).

El preclear óptimo sería el que tuviera una respuesta normal a los ruidos y las cosas que ve, que tuviera sónico y visión exactos, y que pudiera imaginar, y saber que estaba imaginando en color-visión y tono-sónico. Entiéndase bien que esta persona puede tener aberraciones que la hagan trepar por todas las chimeneas de la ciudad, beber hasta la última gota en cada bar cada noche (o intentarlo de todas formas), pegar a su mujer, ahogar a sus hijos o creer que es un pájaro jub-jub. En el terreno psicosomático, puede tener artritis, trastornos de la vesícula biliar, dermatitis, jaquecas y pies planos. O puede tener otra aberración mucho más horrible: el orgullo de ser normal y estar "ajustado". Pero aún es un caso relativamente fácil de llevar a Clear.

En el caso que tiene un cierre sónico y de visión sin dub-in, estamos manejando engramas que han desconectado algunos de los mecanismos de funcionamiento primarios de la mente. El auditor tendrá que sudar tinta durante horas y horas y horas, tratando de contactar con engramas cuando el paciente no puede oírlos ni verlos. Un caso que meramente tenga una desconexión del recuerdo sónico sigue significando que el auditor va a tener mucho más trabajo que con un caso promedio. Este caso dista mucho, mucho, de ser imposible de resolver. La idea aquí no es provocar temor a cualquier intento en un caso así. Pero este caso se resolverá únicamente después de una gran cantidad de esfuerzo persistente. Esa persona puede tener aparentemente mucho éxito. Puede ser enormemente inteligente. Puede tener pocas enfermedades psicosomáticas o ninguna. Sin embargo, demostrará que tiene un banco de engramas repleto, del cual, cualquier parte, en un momento dado, puede reestimularse y hundirlo. Sin embargo, normalmente este tipo de caso está bastante preocupado y angustiado por muchas cosas, y esa preocupación y angustia pueden poner un poco más de tiempo en la hoja de trabajo.

En el caso de *dub-in* que no lo sabe, en el cual hay circuitos devolviéndole recuerdos alterados, tenemos un caso que muy posiblemente demostrará ser muy largo y requerir un tratamiento ingenioso y hábil. Pues hay una fábrica de mentiras en alguna parte de ese banco de engramas. Este caso puede ser la sinceridad personificada en su vida diaria. Pero cuando empieza a abordar sus engramas, estos tienen contenido que le hace entregar información que no está ahí.

Sencilla y claramente, pues, sin más limitaciones ni condiciones, esto es la diagnosis de Dianetics: la aberración *es* el contenido engrámico; la enfermedad psicosomática *es* la lesión anterior. Las percepciones de vista y sonido, el recuerdo por debajo del óptimo, la imaginación por encima del óptimo, regulan la duración del caso.

Si el auditor quiere ser sofisticado, puede hacer una lista de la posición general en la Escala Tonal del individuo, tanto mental como físicamente. La mujer que está embotada y apática, se encuentra, por supuesto, en torno al Tono 0.5 en la parte de la Zona 0 de la escala dinámica que se encuentra antes en el libro. Si el hombre está enfadado o es hostil, el auditor puede marcarlo como un 1.5 o en alguna parte en el ámbito de la Zona 1 en la escala de supervivencia. Estas marcas se aplicarían al tono medio probable del conjunto de engramas de la mente reactiva. Esto es interesante porque significa que una persona que está en la Zona 0 es más propensa a estar enferma y es un caso ligeramente más difícil que una persona que está en la Zona 1. Y, puesto que la terapia sube el tono hacia la Zona 4, el 1.5 está más cerca de la meta.

Es difícil estimar el tiempo en la terapia. Como se menciona anteriormente, tiene diversas variables, como son la destreza del auditor, los elementos reestimulativos en el entorno del paciente y la pura cantidad de engramas.

En su primer caso, se le aconseja al auditor buscar algún miembro de su familia o algún amigo que se acerque lo más posible al preclear óptimo; es decir, una persona con recuerdo de visión y de sónico y con percepciones promedio. Al llevar a Clear a este caso, aprenderá de primera mano mucho de lo que puede esperarse de los bancos de engramas de cualquier mente; y verá claramente cómo se comportan los engramas. Si el propio auditor pertenece a uno de los grupos más difíciles y tiene intención de trabajar con alguien que esté en uno de esos grupos, esto no presenta gran dificultad. Cualquiera de los dos casos se puede llevar a Liberado en una centésima parte del tiempo de cualquier técnica anterior de curación mental, y se pueden llevar a Clear, con solo un poco de destreza que se ponga en práctica, en unas quinientas horas de trabajo por caso. Pero si dos casos son especialmente difíciles, antes de trabajar el uno con el otro, sería recomendable que cada uno buscara y llevara a Clear a un preclear casi óptimo. De ese modo, cada uno será un operador competente cuando se aborden los casos más arduos.

De ahí, la diagnosis. Las otras percepciones, recuerdos e imaginaciones son interesantes, pero no vitales para medir el tiempo de un caso. El coeficiente de inteligencia no es un gran factor, a menos que baje hasta el nivel de retrasado mental. Y aun entonces, el coeficiente de inteligencia de cualquier paciente sube como un cohete con el clearing y crece durante todo el trabajo.

Hay demencias orgánicas. Las psicosis iatrogénicas (las causadas por médicos) son cuestionables en Dianetics, pues una parte de la maquinaria pudo haber quedado destrozada. Sin embargo, aun teniendo muchas psicosis orgánicas, un caso puede mejorarse mediante Dianetics, incluso si no se puede alcanzar el óptimo. Y así todo lo que puede hacer el auditor es intentarlo. Las demencias causadas por falta de partes del sistema nervioso no han sido exhaustivamente investigadas por auditores en este momento. Revivir cadáveres no es la finalidad de Dianetics; el énfasis principal se ha puesto en la consecución de una mente óptima en la persona normal o meramente neurótica. Dianetics puede usarse de otras formas, se está usando y se usará. Pero con tanta gente potencialmente valiosa a la que se le puede hacer sumamente valiosa para sí misma y para la sociedad, se ha puesto el énfasis en las aberraciones inorgánicas y en las enfermedades psicosomáticas orgánicas. Los casos que se han sometido a lobotomía prefrontal (que corta una sección de la mente analítica), a topectomía (que extirpa zonas de cerebro de forma parecida a como un aparato especial saca el corazón de las manzanas), la leucotomía transorbital (en la que, mientras al paciente se le administran electrochoques, se le encaja un picahielos común y corriente en cada ojo, y se mueve hacia arriba para desgarrar el analizador), y a la "terapia" de electrochoque (que cauteriza el cerebro con 110 voltios), así como los choques de insulina y otros tratamientos, son considerados muy cuestionables por Dianetics. Hay demencias orgánicas comunes, como la paresia; pero aun así, la mayoría de estas pueden beneficiarse de Dianetics. ✦

El Retorno, *el* Archivista
y la Línea Temporal

Hay un método de "pensar" que el hombre no sabía que tenía.

Si quieres una ilustración de esto, pregunta a una niñita si le gustaría dar un paseo en trineo en su memoria. Ella tratará de recordar la última vez que montó en su trineo. Quizá frunza el ceño y arquee las cejas. Ahora dile que *vuelva* a la última vez que montaba en trineo. Con persuasión, de pronto proporcionará una experiencia completa y, a menos que esté gravemente aberrada, podrá hablarte acerca de la nieve que le entraba por el cuello del abrigo y de todo lo demás. Ella está justo ahí, montando en trineo, nadando, o cualquier otra cosa que escojas.

Cuando el hombre pensó en esto, si es que llegó a hacerlo, debió confundirlo con la imaginación. Pero no es imaginación. A cualquier persona, a menos que esté de hecho severamente aberrada, se le puede "enviar de vuelta", completamente despierta, a una experiencia del pasado. En las pruebas iniciales deben emplearse experiencias de no hace mucho tiempo y experiencias que sean agradables.

Esto no es *memoria* de la manera en que uno "recuerda algo". Es *retornar*. *Recordar* es un proceso mucho más complicado que retornar. Por qué la gente va por ahí tratando de *recordar* algún dato específico o complejo, cuando puede *retornar*, es algo un tanto misterioso, cuando se consideran los artículos perdidos, las cosas leídas, las conversaciones mantenidas, etc. Naturalmente, *recordar* tiene un papel muy definido y es un proceso automático que le proporciona al "yo" conclusiones y datos en un torrente interminable. Pero cuando uno desea un trozo específico y muy preciso de información, o cuando se busca un placer pasado para contemplarlo, *retornar* es más adecuado.

El hipnotizador, con mucho abracadabra, pases de manos *et al.*, tiene algo a lo que él llama "regresión". Este es un asunto muy complicado que requiere estar hipnotizado. Es cierto que la regresión tiene un valor de investigación, ya que mediante la hipnosis, esta pasa por encima de oclusiones que no se pueden evitar fácilmente de otra forma. Y la regresión le prestó un buen servicio a Dianetics cuando el autor estaba verificando sus datos sobre los bancos de memoria. Pero evidentemente, a nadie se le había ocurrido que la regresión es un uso artificial de un proceso natural.

Sin duda, algunas personas utilizan el *retorno* para parte de su trabajo mental. Y estas personas probablemente piensen que "todos los demás" hacen lo mismo, lo que dista mucho de ser cierto. Pero aun esas personas que *retornan* naturalmente, rara vez comprenden que este es un proceso distinto, muy diferente al de *recordar*.

La gente también *revive* sin estar hipnotizada o drogada; esto es más raro. Si una persona se sienta a contemplar una gloria del pasado durante algún tiempo, empezará a revivir en vez de simplemente retornar.

En Dianetics, hemos tenido mucho que ver con los "espectros". El espectro de gradaciones es un mecanismo mucho mejor para la filosofía que el "péndulo" de Aristóteles, que se balanceaba de un extremo al otro. Tenemos el espectro de las *dinámicas*. Las llamamos cuatro dinámicas, a través de las cuales se expresa la orden: ¡SOBREVIVE!, y las cuatro son en realidad un gran número de gradaciones que van de las células del "yo", a través de "yo", pasando por la familia y los hijos, por el club, la ciudad y el Estado, por la nación, la raza y el hemisferio y, finalmente, por toda la Humanidad. Esto es un espectro: gradaciones de algo, que en realidad son la misma cosa, pero que tienen un campo de acción o un ámbito más y más amplio.

De forma muy semejante al espectro de ¡SOBREVIVE!, tenemos en funcionamiento un espectro de la *memoria*. Primero está la memoria en su sentido más preciso de tiempo presente. Después está la memoria del pasado. Después hay más memoria del pasado. Y así llegamos a una parte del espectro que se había pasado por alto: una parte del "yo" retorna al pasado; luego, una parte más grande del "yo" retorna al pasado (en cuyo punto tenemos *retorno*) y, finalmente, en el extremo, todo el "yo" está de vuelta en el pasado. Primero está *recordar*. Esto es lo que se aleja más de los datos exactos (excepto en un Clear). Después está el *retornar*, en que una parte del "yo" realmente está en el pasado y los registros parecen ser percepciones que está experimentando realmente. Luego está el *revivir*, en el que un hombre está tan completamente en el pasado en ese momento que, si se le sobresaltara mientras estuviera recordando una experiencia como bebé, reaccionaría exactamente como lo habría hecho cuando era un bebé.

En la sociedad actual hay muchas ideas aberradas sobre los males de vivir en el pasado. Estas proceden parcialmente de una renuencia de la gente aberrada a enfrentarse al ayer y comprenderlo.

Una de las principales fuentes de la "mala memoria" es la madre. Con tanta frecuencia le ha dado tanto pánico pensar que Junior pudiera recordar lo que ella le hizo a Junior, que parece haber surgido una aberración que abarca a toda la Humanidad. El caso estándar de intento de aborto casi siempre tiene una etapa de bebé y una infancia llenas de Mamá asegurándole que él no puede recordar nada de cuando era un bebé. Ella no quiere que él recuerde lo mañosa que era (aunque no tuviera mucho éxito) en sus esfuerzos con diversos instrumentos. Posiblemente la memoria prenatal en sí no sería más que memoria normal y con recuerdo pleno para toda la raza, si esta consciencia culpable de la madre no hubiera seguido en funcionamiento, ¡hete aquí!, por todos estos milenios. En el curso normal del trabajo, al auditor se le llenarán las manos con las objeciones a gritos que da Mamá respecto a que su hijo o hija adulta entren en la terapia, por lo que pudieran averiguar: ha habido auditores que saben que Mamá ha caído en una crisis nerviosa completa ante la idea de que su hijo recordara incidentes prenatales. No todo esto, por cierto, se basa en intentos de aborto. A menudo, Mamá ha tenido un par de hombres aparte de Papá, de los que Papá nunca supo nada; y muy a menudo mamá preferiría condenar a su hijo a la enfermedad o a la locura, o simplemente a la desdicha, antes que permitir que el hijo siguiera su curso como preclear, aunque la madre jurara que no tiene recuerdo alguno de que alguna vez le haya sucedido algo malo al niño. Cuando ella misma está en terapia, generalmente ofrece voluntariamente la verdad. Aquí está la fuente de por qué se desalienta la buena memoria en la sociedad, y se pasan por alto las memorias como bebé y prenatal, por no hablar de la capacidad de *retornar* y *revivir*.

El sistema de índices del banco de memoria estándar es algo digno de contemplar. Todo está ahí, archivado por temas, archivado por tiempo y archivado por conclusiones. Todas las percepciones están presentes.

Con el sistema de archivo temporal, tenemos lo que en Dianetics se llama *línea temporal*. Volver a lo largo de esta línea con parte del "yo" es *retornar*. Está definitivamente presente tanto para datos conscientes como "inconscientes". La línea temporal es de enorme importancia e interés para el auditor.

La mente es una computadora bien construida y tiene diversos servicios. Los auditores, eludiendo el latín y la complejidad, llaman a la fuente de uno de estos servicios el *archivista**. Este no es un nombre muy digno y sin duda es antropomórfico. No hay ningún hombrecito ni ninguna mujercita con una visera verde. Pero la acción que tiene lugar es muy semejante a lo que sucedería si una entidad así viviera en realidad en el interior de la mente.

El archivista es el encargado del banco. "Él" se encarga tanto del banco reactivo de engramas como de los bancos estándar. Cuando el auditor o el "yo" le pidan un dato, le entregará al auditor un dato por medio del "yo". Es un poco estúpido cuando maneja el banco reactivo de engramas, un contagio de la mente reactiva, y a veces entregará bromas y sueños absurdos, cuando debería estar pasando datos serios.

Si el auditor pregunta al preclear por la última vez que vio una película, el archivista entregará la película, la fecha en que se vio, la

---

* Técnicamente, el nombre de *archivista* podría ser el de "unidades de control del banco", pero la expresión es demasiado verbosa y difícil de manejar.

edad y el estado físico de la persona, todos los percépticos, la trama de la película, el estado del tiempo; en resumen, entregará todo lo que estaba presente y estaba relacionado con la película.

En la vida común, el archivista provee de recuerdos al "yo" a gran velocidad. Una buena memoria obtiene sus datos en fracciones de segundo. Si el archivista tiene que empujar a la memoria alrededor de diversas oclusiones reactivas, pueden pasar minutos o días antes de que lleguen los datos.

Si tuviéramos una gran máquina computadora del diseño más moderno, tendría un "banco de memoria" de tarjetas perforadas o algo similar, y tendría que poseer un selector y proveedor para entregar el dato que la máquina quiere. El cerebro tiene uno de estos: no podría funcionar sin él. Este es el encargado del banco: el archivista.

Ten en mente estas dos partes de la mente, *la línea temporal* y el *archivista*, y mantén en la memoria este mecanismo del *retorno*. Estas son las tres cosas que usamos, con los bancos reactivos y estándar, en el *reverie* de Dianetics.

El archivista es un tipo muy complaciente. Si ha estado teniendo problemas para llegar al "yo" evitando las oclusiones reactivas y circuitos en general, es especialmente complaciente. Coopera con el auditor.

Se podría considerar este sistema de regulación en función de las unidades de atención, de las que se podría suponer que el hombre tiene mil. De esta manera, mil posibles unidades de atención estarían a disposición del "yo" del Clear. En el aberrado, probablemente cincuenta están disponibles para el "yo", quinientas o seiscientas están absorbidas por los engramas reactivos y el resto se utilizan de forma diversa, aparte de componer este mecanismo que llamamos el encargado del banco, el archivista.

Parece como si el archivista de un aberrado prefiriera trabajar con el auditor a trabajar con el aberrado. Eso puede parecer un hecho sorprendente, pero es un hecho científico. El archivista trabaja mejor, entonces, cuando está seleccionando datos de los bancos del preclear para ofrecérselos al auditor. Este es un aspecto de la ley de la afinidad. El archivista del "yo" y el auditor son un equipo, y muy a menudo trabajan en estrecha armonía, sin suficiente consentimiento del analizador del preclear como para darse cuenta.

Como más fácilmente se consigue el *retorno* en el aberrado es con el auditor dirigiéndose al archivista, no al paciente. Esto se puede hacer realmente con el paciente completamente despierto. El auditor le pide información, le dice que vuelva a ella. El "yo", de repente, está en posesión de todo el archivo. Algo dentro de la mente trabaja entonces en estrecha armonía con el auditor, y trabaja mejor para el auditor de lo que lo hace para la persona en cuya mente está. Ese es el archivista.

El objetivo del auditor es tomar lo que el archivista le entrega y evitar que el archivista se vea inundado de datos reactivos. Una vez que el archivista ha entregado los datos, es asunto del auditor asegurarse de que el preclear los repase suficientes veces para quitarles la carga. El mecanismo para hacer esto es extremadamente simple. Para facilitar las cosas e impedir que el preclear se distraiga, el auditor sigue una rutina en cada sesión que predispone al paciente a dejar trabajar al archivista.

El paciente se sienta en una silla cómoda con brazos, o se recuesta en un diván en una habitación silenciosa, donde las distracciones de percepción sean mínimas. El auditor le pide que mire al techo. El auditor dice: "Cuando cuente de uno a siete, tus ojos se cerrarán". Entonces, el auditor cuenta desde uno hasta siete y sigue contando tranquila y plácidamente hasta que el paciente cierra los ojos. Se notará un temblor en las pestañas en el *reverie* óptimo.

Esta es toda la rutina. Considérala como una señal de que comenzarán los procedimientos, y como un medio para concentrar al paciente en sus propios asuntos y en el auditor más que cualquier otra cosa. *Esto no es hipnotismo.* Es completamente diferente. En primer lugar, el paciente sabe todo lo que está sucediendo a su alrededor. No está "dormido", y puede salir de ello cuando lo desee. Es libre de moverse (pero el auditor normalmente no le permite fumar, debido a que esto distrae al paciente).

El auditor se asegura muy bien de que el paciente no está hipnotizado, diciéndole antes de empezar a contar: "Sabrás todo lo que pase. Podrás acordarte de todo lo que suceda. Puedes ejercer tu propio control. Si no te gusta lo que está pasando, puedes salir inmediatamente de ello. Ahora, uno, dos, tres, cuatro", etc.

Para asegurarse doblemente, porque no queremos hipnotismo de ningún tipo, ni siquiera por accidente, el auditor instala un *cancelador*. Este es un paso extremadamente importante y no se debe omitir, aun cuando puedas estar totalmente seguro de que el paciente no está de ningún modo influenciado por tus palabras. El auditor puede, inadvertidamente, usar un lenguaje reestimulativo que haga key-in a un engrama. Cuando es especialmente nuevo en Dianetics, puede usar algo como un *retenedor* o un *negador*, diciéndole al preclear que se "quede ahí" cuando él ha retornado por la línea temporal o (lo peor de todo) diciéndole que "lo olvide" (una de una cierta clase de frases del mecanismo olvidador que es extremadamente grave por su efecto aberrativo) negándole completamente los datos al analizador. Para impedir que sucedan esas cosas, el cancelador es vital. Es un contrato con el paciente de que cualquier cosa que diga el auditor no será interpretada literalmente por el paciente ni usada por él de ninguna forma. Se instala inmediatamente después de establecerse el estado de reverie. Un cancelador se frasea más o menos así: "En el futuro, cuando yo pronuncie la palabra *cancelado*, todo lo que te haya dicho mientras estás en la sesión de terapia será cancelado, y no tendrá fuerza sobre ti. Cualquier sugestión que te haya dado dejará de tener fuerza cuando diga la palabra *cancelado*. ¿Comprendes?".

Se le dice entonces al paciente la palabra *cancelado*, inmediatamente antes de que se le permita abrir los ojos al final de la sesión. No se amplía más. Se usa esa única palabra.

El cancelador es vital. Impide la sugestión positiva accidental. El paciente puede ser sugestionable o incluso estar en un leve trance hipnótico permanente (muchas personas van por la vida en ese trance). Un engrama es en realidad una sugestión hipnótica. Se podría decir que el propósito de la terapia es despertar a una persona en cada periodo de su vida en el que se le ha forzado a entrar en "inconsciencia". Dianetics despierta a la gente. No es hipnotismo, que pone a dormir a la gente. La terapia de Dianetics los despierta. El hipnotismo les pone a dormir. ¿Puedes pedir una mayor diferencia en polaridad? La terapia de Dianetics elimina engramas. El hipnotismo instala engramas. Además, Dianetics es una ciencia, un cuerpo organizado de conocimiento. El hipnotismo es una herramienta y un arte, y es una variable tan incontrolable que el hombre ha sospechado de él como algo peligroso durante siglos y siglos, aunque usarlo*, bien lo hizo.

El auditor, inevitablemente, tendrá casos en sus manos que caerán en un sueño hipnótico por mucho que pueda hacer para evitarlo. Esos casos tienen engramas que les hacen hacer esto, al igual que otros tienen engramas que les hacen permanecer despiertos. El auditor, pues, no menciona ni "duerme" ni "despierta". Toma sus casos en cualquier punto en que se encuentren en su propio nivel de inversión, y trabaja con ellos a partir de ahí. Algunos pacientes suplicarán que se les drogue o que se les ponga en trance. *¡Déjalos suplicar!* Al final, el reverie da un Clear; las drogas y el hipnotismo crean una dependencia hacia el auditor y muchos otros aspectos indeseables. Un caso lleva más tiempo en trance amnésico que en reverie. Las ganancias con el reverie son seguras. El paciente mejora más y más. Cuando se emplean el trance amnésico o el hipnotismo, en vez del reverie, sin importar lo fácil que parezca la obtención de los datos, el caso habitual tratado así experimenta poco alivio hasta que el caso está casi completado, momento en que el paciente que ha estado incómodo tanto tiempo de pronto se pone bien. El hipnotismo lleva consigo transferencia, enorme responsabilidad del operador y otros estorbos de los que Dianetics, en su larga práctica, ha prescindido. El hipnotismo se usó en la investigación, luego se abandonó.

Por tanto, instala el cancelador cada vez. Nunca dejes de instalarlo en cada sesión. El paciente puede caer en trance, cosa que nosotros no deseamos, pero que no siempre podemos evitar y que no siempre nos es posible detectar. Simplemente instala el cancelador al principio de la sesión. Y después de traer al paciente a tiempo presente, usa la palabra canceladora.

Este es un ensayo, entonces, de la rutina completa:

AUDITOR: Mira al techo. Cuando cuente de uno a siete, tus ojos se cerrarán. Permanecerás consciente de todo lo que suceda. Podrás recordar todo lo que pase aquí. Puedes salir de cualquier cosa en la que entres si no te gusta. Muy bien *(lenta y tranquilizadoramente):*

---

* Una diferencia adicional es que un paciente puede ser *retornado sin* ningún conteo en absoluto.

Uno, dos, tres, cuatro, cinco, seis, siete*. Uno, dos, tres, cuatro, cinco, seis, siete. Uno, dos, tres *(los ojos del paciente se cierran y sus párpados tiemblan)*, cuatro, cinco, seis, siete. *(El auditor hace una pausa; instala el cancelador)*. Muy bien, volvamos a tu quinto cumpleaños… *(El trabajo continúa hasta que el auditor haya tratado al paciente durante el tiempo suficiente para ese periodo…)* Ven a tiempo presente. ¿Estás en tiempo presente? (Sí). *(Usa la palabra canceladora)*. Cuando yo cuente de cinco a uno y chasquee mis dedos, te sentirás alerta. Cinco, cuatro, tres, dos, uno *(chasquido)*.

Según puede verse en este ejemplo, cuando se concluya el trabajo del día, al preclear, a quien quizá se haya *retornado* a su pasado durante dos horas, se le *debe* traer de nuevo a tiempo presente y se le debe sobresaltar con un chasquido de dedos para restablecer su consciencia de su edad y condición. A veces no puede volver fácilmente al presente (para lo que hay un remedio rápido, del que hablaremos más adelante), de manera que el auditor siempre debe asegurarse de que el paciente sienta que en realidad está en tiempo presente.

Esto es el reverie. Esto es todo lo que se necesita saber sobre su mecánica real. La experiencia te enseñará mucho, pero los procesos básicos son estos:

1. Asegúrale al paciente que sabrá todo lo que suceda.
2. Cuenta hasta que cierre los ojos.
3. Instala el cancelador.
4. Retórnale a un periodo del pasado.
5. Trabaja con el archivista para conseguir datos.
6. Reduce todos los engramas con los que se haya contactado para que no quede carga.
7. Trae al paciente a tiempo presente.
8. Asegúrate de que está en tiempo presente.
9. Dale la palabra canceladora.
10. Restaura plena consciencia de lo que le rodea.

---

* Si el paciente tiene algo en contra de los números, usa letras del alfabeto. Puede ser que se le haya contado en alguna operación pasada, de manera que los números lo ponen nervioso.

La línea temporal del paciente, en el nivel más bajo de las unidades de atención, está siempre en un estado excelente. Se puede contar con ella para que alcance cualquier fecha y hora de su vida, y todos los datos que contiene. En los niveles superiores de consciencia, esta línea temporal puede aparentar estar en muy malas condiciones. Los circuitos de engramas de la mente reactiva se encuentran colocados entre estos niveles inferiores (enfrentados directamente a los bancos) y los niveles superiores que contienen el "yo". Los niveles inferiores contienen solamente una sombra de la fuerza del "yo", y en caso de personalidad multivalente parecen ser otro "yo".

Puedes dibujar esto en un papel, y podría resultar útil hacerlo. Dibuja un rectángulo alto (los bancos estándar) a la izquierda de la página. Dibuja media docena de círculos contra el lado derecho de este rectángulo para representar al archivista: las unidades de control del banco. Ahora, aproximadamente en el centro de la hoja, dibuja un rectángulo grande. Píntalo de negro. Este es el área de los circuitos reactivos de engramas. *No* es el banco reactivo. Es el modelo de circuito del banco reactivo de engramas que toma prestado del analizador, para hacer demonios, pensamiento vocal, etc. Ahora, a la derecha de la página, dibuja un rectángulo blanco. Esta es la porción del analizador que es la "consciencia" y el "yo".

Toda la tarea de la terapia es conseguir que el rectángulo negro, los circuitos reactivos del banco de engramas, sean eliminados para lograr que desde el banco estándar de la izquierda de la hoja hasta la porción analizadora de la derecha, *todo* sea analizador. Esto no puede hacerse con un cuchillo como han supuesto algunas personas, evaluando la situación a partir de sus propios engramas. Porque esa área negra que has dibujado es *todo* analizador inutilizado por engramas. Y cuando se haya finalizado la terapia estará disponible para pensar. Esto aumenta enormemente el coeficiente de inteligencia.

Ahora supón que la parte inferior del dibujo es la concepción y la parte superior es tiempo presente. El camino vertical hacia arriba y hacia abajo es, entonces, la línea temporal. En esta gráfica, se puede suponer que el tiempo presente continúa subiendo más y más, alejándose más y más de la concepción en forma de nueva construcción (una analogía).

Para que el "yo" consiguiera datos de los bancos estándar de memoria que están a la izquierda, el "yo" tendría que trabajar a través de ese rectángulo negro, los circuitos de la mente reactiva. En gran medida, el "yo" se las arregla para conseguir los datos de los alrededores de esta área negra. Pero en un grado mucho mayor, no lo consigue.

Ahora supón que dibujamos una línea vertical a la derecha del dibujo. Esta línea es la "consciencia". Considera que puede moverse, manteniéndose siempre vertical, hacia la izquierda. A medida que la línea pasa hacia la izquierda, conseguimos un "trance" más y más profundo. Según la línea se introduce en el área de la mente reactiva, el trance se vuelve hipnótico. Ahora, según se mueve aún más hacia la izquierda y se introduce en los círculos que llamamos "archivista", se convierte en el trance amnésico del hipnotismo. Así, dondequiera que coloquemos esta línea, establecemos una "profundidad de trance". Queremos pasar a trabajar a la derecha del banco reactivo, lo más cerca del nivel consciente, de forma que podamos mantener el "yo" en contacto con lo que le rodea e impedir que los datos indeseados lleguen a pasar, poniendo al paciente crónicamente incómodo. Si el paciente se desliza en un instante desde la derecha hasta la izquierda del todo, de modo que las unidades de atención del propio archivista (los círculos) estén presentes, y hace esto en el instante en que cuentas de uno a siete, es un sujeto hipnótico. Cuando despierte, puede no darse cuenta de lo que ha ocurrido, porque el "yo" estaba desconectado. Trátale ahí, pues tendrá sónico completo, etc., pero vigila muy, muy bien y procura trabajar en su área prenatal en una época muy temprana. Podría ser que no sea capaz de recordar lo que ha sucedido, y un engrama tardío, que no se reducirá al ser tocado, puede desplegar toda su fuerza sobre el "yo" cuando el paciente recobre la posesión de sí mismo. Además, podrías darle una sugestión positiva por accidente. Preferiblemente trabaja con una profundidad de trance bien a la derecha del banco reactivo.

Las características de las unidades que etiquetamos como "archivista" son similares en sus deseos a las del individuo básico cuando ha llegado a Clear. Así, en cualquier paciente se puede alcanzar la *personalidad básica*, porque aquí hay una muestra de ella. Pero el auditor debería contentarse con saber que está ahí. Según avance el clearing verá más y más de ella.

El individuo es él mismo. Su personalidad no se altera, simplemente se convierte en lo que él quiso que fuera todo el tiempo en sus momentos óptimos.

A las unidades que están junto a los bancos estándar se les puede considerar el archivista. Pero el archivista no solo dispone del banco estándar para extraer información. También tiene todo el banco de engramas, del que puede sacar datos.

La línea temporal puede tener varios aspectos para el preclear. En realidad, ahí no hay más línea que el tiempo, y el tiempo es invisible: pero la consciencia, el "yo", puede retroceder por él. La línea temporal siempre está ahí, extendida. Pero continuamente se dan y vuelven a darse ideas aberradas de esta en el mismo paciente. Se puede hacer un completo lío. Puede ser muy larga. Puede ser que él no consiga llegar a ella en absoluto (aquí está el esquizofrénico: está *fuera* de su línea temporal). Pero esta está ahí. Es el sistema de archivo por *tiempo*, y se puede retornar al "yo" por el tiempo con la simple petición de que lo haga. Si no lo hace, está atorado en el presente o en un engrama, lo que es fácil de resolver. Y así sucesivamente.

Ahora consideremos el banco de engramas. Se dibujó como un rectángulo negro en el esquema anterior. Alterémoslo un poco y volvamos a dibujarlo con los rectángulos representados como triángulos apuntando hacia abajo y juntos, pero todo lo demás como antes: los bancos estándar, el analizador (la consciencia), y el "yo". Este es un modelo funcional ahora, una analogía de aquello con lo que el auditor está tratando de contactar. Es como si el banco de engramas en sí existiera en ese triángulo negro. En realidad no es así, solo están sus circuitos, pero todo lo que necesitamos para visualizar es que así es. Por lo tanto, hay un vértice delgado en la parte inferior. Aquí se pueden reunir el "yo" y el archivista. Esta es la parte inferior de la línea temporal. Esto está inmediatamente después de la concepción. Un poco más arriba, digamos dos meses y medio después de la concepción, es un poco más difícil para el "yo" y el archivista ponerse en contacto. Hay más circuito reactivo entre ellos. A los siete meses después de la concepción es más difícil. Y a los veinte años de edad se ha aproximado a la imposibilidad en la mayoría de los casos, sin la técnica de Dianetics.

De ahí, el auditor encontrará conveniente trabajar en el área prenatal, y lo más temprano posible. Si puede limpiar la época desde la concepción hasta el nacimiento, incluyendo el nacimiento, su tarea estará completa en nueve décimas partes. Su meta es limpiar todo el banco reactivo.

El banco reactivo es como una pirámide que está bastante bien reforzada en todas sus partes excepto debajo del vértice, y que pierde su protección cuando se toca ese vértice. Esto es tomar el banco reactivo en un sector desprotegido. El esfuerzo consiste en entrar en el *área básica*, establecer contacto con engramas tempranos, *borrar* el engrama básico-básico a base de relatos y, entonces, progresar hacia arriba, borrando engramas. Estos engramas aparentemente se desvanecen. En realidad, se requiere de una búsqueda ardua para descubrirlos una vez que se han ido. Existen como recuerdo en el banco estándar, pero esa memoria es tan poco importante, habiéndose integrado ya como experiencia, que no puede aberrar. *Nada de lo que hay en el banco estándar puede aberrar.* Solo el contenido del banco reactivo (los momentos de "inconsciencia" y lo que se registró con ellos) y los candados, pueden aberrar. El auditor, en su trabajo, considera borrado un engrama cuando este se desvanece, cuando el preclear ya no puede contactar con ninguna parte de él, pero solo después de que el preclear lo haya experimentado completamente, con todos los somáticos[*].

Esta pirámide invertida, en sus tramos superiores, es efecto. En los tramos inferiores, es la causa primaria de la aberración. Lo que mantiene unida a esta pirámide invertida es dolor físico y emoción dolorosa.

---

[*] Puedes contactar con el archivista mediante drogas o hipnotismo y reunir y reducir engramas. Pero esta es una solución demasiado simplificada. Lo que estamos haciendo en la terapia de Dianetics es más que esto: estamos tratando de conseguir que el "yo" contacte con el archivista, no simplemente hacer trabajar al archivista por sí solo. El hipnoanálisis y la narcosíntesis fracasaron porque nada se sabía del banco de engramas, y porque intentaron trabajar con el archivista solo, sin saber lo que era. El deseo del paciente de ser tratado en trance amnésico o cualquier estado drogado es un esfuerzo por proteger al "yo" y echarle el peso al archivista.

Todo dolor físico que el organismo haya registrado alguna vez y toda emoción dolorosa son partes de esta pirámide invertida.

El auditor *descarga* primero la emoción dolorosa de la vida reciente, según se manifestó en "momentos conscientes". Recorre estos periodos como verdaderos engramas, hasta que el preclear ya no está afectado por ellos. Entonces trata de ponerse en contacto con el *básico-básico:* ese primer engrama. Reduce todos los engramas con los que contacta en el camino hacia esta meta primaria. *En cada sesión trata de alcanzar el básico-básico hasta que está seguro de que lo tiene.*

El básico-básico es el vértice inferior. Una vez que se ha llegado a él, se comienza una borradura, durante la cual se "reexperimenta" engrama tras engrama con todos los somáticos, hasta que desaparece. Antes de haber alcanzado el básico-básico, puede que el auditor haya tenido que recorrer los engramas veinte veces antes de que se redujeran. Posteriormente puede haber encontrado que se reducían en cinco repasos. Entonces contacta con el básico-básico y lo borra. Si en este punto el paciente ya tiene sónico (o si lo ha tenido siempre), los engramas empiezan a borrarse con uno o dos relatos.

El archivista es listo. El auditor que no confía en la capacidad de estas unidades de atención enredará el caso más de lo necesario y lo alargará. El archivista puede entregar las cosas *por frases, por somáticos, por tiempo.* Cualquier cosa que entregue, normalmente se reducirá a base de relatos. *Trabajando con* el archivista, no tratando de darle *órdenes,* el auditor encontrará que el caso mejora continuamente hasta que se libere o llegue plenamente a Clear. La única ocasión en que el auditor hace caso omiso de esto es cuando usa el sistema de Repetición, que se describirá.

Tenemos al "yo" en *reverie;* lo *retornamos* a un periodo de su vida por su *línea temporal;* el *archivista* entrega incidentes que el preclear reexperimenta; el auditor hace que el preclear relate el *engrama* hasta que este esté aliviado o se haya "desvanecido"* (todos los engramas se "desvanecerán" finalmente después de que se haya borrado el *básico-básico*);

---

* Las palabras "desvanecido" o "borrado", cuando se aplican a un engrama que se ha tratado, significan que ese engrama ha desaparecido del banco de engramas. No se puede encontrar después, excepto buscándolo en la memoria estándar.

el auditor se dirige a cualquier cosa nueva que ofrezca el archivista, incluso mientras se relata, para hacer que el preclear lo reexperimente. Ese es el resumen global de la actividad en Dianetics. Están, como técnicas auxiliares, la Técnica Repetitiva y unos cuantos atajos. Esto es terapia. Se necesita ampliación, por supuesto, y se encontrará en las siguientes páginas, con el fin de darle al auditor todos los datos que necesita. Pero este es el esbozo completo de la terapia de Dianetics. 🔹

Las Leyes *del* Retorno

EL ENGRAMA TIENE el aspecto (y no lo es) de una entidad viva que se protege a sí misma de diversas maneras. Todas y cada una de las frases que contiene pueden considerarse órdenes. Estas órdenes reaccionan sobre la mente analítica de tal forma, que ocasionan que la mente analítica se comporte de manera errática.

La terapia de Dianetics es paralela a los métodos del pensamiento y al pensamiento mismo. Se verá que cualquier cosa que reaccione contra Dianetics y el auditor reaccionará exactamente igual, de forma invariable y sin excepción, contra la mente analítica del paciente. A la inversa, los problemas de pensamiento que tiene el paciente en sus actividades comunes son los problemas del auditor en la terapia.

La mayor parte de estas "órdenes" que contienen los engramas no son computables en forma alguna, pues son contradictorias o exigen actos irracionales. La imposibilidad de computarlas y ponerlas de acuerdo con el pensamiento y la existencia es lo que hace que el paciente esté aberrado. Tomemos un engrama que procede de uno de los movimientos intestinales de la madre. Ella está ejerciendo presión, lo cual causa compresión, lo que a su vez conduce a la "inconsciencia" en la criatura nonata. Entonces, si ella habitualmente habla consigo misma (una monologuista), como hacen un enorme número de mujeres aberradas, puede decir: "Ay, esto es un infierno. Estoy toda atascada por dentro. Me siento tan congestionada que no puedo ni pensar. Es tan terrible que no se puede concebir".

Esto puede estar en el área básica. El mecanismo de sueños de la mente (que principalmente piensa en juegos de palabras, digan lo que digan los simbólogos) puede producir un sueño acerca del fuego del infierno a medida que se aproxima el engrama. El preclear puede estar seguro de que va a descender al fuego si continúa por su línea temporal hacia este engrama. Además, pensará que su línea temporal está toda atascada. Esto significará, tal vez, que los incidentes están todos en un sitio en ella. Eso es todo respecto a "Esto es un infierno" y "toda atascada por dentro". Echemos ahora un vistazo a lo que sucede con "Me siento tan congestionada que no puedo ni pensar". El preclear se sorbe la nariz porque piensa que esto significa que tiene un resfriado. Y respecto a "Es tan terrible que no se puede concebir", él está embargado por una emoción de terror ante el pensamiento de tocar el engrama, pues esta orden dice que concebir esto es demasiado doloroso. Además, al ser los engramas literales en su acción, puede pensar que *él* era demasiado terrible para haber sido *concebido*.

La reacción emocional al infierno (desde algún otro lugar en la línea temporal, según está contenida en algún otro engrama) puede significar que "irse al infierno" es sollozar ruidosamente. De ahí, que no "quiera" relatar este engrama. Además, le tiene terror porque es "demasiado terrible para ser concebido". El hecho de que mamá solo estuviera hablando con su ambivalente yo sobre la necesidad de tomar laxantes no entra nunca en la computación. *Pues la mente reactiva no razona: piensa en identidades, tratando de dar órdenes a la mente analítica.*

Solo hay tantos datos como los que haya en el engrama, y la reacción analítica a esta cosa no-pensante es totalmente literal.

Veamos otro ejemplo. Esta es una experiencia de coito. Como somático, contiene presión variada. No es doloroso; y a propósito, no importa lo dolorosos que puedan ser estos engramas en tiempo presente al ser reestimulados, ni tampoco lo fuertes que puedan ser: cuando realmente se entra en contacto con ellos, su dolor reexperimentado es muy leve, sin importar cómo fuera cuando se recibió. Así que esto es una agitación de la criatura nonata, eso es todo. Pero *dice:* "Ay, cariño, tengo miedo de que te vengas dentro de mí. Me moriré si te vienes dentro de mí. ¡Por favor, no te vengas dentro de mí!".

¿Qué hace con esto la mente analítica? ¿Piensa en el coito? ¿Se preocupará por el embarazo? No, definitivamente no. El engrama que haría que uno pensara en el coito, diría: "¡Piensa en el coito!", y el engrama que contuviera una preocupación por el embarazo diría: "Me preocupa el embarazo". En esta experiencia de coito, el dolor no es fuerte, pero afirma específicamente que no se debe ir dentro del engrama: "¡No te vengas dentro de mí!". Él se moriría si lo hiciera, ¿no? Eso dice justo ahí. Y el paciente se encuentra vagando por la línea temporal hasta que el auditor use la Técnica Repetitiva (según se explicará).

¿Qué tal si vemos otro tipo de engrama? Supongamos que nuestro pobre paciente ha tenido la mala suerte de ser un Junior. Supongamos que su nombre es Rodolfo y que el nombre de su padre es Rodolfo. (Ten cuidado con estos casos Junior porque a veces son excepcionalmente complejos). Mamá tiene una aventura oculta con Jim (véase el Informe Kinsey, si tienes cualquier duda). Este somático de coito no es más doloroso que si alguien se le sentara encima suavemente, pero el paciente pasa un rato terrible con él.

MADRE: "Oh, cariño, eres maravilloso. Ojalá Rodolfo fuera como tú, pero no lo es. Simplemente no parece capaz de excitar a una chica en absoluto".

AMANTE: "Bueno, Rodolfo no es tan malo. A mí me cae bien".

MADRE: "No sabes lo arrogante que es. Si Rodolfo se enterara de esto, se moriría. Esto lo mataría, lo sé".

AMANTE: "No te preocupes; Rodolfo nunca oirá nada".

Esta joyita de engrama es más común de lo que uno supondría antes de comenzar a tener una vista como embrión de su madre. Esto no se computará en el analizador como datos. Por lo tanto, es una preocupación. (Una *preocupación* son órdenes engrámicas contradictorias

257

que no se pueden computar). Rodolfo, Junior, se encuentra con que es muy tímido sexualmente. Esta es la pauta aberrativa. Al abordarlo en la terapia, encontramos que tenemos una computación de compasión con el amante. Después de todo, dijo que Rodolfo no era tan malo, que Rodolfo le caía bien. Bueno, el único Rodolfo que existe para la mente reactiva es, por supuesto, Junior. Esto le impide a nuestro paciente abordar este engrama, porque piensa que si lo toca perderá un amigo. Además, en el lado aberrativo, Junior siempre se ha preocupado por la arrogancia de la gente. Cuando contactamos con esto en la terapia, él se aparta de ello violentamente. Después de todo, si se enterara, eso "lo mataría ahí mismo". Y hay otra cosa más aquí: un cierre sónico. Ahí mismo dice que Rodolfo nunca oirá nada. Esto es material de supervivencia. Eso es lo que las células creen. Por lo tanto, Rodolfo nunca oye *en el recuerdo*. Habrá otros cierres sónicos. La madre es promiscua, y eso generalmente significa bloqueo en la Segunda Dinámica. El bloqueo en la Segunda Dinámica con frecuencia significa que a ella no le gustan los niños. En resumen, este sería un caso de intento de aborto que perforó a Junior dejándole lleno de suficientes agujeros como para surtir a una fábrica de quesos durante algún tiempo. Junior, que ahora es un hombre, puede tener oído amplificado porque le tiene miedo a la "vida" en general. Pero su recuerdo sónico es nulo. Este engrama, entonces, se tendría que resolver a través de los circuitos demonio como "impresiones" que llegan a la mente. El auditor, tomando lo que el paciente dice sobre esto, muy pronto puede suponer su contenido y hacerlo estallar con Técnica Repetitiva.

Tomemos ahora el caso de la madre que, siendo la corrección personificada, aunque un poco quejumbrosa, descubre que está embarazada y va al médico.

MADRE: "Creo que estoy embarazada. Me temo que lo estoy".

(El médico la palpa un rato, golpeando a la criatura nonata que treinta años más tarde es nuestro preclear, dejándolo en estado de "inconsciencia").

MÉDICO: "Creo que no".

MADRE: "Realmente me temo que sí. Estoy segura de que me he quedado en estado. Lo sé".

MÉDICO (*más palpación*): "Bueno, es difícil decirlo tan pronto".

Lo que dice ahí exactamente es que nuestro paciente está embarazado. Si nos fijamos bien, veremos que tiene panza. Esto es buena supervivencia, lo es. Y en la terapia nos encontramos con que él teme estarlo: me temo que *lo estoy*. Y de pronto, él no se mueve en la línea temporal. ¿Por qué? Se ha quedado en estado. Eso no significa que esté embarazado; eso significa que se ha *quedado en estado*. Además, no podrá relatarlo. ¿Por qué? Porque es difícil *decirlo* tan pronto. En consecuencia, no habla de ello. Con Técnica Repetitiva, lo liberamos en la línea temporal.

¡Ay, este idioma nuestro que dice todo lo que no quiere decir! ¡Qué estragos hace cuando se le pone en manos de la idiota mente reactiva! ¡Interpretación literal de todo! Parte de la pauta aberrativa de la persona que tenía el engrama anterior, era una gran precaución acerca de dar cualquier opinión. Después de todo, era difícil decirlo tan pronto.

Ahora, tomemos el engrama de una muchacha como paciente, cuyo padre estaba tremendamente aberrado. Él le pega a la madre porque teme que la madre esté embarazada, y el padre tiene bloqueadas las Dinámicas Uno, Dos, Tres y Cuatro.

PADRE: "¡Lárgate! ¡Lárgate! ¡Sé que no has sido sincera conmigo! No eras virgen cuando me casé contigo. ¡Debería haberte matado hace mucho! Ahora estás preñada. ¡Lárgate!".

La muchacha, unas cinco semanas después de la concepción, queda "inconsciente" por el golpe en el abdomen de la madre. Tiene aquí un engrama grave porque tiene valor de emoción dolorosa que nunca podrá dramatizar satisfactoriamente. Aquí la pauta aberrativa se demuestra en forma de histeria cada vez que un hombre la acusara de no ser sincera. Ella era virgen cuando se casó veintiún años después de recibir este engrama, pero estaba segura de que no lo era. Ha tenido una "delusión infantil" de que su padre podría matarla. Y siempre tiene miedo de estar embarazada, porque el engrama dice que *ahora* está preñada, lo que significa siempre, ya que el tiempo es una sucesión de "ahoras". En la terapia tratamos de acercarnos a este engrama. Retornamos a la paciente al área básica y de pronto nos encontramos con que está hablando de algo que sucedió cuando tenía cinco años de edad. La retornamos otra vez, y ahora habla sobre algo que sucedió cuando ella tenía diez años de edad. Cuando observa cualquier reacción de estas, el auditor sabe que está manejando un *rebotador*. Dice: "¡Lárgate!", y la paciente se larga. El auditor reconoce lo que anda mal, emplea la Técnica Repetitiva y reduce o borra el engrama.

Siempre e invariablemente, la mente analítica reacciona a estos engramas como si se le dieran órdenes. Ejecuta en la línea temporal lo que le dicen estos engramas. Y computa sobre el caso o sobre la vida, según dicten estos engramas. ¡Cosas muy saludables para tener cerca, los engramas! ¡Supervivencia real, de la buena! Supervivencia lo bastante buena como para llevar a cualquiera a la tumba.

El auditor no se preocupa mucho por las frases que se presentan en la terapia. Un engrama recibido cuando el padre golpea a la madre, y que dice: "¡Toma! Toma, te lo digo. ¡Vaya si te las vas a llevar todas!", significa que nuestro paciente posiblemente tenga tendencias cleptómanas. (Cosas así son la única fuente de los impulsos de un ladrón; la prueba de esto es que cuando un auditor borra todos estos engramas en un paciente, el paciente no vuelve a robar). El auditor se encontrará con que se relata con avidez porque su contenido lo ofrece a la mente analítica.

Toda la clase de engramas que dicen: "¡Vuelve aquí! ¡Ahora quédate aquí!", como tanto les gusta decir a los padres, explica el volver de repente a un engrama cuando se entra en la terapia. El paciente vuelve directamente a él en el momento en que queda expuesto. Cuando se relata, la orden ya no es efectiva. Pero mientras ese engrama existía, sin que se entrara en él, era plenamente capaz de mandar a la gente a un manicomio para permanecer en posición fetal. A cualquier persona a quien se le haya dejado en un manicomio, a quien no se le haya aplicado choques o lobotomía prefrontal, y que sufra de este tipo de demencia, se le puede liberar de tal engrama y devolver a tiempo presente simplemente mediante el uso de la Técnica Repetitiva. Esto a veces solo lleva media hora.

Viajar por la línea temporal, entonces, y vagar a lo largo de las computaciones que el analizador se ve impulsado a intentar realizar por estos engramas es algo como un juego infantil que tiene cierto número de casillas y a lo largo de las cuales se supone que hay que mover a un "hombre". Podría realmente componerse un juego a base de esta línea temporal y las órdenes engrámicas. Sería similar al parchís. Desplázate tantas casillas, cae en una que dice: "¡Lárgate!", lo que significa que uno volvería a tiempo presente o iría hacia él. Desplázate tantas casillas y pierde un turno después, porque esta casilla en la que ahora caemos dice: "¡Quédate ahí!", y el "hombre" se quedaría ahí hasta que el auditor lo dejara salir mediante la técnica (pero como esto es desmantelado por la terapia, no tendría poder para resistir mucho tiempo). Luego desplázate tantas casillas hasta una que dijera: "Vete a dormir", en la que el "hombre" tendría que irse a dormir. Desplázate tantas casillas hasta llegar a una que dijera: "Nadie debe descubrirlo", y así no habría ninguna casilla. Desplázate tantas hasta una casilla que dice: "Tengo miedo", en la que el "hombre" tendría miedo. Desplázate otra vez hasta una casilla que dijera: "Tengo que irme", de forma que el "hombre" se iría. Desplázate una vez más a una casilla que dice: "No estoy aquí", y la casilla desaparecería. Y así sucesivamente.

Las clases de órdenes que preocupan particularmente al auditor son solo unas pocas. Como la mente en realidad lleva a cabo una parte de su pensamiento, especialmente al recordar, mediante el retorno, aun cuando el individuo no esté retornando, todas estas órdenes también obstaculizan los procesos de pensamiento de la mente. En la terapia son especialmente fastidiosas, y son el blanco constante de la atención del auditor.

Primero está el tipo de orden *expulsora del paciente*. A estas se les llama *rebotadores* en lenguaje coloquial. Incluyen cosas como "¡Lárgate!", "No vuelvas nunca", "Tengo que mantenerme alejado", etc., etc., incluyendo cualquier combinación de palabras que signifiquen *literalmente* expulsión.

En segundo lugar está el tipo de orden *retenedora del paciente*. Estas incluyen cosas como "Quédate aquí", "Siéntate ahí y piénsalo", "Vuelve y siéntate", "No puedo ir", "No debo irme", etc.

En tercer lugar está el tipo de orden *negadora del engrama* que, traducida literalmente, significa que el engrama no existe. "No estoy aquí", "Esto no lleva a ninguna parte", "No debo hablar de ello", "No puedo recordar", etc.

En cuarto lugar tenemos el tipo de orden *agrupadora de engramas* que, traducida literalmente, significa que todos los incidentes están en un lugar en la línea temporal. "Estoy atascado", "Todo pasa al mismo tiempo", "Todo se me viene encima al mismo tiempo", "Te va a caer toda una buena", etc.

En quinto lugar está el *desorientador del paciente*, que envía al preclear en la dirección equivocada: le hace ir a lo anterior cuando debería ir a lo posterior, ir a lo posterior cuando debería ir a lo anterior, etc. "No puedes volver en este punto", "Estás al revés", etc.

El *rebotador* envía al preclear a toda velocidad de vuelta a tiempo presente. El *retenedor* lo mantiene justo ahí donde está. El *negador* le hace sentir que no hay ningún incidente presente. El cuarto, el *agrupador*, condensa su línea temporal de manera que no haya ninguna línea temporal. El *desorientador* invierte la dirección que se necesita seguir.

Entrar en contacto con cualquier engrama hace que el preclear reaccione "analíticamente". Igual que en el caso de un engrama que se reestimula, las órdenes inciden contra su analizador. Y aunque el analizador puede creer firmemente que acaba de computar la reacción espontáneamente, en realidad está hablando directamente a partir del contenido de uno o varios engramas.

Este es el método de la *Técnica Repetitiva*.

A medida que retrocede por la línea temporal, contactando con engramas, el preclear se topa con áreas de "inconsciencia" que están ocluidas por "inconsciencia" o por emoción. En la mayoría de los engramas tempranos puede esperarse que el preclear se ponga a bostezar y bostezar. La orden de "dormir" no es la responsable de esto: la "inconsciencia" se está liberando (los auditores llaman a esto *hacer boil-off*). Durante unas dos horas, un preclear puede buscar a tientas, caer en "inconsciencia", parecer drogado, empezar a dormirse, sin estar presente ninguna de estas órdenes.

Parte del lote engrámico de datos es el cierre del analizador. Cuando se retorna al preclear y se entra en contacto con un engrama, el preclear experimenta entonces una atenuación del analizador, lo que significa que es mucho menos capaz de pensar en el área. El boil-off de la "inconsciencia" es un proceso muy necesario para la terapia, porque esta "inconsciencia" podría reestimularse en la vida diaria del individuo y, al reestimularse, hacer que su capacidad intelectual se redujera solo un poco o muchísimo, disminuyendo la velocidad de sus procesos de pensamiento.

La aparición de la "inconsciencia", entonces, reduce la consciencia del preclear, cuando quiera que se haga contacto con ella. Sueña cosas, murmura tonterías, va dando trompicones. Su analizador está penetrando el velo que lo separaba del engrama. Pero es también sumamente susceptible, cuando está en este estado, a una orden engrámica.

Cuando el auditor le insta a ir a través del engrama y a relatarlo (aunque el auditor sabe que pueden pasar minutos hasta que esta "inconsciencia" haga suficiente boil-off como para que el paciente lo pase a través), el preclear puede quejarse de "no puedo volver en este punto". El auditor rápidamente toma esto muy en cuenta. Es una orden engrámica que está manifestándose. No pone al paciente al corriente de este conocimiento: el paciente generalmente no sabe lo que está diciendo. Si el paciente entonces sigue teniendo dificultades, el auditor le dice "Di 'No puedo volver en este punto'". El paciente repite esto entonces, y el auditor le hace repasarlo y repasarlo. De pronto se presenta un somático y se contacta el engrama.

Al entrevistar a un paciente, el auditor anota cuidadosamente, y sin que parezca que lo está haciendo, qué frases elige y repite el paciente acerca de sus males o acerca de Dianetics. Después de haber colocado al paciente en reverie, si descubre que el paciente, por ejemplo, insiste en que "no puede ir a ningún lado", el auditor le hace repetir la frase.

La repetición de esa frase una y otra vez succiona al paciente hacia atrás por la línea temporal hasta ponerlo en contacto con un engrama que la contenga. Puede suceder que este engrama no se libere (teniendo demasiados antes de él), pero no se liberará solo en el caso de que exista la misma frase en un engrama anterior. Así que el auditor continúa con la Técnica Repetitiva, haciendo que el paciente vaya más y más atrás en busca de ella. Si todo sale según lo planeado, el paciente muy a menudo soltará una risita o se reirá con alivio. La frase se ha soltado. El engrama no se ha borrado, pero esa parte de él no influirá en la terapia a partir de entonces.

Cualquier cosa que haga el paciente con respecto a los engramas y cualesquiera que sean las palabras que emplee para describir la acción, generalmente están contenidas en esos engramas. La Técnica Repetitiva quita la carga de las frases, de forma que se puedan abordar los engramas.

Esta técnica, por supuesto, muy de vez en cuando puede poner al paciente en alguna dificultad, pero la clase de dificultades que pueden presentarse en Dianetics no son muy graves. El engrama, reestimulado en la vida diaria, puede ser, y es, violento. Asesinatos, violaciones e incendios provocados, intentos de aborto, retraso en el colegio (cualquier aspecto aberrado de la vida) proceden todos de estos engramas. Pero el acto de abordarlos en la terapia de Dianetics va por otro conducto; un conducto que está más cercano a la fuente del engrama. Normalmente, al actuar sobre un individuo que no lo sospecha, el engrama tiene enorme poder motor y verbal; mantiene ocupados en la mente una gran cantidad de circuitos que se deberían emplear para la racionalidad, y generalmente causa estragos: sus contactos están "soldados" y el analizador no puede desconectarlos. En la terapia, al paciente se le dirige hacia el engrama: ese acto por sí solo empieza a desconectar algunas de sus "conexiones permanentes". Se puede introducir a un paciente en un engrama que, a menos que se abordara en el curso de la terapia, podría haber hecho que se enroscara como un feto y haber conseguido que lo enviaran al manicomio más cercano. En el curso de la terapia, que es un retorno hacia atrás por la línea temporal, el retenedor más poderoso ve limitada su fuerza. Un paciente puede meterse en un retenedor que en la vida normal sería una psicosis. Su única manifestación tal vez sea que cuando se le diga "Ven a tiempo presente", simplemente abra los ojos sin pasar realmente por el intervalo de la línea temporal hasta el tiempo presente. Él no sospecha que está en un retenedor hasta que el auditor, atento a una manifestación así, le aplica la Técnica Repetitiva.

AUDITOR: ¿Estás en tiempo presente?

PRECLEAR: Claro.

AUDITOR: ¿Cómo te sientes?

PRECLEAR: Bueno, me duele un poco la cabeza.

AUDITOR: Cierra los ojos. Ahora di: "Quédate aquí".

PRECLEAR: Muy bien. Quédate aquí. Quédate aquí. Quédate aquí. *(varias veces)*

AUDITOR: ¿Te estás moviendo?

PRECLEAR: No.

AUDITOR: Di: "Me pescaron. Me pescaron".

PRECLEAR: Me pescaron. *(varias veces)*

AUDITOR: ¿Estás moviéndote en la línea temporal?

PRECLEAR: No.

AUDITOR: Di: "Estoy atrapado".

PRECLEAR: Estoy atrapado. Estoy... ¡Ay, mi cabeza!

AUDITOR: Sigue repasándolo.

PRECLEAR: Estoy atrapado. Estoy atrapado. Estoy atrapado. ¡Ay! ¡Eso es peor!

(Su somático se hace más fuerte según se aproxima al engrama que le retiene al otro lado del velo de la "inconsciencia").

AUDITOR: Sigue repasándolo.

PRECLEAR: Estoy atrapado. "Ay, Dios mío, estoy atrapado. Nunca saldré de este lugar. Nunca saldré. ¡Estoy atrapado!".

AUDITOR: Contacta con él de cerca. Asegúrate de que no hay nada más en él.

(Un truco para impedir que el preclear siga repitiendo lo que él acaba de decir y para que siga recorriendo el engrama).

PRECLEAR: ¡Me duele la cabeza! ¡Déjame venir a tiempo presente!

AUDITOR: Repásalo otra vez.

(Si el preclear se presenta con toda esta carga, se sentirá desdichado, y puede ser difícil entrar en este incidente la vez siguiente).

PRECLEAR: "Ay, Dios mío, estoy atrapada. Me temo que estoy atrapada *(ha aparecido una palabra nueva)*. Nunca saldré de este lugar mientras viva. Estoy atrapada. Nunca saldré. Estoy atrapada". *(aparte)* Está llorando. "¡Ay, por qué me tuve que casar con un hombre así!".

AUDITOR: ¿Cómo va tu cabeza?

PRECLEAR: Me duele menos. Oye, qué truco más sucio. Ella se está golpeando el vientre. ¡Eso es perverso! Vaya, ¡maldita sea!

AUDITOR: Vuelve a experimentarlo otra vez. Asegurémonos de que no hay más.

(El mismo mecanismo para impedir que el preclear repita lo que dijo antes, en vez de decir lo que ahora recibe del engrama. Si repite, *en vez de reexperimentar, el engrama no se disipará).*

PRECLEAR: *(Lo hace, obteniendo algunas palabras nuevas y varios sonidos, incluyendo el sonido sordo de los golpes en el abdomen de la madre y un claxon de automóvil [de tipo pera] afuera en la calle).* No me digas que tengo que recorrer esto otra vez.

AUDITOR: Relátalo, por favor.

PRECLEAR: Bueno, pues esta tipa trata de hacerme polvo la cabeza y deshacerse de mí. Así que yo la regañé y le di una buena tunda.

AUDITOR: Por favor, reexperimenta el engrama.

PRECLEAR: *(Empieza a hacerlo, de pronto se da cuenta de que, como un trozo de cuerda con un lazo en ella, este engrama se ha enderezado y contiene más datos donde estaban los lazos).* "Tengo que pensar en algo que decirle a Harry. Va a regañarme".

(Esta fue la fuente de su broma de "la regañé", etc.).

AUDITOR: Por favor, repásalo otra vez. Puede ser que contenga más.

PRECLEAR: *(Lo hace, se reducen partes viejas de este, aparecen dos sonidos nuevos: los pasos de ella y agua que corre. Entonces él se siente contento y se ríe de ello. Este engrama se ha* liberado, *porque puede que no se haya desvanecido completamente. Un engrama así está en este estado solo cuando se le contacta antes del básico-básico).*

Esto es tanto Técnica Repetitiva como un engrama que se ha llevado a *remisión* a base de hablar de él. Este engrama puede aparecer otra vez con una carga adicional muy leve después de que se haya contactado con el básico-básico, pero ha perdido todo el poder para aberrar o para producir un dolor de cabeza psicosomático u otra enfermedad. Sin embargo, este engrama, sin ser contactado mediante la terapia, era suficiente como para hacer que este paciente, cuando era niño, gritara aterrorizado cada vez que se encontraba con que no podía salir de un espacio cerrado (claustrofobia).

La Técnica Repetitiva es la única fase concreta de Dianetics que requiere ingenio del auditor. Con perseverancia y paciencia, cualquier auditor puede tener éxito en las otras fases de la ciencia, con una inteligencia mínima. En la Técnica Repetitiva, debe aprender a pensar (para los fines de la terapia) como un engrama. Y tendrá que observar cómo se conduce el sujeto por la línea temporal. Y tendrá que observar el tipo de reacción que tiene el sujeto, y de ahí sacar la conclusión de qué tipo de orden está molestando al sujeto cuando el propio sujeto no coopera o no sabe.

Esto no significa que la Técnica Repetitiva sea difícil: no lo es. Pero la capacidad del auditor para usarla es la razón principal de por qué un caso requiere más tiempo con un auditor que con otro. Es una capacidad precisa. Es jugar con ingenio al juego antes mencionado. ¿Dónde está atorado el preclear y con qué orden? ¿Por qué el preclear de pronto ha dejado de cooperar? ¿Dónde está la carga emocional que está reteniendo al caso? Con la Técnica Repetitiva, el auditor puede resolver todos estos problemas, y un auditor sagaz los resuelve mucho más rápido que un auditor carente de sagacidad.

¿Cómo piensa uno como un engrama? Ronald Ross, al descubrir que los insectos eran portadores de gérmenes, consideró necesario pensar como un mosquito. Aquí hay una amenaza similar: el engrama. Para los fines de la terapia, uno tiene que aprender a pensar como un engrama.

El auditor no podría y no necesita ser capaz de mirar a los ojos de un paciente y suponer por qué los miércoles no quiere comer nada más que coliflor. Eso es una aberración, y el auditor no necesita tratar de suponer aberraciones o fuentes de enfermedades psicosomáticas; todas desaparecen a su debido tiempo, y él aprenderá mucho sobre ellas a medida que avanza. Pero el auditor tiene que poder mantener en orden a su paciente en la línea temporal, retrocediendo hacia el área básica y moviéndose desde ahí hacia adelante para conseguir una reducción. La respuesta actual para esto es la Técnica Repetitiva. Comprende que podría desarrollarse un nuevo arte o muchas artes en la práctica de Dianetics; uno estaría descontento con sus congéneres si tal evolución y mejora no se produjera. Por el momento, lo mejor que se ha presentado (y el criterio de lo mejor es que funciona uniformemente en todos los casos) es la Técnica Repetitiva. En este momento, el auditor debe ser capaz de usarla si espera cualquier cosa parecida a un resultado en un caso. Cuando el auditor (o algún auditor) haya recorrido unos cuantos casos, y conozca la naturaleza de esta bestia, el engrama, puede que (y más le vale que así sea) salga con sus propias técnicas mejoradas. El auténtico inconveniente que tiene la Técnica Repetitiva es que se necesita que el auditor sea sagaz.

Ser sagaz no significa hablar mucho. En Dianetics, cuando uno está auditando, eso significa ser muy poco sagaz. De hecho, cuando los auditores empiezan a tratar casos, casi invariablemente les gusta tanto el sonido de su propia voz y la sensación de su destreza, que el pobre preclear apenas tiene oportunidad de decir palabra alguna, como reacción: y es el preclear a quien hay que llevar a Clear, el que tiene la única información exacta, el que puede hacer las únicas evaluaciones.

Ser sagaz, en lo que respecta a la Técnica Repetitiva, es tener la capacidad de seleccionar de la conversación o acción del sujeto exactamente aquello que hay en los engramas que le impedirá alcanzarlos, avanzar por ellos y demás. La Técnica Repetitiva se dirige solo a la *acción*, no a la aberración.

Aquí hay un caso, por ejemplo, que estaba tan "sellado" que fueron necesarias treinta horas de Técnica Repetitiva casi continua para romper los muros entre la mente analítica y los engramas. *Es importante saber que un engrama no sería engrama si el preclear pudiera contactar con él fácilmente.* Cualquier engrama con el que se pueda contactar fácilmente, y que no tenga carga emocional, viene a ser tan aberrativo como un vaso de gaseosa.

A una joven con recuerdo sónico, pero con oído amplificado y un desequilibrio tan completo del sistema endocrino que a los veintidós años se había convertido en una anciana, se le trató durante setenta y cinco horas antes de que contactara con algo en el área básica. Esto es casi increíble, pero sucedió. En un paciente con cierre sónico y que está fuera de su línea temporal, setenta y cinco horas de trabajo apenas bastarían para engrasar los engranajes. Pero esta joven, teniendo recuerdo sónico, debería haber estado bien avanzada en el camino hacia ser Clear, y todavía no había tocado el básico-básico.

Por medio de la Técnica Repetitiva y solo con esta, el caso finalmente se resolvió. Prácticamente no contenía ningún retenedor ni rebotador. Simplemente parecía que toda el área prenatal estaba en blanco.

Ahora, resulta que un engrama, al no ser un recuerdo que contenga razón, no es más que un conjunto de ondas o algún otro tipo de registro que incide en la mente analítica y en la mente somática, y dirige la voz, los músculos y otras partes del cuerpo. La mente analítica, para justificar lo que encuentra al avanzar, y reducida por el engrama que se está dramatizando, puede estar interponiendo datos para hacer que esta acción parezca razonable: para justificarla. Pero esto no hace que un engrama sea consciente. Cuando en la terapia se aborda un engrama por primera vez, este parece estar completamente ausente. Pueden ser necesarias tres sesiones para "revelar" este engrama. Puesto que se trabaja con muchos, esto no significa tres sesiones en blanco, sino que significa que el "yo", al retornar, debe repasar un engrama varias veces para que este se revele. Es importante saber esto. Igual que le pides a la mente un dato una semana y no lo encuentras (en un aberrado), y se lo pides otra vez la semana siguiente y lo encuentras, así sucede con los engramas. Un principio cardinal en la terapia es que *si insistes en pedirlo, al final conseguirás el engrama*. El mero hecho de retornar una y otra vez al área prenatal finalmente revelará los engramas que esta contiene, de forma que la mente analítica pueda atacarlos y reducirlos. Esto es a paso de tortuga. La Técnica Repetitiva (aunque el engrama todavía necesite varias sesiones para revelarse) acelera inmensamente el proceso.

En el caso de esta joven, quizá se hubieran necesitado otras cincuenta o sesenta horas de trabajo para contactar con los engramas, a menos que se hubiera empleado una técnica como la repetitiva. La Técnica Repetitiva resolvió el caso cuando el auditor notó que la joven seguía diciendo sin parar: "Estoy segura de que existe una buena razón por la cual me siento mal desde mi infancia. Después de todo, mi hermano me violó cuando yo tenía cinco años. Estoy segura de que es en mi infancia, mucho más tarde. Mi madre estaba terriblemente celosa de mí. Estoy segura de que es más tarde".

Como podría imaginarse, esta joven había estudiado alguna escuela de curación mental en la universidad que opinaba que el sexo o ingerir vitaminas causaba aberraciones de la mente, y a menudo había expresado que, aunque no era reacia a lo que ella llamaba "análisis", sí pensaba que era estúpido esperar que un feto pudiera oír algo. Ella entraba en el área prenatal y declaraba que se sentía bastante cómoda. *Pero no se divisaba el nacimiento*. Esto es importante. El engrama o engramas básicos en el área básica (más o menos en el periodo embrionario) no pueden desvanecerse y no se desvanecerán a falta de terapia. Y cuando no se puede contactar con el nacimiento, ni siquiera mediante un solo somático, es seguro que hay algo que se encuentra antes. Si el nacimiento fuese el primer engrama, se podría llevar a Clear a todo el mundo en cinco horas. El nacimiento puede incluso estar a la vista, y pueden quedar todavía medio centenar de experiencias prenatales graves. En su caso, no había nada a la vista. Su modelo educativo había reducido la velocidad del caso: siempre estaba tratando de permanecer en tiempo presente y de "recordar" con una memoria tan llena de oclusiones, que no podría haber recordado el nombre correcto de su madre. (Esto lo había adquirido al estar durante diez años en las manos de individuos que se ocupaban de la mente, que le habían pedido que no hiciera otra cosa que "recordar"). Como se ha dicho, estaba bastante cómoda antes del nacimiento, sentía el líquido amniótico, y estaba segura de que la vida en la matriz era una vida dichosa para todos. La incongruencia de que pudiera experimentar las sensaciones de este líquido amniótico, la comodidad flotante y la calidez, y una creencia continua de que no había memoria prenatal, se le escapaban por completo. El auditor no hizo el menor esfuerzo por convencerla. Sabiendo lo que hacía, simplemente siguió enviándola continuamente hacia atrás y hacia adelante, probando este o aquel mecanismo.

Finalmente, ella quiso saber si *tenía* que haber experiencia prenatal, y se le dijo que lo que estaba ahí, estaba ahí; que si no había ninguna memoria prenatal, entonces no la recordaría, pero que si la había, podría recordarla. Esta es una buena actitud, indeterminada, para un auditor. Dianetics, después de todo, según dijo un auditor: "Solo muestra la mercancía", y no hace ningún esfuerzo en absoluto por vender.

El auditor había estado empleando la Técnica Repetitiva con variedad de frases. Ella se estaba moviendo por la línea temporal, así que tenía que haber presente un negador. Y él se había quedado completamente sin ideas, cuando se dio cuenta, de repente, de que ella siempre tenía a mano esa frase: "Mucho más tarde".

AUDITOR: Di: "Mucho más tarde", y retorna al área prenatal.

CHICA: Mucho más tarde. Mucho más tarde, (etc.) *(muy aburrida y sin cooperar)*.

AUDITOR: Continúa, por favor.

(Nunca digas: "Sigue adelante", porque eso significa precisamente hacer eso. Di: "Continúa" cuando quieras que sigan avanzando por un engrama o repitiendo, y "Vuelve a pasar por él" al volver a recorrer un engrama que ya se ha recorrido una vez).

CHICA: Mucho más tarde. Mucho… ¡Tengo un somático en la cara! Siento como si me estuvieran empujando.

(Esto fue una buena noticia, porque el auditor sabía que ella tenía un cierre de dolor a la mitad del periodo prenatal, que impedía la aparición de somáticos posteriores).

AUDITOR: Contacta con ello más a fondo y continúa repitiéndolo.

CHICA: Mucho más tarde. Mucho más tarde. Se está haciendo más fuerte.

(Naturalmente. En la Técnica Repetitiva, el somático se hace más fuerte hasta que aparece exactamente la frase correcta. En un caso no-sónico, incide indirectamente en el "yo"; en uno con sónico, el sonido se presenta como sonido).

AUDITOR: Continúa.

CHICA: Mucho… ¡Oigo una voz! Ahí. Eso es. Vaya, ¡es la voz de mi padre!

AUDITOR: Escucha las palabras y repítelas, por favor.

CHICA: Está hablándole a mi madre. Oye, esta presión en la cara es incómoda. No para de subir y bajar sobre mí. ¡Duele!

AUDITOR: Repite sus palabras, por favor.

CHICA: Está diciendo: "Oh, cariño, no voy a venirme dentro de ti ahora. Es mejor esperar hasta mucho más tarde para tener uno". Y ahí está la voz de mi madre. Oye, esta presión me está doliendo. No, se ha aliviado considerablemente. Es curioso: en el momento en que contacté con su voz, disminuyó.

AUDITOR: ¿Qué está diciendo tu madre, por favor, si la oyes?

CHICA: Está diciendo: "¡No te quiero ahí dentro para nada, entonces!". ¡Está furiosa! Oye, el somático ha parado.

(En este momento había terminado el coito).

AUDITOR: Por favor, vuelve al principio de esto y relátalo.

CHICA: *(Obtiene otra vez el principio; el somático vuelve)*. Me pregunto qué estarán haciendo *(luego, una pausa)* ¡Oigo como un chapoteo! *(luego una pausa y vergüenza)*. ¡Oh!

AUDITOR: Relata el engrama, por favor.

CHICA: Hay una especie de ritmo suave al principio, y después se hace más rápido. Puedo oír la respiración. Ahora la presión está empezando a ser más fuerte, pero mucho menos que la primera vez. Después disminuye y oigo la voz de mi padre: "Oh, cariño, no voy a venirme dentro de ti ahora. Es mejor esperar hasta mucho más tarde para tener uno. No estoy muy seguro de que los niños me gusten tanto. Además, mi empleo…". Y mi madre debe de empujarlo, porque hay un somático más agudo aquí. "No te quiero ahí dentro para nada, entonces. ¡Eres más frío que un témpano!".

AUDITOR: Retorna al principio y relátalo otra vez, por favor.

CHICA: *(Lo relata varias veces; finalmente, el somático desaparece. Ella se siente bastante alegre al respecto, pero no piensa en mencionar que dudaba de la existencia de los prenatales)*.

Esto es la *Técnica Repetitiva* en funcionamiento. A este caso en concreto se le habían lanzado unas doscientas frases de Técnica Repetitiva, sin encontrar ninguna que encajara. En primer lugar, solo había unos cuantos engramas menores que el archivista estaba dispuesto a entregar, y el auditor estaba probando al azar con toda la gama de negadores. Un incidente más reciente podría haber contenido (y contenía, pero no aparecieron somáticos) muchas de las frases que usó el auditor. Pero el archivista estaba dispuesto a contentarse con este, porque era anterior y podía borrarse.

El archivista rara vez entrega algo que no se pueda reducir hasta su remisión, en un caso sumamente ocluido. Y un auditor *nunca* deja un engrama así ofrecido hasta que haya hecho el último esfuerzo por reducirlo relatándolo muchas veces. En este caso, por cierto, el archivista habría defraudado al auditor proporcionando un engrama como el del nacimiento que no se habría podido disipar, y que habría causado una buena cantidad de trabajo en balde y un dolor de cabeza al paciente durante varios días. El auditor habría defraudado al archivista si no hubiera reducido el engrama ofrecido haciendo que la joven lo repasara varias veces, hasta que el somático desapareciera y la voz desapareciera gradualmente.

La razón por la que este engrama permaneció oculto fue porque su contenido así lo decía. En realidad era un coito. Como engrama, parecía decir que los incidentes se encontrarían más tarde en la vida. Además, como engrama decía que no había que entrar en él.

La Técnica Repetitiva a veces enredará al paciente en problemas menores, haciendo que sea "succionado" hacia incidentes que no se pueden disipar. Esto no es común, pero el archivista ocasionalmente entrega un incidente posterior antes que uno anterior. Sin embargo, esto no es un error del archivista. Recuerda: tiene estos engramas archivados por tema, somático y tiempo, y el auditor puede usar cualquiera de estos. Cuando el archivista responde y entrega un somático a una frase repetitiva que el auditor ha entresacado de la charla del preclear o ha supuesto por sí mismo, y a pesar de ello ese somático no se disipa o no aparece ninguna voz con él (en un caso con sónico; o en un caso no-sónico, simplemente no se disipará), el archivista tuvo que desamontonar una pila de material. Por lo tanto, el auditor, dándose cuenta de esto y encontrando que no aparece una voz o que el somático no se disipa, hace que el preclear repita la misma frase y le pide que vaya más y más atrás. Puede aparecer otro somático en una parte diferente del cuerpo. El archivista, ahora que se ha descargado una pequeña parte del malestar de lo que pudo conseguir en primer lugar, ha soltado uno, incluso anterior. Ahora este engrama anterior se aborda de forma similar. Puede volverse medianamente fuerte como somático, mientras el preclear sigue repitiendo la frase todo el tiempo, y puede que todavía no aparezca ninguna voz. El auditor entonces envía al preclear más atrás. Otra vez, el archivista se las ha arreglado para sacar uno todavía más anterior ahora que se ha quitado algo del segundo. Y ahora, otra vez, se presenta un somático aún anterior, quizá alrededor del área básica, en un caso en el que no se había contactado antes con esta área; y esta vez puede escucharse una voz. El engrama se reduce. En resumen, el archivista estaba dispuesto a arriesgarse a tener dificultades con tal de desamontonar varios somáticos y permitirle al auditor conseguir un incidente básico.

En esta clase de cosas hay variaciones. Dado que el sistema de archivo se lleva por tema, somático y tiempo, el auditor puede emplear otras cosas aparte de frases. Puede enviar a un preclear a la "máxima intensidad de un somático", y con frecuencia pueden obtenerse resultados, aunque esto no es tan fiable ni tan infalible como hacerlo por temas. Al preclear, dicho sea de paso, no le importa ir a cualquier "máxima intensidad" de un somático, porque los somáticos vienen a tener una fuerza de una milésima parte de la agonía original, aunque son bastante fuertes. En tiempo presente, no estando el preclear en terapia, la intensidad de uno de estos somáticos puede ser un asunto violento, como lo demuestra el dolor de una jaqueca. Tomando la jaqueca, se puede retornar a un preclear al momento preciso en que se recibe, cuando uno pensaría que su intensidad sería máxima, y encontrar, sin embargo, un dolor leve, vago, como el que uno tendría con una resaca. Esto es parte del principio de que cualquier entrada en un caso es mejor que un caso en el que no se ha entrado en absoluto. Porque, mediante el retorno con la técnica estándar de reverie, se aborda la fuente; y, si se contacta con la fuente en lo más mínimo, el poder del engrama para aberrar se ha reducido en cuanto a fuerza, sin importar cuántos errores cometa el auditor.

Retornar a la "intensidad máxima" de un somático, entonces, no es muy doloroso. La *verdadera* intensidad máxima es cuando el preclear está despierto antes que se haga contacto con el incidente. Pero al retornar a la "intensidad máxima", a menudo se puede contactar con el incidente y reducirlo. Sin embargo, si la "intensidad máxima" contiene en su engrama las frases: "¡No lo soporto!", "¡Me está matando!", o bien "¡Estoy aterrado!", entonces espera que nuestro preclear responda a ello de alguna de estas formas. Si no responde, entonces tiene un cierre emocional, lo cual es otro problema que se abordará más adelante.

De manera similar, el auditor puede manejar a su preclear en el tiempo. Existe un reloj muy exacto en la mente. El archivista está muy familiarizado con este reloj, y obedecerá en lo posible. El auditor que quiere que el paciente vaya a "seis minutos antes de que esta frase sea pronunciada", generalmente encontrará que su preclear está ahora a seis minutos antes de la frase, aun cuando el incidente sea prenatal. El auditor puede hacer que su preclear avance, entonces, minuto a minuto según lo desee. Puede llevar a un preclear directamente a través de un incidente, anunciándole: "Es un minuto más tarde. Son dos minutos más tarde. Han pasado tres minutos", y así sucesivamente. El auditor no tiene que esperar a que transcurran esos minutos; simplemente los anuncia. Puede hacer que un preclear recorra el tiempo a intervalos de cinco minutos, de una hora o de un día y, a menos que haya material engrámico que le retenga o afecte al funcionamiento de otra forma, el auditor puede llevar al preclear por la línea temporal a voluntad. Estaría muy bien que el auditor pudiera enviar al preclear a la concepción, y entonces decirle que es una hora más tarde, dos horas más tarde, y así sucesivamente, hasta recoger el primer engrama. Sin embargo, aparte del tiempo, hay otros factores implicados y el plan, aunque bonito, no es factible. El desplazamiento temporal se emplea generalmente cuando el auditor está tratando de llevar al preclear a antes de un incidente, para asegurarse de que en realidad tiene un comienzo. Al retornar al preclear por intervalos de cinco o diez minutos, a veces el auditor puede descubrir que está yendo hacia atrás, metiéndose en un incidente muy largo y complicado; y que el dolor de cabeza que ha estado tratando de aliviar en el preclear, en realidad se recibió horas antes del periodo en el que pensó que se había recibido inicialmente. En tal caso, hay un segundo engrama unido a un engrama anterior, y el auditor no puede disipar el segundo hasta que tenga el primero.

En realidad, el desplazamiento temporal es de una utilidad limitada. El auditor que trata de buscar hacia atrás a través del tiempo, se encontrará en sus manos con un caso reestimulado artificialmente, y su trabajo estará muy obstaculizado. La Técnica Repetitiva funciona mejor y se maneja más fácilmente cuando se hace mediante el archivista. El auditor emplea el desplazamiento temporal para acercar al preclear lo más posible al área básica (prenatal temprano) y después, generalmente, si el archivista no se pone simplemente a trabajar entregando engramas que puedan ser eliminados uno tras otro, el auditor emplea la Técnica Repetitiva. El desplazamiento temporal y "localizar somáticos" tienen cierto uso limitado. Algo de experimentación mostrará más o menos cuánto uso tienen.

Las leyes del retorno son estas:

1. Un paciente retornado reacciona más, teóricamente, a las órdenes que son anteriores al momento en el que él se encuentra en la línea temporal, y reacciona menos a las órdenes que son posteriores al punto en el que él está en el tiempo.

2. Un preclear reacciona a las órdenes engrámicas:

    a. Que están en reestimulación crónica, o

    b. A las que él está más cerca en la línea temporal.

    Así, si un engrama dice: "Tengo miedo", lo tendrá. Si dice: "Preferiría morir a enfrentarme a esto", lo haría. Si la orden que está cerca dice: "Tengo sueño", lo tendrá. Si dice: "Olvídalo", lo olvidará. Las órdenes en reestimulación crónica dan a la personalidad un aspecto falso: "Nunca puedo estar seguro de nada", "No sé", "No puedo oír nada", todas estas frases posiblemente estén en reestimulación crónica. Si el archivista no las quiere entregar, entonces sigue trabajando el caso en torno a ellas. Después de un tiempo cederán.

3. La acción del preclear en la línea temporal y la condición de la línea temporal son reguladas exclusivamente por órdenes engrámicas que pueden clasificarse como *rebotadores, retenedores, negadores y agrupadores y desorientadores.* (Repetimos que estas condiciones son bastante variables; tan variables como el lenguaje: "No sé si voy o vengo", por ejemplo, en un engrama, hace que genere mucha confusión. "No puedo volver en este punto" hace que el preclear se vaya hacia lo más y más reciente).

4. La orden engrámica se manifiesta en el lenguaje del preclear despierto después de una sesión de terapia, o bien se anuncia inadvertidamente como un pensamiento supuestamente "analítico" cuando se acerca a las inmediaciones de la orden.

5. El engrama no es un recuerdo consciente, racionalizado, sino un conjunto de percepciones no analizadas y se llegará a contactar con él simplemente mediante el proceso de retornar pasando a través de él, volviendo a él, pasando por encima de él, o bien pidiéndolo.

6. El archivista le dará al auditor cualquier cosa que se pueda extraer del banco de engramas. El auditor debe ayudar al archivista, reduciendo en cuanto a carga o gravedad todo lo que el archivista le ofrezca. Esto se lleva a cabo haciendo que el paciente lo relate. (De lo contrario, el archivista se encuentra con tanto material apilado alrededor que, con esto en reestimulación, ya no puede llegar a los archivos. No es raro el auditor que se resista tenazmente al archivista. No se ha encontrado todavía el archivista que se resista tenazmente al auditor, excepto rehusándose a entregar datos que no se reducirán).

Las técnicas disponibles para el auditor son las siguientes:

1. *Retorno*, en el que al preclear se le envía al periodo más temprano posible en su línea temporal antes de que se inicie la terapia en sí.

2. *Técnica Repetitiva*, mediante la cual se le piden al archivista datos sobre ciertos temas, particularmente los que afectan a retornar y a viajar en la línea temporal, y que contribuyen a la capacidad del preclear para contactar engramas.

3. *Desplazamiento temporal*, mediante el que al preclear se le puede desplazar distancias cortas o largas por la línea temporal mediante el anuncio específico de la cantidad de tiempo que el preclear debe avanzar o retroceder, o retornar o avanzar a través de intervalos de tiempo. (También es útil averiguar si el preclear se está moviendo por la línea temporal, y en qué dirección lo está haciendo, a fin de descubrir la acción que algún engrama pueda estar ejerciendo sobre él).

4. *Localización del somático*, mediante la que se averigua el momento de recepción del somático, en un intento por descubrir si se recibe en este engrama, o para encontrar un engrama que lo contenga. ✴

La Emoción *y la*
Fuerza Vital

U NO DE LOS PAPELES principales en la terapia lo desempeña la emoción. En el segundo libro tratamos este tema, y lo dividimos provisionalmente, y solo como teoría, en tres partes:

1. Las emociones contenidas en la orden de los engramas por medio de las cuales el dolor físico se confundió con las emociones.
2. Las emociones contenidas como reacciones endocrinas sujetas a la mente analítica del Clear y a la mente analítica y reactiva del aberrado.
3. Las emociones contenidas en los engramas que atraparon unidades libres de fuerza vital.

Indudablemente, el trabajo y la investigación adicionales sobre la emoción llevarán a una comprensión aún más profunda de ella. Pero ahora tenemos un conocimiento funcional de la emoción. Podemos usar lo que sabemos y producir resultados con ello. Cuando sepamos más, podremos producir resultados mucho mejores, pero ahora mismo podemos producir el Liberado y el Clear. Si tratamos a la emoción como fuerza vital atrapada, y si seguimos estos preceptos generales para liberarla, obtendremos una enorme ganancia en cualquier preclear; en realidad, produciremos nuestras mayores ganancias individuales liberando la emoción de esta manera.

En una ciencia de ingeniería como Dianetics, podemos trabajar a base de botones que se aprietan. Sabemos que darle al interruptor detendrá un motor, que darle otra vez lo volverá a arrancar, y que no importa cuántas veces abramos o cerremos ese interruptor, nuestro motor se parará o arrancará. Aquí estamos usando una fuerza que es todavía tan misteriosa para nosotros como lo era la electricidad para James Clerk Maxwell. Mucho antes, Benjamin Franklin había observado que la electricidad existía, y había hecho algunas cosas interesantes con ella, pero no la había usado mucho y no la podía controlar. Un filósofo como Bergson aisló algo que él llamó *élan vital*, una fuerza vital. El hombre está vivo; debe haber una fuerza o flujo de algo que lo mantiene vivo; cuando el hombre está muerto, no hay fuerza ni flujo. Esto es la fuerza vital en la etapa de Benjamin Franklin. Al igual que él consideró la electricidad, Bergson consideró la fuerza vital. En Dianetics, ahora estamos en la etapa de James Clerk Maxwell, o muy próximos. Sabemos que pueden hacerse ciertas ecuaciones sobre la fuerza vital, y podemos usar esas ecuaciones. Y podemos teorizar que esa "fuerza vital" y lo que ha sido llamado cierta clase de "emoción", son semejantes o son la misma cosa. Puede que tengamos una teoría equivocada, pero también podría haber estado equivocado James Clerk Maxwell. En realidad, las teorías de Maxwell incluso puede que sean erróneas: al menos tenemos luz eléctrica. En Dianetics, estamos bastante seguros de que la mayoría de los principios son paralelos a la ley natural; estas son las computaciones mayores. No estamos seguros de haber clasificado la emoción de forma apropiada, pero tampoco estaremos seguros hasta haber tomado realmente a un muerto y haberlo revivido volviéndolo a llenar de fuerza vital. A falta de este extremo, estamos en terreno firme con la emoción como fuerza vital.

Por ejemplo, podemos tomar a una chica, examinar alguno de sus antecedentes, digamos, con un electroencefalógrafo (instrumento para medir impulsos nerviosos y reacciones)*, y después proceder, en función de la información así obtenida, a hacer una de dos cosas. La primera es inhumana y por supuesto no se haría, pero se le podría poner enferma o hacerla enloquecer con solo usar estos datos, así obtenidos. (Si los datos se obtienen en la terapia, se obtienen por contacto real con los engramas, y un engrama con el que se ha contactado en reverie ha perdido su poder para aberrar; por tanto, la terapia de Dianetics hace completamente imposible tal eventualidad). El segundo hecho, y mucho más importante para nosotros, es que con estos mismos datos se puede hacer que la joven recobre toda la fuerza, el interés, la persistencia y la tenacidad hacia la vida, y todo el bienestar físico y mental posibles. Si no se pudiera hacer que funcionara en ambos sentidos, no tendríamos la respuesta, al menos en una forma funcional. (A propósito, si algún escritor de ficción se sintiera tentado de horrorizar acerca del primer hecho, que por favor recuerde que los datos se obtuvieron con aparatos que habrían dejado estupefacto al Doctor Frankenstein por su complejidad y la habilidad en su uso, y que la terapia de Dianetics hace contacto con los datos en su fuente; el aparato es necesario para impedir tocar la fuente, porque en el instante en que la terapia toca la fuente, el poder de esta se desvanece como los titulares de ayer. Así que no hagamos dramas tipo *Luz de Gas* sobre Dianetics, por favor; serían técnicamente inexactos).

Esto no es tan sencillo como la electricidad, pues el interruptor no se puede encender y apagar. En lo que respecta a Dianetics, solo se puede encender. Tenemos, entonces, un reóstato que no retrocederá, pero que, cuando se presiona hacia adelante, libera más y más fuerza dinámica para el individuo y le da más y más control sobre su uso.

---

* El electroencefalógrafo, los hipnoscopios, las tablas de inteligencia, las pruebas para las diversas dinámicas y demás, son todas ayudas mecánicas para Dianetics. Se usan fundamentalmente en la investigación. Se pueden usar en la práctica, cuando están disponibles y la destreza del auditor lo permita, pero generalmente no han estado en esa clase de uso práctico y, en la actualidad y con esta terapia, no son necesarias. Algún químico, uno de estos días va a inventar un "gas de trance" perfecto, espero, que acelerará el clearing de un esquizofrénico, y confío en que algún ingeniero hará algo para medir los impulsos nerviosos, lo bastante barato como para usarse en la práctica general. Ahora mismo, podemos pasar sin ellos, sin importar lo deseables que puedan ser para el futuro.

Se supone que el hombre es un organismo autodeterminado. Es decir, mientras pueda hacer evaluaciones de sus datos sin compulsiones ni represiones artificiales (los 7s atorados en una calculadora), puede actuar con máxima eficiencia. Cuando el hombre se vuelve determinado exteriormente, es decir, se ve compelido a hacer o reprimido de hacer, sin su propio consentimiento racional, se convierte en un animal que reacciona al botón que se aprieta. Este factor del botón que se aprieta está tan marcadamente definido que un auditor que descubre en la terapia una frase clave en un engrama (y no la libera) puede usar esa frase durante un tiempo para hacer que un paciente tosa, se ría, deje de toser o deje de reírse, a voluntad del auditor. En el caso del auditor, puesto que obtuvo los datos en su fuente (contactó con el propio engrama, lo que le robó a este un poco de su poder), el botón que se aprieta no durará mucho; desde luego, se podrá apretar menos de doscientas o trescientas veces. Todo el intento de manejar seres humanos a base del dolor, y la mayoría de los datos acumulados en el pasado por diversas escuelas, han sido, sin saberlo, esta información de botón que se aprieta. Si el engrama no se toca en su fuente se podrá seguir usando indefinidamente, sin que su poder disminuya jamás. Sin embargo, cuando se toca en su fuente, se ha alcanzado el registro original, y pierde así su poder. El "manejo de seres humanos" y lo que la gente ha estado llamando de modo general "psicología", en realidad han sido manejos del tipo "botón que se aprieta" de las frases y sonidos aberrativos de una persona. Los niños los descubren en sus padres y los usan de lo lindo. El oficinista descubre que su jefe no puede soportar una papelera llena, y por lo tanto la mantiene siempre llena. El contramaestre de un barco descubre que uno de sus marineros se intimida cada vez que oye la palabra "figurín", y entonces usa la palabra para intimidar al hombre. Esto es una guerra de botones que se aprietan entre aberrados. Las esposas pueden descubrir que ciertas palabras hacen que el marido haga una mueca de disgusto o se enfade, o le hacen refrenarse de hacer algo, así que usan estos botones que se aprietan. Y los maridos encuentran los botones que se aprietan de sus mujeres y les impiden comprarse vestidos o usar el coche. Este duelo defensivo y ofensivo entre aberrados está ocasionado por botones que se aprietan que reaccionan contra botones que se aprietan. Poblaciones enteras son manejadas por sus respuestas de botones que se aprietan. La publicidad aprende acerca de los botones que se aprietan y los usa en cosas como el "olor corporal" o el estreñimiento. Y en el campo de la diversión y de la composición de canciones, los botones que se aprietan se pulsan a montones y en serie para producir respuestas aberradas. La pornografía atrae a la gente que tiene botones que se aprietan pornográficos. El gobierno de *panem et circenses* atrae a la gente que tiene botones que se aprietan de "cuídame", y otros. Se podría decir que no hay necesidad alguna de apelar a la razón cuando hay tantos botones que se aprietan por ahí.

Estos mismos botones que se aprietan, puesto que son los sietes atorados por el dolor y la emoción (datos falsos introducidos a la fuerza en la computadora por los engramas; y toda sociedad tiene sus propias pautas especiales de engramas), también suelen enloquecer a la gente, ponerla enferma y en general causar estragos. El único botón que se aprieta que tiene el Clear es lo que su propia computadora (evaluando según su experiencia, la cual ha sido evaluada por la computadora) le dice que es conducta de supervivencia en sus cuatro dinámicas. Y así, al no ser ninguna marioneta en las manos de gente negligente o maquinadora, permanece cuerdo y bien.

Sin embargo, no es cierto que un Clear no sea emotivo, que su razonamiento sea frío, y que sea una tímida marioneta ante sus propias computaciones. Su computadora trabaja tan rápidamente y en tantos niveles, haciendo simultáneamente tantas de sus computaciones, pero fuera de la vista del "yo" (aunque el "yo" puede examinar cualquiera de ellas que elija), que su *inversión* o aguda consciencia de sí mismo es mínima. La *inversión* es la condición del aberrado cuya deficiente computadora está forcejeando con fuertes imponderables y con sietes atorados en sus engramas, como "Debo hacerlo. Simplemente tengo que hacerlo. Pero no, mejor cambio de opinión".

La diferencia computacional entre el Clear y el aberrado es muy amplia. Pero hay una diferencia aún mayor: la fuerza vital. Las dinámicas, evidentemente, tienen una gran fuerza potencial. Esta fuerza se manifiesta como tenacidad hacia la vida, persistencia en el empeño, vigor de pensamiento y acción, y capacidad de experimentar placer. Las dinámicas en las células de un hombre pueden no ser más fuertes que las de las células de un gato. Pero las dinámicas en el hombre entero son fácilmente mayores que las que hay en cualquier otro animal. Llames a esto como lo llames, el hombre está básicamente *más vivo* porque tiene una respuesta más enérgica y vivaz. Con *más vivo* queremos decir que su impulso emocional consciente por vivir es mayor que los que se han encontrado en otras formas de vida. Si esto no fuera cierto, él no dominaría ahora a los otros reinos. Independientemente de lo que hagan un tiburón o un castor cuando se ven amenazados con la extinción final, el tiburón y el castor no merecen apenas atención cuando se enfrentan a las dinámicas del hombre: el tiburón se usa como piel o se ingiere como vitaminas y el castor adorna los hombros de una dama.

El aspecto fundamental de esto se ve en una única reacción. Los animales se contentan con sobrevivir en sus entornos, y tratan de adaptarse a esos entornos. Ese animal (o dios) tan peligroso que es el hombre tiene una idea ligeramente diferente. Las escuelas antiguas eran aficionadas a decirle al pobre loco aberrado que *tenía que* encarar la realidad. Esto era la conducta óptima: encarar la realidad. Pero no es la conducta óptima del hombre. Al igual que estas escuelas cometían el error fundamental de suponer que el aberrado *no* estaba *dispuesto* a encarar su entorno cuando en realidad, debido a engramas, era *incapaz* de encararlo, suponían que el simple hecho de encarar la realidad le llevaría a la cordura. Tal vez sea así, pero no conduce a una victoria del hombre sobre los elementos y otras formas. El hombre tiene algo más. Algunas personas lo llaman imaginación creativa, algunas lo llaman esto, algunas lo llaman aquello. Pero, se le llame como se le llame, se resume en el interesante hecho de que el hombre no se contenta simplemente con "encarar la realidad", como hacen la mayoría de otras formas de vida. *El hombre hace que la realidad le encare a él.* La propaganda en torno a "la necesidad de encarar la realidad", igual que la propaganda de que un hombre podía volverse loco a causa de una "delusión infantil" (sea lo que sea) no encara la realidad de que mientras el castor, a lo largo de sus eras de evolución, construyó diques de barro y sigue construyendo diques de barro, el hombre, en medio siglo, avanza del dique de piedra y madera a hacer un estanque para una rueda de molino, a estructuras como la presa Grand Coulee, y cambia completa y totalmente el aspecto de una considerable parte de las tierras de la Naturaleza de un desierto a suelo fértil, de una corriente de agua a rayos de luz. Puede que no sea tan poético como Rousseau deseaba, puede que no sea tan bonito como lo desearía algún "amante de la naturaleza", pero es una nueva realidad. Hace dos mil años, los chinos construyeron una muralla que habría sido visible desde la Luna si hubiera habido alguien allí para mirarla; hace tres mil años, el hombre mantenía verde y fértil el norte de África; hace diez mil años, se dedicaba a algún otro proyecto, pero siempre ha estado modelando las cosas bastante bien para que se adaptaran al hombre.

Hay una cualidad extra en acción o quizá simplemente más de lo mismo, tanto más de lo mismo que parece ser una cosa enteramente nueva.

Ahora, todo esto no es una gran digresión de la terapia; se expone aquí como un aspecto de la fuerza vital. En el caso en que el individuo se encuentre "en posesión de menos y menos fuerza vital", en alguna parte está perdiendo algunas de las unidades libres. Y las unidades libres de esta fuerza vital, en una sociedad o en un individuo, son el impulso adicional que se necesita para domar África del Norte, dividir un átomo o alcanzar las estrellas.

La teoría mecánica aquí (y recuerda que no es sino teoría, y que Dianetics puede mantenerse sin ella) es que hay un número determinado de unidades de fuerza por individuo. Un grupo puede tener estas unidades en común, y estas pueden llegar a cantidades más y más elevadas según aumente el "entusiasmo". Pero, para nuestros fines, podemos considerar que el hombre, como individuo o como sociedad (ambos son organismos), tiene un cierto número de ellas a mano, listas para usarse en cualquier hora o día dado. Puede que elabore estas unidades vitales según se necesiten, y puede que simplemente tenga una provisión dada; eso carece de importancia. Lo importante es que en cualquier hora o día puede considerarse que está *vivo* en cierto grado. Consideremos esto como su potencial dinámico, según podemos ver en nuestra gráfica descriptiva anterior.

¿Qué le sucede, entonces, a este potencial dinámico en el aberrado? Él tiene una gran cantidad de engramas en su banco. Sabemos que estos engramas *pueden* permanecer aletargados durante toda su vida sin que se les haga key-in, y también sabemos que a cualquiera de ellos o a todos ellos se les puede hacer key-in, y que a partir de ahí esperan a que aparezcan reestimuladores en el entorno para ponerlos en acción. Sabemos que su nivel de necesidad puede elevarse repentinamente y superar todos estos engramas a los que se les ha hecho key-in, y sabemos que una actividad de alta supervivencia puede ofrecerle tal oportunidad de placer que los engramas pueden permanecer sin reestimularse aunque se les haya hecho key-in. Y podemos suponer que a estos engramas, de un periodo de la vida a otro, realmente se les puede hacer key-out otra vez, y permanecer en estado de key-out debido a un gran cambio de entorno o de probabilidades de supervivencia.

Sin embargo, el hecho habitual es que unos cuantos engramas se mantienen en un estado de key-in continuo y el entorno del individuo los reestimula de forma bastante crónica. Y que si él cambia de entorno, los viejos pueden hacer key-out, pero con el tiempo nuevos engramas harán key-in.

La mayoría de los aberrados están en un estado de reestimulación crónica que, por término medio, hace que la espiral comience a descender bastante rápidamente.

En lo que esto tiene que ver con la fuerza vital, la acción mecánica de un engrama al hacer key-in es capturar una cierta cantidad de estas unidades de fuerza vital. Una reestimulación del engrama súbita y arrolladora, le permite capturar una cantidad mucho mayor de unidades de fuerza vital. En el caso promedio, cada reestimulación captura un residuo mayor de fuerza vital y lo retiene. Cuando el entusiasmo o ímpetu se alinea con el propósito del individuo hacia una verdadera meta de supervivencia (opuesto a la pseudometa que hay en los engramas), él recupera algunas de estas unidades. Pero la espiral está descendiendo; no puede recuperar, excepto en circunstancias excepcionales, tantas como ha perdido dentro del banco de engramas.

Así, se puede decir, para los fines de esta teoría de la acción de la fuerza vital, que se capturan y se retienen en el banco de engramas más y más unidades de fuerza vital de la provisión del individuo. Aquí su uso se desvirtúa para disfrazarse de dinámica (como en el caso del maníaco y en el de gran euforia) e imponer acción sobre la mente somática y la mente analítica. En este banco de engramas, las unidades de fuerza vital no están disponibles como sentimiento libre o para acción libre, sino que se usan contra el individuo desde dentro.

La siguiente observación tiende a demostrar esta acción: cuanto más reestimulado esté un aberrado, menos sensación libre puede que posea. Si está atrapado en un engrama maníaco (engrama prosupervivencia altamente halagüeño), su fuerza vital se está canalizando directamente a través del engrama, y su comportamiento, no importa lo entusiasta o eufórico que sea, en realidad es muy aberrado; si tiene toda esa fuerza vital para canalizarla así, entonces puede demostrarse que tendrá mucha más fuerza vital que podrá dirigir conscientemente cuando sea Clear. (Esto se ha hecho).

Hemos demostrado la cualidad parasitaria de los circuitos demonio que usan piezas de la mente analítica y sus procesos. Esta cualidad parasitaria es común a los engramas de otras maneras. Si un hombre tiene, arbitrariamente, 1000 unidades de fuerza vital, tiene la capacidad de canalizarlas, siendo Clear, hacia una existencia sumamente entusiasta. En un estado maníaco, con un engrama prosupervivencia en total reestimulación, la fuerza vital está dirigida por una orden aberrada y le da, digamos, 500 unidades de empuje pseudodinámico.

En otras palabras, el poder procede de la misma batería; ese engrama tiene, como mucho, menos poder del que tendría todo el organismo al llevársele a Clear. (Este aspecto del neurótico maníaco o con superpersonalidad ha confundido a algunas de las viejas escuelas de curación mental, llevándolas a la creencia completamente aberrada y mal observada de que las demencias eran las únicas responsables de la capacidad del hombre para sobrevivir, concepto que se puede refutar en el laboratorio simplemente mediante el clearing de uno de estos maníacos o de cualquier otro aberrado).

El engrama usa la misma corriente pero la desvirtúa, del mismo modo que utiliza la misma mente analítica pero la usurpa. El engrama no solo carece de vida propia, sino que es un despilfarrador, como tantos parásitos lo son, de la fuerza vital del huésped. Es completamente ineficiente. Si se instalara un aparato comparable en un circuito electrónico, solo desviaría y haría "inalterables" algunas de las funciones del equipo que deberían permanecer variables y, además, consumiría el suministro de energía vital para la máquina, simplemente debido a cables demasiado largos, lámparas y condensadores malos.

En la mente humana, el engrama adopta su aspecto más convincente de "ayuda" en el engrama maníaco, canalizando y ordenando al organismo hacia alguna actividad de violencia salvaje y concentración monomaníaca. El "supervendedor", el "estrechamanos" violentamente cordial, el fanático religioso aparentemente indestructible, son clasificables como engramas maníacos. La abundancia de "poder" en estas personas, aun cuando sea tan cruel y siniestro como el de Torquemada o tan destructivo como el de Gengis Kan, es objeto de admiración en muchos sitios. El engrama maníaco, como se verá más adelante, es una orden "prosupervivencia", de "ayuda", que hay en un engrama que, sin embargo, fija al individuo en una dirección determinada. Pero un engrama solo es capaz de tanto "poder" como haya presente en el huésped, así como solo es capaz de inmovilizar tanto analizador como haya presente.

Tomemos un poderoso engrama maníaco que se esté exhibiendo y esté funcionando con unas arbitrarias 500 unidades de fuerza vital. Supongamos que todo el ser posee 1000 unidades arbitrarias de fuerza vital. Supón que tenemos aquí a un Alejandro. Las dinámicas de la persona normal en la mayoría de los casos no se ven ayudadas por órdenes maníacas, sino que se ven dispersadas, como se podría dispersar una corriente de electrones al chocar con un obstáculo ante ellos. Aquí tenemos actividad dispersa, pensamientos dispersos, problemas incomputables, falta de alineamiento. En una persona así, con 1000 unidades presentes, 950 de esas unidades podrían estar capturadas de ese modo en los bancos de engramas, y sin embargo estar actuando tan concienzudamente en contra, que la persona desplegara una capacidad de funcionamiento de solo 50 unidades. En el caso de Alejandro, podría suponerse que la orden maníaca debe de haber sido un alineamiento en la dirección general de sus propios propósitos básicos. Su *propósito básico* es un fuerte regulador: la orden maníaca resulta estar alineada con este: una persona de una gran capacidad y una destreza personal extraordinaria toma posesión de 500 unidades mediante un engrama maníaco; cree que es un dios y sale y conquista el mundo conocido. Fue educado para creer que era un dios; su engrama maníaco decía que era un dios y contenía un retenedor. Alejandro conquistó el mundo y murió a los treinta y tres años de edad. Se pudo aferrar a su engrama maníaco solo mientras este podía ser obedecido; cuando ya no podía ser obedecido, este cambió su valencia, dejó de ser un engrama maníaco, y le impulsó, mediante dolor, a actividades dispersas. El engrama, recibido a manos de su madre, Olimpia, casi puede leerse incluso después de tanto tiempo. Debió haberle dicho que él sería un dios dichoso que conquistaría todo el mundo y que debería seguir conquistando; que siempre tendría que esforzarse por subir más y más alto. Probablemente fue alguna clase de canto ritual de su madre, que era una suma sacerdotisa de Lesbos y que debió haber recibido alguna lesión justo antes del ritual. Ella odiaba a su marido Filipo. La respuesta era un hijo que lo conquistara todo. Alejandro bien podía haber tenido cincuenta o cien de estos engramas de "ayuda": el rezo violento de una mujer lo bastante aberrada como para asesinar. De esta manera, podría suponerse que conquistó hasta que ya no pudo estirar más la línea de suministros para conquistar, en cuyo momento, naturalmente, ya no podía obedecer al engrama, y la fuerza dolorosa de este se volvería contra él. Los engramas dictaban atacar *para conquistar*, y hacían cumplir la orden mediante dolor: una vez que ya no podía lograrse la *conquista*, el dolor atacó a Alejandro. Un día se dio cuenta de que estaba muriéndose; al cabo de una semana estaba muerto, y en la cumbre de su poder. Esto es, a gran escala, una frase maníaca en acción en un engrama.

Ahora, supongamos que a Alejandro, educado solo para volverse contra su padre, solo con súplicas (no engramas) para hacer que conquistara el mundo, se le hubiera llevado a Clear. La respuesta sería que, habiéndosele dado una razón suficiente y racional, seguro que habría sido capaz de conquistar el mundo, y bien hubiera podido vivir hasta los ochenta años para disfrutarlo. ¿Cómo podemos suponer esto?

Al maníaco con 500 unidades de propósito dirigido se le ha llevado a Clear. Ahora él tiene 1000 unidades de propósito dirigido *conscientemente*. Es exactamente el doble de potente de lo que era cuando se encontraba sometido a un potente engrama maníaco, y su propósito básico puede ser similar, pero ahora este se puede lograr sin que se vuelva contra él en el momento en que haya alcanzado una meta o haya fallado.

Esto, la teoría que hay tras la fuerza vital, es observable clínicamente. Se formuló en un intento de explicar fenómenos observados. La teoría puede estar equivocada; los datos observados no lo están. Pero la teoría debe de ser más bien correcta, porque con ella se pudieron predecir un buen número de fenómenos cuya existencia no se había conocido antes: en otras palabras, es una teoría provechosa. Se derivó después de que Dianetics se formulara bien, pues se presentó un hecho extraño, vital para el terapeuta:

El preclear avanzaba en la terapia en proporción exacta a la cantidad de carga emocional liberada de su banco reactivo.

El propósito y la persistencia del aberrado estaban obstaculizados en proporción a la cantidad de carga emocional que había dentro de su banco de engramas. Su recuperación del potencial de supervivencia aumentaba en proporción a la cantidad de energía liberada del banco de engramas. Su salud aumentaba en proporción a la cantidad de energía liberada del banco de engramas.

Los engramas que contenían la mayor descarga eran los que se centraban en torno a la pérdida de factores de supervivencia imaginados.

Por lo tanto, se formuló esta teoría de la fuerza vital. Cualquier maníaco, al ser llevado a Clear, parecía demostrar mucho más poder y energía reales que antes de ser llevado a Clear. Y cualquier "normal", al ser llevado a Clear, aumentaba en unidades de fuerza vital asequibles de forma comparable a cualquier maníaco llevado a Clear.

Indudablemente, más trabajo y observación refinarán esta teoría. Sin embargo, en el momento actual, esto sirve. Es una de esas "teorías científicas" que se lanzan para explicar un funcionamiento o una larga serie de observaciones. En este caso, resulta que está perfectamente alineada con los principios básicos de Dianetics, pues predice datos que luego se pueden encontrar y no excluye datos anteriores predichos por las matemáticas básicas y la filosofía de Dianetics.

Aquí no estamos, en realidad, hablando de ese término escurridizo, la emoción, sino, según creemos, de la fuerza vital. Esta fuerza vital aumenta considerablemente con el éxito y el placer en general; y, de acuerdo a esta teoría, el placer la aumenta en términos de unidades arbitrarias. En otras palabras, el placer es algo que recarga las baterías o permite que se recarguen; y en un Clear, lejos de conducir a la debilidad, lo lleva a una actividad renovada, ya que la indolencia es engrámica.

El placer es un factor de vital importancia: el empeño creativo y constructivo, la superación de obstáculos no incognoscibles hacia alguna meta, la contemplación de metas pasadas alcanzadas, todo se combina para recargar la fuerza vital. Por ejemplo, la persona que ha tenido un éxito enorme y que después pierde ese éxito y entonces se pone enferma, no está siguiendo un ciclo racional, sino un ciclo de orden engrámica. En cierto modo, ha desobedecido una orden engrámica, y, habiendo desobedecido, sufre dolor. El "niño prodigio" que "se consume" prematuramente está en realidad, si se usa la terapia, más o menos tan consumido como unos rescoldos ardiendo al rojo vivo. Cualquier "niño prodigio" es un asunto forzado: piensa en los sueños que mamá debe de haber vertido a través de los engramas de él. Ella se hace daño: "¡Ay, nunca me lo perdonaré! Si he arruinado a mi hijo, jamás me lo perdonaré. ¡Mi hijo, que tiene que ser el más grande violinista del mundo!" o "¡Ay, qué bruto eres! ¡Me has golpeado! Has lastimado a nuestro hijo. Ya verás. ¡Haré que sea el mejor niño pianista de todo Brooklyn! ¡Será un niño maravilloso, un niño prodigio! Y tú lo has golpeado, bruto. ¡Aquí mismito me voy a quedar hasta que te vayas!" (engramas reales). Este último engrama computa que la manera de vengarse de papá es ser el mejor pianista de todo Brooklyn. El niño es todo un gran éxito: oído musical, práctica y un gran "propósito". Su madre reestimula este engrama en él constantemente. Pero entonces, un día pierde un certamen; sabe de repente que ya no es un niño, que ha fallado. Su propósito se tambalea. Le dan dolores de cabeza (el golpe de papá), y al final está "neurótico" y "consumido". Al llegar a Clear, volvió a ser pianista, no como una persona "ajustada", sino como uno de los concertistas de piano mejor pagados en Hollywood. La música se alineaba con el propósito básico.

Una vez más, en otro ejemplo maníaco, un paciente que había estado bajo terapia algún tiempo (de ningún modo fue el primero en hacer esto) decía con excesivo entusiasmo que Dianetics lo había "conectado". Caminaba flotando a un palmo del suelo, sacando pecho, etc. Sus gafas, de pronto ya no le servían; sus ojos estaban demasiado bien. Era un caso de euforia radiante y poderosa. La reestimulación artificial había tocado un engrama maníaco y lo había conectado por primera vez en su vida. Se sintió maravillosamente. El auditor sabía que iba a enfrentarse con un bajón completo en un plazo de treinta y seis horas a tres días (el tiempo usual), pues una reestimulación artificial en la terapia había tocado el engrama. Resulta que su abuela le había dicho a su hija que no debería abortar a la criatura porque algún día podría llegar a ser "un hombre recto e íntegro o una bella mujer". Y bien recto que era: casi se le rompían los músculos de la espalda de lo recto que iba. Otro vistazo al engrama durante la terapia y la fase maníaca había desaparecido.

Este maníaco, entonces, como en el caso del niño prodigio, puede suponerse que había acumulado fuerza vital disponible y de pronto la había canalizado de acuerdo a sus propósitos básicos, creando un alto nivel de concentración de fuerza vital. En el caso del pianista, su fuerza, una vez llevado a Clear, estaba muy por encima de su fuerza siendo maníaco. En el otro caso, actualmente en proceso, se ha alcanzado un nivel que está acercándose al nivel anterior, y lo superará con mucho.

De la misma manera, el entusiasmo por un proyecto canalizará fuerza vital hacia algún propósito y, de pronto, la necesidad les robará a los engramas poder suficiente para llevar lejos a un individuo, aunque no tenga ningún engrama maníaco activo en absoluto.

Ahora llegamos al núcleo de este asunto: el *engrama prosupervivencia*. Es pseudosupervivencia, como todas las "ayudas" engrámicas, un espejismo que se desvanece y deja arenas abrasadoras.

Anteriormente hablamos principalmente de *engramas contra-supervivencia*. Estos obstaculizan las dinámicas del individuo y su propósito básico*.

---

* Resulta que en cualquier persona hay una especialización adicional de las dinámicas, una especie de dinámica personal intrínseca. Es un hecho clínico que el propósito básico es aparentemente conocido por el individuo antes de tener dos años de edad. El talento y la personalidad inherentes y el propósito básico van juntos como un lote; parecen ser parte del patrón genético. Cualquiera, mediante la técnica de Dianetics de revivir, puede ser enviado a la edad de dos años y, consultado sobre su propósito en la vida, ofrecerá un deseo muy específico en cuanto a lo que quiere lograr en la vida (y la revisión de la actividad a los dos años lo confirma). Se descubrirá que en su vida posterior ha seguido este modelo general en los casos en que tuvo éxito. En quince personas que se examinaron, se encontró que el propósito básico estaba formado a los dos años de edad. Y al ser llevadas a Clear, estas personas usaron y persiguieron ese propósito básico.

El engrama contrasupervivencia es, para las dinámicas, como un atasco de troncos que represa un río imprescindible para el transporte. La dinámica se ve bloqueada en cierta medida. Cualquier bloqueo de alguna de las cuatro dinámicas (o cualquier sección de ese espectro) causa una dispersión del flujo. No hace que la dinámica sea menor, en particular, sino que la desvía, del mismo modo que el río, bloqueado en su curso natural, podría transformarse en cinco arroyos que van en diversas direcciones o inundar un pasto fértil que solo se tenía que haber regado.

El engrama prosupervivencia afirma que ayuda (pero en realidad no ayuda) a la dinámica en su curso. Finge que *es* la dinámica. En la analogía del río, el engrama prosupervivencia sería un canal que tomó la fuerza del río y la envió en alguna dirección no deseada. El engrama prosupervivencia no es un maníaco; puede contener y contiene, a veces, frases maníacas.

Un engrama contrasupervivencia dice: "No vale para nada, maldito sea, matémoslo".

El engrama prosupervivencia dice: "Lo estoy salvando". Si se añadiera: "Es un encanto y una verdadera maravilla con las damas", entonces sería un engrama prosupervivencia *con* un maníaco.

En lo que respecta a la gráfica descriptiva, que define a la dinámica de supervivencia y al supresor, anteriormente en este libro, el engrama contrasupervivencia sería parte del supresor (una parte aberrada) y el engrama prosupervivencia sería parte del impulso de la dinámica (una parte aberrada).

Ninguna de estas cosas es realmente una porción consciente ni computable de la dinámica de supervivencia o del supresor.

El engrama (delirio por enfermedad, quizás) que dice: "Me quedaré contigo, cariño, mientras estés enfermo", es una parte aparente pero no más que una sombra engañosa de la dinámica de supervivencia. Pero la mente reactiva no tiene sentido del tiempo cuando se reestimula, y este engrama, hecho key-in y reestimulado constantemente por algún concepto que tiene en él, como un olor o la voz de una persona, que puede o no ser la persona original, exige que la persona que lo tiene, esté enferma, al igual que él lo estaba cuando se dijo eso. Por este camino, según nuestra idiota, la mente reactiva, está la supervivencia: "Alguien me estuvo cuidando cuando estuve enfermo. Necesito que alguien me cuide. Debo estar enfermo". Aquí está el modelo básico de todos los engramas de compasión. Aquí está el modelo básico del engrama que contendrá la enfermedad psicosomática crónica en cualquier paciente. La variedad, por supuesto, es muy extensa, pero todos insisten en que el individuo que los tiene esté enfermo para sobrevivir.

El engrama de tipo supresor, siempre contrasupervivencia, puede entrar en reestimulación exactamente de la misma manera que el engrama prosupervivencia. Un engrama es un engrama, y todos los factores mecánicos son iguales. El hecho de que la mente analítica no pueda asignar tiempo al engrama, puede hacer que cualquier engrama parezca omnipresente. Quizá el tiempo pueda "curar" las experiencias de la mente analítica, pero no a la mente reactiva, que carece de tiempo; hecho que hace del tiempo no el Gran Sanador, sino el Gran Charlatán. Puede que no haya ninguna autenticidad en estos datos supresores. Son datos falsos. Por ejemplo, tales engramas permiten a un individuo ver una mariposa y después le dicen que es peligrosa; entonces llega a detestar la primavera porque en esa época es cuando ve mariposas. Este engrama puede decir: "Están todos en mi contra. Están en contra de todo lo que yo hago". En realidad, era mamá encarando a su marido y a su suegra. Contiene un concepto, un registro del sonido de una máquina de coser también. El individuo que tiene este engrama oye una máquina de coser (si en alguna ocasión se ha hecho key-in de este engrama) en un momento en que está fatigado y embotado, y mirando hacia la máquina (jamás identifica el verdadero sonido: estos engramas se protegen a sí mismos), ve a su mujer. Ella es el *reestimulador asociativo*, algo que su mente analítica (a la que se le ha dicho que huela el peligro) escoge como la causa. Así que busca a su alrededor y encuentra algo con lo que está enfadado (algo casi "racional"), y empieza a decirle que ella está contra él. O bien, puede ser un engrama de un tono emocional tan bajo que sea una apatía, y por lo tanto se sienta, llora y gime, diciendo que ella está contra él. Si durante la "inconsciencia", al nacer, el médico dijo que tendría que darle un azote, el individuo con este engrama berrea y le dan dolores de cabeza cuando le dan azotes;

y cuando es adulto da azotes a sus hijos, como el supresor más fuerte en que pueda pensar.

Hay una diferencia, entonces, entre los engramas pro y los engramas contra, especialmente entre el verdadero engrama pro de compasión y el engrama contra. Y hay una diferencia (aun cuando hayamos andado mucho por ese camino en este capítulo) que es de interés vital para el auditor.

Toda la renuencia real que el auditor verá en los preclears durante la terapia procederá de estos engramas prosupervivencia de compasión. Estos dan como resultado algunas computaciones muy extrañas. Le dicen al paciente que es mejor no "deshacerse de ello", y así el paciente lucha por retener sus engramas. Un engrama así es muy común. Un caso típico es el de mamá apartando a papá, quien insiste en que no puede permitirse tener un niño. El forcejeo lesiona a la criatura y en la "inconsciencia" recibe, por supuesto, un engrama: mamá se niega a deshacerse de él, mamá está de parte del bebé; por lo tanto, al bebé más le vale actuar tal y como dice mamá y "no deshacerse de ello". Esto se alinea con el propósito (el más profundo propósito) de sobrevivir. Si él se deshace de sus engramas morirá, porque "deshacerse de ello" significa la muerte, pues mamá dijo que se moriría si se deshiciera de ello. Además, más tarde en la vida, mamá puede tener el horrible hábito de decirle, cuando esté enfermo, que ella "cuidará de su bebé y lo protegerá de su padre", y esto crea nueva fuerza en la vieja computación.

Así llegamos a la *computación de aliado*. Esta será la lucha principal y número uno del auditor, lo que más evasivamente se le resistirá; lo que se encuentra más cerca del núcleo de una persona.

La computación de aliado es lo bastante grave como para que un auditor dijera una vez que el hombre no era víctima de sus enemigos, sino que era asesinado por sus amigos. Engrámicamente hablando, eso es muy cierto.

La única aberración y el único mal psicosomático a los que el paciente se aferrará continuamente, es un engrama prosupervivencia que es parte de una computación de aliado. Esto podría escribirse aquí cincuenta veces sin que se insistiera en ello lo suficiente. Es de la mayor importancia; es lo primero con lo que un auditor va a esforzarse cuando entre en un caso, lo primero que debe descargar si desea que la terapia avance rápidamente. Puede que tenga que tocar y reducir muchos engramas contrasupervivencia, pues estos acuden con bastante rapidez cuando se les llama, antes de que siquiera pueda hacerse una idea de cuál es la computación de aliado. Pero cuando obtenga una computación de aliado, más le vale recorrerla completamente y descargarla de toda su emoción, o el caso se encasquillará.

La computación de aliado es la idiotez a nivel de la mente reactiva de que la supervivencia depende de la Abuela o de la Tía Susana, o de alguna criada muerta hace treinta años. Los que cuidaban del individuo cuando estaba enfermo, las personas que suplicaban a su madre embarazada que dejara de intentar abortarlo, o que lo alimentaban o trataban de impedir de alguna otra forma que sufriera daño: estos son los aliados.

La mente reactiva funciona totalmente con lógica de dos valores. Las cosas son vida o son muerte, están bien o están mal, exactamente según lo afirmen las palabras de los engramas. Y el personal de los engramas son amigos o enemigos. ¡Los amigos, los aliados, significan Vida! ¡Los enemigos significan Muerte! No hay término medio. ¡Cualquier reestimulador o reestimulador asociado del engrama prosupervivencia significa Vida! ¡Y cualquier reestimulador o reestimulador asociado del engrama contrasupervivencia significa Muerte!

Por supuesto, el auditor puede ser una persona realmente reestimulativa (una que es un pseudopadre, un pseudoamante de la madre antes del nacimiento, etc.), pero siempre es un reestimulador asociativo; la persona que puede llevarse estas cosas terribles y horriblemente vitales: los engramas prosupervivencia. Los engramas contrasupervivencia tienen más peso que este factor y, por supuesto, la mente analítica del preclear siempre está totalmente a favor del auditor y de la terapia.

La dificultad se presenta cuando la reestimulación desconecta a la mente analítica, y el auditor está buscando la computación de aliado. Entonces la mente reactiva del preclear lo esquiva y se escabulle.

Sin embargo, es fácil seguir el rastro de la computación de aliado. Y es muy vital localizarla porque esta computación puede contener el grueso de toda la descarga emocional del caso. Liberar por completo toda la computación de aliado antes de alcanzar el básico-básico es absolutamente imposible. Pero debe devolverse al preclear tanta fuerza vital como sea posible para hacer que el caso marche bien.

Pues la computación de aliado, por encima de todo, enquista la fuerza vital del individuo. Aquí queda atrapado y retenido el *sentimiento libre*, el mismísimo latir de la vida en sí. A un preclear se le pone en apatía solo debido a las computaciones de aliado. El cuerpo puede estar casi muerto en presencia del antagonismo y, aún así, reponerse y luchar. Pero no puede luchar contra sus amigos. La ley de la afinidad se ha aberrado transformándose en una puerta de entrada al banco reactivo de engramas. Y esa ley, aun estando desvirtuada por las oscuras sombras de la insensatez de la mente reactiva, sigue funcionando. Es una buena ley. Es demasiado buena cuando el auditor está tratando de encontrar y reducir engramas que están haciendo que el preclear sufra de artritis o se desangre internamente por úlceras estomacales. ¿Por qué no puede "deshacerse" de su artritis? Mamá dijo: (al caerse con toda la gracia del mundo por tropezar con un cerdo) "¡Ay, no me puedo levantar! ¡Ay, mi pobrecito bebé! ¡Ay, mi bebé! Me pregunto si habré hecho daño a mi pobrecito bebé. ¡Espero que mi bebé esté vivo todavía! Por favor, Dios mío, déjalo que viva. Por favor, Dios mío, permíteme conservar a mi bebé. ¡Por favor!". Solo que el Dios al que ella estaba rezando era la Mente Reactiva, que hace una de sus computaciones idiotas en función de que todo es igual a todo. Un retenedor, una oración por la vida, la espina dorsal del bebé totalmente contusionada, la compasión de mamá, el gruñido de un cerdo, una oración a Dios: todas estas cosas son iguales para la mente reactiva, y así tenemos un buen caso de artritis, especialmente porque nuestro paciente buscó la "supervivencia" casándose con una chica cuya voz sonaba exactamente como la de mamá cuando él estaba en la matriz. ¿Pedirle que se deshaga de su artritis? La mente reactiva dice: "¡no!". La artritis es un bebé, es un gruñido de cerdo, es una oración a Dios, es la compasión de la mujer, es ser pobre, es la voz de Mamá, y todas estas cosas son deseables. Se ha mantenido pobre y ha conservado su artritis, y se casó con una mujer que haría ruborizarse a una ramera; y esto es prosupervivencia: ¡maravilloso asunto, la supervivencia, cuando la computa la mente reactiva!

Y en el caso de las úlceras, ahí tenemos al bebé, acribillado de agujeros (Mamá la está pasando muy mal tratando de abortarlo para fingir un aborto natural, y utiliza instrumentos domésticos variados que introduce en el cuello del útero para hacerlo) y algunos agujeros atraviesan de lado a lado el abdomen y el estómago de este bebé. Él vivirá porque está rodeado de proteína y tiene suministro de alimento, y porque la bolsa es como una de esas cámaras a prueba de pinchazos que sella todos los agujeros. (Durante muchísimo tiempo la naturaleza ha sido lista con respecto a intentos de aborto). Resulta que en este caso Mamá no era monologuista, a pesar de que la mayor parte de su actividad en este asunto sea una dramatización y contenga conversación. Pero también resulta que la Abuela vive al lado y aparece inesperadamente poco después del último intento de hacer que el bebé caiga en el olvido. En su tiempo, la abuela pudo haber hecho intentos de aborto, pero ahora es vieja y altamente moral y, además, este bebé no le da náuseas matutinas a ella. Por lo tanto, encuentra mucho que censurar cuando ve en el baño un palito de madera de naranjo ensangrentado. El bebé todavía está "inconsciente". La Abuela reprende a Mamá: "Cualquier hija mía que hiciera una cosa tan horrible debería ser castigada con la venganza de Dios (el principio de 'no hagas lo que yo hago, haz lo que yo digo', porque ¿quién le dio a Mamá esta dramatización en primer lugar?) y arrastrada por las calles. Tu bebé tiene perfecto derecho a vivir; si crees que no puedes cuidarlo, *yo* sí lo haré. Ahora, Eloisa sigue hasta el final con tu embarazo, y cuando ese bebé haya nacido, si no lo quieres, ¡me lo traes a mí! ¡Qué idea, tratar de lastimar a esa pobre criatura!". Y así, cuando nace nuestro caso de úlcera sangrante, ahí está la Abuela y ahí hay seguridad y protección. Aquí, la Abuela es la aliada (y ella puede convertirse en una aliada de mil formas distintas, cualquiera de ellas basada en el principio de que le habla al bebé compasivamente cuando este está desmayado y aplastado como un lenguado, y pelea con Mamá en favor de él cuando está "inconsciente"); y cuando él llega a la niñez, se le puede encontrar dependiendo mucho de la Abuela, lo que asombra mucho a los padres, (porque *ellos* jamás le hicieron nada al pequeño Rogelio, no *ellos*). Y cuando la Abuela esté muerta, Rogelio desarrollará úlceras sangrantes para hacer que ella vuelva.

Todo el que sea un amigo debe ser abrazado contra el pecho con cadenas de acero, dice este gran genio, la mente reactiva, aunque ello mate al organismo.

La computación de aliado es poco más que un mero cálculo idiota de que cualquiera que sea un amigo se puede conservar como amigo con solo aproximarse a las condiciones en que se realizó la amistad. Es una computación en función de que uno solo puede estar seguro en la proximidad de ciertas personas; y de que uno solo puede estar en la proximidad de ciertas personas estando enfermo, loco o pobre y discapacitado en general.

Muéstrale a un auditor un niño que se asustaba fácilmente por el castigo, que no se sentía a gusto en su casa, que tenía aliados que le parecían más importantes que los padres (abuelos, tías, huéspedes, médicos, enfermeras, etc.) y que era enfermizo, y normalmente el auditor puede sacar a la vista un antecedente de intento de aborto, porque la mayoría de las veces está ahí. Muéstrale a un auditor un niño que demostró un gran apego por uno de los padres y aversión hacia el otro, y el auditor puede obtener un pasado en el que uno de ellos quería deshacerse del niño o dañarlo, y el otro no quería.

La computación de aliado, entonces, es importante. Y también es muy secreta. Tratar de conseguir los verdaderos aliados en un caso, implica a menudo un gran esfuerzo. Puede ser que un paciente tuviera ocho o diez de estos aliados en algunos casos y tratara desesperadamente de aferrarse a ellos; y cuando no pudiese, buscara y encontrara compañeros y amigos que fuesen aproximaciones de sus aliados. Una mujer, junto a la cual A está continuamente enfermo, pero a la que no abandonará bajo ninguna circunstancia, normalmente es una pseudoaliada, lo que significa que ella se aproxima a alguna peculiaridad del verdadero aliado: tiene una voz similar o incluso un nombre similar. B, que no dejará un empleo aunque esté trabajando muy por debajo de su nivel de capacidad en la vida, puede permanecer ahí porque su jefe es un pseudoaliado; además, puede estar desempeñando este empleo porque un aliado tenía una posición similar en la vida y él está siendo el aliado.

Cualquier cosa que pueda corromper tanto la vida de una persona, naturalmente va a dificultar la terapia en cierta medida. Pues cuando se le pida que se deshaga de su computación de aliado, es tan probable que dé alguna pista de ella como es el que le haya escupido en la cara a su aliado.

Estos engramas prosupervivencia que contienen la computación de aliado pueden describirse como los que contienen personas que defendieron la existencia del paciente en momentos en que el paciente concibió que su existencia estaba siendo atacada. No es necesario que se trate de una defensa racional real, puede ser tan solo que el contenido del engrama parezca indicarla; pero se puede suponer con seguridad que las peores computaciones de aliado son aquellas en que la vida del paciente fue defendida de los atacantes por el aliado. La mayoría de las computaciones de aliado tienen su génesis en el área prenatal.

La primera acción en cualquier caso es buscar la computación de aliado, y se buscan nuevas computaciones de aliado a lo largo y ancho de todo el caso.

Estos engramas prosupervivencia de compasión, que elaboran las computaciones de aliado, solo difieren del engrama prosupervivencia estándar en su intensidad. Un engrama prosupervivencia estándar es malo solo porque alguien ha expresado amistad por el paciente o por otra persona cuando estaba "inconsciente". Es difícil de descubrir y limpiar, aun cuando en realidad se haya malinterpretado completamente, lo que quiere decir que el contenido prosupervivencia estaba dirigido a otra persona que no era el paciente, pero el paciente lo interpretó erróneamente. Si el paciente está "inconsciente" y alguien dice: "Es un buen tipo", refiriéndose en realidad a otra persona completamente diferente, la egocéntrica mente reactiva toma la frase como si se hubiera referido a uno mismo. En el engrama prosupervivencia de compasión (la computación de aliado solo se compone de estos), algún aliado defiende realmente a la persona de un peligro. Esto puede variar desde una escena dramática en que alguien está decidido a matar al paciente, y el aliado ha llegado, como la caballería, justo a tiempo, al incidente en que el paciente simplemente era salvado (o suponía que estaba siendo salvado) de la destrucción, como ahogarse, ser atropellado, etc. Y el engrama prosupervivencia de compasión es únicamente tan bueno como su contenido en palabras, pues no racionaliza la acción. Se han descubierto engramas en los que el paciente en realidad estaba siendo asesinado, pero el contenido era tal, que estaba convencido de que lo estaban salvando. Un caso así incluiría lo que los auditores llaman un "AA mutuo" (un padre y una madre intentando juntos el aborto, siendo AA las siglas en inglés de "intento de aborto" [*Attempted Abortion*]), en el que Mamá estaba completamente de acuerdo y se preparó para la operación, pero se asustó y empezó a chillar por su "precioso bebé", en un esfuerzo por salvarse de resultar dañada. Los pacientes con esta clase de engrama prosupervivencia de compasión pueden acabar bastante confusos respecto a su madre.

Los aspectos insidiosos de los engramas prosupervivencia de compasión son varios:

1. Están alineados con la dinámica de supervivencia fundamental en el sentido más literal, y por lo tanto están alineados con el propósito del individuo.

2. Son como quistes en torno a los cuales los engramas contra-supervivencia sirven de concha exterior.

3. Afectan de la forma más aguda a la salud del individuo, y siempre son los factores básicos que se encuentran bajo la enfermedad psicosomática que el individuo exhibe.

4. Son causa de que la mente reactiva (pero no la mente analítica) se resista a la terapia.

5. Son la mayor sangría de las unidades de fuerza vital.

En el punto (3) anterior, el engrama de compasión prosupervivencia hace algo más que simplemente seguir adelante con la lesión que se convierte en enfermedad psicosomática. Cualquier engrama es un conjunto de datos que no solo incluye todos los percépticos y el lenguaje presentes, sino también la medición de la emoción y del estado de ser físico. Esto último, el estado de ser físico, sería bastante grave. Dicha medición dice que la *estructura* era tal o cual en el momento en que se recibió este engrama prosupervivencia de compasión. En el caso de un engrama, entonces, en un embrión, la mente reactiva, al obligar al engrama a entrar otra vez en acción, puede también obligar al modelo estructural a imponerse otra vez al cuerpo: esto en ocasiones da como resultado un desarrollo retardado, piel semejante a la del embrión, curvatura de la espalda como la del embrión, y así sucesivamente.

Las glándulas mismas, al ser órganos físicos, también son suprimidas de este modo algunas veces en el esfuerzo de la mente reactiva por aproximar todas las condiciones. Las gónadas atrofiadas, la tiroides por debajo del nivel normal, un miembro inutilizado, todas estas cosas a menudo provienen de engramas prosupervivencia de compasión. Este es un hecho tan observable que, cuando un individuo se está llevando a Clear, el proceso de crecimiento empieza a desarrollar al cuerpo hasta alcanzar el plano genético aun antes de que se haya completado el caso; el cambio que tiene lugar en el ser físico del paciente es a veces tan extraordinario y marcado que resulta más sorprendente que la mera desaparición de todo un catálogo de enfermedades psicosomáticas, como las coronarias, úlceras, artritis, alergias y demás.

Se supondría que algo lo bastante poderoso como para deformar el plano genético físico e impedir que el cuerpo se desarrolle, o hacer que siga creciendo cuando debió haberse detenido, resistiría cualquier terapia. Esto es cierto solo en el sentido más limitado. Una vez que uno se da cuenta de qué es lo que suprime un caso, puede lanzarse a derrotar a los supresores, porque un engrama prosupervivencia, a diferencia de uno contrasupervivencia, tiene un talón de Aquiles.

La respuesta más funcional conocida ahora por Dianetics radica en el principio de las unidades de fuerza vital y en una técnica para volver a ponerlas en circulación. El engrama prosupervivencia reúne y retiene estas unidades, de acuerdo a esta teoría, y se derrumba cuando se pone fin a su poder para retener unidades.

Por lo tanto, al abrir un caso en el que hay una enfermedad psicosomática crónica (y qué caso no la tiene, aunque sea tan leve como un acceso ocasional de estornudos o de hipo), el auditor lo explora primero con una rutina de retorno para averiguar qué tan atrás puede ir en busca de material, en qué estado está el recuerdo sónico, lo ocluida que está la juventud de la persona, y demás. Cuando ha hecho este examen, empieza a elaborar su computación sobre el caso: en primer lugar, ¿era un niño feliz tanto con su padre como con su madre?, y de no ser así, ¿dónde era más feliz el niño? (Ahí será donde se encuentran los aliados). ¿Era cualquiera de los progenitores un factor irrazonablemente poderoso en el desarrollo de los poderes de pensamiento del niño?

(Aquí puede haber otra vez un aliado, aun cuando sea uno débil). ¿Tenía el paciente abuelos u otros parientes? ¿Qué sentía hacia ellos? Todos estos datos estarán más o menos ocluidos y tergiversados por circuitos demonio y resultarán tan fiables como los datos que este paciente tratará inevitablemente de obtener de padres o parientes "chiflados", quienes no solo no saben lo que le pasó a él, sino que además podrían estar muy ansiosos por que no se descubra nada.

¿Qué pasó realmente? Si puedes evitarlo, no dejes que los pacientes les pregunten nada a sus padres o parientes, porque estos son extremadamente reestimulativos y nunca disponen de datos que puedas usar; el paciente simplemente está tratando de usarlos como circuitos de puente para evitar el dolor de recordar las cosas por sí mismo. Cuando el caso esté terminado, ya no querrá acosar más a estas personas. Y si quieres hacer una verificación por razones de investigación, consigue a uno de los parientes y somételo a terapia.

El auditor tiene ahora una ligera idea de quiénes pueden ser los aliados. Y aquí viene el talón de Aquiles de la computación de aliado.

Cualquier computación de aliado puede incluir la pérdida del aliado. Y la *pérdida del aliado* puede ser el disparador que inicie la reacción en cadena. Porque lo que vamos a tratar de hacer es sacar o liberar la mayor cantidad posible de unidades de fuerza vital del banco reactivo de engramas, y debilitarlo. Toda carga que saquemos del banco reforzará la capacidad del paciente para seguir adelante con la existencia, y ayudará a su mente analítica a entrar en el banco de engramas. De ahí que descargar estas unidades inmovilizadas sea una parte vital e importante de la terapia, y la condición del caso mejorará en relación directa al número de estas unidades así descargadas.

Considera estas unidades de vida como energía vital libre: un engrama que las capture puede establecerse, para los efectos, como fuerza vital. Entonces, y solo entonces, es una entidad. Los circuitos demonio, las paredes de valencias (que compartimentan al analizador, por así decirlo, y producen multivalencia), la fuerza y el poder del engrama en sí, dependen totalmente, de acuerdo a la teoría y según se ha observado en la práctica, de las unidades vitales usurpadas.

La tarea primaria de la terapia es liberar estas unidades; la tarea secundaria es aliviar el dolor de los engramas; hacer que el paciente esté cómodo durante la terapia ni siquiera se tiene en consideración, aunque no hay necesidad de que esté incómodo. El carácter dual de la terapia, entonces, es en realidad dos secciones de la misma cosa: aliviar engramas. Sin embargo, existe esta naturaleza dual en los engramas, que es que contienen emoción dolorosa (que significa fuerza vital usurpada) y dolor físico (que significa dolor por lesión, enfermedad, etc.).

La dirección y la intención de la terapia en sus primeras etapas es llegar al punto más temprano lo más rápidamente posible y encontrar el básico-básico. Para lograr esto (cuando no se pueda hacer de forma inmediata, simplemente retornando y encontrando el básico-básico, lo que puede y debe intentarse siempre) se alivia el caso y se asalta el banco de engramas, liberando unidades de vida (capturadas por la emoción dolorosa) de las computaciones de aliado.

En resumen, toda la intención y acción de la terapia es encontrar el engrama más temprano y borrarlo, y después proceder a borrar todos los otros engramas, como engramas, de modo que ya no puedan descubrirse. (Se rearchivan en el banco estándar, pero se necesita un genio para encontrarlos ahí, además de una búsqueda de horas y horas; por tanto, para el auditor, puede decirse que se han "borrado", porque ya no son engramas, y ahora son experiencia). El primer, último y único trabajo del auditor es encontrar los engramas más tempranos que haya disponibles, y borrarlos. Esto no podrá decirse nunca suficientes veces, ni nunca podrá decirse con suficiente énfasis.

Las diversas formas de lograr esto son las técnicas y artes de la terapia. Cualquier cosa que produzca esta borradura de engramas de su lugar, y su rearchivo como experiencia, es útil y legítima, *incluya lo que incluya*. Un ingeniero intenta quitar una montaña que está en el curso de un río: su intención y todo su esfuerzo están dirigidos a mover esa montaña. Las formas y medios que emplee para mover la montaña, una excavadora, martillos hidráulicos o dinamita, son el arte y las técnicas que se aplican para hacer el trabajo.

En nuestra tarea, hay tres grados de conocimiento:

1. En Dianetics, conocemos la meta; sabemos los resultados que se producen cuando se alcanza esa meta.

2. Conocemos el carácter de las obstrucciones que hay entre nosotros y la meta, pero del *carácter exacto* de la obstrucción nunca podemos aprender demasiado.

3. El arte y la técnica de eliminar la obstrucción entre nosotros y la meta son legítimos, únicamente, según la prueba de si eliminan o no la obstrucción.

El método de ataque al problema siempre puede mejorarse aprendiendo más sobre el carácter de los factores en el problema, aprendiendo nuevas artes y técnicas que puedan aplicarse al problema y estudiando para mejorar nuestra destreza en practicar las artes y técnicas existentes. El arte y la técnica que existen actualmente no deben considerarse como óptimas por el mero hecho de que hagan el trabajo. El tiempo de trabajo se podría reducir, y la tarea se facilitaría, con nuevas técnicas o destrezas avanzadas sustituyendo a las técnicas antiguas.

Se comenta todo esto para que Dianetics, a diferencia de la lógica aristotélica y la historia natural, sea reconocida como una ciencia que cambia y avanza. Se comenta en este lugar porque ningún auditor debe apoltronarse con esta rutina sin intentar jamás mejorarla.

Muy bien, esta es la rutina. *Funciona*, pero nunca se puede hacer que funcione demasiado deprisa ni demasiado bien.

1. Pon al paciente en reverie y explora el área prenatal para ver si hay engramas disponibles que se puedan disipar sin trabajo adicional. Si están ahí y pueden encontrarse, quítales la carga y, si es posible, bórralos. No trates de borrar nada tan alejado del básico-básico como el nacimiento, a menos que el archivista insista en ofrecer el nacimiento. En otras palabras, haz que el sujeto vaya al área prenatal y busque los engramas más tempranos. No pidas ejemplos específicos, especialmente algo como el nacimiento; simplemente toma lo que se presente. Si no puedes retroceder a un momento temprano, toma el paso dos.

2. Explora la vida del paciente mientras está en reverie (haz esto tarde o temprano, pase lo que pase, si el caso se ralentiza, pero solo si se ralentiza en un grado tal que, o bien los engramas tempranos no se reducen o no tienen ninguna emoción). Determina en esta exploración de quién pudo haber dependido el paciente, y sospecha siempre que no te ha dicho los aliados realmente importantes; pero no le digas que sospechas nada.

3. Averigua cuándo perdió el paciente algún aliado por muerte o por partida. Aborda este momento y, de una u otra forma, obteniendo material más temprano y este incidente, o bien solo el incidente, descarga de los incidentes la aflicción de la pérdida. Trata cualquier incidente en el que el aliado se marche o en el que al paciente se le separe del aliado como un engrama, y bórralo como corresponde, o recórrelo hasta que ya no contenga "carga" de aflicción. Si la "carga" persiste, sospecha que existe un momento temprano de aflicción acerca de este aliado y encuéntralo y trátalo como un engrama.

4. En primer lugar, en último lugar y siempre, la tarea es obtener el básico-básico, y después, a continuación, ir obteniendo el momento de dolor o aflicción más temprano que exista ahora, y borrar todo incidente a medida que el archivista los vaya entregando o se vayan encontrando mediante la Técnica Repetitiva.

5. Cualquier incidente que se encasquille siempre tiene un incidente similar anterior, y al paciente se le debería llevar a un tiempo anterior en busca del incidente previo cuando un engrama no se "reduce" al relatarlo.

6. En cualquier momento en que los engramas comiencen a estar carentes de tono emocional, aun cuando se reduzcan, sospecha que hay otra computación de aliado y, ya sea antigua o reciente en la vida del paciente, obtenla y redúcela, al menos hasta que la descarga emocional haya desaparecido. No hagas que se reestimule todo lo que hay en un caso, cambiando de un incidente sin reducir a algo que parezca más fructífero, sino

reduce todo lo que tengas a la vista antes de ponerte a buscar una nueva carga de aflicción.

7. Es mejor reducir un engrama temprano sin emoción que trastornar el caso acosándole en busca de una computación de aliado, cuando una búsqueda astuta no consigue revelar una a la vista. Borrar engramas tempranos sin emoción pondrá finalmente a la vista una nueva computación de aliado, si la buscas ocasionalmente.

8. Considera que cualquier retraso en un caso, cualquier renuencia a cooperar, proceden de una computación de aliado.

9. Trata a todos los circuitos demonio como cosas a las que mantienen en su lugar unidades de fuerza vital que el banco ha absorbido, y aborda el problema de los circuitos demonio liberando cargas de aflicción.

10. Considera que la pérdida de un aliado por muerte o por partida es idéntica a la muerte de alguna parte del paciente, y que la reducción de una muerte de un aliado o del incidente de partida devolverá al paciente esa misma cantidad de vida. Y recuerda que las grandes cargas de aflicción no siempre son muerte o partida, sino que pueden ser meramente una inversión repentina en la actitud del aliado.

Ten siempre presente que la persona que más se identifica ella misma con la persona del paciente, como puede ser una madre, padre, abuelo, pariente o amigo compasivos, es considerada por la mente reactiva como parte de la persona misma, y que cualquier cosa que le suceda a este personaje compasivo puede considerarse que le ha sucedido al paciente. En tal caso, cuando se encuentra que un aliado ha muerto de cáncer, ocasionalmente puede encontrarse que el paciente tiene un lugar irritado o escamoso en el sitio en que él suponía que había estado el cáncer del aliado.

La mente reactiva piensa solo en identidades. El engrama pro-supervivencia de compasión identifica al paciente con otro individuo. La muerte o la pérdida (por partida o rechazo) del otro individuo es por lo tanto una convicción de la mente reactiva de que el paciente ha sufrido una cierta porción de muerte.

Las cargas emocionales pueden estar contenidas en cualquier engrama: la emoción se comunica, en el mismo nivel de tono, de las personas que están alrededor de la persona "inconsciente" hacia la mente reactiva de esta. El enojo entra en un engrama como enojo, la apatía como apatía, la vergüenza como vergüenza. Cualquier cosa que hayan sentido emocionalmente las personas que estaban alrededor de la persona "inconsciente" debería encontrarse en el engrama que resultó del incidente. Cuando el tono emocional de las personas que hay en un engrama es obviamente enojo o apatía a partir del contenido verbal y, sin embargo, el paciente no lo siente al relatarlo, hay algo en algún sitio que tiene una *pared de valencia* entre el paciente y el tono emocional, y esa pared de valencia casi siempre se derrumba por el descubrimiento de un engrama con carga de aflicción en algún momento más temprano o más reciente en la vida de un paciente.

La única razón legítima para entrar en secciones recientes de la vida de una persona antes de que el área prenatal se haya agotado plenamente, es para buscar descargas de aflicción ocasionadas por la muerte, pérdida o rechazo de un aliado. Y por "rechazo" queremos decir que el aliado se transformó en enemigo activo (real o imaginario) del paciente. El homólogo del aliado, el pseudoaliado, es una persona a quien la mente reactiva ha confundido con el aliado real. La muerte, pérdida o rechazo de un pseudoaliado puede contener una carga de aflicción.

De acuerdo a la teoría, lo único que puede encerrar unidades de vida es esta emoción de pérdida. Si existiera algún método para no hacer otra cosa que liberar todas las unidades de vida, el dolor físico se podría dejar de lado.

Un Liberado se produce, de un modo u otro, liberando todas las unidades de vida posibles de los periodos de pérdida, prestándole mínima atención a los verdaderos engramas.

La pérdida de un aliado o de un pseudoaliado no necesita contener ningún otro dolor físico o "inconsciencia" más que el que la pérdida en sí ocasiona. Esto ya es bastante grave. Crea un engrama.

Cualquier persona que se descubre de pronto que está ocluida en la vida del paciente, puede considerarse, con relativa fiabilidad, que se trata de un aliado o de un pseudoaliado. Si, al *recordar* o al *retornar*, faltan grandes secciones de la asociación de un paciente con otra persona, a esa persona se le puede denominar persona ocluida. Si la oclusión rodea la muerte de la persona o una partida o un rechazo por parte de esa persona, eso es una mejor garantía de que esa persona es un aliado. Es posible que la oclusión tenga lugar, también, por razones de castigo, lo que quiere decir que la persona ocluida también puede ser un archienemigo. Sin embargo, en este caso, cualquier memoria presente se referirá a la muerte o a la derrota o a la enfermedad de la persona ocluida. La oclusión del funeral de una persona en la memoria de un paciente, teóricamente marcaría a esa persona como aliado o pseudoaliado. El recuerdo del funeral de una persona pero la oclusión de una asociación placentera podría tender a significar que la persona era un enemigo. Estas reglas son tentativas. Pero es seguro que cualquier oclusión significa que una persona tuvo una significación enorme y no revelada en la vida de un paciente, que debería ser explicada.

Se puede señalar aquí que la recuperación del paciente dependerá en gran medida de las unidades de vida liberadas de su banco reactivo. Esta es una descarga de aflicción y puede ser muy violenta. La práctica común es "olvidar" tales cosas y "cuanto antes se olvida, antes se cura". Desafortunadamente esto no funciona; estaría muy bien si así fuera. Cualquier cosa olvidada es una llaga purulenta cuando hay desesperación relacionada con ella. El auditor verá que cada vez que localiza a ese archinegador, "olvídalo", obtendrá el engrama que este suprimía; cuando no puede localizar el engrama y, sin embargo, ha encontrado un somático, entonces en el contexto del engrama habrá un "olvídalo" o un "no pienses en ello", o un "no puedo recordarlo" o un "no lo recuerdes" o algún otro negador. Olvidar es un asunto tan malsano que cuando una cosa se ha "quitado de la mente", se ha metido directamente en el banco reactivo de engramas, y allí dentro puede absorber unidades de vida. Esta computación "chiflada" de que el olvidar las cosas las hace soportables es increíble, en vista del hecho de que el hipnotizador, por ejemplo, consigue resultados con una sugestión positiva cuando pone uno de estos negadores al final de ella. Esto se ha sabido durante muchísimos eones; fue una de las primeras cosas que le enseñaron al autor cuando estudió las prácticas asiáticas: hace mucho tiempo, esto se filtró desde la India a

Grecia y Roma, y ha llegado a nosotros a través de Anton Mesmer: es un principio fundamental en varias artes místicas; su mecánica era conocida incluso por el curandero sioux. Sin embargo, la gente en general, hasta entonces sin guía al respecto y tal vez porque no tenía remedio real alguno, creía que lo que había que hacer con la aflicción era "olvidarla". Incluso Hipócrates menciona que una operación no está totalmente terminada hasta que el paciente le ha relatado el incidente a todos sus amigos, uno tras otro. Y aunque esto es una terapia inadecuada, ha sido, como la confesión, parte del conocimiento popular durante todos estos siglos; sin embargo, la gente insiste en suprimir la aflicción.

El auditor recibirá muchas veces en su actividad súplicas de un paciente de que "no me hables de la muerte de fulanito". Si es lo bastante ingenuo como para prestar atención a esta súplica lacrimosa cuando el paciente está en reverie, entonces el auditor está bloqueando activamente la obtención de un Liberado. ¡Ese es el primer incidente que debe obtener!

Quizá sería malo abordar estas cosas, sin la técnica de Dianetics; pero con nuestro arte es fácil no solo entrar en el momento real del incidente, sino relatarlo después hasta que las lágrimas y los lamentos no sean sino ecos en el historial de caso. Tratar esa pérdida como un engrama, relatándola hasta que ya no sea dolorosa emocionalmente, es devolver al paciente la vitalidad que no ha tenido desde que tuvo lugar el incidente. Y si el incidente no se alivia al relatarlo una docena de veces, deslízate hacia atrás por su línea de aflicción, exactamente como lo harías con cualquier otro engrama, y encuentra momentos más y más tempranos. Un paciente que comienza a descargar aflicción a los cincuenta años, puede encontrarse dos horas después en el área básica relatando el momento primario de aflicción en el instante en que el aliado perdido se convirtió en aliado por primera vez. Si el auditor puede obtener toda la cadena sobre cualquier aliado, agotando la aflicción de ella desde lo más reciente hacia lo más temprano, sacando toda la aflicción que pueda de cada incidente y despojando de su carga a toda la serie de engramas, puede que en pocas horas de trabajo libere al caso de suficiente carga emocional para empezar después una borradura ordenada.

Por favor, observa esta diferencia: el talón de Aquiles de la computación de aliado puede considerarse reciente en la cadena de incidentes concernientes a ese aliado, lo que quiere decir que tenemos aquí un embudo (vertical en el tiempo) en el que se puede entrar en épocas recientes y seguir hacia las antiguas. El talón de Aquiles de la cadena de engramas contrasupervivencia está en los incidentes más tempranos, exactamente lo contrario de los engramas emocionalmente dolorosos.

Para recuperar unidades de vida del banco de engramas, de manera que haya suficiente emoción libre disponible para liberar o llevar a Clear a un caso, comienza con pérdidas de aliados o pseudoaliados recientes y trabaja hacia atrás.

Para liberar el dolor físico del individuo del banco de engramas, comienza en lo temprano (lo más cerca que puedas de la concepción) y trabaja hacia lo más reciente.

El dolor físico en la cadena contrasupervivencia puede suprimir la emoción dolorosa en la cadena prosupervivencia.

La emoción dolorosa en la cadena prosupervivencia puede suprimir el dolor físico en los engramas contrasupervivencia.

Si tuvieras que hacer un dibujo del área prenatal del banco reactivo de engramas, este sería algo así: una larga línea horizontal que representa el tiempo y que tendría manchas oscuras representando engramas; un extremo de la línea representaría la concepción; el otro extremo, el nacimiento; por encima de esta línea se encontraría un área oscura, como niebla densa, que se extendería de un extremo a otro de la línea, y que casi caería hasta tocar a esta; encima de esta niebla oscura habría otra línea horizontal, la línea temporal *aparente* por la cual retorna el paciente. La primera línea larga es la línea temporal real. La niebla es la emoción dolorosa. La línea oscura superior es lo que el paciente confunde y usa como su línea temporal.

A veces, por supuesto, la emoción dolorosa se toca en el área prenatal misma, y el auditor jamás debe dejar pasar la oportunidad de dispersarla descubriendo así cargas emocionales. En realidad, una vez que se ha descargado mucha de la emoción dolorosa de la vida reciente, se puede encontrar una gran cantidad de emoción dolorosa entre los engramas tempranos. La mayor parte de esta niebla, y la primera parte con la que el auditor a menudo contacta, está en la vida reciente; y, aunque como carga se origina en la vida reciente, puede decirse que se encuentra en esta área prenatal.

Los momentos de pérdida, la pérdida por muerte o por partida de cualquiera de los aliados del paciente, y la pérdida de un aliado porque este se vuelve contra el paciente, atrapan estas cargas emocionales y las interponen entre el paciente y la realidad. Aunque el momento de pérdida fuera posterior al nacimiento, en la infancia, en la niñez, la adolescencia, la vida adulta, fue retroactivo al suprimir los engramas tempranos.

Este aspecto de la emoción dolorosa es un key-in de los incidentes tempranos por el momento de la pérdida. En otras palabras, un momento de gran pérdida suprime al individuo en la Escala Tonal hasta un punto en el que se aproxima al nivel de los engramas tempranos, y estos, al hacérseles key-in, retienen de ahí en adelante las unidades de carga.

Las unidades de vida capturadas de esa forma se retienen y son la vida de los engramas. Del mismo modo que en la electricidad una carga positiva se aleja de una carga positiva, las cargas iguales se repelen. Puede decirse, por analogía, que el analizador, al operar con la misma clase de carga que la que contiene en el engrama, se aleja del engrama, el cual permanece así desconocido e intacto.

A medida que el individuo retorna al área de los engramas tempranos (que se mantienen en estado de key-in debido a las cargas capturadas por incidentes recientes), puede pasar con toda comodidad junto a cantidades enormes de material aberrativo sin tan siquiera sospechar que esté presente. Sin embargo, cuando los momentos recientes de emoción dolorosa se liberan, el auditor puede entrar inmediatamente en el área temprana y encontrar engramas de dolor físico que hasta ese momento no había podido descubrir.

En realidad, tanto los momentos recientes como los momentos tempranos son engramas; la noticia o la observación de una pérdida desconecta el analizador y todo lo que entra después es engrámico y se archiva en la mente reactiva. Debido a la vista y a un recuerdo de la actividad que está conectada con el presente, todo lo cual sirve para mantener a un individuo orientado, a menudo una persona puede recordar el momento de pérdida; mientras que no puede recordar datos prenatales porque en esa área carecía de toda conexión con factores orientadores que incidieran en el analizador. Mientras que la criatura prenatal, especialmente en las últimas etapas, definitivamente posee un analizador, la experiencia y la memoria no están coordinadas y la mente analítica entonces no sospecha la existencia de engramas. Esto no es cierto en los periodos posteriores de la vida, sobre todo aquellos después de que se ha aprendido a hablar y se habla. El hecho real es que esta capacidad de la vida más reciente para recordar circunstancias circundantes sin sentir un dolor extremo, también sirve para esconder aquí la existencia de un engrama real: una persona siente que analíticamente lo sabe todo de ese momento de pérdida. En realidad, no tiene contacto con el engrama en sí, el cual contiene un momento de "inconsciencia" de menor profundidad que, por ejemplo, la de la variedad anestésica. *Sin embargo, las pérdidas de aliados durante la infancia pueden estar tan completamente ocluidas que no se recuerde a los propios aliados.*

El auditor encontrará que le es fácil contactar con engramas muy recientes. Y también descubrirá otra cosa. Mientras está retornando a uno de estos momentos de pérdida, el paciente puede no estar ocupando su propio cuerpo. Este "fenómeno" se ha conocido durante varios miles de años, e incluso la mención más reciente de esto, tan solo decía que era "interesante", sin hacer ningún esfuerzo adicional por averiguar *por qué* una persona, retornada a un área en regresión hipnótica, a veces podía encontrarse dentro de sí misma (es decir, viendo las cosas como si fuera ella misma), y a veces veía las cosas que había ahí y a sí misma incluida como parte del escenario (como si tuviera una visión separada). El hecho de que hayamos descubierto que retornar en estado despierto a incidentes pasados es una función natural de la mente no altera el hecho de que nos encontremos con aspectos hasta ahora conocidos como "fenómenos" misteriosos de sueños provocados por drogas e hipnotismo. De ningún modo estamos practicando hipnotismo: así que esto significa que el hipnotismo y Dianetics utilizan capacidades similares de la mente; no significa que esas capacidades pertenezcan al campo del hipnotismo.

Y uno de los diversos aspectos del *retorno* es que a veces (o, en algunos pacientes, continuamente) se encuentra con áreas en que el paciente está "fuera" de su cuerpo. Estas visiones exteriorizadas de uno mismo tienen dos explicaciones: una de ellas es la *valencia*, en que el paciente ha tomado para sí la identidad de otra persona y ve el escenario a través de los ojos de esa otra persona; la otra es la *exteriorización*, en la que la emoción dolorosa está presente en tal cantidad que el paciente no puede ocuparse a sí mismo. Esa emoción dolorosa puede proceder de incidentes pasados o futuros con respecto al momento en que el paciente está presenciando una escena a la que ha sido retornado mediante Dianetics. Tras relatar varias veces la escena, el paciente se acercará más y más a la ocupación de su cuerpo, hasta que al final ve la escena desde el interior de su cuerpo. A veces no tiene lugar ninguna descarga emocional (lágrimas, etc.) hasta que el paciente haya repasado el incidente varias veces y hasta que esté dentro de su propio cuerpo. Es como si, retornado, tuviera que explorar el terreno para averiguar si era seguro ocuparse a sí mismo. Si después de relatarlo unas cuantas veces no tiene lugar una descarga, como por ejemplo de lágrimas, entonces la emoción está suspendida en otra parte, anterior o posteriormente, pero generalmente mucho más tarde. Para el auditor, la *exteriorización* a causa de la emoción es prácticamente lo mismo que la exteriorización a causa de dolor físico. Cuando se encuentra con un caso que está completamente exterior por toda la línea temporal de arriba abajo, debe enfocar su destreza hacia la liberación de momentos de emoción dolorosa.

Todos los pacientes parecen tener la idea de que el tiempo cura y de que algún incidente de hace diez o veinte años ya no tiene ningún efecto sobre ellos. El tiempo es un Gran Charlatán, no un Gran Sanador, como ya se ha comentado. El tiempo, con los procesos de crecimiento y decadencia, causa cambios, y el entorno introduce nuevas caras y actividades y altera así los reestimuladores: un momento de emoción dolorosa en el pasado tiene, como cualquier otro engrama, sus propios reestimuladores y, además, mantiene en estado de key-in todos los engramas tempranos que se relacionan con él, de manera que también funcionan los reestimuladores de estos: todo reestimulador tiene un conjunto de reestimuladores que la mente analítica (que no puede ver al verdadero reestimulador) asocia a él. Todo esto crea un modelo complejo, pero solo es complejo en la terapia si uno no conoce la fuente de la aberración. Si el auditor retorna al paciente a cualquier momento de emoción dolorosa en el pasado y lo recorre como un engrama, descubrirá que toda su carga original está presente y se descargará.

Por lo general, encontrará que el paciente huye de toda idea de entrar en el engrama real: el preclear puede tratar de detallar todo tipo de curiosidades, sus propios pensamientos, las razones de que ya no sea doloroso para él, y así sucesivamente. Estos pensamientos y datos anteriores al hecho o posteriores a él son tan útiles para recorrer un engrama como lo era una disertación sobre "las ilusiones infantiles" para el problema de eliminar aberraciones de la mente humana. El auditor que preste atención a estas "razones" y a estos "yo recuerdo que…" en lugar de recorrer el engrama en sí, no conseguirá que su paciente mejore y desperdiciará valiosas horas de terapia. Un auditor que haga esto pertenece a la escuela de pensamiento de "dar palmaditas en la espalda", que cree que la compasión tiene valor. Su lugar no es la silla del auditor. Es perder tiempo, perder un tiempo valioso, el escuchar cualquier cosa que el paciente pensó, dijo, hizo o creyó, cuando el paciente debería estar entrando en el engrama y recorriéndolo como un engrama. Realmente hay necesidad de averiguar, a partir de la charla del paciente, dónde está el engrama; pero una vez que se localiza, todo lo demás es basura.

Toma un momento en que se notifica a un niño de la muerte de sus padres. El auditor se entera de que los padres murieron cuando el niño tenía dos años de edad. Entonces, él puede deducir, sin más molestias o preguntas, que alguien debe de haberle hablado a su paciente sobre la muerte de sus padres, y que hubo un momento preciso en que este paciente, entonces un niño, se enteró de esa muerte. Al relatar el asunto en tiempo presente, sin ser retornado, el paciente está usando todos los años transcurridos como amortiguadores contra la emoción dolorosa. El auditor retorna al paciente (sin más preámbulos que la rutina normal de poner al paciente en reverie) al momento en que el paciente se enteró de la muerte de sus padres. El paciente puede buscar un poco a tientas tratando de orientarse en el pasado, pero pronto entrará en contacto con el instante en que alguien le informó. Si ese niño quiso algo a sus padres, puedes estar seguro de que aquí hay un engrama. El engrama comienza en el primer momento en que se informa al niño, momento en que puede esperarse que el analizador se haya desconectado. El final del engrama es un momento, una hora, un día o incluso una semana después, cuando el analizador volvió a conectarse. Entre el primer momento de atenuación analítica y la recuperación del poder analítico se encuentra el engrama. Los primeros minutos de este son los más graves. Recorrer una hora de él (una hora del incidente, no de terapia) debería ser más que suficiente. La mayoría de los auditores solo recorren los primeros pocos minutos varias veces para conseguir una prueba de si va a haber descarga emocional o no. Recorre uno de estos periodos de pérdida que debería contener emoción dolorosa, exactamente como recorrerías un periodo de dolor físico e "inconsciencia" que tuviera otro origen, pues el periodo de emoción dolorosa es un periodo "inconsciente" con la misma seguridad que si al paciente le hubieran golpeado con un garrote. Si se puede contactar con la emoción de este periodo relatándolo cuatro o cinco veces (comenzando cada vez por el principio, asegurándose de que el paciente esté retornado y en contacto con *todos* los percépticos del incidente, y esté recorriéndolo como lo que es: un engrama), entonces el engrama se debe relatar hasta que *desaparezca* la emoción que hay en él, hasta que el paciente se aburra con él o incluso esté alegre respecto a él. Si después de relatarlo cuatro o cinco veces, el paciente todavía está bien exteriorizado, sin haber contactado todavía con ninguna emoción, entonces la carga está suspendida en alguna otra parte, bien anterior o posteriormente, y se deben hacer intentos con relación a otras pérdidas para obtener una descarga, sin importar a cuantos años de distancia se encuentren estas del incidente que no cede. Después de que se haya hecho saltar una carga en alguna otra parte, el incidente que se abordó primero puede descargarse, como en el caso del niño de dos años que perdió a sus padres. Es seguro que tarde o temprano un incidente así se descargará, y también es seguro que el caso no progresará mucho en la consecución de gran cantidad de engramas físicamente dolorosos hasta que tal suceso grave *esté* bien descargado.

A menudo, se contacta con las descargas en lugares muy inesperados. En alguna parte hacen contacto con la superficie lo suficiente como para que un toque del paciente retornado permita que se liberen las unidades, los engramas hagan key-out, y salgan a la vista en sus lugares correctos en la línea temporal.

El banco de engramas se distorsiona seriamente por la emoción dolorosa, y las áreas de emoción dolorosa se distorsionan seriamente por dolor físico en otra parte. El sistema de archivo de la mente reactiva es malo. El archivista puede recuperar y entregar al auditor solo un número determinado de engramas de emoción dolorosa o de engramas de dolor físico cada vez. Pueden estar desordenados en sus posiciones en la línea temporal, lo que quiere decir que el auditor puede contactar con un engrama físicamente doloroso temprano (esta es siempre su labor más importante), entonces contactar con uno en el área prenatal media, luego con uno postnatal, y después de esto parecen no estar presentes otros engramas de la variedad de dolor físico (engramas de la variedad física que contienen pérdida del conocimiento por accidentes, enfermedades, cirugía o lesión). Esto no significa que el caso se encuentre en punto muerto o que el paciente haya llegado a Clear. Es más probable que signifique que hay incidentes de la otra variedad de engramas (emoción dolorosa que proviene de pérdida por muerte, partida o inversión en la actitud de aliados) con los cuales se puede ahora contactar. Entonces el auditor busca y consume la descarga emocional de los engramas de pérdida, generalmente más tarde en la vida. Estos, con las unidades liberadas una vez más en circulación, permiten que aparezcan engramas de dolor físico más tempranos y el auditor reduce cada uno de los que puede contactar. Tan pronto como ya no pueda encontrar engramas físicamente dolorosos, vuelve a una búsqueda de engramas de emoción dolorosa, y sigue así, alternativamente, según sea necesario. La mente, siendo un mecanismo que se autoprotege, tarde o temprano bloqueará los engramas de dolor físico del paciente si los engramas de emoción dolorosa están listos, y le impedirá el paso hacia los engramas de emoción dolorosa tan pronto como estén listos los engramas de dolor físico.

Comienza a conseguir emoción dolorosa reciente y trabaja hacia atrás, hacia lo temprano. Comienza en lo temprano para conseguir engramas de dolor físico y trabaja hacia lo reciente. Y siempre que se contacte con algún engrama, recórrelo hasta que ya no moleste al paciente en forma alguna o hasta que haya desaparecido totalmente (rearchivado, pero desaparecido según pueden decir por el momento el auditor y el paciente). Si después de relatarlo muchas veces un incidente no muestra señales de aliviarse (somático que no disminuye o emoción que no se expresa o que no disminuye), solo entonces el auditor debería buscar otro incidente. En un engrama de emoción dolorosa, a menudo la carga es más reciente. En un engrama de dolor físico, la suspensión está causada invariablemente por la existencia de la misma frase en un engrama de dolor físico más temprano con el que se puede contactar; y en ese caso, el auditor debería repasar las frases que le llevaron al somático hasta que encuentre un contacto y una disipación del engrama.

A estas alturas, debería estar extremadamente claro que la racionalización* sobre la acción o la conducta o las condiciones no fomenta la terapia y no tiene ningún uso aparte de ser una ayuda ocasional en la localización de engramas. Debería estar igualmente claro que ninguna cantidad de explicación, consuelo o evaluación por el auditor va a fomentar la borradura de los engramas. Debería estar claro que lo que una persona pensó en el momento del incidente no fue aberrativo. Debería estar claro que la emoción dolorosa coloca los compartimentos y los circuitos demonio en la mente, y que los engramas físicos retienen en el cuerpo la aberración y el dolor físico.

Toda esta operación es mecánica. No tiene nada que ver con pensamiento justificado, vergüenza o razones. Solo tiene que ver con el hecho de agotar el banco de engramas. Cuando la mayor parte de la emoción dolorosa se ha ido, la persona está *Liberada;* cuando el contenido del banco de engramas se ha agotado, la persona ha llegado a *Clear.*

La mente es como una excelente pieza de maquinaria; por sí misma y como mecanismo es casi imposible destruirla, excepto eliminando algunas de sus partes: los engramas no eliminan partes de la mente, le añaden cosas innecesarias. Imagínate una máquina magnífica, bien diseñada, funcionando perfectamente: eso sería la mente sin las adiciones de dolor y emoción dolorosa. Ahora imagínate esta magnífica máquina en las

---

* *Racionalización* significa pensamiento justificado: las excusas que uno da para explicar su comportamiento irracional.

manos de un equipo de mecánicos idiotas: ellos empiezan a trabajar en torno a ella y no saben que lo que hacen afecta a la máquina en absoluto. Ahora ven que algo anda mal con la máquina y no son conscientes de que han puesto un revoltijo de llaves inglesas, alfileres de sombrero, colillas de puro y la basura de ayer, todo por dentro y por fuera. Su primer pensamiento es el de poner algo nuevo sobre la máquina o dentro de ella para corregir su funcionamiento, y le añaden artilugios arbitrarios con el fin de arreglar el funcionamiento de la máquina. Algunos de estos artilugios parecen ayudar a la máquina (engramas de compasión), y la propia máquina puede utilizarlos, en presencia del resto de las baratijas, para ayudar a su estabilidad. Los idiotas interrumpen el suministro de combustible (engramas de emoción dolorosa) o bien, como la persona que le daba al coche con un látigo cuando no andaba, tratarán de aguijonear a la máquina (obligarla mediante castigo), aumentando así las dificultades. Al final, esta máquina parece ser una verdadera chatarra sin esperanza, casi oculta debajo de todo lo que se le añadió y se le insertó, y los mecánicos idiotas sacuden sus cabezas y dicen: "¡Pongámosle otra cosa o se parará!". Lo hacen, y la máquina parece detenerse (se vuelve loca).

En Dianetics se lleva a cabo un trabajo experto de despejar los escombros que hay en la máquina y en torno a ella. Esto no se hace añadiendo más escombros. Los mecánicos idiotas (el contenido de la mente reactiva) se muestran consternados por esta acción, pero la propia máquina, dándose cuenta de pronto de que se está haciendo algo por ella que realmente la pondrá una vez más en buen estado de funcionamiento, empieza a ayudar. Cuantos más escombros se despejan, mejor funciona y menos fuerza tienen los mecánicos idiotas. La marcha de la mejoría debería ser y es rápida. Podemos detenernos cuando la máquina esté funcionando por lo menos tan bien como la máquina "normal" (un Liberado), o bien podemos detenernos cuando hayamos sacado todos los escombros de la máquina (un Clear). Cuando hemos logrado un Clear, contemplamos algo que nunca antes se había contemplado porque nunca antes había existido en un estado libre de escombros: una máquina perfecta, bien diseñada, potente, reluciente, capaz de ajustarse y cuidar de todas sus funciones, sin ninguna clase de ayuda terapéutica adicional.

ALGUNOS TIPOS *de* ENGRAMAS

SE DAN DOS EJEMPLOS de cada clase de engrama, para que el auditor pueda entender claramente sus diferencias.

ENGRAMA CONTRASUPERVIVENCIA

Esto es cualquier clase de engrama que interfiera con las dinámicas y no se alinee con el propósito.

Pelea entre la madre y el padre poco después de la concepción. El padre golpea a la madre en el estómago. Ella grita (las primeras percepciones son dolor, presión, sonido del golpe y grito) y él dice: "¡Dios te maldiga, te odio! ¡No vales para nada! ¡Te voy a matar!". La madre dice: "Por favor, no me pegues otra vez. Por favor, no. Me has hecho daño. Me has hecho daño. ¡Me duele a rabiar!". El padre dice: "¡Quédate ahí tirada y púdrete, maldita seas! ¡Adiós!".

En este engrama tenemos una situación aberrativa grave: primero, porque es temprano; segundo, porque su contenido dice que la persona que lo tiene está dolorida y rabiando; tercero, porque tiene un *retenedor* y por lo tanto es susceptible de hacerse crónico ("Quédate ahí tirada"); cuarto, porque puede producir enfermedad ("y púdrete"); quinto, porque tiene una connotación religiosa acerca de Dios y de ser maldecido;

sexto, porque le da al individuo una sensación de que otras personas no son buenas (normalmente, "te" se refiere a otras personas); séptimo, porque, por el contenido, tiene tono emocional de hostilidad ("te odio"); y octavo, porque el individuo, después del nacimiento, tiene que vivir con estas personas reestimulativas: su padre y su madre. Tiene otros efectos adicionales que, como todos los engramas, proporcionan dos *valencias* adicionales innecesarias, una de las cuales, la de la madre, es una valencia cobarde, y la otra, la del padre, una valencia intimidadora. El individuo puede dramatizar esto de muchas formas: si no lo dramatiza, siente dolor (puesto que entonces estaría en su propia valencia) siempre que se le reestimule; si dramatiza a la madre, sentirá el dolor que *ella* recibió, que es un golpe en el estómago (mientras que el suyo propio fue en la cabeza y en el corazón); si dramatiza al padre, tendrá problemas con la sociedad, y no digamos con su propia mujer e hijos. No hay forma de ganar con ningún engrama de ningún tipo, pero mientras una persona tenga engramas, algunas clases de engramas, en particular el engrama de compasión, sirven para mantener alejados los engramas antagonistas.

El segundo ejemplo de engrama contrasupervivencia es un engrama de náuseas matutinas, en el que la madre está vomitando con tal violencia que la compresión sobre la criatura es grave y la deja "inconsciente". La madre está vomitando y haciendo esfuerzos por respirar y diciéndose entre espasmos: "¡Ah, para qué tuve que nacer! Sabía que no tenía que haberlo dejado venirse dentro de mí. Lo sabía, lo sabía. Estaba mal, pero él tenía que hacerlo de todos modos. Puaj, qué asco. El sexo es asqueroso. Es horrible. Detesto el sexo. Detesto a los hombres. Los detesto. Oh, puaj, no sale, no sale. Me duele mucho la barriga y no sale".

En este engrama tenemos algo que una mujer podría dramatizar si estuviera embarazada, pero que un hombre nunca podría dramatizar como embarazo sino solo teniendo dolor de estómago. Buena parte de las náuseas matutinas parece ser una aberración procedente de engramas: en alguna parte, atrás en el tiempo, alguna madre pudo haber vomitado por intoxicación y comenzado todo el asunto, tal vez en los días en que el hombre todavía estaba en los árboles. Observa ahora que la madre *está* vomitando, que el contenido de su estómago *está* regurgitándose; el engrama, sin embargo, dice que *no* sale. Cuando esto se dramatiza, con el individuo en su propia valencia, él experimenta presión sobre sí e "inconsciencia" y, por tanto, tal dramatización es imposible. Cuando se dramatiza esto, se debe dramatizar como la madre, pero la *acción* no se dramatiza tanto como la *orden*, y obtenemos una condición en la que el individuo con un engrama así, cuando está enfermo, no puede vomitar. La *orden* del engrama es más importante que la *acción* que la gente lleva a cabo en él. En un nivel reactivo, no hay racionalidad. Si esto fuera en un nivel consciente, en donde por supuesto no sería aberrativo, la acción se imitaría y entonces contendría vómito real, al ser la acción más importante que el contenido verbal en un nivel consciente.

En la terapia, cuando nos encontramos con este engrama, podemos tener dificultades para entrar en él, porque dice: "No debería haberlo dejado venirse dentro de mí", lo cual es un *negador*. También encontramos un *retenedor* con "No va a salir". El engrama, con toda seguridad se disipará en el momento en que estas palabras y el somático se disipen, y estas palabras no podrían interrumpir el engrama. Si el engrama no se disipa, es porque hay un engrama previo con un contenido muy similar (el aberrado tiene un modelo de dramatización que repite una y otra vez, dando a la gente a su alrededor muchos incidentes que son más o menos iguales, excepto en su ubicación en el tiempo). Esto podría ser reestimulado en el entorno (pero no en la terapia) hasta un punto en el que causaría locura, porque la frase "no sale" puede también referirse a la criatura que, al identificarse con la frase "no sale", no puede entonces venir a tiempo presente. En la terapia se resta algo de poder al engrama simplemente tocándolo con la mente analítica retornada; además, el auditor descubre que el paciente no se está moviendo en la línea temporal, y una exploración de la situación pronto descubre el retenedor, pues el paciente, tarde o temprano, dirá que él "no puede salir", aun cuando el auditor no lo haya supuesto.

En el ámbito aberrativo, este engrama probablemente pondría un pesado obstáculo en la Segunda Dinámica y encontraríamos que la persona en cuya mente reactiva se encontrara era frígida, mojigata y brusca con los niños (todo lo cual se junta en diversas combinaciones). Además, encontraríamos un temor de que "él" iba a tener que hacer algo cuando descubriera que estaba mal. En un nivel psicosomático, podría causar dolores de cabeza durante el coito o a causa de este, o una tendencia a la náusea cuando se realizara el coito. Cualquiera de las frases de este engrama, como cualquier otra frase en cualquier otro engrama, tendería a darle tanto el somático como la aberración, siempre y cuando (por supuesto) el individuo estuviera en un estado de bajo poder analítico, como se encuentra en la fatiga o en la enfermedad leve. Así, este está esperando hasta que alguien diga durante un periodo de "inconsciencia" futura, preferiblemente con una voz que sonara como la de la madre a través de las paredes del abdomen y de la matriz: "¡Puaj, qué asco!" o alguna otra frase para hacerle key-in. Dicho sea de paso, "asqueroso" no lo activaría; "repugnante", a pesar de tener una sílaba similar a "puaj", no lo activaría. El sonido del propio vomitar probablemente lo activaría.

ENGRAMA PROSUPERVIVENCIA

Este podría ser cualquier engrama que, solo por el contenido, no por ninguna ayuda real al individuo que lo contiene, fingiera ayudar a la supervivencia.

Tomemos un engrama de coito: la madre y el padre están en pleno acto sexual que, por presión, le causan dolor a la criatura nonata y que la dejan "inconsciente" (suceso común, como las náuseas matutinas, normalmente presente en cualquier banco engrámico). La madre está diciendo: "Oh, no puedo vivir sin ello. Es maravilloso. Es maravilloso. Oh, qué bueno. ¡Oh, hazlo otra vez!". El padre está diciendo: "¡Vente! ¡Vente! Oh, lo haces tan bien. ¡Eres tan maravillosa! ¡Ahhh!". El orgasmo de la madre pone el toque final sobre la "inconsciencia" en la criatura. La madre dice: "Es hermoso". El padre, una vez terminado, dice: "Vete arriba", dando a entender que ella debería ir a usar el irrigador vaginal (no saben que ella está embarazada) y entonces empieza a roncar.

Obviamente, este es un incidente valioso porque uno "no puede vivir sin ello". Además, "es hermoso". También "es maravilloso". Pero también es extremadamente doloroso. No se puede seguir porque tiene algo al principio que llama parte de la mente hacia atrás: "¡Vente!"; y luego, más tarde, le dice: "Vete arriba". Las cosas que son "hermosas" y "maravillosas" pueden hacer, no en la terapia, que nuestra paciente tenga un orgasmo cuando mire cosas hermosas y maravillosas, siempre y cuando se las haya etiquetado así.

La dramatización de esto puede ser tanto en la valencia del padre como en la valencia de la madre; dramatizarlo en la valencia personal significaría dolor físico. Por lo tanto, se encontrará que el individuo que tiene esto, variando solo en función de sus otros engramas de coito, estará, como padre, asqueado después del acto, y diciéndole a su pareja: "Vete arriba". La emoción está contenida en *cómo* se dijeron las palabras "Vete arriba": esta es una emoción manifiesta a partir de los tonos de voz, no del contenido verbal; los engramas siempre contienen ambos.

En la terapia, encontramos a la mente reactiva cuidándose mucho de dejar que este salga a la vista porque, después de todo, uno "no puede vivir sin ello". Hay clases enteras de estas frases de *evaluación favorable* en los engramas y cada vez que se encuentra con uno, el auditor encontrará que la mente reactiva del preclear no cede. "No quiero perderte", "Agárrate a esto", "No puedo soltarlo, me hundiría", y demás. Pero esto es, después de todo, simplemente otro engrama y, sea "agradable" o no, es aberrativo.

Los impulsos masoquistas y sádicos a menudo proceden de engramas de coito que contienen esas cosas específicas. Así que el auditor no ha de inferir que simplemente porque este coito sea doloroso para la criatura hará que la criatura sea masoquista o sádica. Si el masoquismo o el sadismo está presente en el paciente, está causado por engramas que contienen violaciones, golpes para gratificación sexual, disfrute del dolor, etc.; y engramas que de forma homónima parecen afirmar que el sexo y el dolor son lo mismo, como un coito "normal" que dice: "¡Me gusta tanto cuando me haces daño! Hazme daño otra vez, Bill. ¡Hazme daño otra vez! ¡Oh, métemela bien, hasta arriba! ¡Hazme daño para que me venga!". Dramatizado por un niño, esto bien podría producir sodomía porque el engrama no es una acción observada, sino una serie de órdenes tomadas literalmente.

Así, nuestro engrama de coito prosupervivencia, como el primer ejemplo que hemos dado aquí, es relativamente inocente en la pauta aberrativa de una persona. Pero por un accidente verbal, podría ser muy diferente en su efecto aberrativo.

El segundo ejemplo prosupervivencia tiene que ver con otro engrama prenatal. (Un auditor comentó mientras se le estaba llevando a Clear: "Había pensado acerca de mi vida antes de Dianetics como una gráfica de años en la que el tiempo desde la concepción hasta el nacimiento ocupaba una cincuentava parte de la distancia lineal entre la concepción y el tiempo presente, pero ahora pienso en el periodo prenatal como algo que ocupa dos tercios de la distancia entre el principio y ahora". El área prenatal, una vez llevado a Clear, al final volvió a ser una cincuentava parte).

La madre, propensa a tener la presión sanguínea alta, continuamente producía una condición de gran dolor en la criatura nonata, especialmente cuando estaba agitada. (Esta es una de las fuentes principales de la jaqueca). Fuera lo que fuera lo que la agitó produciendo la presión sanguínea alta en el momento en que se recibió este engrama, era desconocido; y mucha de la "trama" de la vida prenatal puede permanecer desconocida, pues los datos explicativos pueden venir antes del dolor y del engrama, y solo tiene lugar un registro completo después del instante de dolor, cuando sobreviene "inconsciencia" en algún grado. La madre, al principio del engrama, cuando la presión sanguínea comenzó a aumentar y a poner rígida a la criatura nonata, estaba llorando. Estaba sola. "Oh, ¿cómo voy a salir de esto alguna vez? Todo me parece tan soso y tan gris… Oh, ¿por qué lo empecé? No puedo seguir adelante con ello. Pero tengo que hacerlo. Tengo que hacerlo. Me pondría enferma si no lo hiciera. Dios mío, todo se me viene encima a la vez. Estoy completamente atrapada. Pero vamos, seguiré adelante con ello, me sentiré mejor. Seré valiente y lo haré. Tengo que ser valiente. Soy valiente. Soy la persona más valiente del mundo. Tengo que serlo y lo soy". La presión disminuyó.

De qué se trataba todo esto exactamente seguirá siendo un misterio para el auditor que lo redujo, para el paciente que lo tenía, para el autor y para el lector: eso es lo que pasa normalmente con un engrama. Se conciben en una falta de comprensión y no están ahí para ser entendidos, salvo mecánicamente, sino solo eliminados del banco de engramas.

Tener este engrama es especialmente peligroso, pues contiene un maníaco en las palabras: "La persona más valiente del mundo". La primera persona, por supuesto, la usa normalmente la criatura nonata como ella misma, cuando el engrama es finalmente capaz de afectar a un analizador en el que hay capacidad de hablar. Antes de ese momento, por supuesto, solo hay un registro sin significado verbal aunque, incluso antes de que se les dé significado a las palabras, el engrama puede ser aberrativo. Este es peligroso ulteriormente porque dice "Estoy atrapada", y porque dice "Todo se me viene encima a la vez". "Atrapada" es nuestro enemigo, el *retenedor*. Pero "Todo se me viene encima a la vez" es un *agrupador*. Además, el resto del contenido, como engrama, no computará en el analizador. Dice que "Debo seguir adelante con ello", pero que "No puedo seguir adelante con ello"; que se "Pondría enferma si no siguiera adelante con ello", pero que "Es imposible". Al ser todo igual a todo, como computa nuestra idiota enemiga, la mente reactiva, este engrama repele y atrae por igual a la terapia; produce una condición de indecisión en la mente analítica que es insufrible.

El individuo que posee este engrama podría encontrarse (pues este actuaba como aberración) primero en la porción maníaca de ser la persona más valiente del mundo, y luego (habiendo retrocedido un poco por un leve cambio de reestimuladores, como su jaqueca empeorando) se encuentra completamente indeciso acerca de cualquier curso de acción y con la emoción manifiesta, contenida en las lágrimas, de estar muy deprimido. Pero esto es prosupervivencia, porque, aparentemente, dicta un modo de salir de una situación. Como factor adicional trae (mediante su frase acerca de que "todo es tan soso y gris") daltonismo, por lo menos en el recuerdo, de modo que las imágenes del pasado recordadas se "ven" en la mente como carentes de color. Puede producir, con suficientes dramatizaciones añadidas posteriormente, auténtico daltonismo perceptivo. Cuando se combina con otros factores, es muy probable que el engrama completo meta al individuo en un manicomio, con su somático completamente conectado (jaqueca) y, debido al agrupador, con cualquier dolor que él haya sentido en su vida también conectado. Este agrupador reúne toda la línea temporal del banco engrámico en un lugar y luego pone al individuo directa y exactamente en ese lugar.

En la terapia, cuando se contactó con esto, un caso que se había clasificado como "demente" pasó a un estado Liberado de "normal". A la paciente se le había internado en un manicomio, estaba en posición fetal y había sufrido una regresión físicamente. El hecho de que ella no parara de gritar estas palabras exactas y de llorar se había puesto en su historial como la manifestación de una delusión infantil. El caso se abrió mediante Técnica Repetitiva, usando las palabras que ella no paraba de gritar, después de que se hubiera hecho que su atención se fijara en el auditor mediante un ruido alto, monótono. Había algunos incidentes anteriores que contenían estas palabras, los cuales había que alcanzar antes de que el incidente en dramatización se aliviara. Sin embargo, en personas más o menos normales, se contactan usualmente engramas como este, y se alivian de forma habitual. Esta paciente había experimentado un alto grado de reestimulación, y habían tenido lugar varios engramas graves de "pérdida" que habían mantenido en estado de key-in el contenido más temprano.

También podría señalarse en relación con todos estos casos de "atrapado", "agarrado", "no puedo salir de ello" (es decir, en los que hay varios retenedores y también una gran cantidad de emoción dolorosa) que son visibles ciertos aspectos fetales aun cuando el caso es "normal". Una piel brillante, una espalda encorvada, desarrollo solo parcial de las gónadas: son todos comunes, y pueden estar presentes uno o varios de estos signos.

Engrama de Compasión

El primer ejemplo es una enfermedad sufrida por un paciente cuando era un niño pequeño. A los dos años y medio, se puso enfermo de neumonía. Tenía un considerable pasado de intentos de aborto y la carga engrámica normal recibida de padres aberrados. Estaba extremadamente preocupado por las peleas y trastornos de su propio hogar; a muchos de sus engramas se les había hecho key-in, y entre ellos estaba su neumonía. Su abuela vino y se lo llevó a su casa porque, siempre que estaba enfermo, su madre se marchaba y lo dejaba. El incidente estaba ocluido en extremo y solo se llegó a él después de que se descargaran varios engramas recientes de emoción dolorosa y de que se hubieran liberado casi cien engramas prenatales de dolor físico. La abuela, cuando él estaba dando gritos en delirio, confundió su actividad como demostración de que estaba "consciente", lo cual no era así, y trató de razonar con él. Ella decía: "Esas personas realmente no tienen intención de ser tan malas contigo, cariño. Yo sé que ellos realmente tienen buen corazón. Simplemente haz lo que dicen y cree lo que dicen y todo irá bien. Ahora prométeme que lo harás, ¿de acuerdo, cariño?". El niño, en la máxima profundidad de reacción, respondió y le prometió que les creería y haría lo que dijeran. "Te quiero mucho", continuó la abuela, "y cuidaré de ti. Ahora no te preocupes, cariño. Olvídalo ahora. Descansa un poco".

Las frases contenidas en este engrama, debido a que se encontraban en el nivel de trance, y como se podían mantener en su lugar mediante su fiebre y su dolor, produjeron un efecto muy profundo en el niño. Él tenía que creer todo lo que se dijera. Esto significaba creencia *literal*, y le costó gran parte de su sentido del humor, por solo mencionar una cosa. Como él quería que le fuera bien, tenía que creer lo que sus padres dijeran; las cosas que ellos habían dicho, en su época prenatal, contenían todas las clases posibles de malos datos acerca de quién era el jefe y lo divertido que era pegarle a la madre, y demás. Todo esto, entonces, se convirtió en "datos verdaderos", los cuales, como lo decía su engrama de compasión, él tenía que *creer*. Jamás se podría lanzar a nadie una maldición peor que las que hay en los engramas de compasión que dicen: "Cree lo que se te diga", "Cree lo que se lea", "Cree a la gente", porque ese engrama significa literalmente que el pobre analizador ya no será nunca capaz de evaluar sus propios datos, a menos que el individuo, en una rebelión total, invalide a todo el mundo, lo que ocasionalmente se puede hacer. Sin embargo, dejemos que este individuo, como hizo este, se case con una mujer que tiene características similares a las de su abuela (una pseudoabuela) y se vuelva víctima de: (a) el dolor y la enfermedad crónicos que él experimentó en los engramas de compasión de su abuela (necesarios para conseguir y mantener su compasión), y (b) todos sus prenatales, puesto que la pseudoabuela lo lanza a su propia valencia. Esto le hace discutir, lo que hace que su mujer contraataque, y de repente esta mujer no es una pseudoabuela sino una pseudomadre. Adiós a la cordura.

En la terapia, cuando al fin nos encontramos con este engrama de compasión, se descubre que ha estado enterrado de dos maneras:

1. Estaba alineado con el propósito.
2. Tenía un *mecanismo olvidador* sobre él.

A causa de (1), la autoprotección de la mente le permitió entregar el engrama solo cuando se sacó del caso la tensión suficiente para permitir que la mente se las arreglara sin este engrama.

En (2), tenemos un recurso que es común en los engramas. Siempre que tratamos de recorrer un engrama que tiene suficientes somáticos incluso para hacer que el preclear se retuerza en el sofá, pero que no tiene contenido verbal, sospechamos que hay un *mecanismo olvidador*. Evidentemente, hay personas en este mundo que piensan que la panacea para toda incomodidad mental es olvidar. "Lo he apartado de mi mente", "Si lo recordara, me volvería loco", "Junior, nunca recuerdas nada de lo que te digo", "Nadie puede recordar nada", "No puedo recordar", y un simple "No sé", así como la principal de la familia de frases, "¡Olvídalo!", todas impiden que la información le llegue al analizador. La totalidad de un caso que se acaba de abrir puede seguir respondiendo a todo con uno de estos negadores (hay muchas otras clases de *negadores*, si lo recuerdas). La Técnica Repetitiva, al final, empezará a liberar la frase de diversos engramas y empezará a mostrar incidentes. Tener una abuela que dice: "¡Olvídalo!" continuamente cada vez que un niño se hace daño, es recibir una maldición aún mayor que la de Macbeth. Un olvidador, usado por un aliado, por sí mismo y prácticamente sin dolor ni emoción presentes, sumergirá datos que al recordar no serían aberrativos, pero que enterrados así (por un olvidador) hacen que las cosas dichas justo antes de él sean aberrativas y literales.

De ahí, este engrama permaneció completamente oculto hasta que el caso estaba casi acabado, y tan pronto como se contactó con él, el banco reactivo, ya desintensificado, se desmoronó y el paciente fue llevado a Clear.

El segundo ejemplo de un engrama de compasión se refiere a una experiencia infantil de un paciente que, al comienzo de la terapia, era un individuo que estaba extraordinariamente confundido. Aquí hay un ejemplo de un engrama de compasión que no es poco corriente. (No será fundamental en ninguna computación de aliado, pero como se repite a menudo en el mismo caso, se vuelve aberrativo). Este incidente ocurrió cuando el niño se había lesionado de gravedad en un accidente. Había sufrido una fractura de cráneo y una conmoción, y estuvo en coma durante muchos días. Nunca se había enterado de que le había ocurrido un accidente así, aunque un examen posterior arrojó evidencia de la fractura y también reveló que, aunque había sabido que tenía una protuberancia en el cráneo, nunca, ni por un instante, se había hecho preguntas al respecto. Su padre y su madre estaban entonces al borde del divorcio y, en presencia de un niño solo parcialmente consciente, se pelearon varias veces en esos pocos días, evidentemente trastornados por el accidente y recriminándose sobre quién tuvo la culpa. La primera parte de la serie de engramas en este engrama mayor no es importante como ejemplo, excepto en que produjo una condición en la que la madre se presentó como defensora del niño que *no* estaba siendo atacado por el padre. La conversación de la madre indicaba aberrativamente que el padre estaba atacando al niño (y las palabras en el engrama son los factores aberrativos, más que la acción). Finalmente, el padre se fue de casa y del hogar. La madre se sentó al lado de la cama deslizable del niño y, llorando, le dijo que ella impediría que él se muriera, que "trabajaría y se mataría a trabajar y se despellejaría los dedos hasta los huesos" para mantenerlo vivo, y "yo soy la única razón de que estés vivo. Yo te he defendido de esa bestia y de ese monstruo. Si no fuera por mí, habrías muerto hace mucho, y yo voy a cuidar de ti y protegerte. Así que no prestes ninguna atención a nada de lo que te diga la gente. Yo soy una buena madre. Siempre he sido una buena madre. No los escuches. Por favor, cariño, quédate aquí y ponte bien. ¡Por favor!".

Este extraordinario pedazo de disparate salió, por supuesto, directamente de su mente reactiva. Ella no se sentía culpable por el modo en que estaba cuidando al niño, aunque había hecho lo peor por esta criatura cíclicamente desde la concepción. (No hay culpa ni complejo de culpa que no proceda directamente de un engrama que diga: "Soy culpable" o alguna frase similar).

Aquí está la *ambivalencia* en acción. Con ambivalencia queremos decir poder en dos lados. Mejor se llamaría *multivalencia*, pues se puede demostrar que la gente tiene muchas valencias, no siendo raro para un "normal" tener veinte o treinta. Esta madre, con sus delirantes súplicas y su sentimentalismo enfermizo, cambiaba de valencia como un derviche girador. Ella era capaz de ser maliciosamente cruel, torturando a su hijo con "castigos caprichosos e inusuales", como la marina los llama; sin embargo, una de estas valencias, que solo se conectaba cuando el paciente estaba enfermo, desgraciadamente para él, era una valencia de protección salvaje hacia el niño y garantías hacia él de que ella lo quería y nunca lo dejaría pasar hambre, etc. Ella formó en este niño, a causa de su propio modelo reactivo y sus incapacidades, cerca de mil engramas antes de que tuviera diez años. Este espécimen en particular era bastante estándar.

El aspecto aberrativo de este engrama era una "convicción" de que si la madre de uno no estaba ahí, y si uno no estaba en buenos términos con ella, uno pasaría hambre, moriría o sufriría en general. También significaba (debido al momento en que se dio) tener un dolor de cabeza si uno quería vivir. La serie completa de estos engramas creó un modelo altamente complejo de males psicosomáticos, incluyendo sinusitis, sarpullido crónico, alergias y otros numerosos males físicos reales, a pesar del hecho de que el paciente siempre había intentado ser lo más recto posible en cuanto a su estado físico, y no era de ningún modo un hipocondríaco.

En la terapia, toda la cadena de peleas en esta área, gran parte del área prenatal y la mayoría de los engramas de emoción dolorosa de la vida reciente se aliviaron antes de que este engrama de compasión se exhibiera.

Como observación sobre el tema de los engramas de compasión, de ningún modo estos se encuentran exclusivamente en la infancia; existen prenatalmente y postnatalmente y, algunas veces, recientemente en la vida. Cualquier persona que defienda a la criatura de otros intentos de aborto se convierte en parte de las cadenas de engramas de compasión y, por supuesto, es un aliado cuya pérdida es algo que se teme. Se han descubierto engramas de compasión recientes a los cincuenta años de edad. Uno, descubierto a los treinta, consistía en una enfermera ninfómana que, durante el periodo en que el paciente estaba todavía bajo los efectos del éter y aún tenía dolor, le habló obscenamente, jugó con sus genitales y se las arregló, mediante el contenido de sus comentarios, para introducir un engrama de compasión que produjo una afección psíquica muy grave en el paciente. (De ningún modo es cierto que existan muchos casos de juegos sexuales mientras el paciente está bajo los efectos de la anestesia o drogado, pero aunque esta sea una reacción psicótica estándar de la delusión, no significa que sea una razón para establecer la regla de que ese incidente no pueda darse ocasionalmente).

El engrama de compasión solo tiene que sonar como un engrama de compasión para llegar a serlo: no hay evaluación por la mente reactiva de la intención real.

Engrama de Emoción Dolorosa

Se dan tres de estos para ilustrar un tipo de cada uno. Pueden suceder en cualquier periodo, incluyendo el prenatal, pero donde más fácilmente se les alcanza es en la vida más reciente, cuando guiarán a incidentes tempranos de dolor físico, engramas de compasión y cosas así.

El primer ejemplo es un caso de pérdida por la muerte de un aliado. Una chica, a los dieciocho años de edad, recibió un engrama de emoción dolorosa al decirle sus padres que su tía había muerto. La tía era un aliado primordial. La paciente, tratada a los treinta y un años de edad, recordó la muerte de su tía, pero atribuyó su aflicción a otras cosas, como a una reestimulación de lo que ella llamó su propio "instinto de muerte" (que era, en realidad, charla engrámica de la madre acerca de querer morir y acabar con todo de una vez). En realidad, la tía había sido un factor importante en disuadir a la madre de "deshacerse" de la criatura, y había hecho prometer a la madre que no lo haría. La tía también había atendido a la niña, en época postnatal, durante enfermedades y era, de hecho, el único refugio para la niña cuando una madre despótica y un padre religiosamente intolerante convergían sobre ella. Pues ninguno la había querido y había habido un buen número de esfuerzos por poner fin al embarazo antes de tiempo.

Su padre le comunicó la información a la chica con voz grave y sonora y la correspondiente cara larga. "Quiero que seas muy respetuosa en el funeral, Agatha". ("¿Qué funeral?"). "Tu tía acaba de irse al más allá". ("¿Está muerta?"). "Sí, la muerte debe llegarnos a todos y todos debemos estar dispuestos algún día a encontrarnos con el destino que nos espera al final del camino, pues la vida es un largo sendero, y Dios y el infierno abrasador esperan al otro extremo y, algún día, todos debemos morir. Asegúrate de ser muy respetuosa en el funeral". Ella había comenzado a palidecer con la palabra "funeral"; para los efectos, ella estaba "inconsciente" cuando oyó la primera mención de "la muerte" y permaneció "inconsciente" (aunque moviéndose por ahí) durante dos días enteros. El caso había sido muy lento hasta que este engrama se descubrió y se recorrió. Tuvo lugar una enorme descarga de aflicción que nunca antes se había manifestado. Al relatarlo ocho veces se redujo hasta llegar a aburrimiento, a lo cual el primer momento de la intervención de la tía en los intentos de aborto automáticamente se contactó y liberó. A partir de ahí, el caso hizo progresos en el área prenatal, habiéndose eliminado la prohibición en contra de "deshacerse de ello" y, de acuerdo con la teoría, al estar disponibles unidades libres, la carga había salido del área prenatal. Había otros cinco aliados en este caso, al haberse apegado la niña (cuyos padres habían sido tan malvados con ella), a cualquiera que le mostrara interés y refugio. Según salía a la vista dolor físico más profundo, aparecían más aliados y se descargaban más engramas de emoción dolorosa, permitiendo que se exhibieran nuevos engramas físicamente dolorosos.

El siguiente ejemplo es un engrama de un paciente que había sido criado y cuidado por unos "padres adinerados". Él tenía un área prenatal muy grave que, sin embargo, no salía a la vista. Se descubrió, a la larga, que sus niñeras habían sido su única fuente de amor y afecto, y que su madre, al ser una mujer a la que le gustaba desestabilizar el servicio doméstico tan a menudo como fuera posible, despedía a la niñera cada vez que descubría que el niño se había encariñado con ella, aunque la propia madre afirmaba claramente que consideraba al niño "muy malo".

El engrama: el niño ve a su niñera salir de la casa con la maleta en la mano; deja de jugar en el patio, y corre hacia ella para "asustarla". Ella (una chica irlandesa) está bastante enfadada por la desagradable situación que acaba de vivir y, a pesar de ello, pone buena cara y se agacha junto al niño. "Me voy, Buddy. Ya no puedo quedarme aquí. No, ya no puedo ser tu niñera. Pero vas a tener otra. No llores. No es bueno para los niños pequeños llorar. Adiós, Buddy. Te quiero". Y ella se pierde de vista.

Él estaba aturdido desde el primer momento en que ella dijo que se iba. La prohibición de llorar fue de un aliado: cualquier cosa que diga un aliado debe ser buena y se debe creer porque los aliados son supervivencia y uno debe sobrevivir; por lo tanto, se debe creer a los aliados. En todos los años posteriores, él no había llorado, excepto en raras ocasiones de enorme aflicción. Se habían tocado sin resultado ocho de estas partidas, pero con esta todas se soltaron y se descargaron, una tras otra.

Cualquier partida de un aliado, o el que uno se vaya apartándose de este, contiene una carga emocional que, si no se exhibe, está suprimida en otra parte.

El tercer ejemplo de engrama de emoción dolorosa es el tercer tipo, la pérdida de un aliado por inversión en la actitud. Una mujer quería mucho a su marido. Habían estado bien juntos hasta que los padres de él se les acercaron y empezaron a hablarle mal de su mujer a él. Él estaba furioso con ellos por esto y se peleó con ellos. Su mujer era un pseudoaliado y, desgraciadamente, ese aliado le había dicho al niño que creyera a sus padres (esto es bastante crónico con los aliados: si ellos le dieran al niño datos correctos cuando está perturbado emocionalmente o enfermo, habría menos problemas. Una observación como: "Bueno, algún día crecerás y podrás cuidarte por ti mismo" es mucho mejor que un montón de tópicos emersonianos). Esto produjo una trágica inversión en la actitud. La mente reactiva, reestimulada con la visión de su mujer (el marido estaba perturbado emocionalmente, muy reestimulado ya por sus padres), introdujo el dato de que uno debe creer a sus padres. Esto hizo que su mujer no fuera buena, por la charla aberrativa de ellos. Él entró en la valencia de su padre para escapar a esta situación imponderable, y esa valencia le pegaba a las mujeres. Le pegó a su mujer repetidamente, dramatizando uno de los engramas de su padre: "Te odio. No vales para nada. Debería haberlos escuchado antes. No vales para nada".

La mujer estaba en terapia. Esta carga se suprimió a sí misma, no por vergüenza de las acciones del marido, sino por la razón mecánica de que el área temprana se tenía que aliviar antes de que esta se descargara (astuto archivista). Su caso había reducido su velocidad hasta un punto en que parecía que no quedaba nada por abordar, aunque los somáticos (que ella atribuía a causas naturales) y las aberraciones (que ella decía que eran reacciones razonables) seguían manifestándose. De repente, apareció este incidente cuando se usó la Técnica Repetitiva a base de intentos al azar del auditor: "Te odio", pues se sabía que ella se lo decía a su marido de vez en cuando. Al relatarlo tres veces se descargó esta emoción dolorosa, a pesar de su violencia (le hizo llorar hasta que casi se ahogó). Inmediatamente, doce prenatales, todas las peleas entre su madre y su padre (un aliado, de quien su marido era el pseudoaliado) en las que la madre se golpeó el abdomen y maldijo a la criatura, aparecieron, se borraron y el caso avanzó hasta Clear.

Pérdidas de perros, muñecas, dinero, posición, incluso la amenaza de una pérdida; cualquier cosa puede producir un engrama de emoción dolorosa, siempre y cuando sea una pérdida. Puede ser pérdida por muerte, pérdida por partida, pérdida por inversión en la actitud. Cualquier cosa relacionada con la vida del paciente, y asociada por él a su propia supervivencia, parece ser capaz de encerrar unidades vitales cuando se pierde. Una condición de esta emoción dolorosa es que tiene engramas de dolor físico tempranos a los que engancharse. El engrama de dolor físico sigue siendo el malo, pero tiene un cómplice en el engrama de emoción dolorosa. 🕮

Mecanismos *y* Aspectos *de la* Terapia

La Entrada al Caso

CADA CASO PRESENTA un nuevo problema de entrada. No hay dos seres humanos exactamente iguales y no hay dos casos que sigan la pauta exacta. Sin embargo, esto no le presenta ningún problema a Dianetics, pues los mecanismos siempre son los mismos.

Hay tres categorías de caso: el de *recuerdo sónico*, el de *recuerdo no-sónico* y el de *recuerdo imaginario* (lo que los auditores llaman *recuerdo de "dub-in"*).

En el caso de recuerdo sónico, la entrada es muy fácil. Pero en todos los casos el procedimiento básico es el mismo. Pon al paciente en reverie (y no te preocupes demasiado si no entra en un reverie muy profundo, porque el reverie solo sirve para fijar su atención en sí mismo y en el auditor, y al menos puedes lograr esto). Instala un cancelador. Retórnalo a la infancia para recoger un incidente agradable, y luego encuentra un incidente de dolor de poca importancia, como una bofetada. Hazlo recorrer esto varias veces, simplemente para permitirle que capte la idea. Si no responde bien, ponlo en el día de ayer y déjalo que vaya camino de su trabajo, pregúntale sobre sonidos y vistas, y envíalo a la infancia otra vez.

El objetivo de encontrar un incidente de poca importancia, como una bofetada en la cara, es averiguar si el paciente tiene algún cierre de dolor. Un cierre de dolor no es especialmente difícil en Dianetics. Puedes volver a un momento previo a la orden que instaló la anestesia, pero es interesante saber acerca de ello porque quieres buscarlo temprano en el caso. Mira entonces si el paciente tiene un cierre emocional. Esto tampoco es especialmente dificultoso, pero también son datos que a la larga querrás encontrar.

Ahora, haz pruebas para averiguar si el paciente está dentro de sí mismo o si está fuera de él mismo, observándose. Si está exteriorizado, estás trabajando con un caso que tiene una gran cantidad de emoción retenida que se debe descargar.

Ahora, intenta llegar al básico-básico. Podrías sorprenderte a ti mismo y conseguirlo. Y podrías trabajar cincuenta horas buscándolo, liberando el caso mientras tanto. Acepta todo lo que el archivista te entregue en el área prenatal y lo que obtengas, *redúcelo*.

Ya sea que se contacte con el básico-básico o no, localiza tantos prenatales como se presenten sin mucha persuasión y reduce cada uno de ellos.

Si no encuentras prenatales, trae al paciente a tiempo presente, pero recuérdale que mantenga los ojos cerrados. Ahora hazle unas cuantas preguntas sobre su familia, sus abuelos, su mujer o, si el preclear es una mujer, sobre su marido. Pregunta sobre cónyuges anteriores. Pregunta sobre hijos. Y pregunta especialmente sobre la muerte. Estás buscando un engrama de emoción dolorosa, un instante de pérdida que se descargará.

Al averiguar acerca de uno de estos, aun cuando solo sea la muerte de su perro favorito, retorna al preclear a ello y recórrelo desde el primer momento en que se entera de la noticia y durante los minutos siguientes de este. Entonces, vuelve a comenzar. Reduce el momento como un engrama. Quieres una descarga emocional. Recórrelo varias veces. Si no consigues una descarga, encuentra algún otro momento de pérdida, algún fracaso, algo, cualquier cosa que se descargará; pero hazlo todo tranquilamente, como si lo hicieras con compasión. Si no tienes éxito, empieza con la Técnica Repetitiva, ni por un momento dando a entender que no tienes otra cosa que un tranquilo interés en su bienestar (aun cuando algunos de sus virajes te preocupen). Prueba frases como "Pobrecito _____" usando su nombre de la infancia.

Cuando el preclear haya repetido esto varias veces (diciendo el auditor al mismo tiempo que la tira somática retornará a cualquier incidente que contenga la frase para ayudar a la "succión"), puede encontrarse en un incidente de alta tensión que se descargará. Si todavía no se descarga nada, mantente tranquilo (todo este trabajo dará fruto en la siguiente sesión, o en la siguiente, o en la siguiente); sigue buscando, sigue observando. Aquí, en alguna parte, hay carga emocional que se descargará. Prueba otras combinaciones de palabras, como las que se le dirían a un niño enfermo y preocupado; haz que el preclear las repita.

Si todavía no has tenido ningún éxito, haz otra prueba, sin decir que es una prueba, para ver si el preclear realmente está abandonando el tiempo presente. No le dejes "intentar recordar"; tú quieres que él *retorne*, y ese es otro proceso, aunque sea igualmente natural para el cerebro. Si está atorado en tiempo presente, empieza otra vez con él con la Técnica Repetitiva, sugiriendo rebotadores: "¡Lárgate y no vuelvas nunca!", "¡No podrás volver nunca!", etc., que explicarían que todavía estuviera en tiempo presente. Si después de algo de esto, no está retornando, empieza con frases retenedoras: "¡Estoy atorado!", "¡No te muevas!" y demás.

Permanece tranquilo; nunca te muestres preocupado. Si en esta primera sesión no obtienes una descarga ni un engrama con la Técnica Repetitiva, y no logras movimiento por la línea temporal, vuelve a leer este manual y prueba con tu paciente no más tarde de tres días después de esta primera sesión. Para entonces, algunos de los datos que le has pedido pueden estar disponibles.

Sin embargo, normalmente obtendrás un prenatal o una descarga y, si obtienes una descarga, pide entonces a la tira somática que vuelva en busca del prenatal en el que estaba situado. Reduce todo lo que puedas encontrar. Si se presenta el nacimiento y parece haber recuerdo total de este, trata de reducirlo, pero hazlo sabiendo que probablemente no lo disiparás mucho, y sabiendo que más te vale recorrerlo una y otra vez, una y otra vez para desintensificarlo todo lo que puedas.

A veces el preclear entrará en un reverie más profundo de lo que deseas. Pero no trates de espabilarlo para despertarlo hacia un nivel de consciencia superior. Trabaja con él donde esté. Pero, si parece estar en algo que se acerca al trance hipnótico, ten mucho cuidado con lo que dices. Nunca le digas, por ejemplo, que vuelva ahí y se quede ahí hasta que encuentre algo. Eso es un retenedor. En Dianetics no uses retenedores, rebotadores, agrupadores, *et al.*, con nadie. "Por favor, ¿puedes retornar al área prenatal?". "Veamos si la tira somática puede localizar un momento temprano de dolor o molestia". "Por favor, recoge el somático al principio y echa a rodar el engrama". "Por favor, ¿qué es lo que oyes?". "Continúa" (cuando quieres que siga desde el punto del engrama en que está hacia el extremo posterior del engrama). "Relata eso otra vez, por favor".

No hay nada de qué ponerse nervioso. Si te pones nervioso, entonces él se pondrá nervioso.

A veces te encuentras con un cierre de dolor. Esto tiene tendencia a poner el dolor en los músculos, que saltarán y temblarán, y el paciente puede notar esto y, a pesar de ello, no sentir nada más. Muy de vez en cuando, el paciente tendrá un cierre de dolor tan completo que dé botes, totalmente inconsciente de la acción, y casi se caiga del diván al suelo. Si te encuentras con esto, no te alarmes; el dolor está encerrado de algún modo. Ve lo bastante atrás y localizarás un somático que puede sentir, o ve a un punto reciente y encuentra una carga emocional.

No te dejes despistar si él te dice, con respecto a la emoción, que lo ha resuelto todo con el psicoanálisis o algo parecido. Puede haber puesto un muro en torno a la muerte de su mujer, su novia o algún hijo, pero el engrama completo aún está ahí, abarrotado de unidades capturadas, listo para que se le recorra exactamente como un engrama.

Si te topas con una intensa carga emocional, simplemente deja que el paciente llore, mantenle ocupado recorriendo el engrama con voz tranquila y compasiva; haz que lo relate hasta que no quede carga en ninguna parte del engrama, y entonces recórrelo en la zona temprana del área prenatal o temprano en la infancia para conseguir un engrama de dolor físico que debe de haber estado por debajo de esa carga emocional y que la mantenía en su lugar.

No hay que alarmarse por el desbocado exceso de descarga emocional. Sacar al paciente de esta y traerlo súbitamente a tiempo presente le causaría infelicidad acerca de ella. Recorrer el engrama de emoción dolorosa, relatándolo unas cuantas veces, descargará la aflicción que la sociedad ha creído que nunca se podría contrarrestar o aliviar, excepto mediante la represión. Obtén el momento en que por primera vez escuchó la noticia u observó lo que le hizo sentirse tan mal. Recórrelo desde su comienzo, lo suficientemente temprano en la línea temporal, para asegurarte de que tienes el choque inicial (bastarán unos cuantos minutos de la duración del engrama) y luego haz que lo relate otra vez. Puede que él observe que está lejos de sí mismo cuando empieces. El momento puede no descargarse hasta que lo hayas recorrido varias veces. Recuerda, ha *retornado* al incidente, no lo está recorriendo como una memoria, cosa que no haría ningún bien en absoluto.

Nunca le permitas que repita nada. *Repetir* es un mal hábito que tienen algunos preclears de reproducir lo que recuerdan haber dicho la vez anterior, en vez de avanzar nuevamente por el engrama cada vez que lo relata y contactar con lo que contiene el engrama en sí. Dile al preclear que puede haber algo más en él; pregúntale por el color de la cama del cuarto al que ha retornado; mantén su atención en el suceso por medio de cualquier mecanismo silencioso. Y no lo dejes repetir nunca, en ningún engrama ni en ningún momento. Podría repetir eternamente sin ningún valor terapéutico, diciendo cada vez lo que recordaba haber dicho la vez anterior. Hay una diferencia entre esto y la reexperimentación repetida del engrama para reunir datos adicionales y deshacerse de la carga.

Descarga emoción, reduce los incidentes más tempranos posibles de dolor físico en el área prenatal. Si al principio no puedes entrar en el área prenatal, esta tiene muchos rebotadores y la Técnica Repetitiva te llevará ahí.

Si el paciente continúa diciendo algo como: "No puedo recordar", ten paciencia: sigue siempre el código. Haz que comience a recorrer esa frase, con Técnica Repetitiva. Si obtiene un somático, pero no contacta con nada más, envíalo más atrás. Si obtiene otro, y aún no logra contactar con "No puedo recordar", envíalo todavía más atrás; todo su banco de engramas puede estar sembrado de ellos; pobre tipo. Realmente, alguien no quería que supiera lo que le había sucedido. Al final, volverás a un engrama que soltará una frase. Cuando haya repetido la frase unas cuantas veces más, sonreirá o soltará una risita, o tal vez simplemente se sentirá aliviado. Ahora puedes recorrer el engrama en el que hayas encontrado la frase más antigua, que es lo mejor, o puedes volver hacia tiempo presente, destapando la frase según apareció más tarde. O puedes comenzar con otra cosa, lo que quizá bloquee el caso.

La meta, la única meta, es poner el banco estándar al alcance completamente consciente del individuo, borrando:

1. Los engramas tempranos y todos los subsiguientes engramas de dolor físico.
2. Todos los circuitos demonio (que están meramente contenidos en engramas y que aparecen más o menos automáticamente).
3. Todos los engramas de emoción dolorosa.

La metodología es llegar a la época más antigua posible, preferentemente la prenatal y muy temprano en esta, y tratar de encontrar y reducir un engrama completo, con todos los somáticos (dolor) y percépticos (palabras y otras sensaciones). Si fallas en esto, ve hacia lo más reciente, a cualquier momento desde el nacimiento hasta el tiempo presente, y encuentra un momento de pérdida o amenaza de pérdida del que puedas sacar una carga emocional. Después, vuelve atrás, atrás, atrás, y encuentra el engrama sobre el que descansaba. Intenta siempre, hasta que estés seguro de que lo tienes, obtener el básico-básico, el engrama más temprano. Reduce tantos engramas tempranos como puedas encontrar, usando al archivista y el sistema Repetitivo; y cuando parezca que te quedas sin material, ve más adelante en la vida y trata de encontrar otra carga emocional.

Los engramas de dolor físico ocultan cargas emocionales más recientes. Las cargas emocionales ocultan engramas de dolor físico. De uno al otro, de uno al otro. Recorre todo lo que puedas obtener de lo temprano; cuando parezca que está acabándose o volviéndose demasiado carente de emoción, consigue algo de material reciente.

Esta es la forma en que tratas un caso. No importa qué clase de caso sea, no importa el estado de su recuerdo, no importa si el caso es normal, psicótico, neurótico o lo que sea, esta es la forma.

Estas son las herramientas:

1. Reverie, o atención fija si no puedes conseguir reverie.
2. Retorno.
3. Técnica Repetitiva.
4. Un conocimiento de rebotadores, retenedores, agrupadores, desorientadores, negadores.
5. Un conocimiento del engrama de emoción dolorosa.
6. La reducción o la borradura.
7. La respuesta relámpago.
8. El cambio de valencias.

Esto es todo lo que necesitas hacer:

1. Mantén móvil al paciente, capaz de moverse en la línea temporal.
2. Reduce o borra todo lo que caiga en tus manos.
3. Deduce a partir de los comentarios del paciente, dentro o fuera de la terapia, cuáles deben de ser sus rebotadores, retenedores, agrupadores, desorientadores, negadores.
4. Mantén firmemente presente que la meta número uno es el básico-básico, el momento más temprano de dolor e "inconsciencia".
5. Ten presente que el paciente puede tener "computaciones" que hagan que su enfermedad o su estado aberrado sean "valiosos" para él, y descubre de dónde vienen esas "computaciones", mediante respuesta relámpago a tus preguntas.
6. Mantén el caso progresando, ganando; trabaja solo para progresar y ganar, no para obtener resultados repentinos y espectaculares. Preocúpate solo cuando el caso permanezca estático, y entonces preocúpate hasta el punto de encontrar el engrama que lo está obstaculizando todo. Su contenido se aproximará mucho a la forma en que el paciente dice que se siente respecto a ello, y contendrá las mismas palabras o similares.

7. Haz que el paciente vuelva a tiempo presente cada vez que trabajes, y dale el cancelador. Haz una prueba de *edad relámpago;* obtén su primera respuesta a qué edad tiene y encuentra el retenedor en esa edad si él no está en tiempo presente.

8. Conserva la calma diga lo que diga el paciente.

9. Nunca trates de decirle lo que significan sus datos; él y solo él sabe lo que significan.

10. Conserva el temple y recorre Dianetics; como dijo Farragut: "¡Al diablo con los torpedos! ¡Adelante a toda máquina!".

11. Mujer, hijo, no importa lo que puedas ser para el preclear, *tú* eres el auditor cuando estás auditando. Él no puede computar sus propios engramas para encontrarlos; si pudiera, no serían engramas. Tú puedes computarlos. Haz lo que crees que haría un buen auditor, nunca lo que diga el paciente, excepto cuando, fortuitamente, su opinión esté de acuerdo con que un buen auditor haría eso. Sé el auditor, no una grabadora. Tú y el archivista de su mente están recorriendo el caso. Lo que sus engramas y su mente analítica crean no debe tener ningún peso en ninguna de tus computaciones. Tú y su archivista lo saben. Él, como "yo", no lo sabe.

12. No te sorprendas de nada. Audita.

Estas son las cosas que no debes hacer:

1. Debilitar Dianetics con alguna práctica o creencia del pasado; solo reducirás la velocidad o desviarás el caso. Analizar datos recibidos con otra finalidad que la de obtener más engramas conduce a retraso y confusión para el preclear. Es una tentación usar este material con otros fines que conseguir engramas, si es que uno ha sido entrenado en un campo distinto a Dianetics. Caer en esa tentación antes de saber cómo funciona Dianetics es una prueba muy injusta para Dianetics; aparte de cómo enreda el caso. La tentación es grande por la gran riqueza de datos que se obtienen con Dianetics.

2. No intimides al paciente. Si el caso no está progresando, entonces el fallo se encuentra en el auditor. No te entregues a

una antigua práctica de ponerse furioso con un paciente solo porque no mejora. *Tú* puedes estar *seguro* de que el engrama que acabas de reducir de su banco reactivo de engramas es la razón por la que él no se baña, pero si sigue resistiéndose a bañarse, ten la certeza de que hay una razón anterior.

3. No supongas presuntuosamente que tienes un caso "diferente" solo porque no se resuelve rápidamente. Todos los casos son "diferentes".

4. Si te fallan los nervios, no corras a pedir ayuda a alguien que no conozca Dianetics. La razón por la que el caso no progresó o se enredó está justo ahí: te fallaron los nervios. Solo Dianetics puede resolver un problema de Dianetics.

5. No escuches las quejas del paciente como quejas; úsalas como datos para obtener engramas.

6. No supongas que, solo porque no puedes alcanzar los engramas prenatales de un caso, estos no se encuentran ahí. Hay montones y montones de ellos en cada caso. Recuerda que un engrama no es un recuerdo; hay que revelarlo para que quede al alcance del recuerdo. No hay ser humano sobre la Tierra que no tenga multitud de prenatales.

7. No permitas que el paciente use a su madre, o su recuerdo de lo que se le ha dicho, como una forma de evitar los prenatales. *Cada vez que te encuentres con un paciente hablando en tiempo pasado en vez de en tiempo presente, él no ha retornado a un incidente.* A menos que haya retornado, el engrama no se disipará.

8. No supongas que, porque el paciente no se siente mal hoy a causa de una aflicción de ayer, no hay una carga de desesperación localizada atrás en su línea temporal cuando recibió el impacto de esa desesperación. El tiempo puede enquistar, pero no cura.

9. No pienses en términos de "complejos de culpa" o "vergüenza" a menos que pienses en ellos como contenidos de engramas, pues ahí se les encontrará. Nunca sugieras a un paciente que él puede tener la culpa en un engrama.

10. Cualquier alejamiento del comportamiento, conducta o racionalidad óptimos es engrámico. No hagas "concesiones a la naturaleza humana" más de las que, como un matemático, concederías a una calculadora que diera respuestas incorrectas. Los temores sexuales, las represiones, las defensas, no son "naturales", como se les ha considerado en el pasado.

11. No te preocupes por las aberraciones del paciente. Trabaja para contactar con los engramas, reducirlos y borrarlos. En cualquier paciente encontrarás suficientes aberraciones como para llenar un diccionario.

12. No te inquietes si tu paciente no llega a Clear en una tarde o en un mes. Simplemente sigue trabajando. Le tendrás por encima de normal tan rápidamente que no te darás cuenta cuando lo hayas pasado. Además, aspiras a una meta muy elevada.

"Atorado en Tiempo Presente"

Cuando se entra en los casos, estos se encuentran en diversas posiciones y situaciones en la línea temporal; a veces están completamente fuera de la línea temporal, y otras veces la línea temporal está toda enredada, hecha un ovillo. De vez en cuando, la línea temporal se encuentra en buenas condiciones y los engramas disponibles, pero esto no es común.

No puede decirse que un caso sea más difícil que otro, excepto en lo referente a los recuerdos, dub-ins y cierres. Pero el caso que parezca estar atorado en tiempo presente y en el cual ninguna frase repetitiva surte efecto, es muy a menudo bastante desconcertante para un auditor. El preclear no retornará a los engramas. Normalmente, puede haber cierres de dolor y emocionales, y la emoción dolorosa no se puede descargar rápidamente. A veces se activarán los somáticos, pero no se puede obtener ningún contenido. A veces no hay somático, sino contenido. Las situaciones son bastante diversas.

Hay varias cosas que un auditor puede hacer. La primera de ellas es usar su ingenio. La siguiente es instruir al paciente para que retorne. Esta instrucción es muy sencilla. El auditor hace que el paciente retroceda unas cuantas horas y diga lo que ve. El sónico y la visión pueden estar ocluidos, pero el paciente puede tener una idea de lo que está sucediendo.

Entonces el auditor le hace retroceder unos cuantos días, luego unos cuantos meses y finalmente varios años, haciendo que el paciente describa cada vez sus "alrededores" lo mejor que pueda. Ahora el paciente tiene la idea de retornar. Por lo menos, puede viajar a lo largo de secciones de su vida que no están ocluidas por engramas.

Cuando el paciente haya retornado a algún momento temprano en su vida, empieza a usar la Técnica Repetitiva en él, dirigiéndolo hacia cosas obvias, como cierres de sentimientos (repasando la palabra "siente"), o mecanismos olvidadores (como "olvida"). Entonces se puede contactar y reducir un engrama.

Si la Técnica Repetitiva sigue sin funcionar y sigue sin conseguir datos, diagnostica basándote en su comportamiento en la terapia y sus declaraciones qué debe estar molestándole u ocluyendo sus recuerdos y usa estas suposiciones otra vez como repetidores. Por ejemplo, puede no tener recuerdo de algún miembro de su familia. Hazle repetir el nombre familiar. O hazle repetir su apodo de la infancia hasta que se contacte con un incidente.

Si esto todavía sigue fallando, busca algunos candados ligeros, incidentes que contengan dolor mínimo, y recórrelos. Cosas como caídas de un triciclo, que te echen de la mesa, recibir azotes o broncas, ser castigado a quedarse después de clase, y demás, servirán. Después de que haya reducido varios candados, trata otra vez de encontrar un engrama.

Recorrer candados no producirá ninguna gran recuperación y en cualquier caso hay miles y miles de candados, la mayoría de los cuales se desvanecerán sin ayuda del auditor una vez que se localicen los engramas graves. Pero los candados pueden usarse para instruir al paciente sobre el retorno y la terapia en general, e incluso pueden producir una mejora en él, al demostrarle que *puede* hacerle frente a su pasado.

Lo primero que hay que hacer en cualquier caso al principio es:

1. Tratar de localizar y borrar el básico-básico.
2. Descargar la emoción dolorosa. Cuanto más pronto pueda liberarse la emoción, mejor; y siempre hay emoción en un caso, al igual que siempre hay incidentes prenatales en abundancia.

Pero cuando un caso esté atorado en tiempo presente, ya sea cuando se abre o bien mientras está en progreso, está muy cargado de emoción ocluida y está obedeciendo a un engrama reestimulado, en el sentido de que debe ir hasta el *ahora* y quedarse ahí. El contenido verbal de este engrama generalmente será expresado por el propio paciente al quejarse de sus molestias. La Técnica Repetitiva se usa con esta pista. Si eso fallara, instruye al paciente llevándolo hacia atrás, a algo que pueda contactar, y una vez concluida la instrucción, según se indicó antes, empieza a usar otra vez la Técnica Repetitiva.

Hay un lema que se aplica a toda terapia: "Si continúas pidiéndolo, lo conseguirás". Todos y cada uno de los engramas se rinden a base de retornar al paciente al área una y otra vez, sesión tras sesión. El banco de engramas puede estar reacio, pero, al pedirlo lo suficiente, tarde o temprano hará aparecer cualquier dato que haya en él. Solo sigue pidiéndolo, mantén en marcha la rutina de la terapia. Incluso un caso "atorado en tiempo presente", a la larga, empezará a retornar simplemente a base de Técnica Repetitiva.

Hay ciertas cosas que el auditor puede estar haciendo que son incorrectas. Puede estar tratando de trabajar con el caso basándose en datos obtenidos de padres o parientes, lo que generalmente es infructuoso, en vista del hecho de que socava la fe del preclear en sus propios datos (todos los datos encajarán con los parientes; no te preocupes de verificarlo hasta que el caso se haya completado). O puede estar tratando de trabajar con el caso en presencia de otras personas. O puede estar violando el Código del Auditor. Hay una lista de estos obstáculos para el avance en otra parte de este libro.

El Básico-Básico

La primera meta del auditor es el básico-básico y, después de este, siempre el momento más temprano de dolor o molestia que se pueda alcanzar. Puede que tenga que ir a momentos recientes en busca de cargas emocionales, y estas mismas pueden ser físicamente dolorosas. La emoción puede impedir que el paciente llegue al básico-básico. Pero siempre es importante ese primer cierre del analizador; y cuando se alcanza, los engramas subsiguientes se reducen mucho más fácilmente.

El básico-básico es el blanco vital por dos razones:

1. Contiene un *cierre del analizador* que en sí se reestimula cada vez que se recibe un nuevo engrama. El denominador común de todos los engramas es el cierre del analizador. Ábrelo en la primera ocasión en que se cerró y tendrá lugar una gran mejoría en el caso, pues después de esto el cierre del analizador ya no es tan profundo.

2. Una *borradura* (o sea, una eliminación aparente del engrama de los archivos del banco de engramas y su rearchivo en el banco estándar como recuerdo) del básico-básico amplía marcadamente la línea temporal que hay después de él, y saca a la vista muchos engramas nuevos.

A veces el básico-básico se encuentra semanas antes de la primera falta del periodo de la madre, lo que lo colocaría mucho antes de cualquier prueba de embarazo o de un intento de aborto. A veces en un caso no-sónico, puede descubrirse un sónico en el básico-básico, pero esto está lejos de ser siempre así.

Se puede borrar una gran cantidad de material antes de que aparezca el básico-básico.

A veces, el básico-básico se borra sin que el auditor ni el preclear sepan que se ha alcanzado, al ser el básico-básico simplemente otro engrama en el área básica. A veces hay que descargar mucha emoción dolorosa en las áreas de la vida más recientes antes de que aparezca el básico-básico.

El básico-básico es siempre, sin embargo, el blanco y hasta que el auditor no tenga una idea muy clara de haberlo alcanzado, hace un esfuerzo por conseguirlo, una vez por sesión. A partir de ahí, trata de obtener en *cada sesión* el momento más temprano de dolor o molestia que pueda alcanzar. Si no puede conseguir nada temprano, trata de descargar un engrama emocional reciente. Cuando esté completamente descargado (*reducido* o *borrado* como engrama) aborda entonces el material más temprano que el archivista le dé.

Aparezca lo que aparezca, el auditor trata de quitarle toda la carga, ya sea de dolor o emoción, antes de continuar su camino en busca de material nuevo. Esto se hace simplemente retornando al paciente al incidente y repasándolo muchas veces hasta que ya no le afecte ni dolorosa ni emocionalmente, o hasta que parezca desvanecerse.

La Reducción y la Borradura

Estos dos términos son sumamente coloquiales. Se ha hecho un serio esfuerzo por impedir su empleo y sustituirlos por algo sonoro y maravillosamente latinizado, pero hasta la fecha no se han hecho progresos. Los auditores insisten en usar términos coloquiales, como "AA" para intento de aborto, "embrollo" para engramas que aberran seriamente, "aberrado" para una persona no Liberada ni llevada a Clear, "zombi" para un caso de electrochoque o de neurocirugía y así sucesivamente. Se teme que exista en ellos una tendencia a ser irrespetuosos con los santos y sagrados tomos del pasado, con la dignidad de Autoridades pasadas que etiquetaban mucho y hacían poco. Como quiera que esto sea, "reducción" y "borradura" son de uso tan común que apenas es necesario cambiarlos.

Reducir significa sacar toda la carga o el dolor de un incidente. Esto significa hacer que el preclear relate el incidente de principio a fin (habiendo retornado a él en reverie), una y otra vez, tomando todos los somáticos y percepciones que estén presentes, exactamente como si el incidente estuviera sucediendo en ese momento. Técnicamente, reducir significa liberar de material aberrativo hasta donde sea posible para hacer que el caso avance.

Borrar un engrama significa relatarlo hasta que se haya desvanecido por completo. Hay una diferencia notable entre una reducción y una borradura. La diferencia depende más de lo que el engrama vaya a hacer que de lo que el auditor quiera que haga. Si el engrama es temprano, si no tiene material más temprano que lo mantenga suspendido, ese engrama se borrará. El paciente, al tratar de encontrarlo otra vez para relatarlo por segunda o sexta vez, de pronto descubrirá que no tiene la menor idea de lo que contenía. Puede que le pregunte al auditor quien, naturalmente, no le dará ninguna información. (El auditor que apunta está reduciendo la velocidad de la terapia al convertirse en la memoria del paciente). Pasar a través de él y tratar de encontrarlo puede parecerle divido al paciente cuando no puede hacerlo. O puede extrañarle, pues aquí había algo que en el primer contacto tenía un somático doloroso y un contenido sumamente aberrativo, que ahora ya no parece existir. Esto es una borradura. Técnicamente, el engrama no está borrado. Si el auditor se preocupa de emplear algo de tiempo únicamente con objeto de investigaciones, encontrará ese engrama en los bancos estándar ahora con la etiqueta de "antes aberrativo: bastante divertido; información que puede ser útil analíticamente". Tal búsqueda no está relacionada con la terapia. Si el incidente tenía un somático, se relató unas cuantas veces, y luego, cuando se encontró su último material nuevo, se desvaneció, está borrado en lo que respecta al banco de engramas. Ya no estará "soldado" a los circuitos motores, ya no se dramatizará, ya no bloquea una dinámica, y ya no es un engrama sino una memoria.

La reducción tiene algunos aspectos interesantes. Tomemos un incidente de la infancia (a la edad de cuatro años, digamos) que tuvo que ver con un escaldamiento. Se contacta con esto mientras quedan muchos datos en el área básica. Tiene muchas cosas debajo de él que lo mantendrán en su sitio. No obstante, tiene carga emocional, y la terapia se ve retrasada por esa carga. El archivista entrega la escaldadura. Ahora no se borrará, sino que se reducirá. Aquí hay un trabajo que llevará más tiempo que una borradura. Y ese trabajo puede tener diversos aspectos.

Se contacta el somático, se empieza el incidente lo más cerca del principio que el auditor pueda llegar y entonces se relata. Digamos que esta escaldadura tiene apatía como tono emocional (Tono 0.5). El preclear avanza a duras penas por el incidente, apáticamente, bien exteriorizado, observándose a sí mismo al ser escaldado. Luego, de repente, quizás, puede salir una descarga emocional, pero no necesariamente. El preclear retorna al principio y relata (reexperimenta) todo el asunto una vez más. Luego otra y otra vez. Pronto empieza a enfadarse con la gente implicada en el incidente por ser tan descuidada o tan cruel. Ha subido hasta enojo (Tono 1.5). El auditor, aunque al paciente le gustaría decir lo perversos que son sus padres o que piensa que debería haber leyes respecto a escaldar niños, pacientemente hace que el preclear vuelva a repasar el incidente. Ahora el preclear deja de estar enfadado y encuentra que está aburrido con el material. Ha subido hasta aburrimiento en la

Escala Tonal (Tono 2.5). Puede protestarle al auditor, diciendo que esto es una pérdida de tiempo. El auditor vuelve a hacerle repasar el incidente. Pueden aparecer nuevos datos. El somático puede estar o no presente aún en este periodo, pero el tono emocional todavía es bajo. El auditor vuelve a hacer que el preclear repase el incidente, y puede que el preclear, aunque no siempre, empiece a ser sarcástico o bromista. Se vuelve a relatar el incidente. De pronto, el incidente puede parecerle divertido al preclear, pero no siempre, y cuando el incidente ha alcanzado de forma obvia un tono alto, se puede abandonar. Probablemente decaiga, en unos cuantos días. Pero eso no es de gran importancia, pues se borrará completamente al volver del básico-básico. En cualquier caso, nunca será tan aberrativo como lo era antes de la reducción.

A veces, una reducción dará como resultado que todo el engrama aparentemente desaparezca. Pero será obvio cuando ocurra esto. Sin ascender mucho por la Escala Tonal, el incidente, por repetición, simplemente se pierde de vista. Esto es reducir hasta la remisión. En unos cuantos días ese incidente volverá a estar en vigor casi tan fuerte como nunca. Hay material antes de él, y carga emocional después de este que lo hacen poco manejable.

A un engrama le pueden pasar varias cosas, entonces, en el proceso de trabajar en él. Puede reducirse, lo que quiere decir descargarse emocional y somáticamente, y no tener gran poder aberrativo a partir de ahí. Puede reducirse hasta que remita, lo que significa que solo desaparece de la vista después de relatarlo varias veces. Puede borrarse, es decir, desvanecerse, y dejar de existir a partir de ese momento, en lo que respecta al banco de engramas.

Un poco de experiencia le dirá al auditor lo que los engramas van a hacer después de que los haya contactado. La borradura tiene lugar, normalmente, solo después de haber alcanzado el básico-básico, o bien cuando se está trabajando en el área básica. La reducción ocurre con una descarga emocional. La reducción hasta la remisión sucede cuando hay demasiado en el banco de engramas suprimiendo el incidente.

De vez en cuando, incluso el mejor de los auditores abordará un engrama y decidirá machacarlo ahora que se ha contactado. Es un trabajo difícil. Quizá sea mejor machacarlo que simplemente reestimularlo y permitir que irrite al paciente durante un par de días. Quizá no. Pero, en todo caso, el engrama que solo se reduce solo hasta la remisión hubiera sido mejor no contactarlo en primer lugar.

Los auditores nuevos siempre se lanzan en busca del nacimiento como blanco obvio. Todo el mundo tiene un nacimiento; en la mayoría de los pacientes puede localizarse con bastante facilidad. Pero es un incidente doloroso y hasta que el área básica se haya trabajado a fondo, y hasta que la emoción dolorosa de la vida reciente se haya descargado y hasta que el archivista esté dispuesto a entregar el nacimiento es preferible dejar el incidente donde está. Generalmente se reducirá hasta su remisión y después seguirá apareciendo inesperadamente para tormento del auditor. Al paciente le dan misteriosos dolores de cabeza, resfriados y se siente molesto después, a menos que el nacimiento se aborde al volver (del área básica). Por supuesto, el auditor está perdiendo su tiempo al tratar de eliminar estos dolores de cabeza y resfriados porque el nacimiento, con toda la vida prenatal anterior a él, no se reducirá o borrará debidamente, sino que solo remitirá. Con demasiada frecuencia sucede que el nacimiento, si se contacta con él prematuramente, le proporcionará al paciente dolor de cabeza y catarro. Estas molestias son menores y de poca importancia, pero el esfuerzo que el auditor puede haber invertido al trabajar sobre un incidente que solo se reducirá hasta su remisión es trabajo perdido. Es cierto que el archivista a veces entrega el nacimiento; si lo hace, hay una carga emocional en él que se descargará, y el incidente se reducirá debidamente. El auditor, por supuesto, deberá tomarlo. Es cierto que un caso a veces se atasca, y el auditor recorre el nacimiento de todas formas para ver si puede acelerar las cosas. Pero simplemente volver al nacimiento para poner las manos en un engrama porque él sabe que está ahí, producirá malestar y tiempo perdido. Ve lo más lejos que puedas en el prenatal y mira qué entrega el archivista. Prueba la Técnica Repetitiva en el área básica. Puede que obtengas incidentes que se borren. Si no hay nada ahí, averigua acerca de un engrama de emoción dolorosa en su vida reciente: la muerte de un amigo, la pérdida de un aliado, el fracaso de un negocio, algo. Vuélale una carga y redúcelo como un engrama y después vuelve lo más atrás posible en la época prenatal y ve qué es lo que ha aparecido.

Si el archivista cree que necesitas el nacimiento, lo entregará. Pero no pidas el nacimiento solo para tener un engrama con el que trabajar, pues esto puede resultar en un esfuerzo completamente molesto e infructuoso. El nacimiento aparecerá cuando aparezca, y el archivista sabe lo que hace.

Irrumpir en cualquier periodo reciente de "inconsciencia", como la anestesia quirúrgica, donde el dolor físico está presente en grandes cantidades, puede producir esta innecesaria reestimulación. Naturalmente, te puede ir mejor con estas cosas en reverie que en la hipnosis o en la narcosíntesis, donde una reestimulación así podría producir graves resultados. En reverie, el efecto es leve.

Manejo de la Tira Somática

Hay "dos hombrecillos" a cada lado del cerebro, un par por lóbulo, "colgados de sus talones". El del exterior es la *tira motora*, el del interior es la *tira sensorial*.* Si deseas saber más sobre la estructura de estos pares, la investigación de Dianetics tendrá la respuesta en unos cuantos años más. Actualmente se conoce algo sobre ellos, una descripción. Para un ingeniero que conozca Dianetics, la descripción actual que se puede encontrar en la biblioteca no es completamente razonable. Estos son, posiblemente, paneles de control de alguna clase. Pueden tomarse lecturas en su proximidad (justo detrás de las sienes) si se tiene un galvanómetro muy sensible, un galvanómetro más sensible que cualquiera de los que haya en el mercado actual. Esas lecturas muestran emanaciones de alguna clase de campo. Cuando hayamos establecido el tipo exacto de energía que fluye ahí, probablemente podremos medirla con mejor precisión. Cuando sepamos exactamente dónde se lleva a cabo el pensamiento en el cuerpo, sabremos más sobre estas tiras. Todo lo que la investigación de Dianetics ha establecido hasta la fecha es que, bajo un revoltijo de etiquetas, nada se sabe realmente sobre estas estructuras que valga la pena relatarse, aparte del hecho de que tienen algo que ver con la coordinación de diversas partes del cuerpo. Sin embargo, a falta

---

* La tira sensorial podría considerarse el lado "mental" del panel de control; la tira motora, el lado físico.

de algo mejor, nos referimos a ellas en el curso de la terapia. Ahora que sabemos algo sobre la función, la investigación adicional no puede menos que proporcionar respuestas de precisión acerca de la estructura.

El auditor puede conectar y desconectar somáticos en un paciente como un electricista maneja interruptores. Más apropiadamente, puede conectarlos y desconectarlos en el cuerpo, como un conductor conduce un tranvía por la vía. Aquí tenemos el juego al que nos referíamos antes cuando hablábamos de la línea temporal.

En un paciente que está marchando bien, se le puede ordenar a la tira somática que vaya a cualquier parte de la línea temporal. Día a día, hora a hora, en la vida normal, la tira somática se mueve por esta línea hacia adelante y hacia atrás a medida que los engramas se reestimulan. El auditor, al trabajar con un paciente, puede encontrarse con su propia tira somática obedeciendo sus propias órdenes, y con algunos de sus propios somáticos conectándose y desconectándose, un hecho que, en el peor de los casos, resulta ligeramente incómodo. El cuerpo entero, las células o lo que sea que se esté moviendo, realmente no sabemos lo que es. Pero podemos manejarlo y suponer que por lo menos pasa por el panel de control de los hombrecillos colgados de sus talones.

"La tira somática irá ahora al nacimiento", dice el auditor.

El paciente en reverie empieza a sentir la presión de contracciones que lo lanzan por el canal del parto.

"La tira somática irá ahora a la última vez que te lesionaste", dice el auditor.

El preclear siente una leve reproducción del dolor, quizá, de una rodilla golpeada. Si tiene recuerdo de sónico y de visión, verá dónde está, y de pronto se dará cuenta de que fue en la oficina: escuchará a los empleados, las máquinas de escribir y el ruido de los coches afuera.

"La tira somática irá ahora al área prenatal", dice el auditor.

Y el paciente se encuentra en el área, probablemente flotando por ahí, sin sentirse incómodo.

"La tira somática irá ahora al primer momento de dolor o molestia que se pueda alcanzar ahora", dice el auditor.

Por un momento el paciente vaga de acá para allá, y de pronto siente un dolor en el pecho. Empieza a toser y siente fuerza que presiona contra él por todas partes. La madre está tosiendo (fuente común de toses crónicas).

"Echa a rodar la tos", dice el auditor.

El paciente se encuentra al principio del engrama y empieza a recorrerlo. "Cof, cof, cof", dice el paciente. *Luego bosteza.* "Me duele y no puedo parar", cita a su madre.

"Ve al principio y échalo a rodar otra vez", dice el auditor.

"Cof, cof, cof", comienza el paciente, *pero ahora ya no está tosiendo tan fuerte. Bosteza más profundamente.* "¡Ay! Me duele, me duele y parece que no puedo parar", cita el preclear, *escuchando directamente, si tiene sónico; obteniendo impresiones de lo que se dice, si no es así. Ahora ha encontrado palabras que estaban suprimidas en el engrama por la "inconsciencia". La "inconsciencia" empieza a desprenderse con los bostezos.*

"Échalo a rodar otra vez", dice el auditor.

"No puedo parar", dice el preclear, *citando todo lo que encuentra en esta ocasión. El somático ha desaparecido. Vuelve a bostezar. El engrama se borra.*

"La tira somática irá ahora al siguiente momento de dolor o molestia", dice el auditor.

El somático no se activa. El paciente entra en un sueño extraño. Murmura algo sobre un sueño. De pronto, el somático se hace más fuerte. El paciente empieza a estremecerse.

"¿Qué ocurre?", dice el auditor.

"Oigo agua corriendo", dice el preclear.

"La tira somática irá al comienzo del incidente", dice el auditor. "Échalo a rodar".

"Sigo oyendo agua", dice el preclear. *(Debe de estar atorado, los somáticos no se movieron. Esto es un retenedor).*

"La tira somática irá a cualquier cosa que esté reteniendo", dice el auditor.

"Voy a mantener esto ahí un rato a ver si sirve de algo", cita el preclear.

"Consigue ahora el principio del incidente y échalo a rodar", dice el auditor.

"Siento que me están empujando", dice el preclear. "Ay, algo me golpeó".

"Consigue el principio y échalo a rodar", dice el auditor.

"Estoy segura de que debo de estar embarazada", cita el preclear. "Voy a mantener esto ahí un rato, y veré si sirve de algo".

"¿Hay algo más temprano?", dice el auditor.

La tira del preclear va al momento más temprano, en el que siente presión al tratar ella de introducir algo en el cuello del útero. Luego echa a rodar el engrama, y este se borra.

Esto es manejar la tira somática. Se puede enviar a cualquier parte. Generalmente, recogerá primero el somático y después recogerá el contenido. Empleando la Técnica Repetitiva, la tira somática "se succiona" hasta el incidente y se activan los somáticos. Entonces se recorre el incidente. Si no se disipa, encuentra un incidente anterior simplemente diciéndole a la tira somática que vaya al incidente anterior.

Si la tira somática no se mueve, es decir, si los somáticos (sensaciones físicas) no se activan y desactivan, entonces el paciente está atorado en alguna parte de la línea temporal. Puede estar atorado en el tiempo presente, lo que significaría que tiene un rebotador que lo lanza hacia adelante, hasta el final de la línea. Emplea la Técnica Repetitiva o, simplemente, trata de enviar la tira somática hacia atrás. Si no va, toma diversas frases rebotadoras, como "No puedo volver", "Lárgate", etc., y con ellas succiona la tira somática hasta el incidente, y recórrelo.

La tira somática puede moverse por un incidente con sensación plena y, a pesar de ello, retornando varias veces sobre el mismo terreno, no proporcionar datos. Esto se puede hacer una y otra vez sin resultado en algunos engramas: los somáticos permanecen casi igual oscilando a lo largo del incidente cada vez, pero sin ningún otro contenido. Entonces el auditor está "forcejeando" contra un negador, una frase como: "Esto es un secreto", "Que no se entere", "Olvídalo", etc. En un caso así, él envía la tira somática a la frase que niega los datos:

"Ve al momento en que se pronuncia una frase que niega estos datos", dice el auditor.

Después de un momento: "Si se enterara de esto, se moriría", cita el preclear, *a partir de un sónico o de impresiones.*

Entonces el auditor envía la tira somática de vuelta al principio del incidente y continúa por él, esta vez con otro contenido de percepción. Los somáticos, a menos que el incidente sea muy tardío en la época prenatal con el área básica llena de material, van y vienen (fluctúan de acuerdo con la acción del engrama) y lo disminuyen hasta la reducción o la borradura de forma consecutiva al relatarlo.

El auditor le dice a la tira somática que vaya más temprano, algunas veces va hacia lo más reciente. Esto es un desorientador. "No sé si voy o vengo", "Yendo hacia atrás", "Haz todo lo contrario"; este es el tipo de frases del desorientador. El auditor reconoce que tiene uno en el preclear, lo supone o lo descubre por las palabras del preclear cuando se queja de la acción y, mediante orden repetitiva o directa a la tira, selecciona la frase y el engrama, lo reduce o lo borra, y continúa.

Si la tira somática no responde de acuerdo a la orden, entonces se ha reestimulado un rebotador, un retenedor, un desorientador o un agrupador, y se debería descargar. La tira somática estará en el sitio donde se encuentre la orden que le prohíbe funcionar como se desea.

Hay buenos y malos conductores de esta tira somática. El buen conductor trabaja en estrecha colaboración con el archivista, empleando órdenes tan amplias como: "La tira somática recogerá el momento más temprano de dolor o molestia que pueda alcanzarse" o "La tira somática irá a la máxima intensidad del somático que tienes ahora" (cuando un somático esté molestando al paciente). El mal conductor escoge incidentes específicos que piensa que podrían ser aberrativos, fuerza a la tira somática a entrar en ellos, y de alguna manera los somete. Hay momentos en que es necesario ser muy persuasivo con la tira y momentos en que es necesario escoger incidentes de dolor físico, pero el auditor es el mejor juez de lo que debe ocurrir. Mientras la tira funcione suavemente, encontrando nuevos incidentes y discurriendo por ellos, el auditor no debe interferir en ella excepto para asegurarse de que está reduciendo todo lo que la tira contacta.

Una forma muy buena de arruinar completamente un caso es colocar la tira somática en un incidente, decidir que otra cosa es más importante y salir disparado hacia esto último, disiparlo a medias y dirigirse a otra cosa. Para cuando se hayan tocado tres o cuatro incidentes de este modo, sin reducirlos, la tira se atasca, la línea temporal empieza a amontonarse y el auditor se queda con un enredo que puede llevarle muchas horas de terapia, o bien una o dos semanas de reequilibrio (permitir que se asiente el caso), para volver a lograr un estado con el que se pueda trabajar.

El paciente a veces querrá que desaparezca un somático. Le ha estado molestando. Esto significa que la tira está enganchada de algún modo en un incidente que la terapia o el entorno del paciente ha reestimulado. Normalmente, el tiempo y el problema de localizar el incidente no merecen la pena. Se estabilizará completamente por sí solo en el plazo de uno o dos días, y puede ser un incidente que no puede reducirse debido a los engramas más tempranos.

A la tira somática se le maneja en un incidente reciente al igual que se le envía a uno más temprano. Las cargas de desesperación se contactan de la misma manera.

Si quieres una prueba para ver si la tira se está moviendo o para probar el recuerdo, envíala unas horas atrás y averigua qué obtienes. Aunque en muchos casos es más fácil alcanzar el área prenatal que el día de ayer, se obtendrá alguna idea sobre cómo está avanzando el paciente.

Tiempo Presente

El principio es la concepción. Tus pacientes a veces tienen la sensación de que son espermatozoides u óvulos al principio de la línea temporal. En Dianetics esto se llama el *sueño del esperma*. Por lo que sabemos hasta ahora no es de gran valor. Pero es muy interesante. No se le tiene que sugerir al preclear. Todo lo que uno tiene que hacer es enviarle al principio de la línea temporal y escuchar lo que él tenga que decir. A veces tiene un engrama temprano confundido con la concepción.

En el extremo reciente de la línea temporal se encuentra, por supuesto, el ahora. Este es el tiempo presente. De vez en cuando sucede que algunos pacientes no vuelven a tiempo presente porque en el camino han tropezado con retenedores. La Técnica Repetitiva aplicada a retenedores, generalmente liberará la tira y la traerá a tiempo presente.

Un paciente puede sentirse un poco aturdido por todas las cosas que le han estado sucediendo en el curso de una sesión de terapia. Y puede que haya reducido la resistencia a los engramas, a medida que vuelve por la línea temporal, y tropiece entonces con un retenedor. El auditor debe estar muy seguro de que el paciente está en tiempo presente. A veces, el paciente estará tan atorado, y la hora será tan avanzada, que el esfuerzo por traerlo completamente a tiempo presente no es factible en ese momento. Por lo general, un periodo de sueño lo logrará.

Hay una prueba mediante la cual el auditor puede saber si el preclear está en tiempo presente. Le lanza una pregunta al preclear: "¿Qué edad tienes?". El preclear le da una "respuesta relámpago". Si es la edad correcta del preclear, el preclear está en tiempo presente. Si es una edad menor, hay un retenedor y el paciente no está en tiempo presente. Hay otros métodos para determinar esto, pero no es muy importante, en general, si el paciente no lo consigue.

Lanzar preguntas a la gente, preguntándole su edad, da lugar a algunas respuestas sorprendentes. Estar atorado en la línea temporal es tan común en la gente "normal", que un día o dos, o una o dos semanas de fracasos en alcanzar tiempo presente en un preclear dista de ser alarmante.

Cualquiera que tenga una enfermedad psicosomática crónica está definitivamente atorado en alguna parte de la línea temporal. Las preguntas rápidas sobre esto obtienen bastante a menudo como respuesta "Tres" o "Diez años", o algo así, aun cuando se pregunta a personas que se supone que gozan de muy buena salud. El reverie les revela dónde están en la línea temporal. Algunas veces, en la primera sesión, un preclear cierra los ojos en reverie para encontrarse en el sillón de un dentista a la edad de tres años. Ha estado ahí durante los últimos treinta años, más o menos, porque el dentista y su madre le dijeron que se "quedara ahí" mientras estaba conmocionado por el dolor y el gas; de modo que así lo hizo, y el problema dental crónico que ha tenido toda su vida es ese somático.

Esto no sucede muy a menudo, pero con toda seguridad puedes encontrar a algún conocido que dará la respuesta relámpago de "diez años" y, si se le pone en reverie, en cuanto el engrama salga a la vista se encontrará caído de espaldas en un campo de béisbol, o alguna situación así, con alguien que le está diciendo que no se mueva hasta que venga la ambulancia: ¡esa es su artritis!

Inténtalo con alguien.

La Respuesta Relámpago

Un instrumento de uso común en la terapia es la *respuesta relámpago*. Esto se hace de dos maneras. La primera que se menciona aquí es la que menos se usa.

> "Cuando cuente hasta cinco", dice el auditor, "aparecerá una frase en tu mente como un relámpago para describir dónde estás en la línea temporal. ¡Uno, dos, tres, cuatro, cinco!".

> "Prenatal avanzado", dice el preclear, o "ayer", o cualquier cosa que se le ocurra.

La respuesta relámpago es lo primero que le viene a la cabeza a una persona cuando se le hace una pregunta. Normalmente procederá del banco de engramas y será útil. Puede ser "conversación de demonio", pero normalmente es correcto. El auditor solo hace una pregunta, como qué es lo que está reteniendo al paciente, qué le niega conocimiento, etc., anteponiendo a la pregunta la observación de "quiero una respuesta relámpago a esto".

"Quiero una respuesta relámpago a esto", dice el auditor. "¿Qué pasaría si te volvieras cuerdo?".

"Moriría", dice el paciente.

"¿Qué pasaría si te murieras?", dice el auditor.

"Me pondría bien", dice el paciente.

Y con estos datos, hacen entonces una estimación de la computación actual sobre aliados, o algo así. En este caso, el aliado le dijo al preclear cuando este estaba enfermo: "¡Me moriría! Simplemente me moriría si no te curaras. Si sigues enfermo mucho tiempo más, me volveré loca". Y un engrama anterior decía que el preclear tenía que estar enfermo. Y esto es, después de todo, solo un engrama. De modo que se usa la Técnica Repetitiva en la palabra "moriría", y se descubre un aliado que el preclear nunca supo que existía, y se vuela una carga.

Mediante el uso inteligente de la repuesta relámpago, se pueden recuperar muchos datos valiosos. Si no hay ninguna respuesta en absoluto, significa que la respuesta está ocluida, y esa es una respuesta casi tan buena como los datos verdaderos, pues indica alguna clase de encubrimiento.

Sueños

Diversas escuelas de curación mental han usado considerablemente los sueños. Su "simbología" es una manía mística proporcionada para explicar algo de lo que los místicos nada sabían. Los sueños son espejos distorsionantes mediante los cuales el analizador examina el banco de engramas.

Los sueños son juegos de palabras y situaciones que hay en el banco de engramas.

Siendo juegos de palabras, los sueños no ayudan gran cosa.

Los sueños no se usan mucho en Dianetics.

Escucharás a los pacientes hablar de sueños. Es difícil callar a los pacientes cuando empiezan a contar sueños. Si quieres perder el tiempo, los escucharás.

CAMBIO DE VALENCIA

Un mecanismo usado en Dianetics es el *cambio de valencia*.

Conocemos la forma en que un paciente se mete en valencias cuando dramatiza sus engramas en la vida: se convierte en valencia ganadora y dice y hace, en gran medida, lo que la persona con la valencia ganadora hizo en ese engrama.

La teoría tras esto es la siguiente: al ser retornado a un momento que el paciente pueda considerar demasiado doloroso para entrar en él, se le puede cambiar a una valencia que no sintió ningún dolor. Una forma torpe de convencerlo es decirle que no tiene que sentir el dolor o la emoción y dejar que pase a través de él. Esto es muy mala Dianetics porque es una sugestión positiva, y deben tomarse todas las medidas de seguridad para evitar darle sugestiones al paciente, pues puede que sea muy sugestionable, aun cuando finja no serlo. Pero ahí está el cambio de valencia, y esto permite al paciente escapar del dolor y seguir permaneciendo en el engrama hasta que pueda relatarlo.

Ejemplo: el padre golpeando a la madre; la criatura nonata se queda "inconsciente". Los datos están disponibles en la valencia del padre sin dolor alguno, en la valencia de la madre con el dolor de esta, y en la valencia de la criatura con su dolor.

La forma de manejar esto, si el paciente se niega rotundamente a entrar en ello, aunque tenga somáticos, es cambiarlo de valencia.

El auditor dice: "Entra en la valencia de tu padre y sé tu padre por el momento".

Después de algo de persuasión, el paciente lo hace.

"Échale la bronca a tu madre", dice el auditor. "Échale una buena bronca".

El paciente está ahora en ese circuito que no contiene "inconsciencia", y se acerca a la emoción y a las palabras que su padre empleó contra su madre. El auditor le deja hacer esto unas dos o tres veces hasta que el engrama haya perdido un poco de carga. Entonces convierte la valencia del paciente en la de la madre.

"Ahora, sé tu madre de momento y respóndele a tu padre" dice el auditor.

El paciente cambia de valencia y es su madre y repite las frases de su madre.

"Ahora sé tú mismo", dice el auditor, "y relata todo el incidente con todos los somáticos y la emoción, por favor".

El paciente es capaz de reexperimentar el suceso como él mismo.

Esto funciona muy bien cuando uno está tratando de llegar a un aliado.

"Cambia de valencia", le dice el auditor al paciente retornado, "y suplícale a tu madre que no mate al bebé".

"Ahora sé una enfermera", dice el auditor (con el preclear retornado a algún incidente en el que parece tener mucho miedo de entrar) "y suplícale al muchachito que se ponga bien".

El paciente corregirá el concepto que el auditor tenga del relato y normalmente continuará.

A menudo, el paciente se negará a entrar en una valencia porque la detesta. Esto significa que debe de haber una gran cantidad de carga en la persona que él se niega a ser.

Este mecanismo rara vez se usa, pero es útil cuando un caso se está estancando. El padre no obedeció los retenedores ni las órdenes; las pronunció. La enfermera no obedeció sus propias órdenes. Y así sucesivamente. Así es como se puede hacer que aparezcan muchos retenedores y negadores. Esto es útil al comenzar un caso[*].

---

[*] El cambio de valencia se usa pocas veces, solo cuando se sospecha que hay un engrama en el que el paciente no podrá entrar de otra forma. A menudo, él abordará el engrama con cambio de valencia, cuando no lo haga siendo él mismo. El cambio de valencia es un tanto indeseable cuando se emplea en un sujeto sugestionable, puesto que viola la regla de Dianetics de no usar ninguna sugestión positiva excepto cuando sea absolutamente necesario para retornar y relatar y descubrir datos. Por lo tanto, el cambio de valencia se emplea pocas veces, y rara vez en una persona sugestionable. Debe considerarse un último recurso, y practicarse solo cuando el preclear sea total y absolutamente incapaz de confrontar y atacar un engrama de cuya presencia esté seguro el auditor; y esto es poco común.

Tipos de Cadenas

Los engramas, especialmente en el área prenatal, están en *cadenas*. Es decir, hay una serie de incidentes de tipos similares. Esta es una forma de clasificación útil porque conduce a algunas soluciones. Las cadenas con las que uno puede contactar más fácilmente en un preclear son las que están menos cargadas. Las cadenas más aberrativas por lo general serán las más difíciles de alcanzar porque contienen los datos más activos. Recuerda la regla de que lo que al auditor le resulta difícil alcanzar, al analizador del paciente le resultó difícil alcanzarlo.

Aquí hay una lista de cadenas (no todas las cadenas posibles de ningún modo) encontradas en un caso que había pasado por "normal" durante treinta y seis años de esta vida.

CADENA DEL COITO, PADRE. 1er incidente en cigoto. 56 incidentes subsecuentes. Dos ramas, padre borracho y padre sobrio.

CADENA DEL COITO, AMANTE. 1er incidente en embrión. 18 incidentes subsecuentes. Todos dolorosos debido al entusiasmo del amante.

CADENA DEL ESTREÑIMIENTO. 1er incidente en cigoto. 51 incidentes subsecuentes. Cada incidente creando alta presión sobre la criatura.

CADENA DE LA IRRIGACIÓN. 1er incidente en embrión. 21 incidentes subsecuentes. Uno cada día hasta la falta del periodo, todas en el cuello del útero.

CADENA DE LA NÁUSEA. 1er incidente en embrión. 5 incidentes subsecuentes. 3 resfriados. 1 caso de gripe. Un ataque de vómito, resaca.

CADENA DE LA NÁUSEA MATUTINA. 1er incidente en embrión. 32 incidentes subsecuentes.

CADENA DEL ANTICONCEPTIVO. 1er incidente en cigoto. 1 incidente. Cierta sustancia pastosa en el cuello del útero.

CADENA DE LAS PELEAS. 1er incidente en embrión. 38 incidentes subsecuentes. Tres caídas, gritos, no hay golpes.

INTENTO DE ABORTO, QUIRÚRGICO. 1er incidente en embrión. 21 incidentes subsecuentes.

INTENTO DE ABORTO, IRRIGACIÓN. 1er incidente en feto. 2 incidentes. 1 usando pomada, 1 usando Lysol, muy fuerte.

INTENTO DE ABORTO, PRESIÓN. 1er incidente en feto. 3 incidentes. 1 del padre encima de la madre. 2 de la madre saltando desde cajas.

CADENA DEL HIPO. 1er incidente en feto. 5 incidentes.

CADENA DE LOS ACCIDENTES. 1er incidente en embrión. 18 incidentes. Diversas caídas y colisiones.

CADENA DE LA MASTURBACIÓN. Primer incidente en embrión. 80 incidentes sucesivos. Madre masturbándose con los dedos, sacudiendo a la criatura y lastimando a la criatura con el orgasmo.

CADENA DEL MÉDICO. 1er incidente, la primera falta de periodo. 18 visitas. Examen médico doloroso pero el médico es un aliado, al descubrir que la madre intentaba abortarlo y al regañarla rigurosamente.

DOLORES PREMATUROS DE PARTO. 3 días antes del nacimiento en sí.

NACIMIENTO. Instrumento. 29 horas de parto.

El que la madre hablara entre dientes, ocasionó que hubiera que borrar una buena cantidad de información, pues además de esto estaba el resto de la vida del paciente. Este fue un caso de 500 horas, no-sónico, con recuerdos imaginarios que tuvieron que eliminarse con el descubrimiento de fábricas de mentiras antes de que se pudieran obtener los datos anteriores.

Hay otras cadenas posibles, pero se eligió este caso debido a que contiene las cadenas que se encuentran habitualmente. El amante de la madre no es muy inusual, desafortunadamente, pues introduce secreto en un caso hasta tal punto que cuando el caso parece muy, muy secreto, eso será entonces indicio de uno o dos amantes. Pero no se los sugieras a un preclear. Podría usarlos para evitar algo.

TIPOS DE SOMÁTICOS

Hay dos clases de somáticos: los que pertenecen estrictamente al paciente y los que pertenecen a su madre o a alguna otra persona. Los primeros realmente sucedieron, también los segundos. Pero el paciente no debería tener los somáticos de su madre. Si los tiene, si se le encuentra quejándose de dolores de cabeza cada vez que a su madre le duela la cabeza, hay un engrama muy temprano que dice que él debe tener cualquier cosa que ella tenga: "El bebé es parte de mí", "Quiero que él sufra lo que yo sufro", etc. O bien la frase puede ser alguna cosa completamente malentendida tomada literalmente. Sin embargo, todo esto acaba "saliendo en la lavada" y no debería preocupar mucho al auditor.

"INCONSCIENCIA"

Aunque nos hemos ocupado de la "inconsciencia" en otra parte de diversas formas, en la terapia tiene dos manifestaciones especiales: el *bostezo* y el *boil-off*.

El engrama de dolor físico contiene "inconsciencia" profunda, y si va a disiparse, especialmente en el área básica, se va en bostezos. Después de relatarlo una o dos veces, el paciente empieza a bostezar. Estos bostezos están conectando su analizador.

En un engrama muy grave (un electrochoque prenatal recibido por la madre), hubo cinco horas de boil-off de "inconsciencia" durante la terapia. El choque duró menos de un minuto, pero llevó al individuo tan cerca de la muerte que cuando se contactó con el incidente por primera vez en la terapia, la cabeza le empezó a dar vueltas y siguió a trancas y barrancas, tuvo sueños extraños, murmuró y farfulló durante cinco horas. Eso es un récord. Cuarenta y cinco minutos de este boil-off es raro. Cinco o diez minutos de ello no es poco común.

El auditor llevará al paciente a un área. No aparece ningún somático. Pero el paciente empieza a adormecerse, cayendo en una extraña clase de sueño. De vez en cuando se despierta un poco, murmura algo, generalmente estupideces, se vuelve a despertar con un sueño, y normalmente da la sensación a todas luces de no estar progresando. Pero se está haciendo progreso. Está saliendo a la superficie un periodo en el que él estaba casi muerto. Pronto se activará un somático y el paciente recorrerá un engrama varias veces obedeciendo la orden, bostezará un poco y luego se despejará. Tal cantidad de "inconsciencia" bastaba para mantener cerradas nueve décimas partes de su analizador cuando estaba despierto, pues si estaba cerca del básico, formaba parte de todos los demás engramas. Cuando se libera un engrama así, con una "inconsciencia" tan profunda, se produce una notable mejoría en un caso, tanto como con un engrama de emoción dolorosa a veces.

Depende del auditor el llegar hasta el final sin importar el tiempo que lleve. A un auditor que no sea Clear puede producirle mucho sueño observar todo esto, pero debe hacerse. Muy raras veces se topará con uno que dure una hora, pero todo caso tiene un periodo así que dura de diez minutos a media hora.

De vez en cuando, él debería estimular al paciente y tratar de hacer que pase por el engrama. Hay una forma muy especial de estimular a un paciente de vuelta a la consciencia: *no toques su cuerpo*, pues esto podría ser sumamente reestimulativo y trastornarlo mucho. Toca solo las plantas de sus pies con la mano o con tus propios pies, y tócalas lo justo para captar su atención por un momento. Eso hace que continúe el boil-off e impide que el paciente caiga en el sueño normal.

Un auditor inexperto puede confundir el boil-off con una orden engrámica de dormirse. Sin embargo, si el auditor observa atentamente al paciente, verá que en el boil-off el paciente tiene todo el aspecto de estar drogado; mientras que en una orden de dormirse, simplemente se queda dormido y lo hace con la mayor suavidad. El boil-off es un poco agitado, lleno de farfulleos, balbuceos y sueños. Dormir es suave.

Una orden engrámica de irse a dormir, actuando sobre el preclear retornado, se contraviene enviando la tira somática al momento en que se da la orden de irse a dormir. Si el preclear lo contacta y lo repasa, rápidamente despertará en la línea temporal y continuará con la terapia.

El boil-off puede estar lleno de bostezos, farfulleos o gruñidos. Dormir es habitualmente algo tranquilo y apacible.

No está muy claro por qué se le llama a esto un "boil-off" y por qué les gusta este término a los auditores. Originalmente, y de manera sobria, esto se denominaba "reducción comatosa", pero tal erudición ha perdido aceptación por el hecho de que nunca se ha usado.

Si eres aficionado a escuchar sueños, encontrarás gran cantidad de ellos en el boil-off. Del mismo modo en que las imágenes en el desierto se distorsionan por las sinuosas ondas de calor, así el velo de la "inconsciencia" distorsiona las órdenes engrámicas para el analizador.

CANDADOS

Es una de las bendiciones de la naturaleza que el *candado* necesite una atención mínima. Un candado es un incidente que, con carga o sin carga, está en el recuerdo consciente, y que *parece* ser la razón de que el aberrado esté aberrado. Tal vez este fue otro modo en que el banco se protegió a sí mismo. Un candado es un momento de malestar mental que no contiene dolor físico ni pérdida grave. Un regaño, una deshonra social: tales cosas son candados. Cualquier caso tiene miles y miles de candados. El auditor los descubrirá en abundancia si se molesta en perder tiempo buscándolos. El tratamiento de estos candados fue la meta principal de un viejo arte conocido como "hipnoanálisis". La mayoría de ellos se pueden reducir.

El key-in de un engrama tiene lugar en alguna fecha posterior al momento en que se recibió realmente el engrama. El momento de key-in contiene reducción analítica debido a fatiga o enfermedad leve. Se produjo una situación similar al engrama, que contenía "inconsciencia", y se hizo key-in del engrama. Este es un *candado primario*. Romperlo, si se puede encontrar, produce el efecto de hacer key-out del engrama. Pero se puede considerar una pérdida de tiempo, aun cuando tenga cierto valor terapéutico y lo hayan usado, sin comprensión, algunas escuelas del pasado.

Si un auditor quiere saber cómo estaba reaccionando el caso a la vida, puede encontrar algunos de estos miles y miles de candados y examinarlos. Pero ese es probablemente todo el interés que tiene en ellos, pues los candados se descargan. Se descargan automáticamente en el momento en que se borra el engrama que los está sujetando.

Toda una vida se reequilibra cuando los engramas se van, y los candados no necesitan ningún tratamiento. Tampoco el preclear, ahora llevado a Clear, necesita educación sobre cómo pensar; al igual que hacer volar los candados, este es un proceso automático.

Estos candados se encuentran algunas veces entre los engramas. El preclear puede estar sumergido muy a fondo en el área prenatal y de repente piensa en una ocasión cuando tenía veinte años o, como es común en la terapia, pensar en un engrama que oyó de otra persona. Esta es una buena pista. No prestes más atención al candado; encuentra el engrama al que este está unido, pues hay un engrama justo a su lado. En los sueños, estos candados de forma distorsionada emergen del banco hacia la superficie, complicando el sueño.

El Caso Junior

No tomes el caso de un Junior como tu primer caso si puedes evitarlo. Si el padre se llamaba George y el paciente se llama George, ten cuidado. El banco de engramas toma a George por George, y eso es "pensamiento mediante identidad" de lujo.

La madre dice: "¡Detesto a George!". "Eso significa Junior", dice el engrama, aunque la madre se refería al padre. "George es un insensato". "George no debe saberlo". "Oh, George, ojalá tuvieras algún atractivo, pero no lo tienes". Y así van los engramas. Un caso Junior rara vez es fácil.

Es costumbre estremecerse, en Dianetics, al pensar en encargarse de un caso Junior. Se puede esperar que un auditor se mate trabajando cuando tiene un caso no-sónico, que se encuentra fuera de la línea temporal, y que se llama como su padre o su madre. Esos casos se resuelven, por supuesto, pero si los padres supieran lo que le hacen a los niños al ponerles cualquier nombre que podría aparecer en el banco de engramas, como el nombre de los padres o de los abuelos o amigos, es seguro que la costumbre desaparecería al instante.

La Reestimulación del Engrama

"Pide con la suficiente frecuencia y recibirás", es siempre cierto al trabajar con el banco de engramas. Simplemente retornando a un área las veces suficientes, los engramas aparecerán. Si no está ahí hoy, estará ahí mañana. Pero si no está ahí mañana, estará ahí pasado mañana, y así sucesivamente. Las descargas emocionales se localizan con toda seguridad pidiéndolas una y otra vez, retornando al paciente por la parte de la línea temporal donde se espera que se encuentre la carga. Lo que la Técnica Repetitiva no logrará hacer, se puede hacer retornando al paciente, sesión tras sesión, a una porción de su vida. Tarde o temprano saldrá a la vista.

Periodos de la Vida y Gente Ocluidos

Se encontrarán ocluidas áreas enteras de la línea temporal. Estas contienen supresores en forma de órdenes engrámicas, computaciones de aliados y emoción dolorosa. Las personas pueden desaparecer de la vista completamente por estas razones. Salen a la vista después de que se hayan disipado unos cuantos engramas en el área básica, o cuando el área se ha expuesto como se ha visto antes.

Animosidad hacia los Padres

Cuando se lleva a Clear a un niño o a un adulto, siempre sucede que el preclear atraviesa etapas de mejoría que lo suben por la Escala Tonal y hacen que, por supuesto, pase a través de la segunda zona, enojo. Un preclear se puede poner furioso con sus padres y con otros ofensores que haya en el banco de engramas. Se debe esperar tal situación. Es una consecuencia natural de la terapia y no puede evitarse.

A medida que avanza el caso, la Escala Tonal, por supuesto, sube y pone al preclear en un estado de aburrimiento respecto a los malos que le han perjudicado. Al final, él alcanza el Tono 4, que es el tono del Clear. En este punto, él está muy alegre y dispuesto a ser amigo de las personas, tanto si le han perjudicado como si no; por supuesto que él tiene los datos sobre qué esperar de ellos, pero no alberga animosidad alguna.

Si uno de los padres piensa que el niño al saberlo todo se volverá contra él, está equivocado. Como aberrado, el niño ya se ha vuelto muy profundamente contra él, lo sepa su analizador o no, y la conducta más incierta y nada bonita puede resultar, en caso de seguir ocultándose los hechos.

Se puede observar continuamente que el buen Liberado y el Clear no sienten ninguna animosidad hacia sus padres ni hacia otros que les habían causado sus aberraciones, y de hecho deja de invalidar, defenderse y luchar tan irracionalmente. El Clear luchará, sin duda, por una buena causa, y será el oponente más peligroso posible. Pero no lucha por motivos irracionales, como un animal; y su comprensión de la gente se amplía mucho; y su afecto puede por fin ser profundo. Si un padre desea amor y cooperación de un niño, no importa lo que le haya hecho a ese niño, permite la terapia y logra ese amor y cooperación con el niño autodeterminado que ya no se encuentra secretamente en apatía o enojo. Después de todo, el Clear ha aprendido cuál es la fuente de las aberraciones de sus padres, así como de las propias; él reconoce que ellos tenían bancos de engramas antes que él.

PROPICIACIÓN

En el proceso de trabajo se pasará por una etapa, en el nivel superior de apatía, de propiciación. Esta conciliación es un esfuerzo por aplacar a una fuerza totalmente destructiva gratificándola o sacrificándose por ella. Es un estado en que el paciente, con profundo temor de otro, ofrece regalos caros y palabras suaves, pone la otra mejilla, se ofrece a sí mismo para ser tratado como una alfombrilla y en general hace el ridículo.

Muchos, muchos matrimonios, por ejemplo, no son matrimonios por amor, sino por ese sustituto de inferior calidad, la propiciación. La gente tiene el hábito de casarse con gente que tiene mentes reactivas similares. Esto es desafortunado, pues tales matrimonios son destructivos para ambos cónyuges. Ella tiene un cierto conjunto de aberraciones: cuadran con las de él. Ella es pseudomadre; él es pseudopadre. Ella tuvo que casarse con él porque su padre trató de asesinarla antes de nacer. Él tuvo que casarse con ella porque su madre lo golpeaba cuando era un niño. Por increíble que parezca, estos matrimonios son muy comunes: uno u otro de los cónyuges se vuelve mentalmente enfermo, o ambos pueden deteriorarse. Él es infeliz; su entusiasmo se ha visto aplastado; ella es desgraciada. Cualquiera de ellos, con otro cónyuge, podría ser una persona feliz; sin embargo, debido al miedo, no se pueden separar. Tienen que propiciarse mutuamente.

Al auditor que encuentra un matrimonio en esta condición e intenta tratar a uno de los cónyuges, más le valdría tratar a ambos simultáneamente. O más les valdría a esos cónyuges tratarse mutuamente, y pronto. La tolerancia y la comprensión casi siempre se fomentan con la ayuda mutua.

Se menciona aquí la propiciación porque tiene valor de diagnóstico. Las personas que le empiezan a traer al auditor regalos caros le están propiciando, y eso probablemente significa que ellos tienen una computación que les dice, engrámicamente, que morirán o que se volverán locos si se vuelven cuerdos. Puede que el auditor disfrute de los regalos, pero más le vale comenzar a buscar un engrama de compasión insospechado que no ha sido abordado antes.

Amor

Probablemente, no haya un tema en las preocupaciones del hombre que haya recibido tanta atención como el Amor.

No es mentira que, donde uno encuentra la mayor polémica, ahí encontrará también la menor comprensión. Y donde los hechos son menos precisos, ahí encontrará también las mayores discusiones. Y así sucede con el Amor.

Sin duda, el Amor ha arruinado más vidas que la guerra y ha causado más felicidad que todos los sueños del Paraíso.

Enredado con un millar de canciones al año y sumergido bajo un montón de toneladas de literatura barata, el Amor debería tener una oportunidad adecuada para ser definido.

Se ha descubierto que hay tres clases de Amor entre la mujer y el hombre: de la primera se ocupa la ley de la afinidad, y es el afecto con el que la Humanidad aprecia a la Humanidad; la segunda es la selección sexual, y es un magnetismo real entre componentes de una pareja; la tercera es "Amor" compulsivo dictado por algo no más racional que la aberración.

Tal vez en las leyendas de héroes y heroínas haya habido casos de la segunda clase; y, sin duda, al mirar uno a su alrededor en esta sociedad, se puede descubrir a muchas parejas felices basadas en una admiración natural y fuertemente afectuosa. La tercera clase la encontramos en abundancia; la literatura sensacionalista se dedica a ella y a sus tribulaciones; llena los tribunales con peticiones urgentes de divorcio, con actos criminales y juicios civiles; manda a los niños llorando al rincón, lejos de las disputas; y expulsa de sus hogares destruidos a jóvenes mujeres y hombres destruidos.

Dianetics clasifica esta tercera clase de amor como "asociación de mentes reactivas". Aquí hay un encuentro de mentes; pero las mentes están en el nivel de cómputo más bajo que posee el hombre. Unidos por la compulsión, el hombre y la mujer se emparejan con alguien que no encontrará en ese emparejamiento otra cosa que aflicción y reducción de sus esperanzas.

Él es un pseudohermano que le pegaba habitualmente o es un pseudopadre al que ella tenía que obedecer. Puede que él sea incluso una pseudomadre que le gritaba sin cesar, pero a la cual ella tenía que aplacar. Y él podría ser el médico que le hizo un daño tan salvaje. Ella puede ser la pseudomadre de él, la pseudoabuela de él a la que él tenía que querer a pesar del modo en que ella minaba su decisión; ella puede ser una pseudoenfermera de alguna operación de hace mucho, o la pseudoprofesora que le hacía quedarse en el colegio para avivar su sadismo contra él.

Antes de que tenga lugar el matrimonio, solo saben que hay una compulsión que les hace estar juntos, un sentimiento de que cada uno debe ser extremadamente agradable con el otro. Y luego se celebra el matrimonio y se siente más y más reestimulación de dolor antiguo, hasta que al final ambos están enfermos y la vida, quizás ahora complicada por niños desdichados, es una triste ruina.

El mecanismo de propiciación lleva consigo hostilidad encubierta. Los regalos hechos sin motivo y por encima de la capacidad de gastar, sacrificios que parecen ser tan nobles en ese momento, constituyen propiciación. La propiciación es un esfuerzo apático por mantener alejada una peligrosa "fuente" de dolor. La confusión de identidades es uno de los errores menores de la mente reactiva. Sobornar, anular la posible ira de una persona, que tal vez haya muerto hace mucho tiempo pero que ahora vive otra vez en el compañero, es la esperanza de la propiciación. Pero un hombre que no lucha a veces, está muerto. La hostilidad puede estar enmascarada; puede ser completamente "desconocida" para el individuo que le da rienda suelta. Sin duda, siempre está justificada en la mente de la persona que la ejerce, y se supone que es una consecuencia natural de alguna ofensa absolutamente obvia.

La mujer que mete la pata inadvertidamente ante los invitados, y que debido a ello deja escapar accidentalmente la verdad sobre el mito favorito de su marido; la mujer que olvida los pequeños favores que él le ha pedido; la mujer que de repente le clava un alfiler "lógico" en la región de sus esperanzas: estas son mujeres que viven con compañeros a los que deben propiciar a causa de algún perjuicio que se les hizo años antes de su noviazgo y que fue hecho por algún otro hombre; y estas son mujeres que, propiciando, frustran las esperanzas y malentienden las aflicciones de sus compañeros.

El marido que se acuesta con otra mujer y "accidentalmente" se deja el carmín en la corbata, el marido que encuentra mala la excelente cocina de ella y ve solo holgazanería en sus días, el marido que olvida las cartas de ella que debe echar al correo, el marido que encuentra estúpidas las opiniones de ella, estos son maridos que viven con parejas a las que deben propiciar.

Una vertiginosa curva de guerra y paz en forma de montaña rusa en casa, fallos de comprensión, reducción mutua de la libertad y el autodeterminismo, vidas desgraciadas, niños desgraciados y divorcio están causados por los matrimonios de mentes reactivas. Impulsados a casarse por una amenaza desconocida, apartados de la confianza por miedo al dolor, este "encuentro de mentes" es la causa primaria de todo desastre marital.

El derecho carecía de definición, y así apeló a la existencia de grandes dificultades en el camino de aquellos implicados en tales matrimonios. El resultado de eso es la espiral descendente de desgracia que acompaña a toda reestimulación crónica, y únicamente conduce al fracaso y a la muerte. Algún día existirá, tal vez, una ley mucho más inteligente que diga que solo los no-aberrados pueden casarse y tener hijos. La ley actual solo estipula que los matrimonios deben ser, en el mejor de los casos, lo más difícil posible de separarse. Tal ley es como una condena de cárcel para el marido, la mujer y los niños: todos y cada uno.

Se puede salvar un matrimonio llevando a Clear a sus integrantes, eliminando sus aberraciones. Una solución óptima incluiría esto en cualquier caso, pues lo más difícil para una mujer o marido, aun cuando se hayan divorciado, es elevarse a un plano futuro de felicidad: y cuando hay niños, si no se lleva a cabo el clearing, se ha cometido una gran injusticia.

Normalmente se descubre que, cuando a ambos cónyuges en un matrimonio de mentes reactivas se les quita la aberración, la vida se hace mucho más que tolerable, pues los seres humanos a menudo sienten una atracción natural, aun cuando no haya estado presente una selección sexual. El reestablecimiento de un matrimonio llevando a Clear a los cónyuges puede que no produzca uno de los grandes amores que inspiraban a los poetas a rasguear la lira, pero al menos producirá un alto nivel de respeto y cooperación hacia la meta común de hacer que la vida merezca la pena. Y en muchos matrimonios que se han llevado a Clear, se descubrió que los cónyuges, por debajo del sucio velo de la aberración, se querían el uno al otro.

Una ganancia principal de ese clearing es el bien de los niños. Casi todo el descontento marital tiene como factor principal la aberración en la Segunda Dinámica, el sexo. Y cualquier aberración así incluye una actitud irritable hacia los niños.

Donde hay niños, el divorcio no sirve; el clearing sí. Y con el clearing llega una página totalmente nueva de la vida sobre la que se puede escribir la felicidad.

En el caso de los matrimonios de mentes reactivas, un clearing mutuo se complica a menudo por las hostilidades ocultas que hay bajo el mecanismo de la propiciación. Es sensato para los cónyuges buscar fuera del hogar e interesar cada uno de ellos a un amigo en un intercambio de terapia. Si se comienza ese clearing mutuo, trabajando los cónyuges el uno en el otro, se debe reprimir mucho la ira y tener una gran paciencia y se debe seguir el Código del Auditor de la forma más estricta. Se requiere una imparcialidad de santo para soportar el Tono 1 del cónyuge que, retornado a una pelea, la relata aderezándola con más recriminación. Si se tiene que hacer, se puede hacer. Pero, cuando muchas peleas y tormentos han plagado a una pareja, es más fácil si cada uno de ellos busca fuera del hogar a un compañero de terapia.

Además, hay una especie de "compenetración" establecida entre cualquier auditor y preclear. Y después de llevar a cabo la sesión de terapia el refuerzo de la afinidad natural es tal que una pequeña acción o palabra puede tomarse como un ataque salvaje, con el resultado de una pelea y la inhibición de la terapia.

Puede considerarse que es mejor que los hombres sean auditados por hombres y las mujeres por mujeres. Esta condición cambia cuando uno trata con una mujer que tiene aberraciones tan graves acerca de las mujeres que está atemorizada en su presencia, o cuando uno está auditando a un hombre que tiene un miedo profundo a los hombres.

Las dinámicas del hombre y de la mujer son en cierto modo diferentes y una mujer, especialmente si alguna vez ha habido peleas de cierta importancia, a veces encuentra difícil ser lo suficientemente insistente para auditar a su marido. El marido puede auditar normalmente sin gran dificultad pero, cuando él mismo está en la terapia, su sentimiento de que él debe sobreponerse a la situación le obliga a hacer un intento con el autocontrol, cosa que es imposible.

La Borradura

Tarde o temprano (si continúas intentándolo) obtendrás el básico-básico, el momento más temprano de "inconsciencia" y dolor físico. Sabrás cuando lo tienes, tal vez, únicamente porque comienzan a borrarse cosas en lugar de reducirse. Si el paciente todavía tiene un cierre sónico, aún puedes borrar: tarde o temprano se activará ese sónico, tal vez ni siquiera hasta que el caso esté casi acabado. Tarde o temprano alcanzarás el básico-básico.

La borradura, entonces, es más o menos el mismo procedimiento que la entrada. Borras todos los engramas tempranos, siempre el más temprano que puedas encontrar, y continúas descargando engramas de emoción dolorosa, bien en el área básica o en los periodos posteriores tras el nacimiento y más tarde en la vida. Borras todo lo que puedas encontrar en la parte temprana del caso, luego liberas toda la emoción más reciente que puedas encontrar en el caso (borras todo lo que haya en cada engrama que toques) y luego vuelves y encuentras material temprano.

El banco reactivo de engramas es un caos total. El archivista debe tener una gran cantidad de dificultades con él, pues hay cosas con key-in temprano y reciente; algunas veces todo lo que puede conseguir es material de ciertos temas; a veces todo lo que puede obtener es información de ciertos somáticos (todos de dientes, por ejemplo); a veces puede desfilar ordenadamente hacia adelante en el tiempo y dar incidentes consecutivos; este último es el procedimiento más importante.

El caso no se llevará a Clear hasta que hayas resuelto cada momento de dolor físico y hayas descargado todos los momentos de emoción dolorosa. Habrá momentos en los que estés seguro de que casi estás en la meta, solo para descubrir, entrando otra vez en el área prenatal, una nueva serie de información que ha destapado la emoción dolorosa reciente en la vida que has liberado.

Un día encontrarás un caso que no tendrá ninguna oclusión en ninguna parte de la línea temporal, que ya no estará interesado en engramas (los casos de apatía no están interesados al principio; los Clears, en el nivel superior, tampoco lo están, formando un ciclo, aunque un Clear dista mucho de ser apático), que tendrá todos los recuerdos, que computará con precisión y sin errores (dentro de los límites de los datos disponibles) y que, en resumen, tiene un banco de engramas consumido. Pero nunca seas demasiado optimista. Sigue mirando hasta que estés seguro. Observa el caso para asegurarte de que no se exhiben aberraciones acerca de nada, que las dinámicas en él son altas y que la vida es buena. Si esta persona ahora cree que puede resolver todos los problemas de la vida, comerse el mundo con una mano atada a la espalda y sentirse amigo de todos los hombres, entonces tienes un Clear.

La única forma en que te puedes equivocar es computando con la idea de que los seres humanos están llenos de error y maldad y pecado, y de que si has hecho a un individuo menos desgraciado y por encima de lo normal, a este individuo ha de considerársele un Clear. Este es un *Liberado*.

En el lavado de oro, es cierto que cualquier novato toma la pirita de hierro por oro. El novato cacareará triunfante encantado debido a un trocito de algo brillante en su batea que, en realidad, vale unos cuantos dólares la tonelada. ¡Y luego ve oro de verdad! En el momento en que ve oro de verdad en esa batea, él conoce el verdadero aspecto del oro. No se puede confundir.

Aparte del hecho de que la psicometría mostraría que un Clear es fenomenalmente inteligente, mostraría que sus aptitudes y versatilidad son amplias, hay otra cualidad: la cualidad humana de un hombre liberado. Sometes a un Liberado a psicometría y se ve también que está por encima de lo normal. Pero un Clear es un Clear, y cuando lo veas, lo reconocerás sin equivocarte más.

Que un Clear ya no esté interesado en sus extintos engramas no significa que no esté interesado en las dificultades de otros. Que una persona no esté interesada en sus propios engramas no indica necesariamente la presencia de un Clear, sino que bien puede ser otro mecanismo: la apatía del abandono. Tener engramas y no prestarles atención es una aberración común con la mente reactiva en un nivel de apatía en la Escala Tonal. No tener engramas y descuidarlos es otro asunto. Todo caso de apatía que ignora sus engramas como respuesta a sus tribulaciones, insistiendo en que es feliz, insistiendo, mientras se destroza a sí mismo haciéndose pedazos, en que a *él* no le pasa nada, al trabajar, se interesará, especialmente después de que se disipe el básico-básico, por sus engramas en la auditación y se interesará más en la vida. Es fácil distinguir entre el caso de apatía y el Clear, pues los dos están en los extremos opuestos del espectro de la vida; el Clear ha ascendido hacia la victoria y el triunfo; el caso de apatía sabe que la victoria y el triunfo no son para él y explica que no merecen la pena.

Cuál es la duración de vida de un Clear, no se puede responder ahora; pregunta dentro de cien años.

¿Cómo puedes distinguir a un Clear? ¿Qué tan cercano se encuentra el individuo respecto al óptimo para el hombre? ¿Puede adaptarse con soltura a su entorno? Y, lo que es mucho más importante, ¿puede adaptar ese entorno a él?

A los sesenta días, y también a los seis meses, después de que aparentemente se ha logrado el Clear, el auditor debería volver a hacer una investigación en busca de cualquier información pasada por alto.

Debería interrogar cuidadosamente al posible Clear respecto a los sucesos de este último intervalo. De ese modo, puede enterarse de cualquier preocupación, inquietud o enfermedad que pueda haber tenido lugar, e intentar localizar los engramas que las causaron. Si no puede encontrar engramas, el Clear, definitiva e indudablemente, ha llegado a Clear. Y permanecerá así.

Sin embargo, si un caso simplemente se estanca y, aunque parezca haber aberración presente, no se pueden encontrar engramas, la causa probable se encuentra en cargas de desesperación concienzudamente enmascaradas: engramas de emoción dolorosa. Estas no son necesariamente postnatales, pueden estar en el periodo prenatal e implicar circunstancias que son muy secretas, o eso es lo que anuncian los engramas. También, algunos casos se han estancado y han demostrado ser "impenetrables" debido a una circunstancia actual o inmediatamente pasada que el paciente no ha revelado.

Hay dos razones que pueden retrasar un caso:

1. La persona puede estar tan aberradamente avergonzada de su pasado, o tan segura del castigo si lo revela, que no hace otra cosa que evitarlo.
2. La persona puede tener miedo debido a alguna circunstancia existente o amenaza.

El auditor no está interesado en lo que hace el paciente. O en lo que el paciente ha hecho. Dianetics se ocupa exclusivamente, en la terapia, de lo que se le ha hecho *a* la persona. Lo que ha sido hecho *por* un paciente no tiene ningún interés. El auditor que hiciera de ello algo de lo que preocuparse, está practicando algo que no es Dianetics. Sin embargo, un paciente, a causa de sus engramas, puede obsesionarse con la idea de que debe ocultar al auditor algo de su vida. Las dos clases generales mencionadas más arriba abarcan las situaciones generales.

Estas razones activas, como en (1), pueden ser cosas como una condena de cárcel, un asesinato hasta ahora desconocido (aunque muchas personas que piensan que han cometido asesinatos ni siquiera han amenazado de ello a nadie), prácticas sexuales anormales, o alguna circunstancia así. El auditor debe prometer no revelar ningún asunto confidencial, simplemente de forma habitual, y explicar el principio de "hecho *a*, no hecho *por*". Y ningún auditor reprocharía o reprendería a un paciente por haber sido víctima de sus engramas. Bajo el apartado (2) puede haber alguna persona, incluso la mujer o el marido, que han intimidado al paciente para que guarde secreto. Hay un caso reciente en el que no se hizo ningún progreso, aunque se contactaron muchos incidentes: los incidentes no se reducían ni se borraban, sin importar dónde estuvieran. Se descubrió que este caso, una mujer, había sido golpeada salvajemente y a menudo por su marido, y que se le había amenazado de muerte si decía una palabra de estos actos al auditor; y, sin embargo, estos actos contenían todas las cargas de desesperación del caso y tenían que liberarse. Al ver esto, el auditor, que finalmente lo sospechó, fue capaz de ganar su confianza y localizar las cargas de desesperación. Aun cuando él no hubiera ganado su confianza, mediante reestimulación constante de áreas de la vida reciente, él habría provocado sus lágrimas. En otro caso, el de un niño pequeño, el recuerdo de dub-in era tan obvio y las fábricas de mentiras estaban tan activas que, al final, el auditor se dio cuenta de que estaba intentando entrar, no solo en el secreto de un engrama, sino en el secreto impuesto a un niño por alguien cercano. En este caso, la madre, partiendo de la idea de que se le detendría, había amenazado furiosamente al niño para que no dijera nada acerca del trato que recibía en casa. Tras el caso había más que esto: ochenta y un intentos de aborto; un número increíble.

Cualquier cosa es asunto del auditor si se ha convertido en un engrama. Si la sociedad ha encarcelado a un hombre, si no todo va bien en casa, estas son cosas hechas *a* la persona. Lo que la persona hizo para "merecer" este trato carece de interés.

El Caso de Idioma Extranjero

De vez en cuando, un auditor se encontrará con una extraña clase de retraso en un caso. Él será incapaz de hacer que nada se limpie o tenga sentido en el área prenatal, y a veces en la infancia al igual que en el área prenatal. Puede estar encontrándose con un "caso de idioma extranjero". De vez en cuando el niño no sabía que había nacido de otros padres (quienes pueden haber hablado un idioma extranjero) que no eran los que él conocía como sus padres. Esto es una especie de confusión especial por sí misma que se resuelve bastante fácilmente, simplemente recorriendo engramas. Siempre es posible que el paciente olvide que sus padres hablaban algún otro idioma en casa. Un idioma diferente al que el paciente está usando, o distinto del idioma del país en que reside el paciente, es en cierto modo una ventaja: proporciona un área prenatal que es muy difícil de reestimular, aunque aún puede seguir actuando sobre la mente del paciente. Pero no es una ventaja para el auditor, que debe tratar ahora con un paciente que no conoce el idioma, que puede no tener recuerdo sónico, y sin embargo tiene un banco de engramas lleno de datos que en otro tiempo tuvieron significado y que son realmente su idioma básico.

El mejor remedio para un caso así es conseguir un auditor que sepa tanto el idioma usado en el área prenatal como la lengua actual. Otro remedio es tomar un diccionario para el caso e imaginarse los rebotadores *et al.*, a partir del diccionario. Otra forma es retornar al paciente al periodo infantil con suficiente frecuencia como para que comience a recobrar el idioma otra vez (haciendo que salga a la vista el archivo del idioma) y luego pedirle al paciente frases que, en la lengua extranjera, significarían esto o aquello. Gradualmente, él puede recuperar el idioma y así consumir el banco. Este es un caso extremadamente difícil solo cuando no hubo uso infantil de la otra lengua. Si se usó esa lengua en la infancia, el auditor simplemente continúa retornando al paciente a la infancia, cuando él conocía la lengua, y luego retornándolo al área prenatal; el paciente puede traducir lo que está sucediendo. Las frases hechas en otras lenguas diferentes a la que habla el auditor son a menudo bastante productoras de significados literales diferentes a las frases hechas comparables en la lengua del auditor. Esta diferencia entre las frases hechas es un agente responsable en gran medida de la aberración social de una nación, ya que difieren de las de otra. "Tengo calor", dice el español. "Estoy caliente", dice el inglés. Engrámicamente significan cosas diferentes, aun cuando signifiquen lo mismo para el analizador. ✦

MECANISMOS *y* ASPECTOS *de la* TERAPIA

PERCEPCIÓN EXTRASENSORIAL

CADA VEZ QUE UN AUDITOR tenga un caso con recuerdo de dub-in, o que esté muy cargado de emoción, el caso puede retornar al área prenatal y empezar a describir el escenario. Esto despierta la admiración de algunos espectadores. Ahí está el paciente en la matriz y, sin embargo, puede "ver" lo que hay fuera. El paciente habla sobre su padre y su madre, dónde están sentados, qué aspecto tiene el dormitorio y, sin embargo, él se encuentra en la matriz. Pueden presentarse algunas teorías bonitas sobre esto; una de ellas es que el feto torturado desarrolla percepción extrasensorial para ver lo que va a pasar. La percepción extrasensorial es una excelente teoría y se puede confirmar con un poco de observación, *pero no en el feto.*

Se debe recordar que el feto, aun cuando tiene células altamente desarrolladas y hábiles, todavía no es un organismo verdaderamente racional. La presencia del engrama no significa necesariamente que el feto pueda pensar. La mayor aberración del engrama vino cuando el niño al fin aprendió a hablar. El engrama no es un recuerdo, sino una grabación de dolor y percépticos.

Retornar a un hombre adulto o a un niño al área prenatal es retornar ahí, a una mente experimentada que, al conectarse con estos engramas, forma conclusiones. Al escuchar a algunos preclears se pensaría que durante todo el periodo prenatal leyeron a Keats y tomaron limonada por la tarde a las cuatro.

Retornar la *razón* y el poder analítico a un periodo en que estos no existían, por supuesto, provoca muchas ideas en el individuo retornado. Lo único que se supone que debe recorrer son los engramas y su contenido. Adicionalmente, mediante los mecanismos del sueño y la computación actual, puede tratar de idear y hacer encajar un cuadro completo del escenario en tecnicolor.

En realidad, esta percepción extrasensorial prenatal no existe. Se ha demostrado, después de considerables experimentos, que siempre que el preclear retornado cree ver algo, el escenario mismo está mencionado en los engramas y le proporciona un cuadro imaginario de él. En otras palabras, no existe una percepción extrasensorial prenatal. Solo hay descripciones y acciones que sugieren el escenario, y estas sugerencias, que ahora actúan sobre la imaginación, ocasionan la supuesta visión.

Esto es más crónico en pacientes que tienen fábricas de mentiras de alta potencia. Cuando el auditor ve esto, empieza a formarse una idea del caso que lo ocupa, sabe que se puede usar dub-in sónico, y debe encontrar y descargar toda la emoción dolorosa que pueda alcanzar, pues esa emoción dolorosa es la que predispone a un caso de tal manera a evitar algo. Entonces podrá encontrar la fábrica de mentiras en sí, no la fábrica de mentiras de la fábrica de mentiras que produce fábricas de mentiras, sino el verdadero engrama que causa toda esta delusión.

Sin embargo, nunca pares en seco a un preclear cuando ofrece este material. No le digas que es imaginario, pues pondrás a la fábrica de mentiras a esforzarse aún más. Pues aquí hay computaciones de compasión, pérdidas desesperantes, gran dolor prenatal y abandono en la infancia. Y no se necesitaría mucho para hacer añicos la poca confianza en sí mismo que el paciente ha logrado reunir. Por lo tanto, avanza con suavidad, busca cargas de desesperación, aliados, engramas de compasión, y consigue la fábrica de mentiras. Entonces el caso se asentará y progresará hasta Clear.

Electrochoque

Se ha visto que es importante, al entrar en un caso, localizar y aliviar los engramas causados por cualquier clase de electrochoque. Parece que estos producen un agrupamiento de engramas, ya sea que se reciban en la época prenatal (como ha sucedido en algunos), accidentalmente, o a manos de psiquiatras. Un electrochoque parece tener más fuerza de lo habitual en el banco de engramas, y aparentemente desordena los archivos de memoria, tanto de sucesos pasados como futuros en torno al área del choque. Además de esto, la lesión del electrochoque contiene una "inconsciencia" muy profunda que después mantiene a la mente analítica en un estado reducido.

Consentimiento Tácito

En el caso de dos preclears que trabajan uno en el otro, asumiendo alternativamente el papel de auditor, se puede presentar una condición en la que cada uno de ellos impida que el otro contacte con ciertos engramas.

Por ejemplo, el preclear A tiene una computación de aliado con respecto a un perro. Sin saberlo, trata de proteger este engrama "prosupervivencia" dentro de sí mismo, aunque, por supuesto, no liberarlo entorpecerá la terapia. Cuando él audita al preclear B, tiende a proyectar sus propios problemas en el preclear B, lo que significa que tiene alguna ligera confusión de identidad. Si se sabe que el preclear B tiene un engrama "prosupervivencia" referente a un perro, entonces el preclear A, al auditar, en realidad evitará que el preclear B contacte su propio engrama. Es una idea equivocada que dejando que B conserve su engrama sobre perros, A puede retener su engrama sobre perros. Esto es "consentimiento tácito". Podría plantearse como un trato: "Si tú no haces que yo mejore, yo no haré que tú mejores". Deben tomarse precauciones contra esto: una vez que se conoce la existencia de tal condición, y tal renuencia a llevar a Clear al otro se manifiesta, el "consentimiento tácito" cesa.

También puede suceder que marido y mujer tengan un periodo mutuo de peleas o desdicha. Cuando están ocupados en llevarse mutuamente a Clear, trabajando alternativamente como auditores, evitan, no a sabiendas, sino por computación reactiva, el periodo en común, dejando así en su sitio engramas de emoción dolorosa.

Los individuos implicados de esta manera no reconocen fácilmente el consentimiento tácito, y los preclears que se alternan como auditores deben estar muy alerta, pues eso no puede sino hacer que un caso vaya más lento.

Cierres de Emoción y de Dolor*

Un caso que no manifiesta emoción o no puede sentir dolor cuando emoción y dolor deberían estar presentes en algún incidente, padece un cierre de "sensación": lo más probable es que este se encuentre en el área prenatal. La palabra "sensación" significa tanto dolor como emoción; por lo tanto, la frase "No puedo sentir nada", puede ser un anestésico para ambas cosas.

Si hay presente una visión exteriorizada del incidente (en la que el paciente se ve a sí mismo y no está dentro de sí mismo), o bien si existe lo que aparenta ser una "percepción extrasensorial" prenatal, el cierre emocional probablemente proviene de engramas de emoción dolorosa en una época más reciente de su vida, o cuando menos postnacimiento. Si no hay visión exteriorizada y el paciente se encuentra dentro de sí mismo, y sin embargo no se manifiesta agudeza alguna de dolor ni emoción mientras está recorriendo a través de un engrama, debe sospecharse un cierre emocional anterior o un cierre de dolor anterior, y este se debe localizar con Técnica Repetitiva. Recorre las palabras "Ninguna emoción" hasta obtener una paráfrasis; recorre las palabras "No puedo sentir", o alguna otra frase que signifique lo mismo y el paciente, si los engramas están disponibles y no suprimidos por otros, al final responderá.

Puede suceder que un caso "funcione" muy bien, lo que quiere decir que los engramas se presentan por sí solos y se pueden recorrer y reducir, sin que se manifieste emoción como parte del contenido y con somáticos

---

* La tira somática funciona en todas las oclusiones ya sea que el paciente lo *sienta* o no. La tira somática también obedece, aunque sin que se conecte el somático, cuando el incidente está ocluido por "inconsciencia", apareciendo el somático después del "boil-off".

tenues y no demasiado dolor sino simple presión. Si los cierres de dolor y emoción no ceden al principio a la Técnica Repetitiva, puede que se tengan que recorrer muchos engramas en el área básica sin dolor ni emoción, sino únicamente con presión y contenido verbal. En un caso así, el dolor y la emoción se pueden contactar finalmente, después de lo cual, la terapia es más beneficiosa.

Vistas Exteriorizadas

Siempre que encuentres a un paciente, retornado, fuera de sí mismo y viéndose a sí mismo, ese paciente está fuera de la línea temporal. No se le debería decir esto, sino que las cargas de desesperación, es decir, los engramas de emoción dolorosa, se deben encontrar lo más pronto posible y descargarse. Esto es algo con el mismo mecanismo que la percepción extrasensorial antes descrita.

Telepatía

En algunos casos, un preclear puede tratar de hacer colar la telepatía como factor aberrativo. Esto es forjarse más castillos en el aire. Puede haber telepatía. Pero hasta donde la investigación ha demostrado, el feto no la recibe, e incluso si la recibe, no es aberrativa de ninguna manera.

Se han hecho experimentos exhaustivos sobre la telepatía y la percepción extrasensorial, y en cada caso se encontró una explicación que no necesitó llegar a la lectura de mentes o a la vista de radar.

Cuando un paciente trata de decirle al auditor que está recitando los pensamientos de la madre, recibidos prenatalmente, puedes estar seguro de que por ahí hay un engrama en el que ella dice esas palabras exactas en voz alta. Las madres, sobre todo cuando están severamente aberradas, y de manera especial cuando su aberración es lo bastante grave como para intentar el aborto, tienen muchos engramas que dramatizan. El poder de la dramatización por lo general se manifiesta con monólogos. Algunas madres tienen muchísimo que decirse a sí mismas cuando están solas. Por supuesto, toda esta charla se transmite a la criatura cuando está lastimada, y la criatura se puede lesionar sin que la madre se lesione, como en un intento de aborto. Durante un tiempo considerable después de una lesión así, la criatura por lo general permanece "inconsciente" y sufriendo dolor; por lo tanto, registra estos monólogos en engramas (y a menudo la voz es bastante fuerte). La criatura no la oye; simplemente es una grabación celular. Todos estos monólogos son aberrativos y producen algunos modelos notables de demencia y neurosis.

Pero en cuanto a la telepatía, no hay nada que sea aberrativo, hasta donde podemos saber por el momento. Así que el auditor no debe aceptar la telepatía más de lo que aceptaría la percepción extrasensorial.

Condiciones de la Vida Prenatal

En la matriz hay mucho ruido. Una persona puede pensar que tiene sónico, y sin embargo no escuchar sonidos "de matriz", lo que significa que no tiene sónico, sino solo dub-in. Los chirridos y gruñidos intestinales, el agua que fluye, los eructos, la flatulencia y otras actividades corporales de la madre, producen un sonido continuo.

Además, en la vida prenatal tardía se está muy oprimido.

En un caso de alta presión sanguínea, es extremadamente horrible estar en la matriz.

Cuando la madre toma quinina, puede surgir un zumbido agudo en los oídos fetales y en los suyos propios, zumbido que acompañará a una persona toda su vida.

La madre tiene náusea matutina, le da hipo y resfriados, tose y estornuda.

Esta es la vida prenatal.

La única razón por la que alguien "querría" "retornar a la matriz" sería porque alguien le pegó a la madre y le gritó "¡Vuelve aquí!", así que la persona lo hace.

El Sistema de Archivo de Engramas

Los engramas no se archivan en la forma ordenada en que lo hace un banco estándar una vez Clear. Los engramas están archivados de un modo que desafiaría a Alejandro. De ahí que sea difícil saber cuándo va a aparecer el elemento consecutivo adecuado.

Los métodos de archivo son: tiempo, tema, valor, somático y emoción.

El retorno desde el básico-básico puede ser un progreso aparentemente ordenado hacia una época más reciente de la vida. De pronto una carga de desesperación se dispara y se descarga. El auditor mira hacia atrás al área prenatal y encuentra a la vista toda una nueva serie de incidentes. Entonces se inicia el progreso de vuelta hacia tiempo presente, paso a paso; se dispara otra descarga y aparece otra serie de prenatales. Se borran estos y se progresa una vez más hacia el tiempo presente, cuando todavía se libera otra carga de desesperación y todavía salen a la vista más prenatales. Se borran estos, y así sucesivamente.

El sistema de archivo de engramas entrega datos por somático, tiempo, tema, valor o emoción. Generalmente, el archivista ofrece material en función de tiempo y tema. La emoción que hay en el banco evita que el archivista llegue a cierta serie de incidentes; cuando se descarga la emoción, los incidentes quedan disponibles y se entregan hasta que otra carga emocional pare al archivista. La agudeza del auditor se emplea, más que nada, no en conseguir prenatales, sino en encontrar estas cargas emocionales recientes y descargarlas.

En general el sistema de archivo de engramas es muy deficiente, a diferencia del banco estándar. Pero también es muy vulnerable, ahora que lo comprendemos.

Los datos del sistema de archivo de engramas se pueden borrar. Los datos de los bancos estándar no se pueden borrar. El dolor es perecedero; el placer perdura.

Alivio

El psicoanalista o el asesor común en relaciones humanas a veces tienen que enfrentarse con un tipo de problema que Dianetics, sin necesidad de aplicarse a fondo, puede resolver fácilmente.

Es posible, cuando una persona ha sufrido un trastorno demasiado serio de manera que él mismo no pueda abordar el problema del que se trate, aliviar su trastorno con unos cuantos minutos de trabajo.

Un cambio repentino en el aspecto de un paciente, un deterioro súbito en su serenidad, generalmente proceden de algún incidente que le ha causado angustia mental. Aunque este cambio mental tiene su fuente en la reestimulación de un engrama, el momento de reestimulación, que es un candado, se puede abordar y aliviar con éxito.

Usando reverie, o simplemente diciéndole al paciente que cierre los ojos, el analista puede pedirle que retorne y esté en el instante en que se sintió trastornado. Ese instante se puede encontrar en el mismo día o en la misma semana de la visita. Se descubrirá un momento de desconexión analítica en el que alguna persona o circunstancia reestimulativa trastornó el equilibrio mental o emocional del paciente. Ese momento es un candado. Por lo general se puede relatar como engrama, y la última fuente de tensión se aliviará de manera que se pueda continuar el trabajo. El engrama en sí, del que dependía el candado, puede no ser accesible sin un pleno enfoque mediante Dianetics del problema.

El auditor, al encontrar a un paciente muy trastornado, a menudo puede ahorrar tiempo aliviando el candado que causaba la inquietud inmediata del preclear.

Localizar candados al por mayor no es fructífero desde el punto de vista de Dianetics, pues hay miles y miles en cada caso. Localizar el último candado, que está obstaculizando el trabajo, puede ser beneficioso.

La Escala Tonal y La Reducción de Engramas

Debido a que es muy importante, el mecanismo de reducción de un engrama de emoción dolorosa reciente se debe detallar específicamente.

Los usos de la reducción de engramas recientes son amplios y variados. Cuando el auditor se mete en problemas con su preclear por alguna violación del Código del Auditor, puede tratar esa violación como engrama de emoción dolorosa y reducirlo, en cuyo momento el efecto de su error desaparecerá en el preclear. El auditor simplemente retorna al preclear al error, y recorre el error mismo como engrama. Cuando el marido se ha peleado con su mujer o ella ha averiguado alguna cosa desagradable en las actividades de este, el marido puede tratar la pelea o el descubrimiento como un engrama de emoción dolorosa, y liberarlo, con el resultado de que su mujer ya no se preocupará sobre esto. Cuando el perro del pequeñín acaba de ser atropellado, el incidente se puede tratar como engrama de emoción dolorosa y liberarlo. Cuando la mujer del preclear acaba de abandonarlo, trata ese abandono como engrama de emoción dolorosa y libéralo. Cualquiera que sea la impresión o el trastorno, se puede reducir en un individuo mediante la técnica común de reducción, y el individuo dejará de tener problemas en lo que respecta a la emoción dolorosa.

No importa si el engrama ocurrió hace dos horas o hace diez años, se puede reducir la emoción dolorosa que contiene. Se recorre exactamente como cualquier otro engrama, comenzando al principio de la primera conmoción, retornando al paciente a ese momento y repasando lo suficiente el incidente para abarcar de manera adecuada su primer impacto.

El aspecto de esta reducción es una pauta que no varía mucho. Si la noticia lanzó al individuo a la apatía, entonces, según vaya relatando (a menos que haya un cierre emocional severo en otra parte), progresará a través del incidente quizá una o dos veces antes de contactarlo adecuadamente. Entonces vendrán las lágrimas y la desesperación de la apatía. Otros dos o tres repasos deberían provocar el enojo. Entonces relatarlo más veces (siempre de principio a fin como reexperiencia) sube el tono a aburrimiento. Relatarlo más veces debería llevarlo al Tono de liberado 3 o 4 o, lo mejor de todo, risas.

Este progreso de tonos es la clave que condujo al establecimiento de la Escala Tonal de 0 a 4. Un Tono 4 es risa.

A veces hay una etapa en el área del Tono 2, en la que el paciente empieza a ser indiferente y displicente. Esto no es Tono 4, sino que denota la presencia de más datos. Puede que se resista a relatarlo en ese momento, diciendo que el incidente está liberado. El auditor debe insistir en que se relate el incidente más veces siempre que encuentre que el preclear no lo quiere relatar otra vez, porque ahí hay datos que se están suprimiendo, y hay más carga presente. La displicencia, por lo general, se encuentra que es un mecanismo de escape, y a veces se pronuncia con las mismísimas palabras que todavía están ocultas. Se relata entonces más veces (sin que el auditor insista en que se encuentren ciertas palabras) hasta que el paciente llegue al Tono 4.

Aquí tenemos una descripción breve de la conducta de todo el banco de engramas en el proceso de la terapia. Todo el banco se eleva finalmente desde su nivel de tono inicial hasta el Tono 4, más y más alto conforme se van borrando o reduciendo más engramas. La elevación del banco, sin embargo, no es una curva ascendente suave, porque se contactarán nuevos engramas que contienen apatía y algunos que contienen maníacos. Sin embargo, el engrama de emoción dolorosa tiene un ascenso bastante suave. Si se va a liberar en lo más mínimo, se elevará en la escala. Si no se eleva en la escala (de apatía a enojo, de enojo a aburrimiento, de aburrimiento a alegría o por lo menos indiferencia) entonces está suprimido por un incidente con contenido similar.

Un engrama puede empezar en el Tono 1 (enojo) y elevarse desde ahí. Si se encuentra en el Tono 2 al principio (aburrimiento) no es precisamente un engrama.

Sin embargo, puede estar en un falso Tono 2 y estar suprimido por otros datos, de forma que el paciente se muestre tan solo aburrido y desinteresado al respecto. Relatarlo unas cuantas veces puede causar que se libere, en cuyo momento se desploma instantáneamente hasta la apatía (Tono 0) y luego sube por la escala de los tonos. O puede que se tenga que contactar con otro engrama.

Todo el ser físico sigue esta Escala Tonal a través del curso de la terapia. El ser mental sigue esta Escala Tonal. Y los engramas de emoción dolorosa también la siguen.

En una borradura en el área básica o cuando se retorna desde el básico-básico, dos o tres repasos borrarán un engrama de cualquier clase, a menos que sea el básico de una nueva cadena de incidentes similares. Pero los engramas que no muestran emoción en ninguna parte de la línea temporal están suprimidos por cierres emocionales o de sensación, emoción dolorosa reciente, o engramas tempranos que simplemente desconectaron el dolor o la emoción directamente, con esas palabras.

Un caso se debería mantener "vivo". Debe haber una variabilidad en cuanto a la emoción. Un relato monótono, es decir, uno que no varía el tono engrámico sino que solo lo reduce, es a veces necesario en el área básica. Pero cuando el paciente se vuelve ordenado y "bien entrenado" y no expresa ninguna preocupación por sus engramas conforme los relata, ahí hay emoción dolorosa reciente que descargar o un cierre emocional temprano. A la inversa, si el paciente se emociona continuamente acerca de todo y por todo, si llora un rato y luego ríe histéricamente, se está llevando a cabo la terapia. Pero se debería estar alerta por algo engrámico en el área prenatal que dice que tiene que ser "muy emotivo", lo que significa que tiene engramas que lo hacen emotivo a causa de las órdenes que estos contienen.

La Escala Tonal es muy útil y es una buena guía. Será más evidente en la reducción de engramas posteriores al lenguaje, pero también aparecerá antes.

Se puede recorrer cualquier engrama de emoción dolorosa. Si se reduce adecuadamente y no está suprimido en otra parte, este sigue la Escala Tonal hacia arriba hasta el Tono 4.

Si el Paciente no va bien con Técnica Repetitiva

Si al repetir una frase que le ha dado el auditor, el paciente no se mueve a un incidente, hay tres cosas que pueden estar mal: primera, el paciente no se puede mover en la línea temporal; segunda, la frase puede estar retenida prudentemente por el archivista hasta que llegue el momento en que pueda limpiarse; o tercera, la frase no existe como material engrámico.

El paciente también puede tener fuertes engramas de "contrólate", que se manifiestan con él arrebatándole el control al auditor, siendo muy mandón o simplemente negándose a cooperar. La Técnica Repetitiva, cuando se dirige a frases como "contrólate" y "tengo que actuar", y frases afines, puede entonces funcionar.

La razón común por la que la Técnica Repetitiva no funciona es que el paciente está en un retenedor. Si se le retorna pero no se desplaza en la línea temporal cuando se le da Técnica Repetitiva, emplea Técnica Repetitiva con los retenedores.

Recuerda que un cierre de "sensación" puede negar todos los somáticos de manera que el paciente no los sienta. Si el paciente parece insensible a los problemas en la línea temporal, puedes estar seguro de que tiene un cierre de sensación.

Una gran carga emocional también puede inhibir la Técnica Repetitiva.

La tira somática no entra bien en las cargas emocionales (engramas de emoción dolorosa) y por lo tanto la Técnica Repetitiva es lo indicado.

Si la Técnica Repetitiva no funciona, aunque esto raramente es necesario, se le puede pedir al paciente que imagine "lo peor que le podría pasar a un bebé", y así sucesivamente, y de su conversación se pueden deducir nuevas frases para trabajo con Repetitiva que llevarán al paciente al interior de un engrama.

TÉCNICA DE LA PALABRA SUELTA

Las palabras, al igual que los engramas, existen en cadenas. Siempre hay una primera vez para la grabación de cada palabra en la vida de una persona. Todo el lenguaje común puede estar en el banco de engramas. Las combinaciones posibles del lenguaje común bien pueden aproximarse al infinito. Las formas en que pueden expresarse los diferentes negadores, rebotadores, *et al.*, son siempre incontables.

Existen dos factores afortunados, sin embargo, que reducen la tarea del auditor. Primero, los miembros del *dramatis personae* de sus engramas están hoy en día aberrados. Cada aberrado tiene dramatizaciones estándar que repite una y otra vez en situaciones reestimulativas. Por ejemplo, la reacción del padre con la madre es repetitiva; si él pronuncia una serie de frases en una situación engrámica, las pronunciará en posteriores situaciones similares. Si, por ejemplo, la madre tiene una actitud acusadora hacia el padre, entonces esa actitud se expresará en ciertos términos, y estos aparecerán en un engrama tras otro. El segundo hecho es que cuando el padre o la madre es grosero con el otro, este último empezará a sufrir contagio de la aberración y repetirá las frases de aquel. En un primogénito, en el que esté presente la brutalidad de los padres, se puede observar a los padres a través de los engramas del paciente y ver cómo gradualmente uno de ellos empieza a usar las frases del otro, ya sea para preocuparse acerca de ellas o para volverlas a usar. Todo esto tiende a hacer que los engramas aparezcan en cadenas de incidentes, cada incidente muy parecido al siguiente. Cuando se tiene el básico de cada tipo de cadena, los incidentes posteriores de esa cadena son lo bastante similares para permitir que se reduzcan o borren muchos incidentes inmediatamente después de encontrar el primero. El *primer* incidente de la cadena, el básico para esa cadena, mantiene a los demás más o menos en su sitio y fuera de la vista; por lo tanto, la meta es el básico de la cadena.

Se puede descubrir la primera ocasión en que cada palabra en el banco se le ha entregado al banco. Las palabras también se reducen en cadenas, con la virtud de que cada aparición posterior de la palabra en el banco localiza automáticamente un nuevo engrama, el cual, por supuesto, se reduce o se borra tan pronto como se contacte o se pueda localizar su básico.

La técnica de la palabra suelta es muy valiosa y útil. Es un tipo especial de Técnica Repetitiva. En la mayoría de los pacientes, la repetición, por parte de ellos mismos, de una palabra causará que las palabras asociadas se sugieran por sí mismas. Así, se le pide al paciente que repita y retorne a la palabra *olvidar*. Él empieza a repetir la palabra *olvidar* y pronto obtiene un juego de palabras asociadas que forman una frase como "Nunca me puedes olvidar". Ahí tenemos una frase que está en un engrama, y el resto del engrama se puede entonces recorrer.

Cuando se ha tenido que contactar un engrama reciente para hacer que un caso progrese y el engrama, sin embargo, no se alivia, es posible tomar cada palabra o frase de ese engrama reciente y llevarla hacia atrás con Técnica Repetitiva. De esta manera, se pueden localizar y reducir los engramas más tempranos, que mantienen fijo este engrama reciente, y finalmente uno habrá reducido el engrama reciente en sí. Esta, por cierto, es una práctica común y útil.

Hay una ley al respecto: *Cuando cualquier frase o palabra en un engrama no se reduzca, la misma frase o palabra aparece en un engrama más temprano.* Puede que se tenga que descargar emoción reciente para conseguir la frase temprana, pero normalmente se obtendrá mediante repetitiva con palabras sueltas o repetitiva con frases.

Solo se necesitan unas cuantas docenas de palabras para conseguir casi cualquier engrama. Estas serían las palabras sueltas que se utilizarían como repetidores claves. Son palabras como estas: *olvidar, recordar, memoria, ciego, sordo, mudo, ver, sentir, oír, emoción, dolor, miedo, terror, miedoso, soportar, aguantar, mentir, conseguir, ven, tiempo, diferencia, imaginación, correcto, oscuro, negro, hondo, arriba, abajo, palabras, cadáver, muerto, podrido, muerte, libro, leer, alma, infierno, dios, asustado, desgraciado, horrible, pasado, mirar, cada cosa, todos, siempre, nunca, dondequiera, todo, creer, escuchar, asunto, buscar, original, presente, atrás, temprano, principio, secreto, decir, morir, hallado, compasión, furioso, loco, demente, deshacerse, pelea, puño, pecho, dientes, mandíbula, estómago, dolor, miseria, cabeza, sexo, palabrotas para el sexo y la blasfemia, piel, bebé, eso, cortina, cáscara, barrera, pared, pensar, pensamiento, resbaladizo, confuso, revuelto, listo, pobre, pequeño, enfermo, vida, padre, madre, nombres familiares de los padres y otras personas del hogar durante los periodos prenatal e infantil, dinero, comida, lágrimas, no, mundo, excusa, parar, reír, odiar, celoso, vergüenza, avergonzado, cobarde,* etc.

Los rebotadores, negadores, retenedores, agrupadores, desorientadores, *et al.*, cada uno tiene sus propias palabras sueltas comunes, y estas son pocas.

Los rebotadores contendrían: *fuera, arriba, vuelve, vete, tarde, más tarde,* etc.

El retenedor contendría: *agarrar, agarrado, atrapar, atrapado, parar, recostar, siéntate, quédate, no poder, atascado, fijo, mantener, dejar, encerrar, encerrado, ven,* etc.

El agrupador contendría: *tiempo, juntos, a la vez, diferencia,* etc.

En ninguna parte brilla con más claridad la técnica de la palabra suelta como en el caso del Junior, en que el paciente lleva el nombre de uno u otro padre o abuelo. Limpiando el nombre del paciente de los engramas prenatales (donde se aplica a otra persona, pero que el paciente malinterpreta como sí mismo), el paciente puede recuperar la propia definición de sí mismo y su propia valencia. Usa siempre el nombre y el apellido (por separado) del paciente como repetidores, sea Junior o no.

Si el banco de engramas está en blanco en una frase, probablemente no esté en blanco en una palabra común. Cualquier diccionario *pequeño* proporcionará amplio material para la técnica de la palabra suelta. Usa también cualquier lista de nombres comunes, femeninos y masculinos, y podrás descubrir aliados o amantes que de otra manera no se contactarían.

El engrama de emoción dolorosa a veces cede lentamente solo con dirigir la tira somática hacia él. A veces al paciente se le hace difícil acercarse a un área sobrecargada. La técnica de la palabra suelta, usando el nombre del aliado, si este se conoce, o palabras de compasión, cariño, muerte, rechazo o despedida, y el sobrenombre cariñoso que tenía el paciente cuando era niño, especialmente, a menudo dará rápidos resultados.

Por cierto, al usar la Técnica Repetitiva, ya sea de palabra o de frase, el auditor no *debe* agitar demasiado el caso. Toma lo que se presente y reduce eso. Reduce el somático que la persona manifiesta cuando entra en reverie y trata siempre durante un rato de encontrarlo, aun cuando no tengas éxito. Si al bajar por una cadena agitas algo que no se puede reducir, anótalo para reducirlo cuando hayas alcanzado el básico.

Al usar la técnica de la palabra suelta, a menudo se obtienen frases que de otra manera habrían permanecido ocultas, pero que saltan a la vista cuando se toca la palabra precisa. Al usar como palabra suelta "oír", por ejemplo, salieron a la luz otras frases que habían impedido enteramente el progreso de un caso. No se estaba haciendo ningún esfuerzo por contactar uno de estos engramas en el área prenatal. En realidad, nunca se había sospechado de la cadena de "peleas", dado que el paciente nunca la había dramatizado; y como existía una cadena prenatal de peleas tan violentas, el hecho de que sus padres se pelearan violentamente en su hogar se había eliminado completamente de los bancos estándar de forma que el paciente habría negado tal cosa con sorpresa e indignación si se le hubiera sugerido. El somático era excepcionalmente grave, causado por el padre arrodillado sobre la madre y estrangulándola.

El paciente repitió varias veces "hay", el auditor le pidió que retornara a un incidente que contuviera esa palabra. El paciente continuó repitiéndola y de pronto cayó en un sopor cuando alcanzó el área prenatal. Permaneció en este boil-off durante unos treinta minutos, y luego, mientras el auditor lo animaba ocasionalmente para hacerle repetir la palabra "hay", manifestó un fuerte somático. "Hay" se transformó en "¡Quédate ahí!". El somático se hizo más fuerte y "Quédate ahí" se repitió hasta que el paciente pudo moverse libremente por la línea temporal a través del engrama. Contactó con la voz de su padre y se mostró muy reacio a continuar con el engrama, debido a su intensa violencia emocional. Engatusado y persuadido por el auditor a entrar en él, relató el engrama.

PADRE: "¡Quédate ahí! ¡Quédate ahí abajo, maldita, perra! Te voy a matar esta vez. Dije que lo haría y lo voy a hacer. ¡Toma!". *(Somático intensificado cuando su rodilla se encajó en el abdomen de la madre).* "Más te vale empezar a gritar. ¡Anda, grita y pide misericordia! ¿Por qué no te desquicias y lloras? No te preocupes, lo harás. ¡Estarás llorando y berreando, pidiendo misericordia a gritos! Cuanto más fuerte grites, peor va a ser. ¡Eso es lo que quiero oír! Así que no tengo valor ni mérito, ¿verdad? ¡Tú eres la que no tienes valor ni mérito! ¡Podría terminar contigo aquí mismo, pero no lo voy a hacer!". *(De pronto, el auditor tiene problemas porque el paciente toma literalmente la última frase, y deja de relatar; el auditor lo vuelve a poner en marcha).* "Esto solo es una muestra. ¡Hay mucho más ahí de donde vino! ¡Espero que te duela! ¡Espero que te haga llorar! ¡Dile una palabra de esto a alguien y te mato de verdad!". *(El paciente ahora está recorriendo con tal impulso emocional, que las órdenes tienen menos acción sobre él. Desobedece esta orden de quedarse callado).* "¡Te voy a partir la cara! ¡Tú no sabes lo que es una buena paliza!". *(El somático disminuye al retirarse la rodilla).* "¡Ya sé lo que voy a hacerte ahora! ¡Te voy a castigar! ¡Te voy a castigar y Dios te va castigar! ¡Te voy a violar! ¡Te la voy a meter y te voy a desgarrar! ¡Cuando yo te diga que hagas algo, lo tienes que hacer! ¡Súbete a la cama! ¡Échate! ¡Quédate quieta!". *(Crujir de huesos cuando la golpea en la cara con el puño. La presión sanguínea sube y lastima al bebé).* "¡Quédate quieta! ¡Te vas a quedar aquí para siempre! ¡Voy a terminar esto! ¡Eres impura! ¡Eres sucia y enfermiza! ¡Dios te ha castigado y ahora yo te voy a castigar!". *(Empieza el somático del coito, muy violento, lastimando más a la criatura).* "Tienes algo terrible en tu pasado. ¡Crees que tienes que ser mezquina conmigo! ¡Tratas de hacerme sentir como si no fuera nada! ¡Tú sí que no eres nada! ¡Toma, toma!". *(Serie de banalidades sexuales proferidas a gritos durante unos cinco minutos).*

El paciente relató esto tres veces y se borró. ¡Era el básico-básico! Tres días después de la concepción, con tanta proximidad como se pudo determinar por los días posteriores hasta la falta del periodo. Puso a la vista casi todos los demás datos importantes del caso, que entonces se resolvió y se llevó a Clear*.

La palabra suelta podría haber llevado al paciente a otro de los "hay" en el caso. En este caso sería necesario recogerla en su momento más temprano, o el resto del engrama podría no borrarse ni reducirse.

La palabra "hay" podría haber colocado al paciente en un lugar más reciente en la línea temporal, en cuyo caso habría sido necesario rastrear los engramas hacia una época más temprana, hasta encontrar uno que se borrara, reduciendo cada uno según se fuera encontrando hasta alcanzar el más temprano, en cuyo momento se borrarían todos.

Al usar la repetición de la palabra suelta igual que en la repetición de frases, el auditor no debe permitir una repetición rápida y sin sentido, sino una repetición lenta, pidiendo a la tira somática que retorne y al paciente que haga contacto con cualquier cosa que pudiera asociarse con la palabra.

ADVERTENCIA: Si el paciente no se mueve en la línea temporal, no le des palabras ni frases repetitivas al azar, porque estas amontonarán engramas en el sitio en que está atorado el paciente. Esfuérzate solo para que el paciente se mueva por la línea temporal, descubriendo y reduciendo la frase que le retiene.

ADVERTENCIA: El básico-básico no siempre contiene palabras, a menudo es solo dolor acompañado de los sonidos de la matriz. Sin embargo, mantendrá todo en su sitio por las percepciones que contiene.

---

* A propósito de este texto, la "cadena de las peleas" se cruzó con la "cadena del coito", ocluyendo ambas. De dónde se originó este engrama o de dónde vinieron los engramas que la compusieron, por supuesto, pertenece al pasado. Esta era la conducta casera de papá, un carácter que queda confirmado por el hecho de que tanto la esposa como el hijo estaban casi psicóticos. El padre no estaba "psicótico". Era un hombre "audaz, vigoroso" y "franco", presidente de un banco y conocido por su testarudez. El hijo era un borracho, ateo declarado y sermoneador, que renegaba de todo lo que representaba su padre, incluyendo el dinero. El hijo, mientras estaba todavía en la terapia, incautamente le habló a su padre de este engrama y el padre rabió en contra de Dianetics durante dos días y se puso enfermo de "fiebre reumática"; en este estado mandó llamar al auditor para que lo llevara a Clear, cosa que hizo. Ambos casos eran cierres sónicos, de dolor y emoción.

CLASES ESPECIALES DE ÓRDENES

Hay varias clases distintas de órdenes. Se esbozan aquí para referencia rápida, con algunos ejemplos de cada una.

Las órdenes *aberrativas* pueden contener cualquier cosa. El auditor no se ocupa mucho de ellas. Recordemos a nuestro joven de la chaqueta en el Libro Dos, y encontraremos ahí, a modo de órdenes hipnóticas, alguna idea de lo que son las órdenes aberrativas. "Soy un pájaro jub-jub", "No puedo silbar Dixie", "Todo el mundo está contra mí", "Detesto a los policías", "Soy la persona más fea del mundo", "Tú no tienes pies", "El Señor me va a castigar", "Siempre tengo que jugar con mi cosa", pueden ser frases muy interesantes para el paciente e incluso divertidas para el auditor, y pueden haber causado una considerable cantidad de problemas en la vida del paciente. En cuanto a la terapia de Dianetics, todas ellas surgen a su debido tiempo. Buscar una aberración específica o un somático determinado, a veces puede ser de interés y en ocasiones de alguna utilidad, pero generalmente no es importante. Estas órdenes aberrativas pueden contener datos suficientes para hacer del paciente un furioso fanático, un paranoico o un bagre, pero no significan nada para el auditor. Aparecen a su debido momento. Trabajar en ellos o en torno a ellos es de importancia secundaria y menor.

El asunto primordial para el auditor en cualquier caso es mantener al paciente moviéndose por la línea temporal, conservar su tira somática libre para ir y venir, y *reducir engramas*. En el momento en que el paciente actúa o responde como si no se estuviera moviendo, o en cuanto el archivista no quiere entregar datos, es que algo anda mal y ese algo tiene que ver con unas cuantas clases de frases: hay miles de estas frases en los engramas, formuladas de diversas maneras, pero solo existen cinco clases:

NEGADORES

"Déjame solo" significa literalmente que debe dejar el incidente solo.

"No podría decir" significa que no te puede decir este engrama.

"Es difícil decirlo" quiere decir que es *difícil* decirlo.

"No quiero saberlo" que no tiene deseos de saber de este engrama.

"Olvídalo" es el clásico de una subclase de negadores, el mecanismo olvidador. Cuando el engrama simplemente no sale a la vista, pero hay algún somático o una contracción muscular, envía la tira somática hacia el negador. A menudo es "Olvídalo" o "No lo puedo recordar" como parte del engrama. "No sé qué está pasando" puede ser mamá diciéndole algo a papá, pero el analizador del preclear, afectado, no sabe entonces qué está pasando.

"Está más allá" significa que él está ahí mismo, pero él piensa que no lo está.

"¡No dejes esto, es tu vida!" hace que un engrama sea "vital" para la existencia.

"No se puede alcanzar", "No puedo entrar ahí", "Nadie lo debe saber", "Es un secreto", "Si alguien lo averiguara, me moriría", "Cállate" y miles más.

RETENEDORES

El retenedor es el más común y utilizado, pues cada vez que el preclear no se puede desplazar en la línea temporal o venir al presente, está en un retenedor. Un retenedor, combinado con un negador, seguirá reteniendo: si no se puede encontrar, busca primero el negador, luego el retenedor.

"Estoy atorado" es la frase clásica.

"Lo he clavado" es otra.

"Estoy embarazada" no significa para el preclear lo que quería decir mamá cuando lo dijo. Para ella puede significar que ha concebido un hijo, pero al preclear le dice que está frenado en la línea temporal.

"No te muevas", "Quédate ahí sentado hasta que yo te diga que te muevas", "Para y piensa". (Cuando esta última frase se pronuncia al relatarla por primera vez, el auditor puede tener que hacer que continúe, pues el preclear hace exactamente eso: se para y piensa, y se pararía ahí a pensar por algún tiempo. El auditor observará esta extraña obediencia a estas tonterías literales según trabaje con un caso).

Hay miles más. De cualquier manera que las palabras se entiendan literalmente pueden detener a una persona o evitar que se mueva.

REBOTADORES

La mejor manera en que se podría demostrar un rebotador es mediante una curva. El preclear vuelve al periodo prenatal y entonces se encuentra a la edad de diez años o incluso en tiempo presente. Eso es un rebotador en acción. Él va hacia un momento más temprano en la línea temporal: le dice que vuelva.

Cuando un preclear parece no poder ir más atrás, hay un rebotador que lo expulsa de un engrama. Obtén de él un comentario sobre lo que está pasando. Toma el comentario o alguna frase que pudiera ser un rebotador y usa la Técnica Repetitiva hasta que llegue a estar otra vez sobre el engrama. Si lo contacta fácilmente, no le hará rebotar otra vez.

"¡Fuera de aquí!" es el rebotador clásico. El paciente generalmente va hacia tiempo presente.

"En este punto no puedo retroceder" puede significar que mamá ha decidido que tendrá que tener al bebé después de todo, o terminar el aborto, pero para el preclear significa que tiene que moverse por la línea temporal hacia delante o que no puede conseguir un periodo más temprano.

"Súbete ahí".

"¡Lárgate!". ("¡Evapórate!" no sería un rebotador, significaría que el preclear debería evaporarse físicamente).

"Debo irme muy, muy lejos", así que lo hace.

"Estoy ascendiendo", "Te voy a hacer volar más alto que una cometa", "Alza el bate bien alto".

Y miles más.

AGRUPADORES

El agrupador es el más detestable de todos los tipos de órdenes. Puede formularse de manera tan variada y su efecto sobre la línea temporal es tan grave que toda ella se puede hacer un ovillo, y entonces todos los incidentes parecerán estar en un mismo sitio. Esto se manifiesta tan pronto como el preclear se topa con uno de ellos. El agrupador no se descubrirá fácilmente, pero se sosegará según progrese el caso, y se puede trabajar con el caso con un agrupador en reestimulación.

"No tengo tiempo" y "Todo es lo mismo" son agrupadores clásicos.

"Todo se me viene encima a la vez" significa precisamente eso.

"Están todos juntos ahí dentro", "Enmarañado", "Enredado", "*Todo bien aquí*".

"Puedes recordar todo esto en tiempo presente" (grave error del auditor si lo usa en un paciente sugestionable, porque esto echará a perder un caso espléndidamente).

"Lo enredas todo".

"Estoy hecho un lío", "Ponlo todo ahí inmediatamente", "No hay tiempo", y miles más.

DESORIENTADORES

Este es un personaje insidioso, el desorientador. Cuando aparece en un engrama, el paciente va en direcciones equivocadas, a lugares equivocados, etc.

"Lo estás haciendo todo al revés".

"Ahora todos arriba" es un agrupador y un desorientador.

"Siempre echándomelo todo encima a mí" coloca al preclear a cierta distancia en la línea temporal y desde ahí trata de recoger engramas.

"No puedes bajar" es en parte rebotador, en parte desorientador.

"No podemos llegar al fondo de esto" lo mantiene alejado del básico-básico.

"Puedes empezar otra vez" le impide terminar de relatarlo, llevándolo al principio del engrama en vez de recorrerlo.

"No puedo pasar por eso otra vez" le impide relatarlo.

"No puedo decirte cómo empezó" hace que comience sus engramas continuamente por la mitad, y entonces no se reducirán. Hay muchas de estas frases.

"Echemos raíces" y todas las "raíces" arrastran al preclear hacia atrás por la línea temporal.

"Me estoy viniendo abajo con un resfriado" coloca al aberrado en un engrama de resfriado común. Se puede contar con que este hará que todo resfriado sea mucho peor.

"Vuelve aquí" en realidad es una *llamada de vuelta*, pero lo dirige a otra parte diferente de donde debería estar. Un paciente que alcanza el tiempo presente con dificultad y entonces empieza a retroceder, tiene un "Vuelve aquí" o un "Echa raíces".

"Abajo y fuera" no solo le desvía del tiempo presente, sino que lo mandan al fondo de la línea temporal y fuera de ella. Este es un desorientador y un descarriador al mismo tiempo.

"Por ahí no paso" es un desorientador del tipo inversor.

"No sabes si vas o vienes" es la frase clásica.

"Me he dado la vuelta completamente".

Un caso especial es el *descarriador*, que lo "lanza fuera de la vía" y le hace perder contacto con su línea temporal. Esta es una frase muy importante, pues puede dar lugar a un esquizofrénico, y siempre se encontrará algo así en la esquizofrenia. Algunas de sus frases lanzan al preclear a otras valencias que no tienen línea temporal propia; algunas simplemente eliminan el tiempo y otras le lanzan físicamente fuera del tiempo.

"No tengo tiempo" es a la vez un descarriador y un agrupador.

"Estoy fuera de mí" significa que ahora es dos personas, una al lado de la otra.

"Debo fingir que soy otro" es una frase clave para la confusión de identidades.

"Estás anclado en el pasado" y muchas más.

Hay otro caso especial de desorientador. El auditor dice que vaya a "tiempo presente" y el archivista da una frase que contiene "presente". No importa si el "presente" en la frase era un presente de Navidad; si está en el área prenatal, el preclear va ahí, ignorando lo que quiso decir el auditor.

"Lo tengo todo presente", es una frase maligna que todo lo pone en tiempo presente.

"Es un presente precioso".

Y otras. "Ahora" se confunde a veces con tiempo presente, pero no muy a menudo. El auditor no debe decir, "Ven al ahora", porque si lo hiciera, encontraría más "ahoras" de los que pudiera manejar con comodidad. "Presente" es una palabra engrámica menos usual, y por eso la usamos. "Ahora" aparece con demasiada frecuencia.

RESUMEN

Al entrar en los casos de varias personas severamente aberradas que tenían poca memoria del pasado, se descubrió que estaban completamente fuera de sus líneas temporales, habían regresado al área prenatal y estaban atoradas ahí. Por lo que a su inteligencia respecta, ellos solo tenían unos cuantos meses de pasado desde donde se hallaban hasta la concepción. Y aun así, estas personas habían conseguido funcionar de algún modo como normales.

Las cargas emocionales generalmente mantienen a la persona fuera de su línea temporal y en realidad son las únicas cosas que otorgan poder a estas órdenes engrámicas, de acuerdo con los descubrimientos actuales.

Diferencias

Hay dos axiomas sobre la función de la mente con los que el auditor debe estar familiarizado.

I. LA MENTE PERCIBE, PLANTEA Y RESUELVE PROBLEMAS RELACIONADOS CON LA SUPERVIVENCIA.

II. LA MENTE ANALÍTICA COMPUTA EN DIFERENCIAS. LA MENTE REACTIVA COMPUTA EN IDENTIDADES.

El primer axioma es de interés para el trabajo del auditor, porque con él puede establecer claramente si está confrontando o no una reacción racional. La niña de siete años que se estremece porque un hombre la besa no está computando; está reaccionando a un engrama, porque a los siete años no debería ver nada malo en un beso, ni siquiera en uno apasionado. Debe de haber existido una experiencia más temprana, posiblemente prenatal, que hizo que los hombres o los besos fueran muy malos. Toda desviación de la racionalidad óptima es útil para localizar engramas, todos los temores irracionales y demás llevan el agua al molino del auditor. Con la ley anterior, el auditor debe estudiar también la Ecuación de la Solución Óptima. Toda desviación de lo óptimo es sospechosa. Aunque a él le importan poco las aberraciones, a veces un caso se detendrá o parecerá no tener engramas. Entonces puede observar la conducta de su paciente y sus reacciones a la vida a fin de conseguir datos.

La segunda ley es la contribución de Dianetics a la *lógica*. Esto se ha detallado más ampliamente en el texto filosófico. El péndulo de Aristóteles y su lógica de dos valores se abandonaron, no por antipatía hacia Aristóteles, sino porque se necesitaban criterios más amplios. Uno de estos criterios fue el principio del espectro, mediante el cual se usaban gradaciones del cero al infinito y del infinito al infinito, y los Absolutos se consideraron totalmente inobtenibles para propósitos científicos.

En el segundo axioma, se puede concebir que la mente reconoce diferencias de forma muy amplia y exacta en su máximo acercamiento a la racionalidad completa, y luego, según se retira de la racionalidad, percibe cada vez menos diferencias, hasta que finalmente consigue estar muy cerca de la total incapacidad para computar diferencia alguna de tiempo, espacio o pensamiento, pudiendo considerarse entonces completamente demente. Cuando esto se aplica a un solo pensamiento, a una declaración tan amplia como "Todos los gatos son iguales", es una característica o bien de descuido o de demencia, porque no todos los gatos son iguales, ni siquiera dos gatos que se parezcan, actúen y suenen igual. Uno podría decir: "Los gatos son bastante parecidos", y seguir manejando todavía un pensamiento bastante irracional. O bien, podría reconocer que existía la especie *Felis domesticus*, pero que dentro de esa especie los gatos son definitivamente diferentes, no solo de raza a raza, sino de gato a gato. Eso sería racionalidad, no porque se hubiera empleado el latín, sino porque podría apreciar la diferencia entre los gatos. El temor a los gatos tiene su fuente en un engrama que por lo general no incluye más que un gato y que es un gato muy específico de una raza específica con una cierta (o quizá incierta) personalidad. El preclear que tiene miedo de todos los gatos, en realidad tiene miedo de un solo gato, que muy probablemente ya esté muerto hace años. Así que mientras oscilamos desde la completa racionalidad a la irracionalidad, hay una disminución de las diferencias, hasta que estas casi desaparecen y se transforman en similitudes e identidades.

El silogismo aristotélico, de que dos cosas iguales a la misma cosa son iguales entre sí, simplemente no empieza a funcionar en la lógica. La lógica no es aritmética, que es una cosa artificial que el hombre inventó y que funciona. Para manejar un problema en lógica, la mente revolotea a través de una enorme masa de datos y computa con docenas e incluso cientos de variables. No piensa, ni jamás pensó, basándose en que dos cosas iguales a la misma cosa sean iguales entre sí (excepto cuando emplea las matemáticas que ella había concebido: lo mejor para resolver problemas abstractos). Es una verdad abstracta que dos y dos es igual a cuatro. ¿Dos de qué y dos de qué son igual a cuatro? No se ha construido ninguna balanza, ningún patrón, calibrador o microscopio que justifique, por ejemplo, la autenticidad de que dos manzanas más dos manzanas es *igual* a cuatro manzanas. Dos manzanas y dos manzanas son cuatro manzanas ahora, si son las mismas manzanas. No serían iguales a otras cuatro manzanas por ningún proceso de crecimiento o manufacturación que jamás se haya imaginado. El hombre se contenta con llegar a aproximaciones, y, a la ligera, las llama exactitudes. Nada es absoluto, excepto en términos abstractos establecidos por la mente para resolver problemas externos y conseguir aproximaciones. Esta parece ser una concepción un tanto forzada, pero no lo es. El matemático se da cuenta muy bien de que está trabajando con aproximaciones digitales y analógicas establecidas en sistemas que no necesariamente estaban aquí antes de que viniera el hombre, y que no necesariamente estarán aquí después de que se haya ido. La lógica, aun la simple lógica de cavilar sobre la conveniencia de ir de compras a las diez, está manejando numerosas variables, cantidades indefinidas y aproximaciones. Se pueden inventar Matemáticas a carretadas. No hay ningún absoluto en realidad, solo una aproximación cercana. Nuestros gramáticos por sí solos, muy atrasados en los tiempos, quizá en recuerdo del metafísico, insisten en la Realidad y Verdad Absolutas.

Se anota esto aquí, en parte, porque tal vez pueda ser de interés para algunos, pero principalmente porque el auditor debe darse cuenta de que tiene una vara exacta de medición para la cordura. *La cordura es la capacidad de apreciar diferencias.* Cuanto mejor pueda uno apreciar diferencias, no importa lo mínimas que sean, y conocer la amplitud de esas diferencias, más racional es. *Cuanto menos se puedan distinguir las diferencias y cuanto más se acerque uno a pensar en identidades (A=A), menos cuerdo es.*

Un hombre dice: "¡No me gustan los perros!". Reconócelo, auditor: él tiene un engrama sobre uno o dos perros. Una chica dice: "¡Todos los hombres son iguales!". Reconócelo, auditor, aquí tienes una *verdadera* aberrada. "¡Las montañas son tan terribles!". "¡Los joyeros nunca llegan a ninguna parte!". "¡Detesto a las mujeres!". Reconócelos: esos son engramas a plena luz del día.

Aquellos engramas que inhiben la capacidad de diferenciar en la mente analítica son los engramas que más gravemente inhiben el pensamiento.

"No se puede apreciar la diferencia" es un engrama común. "No hay diferencia", "Ya nada va a cambiar para mí otra vez", "Toda la gente es mala", "Todos me odian". Esto es carnada para la demencia, como dicen los auditores, y pone a un hombre "camino al manicomio".

Hay otra clase de pensamiento de identidad, y es el grupo que destruye la diferenciación del tiempo. "¡No sabes cuándo sucedió!" es una frase clásica. "No sé lo tarde que es" y otras, tienen un efecto peculiar sobre la mente, pues la mente funciona según su propio cronómetro de precisión, y los engramas pueden interpretar completamente mal la lectura de la esfera. En un nivel consciente, uno no tiene problemas con el tiempo analítico. Los engramas se deslizan hacia adelante y hacia atrás en concordancia con el tiempo en que se les haga key-in o se reestimulen. Como base de la acción de hoy, puede haber un engrama de hace cuarenta años en la línea temporal, y que debería estar ahí atrás. No son tanto las observaciones sobre la diferencia de tiempo las que aberran, sino el carácter intemporal de los engramas. El tiempo es el Gran Charlatán: no cura nada, solo cambia los aspectos del entorno y la gente relacionada con un hombre. El engrama de hace diez años, con toda su emoción dolorosa, puede estar enquistado y "olvidado", pero está ahí mismo, listo para obligar a la acción, si se le reestimula hoy.

La mente reactiva funciona con un reloj de pulsera barato; la mente analítica funciona con un conjunto de cronómetros de contraste, de los que podría enorgullecerse un transatlántico. Las células piensan que ese reloj de pulsera barato es un artefacto bastante bueno; y lo era, lo era en aquellos días en que el antepasado del hombre era arrastrado por las olas y se las arregló para aferrarse a la arena.

Así, una prueba primaria de la aberración es la similitud y la identidad, la prueba primaria de la racionalidad es la diferenciación y el carácter diminuto o grande con que esta se pueda llevar a cabo.

"Todos los hombres son iguales", dice ella. ¡Y lo son! Para ella. Pobrecita. Como el tipo que la violó cuando era una niña, como su detestado padre que lo dijo.

Importancias Relativas y "Creo" y "No Puedo Creer"

El auditor se enfrentará a dos archienemigos en el "debes creerlo" y "no puedo creerlo".

La mente tiene su propio equilibrio y capacidad, y los engramas no la ayudarán más de lo que le ayudaría un 7 atorado* a una calculadora. Una de las funciones más importantes de la mente es la computación de las importancias relativas de los datos.

Por ejemplo, al descubrir y conducir la investigación sobre Dianetics, había miles de millones de datos acumulados sobre la mente durante los últimos milenios. Ahora, con un espejo retrovisor de dos metros, podemos mirar hacia atrás y ver que aquí y allá la gente había expresado opiniones o presentado hechos no evaluados que hoy son datos en algunos de los axiomas de Dianetics o partes de sus descubrimientos. Estos hechos existían en el pasado; algunos existen ahora en Dianetics, pero con una tremenda diferencia: están evaluados. La *evaluación* de los datos según su importancia fue vital antes de que la información tuviera valor alguno. El Doctor Sentencioso podría haber escrito, en 1200 d. C., que creía que los verdaderos demonios no existían en la mente; allá por 1782, se oyó decir que la Señora Doña Sofía estaba segura de que la influencia prenatal había torcido muchas vidas; en 1846, el Doctor Zamba pudo haber escrito que se le podía decir a un paciente hipnotizado que estaba loco, y que después de esto actuaría como un loco. El Doctor Sentencioso *también* podría haber dicho que eran ángeles, y no demonios, los que causaban la enfermedad mental, porque el paciente había sido

---

* (O un 5, como en el caso reciente en Harvard, donde un punto de soldadura mantuvo presionado un 5 en una computadora electrónica, para consternación de quienes dependían de esta para obtener sus respuestas).

malvado; y la Señora Doña Sofía podía haber dicho que las cataplasmas de agua de rosas curaban los "delirios"; el Doctor Zamba podría haber declarado también que los pacientes hipnotizados solo necesitaban unas cuantas sugestiones positivas más para ponerse fuertes y sanos. Resumiendo, por cada dato que se acercaba a la verdad, había miles de millones que no eran verdad. La parte que faltaba en cada dato era la evaluación científica de su importancia para la solución. La selección de unas cuantas gotas especiales de agua sacadas de un océano de gotas no especiales es imposible. El problema de descubrir datos verdaderos solo se podía resolver desechando todas las evaluaciones anteriores de la humanidad y de la mente humana, así como todos los "hechos" y opiniones de cualquier clase, y comenzar desde cero, desarrollando toda la ciencia a partir de un nuevo máximo común denominador. (Y cierto es que Dianetics no tomó prestado nada, sino que primero descubrió y organizó; solo después de que la organización estuvo completa y se hubo desarrollado una técnica, se comparó esta con la información existente).

La cuestión aquí es que la importancia monótona dada a una clase de hechos no conduce sino a la más desordenada confusión. Aquí está la evaluación: las opiniones no son nada, la autoridad es inútil, los datos son secundarios: el establecimiento de la importancia relativa es la clave. Teniendo el mundo y las estrellas como laboratorio, y una mente para computar la importancia relativa de lo que percibe, ningún problema puede permanecer sin solución. Dadas grandes cantidades de datos con una evaluación monótona, uno obtiene algo que puede que sea bonito pero no es útil.

La mirada atónita de los alféreces recién graduados de la armada cuando ven por primera vez en la realidad lo que han leído tan laboriosamente, no es solo evidencia del sistema educativo tan deficiente que se emplea en la actualidad. El sistema trata de entrenar algo que es perfecto: la memoria; se alinea poco o nada con el propósito o el uso e ignora la necesidad de evaluación personal de todos los datos, tanto en su necesidad como en su uso. Esa mirada atónita viene del aplastante reconocimiento de que mientras se posean miles de datos sobre lo que se está viendo, no se sabrá si es más importante leer el cronómetro cuando toman una altura con el sextante o solo usar tinta azul cuando se escribe en el cuaderno de bitácora. A estos caballeros se les ha perjudicado educacionalmente, no porque no se les hayan dado miles de datos relativos a los barcos, sino porque no se les ha hablado de la importancia relativa de cada dato y no han experimentado esa importancia. Conocen más hechos que los menos instruidos, pero saben menos respecto a la relación factual.

Más pertinente para el auditor es que hay dos tipos de órdenes engrámicas que dan una evaluación monocorde a los datos. Las personas que tengan cualquiera de estas órdenes como contenido principal en el banco de engramas estarán aberradas similarmente, aun cuando cada una manifieste la aberración con polaridad opuesta.

De vez en cuando, un auditor desafortunado encuentra en sus manos un "No puedo creerlo". Este caso es sumamente exasperante. Bajo este mismo encabezamiento llegan casos de "Lo dudo", "No puedo estar seguro" y "No sé".

Un caso así es fácil de reconocer, porque cuando llega por vez primera a la terapia empieza a dudar de Dianetics, del auditor, de sí mismo, de los muebles y de la virginidad de su madre. El dudador crónico no es un caso fácil, pues no puede creer sus propios datos. El analizador tiene un juez incorporado que recibe datos, los sopesa y juzga que son correctos, equivocados o dudosos. El dudador engrámico tiene un "7 atorado", de manera que debe dudarlo todo, algo muy distinto a juzgar. Se le reta a que dude. Debe dudar. Si dudar es divino, entonces el dios sin duda es Moloch. Duda sin inspeccionar, inspecciona la evidencia más precisa y sigue dudando.

El auditor retornará a este paciente a un somático que le arrancará la mitad de la cabeza, que está confirmado por las cicatrices, por la aberración, y del cual duda como incidente.

La forma de manejar este caso es tomar sus frases preferidas y dárselas en reverie o fuera de este, con Técnica Repetitiva. Hazle repasarlas una y otra vez, enviando su tira somática de vuelta a ellas. En poco tiempo tendrá lugar una liberación de la frase. Dale al paciente todas las frases de duda que haya usado de este modo. Luego continúa con el caso. El objeto no es hacer de él un crédulo, sino colocarlo en una situación en la que pueda evaluar sus propios datos. No discutas con él sobre Dianetics: no tiene sentido discutir contra engramas, pues estos mismos no tienen sentido.

En diez o veinte horas de terapia, uno de estos pacientes empezará a encarar la realidad lo suficiente como para que ya no dude de si el Sol brilla, dude del auditor o dude de si ha tenido un pasado de algún tipo. Solo es difícil porque requiere de estas horas extra de trabajo. Por lo general, por cierto, está muy aberrado.

El "No puedo creerlo" encuentra dificultades en la evaluación, pues le es difícil dar crédito a cualquier hecho más que a cualquier otro hecho. Esto produce incapacidad para computar las importancias relativas entre los datos, con el resultado de que puede estar tan preocupado por el tono del color de la corbata de su jefe, como por el matrimonio que está a punto de contraer. Similarmente, el caso de "Debes creerlo" encuentra dificultades para diferenciar entre las importancias de diversos datos, y puede aferrarse con igual firmeza a la idea de que el papel se hace de los árboles como a la de que van a despedirlo. Ambos casos se "preocupan", lo que quiere decir que son incapaces de computar bien.

La computación racional depende de la computación *personal* de las importancias relativas de diversos datos. La "computación" reactiva solo maneja la ecuación de que objetos o acontecimientos ampliamente diferentes son similares o iguales. Lo primero es cordura, lo segundo es demencia.

El caso de "Debes creerlo" presentará un banco reactivo confuso, porque el banco tiene las diferencias más inverosímiles como las similitudes más estrechas. La orden engrámica "Debes creerlo" puede dictar que se debe creer a una persona, una clase de personas, o a todo el mundo, sin importar lo que se escriba o se diga. Al retornar al paciente, el auditor encontrará serias aberraciones que se mantienen en su lugar por un candado que solo contiene conversación.

Cuando el padre es la fuente real y es un aliado del paciente, el auditor descubrirá que casi todo lo que el padre dijo era aceptado *literalmente* y sin dudarlo por su hijo. El padre pudo no haberse dado cuenta de haber establecido esta condición de "Debes creerlo" e incluso haber sido un hombre jocoso, dado a las bromas. Cada broma será aceptada literalmente, a menos que el padre la haya etiquetado cuidadosamente como broma, lo que significaría que no debía aceptarse literalmente. Tenemos a mano el expediente de un caso en el que el padre era el origen del "Debes creer". Un día el padre llevó a su hija de tres años de edad a la costa, y a través de la niebla señaló el faro. El faro tenía un aspecto fantasmagórico en la noche cargada de niebla. "Ese es el lugar del Sr. Billingsly", dijo el padre, queriendo decir que el farero, Sr. Billingsly, vivía allí. La niña asintió fielmente, aunque un poco asustada, porque el "Sr. Billingsly" tenía suelta a su alrededor una gran melena de cabello (sombras), miraba de forma penetrante hacia el mar con un ojo que barría las aguas y tenía una estatura de más de treinta metros, y el "Sr. Billingsly" lanzaba gemidos que sonaban muy despiadados. Su "lugar" era un saliente de roca. Siendo preclear, veinte años después, se descubrió que la hija tenía miedo de cualquier sonido bajo y gimiente. El auditor rastreó pacientemente la fuente y encontró, muy para su satisfacción y la de la hija, al "Sr. Billingsly". Se descubrieron grandes cantidades de aberración, conceptos raros e inclinaciones extrañas derivadas de declaraciones despreocupadas hechas por el padre. Siendo diestro en su tarea, el auditor no se molestó en tratar de localizar y borrar todo lo que el padre había dicho (tarea que le hubiera llevado años y años); en cambio, localizó el prenatal "tienes que creerme" y sus candados engrámicos, y por supuesto, todos los candados no-engrámicos desaparecieron y fueron automáticamente reevaluados como datos de experiencias, en vez de "sietes atorados". Por supuesto, un caso siempre tiene mal muchas otras cosas más que un simple "debes creerme", pero el cambio de punto de vista que la paciente experimentó inmediatamente después fue asombroso: ahora tenía la libertad de evaluar los datos de su padre, cosa que antes no había tenido.

Como enseñan en términos de altura* y Autoridad, las instituciones educacionales forman en sí una aberración de "Debes creerlo" de orden social. No es posible reducir toda una educación universitaria, aun

---

* Con *altura* se hace referencia a la diferencia en el nivel de prestigio; alguien con mayor altura transmite convicción a otro con menor altura, simplemente debido a esa altura. El auditor puede verse incapaz de conseguir suficiente *altura* con respecto a algunos pacientes como para trabajar con soltura con ellos, y puede tener tanta altura con respecto a otros que creerán todo lo que diga. Cuando tiene demasiada poca altura, no se le cree; cuando tiene excesiva altura, se le cree demasiado.

cuando a veces parezca deseable, pero abordando los momentos en que se apabulló al paciente hasta obligarlo a que *creyera* o aceptara la escuela, desde la guardería en adelante, muchas mentes atiborradas de hechos se pueden hacer ágiles otra vez, lo que antes no era así; pues los hechos serán reevaluados automáticamente por la mente según sus importancias, no aceptados por evaluación monótona, como sucede en la "educación formal".

El de "No puedo creerlo" es un sujeto tan aburrido y pesado para el auditor que, después de haber terminado algunos casos, puede que se encuentre huyendo hábilmente de uno de ellos. Los casos de "No sé" y de "No puedo estar seguro" no son tan malos como el de "No puedo creerlo". Para Dianetics el caso de mayor dificultad es un paciente Junior con el nombre del padre o de la madre, que no solo tiene cierre de dolor, de emoción, de recuerdo de visión y sónico, sino también dub-in de ellos sobre una base falsa, con una fábrica de mentiras trabajando a toda máquina, que no coopera y que es un caso de "No puedo creerlo".

La evaluación monótona obstaculiza, en el caso de "No puedo creerlo", la aceptación de todos los hechos. Cualquier caso puede tener algunos "No puedo creerlos". Pero ciertos casos están tan completamente aberrados por la frase, que no solo no creen en la realidad, sino tampoco en su propia existencia.

La mente tiene un "dudador incorporado" que, no obstaculizado por engramas, rápidamente selecciona importancias y, según el peso de estas, resuelve problemas y llega a conclusiones. La mente racional aplica ella misma los datos presentados, los compara con la experiencia, evalúa su veracidad y entonces les asigna importancia relativa en el plan general. Un Clear hace esto con tal rapidez que a veces le lleva fracciones de segundo. El tiempo que necesita una persona normal, es extremadamente variable, y es más probable que las conclusiones a las que llegue tengan que ver con la opinión de otro o se asemejen a la Autoridad, en vez de salir de la experiencia personal. Ese es el efecto fundamental de la educación contemporánea que, por ningún error suyo particular y pese a todos los esfuerzos que ha hecho por liberarse, sin embargo por falta de herramientas adecuadas, se ve obligada a seguir métodos escolásticos. Estos, por contagio de la aberración, persisten contra todos los esfuerzos de educadores avanzados. Por una parte, a la persona normal se le enseña a *creer*, o de lo contrario fracasará y por otra parte, a que *no crea*, como necesidad científica. El creer y el no creer no se pueden enseñar; deben computarse personalmente. Si se pudiera comparar a la mente con un general al que su estado mayor sirviera, podría verse que tiene un G-2 que, como centro de inteligencia de combate, reúne hechos, los sopesa por importancia y formula la estimación de una situación o el valor de una conclusión. Al igual que el oficial de inteligencia fracasaría si tuviera una orden firmada de no creer nada, así fracasa la mente que tiene una orden reactiva de no creer. Sin duda, una organización militar perdería contra cualquier insignificante enemigo si tuviera, por el contrario, una orden de creerlo todo, y así un hombre fracasará si tiene un mandato de la mente reactiva de creer toda la información del mundo que le rodea.

Los engramas de *creer* y *no creer* presentan diferentes manifestaciones, y aunque no se puede decir que uno es más o menos aberrativo que el otro, sin duda el engrama de no creer, en general, parece producir el hombre menos sociable.

Por supuesto, la incredulidad tiene diversos grados. Por ejemplo, hay un engrama de incredulidad social que promueve una clase de literatura que es tan insincera como poco inteligente. La insinceridad, la vergüenza por la demostración emocional, el temor a la alabanza, pueden ser originados por otras cosas que no sean engramas de incredulidad, pero con toda seguridad se halla presente un engrama de estos en la mayoría de tales casos.

El auditor encontrará, cuando esté tratando de abrir un caso muy fuerte de "No puedo creerlo", que no se cree en la experiencia, no se cree en el auditor, no se cree en la esperanza de obtener resultados y se le pueden presentar los insultos y las discusiones más ridículas e irrazonables. El paciente se puede estar retorciendo en un verdadero nido de víboras de somáticos y aún así no creer que esté reexperimentando cosa alguna.

Es un hecho tristemente crónico que un aberrado tiene cierto juego de clichés que salen de su banco de engramas. Repetirá estos clichés para todas las ocasiones y circunstancias. A la madre, que tiene su propio banco de engramas, y al padre, que tiene el suyo, se les encontrará pronunciando el mismo tipo de declaraciones una y otra vez. Estas son dramatizaciones. Uno de los progenitores puede haber tenido un "Yo no sé" listo para preceder a todo lo que él o ella dijera, lo que constituye toda una "pila" de "No sés" en el banco de engramas que mina mucho la comprensión. De la misma manera, "¡Debes creer!" o "¡No puedes creer!" pueden "apilarse" en el banco de engramas. Una vez que uno haya oído unos cuantos engramas de un paciente, sabe que este tendrá muchísimos más engramas similares de esa fuente. Una vez que el auditor haya escuchado al personal del banco de engramas del paciente durante muy poco tiempo, sabe bastante bien que lo tendrá en muchísimos más engramas. De ahí, que cualquier frase puede estar muy repetida en el banco de engramas con somáticos diversos y percépticos que la acompañan. Si la madre tiene problemas con una presión sanguínea elevada y esta es elevada por el padre (para intensa molestia de la criatura, y hasta el grado de que a menudo produce una jaqueca posteriormente) ella bien puede decir: "No puedo creer que me trates de esta manera". Aquí, entre nosotros, debió haber sido difícil de convencer (a uno no se le puede convencer fácilmente frente al "razonamiento" engrámico), porque él la trataba de esta manera cada tres días, y cada tres días ella decía: "No puedo creerte" o "No puedo creer que me hagas esto a mí" o "No puedo creer nada de lo que me dices" o algo por el estilo.

El caso de "No puedo creer" tiende a ser bastante hostil, pues "No puedo creer" a menudo es conversación hostil. "Tienes que creerme" tiende más a ser un engrama de tipo suplicante o lloriqueante. "Cree lo que te digo, maldita sea" es, sin embargo, tan hostil como un auditor pudiera esperar.

Un auditor que se encuentra con que un caso es intensa e irrazonablemente escéptico, debe contar con una pila de "no puedo creer" en el banco de engramas. Si encuentra que un paciente es incapaz de tener una opinión propia, mas sin embargo como una veleta acepta la opinión de cualquier persona nueva, o bien cita a una Autoridad (todas las autoridades se identifican fácilmente con el padre en el banco reactivo), debe sospechar la existencia de alguna forma de "Debes creer", así como de otras cosas. Hay muchas manifestaciones de cualquiera de los casos.

El aspecto crónico en la terapia es que un "No puedo creer" sospecha tan fuertemente de sus propios datos, que continuamente los altera, y los engramas (que después de todo tienen solo un lote exacto de contenido), no se reducirán adecuadamente; el "Debes creer" toma como propio todo engrama del que oiga hablar, y eso le causa *a él* poco provecho.

Sin embargo, no supongas que ningún caso tiene un aspecto estándar. El lenguaje contiene muchas palabras y combinaciones de palabras, y no son raros los aberrados que tienen la totalidad del lenguaje básico y todos sus modismos sólidamente conectados con uno u otro somático. Los casos generalmente contienen frases de "No puedo creer" y "Debes creer" en el mismo banco. Solo cuando estas frases se apilan en exceso, la persona responde con una pauta fija. Cuando la pauta fija es de cualquier tipo de estas frases, entonces el auditor se enfrenta a un paciente que debe de haber tenido en el mejor de los casos, una vida de lo más desdichada. Pero cada caso llega a Clear. Todos llegan a Clear, hasta los Juniors.

Órdenes de Dolor Físico y Emoción Dolorosa

Aparte de la visión y del sónico, otro recuerdo vital para la terapia es el somático, es decir, el dolor físico del incidente. Recorrer un incidente físicamente doloroso sin somático no tiene valor alguno.

Si hay presente dolor físico, puede que aparezca solamente después de que se le haya hecho "boil-off" a una considerable cantidad de "inconsciencia". Si el incidente contiene dolor, pero el somático no aparece, el paciente moverá los dedos de los pies y respirará pesada y nerviosamente, o puede que tenga contracciones musculares. El mover los pies es una pista excelente de la presencia de cualquier somático, activado o no activado. La respiración pesada, los músculos contrayéndose y diversas crispaciones sin dolor denotan dos cosas: o hay un negador en el incidente y el contenido no se está contactando, o si el preclear está relatándolo, el somático puede estar cerrado en el incidente o en otra parte, ya sea más temprana mediante una orden o reciente mediante emoción dolorosa. El paciente que se menea mucho o que no lo hace en absoluto, está sufriendo un cierre de dolor o de emoción, o engramas de emoción dolorosa recientes, o ambas cosas.

Hay toda una serie de órdenes que cierran el dolor y la emoción simultáneamente; esto es porque la palabra "sentir" es homónima. Lo estándar es "No puedo sentir nada", pero la orden varía ampliamente y está expresada de muchísimas maneras. El auditor puede crear su propio cuaderno de estas expresiones al anotar las que le dan los pacientes al describir cómo se sienten, o, más bien, cómo no se sienten. "No duele" es una clase de frases que específicamente cierran el dolor, y que por supuesto incluyen cosas como "No hay ningún dolor", etc. La emoción se cierra por una clase de frases que contienen la palabra "emoción" o que específicamente (literalmente traducida) cierran la emoción.

El auditor debe mantener al día un cuaderno con todos los negadores, desorientadores, retenedores, rebotadores y agrupadores que descubra, cada uno bajo su propio apartado. De esta manera, aumenta el material que puede usar para la Técnica Repetitiva cuando ve que algo anda mal con la forma en que el paciente se mueve en la línea temporal. Pero hay otras cuatro clases de frases que también debe estudiar y anotar: *cierres, exageradores, descarriadores y fábricas de mentiras.* También puede añadirle sus clases.

Descubrirá en engramas enormes cantidades de órdenes que pueden lograr estos diversos aspectos. Y debería estar especialmente interesado en los *cierres* de dolor y emoción y en los *exageradores*, es decir, aquellas órdenes engrámicas que dan el aspecto de demasiado dolor y demasiada emoción. No hay razón para dar aquí un gran número de estas órdenes. Son muy variadas, siendo el lenguaje tal como es.

Son posibles muchas combinaciones. Se puede encontrar un paciente que llora por las cosas más triviales después de haber adquirido el habla y que, sin embargo, tenga pocos o ningún somático. Esto lo pueden causar varias cosas. Bien sea que haya tenido una madre o un padre que lloraron durante nueve meses antes de que naciera, o tiene funcionando un exagerador que le ordena que sea emotivo por todo: "Demasiada emoción". En combinación con esto, él puede tener algo que le diga que no puede sentir dolor, que no le puede doler o incluso que no puede sentir.

Un paciente que tiene dolor y sufre, pero que no puede llorar, tendría un juego inverso de órdenes: tiene una orden de "no emoción" temprano en su línea temporal, o tiene una larga cadena de ellas y, pese a ello, tiene órdenes que dictan un exceso de dolor: "No puedo soportar el dolor", "El dolor es demasiado fuerte", "Siempre siento que estoy agonizando", etc. Por otra parte, "Me siento mal" es un cierre porque dice que algo anda mal con el mecanismo con el que él siente e implica incapacidad de sentir.

Tanto el dolor como la emoción se pueden exagerar mediante órdenes. Pero es algo peculiar que el cuerpo no fabrica dolor para sentirlo. Todo dolor que se sienta es genuino, aunque sea exagerado. No existe el dolor imaginario. Una persona "imagina" únicamente el dolor que en realidad ha sentido. No puede imaginar el dolor que no haya sentido. Quizá "imagine" el dolor algún tiempo después del incidente real, pero si siente dolor, no importa lo psicótico que sea él, la existencia de ese dolor se encontrará en alguna parte de su línea temporal. Se han llevado a cabo cuidadosos experimentos científicos en Dianetics para establecer este hecho, y es un hecho valioso. Tú mismo puedes poner esto a prueba pidiéndole a pacientes que sientan diversos dolores, "imaginándolos" en tiempo presente. Sentirán dolores para ti siempre y cuando les pidas que sientan dolores que hayan tenido. En alguna parte encontrarás que el paciente es incapaz de sentir realmente el dolor que está tratando de "imaginar". Ya sea que se dé cuenta de ello o no, ha tenido dolor dondequiera que se lo "imagine", y simplemente está haciendo para ti un retorno de la tira somática a menor escala.

Este aspecto del dolor es muy interesante, pues muchos pacientes alguna que otra vez en sus vidas fingieron ante su familia o ante el mundo que tenían un dolor. El paciente pensaba, cuando pretendía este dolor "de mentira", que estaba mintiendo. En la terapia, el auditor puede usar estas "imaginaciones", pues conducen directamente a engramas de compasión y a lesiones reales. Además, estos dolores "imaginarios" generalmente se le muestran a la persona o pseudopersona que era el aliado de compasión presente en el momento engrámico. De esta manera, si un niño siempre le fingía a su abuela, y pensaba que estaba fingiendo, que tenía mal una cadera, al final se descubrirá que en alguna ocasión temprana de su vida se había lastimado esa misma cadera y había recibido compasión durante el momento engrámico que ahora está eclipsado para el analizador. A menudo los pacientes se sienten culpables por estos fingimientos. A veces, los soldados de la última guerra volvían al hogar fingiendo que habían sido heridos, y cuando estaban en terapia temían que el auditor se diera cuenta o que los delatara a su gente. Este soldado podría no haber sido herido en la guerra, pero se encontrará un engrama que contiene compasión por la lesión de la que se queja. Está pidiendo compasión mediante una historia adornada, y cree que está diciendo una mentira. Sin informarle de este descubrimiento de Dianetics, el auditor a menudo puede poner a la vista un engrama de compasión, que de lo contrario podría tener que buscarse arduamente.

"Lloricón" es una palabra contra la que el preclear renegará en un engrama, inhibiendo así las lágrimas. Es bastante común encontrar al preclear confundiéndose con hermanos y hermanas mayores que están en su vida prenatal: sus burlas, las órdenes de la madre y demás, quedan todas registradas. Si el preclear sabe de algunos niños mayores, el auditor debe buscarlos en los engramas de la vida prenatal, porque los niños son bastante activos y a menudo saltan sobre el regazo de la madre o chocan contra ella. Las frases infantiles de burla no son siempre postnatales.

Durante la investigación de Dianetics se ha dicho que, si se pudiera liberar toda la emoción dolorosa de una vida, se habría logrado un 90 por ciento del clearing. Sin embargo, la emoción dolorosa solo es una manifestación superficial de los engramas de dolor físico, y no sería dolorosa si el dolor físico no coexistiera o existiera previamente.

Cuando existen cierres de emoción y dolor en un caso, el paciente normalmente tiene sus músculos tensos y está nervioso, es dado a contracciones o a mera tensión. Cuando el dolor y la emoción se ven exagerados por órdenes, se tiene entre manos un caso que dramatiza mucho.

EL ALIADO FRENTE AL ANTAGONISTA

Es necesario que el auditor conozca la evaluación de importancias de la mente reactiva. Idiota o no, la mente reactiva hace una violenta distinción entre el amigo y el enemigo; esta es, más o menos, la única distinción que hace.

Hay una prueba principal para el aliado. Y recuerda que el aliado es parte de los engramas de compasión, las cosas con una mayor probabilidad de producir enfermedades psicosomáticas, falta de madurez y confusión a gran escala. En tanto pueda rebelarse y renegar, la mente reactiva se encarga de los enemigos hasta donde le sea posible. Por supuesto, las circunstancias pueden empujarla a la valencia del enemigo, y así causar estragos y dar rienda suelta a impulsos olvidados o reprimidos en general, si se trataba de una valencia ganadora. Pero, normalmente, no usará los datos del enemigo contenidos en un engrama contrasupervivencia, salvo para renegar contra ellos. Cuando el tono general se aproxima a la Zona 1, la mente reactiva, por supuesto, empieza a recoger y obedecer órdenes antagónicas. Así, si el padre es el villano de la obra, un antagonista, las órdenes del padre no son las órdenes que se obedecen reactivamente, sino las órdenes que el aberrado generalmente denegará o evitará.

Esto no ocurre, sin embargo, con el aliado. Al aliado, la persona de quien provino la compasión cuando el paciente estaba enfermo o lesionado, se le atiende y obedece, pues su "propósito" está aparentemente alineado con el propósito del individuo de sobrevivir. Si una cosa es correcta en cuanto a una persona, entonces, según nuestra idiota amiguita, la mente reactiva, todo acerca de esta persona es correcto, todo lo que esa persona haga y diga es correcto y es especialmente correcto, sea lo que sea que esa persona dijera en el engrama.

La enfermedad psicosomática crónica por lo general proviene de un engrama de compasión. Esto es muy importante, pues el engrama de compasión será el último o el más difícil de alcanzar, dado que está alineado con el propósito de supervivencia.

Un "Debes creer" de un aliado significa que la persona *debe* creer. Un "Debes creer" de un antagonista, normalmente conduce a una circunstancia en la que la persona *no* debe creer.

Aquí, en el aliado y el antagonista, tenemos el antiquísimo cuento del bueno y el malo, la heroína y la mala, Mazda y Ahrimán, el vaquero del sombrero blanco y el vaquero del sombrero negro. Como origen, se encuentra la trinidad hindú en el padre, la madre y el bebé nonato. Pero la guerra entre "el bien y el mal" se encuentra como datos reactivos en el banco de engramas en la forma del aliado y el antagonista.

La mejor lógica de la que es capaz la mente reactiva es la de dos valores, blanco y negro, y esta solo encuentra su respuesta en el banco reactivo.

Y la mente reactiva resuelve todos los problemas en función de absolutos, lo que lleva a monstruosidades lógicas, pues está el absoluto del bien, el absoluto del mal y el absoluto del pensamiento de identidad. Cualquier computación racional demuestra que un absoluto es imposible desde el punto de vista de la verdad o la funcionalidad; pero la mente reactiva nunca pone objeción alguna, simplemente reacciona. Reconoce a un paladín en cuanto lo ve (eso cree), y reconoce a un malo (eso supone). El aliado, el paladín, es cualquiera que tenga alguna característica del aliado; y el antagonista, el malo, es toda la gente que tenga alguna característica del antagonista. Además, cualquier cosa que se asocie con el aliado, es un paladín, y todo lo que se asocie con el antagonista es malo. Si el aliado es una tía, entonces las tías son buenas. Si el antagonista es un pintor de rótulos, entonces todos los pintores de rótulos son malos. Además, los tapetitos que la tía bordaba significan que los tapetitos son buenos y que todo bordado de encaje es bueno, y todo lo que tenga bordados de encaje es bueno y que todo lo que parezca bordado de encaje es bueno y así sucesivamente, hasta lo absurdo, lo que solo la mente reactiva puede hacer sin escrúpulo alguno. Y los rótulos que el pintor pintaba eran malos y el lugar donde están colocados es malo, la pintura es mala, el olor a pintura es malo, y las brochas y pinceles son malos, así que los cepillos son malos, así que el tocador donde están los cepillos del pelo es malo, y así sucesivamente.

Tenemos aquí un axioma que no se debe desatender cuando se está trabajando con un paciente:

CUALQUIER ENFERMEDAD PSICOSOMÁTICA CRÓNICA TIENE SU ORIGEN EN UN ENGRAMA DE COMPASIÓN.

Y otro:

UNA MENTE REACTIVA NO PERMITIRÁ QUE UN INDIVIDUO ESTÉ ABERRADO O TENGA UN MAL PSICOSOMÁTICO CRÓNICO, A MENOS QUE LA ENFERMEDAD TENGA VALOR DE SUPERVIVENCIA.

Esto no significa que el individuo tenga poder de elección analíticamente. Sí significa que la mente reactiva, trabajando silenciosamente, y hasta ahora tan bien oculta, selecciona, en función de computaciones de identidad, las condiciones físicas y mentales que se ajusten a cualquier circunstancia, aun remotamente similares a cualquier concepto en el banco de engramas.

Existe lo que se llama *nivel de necesidad*. Este se eleva y hace key-out de engramas, y puede hacer key-out del control de la mente reactiva en sí. El nivel de necesidad se eleva a menudo. El individuo puede obligarlo a elevarse analíticamente, ya sea que exista o no una causa real. Una persona puede no tener engramas sobre ir a la silla eléctrica por asesinato, y sin embargo tener un engrama sobre asesinar a la gente. El nivel de necesidad se eleva y analíticamente abruma todo impulso de matar, porque el analizador sabe todo lo concerniente a sillas eléctricas. Cuando no se puede elevar el nivel de necesidad, entonces uno está tratando con un individuo de dinámica baja. Un artista terriblemente aberrado acerca de su trabajo, debido a los amables esfuerzos de críticos atentamente cáusticos, todavía puede alzarse por sí mismo impulsado por su propia necesidad y hacer otra obra de arte, y al diablo con la tía que dijo que la dibujaba con demasiada papada en su retrato y lo hizo trizas, o al diablo con los críticos que dijeron que era demasiado nuevo y su trabajo demasiado acelerado. El nivel de necesidad se puede elevar rápidamente por encima de la mente reactiva, como dijo un sargento de marines, por "puras agallas". Un individuo con demasiados reestimuladores reales y al que la vida lo ha tratado muy rudamente, si está atrapado en la espiral descendente de los engramas reactivados, puede llegar a un punto finalmente en que ya no le sea posible permanecer bien. Si esta es su primera caída grave y la caída es profunda, aparecerá una enfermedad psicosomática que se hará más o menos crónica y, esto es importante, procederá directamente de un engrama de compasión.

Todas las enfermedades psicosomáticas llevan consigo órdenes aberrativas, aun cuando sean menos obvias, que significan que una persona que sufre de enfermedades psicosomáticas, ya sea que le agrade la idea o no, también sufre de aberración, que es parte del mismo engrama.

Si el auditor quiere encontrar los *verdaderos* retenedores, las *verdaderas* razones por las que su caso parece resistirse a ponerse bien, los *verdaderos* factores aberrativos y enfermedades, buscará el aliado o los aliados, porque cada caso puede tener muchos. Extraerá de ellos toda emoción dolorosa de pérdida o rechazo e inmediatamente buscará en el pasado los engramas subyacentes.

Recuerda también que la mente reactiva no es lo bastante lista para darse cuenta de que dos lados de la misma persona son la misma persona. De ahí, que podamos tener a Madre-el-ángel-blanco y a Madre-la-bruja-furibunda. Como el ángel blanco, se le sigue incondicionalmente; como la bruja furibunda, se reniega de ella. O se puede tener a Padre-el-benefactor y a Padre-el-asesino-de-bebés. Y así con todos los aliados. Pero solo el aliado puro, el absoluto, que jamás cambia, el que resuelto y firme detuvo la mano fría y dura de la muerte y colocó dulcemente en la mano agónica del anhelante niño la fuerte y flameante antorcha de la vida (o cuando menos dijo: "Pobre bebé, te sientes tan mal; por favor no llores"), es el modelo, el dechado, el ídolo con pies de oro y acceso libre a los dioses (este era el abuelo: bebía demasiado y hacía trampas cuando jugaba a las cartas, pero la mente reactiva no lo ve de ese modo, porque el abuelo ayudó al niño a pasar la neumonía y estaba seguro de que el niño se pondría bien: qué bien hubiera hecho no siendo tan melodramático y no habiendo hablado tanto cuando el pobre niño estaba "inconsciente").

Interroga diestramente al paciente acerca del padre y la madre; si no está muy trastornado por sus muertes (si están muertos), o si simplemente le son indiferentes, o si enseña los dientes, son antagonistas; los aliados están en otra parte. Si reacciona a su madre y a su padre de forma indiferente, enojada o propiciatoria, se puede estar seguro de que pasó una mala época entre la concepción, el nacimiento y después de este, y estate seguro, si ese es el caso, de que habrá cantidad de aliados, porque el niño los habrá buscado en cada herida y en cada rasguño o lesión. Pero no encontrarás a los aliados, normalmente, mediante simples preguntas. La mente reactiva considera que son oro puro, aun cuando los engramas en los que aparecen tengan somáticos suficientes como para arruinar a una persona de por vida. Esta esconde a los aliados. El auditor debe buscarlos mediante descarga de emoción dolorosa. La muerte, la partida o el rechazo de un aliado es sin duda un engrama de emoción dolorosa. De una manera u otra, trabajando sobre ello desde engramas más recientes de emoción dolorosa o desde engramas más tempranos de dolor físico, finalmente se descubrirá al aliado y se podrá archivar como memoria en los bancos estándar y borrarse como enfermedad del banco de engramas.

La solución de los males psicosomáticos crónicos se encuentra principalmente en el campo de engramas de compasión. Sin embargo, estos no se borrarán pronto, pues son el último bastión tras el cual se agazapa la mente reactiva observando el ataque de los antagonistas a las defensas exteriores. La emoción dolorosa por pérdida de aliados, a veces no solo encubre a los aliados, sino también a los antagonistas. El engrama de compasión no es en absoluto la única fuente del mal psicosomático, pero es la fuente del mal psicosomático *crónico*.

Por cierto, nada de esta disertación sobre aliados debe interpretarse en el sentido de que no se debe demostrar amor a un niño. Los observadores en el pasado llegaron a conclusiones cuestionables cuando pensaron que la demostración de afecto aberraba a un niño. La falta de afecto puede matarlo, pero lo contrario no es verdad. La única forma en que un aliado puede aberrar a un niño *es hablando y compadeciendo a un niño que esté muy enfermo o "inconsciente" por una lesión*. Si hace esto, está amalgamando la personalidad del niño con la suya propia, y crea la posibilidad final de enfermedad psicosomática y aberración, y en general puede incapacitar al niño de por vida (excepto con Dianetics, por supuesto). Ama al máximo a un niño y haz por él lo mejor que puedas cuando esté bien. Haz con él lo que quieras cuando esté bien, y dile lo que quieras. Cuando esté enfermo o lastimado, lo mejor que puedes hacer es, como dijo el contramaestre: "Remiéndalo y ¡cierra esa maldita boca!".

Prendas

La historia del amuleto mágico, el talismán de la suerte, la creencia en el hechizo y el largo catálogo de fetiches, los objetos y ademanes que uno conserva como recuerdos, son los "bien amados" de la mente reactiva.

No hay nada de malo en un hombre que cría llamas en la sala, o que lleva tirantes violetas y verdes, o en frotar bocas de riego para tener suerte; ni hay nada de malo en suspirar por una zapatilla robada a una dama o en fumar puritos Pittsburgh. Cualesquiera *Derechos del Hombre* deben permitir tales excentricidades. Pero el auditor puede usar estos datos para detectar información vital.

En Dianetics, el término *prenda* está definido para abarcar los objetos y hábitos que un individuo o sociedad conserva, al no saber que son extensiones de un aliado.

Mediante pensamiento de identidad hay *reestimuladores asociativos* para cada reestimulador en el entorno: aquellas cosas conectadas con el reestimulador. Estando en blanco en el tema, la mente analítica, alertada por una reacción física de que hay cerca un reestimulador de algo, recoge entonces el reestimulador asociativo, pero no escoge el reestimulador real. (En el Libro Dos, la señal que hacía al joven quitarse la chaqueta era un toque de la corbata; él no citó la corbata en su queja; lo más cerca que llegó de ello fueron la persona y la ropa del hipnotizador. Estos eran *reestimuladores asociativos*).

Un reestimulador de un engrama contrasupervivencia podría ser una luz eléctrica; el aberrado mira la sombra, la cadena del interruptor, la habitación o la persona que está bajo la luz como la fuente de la molestia, y no solo no sabe que hay presente un reestimulador, sino que supone que los objetos asociados tienen alguna maldad en sí mismos.

El reestimulador asociativo de un engrama contrasupervivencia no necesita otro nombre que ese: *reestimulador asociativo*. El dolor es la cosa, las cosas asociadas de alguna forma con la cosa son la cosa, son otras cosas, etc., es la ecuación reactiva que llena de temores y de angustia el mundo del aberrado. Deja a un niño en una habitación o lugar en donde haya sido desdichado, y puede que se ponga enfermo, pues se enfrenta a algún reestimulador, y, como mucho, él puede explicar, como adulto, sus temores en términos de cosas que no están relacionadas racionalmente con el reestimulador. Este es el mecanismo de la reestimulación engrámica.

Es de lo más terriblemente incómodo para cualquier aberrado, por mucho que lo intente, no poder decir por qué no le gusta una persona, objeto o lugar, y no poder conectar ninguno de los tres con la cosa real que es el reestimulador, y no saber que tiene un engrama respecto a eso. Este método de detectar engramas no lleva rápidamente a ninguna parte, pues uno no puede seleccionar objetos, personas o lugares y saber que son reestimuladores. Puede que solo sean reestimuladores asociativos del reestimulador real en el entorno. (Palabras contenidas en engramas, dicho sea de paso, y cualquier otro reestimulador preciso pueden "pulsar el botón" y hacer que el aberrado entre en acción o en apatía si se usan sobre él. En palabras, tiene que ser la palabra exacta; por ejemplo, pint*ado* no servirá si pint*or* está en el engrama. Lo que está pint*ado*, sin embargo, puede ser un reestimulador asociativo y el aberrado puede decir que no le gusta; que no le guste no significa que "pulsará sus botones" y que le hará toser o suspirar o enfadarse o ponerse enfermo o lo que sea que el engrama que contiene la palabra dicte que deba hacer).

La prenda es una clase de reestimulador muy especial. Aunque el auditor puede que no encuentre mucha utilidad en el reestimulador asociativo en lo que atañe a los engramas de contrasupervivencia, puede emplear la prenda como medio de detección para localizar aliados.

La prenda es cualquier objeto, práctica, o peculiaridad que uno o más aliados utilizaban. Mediante pensamiento de identidad, el aliado es supervivencia; cualquier cosa que el aliado usara o hiciera es, por lo tanto, supervivencia. La valencia del aliado es la más comúnmente empleada por el aberrado. Mientras que el Clear puede desplazarse a valencias que él mismo imagina o contempla a voluntad y conveniencia, puede salir de ellas a voluntad y puede estabilizar la suya propia a voluntad, el aberrado se desliza por ahí a valencias sin su conocimiento o consentimiento, y lo más probable es que esté en cualquier valencia menos en la suya. La persona que parece ser una persona distinta cada vez que se le encuentra, o una persona distinta para cada persona que se encuentra, con valencias especiales manifestándose aquí y otras manifestándose allá, está desplazándose a diversas valencias ganadoras; si se le interfiere en sus desplazamientos, entra en valencias secundarias; si se le fuerza a entrar en su propia valencia, se pone enferma. Se entiende, por supuesto, que todas las valencias manifiestan algo de él mismo.

Desplazarse a valencias del aliado es la práctica fundamental del aberrado. Como más cómodo se sentirá es cuando su propia valencia esté empañada en cierta medida por alguna valencia de aliado. Mientras que el aliado o el pseudoaliado no estén disponibles, el aberrado se recuerda a sí mismo la valencia del aliado con las prendas. Estas prendas son las cosas que el aliado poseía, practicaba o hacía.

Un aberrado a menudo se asociará inextricablemente con un pseudoaliado, como en el matrimonio, y luego hará el sorprendente descubrimiento de que no está emparejado con la conducta óptima del aliado. (Mamá era un aliado; mamá hacía pan. La mujer es una pseudomadre, aunque ni él ni ella lo saben; la mujer no hace pan. Mamá reprobaba el carmín; la mujer usa carmín. Mamá lo dejaba hacer lo que él quería; la mujer tiene una actitud mandona. La mujer es una pseudomadre únicamente porque tiene tonos de voz similares). El aberrado, entonces, reactiva e inadvertidamente, intenta llevar a la mujer o a la pareja a la valencia del aliado dando por hecho que el momento del engrama de compasión es el tiempo presente (un desplazamiento mecánico causado únicamente por la reestimulación del engrama de compasión debido a los tonos de voz o algo así) y procede a manifestar el fantasma de la enfermedad, lesión u operación engrámicas como enfermedad psicosomática. La computación de la mente reactiva es simple (exactamente igual que Simón Simplón), uno obliga a que el aliado exista manifestando el somático del que se compadecía el aliado. Esto también puede ser un esfuerzo para convertir a la pareja, en quien la mente reactiva piensa que ha encontrado un amigo-enemigo ambivalente, en la valencia de compasión. La mujer es cruel. Mamá fue cruel hasta la lesión, después fue agradable. Manifiesta la herida como una enfermedad psicosomática crónica y la mujer será agradable. En realidad, la mujer no es más agradable, así que la computación se hace más fuerte, la enfermedad se hace más fuerte, y allá vamos, hacia la confusa espiral descendente. La enfermedad psicosomática también es una negación de peligrosidad, un alegato de desamparo; una sombra del fingimiento de la zarigüeya, parálisis por el miedo: "No soy una amenaza para ti. ¡Estoy enfermo!".

El aberrado entra en su propia valencia de la época del engrama de compasión en busca de compasión, y su negación de su propia peligrosidad. La valencia de él mismo, por supuesto, se ve complicada por la etiqueta de edad y el somático del engrama en el que era inmaduro y no estaba bien.

Asimismo, la enfermedad psicosomática es también una prenda, es decir, un recordatorio de una vez en la que tuvo amor y atenciones y se le dijo esto. Él lo necesita tanto como necesita que le tiren una bomba atómica, por supuesto, pero esto es "supervivencia" buena, firme de la mente reactiva, y la mente reactiva se las va a arreglar para que él pueda sobrevivir, aunque eso lo mate.

Todo esto es mecánico y realmente es mera reestimulación de un engrama, pero se comprende mejor como una computación de orden inferior.

En ausencia de un aliado, e incluso en presencia del aliado, él usa la mímica reactiva. La mímica consciente es una forma maravillosa de aprender. La mímica reactiva es lo que más desvirtúa la personalidad. Reactivamente, él una vez tuvo un aliado, e imita al aliado. Conscientemente, puede que ni siquiera recuerde al aliado o los hábitos del aliado.

El aliado, recuérdalo, es alguien que ha entrado en el mundo interior de la mente cuando el analizador estaba desconectado por enfermedad o lesión o una operación, y proporcionó compasión o protección. El aliado es parte del engrama de compasión. Si un niño tuviera abuelos a quienes quisiera, y tuviera la suficiente fortuna de no estar enfermo cerca de ellos o de que no le hablaran de forma compasiva cuando estuviera enfermo o lesionado, todavía querría mucho a los abuelos. En Dianetics, un aliado es solo alguien que ha ofrecido compasión o protección en un engrama. No es necesario que tengamos engramas para que se nos ame o para amar; todo lo contrario, a uno se le ama mejor y ama más sin engramas.

La prenda se aplica, en Dianetics, únicamente al aliado y es un objeto, costumbre o peculiaridad similar a un objeto, costumbre o peculiaridad del aliado.

El aliado fumaba puritos Pittsburgh, así que el aberrado puede que fume puritos Pittsburgh, no importa lo que supongan para su garganta o su mujer. El aliado llevaba sombrero de montar a caballo; a la dama aberrada le encanta llevar ropas de montar, pero nunca ha montado a caballo. La aliada tejía; el aberrado se especializa en llevar prendas tejidas, o una dama por lo menos finge tejer y a veces se pregunta por qué se dedicó a ello si se le da tan mal. El aliado blasfemaba; el aberrado utiliza las mismas blasfemias. El aliado se limpiaba la nariz en la manga y se hurgaba la nariz; el aberrado se limpia la nariz en un esmoquin y juguetea con sus orificios nasales.

La prenda puede ser un recordatorio de un aliado puro o puede ser un recordatorio del lado amigo de un amigo-enemigo ambivalente. Y puede ser una valencia ganadora que también era ambivalente hacia el aberrado. La prenda nunca es un reestimulador asociativo en el sentido de que recuerda a algún antagonista, pues a los reestimuladores asociativos se les aborrece.

La prenda más crónica, el hábito, costumbre o peculiaridad más constante del preclear es una flecha directa al aliado puro. Y al aliado puro es al que la mente reactiva protegerá en el nivel más alto de la asediada torre del calabozo. Y ese es el objetivo del auditor. Puede que tenga que aliviar la mayor parte del banco de engramas antes de que pueda borrar el engrama que es más probable que aberre al individuo, lo cargue de extrañas costumbres y lo ponga crónicamente enfermo.

Observa a tu preclear y ve lo que hace y dice que es extraño a su personalidad; cosas que hace, pero que no parece disfrutar mucho. Ve lo que usa y cuáles son sus peculiaridades. Entre esta colección, tú puedes, haciendo preguntas discretas, estimular dentro de su memoria un aliado del cual se había olvidado y, estimulando así, llegar rápidamente al engrama de compasión en el que está contenido ese aliado; o intentar llegar a una descarga emocional, al engrama de emoción dolorosa de la pérdida de ese aliado, a su enfermedad o a incidentes respecto a él.

Otra prenda muy especial, es la que procede de una orden del tipo "morirás si no lo haces". Los padres, por ejemplo, recelosos de la paternidad, exclaman a veces, mientras golpean o trastornan a las madres, que matarán a la criatura si no es igual que papá. Este es un tipo de prenda muy desafortunada, además de ser, normalmente, un grave engrama; puede llegar hasta el punto de remodelar la estructura corporal, de hacer que las narices sean largas o que falte cabello; puede empujar a un aberrado a una profesión que no le gusta, y todo a causa de la orden engrámica de que él debe ser como el padre. Como este tipo de orden se da usualmente antes del nacimiento, está a menudo dirigida, sin saberlo, a una chica; los padres, generalmente, no están dotados de clarividencia. En tal caso, esto llevará consigo un cambio estructural de lo más notable en una mujer y ocasionará algunas peculiaridades anormales, "ambiciones" (como un perro al que se azota si no va en busca del pato) y costumbres que, como poco, son asombrosas. El padre, después del nacimiento, para llevar a cabo la reactivación de tal engrama, debe ser bastante ambivalente, de modo que el cómputo amigo-enemigo llegue a existir. No ser como papá es morir: para forzar a papá a entrar en su mismo engrama de compasión, la mente reactiva debe manifestar la prenda de la enfermedad. La prenda y el parecido son la respuesta a tal computación. Y recuerda: todas esas computaciones no son sencillas, pero se hacen más complejas con la adición de docenas de otras computaciones engrámicas.

El amigo-enemigo es bastante fácil de encontrar como un enemigo, no demasiado difícil de encontrar como un amigo. La técnica estándar, con su Técnica Repetitiva y de retorno *et al.*, al final localizarían por sí mismos cualquier engrama y borrarían el banco, de modo que se rearchivara adecuadamente. El uso de la prenda facilita la auditación.

En el caso del aliado puro, el paladín de la verdad, la técnica estándar también llega ahí al final. Pero, ¡cómo allana el camino algunas veces el uso de la prenda! Pues la prenda puede ser tan alarmantemente extraña como un elefante en una jaula de pájaro. Hace falta un aliado *real* para mantener algunas de estas extrañas costumbres por ahí.

Compara al preclear con su entorno, educación, sociedad y profesión. Observa qué no parece encajar entre las cosas que usa, los objetos que adora y las peculiaridades que sus amigos encuentran tan extrañas. Luego averigua si él o su cónyuge sabían de alguien que hiciera esas cosas o a quién le gustaban esas cosas.

No supongas debido a todo esto que nuestro Clear ha desechado toda peculiaridad extraña. El autodeterminismo es individualidad en extremo; la personalidad es inherente y, revelada por medio del clearing, emerge muy por encima del aberrado. Los engramas comprimen a un hombre y lo hacen pequeño y asustadizo. Liberado, su poder entra en juego. El engrama de compasión es para un hombre como una muleta cuando tiene dos robustas piernas. Pero oh, el preclear solloza cuando pierde al viejo tío Goston, cuya costumbre de escupir en el suelo, al ser trasplantada, tanto asombraba a los amigos y socios de negocios de nuestro preclear. Pero el pesar es breve, normalmente la media hora que lleva recorrer completamente el engrama de compasión. De repente el preclear recuerda al tío Goston, recuerda mil cosas que el tío Goston y él solían hacer, puesto que el engrama tenía al tío Goston ocluido y fuera de la vista del "yo", perdido entre todas esas cosas. Aunque podría haber dicho en el engrama: "Muy bien, vamos, vamos, vamos, vamos, Billy. Yo cuidaré de ti. No te fuerces tanto. Estarás bien. Vamos, vamos, vamos. Pobrecito. Pobrecito. Vaya terrible sarpullido que tienes. Qué agitado estás. Vamos, vamos, vamos, Billy. Estarás bien mientras yo esté aquí. Yo cuidaré de mi Billy. Ahora duérmete. Duérmete y olvídalo". Y Billy estaba "inconsciente" todo el tiempo y nunca lo "supo". Después tuvo un socio que se parecía al tío Goston (pero que resultó ser un idiota), y cuando se arruinó contrajo de algún modo un sarpullido y una tos crónica, y se puso muy "febril" acerca de los asuntos de sus negocios. Se aficionó a escupir en el suelo, sin importarle dónde estuviera y su salud empeoró, y él empeoró, pero si le hubieras preguntado sobre algunos tíos antes de que entrara en terapia, él habría sido muy vago.

"Dame una respuesta relámpago", dice el auditor. "¿Quién solía escupir en el suelo?".

"El tío Goston", contesta el preclear. "Vaya, eso es divertido (carraspea, escupe), no había pensado en él durante años. Sin embargo, nunca estaba mucho tiempo cerca" (*no más de diez años seguidos, puede que descubra el auditor*). "No supongas que él es importante. Abordemos el tema de Sra. Swishback, aquella profesora que tuve…".

"Retornemos ahora a la época en que el tío Goston te ayudó", dice el auditor. "La tira somática volverá ahora a la época en que tu tío Goston te ayudó".

"¡Siento como si me ardiera la piel!" se queja el preclear. "Esto debe ser… ¡eh, es mi alergia! Pero no veo a nadie. No… Espera, tengo la impresión de que hay alguien. Alguien… ¡Vaya, es el tío Goston!". *Y lo recorre, y el sarpullido desaparece.*

Pero quizás el auditor tuvo que conseguir un centenar de engramas antes de que consiguiera este. Y entonces, el preclear recuerda de repente cosas sobre él, el tío Goston y sobre la época, pero sigue con la terapia.

Un recuerdo completo parece ser sinónimo de cordura completa. Pero no supongas, solo porque un Clear se libre de sus tíos Goston y su costumbre de escupir en el suelo, que no se entregará ahora a cualquier excentricidad. La diferencia es que él no está obligado a entregarse a la excentricidad sin su consentimiento. ¡Santo Dios, lo que una mente llevada a Clear puede llegar a pensar para evitar aburrirse!

Qué Hacer Si un Caso Deja de Progresar

Incluso en los casos más fáciles, habrá veces en que el progreso parezca detenerse. He aquí una lista de posibles porqués:

1. El preclear no se está moviendo en la línea temporal, a pesar de las apariencias, sino que se encuentra sometido a uno de los cinco tipos de órdenes que pueden inhibir su movimiento libre o su información. El más común de estos es un retenedor, y puede encontrarse que el preclear está en un engrama y en una valencia extraña.

2. Hay un cierre emocional o de dolor. Estos siempre se pueden detectar, incluso al principio de un caso. Los músculos del paciente temblarán o se contraerán cuando él esté en un engrama, pero no sentirá el somático: esto es, inevitablemente, un cierre de dolor. Fuera de la terapia, el paciente puede estar muy tenso, en particular los músculos del cuello pueden estar apretados; esto es, a menudo, un cierre emocional. Cada una de estas condiciones se puede observar en muchos aberrados antes de comenzar la terapia. Si aparecen mientras la terapia está en progreso, busca cierres de dolor o de emoción.

3. Hay un exagerador de emoción y un cierre de dolor, de modo que el paciente llora por cualquier cosa, pero se retuerce y se enrosca cuando se le pide que se acerque al dolor. Él está sintiendo emoción sin sentir el dolor.

4. Hay una carga emocional en algún área que no se ha descargado, pero que está lista para descargarse. O, a la inversa, si has estado intentando conseguir una descarga emocional en un engrama de emoción dolorosa reciente y no has tenido éxito, hay un cierre de sensación temprano en el área prenatal.

5. El Código del Auditor se ha infringido. Cambia a los auditores o reduce los momentos en que se infringió el código.

6. Hay un trastorno emocional en la vida del paciente al mismo tiempo que la terapia. Pregúntale atentamente y elimina la carga del trastorno emocional, si es posible, como un engrama.

7. El auditor ha omitido un punto importante de este libro. Estúdialo.

Si un Caso "Rehúsa" Mejorar

Ha sido durante mucho tiempo una idea popular, si bien es una suposición errónea, que la gente desea conservar sus neurosis. En cualquier caso que se "resista" a la terapia, puedes estar seguro de que son los engramas los que se están resistiendo, no el paciente; por tanto, no ataques al paciente sino a los engramas.

Hay muchas computaciones que tienen la apariencia de resistencia. La más común de estas es la computación de aliado, que se deriva de engramas que contienen aliados, los cuales parecen implorar que el paciente no se libre de nada. Una situación habitual es aquella en la que algún pariente o amigo de la madre le está aconsejando a la madre en contra de abortar a la criatura. El aliado está implorando: "¡No te deshagas de él!". El preclear sabe que esta persona va a ser un amigo suyo de primera importancia. El preclear puede interpretar esto como que significa que no debe librarse de sus engramas.

Otra computación así es la computación de la estupidez, en donde el preclear comienza a creer que él será estúpido o perderá la cabeza si entrega los engramas. Esto surge, por ejemplo, de la madre que dice que perderá la cabeza si pierde a la criatura: ella llama al bebé "lo" ("Si lo pierdo..."). Toda una cadena de estos puede aparecer en un caso, dándole al preclear la idea de que si se desprende de alguno de estos engramas perderá la cabeza. Esta es la razón principal de que hubiera escuelas en el pasado que creían que la mente estaba compuesta de neurosis en vez de una personalidad inherente. Los engramas, aun siendo desconocidos, parecían muy valiosos; lo que no son: ninguno de ellos.

Otra computación más es la del secreto. Al preclear le parece que su vida depende de guardar algún secreto. Esto es común en un caso en el que la madre ha tenido un amante. Tanto la madre como el amante imponen secreto. El preclear, obedeciendo órdenes engrámicas, cree que tiene mucho que perder si cuenta este secreto, aun cuando aquellos que lo impusieron ni siquiera eran conscientes de que él estaba presente o, si lo sabían, no eran conscientes de que estaba "escuchando". Una computación de secreto procede de que la madre teme decirle al padre que está embarazada. Si la madre es una aliada del niño, entonces el niño se aferrará tenazmente a este tipo de engrama.

Todos los casos tienen una computación o más que obstaculiza la entrega de engramas. Algunos tienen todas las anteriores y más. Esto no es de gran preocupación para el auditor, pues mediante Técnica Repetitiva puede abrir el banco de engramas.

Drogas

Los llamados hipnóticos no tienen gran utilidad en Dianetics, excepto en las ocasiones en que un paciente sea psicótico y se emplee la narcosíntesis. Por hipnóticos se entienden preparados como el fenobarbital, hioscina, opio, y demás. Estas drogas productoras de sueño son indeseables, excepto solo como sedantes, y se deben administrar como tales únicamente por un médico. Cualquier paciente que *necesite* un sedante ya es asunto de su médico. El auditor no debe, entonces, ocuparse de hipnóticos ni de nada que produzca sueño. Algunos preclears suplicarán que se les den drogas para dormir con el fin de "facilitar la terapia", pero una droga así es un anestésico y bloquea los somáticos, inhibiendo la terapia. Además, con nadie, excepto con el demente, se debe trabajar en trance amnésico, especialmente en trance de drogas, pues el trabajo es más largo de lo necesario, y los resultados lentos, como se explica en otra parte. Dianetics despierta a la gente; no intenta drogarlas ni hipnotizarlas. De ahí que la droga hipnótica no sea de ningún valor para el auditor.

A los pacientes que desean que se les golpee en la cabeza con tuberías de plomo, o que se les ponga en trance profundo de alguna otra manera, no se les debe permitir que se salgan con la suya, aun cuando, humorísticamente, se presenten con sus propias tuberías de plomo.

El truco es poner al "yo" en contacto con el archivista. Todos los hipnóticos actúan desconectando al "yo". Aunque se pueda llegar de esta manera al archivista y tengamos sónico y visión disponibles, y aun cuando, con mucho trabajo, se pueda lograr así un clearing, incluso con el caso más "perdido" se trabaja mejor en contacto; el trabajo es más rápido, más satisfactorio y menos problemático.

Cuando uno descubre la ciencia de la mente, inevitablemente descubre muchas otras cosas que no pertenecen con propiedad a su campo. Entre estas está la confusión que ha existido inadvertidamente sobre los hipnóticos. Esas cosas etiquetadas como "hipnóticos", como los mencionados más arriba, no son hipnóticos en absoluto, sino anestésicos. Y los llamados anestésicos no son anestésicos, sino hipnóticos. Esto se volverá muy claro para el auditor cuando se encuentre enredado con su primer engrama del "anestésico" óxido nitroso en algún preclear. Tal vez haya otro engrama en el que se le administró morfina durante días, e incluso semanas, dejando al paciente en un estupor que, por la definición de "hipnótico", debería haber sido un trance; la información aberrativa estará allí, pero se encontrará que es leve en comparación al engrama de cloroformo o de óxido nitroso.

El éter, el cloroformo y el óxido nitroso (los "anestésicos") colocan al paciente en un trance hipnótico profundo. El banco reactivo está totalmente abierto y toda recepción es aguda, clara y aberrativa en extremo. De los tres, el óxido nitroso es con mucho el peor, pues no es un anestésico que alivie el dolor en absoluto, sino un hipnótico de primera clase. En el óxido nitroso, el dolor se archiva y el contenido se archiva con una alta y brillante fidelidad. Hace años, algún investigador se preguntaba si el óxido nitroso no deterioraría el cerebro. Afortunadamente, los cerebros no se deterioran tan fácilmente; pero el óxido nitroso sí ocasiona engramas especialmente graves. Los engramas serios de la vida reciente que el auditor encontrará pueden incluir, a la cabeza de la lista, un engrama dental, quirúrgico u obstétrico de óxido nitroso. Los engramas de óxido nitroso son especialmente malos cuando incluyen extracciones dentales;

a menudo forman el engrama de la vida reciente más grave. Aparte del hecho de que todos los dentistas han hablado demasiado en el pasado y tienen consultas que son demasiado ruidosas, con sonidos de la calle, agua que corre y correas del torno que chasquean, el óxido nitroso no es un anestésico en absoluto y agudiza el dolor más que apagarlo.

A la inversa, el óxido nitroso es un hipnótico excelente en la terapia institucional. Está lejos de ser el mejor que pueden obtener los químicos, eso es seguro, pues algún brillante químico será capaz, sin duda, de sacar a la luz un nuevo gas hipnótico ahora que Dianetics se conoce, y se comprende su necesidad en los manicomios.

Sin embargo, hay algunas drogas que ayudan al reverie. La más común y fácilmente obtenible es el simple y fuerte café. Una taza o dos ocasionalmente alertan al analizador lo bastante como para que pueda llegar a niveles más profundos de "inconsciencia". La Benzedrina y otros estimulantes comerciales se han usado con algún éxito, especialmente en pacientes psicóticos. Dejan a la mente lo bastante despierta como para permitirle superar órdenes engrámicas. Tales estimulantes comerciales tienen la desventaja de consumir una cantidad "Q" en la mente.

Esta cantidad Q no se ha estudiado mucho. Es como si el cerebro quemara una cierta cantidad de Q cuando está consumiendo engramas. Por ejemplo, la terapia diaria puede dar resultados más rápidamente, pero también echará a perder algunas sesiones. Realizar la terapia cada dos o tres días produce los mejores resultados, según se ha observado. (La terapia una vez por semana permite que los engramas decaigan y retrasa un caso; una semana es demasiado tiempo). La Benzedrina quema la Q. Tras unas cuantas sesiones con Benzedrina, la provisión normal de Q se consume, y se ha observado que el trabajo también se deteriora, bien hasta que se administre una dosis más alta (y hay un límite muy bajo para eso) o bien hasta que se fabrique más Q.

Aquí, junto a todo esto, debe incluirse un hecho importante y vital. Debería estar en una página para él solo y estar subrayado:

A TODOS LOS PACIENTES EN LA TERAPIA DEBERÍA DÁRSELES UNA DOSIS DE VITAMINA B$_1$ ORALMENTE O POR INYECCIÓN, CON UN MÍNIMO DE 10 MG AL DÍA.

Reducir engramas consume la Q, la cual parece depender en cierta medida de la B_1. Puedes estar absolutamente seguro de que un paciente que no está tomando B_1 tendrá pesadillas. Tomando dosis generosas, no tendrá pesadillas. Los *delirium tremens* los causa, probablemente, una consumición similar de cantidad Q. El mejor tratamiento para los *delirium tremens* es la B_1 y Dianetics. Se ha observado que pacientes que fueron negligentes con respecto a su B_1 a veces han desarrollado algo parecido al *delirium tremens* a escala mucho menor. Con ella, en la terapia, les va estupendamente.

El alcohol raramente es una ayuda para el auditor. De hecho, el alcohol raramente es una ayuda para nadie. Depresivo, clasificable en el mejor de los casos como un veneno, el alcohol tiene la única virtud de que se le pueden cargar muchos impuestos. *Todos* los alcohólicos son alcohólicos a causa de sus engramas. A todos los alcohólicos, a menos que se hayan lesionado el cerebro (lo que se menciona solo porque es posible, no porque la investigación de Dianetics haya demostrado ninguna evidencia real de esto) se les puede liberar. El alcoholismo es engrámico. Se ha convertido, de manera muy comprensible, en una clase de aberración contagiosa por medio de la cual la mente reactiva confunde el alcohol y "ser buena onda" o "divertirse" u "olvidarse de los problemas". Algunas de estas cosas se pueden obtener también por medio de la estricnina y el cianuro. El alcohol tiene sus usos: uno puede poner especímenes de ranas y cosas así en él; con él se pueden limpiar los gérmenes de las agujas; quema bien en los cohetes. Pero uno no pensaría conservar su estómago en una jarra de cristal, ni, a menos que esté loco, pensaría que él es una aguja. Mientras que algunos borrachos creen que actúan como cohetes, se ha observado que pocos alcanzan una altura de más allá del suelo. No es solo un pobre estimulante-depresivo, es también un hipnótico en el más exacto sentido: lo que se le hace a un borracho se convierte en un engrama[*]. El alcohólico crónico está enfermo física y mentalmente. Dianetics puede llevarlo a Clear, o incluso simplemente Liberarlo sin demasiada dificultad, puesto que

---

[*] No me paga la WCTU (Unión Cristiana de Mujeres para la Abstinencia, del inglés *Women's Christian Temperance Union*, organización que hace campañas contra el uso del alcohol) para que escriba esto; es solo que he tenido que llevar a Clear a demasiados alcohólicos.

aparentemente el alcohol no es fisiológico en su efecto adictivo. Con toda la variedad de la química para elegir estimulantes y depresivos, el por qué el gobierno prefiere legalizar un compuesto aberrativo al máximo y muy poco estimulante es un problema para los mejores matemáticos, posiblemente aquellos que se ocupan exclusivamente de los problemas de recaudación de impuestos. El opio es menos dañino; la marihuana no solo es menos dañina físicamente, sino que también es mejor para mantener a un neurótico produciendo; el fenobarbital casi no embota tanto los sentidos y produce menos efectos secundarios; el cloruro de amonio y un montón de otros estimulantes producen en el cuerpo más resultados, y no precisamente menos graves para la anatomía. Pero no, los engramas, contagiándose desagradablemente desde la primera mala cerveza que emborrachó a uno de nuestros antepasados, decretan que el alcohol es la única cosa que tiene que beberse si una persona quiere "olvidarlo todo" y "pasarla bien". Realmente, no hay nada malo en el alcohol, salvo que depende principalmente de los engramas y otra propaganda para su efecto y es por lo demás, notablemente inferior en cuanto a su rendimiento; el que cause unos engramas tan aberrativos es probablemente su principal pretensión de fama e infamia. El hacer a una droga inmoral y a otra imponible es una muestra del engrama del alcohol en la sociedad. Sin embargo, aunque sea inmensamente legal, es dudoso que el auditor le encuentre algún uso en la terapia.

Y hablando de drogas, ese zumbido de tres mil ciclos en tus oídos vino o bien de un engrama de óxido nitroso o de mamá tomando quinina a montones antes de que tú nacieras, con la esperanza de no ser madre, diciendo mientras tanto: "¡Me zumban tanto los oídos; sigue y sigue y sigue sin parar!".

Autocontrol

Desde los comienzos de la investigación de Dianetics, hace doce años, los pacientes, en su mayoría, han tenido cierta creencia de que podían dirigir sus casos con "autocontrol".

No comprendiendo que el auditor solo está interesado en lo que se le ha hecho *al* paciente, no lo que ha sido hecho *por* el paciente, cierta timidez o culpa imaginada a menudo provoca esta vaga esperanza de que uno puede realizar la terapia por sí solo.

No se puede hacer. Esta es una afirmación tajante y es un hecho científico. El auditor es necesario por un gran número de razones. Él no está ahí para controlar o para darle órdenes al preclear, sino para escuchar, para insistir, para computar las dificultades que el preclear está teniendo y remediarlas. El trabajo se realiza según estas ecuaciones:

LAS DINÁMICAS DEL PRECLEAR SON MENORES QUE LA FUERZA DE SU BANCO REACTIVO.

LAS DINÁMICAS DEL PRECLEAR MÁS LAS DINÁMICAS DEL AUDITOR SON MAYORES QUE LA FUERZA DEL BANCO REACTIVO DEL PRECLEAR.

LA MENTE ANALÍTICA DEL PRECLEAR SE DESCONECTA CUANDO ALCANZA UN ENGRAMA, Y ENTONCES ES INCAPAZ DE PERSEGUIRLO Y RELATARLO LAS SUFICIENTES VECES COMO PARA DESCARGARLO SIN AYUDA DEL AUDITOR.

LA MENTE ANALÍTICA DEL PRECLEAR MÁS LA MENTE ANALÍTICA DEL AUDITOR PUEDEN DESCUBRIR ENGRAMAS Y RELATARLOS.

Hay otra ecuación que no se menciona en ninguna otra parte, pero que está relacionada con el Código del Auditor, que demuestra matemáticamente la necesidad de ese código:

LA FUERZA DEL BANCO DE ENGRAMAS DEL PRECLEAR MÁS LA FUERZA DE LA MENTE ANALÍTICA DEL AUDITOR ES MAYOR QUE LA MENTE ANALÍTICA Y LAS DINÁMICAS DEL PRECLEAR.

Esto explica la necesidad de no atacar nunca al preclear personalmente. También explica el comportamiento del aberrado bajo ataque en la vida normal y por qué se pone enojado y apático, pues esta ecuación abruma a su analizador.

Estas ecuaciones demuestran leyes naturales reales.

En el autocontrol encuentras al preclear intentando atacar algo que su analizador nunca ha vencido, aunque su analizador nunca ha intentado hacer, interiormente, ninguna otra cosa que no fuera atacar a ese banco mientras funcionara el analizador. El hecho de que el analizador del preclear se desconecte cuando entra en un área de "inconsciencia" fue por lo que los engramas pudieron apoderarse de él y utilizarlo como una marioneta cuando se reestimulaban: simplemente desconectan el analizador.

Muchos pacientes han hecho muchos esfuerzos por poner a Dianetics en un nivel de autocontrol. Todos ellos han fallado y, por ahora, se cree que es absoluta y completamente imposible. El preclear en reverie con autocontrol puede ser capaz de alcanzar algunos candados; realmente puede alcanzar experiencias placenteras y lograr el recuerdo de datos mediante el retorno, pero no puede atacar a sus propios engramas sin una disposición estándar de auditor-preclear.

Aparte del reverie de Dianetics, algunos preclears han sido lo bastante estúpidos como para intentar la autohipnosis y así alcanzar sus propios engramas. En Dianetics ninguna forma de hipnotismo tiene justificación alguna. La autohipnosis usada en Dianetics es probablemente lo más cerca al masoquismo infructuoso que uno pueda llegar. Si un paciente se pone a sí mismo en autohipnosis y se hace regresar, en un esfuerzo por alcanzar la enfermedad, el nacimiento o los prenatales, lo único que logrará será ponerse enfermo. Por supuesto, la gente lo intentará. Nadie se convence jamás hasta que lo ha intentado, una vez que se comienza a interesar por el autocontrol. Pero asegúrate de tener a mano un amigo y este libro para que pueda auditarte los dolores de cabeza y cosas así que se activen de repente.

El reverie de Dianetics, el cual implica tener a un auditor presente, no es peligroso ni grave. El autocontrol es a menudo muy incómodo y a menudo infructuoso. No se debería intentar.

Solo el Clear puede ejercer autocontrol en su línea temporal completa hacia atrás hasta la concepción, y lo hace cuando quiere obtener datos específicos de cualquier parte de su vida. Pero él es Clear.

ALTERACIONES MENTALES ORGÁNICAS

Hay varias cosas que le pueden suceder al sistema nervioso, incluido el cerebro, que pueden causar un cambio estructural. A estas se les llama en Dianetics *alteraciones mentales orgánicas*. No se les llama "neurosis orgánicas" ni "psicosis orgánicas" porque la alteración de la estructura no produce forzosamente aberraciones. Ha habido una confusión en el pasado entre el comportamiento causado por diferencias orgánicas y el comportamiento causado por engramas: esta confusión se produjo porque no se conocían ni el banco de engramas ni la mente reactiva.

Cualquier ser humano con una alteración mental orgánica tiene también engramas. El comportamiento dictado por los engramas y la acción causada por la alteración son cosas diferentes. Los engramas conllevan dramatizaciones, delusiones, rabietas e ineficiencias varias. Las alteraciones determinan incapacidades para pensar, percibir, registrar o recordar. Por ejemplo, la radio puede tener filtros y circuitos nuevos añadidos a ella que cambian y varían su rendimiento y la reducen de lo óptimo; estos serían engramas. Se podrían eliminar válvulas o circuitos originales de la radio o algunos de sus cables podrían estar cruzados; esto sería la alteración mental orgánica.

Las fuentes de la alteración mental orgánica son las siguientes:

1. Variación de la estructura del plano genético debido a un cambio en el patrón de los genes. Algunas partes del cuerpo crecerían demasiado o demasiado poco para determinar cualquier alteración en la estructura. Este es normalmente un cambio tan grande que es obvio. El retrasado mental y demás, puede sufrir debido a engramas o a un plano genético alterado; pero normalmente se trata de los dos.

2. Alteración del sistema nervioso por enfermedad o bultos, que se divide en dos clases:

   a. Destrucción por enfermedad como en la paresia.

   b. Construcción adicional como en el caso de los tumores.

3. Alteración del sistema nervioso por drogas o venenos.

4. Alteración por desajuste físico como en el caso de un "ataque de parálisis" en el que determinados tejidos son inhibidos o destruidos.

5. Cambio físico en la estructura debido a una lesión, como en el caso de una herida en la cabeza.

6. Alteración de la estructura por cirugía como necesidad para remediar una lesión o enfermedad.

7. Alteraciones iatrogénicas (causadas por médicos) realizadas por una mala comprensión de la función del cerebro. Estas pueden dividirse en dos clases:

    a. Quirúrgicas, que incluyen cosas como la leucotomía transorbital, la lobotomía prefrontal, la topectomía, y demás.

    b. "Terapias" de choque de todas clases, incluyendo electrochoque, choque de insulina, etc., etc., etc., etc., etc., etc., etc., etc., etc., etc., etc., etc.

Las seis primeras fuentes de alteración mental orgánica son mucho menos comunes de lo que se ha supuesto. El cuerpo es un mecanismo extremadamente resistente y sus medios de reparación son enormes. Si puede hacerse que un individuo hable u obedezca alguna orden en lo más mínimo, es concebible que las técnicas de Dianetics puedan aplicarse para reducir los engramas del banco de engramas, produciendo una mejora considerable en la condición y capacidad mental del individuo. Cuando estas diversas fuentes son tan graves que inhiben cualquier uso de la terapia, y cuando es seguro que no es posible recurrir a la terapia, y que es absolutamente imposible alcanzar el banco de engramas mediante técnica estándar, trance o drogas*, se puede considerar que tales casos están fuera del alcance de la ayuda de Dianetics.

La categoría 7 presenta otro problema. Aquí tenemos la experimentación selectiva en acción, y sería completamente imposible concebir, sin meses de estudio de los pacientes de estos experimentos, cuántas

---

* Véase más adelante, Consejo al Auditor.

clases y variedades de operación se han llevado a cabo, y cuántos choques raros y excéntricos se han usado.

Se puede considerar que todas las alteraciones iatrogénicas del sistema nervioso se encuentran en el apartado de "capacidad reducida"; en otras palabras, incapacidad. En cada caso se ha hecho algo para reducir la capacidad de percibir, registrar, recordar o pensar del individuo. Cualquiera de estas complica un caso para Dianetics, pero no impiden inevitablemente que Dianetics funcione.

En casos de choque, como el electrochoque, puede haberse destruido tejido, los bancos de memoria se pueden haber revuelto de algún modo, la línea temporal puede estar alterada y pueden existir otras condiciones.

En todas estas alteraciones iatrogénicas, los resultados de Dianetics se pueden considerar inciertos.

PERO EN TODOS ESOS CASOS, ESPECIALMENTE EN LOS DE ELECTROCHOQUE, SE DEBE USAR DIANETICS DE TODAS LAS FORMAS POSIBLES EN UN ESFUERZO POR MEJORAR AL PACIENTE.

Todos los choques y operaciones deben tomarse por lo que son: engramas.

NINGUNA PERSONA QUE PUEDA LLEVAR A CABO TAREAS HABITUALES, O CUYA ATENCIÓN SE PUEDA ATRAER Y FIJAR, DEBE SENTIR DESESPERACIÓN NI SE DEBE CONSIDERAR SIN ESPERANZA.

Cualquier persona que haya estado sometida a un tratamiento de este tipo puede no ser capaz de alcanzar eficiencia mental óptima, pero puede ser capaz de alcanzar un nivel de racionalidad incluso muy por encima de lo que es normal en la actualidad. Lo que hay que hacer es intentarlo. A pesar de lo que haya sucedido o de lo que se haya hecho, en la gran mayoría de los casos puede haber una oportunidad de recuperación excelente*.

---

* El intento de aborto a veces puede hacerle cosas extrañas a un cerebro. Esto puede considerarse bajo el título de lesión. Se pueden recuperar la mayoría de los recuerdos sónicos. Aunque no se puedan recuperar ciertos recuerdos, todavía se pueden eliminar los engramas. En tales casos la inteligencia aumentará, a menudo ya es extremadamente alta.

Trastorno Orgánico

Una clase estándar de engramas prenatales tiene como contenido la preocupación de los padres de que la criatura será subnormal si no se le aborta de una vez por todas. Esto añade una sobrecarga emocional a esos engramas y, lo que es igualmente importante, le añade al paciente ya adulto una condición aberrativa de que él "no marcha bien", "está mal del todo", "es subnormal" y demás. Casi siempre se subestima la dificultad de abortar a la criatura: los medios utilizados son a menudo novedosos o extraños; la preocupación porque la criatura no ha salido de la matriz después del intento de aborto es fuerte; y la preocupación de que ahora esté dañada irreparablemente... todo ello se combina para crear engramas muy aberrativos y que, debido a su contenido, son difíciles de alcanzar.

La cualidad aberrativa de los tipos de comentarios "subnormales" es, por supuesto, grande. Es común la preocupación de que la criatura pueda nacer ciega, sorda o con alguna otra incapacidad. El primer tipo de comentarios engrámicos puede producir auténtica subnormalidad; y el último trata de la ceguera y así produce, en el mejor de los casos, recuerdo de visión y sónico reducidos.

El cierre de los recuerdos está ocasionado, también, por la creencia engrámica en la sociedad en general de que la criatura nonata es ciega, insensible y no está viva. Esta creencia se introduce en engramas de AA (intento de aborto) mediante comentarios de autojustificación de las personas mientras intentan un aborto: "Bueno, él no puede ver, sentir ni oír de todas formas". O "No sabe lo que está pasando. Es ciego, sordo y mudo. Es una especie de tumor. No es humano".

La mayor parte de todo cierre de recuerdo sónico y de visión tiene como origen las observaciones hechas en esas ocasiones, o la emoción dolorosa y otros datos engrámicos. Pueden pasar cientos de horas de terapia antes de que estos recuerdos se activen.

La mayoría de todos los cierres se activaran en el curso de la terapia. Hay miles de observaciones engrámicas y situaciones emocionales que le negarán al preclear su recuerdo, y normalmente se puede esperar que su recuerdo se restablezca.

Un paciente con dinámica muy baja (pues las personas tienen diferentes fuerzas innatas de la dinámica) puede tener cierre de recuerdos bastante fácilmente. Un paciente con una dinámica alta requeriría mucha más aberración antes de que se cierren los recuerdos. Se pueden hacer aparecer estos recuerdos simplemente recorriendo completamente los engramas de dolor físico y de emoción dolorosa.

Sin embargo, no debe dejar de mencionarse que los intentos de aborto realmente pueden, aunque raramente, alterar el cerebro y los mecanismos nerviosos más allá de la capacidad fetal de reparación. El resultado de esto es discapacidad fisiológica real.

Los niños y adultos que ahora están clasificados como subnormales se pueden entonces separar en dos grupos: la clase fisiológica real y la clase aberrada. Además, los cierres de recuerdo pueden clasificarse también en dos clases, independientemente de la dinámica y la inteligencia del individuo: aquellos ocasionados por daño cerebral recibido durante un intento de aborto, y aquellos que solo son aberrativos y se derivan de órdenes engrámicas y emoción.

La capacidad de reparar el daño que tiene el feto es extraordinaria. El daño cerebral normalmente se puede reparar perfectamente, independientemente de cuántas sustancias extrañas se introdujeron en él. Solo porque el cerebro se tocara en un intento de aborto, no es razón para suponer que el cierre de recuerdo tenga esto como origen, pues esta es la más rara de las dos causas.

Se entiende que esto lo están leyendo muchos que tienen cierres de recuerdo, y se entiende que bien puede producir un trastorno considerable. Pero recuerda esto: *el recuerdo de sónico y de visión no son vitales para un Liberado casi total.* Este comentario acerca del daño orgánico no significa que no se pueda llevar a cabo una liberación que dejará a la persona más competente y feliz, pues esto siempre se puede hacer, independientemente de los recuerdos. Y recuerda esto: *los recuerdos casi siempre se activan aun cuando se requieran quinientas horas o más.* Se menciona esta condición porque se encontrará en unos cuantos casos.

Las "pruebas" y "experimentos" con vivisección del cerebro humano en manicomios, desafortunadamente no son válidas. A pesar de todo el dolor, problemas y destrucción causados por estos "experimentos", estos se hicieron sin un conocimiento adecuado de la aberración y la perturbación mental. Ninguno de esos datos tiene valor alguno excepto el de mostrar que se puede cortar el cerebro de diversas maneras sin matar completamente al hombre; pues los pacientes que se usaron respondieron tanto a la perturbación engrámica como a la perturbación física causada por el psiquiatra, y no hay forma de distinguir entre estas después de la operación, excepto mediante Dianetics. Las conclusiones extraídas de estos datos son, entonces, conclusiones inválidas, pues la respuesta del paciente después de la operación podría haber procedido de varias fuentes: engrámicas, el propio engrama de la operación, daño por intento de aborto temprano en la vida, discapacidad cerebral a causa de la operación, y demás. Así que no extraigas conclusiones de que la reducción del pensamiento conceptual, por ejemplo, ocurre solo cuando se extirpa una parte del cerebro, que el recuerdo se cierra únicamente cuando el cerebro es viviseccionado, y demás. Desde un punto de vista científico, de tales "hallazgos" no se podía concluir nada excepto que el cerebro se puede dañar tarde en la vida sin matar totalmente a un hombre, y que la cirugía de cualquier clase a menudo produce un cambio mental en el paciente. Es cierto que también puede haberse descubierto que cuando se elimina esta o aquella parte del panel de control llamado cerebro, se elimina también cierta capacidad de actuación.

Primeros Auxilios de Dianetics

Será de interés, especialmente para aquellos relacionados con trabajos de urgencias en hospitales, que la curación y recuperación de cualquier paciente se puede beneficiar enormemente y se puede acortar la duración de la enfermedad eliminando el engrama ocasionado en el momento de la lesión.

El caso de accidente algunas veces muere de la conmoción al cabo de unos días, o no se recupera y no sana rápidamente. En cualquier lesión (una quemadura, una cortada, una magulladura de cualquier tipo) persiste un trauma en el área lesionada. El momento de la lesión creó un engrama. Este engrama inhibe la liberación del trauma. El hecho de que la parte lesionada todavía duela es un reestimulador orgánico que deprime la capacidad del paciente para recuperarse.

Usando reverie, o simplemente tratando al paciente con sus ojos cerrados, y tratándolo tan pronto como sea posible después de la lesión, el médico, enfermera o familiar puede retornar a la persona lesionada al momento en que se recibió la lesión, y, generalmente, recuperar y consumir el incidente como un engrama normal. Una vez que se reduce el engrama de la lesión, el tono mental general del paciente mejora. Además, la curación del área lesionada ya no está inhibida.

Algo de trabajo experimental en esto demostró que algunas quemaduras se curaban y desaparecían en unas cuantas horas cuando se eliminaba el engrama que acompañaba a su recepción. En lesiones más serias, se hicieron pruebas que mostraron una aceleración precisa e inconfundible en la velocidad de curación.

En operaciones, cuando se han usado anestésicos, Dianetics es útil de dos maneras:

1. Como medida preventiva.
2. Como medida de recuperación.

En la primera, no se debe mantener ningún tipo de conversación con o alrededor de un paciente "inconsciente" o semiinconsciente. En la segunda, se debe recuperar y aliviar el trauma de la operación en sí inmediatamente después de esta.

Un Problema en la Terapia Mutua

R y su mujer C se llevaron a Clear el uno al otro en ocho meses con Dianetics, trabajando cuatro horas por noche, cuatro noches a la semana, auditándose el uno al otro durante dos de las cuatro horas. Este arreglo mutuo se había complicado por el hecho de que, mientras R tenía muchos deseos de llegar a Clear, su mujer C estaba bastante apática acerca del trabajo; tras mucha persuasión, él había conseguido iniciar los casos.

Él era un caso de dinámica alta con mucha emoción enquistada; ella era un caso de apatía que ignoraba sus problemas completamente (mecanismo de la pantera negra). Él tenía problemas con una úlcera crónica y ansiedades acerca de su trabajo; ella tenía problemas con un estado alérgico general y una despreocupación general por los asuntos domésticos. No eran reestimulativos mutuamente en ningún grado marcado, pero tenían problemas acerca del consentimiento tácito, evitando los asuntos que más les habían trastornado mientras estuvieron juntos, como un aborto natural que ella había tenido y la pérdida de su casa en un incendio muchos años antes, así como otras conmociones. Además, se enfrentaban a la intensidad de R por un lado y la introversión de él, que le hacían descuidar la terapia de ella, y por otro lado a la apatía de C, que de inmediato ayudó al esfuerzo de R en ocupar más tiempo que ella como preclear, y que hacía que ella estuviera menos interesada en ser una buena auditora.

Surgió una complicación adicional porque C no comprendía el Código del Auditor ni su uso, y en varias ocasiones se había enojado e impacientado con R cuando él estaba en sesión y retornado, actitud que tendía a forzar a R hacia una valencia de enojo.

A lo largo de este curso inestable, la terapia había estado siguiendo. Entonces se informó a R del consentimiento tácito y se le dijo que lo mejor que podía hacer era liberar algo de la emoción dolorosa mutua. A partir de entonces, él abordó el engrama de la casa en llamas y repentinamente se vio a sí mismo capaz de auditar algunos engramas de compasión tempranos de su mujer, que hasta entonces no habían estado disponibles. Se descubrió que sus alergias procedían de una computación de compasión de su padre, y que R era el pseudopadre. Esto dio como resultado una marcada mejora en el caso de C. Ella comenzó a padecer menos de sus alergias, y un dolor crónico de corazón que había tenido durante tanto tiempo al que ya no le prestaba atención, desapareció también. Se interesó en ser una buena auditora y estudió el tema. Se molestaba ligeramente con R cuando él exigía más tiempo de terapia del que le correspondía. (Este aumento de interés es siempre cierto en cualquier caso de apatía que comenzó ignorando engramas).

Sin embargo, R estaba muy inhibido por los periodos de enojo de ella, y encontró que ahora actuaba casi exclusivamente bajo autocontrol, condición en la que *él* decidía qué debía y qué no debía recorrerse en él mismo. Este autocontrol es inútil, por supuesto, porque si él supiera acerca de sus aberraciones y los datos de sus engramas, estos no serían engramas. Por lo tanto, él comenzó un periodo en el que rehusaba exhibir cualquier emoción, pues ella se había burlado de él por eso, no seguía sus directrices y, en definitiva, estaba obedeciendo a los engramas que ella le había dado cuando estuvo enfadada con él durante las sesiones pasadas. Se le aconsejó a C recoger los momentos de enojo que ella había exhibido como auditora durante la terapia y cuando se redujeron estos, se encontró que R marchaba bien otra vez y cooperaba.

Su úlcera procedía de un intento de aborto. Su padre, un individuo extremadamente aberrado, había tratado de abortar al bebé cuando este llevaba ya siete meses en la matriz. La madre protestó aduciendo que el niño podría nacer vivo. El padre dijo que si estaba vivo cuando naciera, lo mataría en cuanto saliera. Además, había dicho que la madre tenía que estarse quieta mientras él actuaba. En otra ocasión, el padre había dicho que encerraría a la madre en un armario empotrado hasta que ella decidiera abortar a la criatura. (Este caso fue muy complicado porque la madre había tenido miedo de decírselo al padre, y durante tres meses había fingido no estar embarazada, dando al marido la creencia de que la criatura, ya con siete meses, en realidad solo tenía cuatro meses. Por lo tanto, había en el caso mucho secreto, mucha confusión y datos conflictivos). Esto significó que R tenía un *retenedor* grave en el área prenatal: lo retenía el engrama que incluía una penetración de su estómago. Este era el engrama *clave*, lo que quiere decir que otros engramas, por el mecanismo de somático y contenido similares, se habían reunido a su alrededor para suprimirlo. Este era el enredo del incidente al que C se estaba enfrentando sin saberlo: se había enredado más aún por su enojo. R cooperaba ahora, pero su línea temporal se había hecho un ovillo en torno al engrama retenedor, la clave. Dos operaciones dentales para la extracción de las muelas del juicio con anestesia de óxido nitroso también estaban suprimiendo los prenatales.

C trabajó durante algún tiempo intentando llegar a los engramas de extracción dental recientes, que contenían una enorme cantidad de conversación entre el dentista, sus ayudantes y la madre de R quien, desafortunadamente para la cordura de él, lo había acompañado a la consulta del dentista.

A R se le incomodó intensamente con la reestimulación continua de los engramas, que sin embargo no se podían alcanzar. Él no estaba más incómodo de lo que lo había estado a menudo en el pasado, y su incomodidad habría estado ausente si C hubiera entendido y seguido el Código del Auditor. El caso no progresó durante varias semanas.

La terapia de C estaba progresando. Para R era intensamente reestimulativo trabajar con ella y esto aumentó su incomodidad, pero cuanto más trabajaba con ella, mejor auditaba esta y más inteligente se volvía (su coeficiente de inteligencia subió unos cincuenta puntos después de cinco semanas de terapia). C deseaba saber cómo podía superar ella los atolladeros en el caso de él, y se le informó que ella estaba ahora practicando consentimiento tácito; pues ella había sido muchas veces innecesariamente desconsiderada con R, mucho antes de que se comenzara la terapia, y ahora se daba cuenta de lo que le había hecho a él, y sin embargo no se atrevía a afrontar el hecho de que ella era una parte responsable de gran parte de la infelicidad de él. Muy frecuentemente ella había empleado un lenguaje iracundo con él, sabiendo que actuaría en él como un "botón que se aprieta" impulsándolo a hacer algo o a retirarse de una disputa, lenguaje que había sido reestimulativo para él mucho antes de la terapia.

A partir de entonces, C entró en engramas de emoción dolorosa recientes en la vida de R y, trabajando sobre engramas físicamente dolorosos tempranos que decían que R no podía sentir nada, de forma alternativa con engramas recientes cuando él sentía intensamente en un plano emocional pero no podía mostrarlo, comenzó a liberar la emoción del caso. R mostró entonces una mejora constante. Se liberó emoción dolorosa reciente, y salieron prenatales tempranos y para ser reducidos, quedando visible más emoción reciente para su reducción.

Repentinamente, se reveló en el caso que el motivo por el que R se enfadaba fácilmente con C se encontraba en la persona de una enfermera que había atendido a R durante su extracción de amígdalas cuando tenía cinco años. C tenía cierta analogía de peculiaridades con esta enfermera. Este era un engrama de compasión y, cuando se liberó, la línea temporal comenzó a enderezarse y se pudo contactar más fácilmente con los engramas de aborto.

Resultó que R había estado muy fuera de su línea temporal la mayor parte de su vida, con su memoria ocluida y su recuerdo en mala condición. Se encontró que esto se apoyaba en el engrama clave oculto: el intento de aborto en el que su padre había prometido matarlo si salía y había añadido que, de todos modos, la criatura no podría ver, sentir ni oír nada; material engrámico que se hizo patente por la incapacidad de R para desplazarse por su línea temporal.

En cuanto se encontró la clave (habían transcurrido 280 horas de terapia), R volvió a la línea temporal, pudo desplazarse por ella y la borradura de sus engramas transcurrió de forma ordenada.

C había llegado a Clear dos meses antes de que R alcanzara el engrama final. Sin embargo, las alergias de C desaparecieron mucho antes de que su caso se llevara completamente a Clear, y la úlcera y algunas otras dificultades psicosomáticas de R también desaparecieron bastante antes de que su caso se llevara finalmente a Clear.

Un Problema en un Caso Reestimulado

G se llevó a Clear en diez meses de sesiones esporádicas. Su caso tenía el diagnóstico inicial de no-sónico, no-visión, cierre de dolor y emocional, trance leve permanente, "regresión" permanente a la edad de tres años. Esto quiere decir que en el instante en que entraba en reverie, se encontraba sorprendido y temeroso de encontrarse en la silla de un dentista, con tres años y sacándosele una muela, engrama en el que él había estado situado, sin saberlo, durante casi la mitad de su vida posterior. Este engrama había sido la causa parcial de su decadencia dental crónica y de su incapacidad de dormir como protesta contra la anestesia. La situación era obvia, pues él comenzó inmediatamente a forcejear y a cecear, condición que se remedió instantáneamente recorriendo el engrama de manera que él pudiera venir a tiempo presente, lo cual hizo.

Él había tenido una considerable dificultad en la vida; era de dinámica alta, pero manifestaba apatía. Después de setenta y cinco horas, momento en que se produjo la Liberación, se descubrió que su mujer era a veces su pseudoabuela y también, por ambivalencia, era su pseudomadre. Como su computación de compasión exigía que estuviera enfermo de modo que su abuela estuviera con él, y como sus engramas contrasupervivencia exigían que su madre solo fuera agradable con él cuando estaba enfermo, la computación reactiva sacó como conclusión el hecho de que él debía estar enfermo continuamente, exigencia que su cuerpo había obedecido durante veintitrés años. Todo esto se recobró y remedió, por supuesto, únicamente reduciendo engramas.

La borradura comenzó a tener lugar al final de unas doscientas horas de terapia, y estaba ocurriendo cuando, de repente, el caso detuvo todo su progreso. Durante cincuenta horas de terapia, o más, pocos engramas se pudieron localizar; aquellos que se localizaron no se pudieron reducir, no se pudo alcanzar emoción dolorosa, y todos los engramas que se alcanzaron y se redujeron fueron localizados y tratados solo porque el auditor usó en este caso técnicas persuasivas que requieren una destreza muy elevada, que casi nunca son necesarias y no se deben emplear excepto en casos psicóticos. Tal acción no había sido necesaria al comienzo del caso. Obviamente, algo andaba mal.

Interrogando más a fondo, se descubrió que la mujer de G se oponía violentamente a Dianetics, que nunca desperdició una oportunidad de dirigirle a G los más mordaces ataques contra esta, especialmente cuando él estaba en compañía de amigos. Ella lo ridiculizaba como si fuera un psicótico. Trató de que un abogado le diera el divorcio (anunciándolo después de que él hubo iniciado la terapia, pero habiendo consultado en realidad continuamente con un abogado al respecto durante los dos años previos) y, en general, incomodaba y molestaba a G hasta tal punto que él estaba recibiendo engramas de emoción dolorosa continuamente, aun cuando no exhibiera ninguna emoción contra ella.

Tenían un hijo de nueve años de edad, un niño. G quería mucho al niño. El niño había tenido una cantidad anormal de enfermedades infantiles y padecía de problemas oculares y sinusitis crónica; iba retrasado en la escuela. La mujer se mostraba algo irritable con el niño. Cualquier cosa que él hacía la ponía nerviosa.

El auditor del caso, al enterarse de los hechos acerca de la actitud de ella hacia su marido en general y hacia Dianetics en particular, tuvo una charla con ella acerca de su marido. Se encontró que ella no se oponía a recibir terapia ella misma. Poco después de la charla, G y su mujer tuvieron una breve disputa en la que G hizo la observación de que ella debía de estar aberrada. Esto fue una afrenta grave para ella, y dijo que él debía ser el que estaba loco, puesto que estaba interesado en Dianetics. Él replicó con el hecho de que él debía de ser el menos aberrado de los dos, puesto que estaba dando pasos para hacer algo al respecto. Además, señaló que ella debía estar aberrada o no sería tan pendenciera con el niño como lo era, hecho que definitivamente indicaba que debía de tener un bloqueo en su Segunda Dinámica, el sexo.

Al día siguiente, él llegó a casa del trabajo y encontró que ella había sacado el dinero del banco y se había ido a otra ciudad llevándose al niño. Él le siguió la pista y la encontró en casa de unos familiares de ella. Ella les había contado que él le había pegado y se había vuelto tan loco que se había tenido que someter a terapia. La verdad del asunto es que él nunca la había tocado brutalmente en su vida. En este encuentro, ante testigos, ella comenzó a decir incoherencias y a insultar a cualquier "sistema de psiquiatría" que creyera en la memoria anterior al habla. Él le indicó que muchas escuelas del pasado habían creído en la memoria anterior al habla, que los antecedentes de la psiquiatría habían hablado durante mucho tiempo de "los recuerdos del útero" sin saber qué eran, y así sucesivamente.

Sus familiares, al verle tan calmado al respecto, la obligaron a volver a casa con él. Por el camino, ella hizo un gesto dramático, aunque de ninguna manera amenazante, de suicidarse saltando del coche.

El auditor del caso tuvo una conversación en privado con ella cuando volvió. Él había deducido, algo tardíamente, el hecho de que había algo en la vida de ella que temía que su marido descubriera y que, enfrentada a una ciencia que podía recuperar toda la memoria, se había vuelto irracionalmente emocional acerca de ello. Al final, bajo un intenso interrogatorio, admitió que de eso se trataba, que su marido nunca debía saberlo. Ella estaba tan afligida que el auditor, con su consentimiento, le dio unas cuantas horas de terapia. Instantáneamente se descubrió que su padre había amenazado muchas veces con matar a su madre, y que su padre no la había querido. Además, se encontró que el nombre del padre era Q, y que su banco de engramas estaba repleto de observaciones como: "Q, por favor, no me dejes. Me moriré sin ti". Adicionalmente, cuando ella ya no estaba en sesión, habló de lo que para ella era un hecho histéricamente divertido: que toda su vida había estado teniendo amoríos con hombres llamados Q, no importa cuál fuera su aspecto, tamaño o edad. Esto distaba mucho de ser una Liberación, pero en vista del hecho de que a su otro paciente, G, se le había puesto en peligro por todo ese alboroto innecesario, y de que la terapia se estaba deteniendo, el auditor siguió interrogándola. Ella reveló que había tratado muchas veces de abortar a su hijo porque tenía mucho miedo de que fuera rubio, mientras que ella y su marido tenían el pelo oscuro. Además, los engramas de ese niño, ella lo sabía, contenían datos que ella consideraba incriminatorios, aparte del mero intento de aborto; durante el embarazo, había realizado el acto sexual con otros tres hombres aparte de su marido.

El auditor le indicó que este sentimiento de culpa, no importa lo real que fuera, seguía siendo engrámico en ella, y que era dudoso que su marido la matara al recibir esta información. Le dijo que estaba condenando a un niño a una existencia de segunda categoría y que estaba reduciendo a su marido a la apatía con sus miedos y causando al auditor mucho más trabajo del necesario. En presencia de su marido y del auditor, confesó su infidelidad, y se enteró, muy asombrada, de que su marido lo había sabido durante años. Él no había sabido de los intentos de abortar a su hijo.

Se le pidió que estudiara un manual de terapia y llevara a Clear al niño, lo que hizo con la ayuda del marido. El auditor continuó hasta llevar a Clear a G, quien luego llevó a Clear a su mujer.

Consejos al Auditor

El origen oculto de la aberración humana estaba oculto por muchas y muy específicas razones. El auditor se encontrará con todas estas y, aunque con estas técnicas la capacidad del banco reactivo de engramas para negársele es exactamente nula, debe conocer la naturaleza de la bestia a la que está atacando.

Los mecanismos de protección que tenía el banco de engramas (aunque no son muy buenos, ahora que sabemos cómo penetrar esta armadura de la causa de la demencia) son los siguientes:

1. Dolor físico.
2. Emoción en términos de unidades capturadas.
3. "Inconsciencia".
4. El carácter retardado del key-in.
5. Demora entre reestimulación y enfermedad.
6. Irracionalidad absoluta.

Del dolor físico sabemos mucho: que la mente, en la memoria, trató de evitarlo al igual que la mente en la vida trata de evitarlo como una fuente externa; de ahí el bloqueo de memoria.

La emoción de pérdida se amontona para crear un amortiguador entre el individuo y la realidad de la muerte.

La "inconsciencia" no es solo un mecanismo de esconder datos, también es un bloqueo a la memoria que no puede salvar los lapsos de momentos pasados en que se fundieron los fusibles.

Un engrama podría dormitar durante la mayor parte de una vida, y luego, con el conjunto correcto de reestimuladores en el momento justo de fatiga o enfermedad físicas, manifestarse creando una causa *aparente* de demencia o aberración menor, muchos años después de que el incidente real hubiera tenido lugar.

Otro aspecto del mecanismo protector del banco era el retardo del reestimulador, lo que quiere decir que cuando se reestimulaba un engrama que estaba en un estado de key-in, a menudo se requerían dos o tres días para que hubiera acción (ejemplo: digamos que una jaqueca tiene como reestimulador un sonido de golpes rítmicos; el individuo que tiene el engrama oye ese sonido; tres días después, de repente, tiene una jaqueca). Dado este retardo, ¿cómo podría localizar uno la causa de una reestimulación específica de una enfermedad esporádica?

La absoluta irracionalidad de un engrama, lo máximo en irracionalidad, de que todo es igual a todo lo demás en el engrama, y que estos son iguales a cosas en el entorno exterior, las cuales son solo vagamente similares, es una hazaña de idiotez que podría esperarse que cualquier hombre consciente y racional pasara por alto como "proceso de pensamiento".

El hombre ha estado buscando este origen durante unos cuantos miles de años, pero él estaba buscando algo que fuera complicado, basándose en que algo que pudiera ser tan desgarrador, tan destructivo, tan maligno y tan capaz de producir manifestaciones complejas debe, por lo tanto, tener un origen complejo; examinándolo, es extraordinariamente sencillo.

El auditor tendrá muy poco que ver con intentar trazar una línea entre la cordura y la demencia, al ser tan relativos estos términos. Se le pedirá que compare Dianetics con viejos estándares como las complejas clasificaciones de Kraepelin; se puede hacer, pero tiene la utilidad de la historia natural aristotélica, solo de interés para el historiador.

Si un individuo es incapaz de adaptarse a su entorno para convivir con sus compañeros, obedecerlos o darles órdenes, o lo que es más importante, si es incapaz de adaptar su entorno, entonces se puede considerar que está "demente". Pero este es un término relativo. La cordura, por otro lado, se acerca mucho, con Dianetics, a un significado absoluto potencial: pues nosotros conocemos la mente óptima. Las modificaciones en la educación y en el punto de vista pueden hacer que la acción racional de una persona le parezca irracional a otra, pero esto no es un problema de cordura; es un problema de punto de vista y educación, en lo que el auditor estará poco interesado.

Así, los pacientes que el auditor se encontrará, se clasificarán bajo las tres clases generales de Dianetics de recuerdo no-sónico, recuerdo imaginario y recuerdo sónico. La cuestión de la cordura no surge: el asunto de lo difícil o largo que pueda ser el caso se determina bastante bien por el grado de estas tres condiciones.

Sin embargo, el auditor encontrará que puede tener en sus manos un caso verdaderamente "demente", uno que sea "psicótico". El tratamiento de un caso así depende de en cuál de las tres clases antes mencionadas se pueda incluir al paciente psicótico. El problema es desintensificar los engramas del paciente lo más rápidamente posible.

Las condiciones y mecanismos que ocultan al banco de engramas no varían; están uniformemente presentes en cada paciente, en cada ser humano. Las técnicas de Dianetics se pueden mejorar (y qué técnica científica, especialmente en sus primeros años de existencia, no puede) pero tampoco son selectivas en su funcionamiento, sino que son aplicables a todos los individuos.

De ahí, si tenemos un paciente "demente", el problema fundamental no cambia y la técnica de Dianetics funciona como en cualquier otro caso. La tarea es reducir la intensidad de carga en el caso, de forma que se pueda resolver mediante técnica estándar.

A los pacientes dementes a menudo se les encuentra atorados en la línea temporal, en cuyo caso se les da un retenedor, de una clase tras otra, hasta que vuelven a moverse. Si el paciente está en regresión, está tan completamente atorado que ha perdido contacto con el tiempo presente. Cualquier paciente puede empezar a *revivir* en vez de retornar simplemente y el auditor, como remedio para esto, simplemente le dice que puede recordar esto, lo que lo pone otra vez en un estado de *retorno*. A menudo se encuentra que los pacientes dementes están escuchando un engrama una y otra vez, en cuyo caso vuelve a ser solo necesario fijar la atención y darles retenedores hasta que estén desplazándose otra vez por la línea temporal. A veces se descubre que los pacientes dementes se encuentran totalmente fuera de la línea temporal, escuchando demonios o viendo ilusión. Los problemas son siempre los mismos: usa Técnica Repetitiva cuando, por un medio u otro, su atención se haya fijado y entonces haz que se desplacen por la línea temporal o ponlos de vuelta en la línea temporal. El esquizofrénico, normalmente, se encuentra muy lejos de su línea temporal.

La mejor forma de desintensificar un caso, de forma que se pueda abordar en terapia habitual, es descubrir y descargar engramas de emoción dolorosa. Si los medios normales fallan, obtén la ayuda de un doctor en medicina, pon al paciente bajo el efecto de óxido nitroso o pentotal sódico y alcanza un profundo nivel de trance en el que se encontrará que el paciente es capaz, normalmente, de desplazarse por su línea temporal, aun cuando despierto estuviera fuera de su línea temporal. Encuentra un engrama reciente de desesperación y descárgalo según se describió en el capítulo sobre la emoción (Libro Tres, Capítulo Siete, La Emoción y la Fuerza Vital). La técnica para trance profundo no es diferente, excepto que se deben tomar medidas protectoras muy cautelosas para no decir nada que aberre más al paciente, sino limitar toda la conversación a charla de terapia, siendo muy cuidadoso de incluir el cancelador.

El paciente demente está obedeciendo alguna orden engrámica, tal vez muchas, no importa lo que esté haciendo. Según la interpretación errónea del paciente, esa orden puede dictar alguna acción extraña; puede dictar demonios; puede dictar cualquier cosa. Pero la diagnosis consiste meramente en observar al paciente para descubrir, por sus acciones, cuál podría ser la orden engrámica.

Este libro no se ocupa de Dianetics para Dementes más allá de estas pocas observaciones; pero un auditor que conozca los fundamentos que hay en este libro y tenga algo de comprensión, puede producir en los pacientes, en un tiempo breve, una "cordura" que las juntas de dirección de los manicomios normalmente consideran una recuperación milagrosa. Sin embargo, el paciente dista mucho de ser un Liberado y se deben emplear muchas más horas en descargar más emoción dolorosa y en reducir engramas antes de que un auditor deba considerar seguro permitirle que deje la terapia.

El auditor debe ser extremadamente cauto, por lo menos durante los próximos veinte años, acerca de cualquier caso que haya estado internado, pues puede tener un caso con psicosis iatrogénica (causada por médicos) además de los otros engramas del paciente. Dianetics puede ayudar un poco a una mente cuando al cerebro se le ha hecho una "punción" (con un picahielos) o "se le ha extraído una parte" (como al quitarle el corazón a una manzana), pero no puede curar esa demencia hasta que algún biólogo inteligente encuentre un modo de hacer crecer un nuevo cerebro. Los casos de electrochoque son dudosos: pueden o no responder al tratamiento, pues el tejido del cerebro puede haberse quemado hasta un punto en que el cerebro no pueda funcionar normalmente. Al abordar cualquier caso así, el auditor se quedará perplejo del revoltijo que hay en el banco estándar, por no decir nada de los circuitos mediante los cuales él debería poder alcanzar el banco de engramas. La sífilis y otras erosiones cerebrales se deben clasificar de modo similar, y se deben abordar o acometer únicamente con el pleno conocimiento de que puede ser que Dianetics no sea capaz de ayudar en absoluto a la máquina desmembrada. Ha habido muchas miles de estas "operaciones" cerebrales y cientos de miles de tratamientos de electrochoque; así, el auditor debe estar alerta para no meterse en lo que puede ser una causa perdida cuando existen tantos casos que pueden ser mejor ayudados. Se debe sospechar de todo caso que haya estado internado. Y si se observa algo anormal en forma de memoria revuelta o falta de coordinación, una indagación perspicaz puede revelar un internamiento oculto. Además, un auditor al que se le llama para ayudar a un caso que está a punto de ser internado, debe estar siempre alerta. El caso que se envía a un manicomio puede ser un caso que ha estado en uno antes, independientemente de las protestas de los familiares y amigos de que esa no es la circunstancia.

Análogamente, los casos de neurosis de combate se deben abordar con cautela; pues probablemente se procesó el caso antes de que dejara el servicio, en cuyo momento se le pudo haber aplicado al paciente electrochoque, cirugía cerebral o narcosíntesis sin su conocimiento ni consentimiento.

Estas advertencias no se hacen porque el auditor se vaya a encontrar en algún peligro físico concreto (los pacientes rara vez hacen algo que no sea cooperar, cuerdos o dementes, cuando se aplica Dianetics, aun cuando suelten gruñidos acerca de ella), sino porque se puede emplear mucho trabajo solo para descubrir que la maquinaria mental completa se ha echado a perder irreparablemente.

Si el auditor trata un caso de electrochoque, debe dirigir su atención principal a la liberación de ese choque como engrama; pues hay toda clase de cháchara irreflexiva contenida en estos engramas de manicomios, la cual puede inhibir más el tratamiento. Esto es aparte del hecho de que cualquier electrochoque, en cualquier parte del cuerpo, tiene tendencia a perturbar el banco de engramas y apretarlo de modo que sus incidentes estén más revueltos de lo normal.

Aunque solo sea por el avance de Dianetics y el ahorro del tiempo del auditor, también se debe comentar que los métodos de interrogatorio de algunos departamentos de policía y el maltrato policial general en criminales o ciudadanos normales puede tener que liberarse en un caso antes de que se pueda seguir tratando. Los periodos de cárcel contienen grandes cargas de desesperación, suficientes para perturbar la mente y, sin embargo, pueden ser ocultados por el paciente bajo la errónea idea de que el auditor estará interesado o defraudado por el "carácter" de él.

Varias otras cosas forman parte del banco de engramas, las cuales no se sospecharía que son obstáculos para la terapia a menos que se mencionen. El hipnotismo puede ser extremadamente aberrativo y puede frenar un caso. Un auditor debería tener cierto conocimiento práctico de él, no para usarlo en Dianetics, sino para que pueda liberar los engramas que crea. El hipnotismo es el arte de implantar sugestiones positivas en el banco de engramas. Aquí se pueden enganchar a los engramas y convertirse en candados de esos engramas. Puesto que la mayoría de los bancos de engramas contienen una muestra de las palabras más corrientes, es casi seguro que el hipnotismo será aberrativo. La reducción del poder analítico por medios artificiales pone al sujeto en una condición óptima para la recepción de un engrama. El hipnotizador usa el mecanismo olvidador con la mayoría de sus sugestiones, y la mayoría de las personas tienen comentarios engrámicos análogos que hacen imposible liberar la sugestión del hipnotizador. El hipnotismo puede considerarse como un candado "de gran potencia" y puede ser un grave obstáculo en el banco de engramas del paciente. Con el clearing, las sugestiones, al no tener anclajes de dolor bajo ellas en engramas, desaparecen como candados. Pero las sugestiones hipnóticas pueden tener que encontrarse y limpiarse antes de que un caso pueda avanzar. El hipnotismo se usa muy frecuentemente en esta sociedad, y a menudo se da el caso de que el paciente, con el mecanismo olvidador, es incapaz de recordar si se le ha hipnotizado o no. La Técnica del Retorno lo descubrirá; se puede depender de la Técnica Repetitiva, haciendo que retorne mediante la repetición de la jerga hipnótica (por parte del paciente), como con "Duérmete, duérmete, duérmete", para localizarlo.

No todo el hipnotismo es de salón. Los pervertidos lo usan comúnmente, a pesar del hecho de que se supone que la naturaleza "moral" aflora en un sujeto hipnotizado. Se han encontrado incidentes, incluso con personas de reputación, en pacientes al examinar su infancia. A menudo, estos incidentes estaban totalmente ocluidos para el paciente, al ser tan intimidatorias las órdenes contenidas en la sugestión hipnótica.

Dianetics y el hipnotismo se pueden combinar, pero también pueden hacerlo Dianetics y la astronomía. El auditor se encontrará trabajando con pacientes hipnotizables y tendrá que ser muy cuidadoso con la charla, con el fin de instalar un mínimo de palabras suyas en el banco de engramas, para no convertir Dianetics en hipnotismo.

Cualquier beneficio que se derive del hipnotismo está en el campo de la investigación o en la instalación de un engrama maníaco temporal.

Este último causa mucho más daño que el valor que tiene. La anestesia hipnótica está ampliamente sobreestimada. Y el hipnotismo como juego de salón es algo que ninguna sociedad debería tolerar, pues puede ser lo bastante destructivo como para hacer que los engramas se reestimulen hasta un punto de demencia. Y el hipnotizador nunca conoce el contenido del banco de engramas. Cualquier buen hipnotizador, si puede vencer su deseo de hablar, podría convertirse en un buen auditor; pero si intenta combinar Dianetics y el hipnotismo, se encontrará con un paciente muy, muy enfermo en sus manos. *Nunca instales una sugestión positiva de ninguna clase en un paciente, no importa cuánto pueda suplicar por una. Eso ha demostrado ser casi fatal.*

Se puede tratar todo un caso en trance amnésico profundo. A menudo, es posible poner en trance profundo a una persona que duerme, simplemente hablándole calmadamente durante varias noches seguidas, a la misma hora, y finalmente lograr que responda a la invitación a hablar. Se puede entrar entonces en terapia de Dianetics y seguir con ella; y tendrá éxito, especialmente si el auditor no es lo bastante irreflexivo como para reestimular artificialmente un engrama de dolor físico reciente, tratando principalmente engramas de emoción dolorosa de la vida postparto. Si la persona que está recibiendo la terapia es consciente de la acción, se le puede poner en reverie de forma que se puedan alcanzar datos más tempranos, al ser el "yo" más poderoso que las unidades de atención débiles, si bien sabias, que constituyen la personalidad básica. Se trabaja sobre ella alternativamente en trance amnésico y luego en reverie. A la larga, el caso se resolverá, aun cuando no se use el reverie. Pero hay serias responsabilidades en el trance amnésico: en cada sesión se debe instalar y usar un cancelador. Se debe emplear un mínimo de conversación. Todos los deseos del auditor deben ser enunciados como preguntas, si es posible, pues estas no son aberrativas en el grado en que lo son las órdenes. Este método ha tenido éxito y se puede usar. Pero el reverie, aun cuando parezca más lento, aun cuando no haya sónico presente, es mucho más satisfactorio por la excelente e incuestionable razón de que el paciente se recupera más rápidamente y se recupera con una mejora constante, mientras que el trance amnésico puede incapacitarlo durante días seguidos, cuando los incidentes aparentemente se disipan en trance profundo, pero sin embargo "permanecen atorados" estando despierto. Definitivamente, no se aconseja el trance amnésico; ha estado sometido a mucha investigación, y se ha encontrado que es tan incómodo para el paciente como agobiante para el auditor. Sin embargo, si no se pueden usar otros métodos por una razón u otra (y ninguna de estas razones incluye el deseo del preclear, quien, si el auditor le dejara, podría implorar drogas, hipnotismo y sugestión positiva, en un esfuerzo por escapar de sus engramas, y quien, si se le permitiera, tendría un caso maravillosamente enmarañado para que el auditor lo desenredara), se puede usar el trance amnésico, pero siempre con la mayor precaución y siempre con el pleno conocimiento de que la recuperación del paciente se retarda, hasta en un factor de tres, pues trabajar al mismo nivel que el banco de engramas deja los circuitos del analizador sin usar en la descarga. El reverie es lo mejor.

Problemas Externos de los Pacientes

Puede suceder que un paciente que ha progresado, de repente deje de progresar. La respuesta puede que se encuentre en otra parte que no sea la terapia. El entorno del preclear puede ser tan intensamente reestimulativo que él está distraído, siempre en reestimulación, y, por tanto, marcha despacio. En un caso así, puede descubrirse que el preclear (como en un caso) ha hecho un trato con la mujer o el marido que desea el divorcio en el sentido de que él o ella esperará hasta que el preclear sea Clear. Otras situaciones de naturaleza vital pueden darle un valor ambiental al hecho de no ser Clear. Al auditor no le concierne la vida privada de sus preclears, pero en un caso en que las situaciones existentes están dificultando la terapia en sí, el auditor, con su tiempo en juego, tiene todo el derecho a descubrir la razón. La computación final de todas estas razones será que no ser Clear es ventajoso en lo que respecta al entorno. Retirar al preclear temporalmente de su casa, por ejemplo, puede cambiar su entorno y hacer que la terapia avance. El auditor tiene derecho a pedir que, Clear o no, el paciente resuelva el problema por iniciativa propia. Es común que los preclears no se den cuenta de que son Liberados. Pues la meta de Clear es tan brillante que dejan de compararse con el normal, al que ya han superado.

Normalmente, se puede esperar que un paciente se introvierta en un grado muy marcado en el curso de la terapia de Dianetics. A medida que progresa el caso, esta introversión alcanza un estado profundo al haber llegado a las tres cuartas partes de la terapia, más o menos, y luego remite. La ambiversión es una marcada característica del Clear. Cuando la introversión ha sido marcada, una medida bastante buena del avance del caso es el interés del preclear en las cosas externas.

Casi todos los preclears hablan mucho de sus engramas hasta que son firmes Liberados. Si no hablan o no quieren hablar de sus engramas en la conversación normal, el auditor puede sospechar que hay algo muy protegido en el banco de engramas referente a la necesidad de ocultar algo: el auditor puede actuar en consecuencia. Aunque el auditor pueda cansarse de una conversación así, esta le revela, no obstante, mucho material nuevo si observa las frases que el preclear usa acerca de los engramas.

Es muy, muy cierto que la aberración está causada por lo que se le ha hecho *al* paciente, no por lo que ha sido hecho *por* el paciente. Las acciones del paciente al dramatizar, al cometer crímenes y demás, no son aberrativas para el paciente. Por lo tanto, las actividades del preclear no tienen por qué preocupar al auditor en absoluto. Se han resuelto casos enteros sin que el auditor supiera a qué se dedicaba el preclear en la vida. Aunque una sociedad aberrada le exige necesariamente responsabilidad por sus acciones, la actividad antisocial es el resultado de engramas que la dictan. El paciente no es responsable de lo que él mismo ha hecho. Una vez Clear, el asunto es diferente. Se puede considerar a un Clear completamente responsable de sus propias acciones, pues él puede computar racionalmente en función de su experiencia. Pero el aberrado tiene poco control o ninguno sobre sus acciones. Por lo tanto, el auditor debe dejar bien claro que a él no le importa lo que el aberrado, que se convierte en preclear, haya hecho en su vida. El problema inmediato entre el auditor y el preclear es un banco de engramas que contiene, exclusivamente, lo que otras personas han hecho en la vida y lo que se le ha hecho al preclear en momentos en los que él no se podía proteger. Este enfoque no solo es cierto; tiene valor terapéutico. Pues al explicarse de este modo, un auditor puede a menudo obtener cooperación que de otro modo le sería negada.

El auditor nunca debe violar el Código del Auditor con un paciente. El alargamiento de la terapia es el resultado inevitable de tales violaciones.

Reestimulación

La mente es un mecanismo autoprotector; pero también lo es Dianetics. Una ciencia del pensamiento que funciona se aproximaría tanto a los principios de funcionamiento de la mente que seguiría paralelamente los mandatos y condiciones de la mente en sí. Así ocurre con Dianetics: la mente se diagnostica según su reacción a la terapia, la terapia se mejora según las reacciones de la mente a ella. Este es un principio de funcionamiento de gran valor, puesto que explica muchos fenómenos observados y predice la mayoría de los que faltan. Parte de este paralelismo es la característica de autoprotección.

Es casi imposible dañar a la mente: es un organismo extremadamente resistente. Por supuesto, cuando uno comienza a tallarla y aserrarla, o envenenarla con drogas o bacterias, o a arrojar a un lado su coraza natural, como con el hipnotismo, pueden ocurrir cosas desafortunadas.

El charlatanismo es casi imposible en donde se esté aplicando cualquiera de los principios de Dianetics. Uno o bien practica Dianetics al completo y obtiene resultados o bien se lleva a sí mismo a una caída en su práctica: eso es un hecho mecánico, científico. Dianetics, como ciencia autoprotectora, exige que la practiquen Clears, o al menos buenos Liberados. Un Clear sigue muy de cerca en todo su comportamiento los mejores aspectos del Código del Auditor: su nivel ético es muy alto. De ahí que cualquiera que comience a practicar Dianetics va a encontrarse, no importa cuál fuera su intención original, lanzado hacia la meta de ser Clear.

Hay una razón excelente para esto. Hay un principio conocido como reestimulación del auditor. Ahora tenemos comprensión de lo que hace que un engrama entre en reestimulación. Cuando entra en reestimulación hace que el dolor o la acción del engrama entren en funcionamiento en el organismo. La observación de alguna percepción en el entorno, que se aproxima a algún registro (sonido, vista o sensación orgánica) en el engrama, pone en acción al engrama en mayor o menor medida. Análogamente, cuando un auditor no es Clear él mismo, o cuando él mismo no se encuentra en la terapia hacia la meta de Clear, se reestimula. Después de todo, está escuchando constantemente material engrámico de un paciente. Este material engrámico es la mismísima sustancia de la que está hecha la demencia. Cualquiera tiene engramas: tarde o temprano, un paciente va a comenzar a repasar un engrama propio que se parecerá a los engramas del auditor. Esto conduce a una gran incomodidad para el auditor a menos que este esté en terapia y pueda entonces liberarse del malestar que se presentó de ese modo. Mientras uno esté trabajando únicamente con candados recientes, esto no es probable, y ha hecho posible que quienes se dedicaban a la práctica de la mente y los curanderos del pasado escaparan a gran parte del castigo de sus propias aberraciones. Pero cuando uno trata con el material básico de estas aberraciones, el constante martilleo de los reestimuladores puede producir una condición grave. Este es el mecanismo que hace que la gente en los manicomios caiga presa de las psicosis, aunque uno tiene que haberlas tenido, en primer lugar, para que hayan sido reestimuladas.

El auditor puede tratar uno o dos casos sin ninguna repercusión grave: de hecho, no importa cuál sea la repercusión, se puede eliminar mediante Dianetics. Sin embargo, para su propia comodidad, debe llegar a Clear o Liberado lo antes posible. Puede trabajar como Liberado sin demasiada dificultad, y esto hace posible que él haga un pacto mutuo en el que uno trabaja con el otro y a la inversa. Puede producirse entonces una condición en la que dos preclears son también auditores. Esta alternancia entre el diván y la silla del auditor normalmente funcionará muy bien.

Sin embargo, dos personas, después de que han comenzado a trabajar, pueden descubrir que son mutuamente reestimulativas; es decir, cada una es una pseudopersona en los engramas del otro o una se ve reestimulada (tono de voz, incidentes) por la otra. Esto no debería ser un obstáculo para la terapia. Se ha vencido y la terapia ha seguido adelante a pesar de las circunstancias reestimulativas más graves. Una técnica común en un sujeto para evitar algo es protestar de que el auditor le reestimula: esto no es lo bastante importante como para detener la terapia. Sin embargo, puede ser que dos personas puedan introducir a una tercera en la cadena y, uno llevando a Clear al siguiente, aliviar la tensión considerablemente. El plan de trabajo triangular, en el que ninguno está trabajando sobre la persona que está trabajando sobre él, tiene mucho éxito.

Un marido y una mujer que se han peleado durante mucho tiempo y muy a menudo, pueden encontrar demasiado reestimulativo llevarse mutuamente a Clear. Es posible hacerlo si no se puede disponer de otra forma, y a menudo se hace; pero si la terapia no marcha bien, él debe encontrar otro compañero de terapia y ella debe hacer lo mismo. Las madres que han intentado el aborto en sus hijos, o que los han maltratado de otro modo, pueden llevar a cabo la terapia en esos niños: pero en el caso de una circunstancia reestimulativa como esta el auditor debe tomar la máxima precaución de observar estrictamente el Código del Auditor; hacer otra cosa podría introducir en la terapia mucha más tensión de la que es necesaria. En tal caso, lo mejor que puede hacer la madre es llegar a Liberada ella misma antes de intentar llevar a Clear a sus hijos; y no debería tocar a esos niños hasta que no tengan por lo menos ocho años.

El tema de la reestimulación y el auditor, en que el auditor reestimula al preclear o el preclear reestimula al auditor, no incluye el aspecto habitual de la terapia de que el preclear está siendo reestimulado artificialmente por medio de la terapia estándar. Un engrama se puede reestimular al tocarlo varias veces, y entonces se disipará. El problema de la reestimulación y el auditor es un problema específico en el que el auditor es un pseudoenemigo, que se parece a una persona que ha dañado al paciente. El antagonismo salvaje de un paciente hacia un auditor normalmente tiene su origen en esto. Algunos pacientes tienen tal odio por los hombres que solo pueden trabajar mujeres con ellos, y algunos tienen tal odio por las mujeres que solo pueden trabajar hombres con ellos. Pero, incluso cuando hay una antipatía salvaje, si no existe otro auditor, o una persona que pueda ser entrenada rápidamente como auditor, la terapia puede continuar de todos modos, y logrará resultados.

EL REEQUILIBRIO DE UN CASO

Cualquier caso que haya dejado la terapia se reequilibrará por sí mismo en unas cuantas semanas, es decir, se asentará a un nuevo nivel para el individuo. A menos que se use hipnotismo con drogas o algún otro método ilegal en Dianetics, todos los casos se reequilibrarán así, con mucho beneficio. Se puede esperar que las reestimulaciones desaparezcan si se deben a la terapia. El paciente encontrará gradualmente su propio nivel en el estado Liberado. No se tiene que seguir con los casos hasta Clear si el tiempo del auditor es corto. Pero, por supuesto, es mejor si se hace y, de hecho, la mayoría de los pacientes insistirán en que así sea.

TIEMPO DE TRABAJO EN LA TERAPIA

El periodo normal de tratamiento de Dianetics es de dos horas. En estas dos horas, con el paciente habitual, todo lo que se pueda lograr en ese día se va a lograr. No es necesario trabajar todos los días, pero es conveniente trabajar cada dos o tres días. Trabajar en intervalos de una semana no es óptimo, pues el caso tiende a reequilibrarse. Además, en un caso hay una caída, normalmente cada cuatro días, cuando no se trabaja en él durante periodos tan cortos como tres días. La caída del cuarto día es una cosa mecánica natural: cuando un engrama con key-in, se reestimula en la vida, tarda unos cuatro días en entrar marcadamente en acción. En la terapia, a veces se requieren tres días para que se revele un engrama. Esto no significa que tengan que pasar tres días antes de que esté disponible y no significa que haya que parar el trabajo durante tres días; pero sí significa que los engramas, al no ser memorias y no expresarse como tales, a veces tardan tres días en salir a la superficie.

Para ser más claro, se puede pedir un engrama el día uno y se puede encontrar el día tres. Mientras tanto, el auditor está obteniendo otros engramas. Este proceso es tan automático que no requiere atención, y no se observará excepto en los casos que se están trabajando una vez a la semana. Se pide el engrama el día uno; está listo para la reducción el día tres; decae el día cuatro y se reequilibra para el día siete.

El aspecto de los tres días es interesante en otro sentido. Este tiempo de tres días es solo una observación del comportamiento medio de los preclears. La investigación de precisión lo puede fijar en 2.5 días o 3.6 días (varía de un individuo a otro), pero tres días es una aproximación suficiente para nuestros fines. Cuando uno está haciendo simplemente un Liberado en un caso, a veces encontrará necesario tomar un engrama reciente y recorrerlo; el engrama de dolor físico de la vida reciente (postparto) parecerá surgir, permanecerá constante durante tres días y luego decaerá. Cuando decaiga, el auditor tendrá que volver a él y recorrerlo otra vez. Quitar estas caídas, a la larga hará que el engrama de la parte reciente de la vida permanezca en un estado de remisión.

A veces se presenta euforia en un caso cuando un auditor toca un engrama que contiene un maníaco. El paciente irá entonces por ahí diciendo lo maravillosa que es Dianetics porque ahora está en una condición magnífica y es muy feliz. Cuidado. En tres o cuatro días este maníaco habrá vuelto a decaer dejando un estado depresivo. Sé cauteloso si alguien experimenta una de estas "recuperaciones" espectaculares, pues es tan permanente como el fuego de un fósforo encendido. Se apaga y deja cenizas muy frías. Lo mejor que puede hacer el auditor, al ver esta euforia, es entrar otra vez en el caso y reducir más a conciencia el engrama que contiene u obtener un engrama más básico.

El tiempo que toma llevar a Clear a una persona es bastante variable. Eliminando cargas de desesperación y trabajando en unos cuantos engramas tempranos, un auditor puede conseguir un mejor estado de ser en el paciente que en ninguna terapia pasada en veinte o treinta horas: esto es un Liberado. Es comparable a dos o tres años de trabajo terapéutico del pasado. Lo que se tarda en obtener un Clear no es comparable a ningún estándar pasado, porque un Clear es algo que ningún estándar pasado soñó jamás.

En un caso sónico, en el que el recuerdo está en una buena condición, se puede obtener un Clear en cien horas. En un caso que tiene los recuerdos completamente desconectados, puede suceder cualquier cosa, hasta el extremo de mil horas. Análogamente, el caso imaginativo que tiene cosas que nunca sucedieron puede ser largo.

Míralo de este modo: podemos obtener los resultados de dos o tres años de psicoanálisis en unas veinte o cuarenta horas de Dianetics, y lo que nosotros logramos en Dianetics no tiene que hacerse otra vez, lo cual no es cierto con el psicoanálisis. Esto es el Liberado. Puede dedicarse a sus asuntos de una forma mucho más competente, al haberse liberado gran parte de sus cargas emocionales. En el Clear, estamos intentando lograr, y podemos lograr, un estado mental muy por encima del normal. Se emplearon miles y miles y miles de horas en la educación de un hombre; el gasto de dos mil o incluso diez mil horas de trabajo para hacerlo alcanzar un nivel por encima de lo que antes habría sido posible para él es trabajo bien empleado. Pero no tenemos que emplear una cantidad de tiempo como esta. Se han llevado a Clear a personas en intervalos desde treinta horas, cuando tenían sónico y escasa cantidad, hasta quinientas horas cuando tenían recuerdo desconectado y recuerdo imaginario. Qué puede hacer un auditor con sus primeros casos con relación al tiempo es una interrogante. Al final conseguirá el Clear, y sin duda en menos de mil doscientas horas en un caso grave. Todo el tiempo que esté trabajando hacia la consecución del Clear, está logrando una liberación mayor y mayor que, después de por lo menos cincuenta horas, se eleva muy por encima de la norma actual y se mantiene ascendiendo. La mejora es tal que de semana a semana el cambio es fisiológicamente observable y psicológicamente sorprendente. Si uno piensa que llegar a Clear es un salto corto y una ganancia pequeña, entonces no tiene idea de lo alta que está esa meta.

La mayoría de los auditores intentarán lograr Liberados al principio, y son sensatos si lo hacen. Cuando su propio caso llegue a Clear finalmente, solo entonces se darán cuenta de repente de que el estado valía mucho más tiempo del que se empleó en alcanzarlo.

Es imposible predecir, con un auditor nuevo, cuánto tiempo consumirá cometiendo errores, aprendiendo a manejar sus herramientas, adquiriendo destreza. Por lo tanto, es imposible que estime cuánto tiempo le tomará obtener un Clear en un paciente. Un auditor bien entrenado nunca tarda más de ochocientas horas en el peor de los casos; quinientas son muchas.

DATOS DE LOS FAMILIARES

El auditor siempre estará atosigado por la ansiedad del paciente por obtener datos de familiares y amigos. La petición de estos datos en sí misma es reestimulativa, tanto para el preclear como para el familiar. Hay madres que se han puesto muy enfermas al recibir los reestimuladores de sus propias enfermedades del pasado por parte del niño que las ha "descubierto de repente".

Es una experiencia uniforme que los datos que el preclear obtiene de familiares, padres y amigos son absoluta y completamente inútiles. Aquí estamos dependiendo de la memoria de un aberrado, cuando tenemos a mano, con Dianetics, una fuente fiable de material preciso. Hay auditores que han hecho progresar casos muy suavemente, y luego, de repente, el progreso se detiene; preguntando, se descubre que el preclear ha estado buscando material en torno a sus padres y familiares, y ellos, no queriendo otra cosa que olvidarse de todo lo que le habían hecho, le lanzaron pistas falsas que tuvieron que eliminarse muy cuidadosamente. Estos son los malos de la obra, las personas que le han hecho al preclear las cosas que le convirtieron en un aberrado. Si uno espera datos exactos de ellos, también podría uno esperar que la luna fuera un queso verde.

Si el auditor quiere datos de estas personas y los pide, dejando a un lado al preclear, puede que él llegue a alguna parte. Pero cualquier dato recibido de esa forma tiene un valor que, en los servicios de inteligencia, se suele etiquetar como "Fuente Incompetente; Material Improbable".

Adviértele al preclear que no moleste a sus padres y familiares, y explícale que puede ponerlos enfermos pidiéndoles datos, de acuerdo al principio del reestimulador. Si queremos confirmación de los datos recibidos, la única forma de conseguirlos es poner en terapia al progenitor o al pariente. En ese momento, obtendremos las fuentes básicas de dramatización: en la vida prenatal, y en la infancia del progenitor. Este es un problema de investigación, no de terapia.

Si el auditor tiene a mamá disponible, puede recorrer completamente el nacimiento al niño y luego el parto a mamá, manteniendo a los dos separados, y conseguir su propia verificación de la precisión de la terapia. Y hay otros datos que se pueden comparar así, usando las medidas preventivas apropiadas.

La realidad subjetiva, no la realidad objetiva, es la cuestión importante para el auditor. Primero, último y siempre: *¿mejora el paciente?*

Detener la Terapia

La mujer repudiada tiene un violento rival en el preclear a quien se le ha detenido la terapia por decisión del auditor.

Mantener al preclear en terapia, no importa lo poco comunes que sean las sesiones, satisface en cierta medida el esfuerzo que su personalidad básica hace por deshacerse de las aberraciones.

La personalidad básica, el archivista, el núcleo del "yo" que quiere estar al mando del organismo, los deseos más fundamentales de la personalidad, pueden ser considerados sinónimos para nuestros fines. Hay un impulso enorme de este ser básico (que es realmente el individuo mismo) por vencer a los engramas. Los engramas, tomando prestada la vida de su huésped, parecen algo que no quiere ser conquistado. Con todo lo mecanicista que es esto, el auditor se encontrará a menudo maravillándose de la resistencia que los engramas pueden ofrecer y asombrándose de los esfuerzos de la personalidad básica por vencer los engramas. Él trabaja *con* la personalidad básica, el individuo mismo, y hace caso omiso de los esfuerzos engrámicos por interferir. Pero hay una situación en la que la personalidad básica parece dar rienda suelta a los engramas en un esfuerzo por conseguir terapia.

Al trabajar con un "paciente", este podría haber sido escéptico, sarcástico o incluso maligno con el auditor. O se puede haber pensado que al paciente no le interesa en absoluto su banco engrámico. O el paciente puede, incluso, decir que detesta la terapia. Por algunas de estas razones, el auditor puede decidir, insensatamente, dejar de trabajar con el paciente. Se informa al paciente de esto. Tal vez durante un cierto tiempo, el paciente puede no manifestar reacción. Pero en unos cuantos minutos, unas cuantas horas o unos cuantos días, la personalidad básica, habiéndosele negado la ruta de salida, puede comenzar a usar todas las armas que tenga a mano para obligar al auditor a reanudar la terapia.

Molesto por el cese de la terapia, aun cuando él pueda haber insistido en que se detuviera, el ex paciente puede comenzar a declinar rápidamente o a atacar en su cara al auditor o a sus espaldas, e incluso a la terapia misma. Las mujeres repudiadas rara vez han causado tantos trastornos como los ex pacientes a los que se les ha negado continuar con la terapia.

A los auditores se les ha insultado personalmente, han visto cómo se ha buscado y debilitado a sus otros preclears con ataques violentos a la terapia en sí, han sido objeto de todo tipo de acusaciones y campañas de murmuraciones, y han sido incomodados al máximo por preclears a los que se les había negado más terapia antes de que se hubiera llegado a un estado de Liberado. Incluso a Liberados auténticos, legítimos, cuyos males psicosomáticos han desaparecido, y que debían estar bastante alegres, se les ha observado crear turbulencia cuando el auditor no los llevaba hasta Clear. El ex paciente puede usar cualquier cantidad de mecanismos, tantos como usa el hombre para obligar a otros hombres a actuar. Uno de los mecanismos es la reanudación de la apatía y un "rápido declive". Otro es una violenta campaña contra la terapia. Otra es el ataque personal al auditor. Cada uno de ellos tiene, como intención demostrable, la reanudación de la terapia.

La mente sabe cómo funciona la mente. Y se puede esperar que la mente que ha saboreado un camino de salida del dolor y la infelicidad, si ese camino se le bloquea, use todos los métodos para hacer que se reanude la terapia.

No importa lo absolutamente antipático que haya sido el ex paciente, en el momento en que el auditor vuelve a comenzar la terapia con él la actitud cambia. Ya no se hacen más esfuerzos destructivos contra el auditor o la terapia, sino que todo está casi igual de bien que antes de que se declarara el cese de la terapia.

Sin embargo, no supongas que el preclear, si ha sido antes negligente, recalcitrante o nada cooperativo en general, abrazará ahora la terapia como un paciente sometido. Lejos de eso, él es ahora por lo menos tan difícil de tratar como lo era antes, *más* cierto antagonismo adicional engendrado por la orden de cese.

En un caso así, el auditor es maldecido si lo hace y doblemente maldecido si no lo hace. Pero hay un camino de salida de esto. El fenómeno de la "transferencia", en que el paciente simplemente transfiere sus penas a la persona que practica, no es el mecanismo que está en funcionamiento aquí; la transferencia es algo diferente, que nace de una sed de atención y de un sentimiento de necesidad de apoyo en el mundo. Puede esperarse que la transferencia se mantenga para siempre si se le permite; el paciente de un médico, por ejemplo, puede continuar teniendo enfermedades simplemente para seguir teniendo al médico cerca. La transferencia puede ocurrir en la terapia de Dianetics, el paciente puede apoyarse firmemente en el auditor, suplicar consejo al auditor, parecer sacar engramas en un esfuerzo por mantener al auditor trabajando duramente, disponible e interesado; todo esto es el resultado de una computación de compasión y es conducta aberrada. El auditor sagaz no dará consejo ni intentará dirigir la vida de nadie, pues una persona funciona bien únicamente como organismo autodeterminado. En la terapia de Dianetics, no importa cuál sea la actitud del paciente, no importa lo grandes que sean sus "deseos de estar enfermo" o su transferencia de cargas, ni siquiera importan sus maliciosas observaciones al auditor durante las sesiones, la condición no puede mantenerse para siempre. La personalidad básica está intentando abrirse paso; el "yo" está intentando integrarse. Incluso el trabajo indiferente, a la larga, liberará suficiente carga de un caso y reducirá suficientes engramas como para traer una mayor estabilidad al paciente. La personalidad básica se hace más y más fuerte y gana por lo tanto mayor confianza en sí misma. La introversión causada por el esfuerzo continuo por alcanzar el mundo interior del banco de engramas se desintensifica y tiene lugar una mayor y mayor extroversión a medida que avanza el caso. El camino de salida es tratar al paciente suavemente y bien, y un día será Liberado o Clear. Pero mientras tanto, si detienes la terapia en alguien, no te sorprendas de nada de lo que suceda; solo puedes remediarlo reanudando el caso.

EVALUACIÓN DEL AUDITOR

El auditor debe hacer mucha evaluación para sí mismo. *Él no evalúa ni impone a su preclear ninguna computación.* Si el preclear computa que esto era lo que le estaba poniendo enfermo, entonces esto es lo que el auditor acepta. Explicarle al preclear qué era lo que había en el engrama que le afectaba así y asá, no solo es una pérdida de tiempo, sino que confunde al preclear. La razón por la que un auditor evalúa es para asegurarse de que no está aceptando datos imaginados o datos incompletos como engramas.

Un incidente no se disipará a menos que los datos en él sean correctos: esto es automático. Cambia una sola sílaba en el incidente, y este se atascará. O si parece que se va, volverá. Así que no hay que temer que ningún incidente que se reduce al relatarlo sea incorrecto. Los datos en él deben ser más o menos correctos o no se reduciría así. Por lo tanto, el auditor que pone en duda incidentes, datos, o juega a ser Dios de algún otro modo, va a tener en sus manos un caso completamente estropeado antes de que llegue muy lejos, y va a tener un sujeto que no está progresando. Si el sujeto comienza a recorrer un engrama en el que mamá está acostándose con cinco esquimales, déjale recorrerlo y nunca, nunca, nunca le digas que te parece que no era cierto. Si le dices al sujeto que te parece que está imaginando cosas, puede que le causes un grave revés. Dile que mamá tenía sus motivos y te has aliado con la oposición: no estás atacando al engrama, estás ayudando a mamá a atacar al sujeto. Criticar, corregir o juzgar de otro modo al preclear no tiene la más mínima cabida en Dianetics, y hará más por frenar un caso que cualquier otra acción individual. Un auditor que pone en duda el material que se le da puede estar practicando brujería, acupuntura china, chamanismo o vudú, pero no está practicando Dianetics. Y no obtendrá resultados. Una observación al sujeto como "Creo que estás equivocado al pensar que tu madre intentara abortarte" o "Creo que lo estás imaginando" podría retrasar a tu preclear cincuenta horas. El auditor no critica ni juzga al preclear, ni evalúa por el preclear la información de esa persona.

La auditación se hace toda privadamente y para uno mismo. Si el paciente acaba de relatar su quinto accidente de tren prenatal, puede que estés seguro de que te has topado con alguna fábrica de mentiras en algún engrama. El modo incorrecto de proceder para corregir esto es comunicárselo al preclear. El modo correcto de proceder es encontrar la fábrica de mentiras, un engrama que contenga una observación como "¡Dime cualquier cosa, dime cualquier cosa! No me importa, siempre y cuando digas algo. Pero, por amor de Dios, no me digas la verdad, ¡no puedo soportarla!" o "No puedes decirle la verdad, le haría demasiado daño". Hay un millar de formas de fábricas de mentiras. Y no son demasiado inusuales.

Nunca le digas al preclear por qué estás buscando algo. Si dices que quieres una fábrica de mentiras, la fábrica de mentiras inventará una fábrica de mentiras. Si dices que quieres una carga emocional, inhibirás la descarga de cualquier carga emocional. Haz siempre una estimación silenciosa de la situación, reduce todo lo que parezca válido y sigue tratando de obtener la razón por la que el caso no está funcionando tan bien como sería posible.

La prueba para la validez de un engrama no es la *trama*. La trama no vale para nada. Los engramas son solo colecciones de observaciones contenidas en periodos de "inconsciencia". No hay ninguna diferencia si estas observaciones están de acuerdo con la forma en que el auditor piensa que se debe llevar una vida o el modo en que un preclear debe respetar a sus padres. La trama es algo que los escritores ponen en los relatos. Los auditores no tienen nada que ver con esto. Un engrama es básicamente ilógico e irracional; ¡no intentes interpretar racionalidad en uno! Si a los padres se les conoce como miembros rectos, íntegros de la comunidad, y los engramas parecen indicar que mamá ejercía como prostituta por las noches, acepta los engramas.

La validez se establece muy fácilmente. Pregúntate lo siguiente sobre el engrama:

1. ¿Tiene un somático?
2. ¿Fluctúa el somático? Es decir, ¿experimenta un cambio continuo?
3. ¿Se reduce? (Si no se reduce, el contenido que el preclear está recorriendo es incorrecto o el engrama está muy avanzado en la cadena y tiene otros antes de él).
4. ¿Está el contenido engrámico de acuerdo con la aberración del paciente?
5. ¿Está el somático de acuerdo con los males psicosomáticos que se sabe que ha tenido el paciente?
6. ¿Le produce alivio al paciente? Y esto último es más importante que todo el resto.

Que los curanderos mentales del pasado hayan dicho presuntuosamente "Oh, esto no encaja con *mi* idea de cómo se conduce una vida" no es motivo para que un auditor deba descarriar Dianetics. Los curanderos mentales del ayer no obtenían resultados. Dianetics obtiene resultados; y una de las razones más importantes por las que Dianetics obtiene resultados es que no está intentando distorsionar la vida para que Dianetics encaje, sino que está aplicando Dianetics a la vida. El auditor observará muchas cosas nuevas y sorprendentes. Su lema, como se ve en un antiguo timbre inglés, en el que un cuervo de treinta metros estaba posado sobre un castillo, podría ser: "No te sorprendas de nada".

El Informe Kinsey se quedó corto en comparación con la historia que tú, como auditor, vas a obtener en Dianetics. Que la madre, por sí misma, no sea ni la cara que le mostraba a Junior ni la cara que mostraba a la sociedad, y que la madre y el padre solos, no se comporten como podría suponerse que lo han hecho en la sociedad, no son razones suficientes para obligar a un preclear a seguir siendo un aberrado.

Continuamente nos encontramos, en los textos de psiquiatría, con pacientes que intentaron hablar a los psiquiatras sobre la vida prenatal y a quienes se les dijo, con graciosa solemnidad, que los incidentes eran imaginarios. Pacientes que habían sido abandonados en todas partes, por todas las escuelas existentes porque sus datos no se ajustaban a la creencia de esas escuelas, con Dianetics se han recuperado completamente y han alcanzado una condición mental óptima muy por encima de la de sus anteriores consejeros, en parte porque Dianetics no se coloca a sí misma por encima de los hechos de la vida. El dianeticista no solo le exige al paciente que haga frente a la realidad recorriendo los engramas, sino que también se exige a sí mismo hacerle frente a la realidad aceptando el hecho de que, cualquiera que sea el contenido, si encaja en *cualquiera* de las condiciones anteriormente enumeradas, es válido en la terapia.

Auditar significa escuchar; también significa computar. Computar en un caso consiste en establecer dónde se desvía el paciente de la racionalidad óptima en su conducta en la vida, pero lo que es más importante, dónde existen engramas de dolor físico y de emoción dolorosa, y cómo se pueden abordar y reducir.

Los pacientes descubren algunas cosas sorprendentes acerca de sus padres y familiares cuando están en la terapia. A menudo descubren, como un paciente que había creído que su padre le había pegado diariamente, que la vida fue en realidad mucho mejor de lo que había parecido.

Los casos de concepción prematrimonial son muy comunes, con el paciente aún nonato encontrándose en la boda de sus padres. Y estos casos a menudo son muy difíciles de resolver, puesto que contienen mucho secreto en sus engramas.

Los mecanismos de la fábrica de mentiras a menudo intentarán dar a mamá amantes extras e intentarán hacer de papá una bestia feroz; pero una fábrica de mentiras es muy fácil de detectar: los incidentes presentados no recorren como engramas: la segunda vez que se repasan, su contenido está muy cambiado, no tienen somáticos y su contenido no es aberrativo.

En resumen, la prueba es si uno tiene un engrama real o no, no si el engrama tiene sentido o no. Pues el padre bien pudo haber sido una bestia feroz en un tocador y la madre bien pudo haber tenido un coito con los huéspedes; y el padre bien pudo haber sido un manso corderito, pese a toda la reputación que la madre le diera después del nacimiento, y la madre bien pudo haber sido una frígida mojigata, a pesar de las salvajes historias que el preclear pudiera haber oído. La verdad saldrá en la reducción, pero la verdad del engrama no es asunto del auditor, más allá de llegar a los engramas.

En primer lugar, en último lugar y siempre, obtén engramas, obtenlos tan tempranos como sea posible para el dolor, más recientes para la emoción; ¡obtenlos, bórralos, descárgalos, límpialos! Que no computaran como datos verdaderos fue lo que llevó al aberrado a ser un aberrado. Deja la trama a los escritores: nuestra tarea es la terapia.

Pero no te "tragues la basura": pide el somático, ve si varía a medida que el preclear pronuncia las palabras. Haz pruebas en busca de engramas. Y al diablo con la trama.

Cosas Que No Se Deben Hacer en Dianetics

No des a ningún paciente una sugestión positiva como terapia en sí o para ayudar a la terapia.

No dejes de dar un cancelador al principio de cada sesión y de usarlo al final de cada sesión.

Nunca le digas al paciente que él puede "recordar esto en tiempo presente", porque el somático vendrá a tiempo presente, y eso es muy incómodo.

Nunca, nunca, nunca, nunca le digas a un paciente que él "puede recordar en tiempo presente todo lo que le ha sucedido", porque eso lo agrupa todo en tiempo presente si el paciente ha caído en trance profundo. Y esto hace necesario desenredar un caso entero. ¿Quieres desperdiciar doscientas horas?

Nunca te vengues en modo alguno cuando un paciente se enoje contigo estando en reverie. *Sigue el Código del Auditor.* Si te enfadas con él, puedes lanzarlo a una apatía que te llevará muchas horas deshacer.

No evalúes datos ni le digas al paciente qué anda mal con él.

No te jactes. Si el preclear es tu mujer, marido o hijo, no les restriegues por las narices que la frase favorita de las riñas provenía de un engrama. ¡Por supuesto que era así!

No pongas en duda la validez de los datos. Mantén tus reservas para ti mismo. Examina la información para tu propia orientación. Si el paciente no sabe lo que piensas, los engramas jamás tendrán la ocasión de escaparse.

Nunca traigas al paciente de golpe a tiempo presente solo porque él te pida que lo hagas. Si está en medio de un engrama, la única forma de salir de él es *a través* de él. El poder del engrama es leve cuando al paciente se le retorna a él. Se fortalece cuando el paciente viene a tiempo presente. El paciente tendrá un choque nervioso si se le trae de repente con un chasquido al presente.

Nunca te asustes, no importa cómo pueda retorcerse o chillar el paciente. Nada de esto es grave, aunque a veces sí es dramático.

Jamás prometas llevar a Clear un caso; promete solo liberarlo. Puede que tengas que ausentarte o trabajar en algo más urgente. Y faltar a la promesa hecha a un preclear hará que este lo tome muy mal.

No interfieras en la vida privada de un preclear ni le des consejo. Dile que tome sus propias decisiones sobre lo que debe hacer.

No infrinjas el Código del Auditor. Está ahí para protegerte a *ti*, no solo al preclear. La terapia no puede dañarlo aunque solo hagas un trabajo a medias y la mitad mal hecho; infringir el código puede ponerte en una situación muy incómoda, porque te convertirá en un blanco para el preclear, y te costará considerable trabajo extra.

No dejes engramas a medio reducir cuando el archivista te los entregue.

No te pongas inventivo acerca de Dianetics hasta que hayas resuelto por lo menos un caso. Y no te pongas demasiado inventivo hasta que hayas trabajado en un caso que tenga sónico, un caso que tenga cierre sónico y un caso que tenga sónico imaginario. Lleva a estos a Clear y sabrás. Y te habrás encontrado con suficientes engramas como para tener algunas ideas que puedan ser de gran beneficio para Dianetics. Si no tienes ideas después de eso y de que tú mismo estés en terapia y hayas sido llevado a Clear, algo anda mal. Dianetics es una ciencia en expansión, pero no la expandas hasta que sepas por qué camino va.

No mezcles gasolina con alcohol, ni Dianetics con otra terapia, excepto la puramente médica administrada por un *médico* profesional.

No enredes un caso y lo lleves después a un psiquiatra que no sabe nada de Dianetics. Solo Dianetics puede desenredar a Dianetics; y los métodos de ayer no ayudarán a tu paciente en lo más mínimo cuando todo lo que necesita es otra pasada por aquél del que le sacaste demasiado rápido. Ármate de valor y vuelve a enviarlo a través del incidente. En Dianetics, el caso que hoy tiene una obvia crisis nerviosa es el ser más alegre de mañana.

No renuncies, no te des por vencido. Simplemente sigue recorriendo engramas. Y un día tendrás un Liberado. Y otro día tendrás un Clear. ✳

DIANETICS:
PASADO y FUTURO

LA HISTORIA DE DIANETICS

LA HISTORIA de Dianetics sería la historia de un viaje de descubrimiento, de una exploración en el interior de reinos nuevos y casi sin cartografiar, *Terra Incognita*, la Mente Humana, una tierra que se encuentra dos centímetros detrás de tu frente.

El viaje ha llevado doce años y la labor ha sido larga, pero ahora tenemos mapas y podemos ir y volver a voluntad.

Observaciones de razas salvajes y civilizadas en esta región y en regiones lejanas constituyeron la base para la investigación antropológica; los escritos de unos cuantos hombres en los últimos cuatro mil años constituyeron los guías académicos. Los antiguos escritos hindúes, la obra de los antiguos griegos y romanos incluyendo a Lucrecio, los trabajos de Francis Bacon, las investigaciones de Darwin y algunas de las ideas de Herbert Spencer componen la mayoría de los antecedentes filosóficos. La absorción inevitable de nuestra cultura actual proporcionó mucha información no observada. El resto ha sido lo que el navegante llama "fuera del mapa".

En 1935, se comenzó algo de la investigación básica; en 1938, se descubrieron y se formularon los axiomas primarios. Durante los años siguientes, estos axiomas se pusieron a prueba en el laboratorio del mundo. La guerra interrumpió el trabajo, como hacen las guerras, siendo

481

caos, pero poco después del cese de las hostilidades reales se reanudó la investigación. En un año se habían reunido los fundamentos de esta ciencia en su aplicación a la mente humana. Se pusieron a prueba en una larga serie de pacientes al azar, y cada prueba perfeccionó más el trabajo, pero cada aplicación trajo resultados específicos.

Cinco años después de la reanudación inicial de la labor, en 1950, el trabajo estaba preparado para su publicación, habiendo proporcionado todas las pruebas la conclusión de que Dianetics *es* una ciencia de la mente, que *sí* revela leyes hasta ahora desconocidas acerca del pensamiento y que ha funcionado en toda clase de enfermedades mentales inorgánicas y psicosomáticas orgánicas. Además, con un perfeccionamiento de la forma lograda, se demostró que era posible que este trabajo lo usaran con facilidad personas sin un entrenamiento muy extenso.

La meta que hemos alcanzado aquí es una ciencia que es funcional y que individuos educados brevemente pueden hacer funcionar con éxito. Esta meta no se ha alcanzado hasta ahora, ni tan siquiera ha habido una aproximación a ella.

Una vez que uno tiene un pie en tierras desconocidas, más cosas se vuelven conocidas, y con cada nuevo dato su horizonte se amplía más, incluyendo corpus más extensos de conocimiento. Dianetics cura, y cura sin fallo. Y hay más metas.

La educación, la medicina, la política, el arte y, de hecho, todas las ramas del pensamiento humano, se clarifican con Dianetics. Y aun así, eso no es suficiente.

Dianetics tiene todavía una historia breve. Tiene una juventud fuerte. Pronostica un mañana mejor. Antes de que sea de mucha más edad, habrá incluido aún más en su esfera. La historia de Dianetics apenas ha comenzado.

El Plan A incluía el perfeccionamiento de la ciencia, sus pruebas en toda clase de pacientes y, finalmente, la diseminación de Dianetics en lo tocante a la terapia. Ese plan finaliza con la publicación de este libro.

El Plan B incluye una mayor investigación de la fuerza vital, un intento en la resolución de algunos de los males aún no resueltos, como el cáncer y la diabetes, y el perfeccionamiento de las técnicas descubiertas y su diseminación. Eso finalizará el Plan B.

El Plan C incluye un intento por descubrir un nivel superior del origen y destino universales, si es que el problema es un problema de origen y destino, y los factores y fuerzas implicados con el fin de asegurar una mayor comprensión y aplicación útil del conocimiento así adquirido, si es que se adquiere; y si se adquiere, su diseminación.

Una parte del Plan B es la organización de una fundación de modo que la investigación se pueda llevar a cabo más rápidamente.

La historia de Dianetics acaba de comenzar. Qué otras cosas comienzan con el origen de una ciencia de la mente solo el mañana puede decirlo.

DIANETICS JUDICIAL

En la obra actual se incluye este breve resumen de la Dianetics Judicial como una ayuda al auditor.

La Dianetics Judicial abarca el campo del arbitrio judicial dentro de la sociedad y en las sociedades del hombre. Necesariamente abarca la jurisprudencia y sus códigos y establece definiciones y ecuaciones de precisión para el establecimiento de la equidad. Es la ciencia del juicio.

La jurisprudencia y sus sentencias están edificadas sobre las piedras angulares de lo *correcto* y lo *incorrecto*, del *bien* y el *mal*. La definición de estas es inherente a Dianetics: mediante estas definiciones, se puede alcanzar una solución correcta respecto a cualquier acción o acciones del hombre.

La prueba fundamental de la racionalidad es la capacidad para diferenciar lo correcto de lo incorrecto. Los factores fundamentales al establecer la censura son el bien y el mal. Sin una definición precisa de estos cuatro factores, cualquier estructura de la ley o el juicio queda sin fuerza, y se complica mediante la introducción por parte de esta de factores arbitrarios que tratan de sentenciar introduciendo errores para anular errores. Solo pueden escribirse códigos penales que respondan a todas las necesidades cuando existan definiciones científicas de precisión para los cuatro factores; y una equidad civil que no lleve a la injusticia solo entonces se puede establecer y formular.

Los problemas de la jurisprudencia y, en realidad, de todo juicio, están entretejidos inextricablemente con los problemas del comportamiento.

Una sociedad ideal sería una sociedad de personas no aberradas, Clears, guiando sus vidas dentro de una cultura no aberrada, pues tanto la persona como la cultura pueden estar aberradas. Las aberraciones de la cultura entran en las ecuaciones de la conducta como factores irracionales tanto por la puerta de la educación como la de las costumbres sociales y la jurisprudencia. No es suficiente que un individuo no esté aberrado él mismo, pues él se descubre a sí mismo dentro de los confines de una sociedad que ha ajustado su cultura a muchos prejuicios y costumbres irrazonables.

El establecimiento del origen real de lo incorrecto y del mal es un problema fundamental de toda jurisprudencia. El origen real se encuentra desafortunadamente en las irracionalidades de aquellos en generaciones pasadas que, trabajando con un conocimiento limitado y oprimidos por sus entornos, buscaron soluciones con ecuaciones que contenían factores falsos e imprecisos. A estas generaciones, enterradas hace mucho, no se les puede citar para estrados. Nosotros somos los herederos de todas las épocas del pasado, y eso es bueno; pero también somos los herederos de todas las irracionalidades del pasado, y eso es malo. Bajo tales circunstancias, y en ausencia de un raciocinio amplio, el auditor no puede sentenciar con precisión al preclear respecto a acciones malas o erróneas. El criminal y el demente, el hipocondríaco y el que le pega a su mujer, el dictador despótico que trata de agitar al mundo y el barrendero que solo se queda sentado lloriqueando, están todos, cada uno de ellos, atenazados y conducidos por sus propias fuentes de irracionalidad y por el mundo que se ha introducido en las recónditas profundidades de sus mentes arruinadas por el dolor y que, en forma de aberración social, los aporrea desde fuera.

El auditor está interesado en lo que se le ha hecho *a* su paciente, no en lo que ha sido hecho *por* su paciente; pues cualquier cosa que el paciente haya hecho está para siempre fuera del alcance del recuerdo, y no fue la fuente, sino solo la manifestación de sus pesares.

Dada una sociedad de personas no aberradas, dada una cultura de la que se ha eliminado toda irracionalidad, entonces y solo entonces puede el hombre ser verdaderamente responsable de sus actos, entonces y solo entonces. Pero tenemos que tomar el atisbo de responsabilidad ahora por el hecho de sí misma. Un hombre no *tiene* que rendirse a sus engramas.

Tal vez en una fecha lejana solo se concederán derechos civiles ante la ley a la persona no aberrada. Tal vez en alguna época futura se alcance la meta de que solo la persona no aberrada pueda lograr la ciudadanía y beneficiarse de esta. Estas son metas deseables y producirían un marcado aumento en la capacidad de supervivencia y en la felicidad del hombre.

Incluso ahora se pueden reformar los códigos de jurisprudencia y se puede establecer con precisión si el acto que llevó al individuo ante la ley fue un acto aberrado, procedía de una aberración de cultura o fue un acto que se cometió en detrimento de otro o de la sociedad. Sin duda se puede perfeccionar el proceso de castigo para sentenciar al individuo no a una aberración adicional como prisionero u hombre arruinado, sino a un más alto plano de razón mediante la eliminación de la aberración.

Los actos pasados de un individuo que se ha llevado a Clear se deberían tachar de sus antecedentes así como se ha hecho con sus enfermedades, pues habiendo eliminado la causa no tiene sentido el castigo a menos que la sociedad misma esté tan aberrada que desee actuar según principios sádicos*. Aquí hay algo más que idealismo, pues se puede mostrar que la aberración en los individuos y en la sociedad aumenta en proporción directa a la cantidad de castigo empleado.

Los esfuerzos por resolver problemas de jurisprudencia que a pesar de todo no contenían definiciones precisas para *correcto* e *incorrecto*, *bien* y *mal*, recurrían solo a un principio conocido en Dianetics como la Introducción de un Factor Arbitrario. Se introdujeron reglas generales e invariables en problemas en un esfuerzo por resolverlos y sin embargo cada nueva regla alejó más la razón de forma que se necesitaron más reglas. Una estructura arbitraria es aquella en la que se ha observado un error y se ha hecho un esfuerzo por corregirlo introduciendo otro error. En una progresiva complejidad, se tienen que introducir nuevos

---

* Nuestra sociedad actual no está aberrada en este sentido: al hombre demente no se le considera culpable o responsable de sus actos. A falta de una definición de una naturaleza científica y precisa para la demencia y al no ser capaz de reconocer que todos los actos irracionales son demencia temporal, la sociedad no ha sido capaz de llevar a cabo su intención fundamental.

errores para anular los efectos malignos de viejos errores. Una cultura, por no hablar de la jurisprudencia, se hace compleja y difícil de manejar en proporción directa al número de nuevas maldades que tiene que introducir en un esfuerzo por anular las viejas maldades. Al final, no puede haber razón; solo puede haber fuerza, y donde la razón no existe y existe la fuerza no hay nada salvo la vorágine de una ira demente. Donde reside una ira demente, aún sin resolver, a la larga debe llegar la apatía; y la apatía, al disminuir, inevitablemente alcanza la muerte.

Nos encontramos aquí en un puente entre un estado del hombre y el siguiente. Estamos por encima del abismo que separa a una meseta inferior de una superior, y este abismo marca un paso evolutivo artificial en el progreso del hombre.

El auditor está en ese puente. Cuando haya llegado a Clear se encontrará en su extremo superior. Verá mucho tráfico cruzándolo. Puede que vea aduanas, leyes, organizaciones y sociedades intentar evitar el puente, pero que al ser llevadas por la corriente caen en el vacío que se encuentra debajo.

En su actitud hacia sus preclears o hacia la sociedad en general, no puede ganar nada reprendiendo y juzgando errores pasados a la luz de la consciencia actual. No solo no puede ganar nada sino que puede inhibir el progreso. Es un hecho despiadado que el ataque contra la irracionalidad ha comenzado. Ataca a la irracionalidad, no a la sociedad ni al hombre.

DIANETICS Y LA GUERRA

Los organismos sociales que llamamos estados y naciones se comportan y reaccionan en todo sentido como si fueran organismos individuales. La cultura tiene su mente analítica, la consciencia combinada de sus ciudadanos en general, y de sus artistas, científicos y estadistas en particular. El banco de memoria estándar social son los datos acumulados a lo largo de generaciones. Y el organismo social tiene también su mente reactiva representada por los prejuicios e irracionalidades de todo el grupo. A esta mente reactiva la sirve un banco de engramas en el que se encuentran experiencias dolorosas pasadas y que dicta acción reactiva sobre determinados temas cuando esos temas se reestimulan en la sociedad. Esto, muy brevemente, es una analogía usada en la Dianetics Política.

486

El organismo social se comporta de una manera que puede marcarse en la Escala Tonal; tiene su dinámica de supervivencia y sus supresores, su supresión interna debido a engramas y su impulso hacia un infinito de duración óptima. Criminales, traidores y fanáticos constituyen, por ejemplo, engramas internos que suprimen el potencial de supervivencia en la Escala Tonal.

Hay una definición precisa para cada nivel social según se relaciona con la Escala Tonal. Una sociedad libre trabajando en plena cooperación hacia metas comunes sería una sociedad de Tono 4. Una sociedad coartada por restricciones arbitrarias y leyes opresivas sería una sociedad de Tono 2. Una sociedad administrada y dictada por los caprichos de un hombre o unos cuantos hombres sería una sociedad de Tono 1. Una sociedad gobernada por el misterio y la superstición de algún organismo místico sería una sociedad de Tono 0. El potencial de supervivencia en cada caso se puede ver en todas partes en la historia. Cualquier Edad de Oro es un Tono 4. Las prácticas opresivas, las codicias individuales y los cálculos equivocados en general reducen a la sociedad introduciendo en ella elementos descontentos. Para hacer frente a estos, en el pasado, se ha usado más opresión. La supervivencia de la sociedad se redujo más. Con más opresión vinieron nuevos engramas y así se deslizaron hacia abajo por la Escala Tonal las probabilidades de una larga supervivencia. Y con esta reducción del potencial vino el dolor al entrar en zonas inferiores.

Las sociedades suben y caen por la Escala Tonal. Pero hay un punto de peligro por debajo del cual una sociedad no puede funcionar sin reaccionar como lo haría un individuo suprimido así; la sociedad alcanza un punto crítico y se vuelve loca. Este punto está alrededor del 2.0.

La disputa de sociedad con sociedad, nación con nación, tiene muchas causas, todas ellas más o menos irracionales. Ha habido muchas veces en que una sociedad fue forzada a aplastar a otra menos consciente que ella. Pero con cada enfrentamiento, nacieron nuevos engramas en el panorama internacional y dentro de las sociedades mismas.

La guerra es un Tono 1 internacional. No es más racional que cualquier individuo al que, alcanzando un Tono 1 general y crónico, se le coloca en un manicomio; o al que, con un Tono 1 temporal, comete algún crimen y se le encarcela posteriormente. Pero para las sociedades no hay carcelero; en esta época solo hay muerte y así mueren y así han muerto.

Antes de esta época una nación no pudo emplear más herramienta que la fuerza cuando se encontró con otra nación que se había vuelto loca. Por el contagio de la aberración, ambas naciones se volvieron locas entonces. Ninguna nación ganó jamás una guerra completamente. Ninguna nación jamás triunfó finalmente por la fuerza de las armas. Ninguna nación evitó jamás la guerra amenazando o exhibiendo defensas.

El hombre se encuentra ahora, por estos odios que van aumentando, con armas tan poderosas que el propio hombre puede desaparecer de la Tierra. No hay ningún problema en el control de estas armas. Explotan donde y cuando el hombre les dice que exploten. El problema se encuentra en el control del hombre.

No hay problema nacional en el mundo de hoy en día que no se pueda resolver con la razón únicamente. Todos los factores que inhiben la solución del problema de la guerra y de las armas son factores arbitrarios y no tienen más validez que las explicaciones justificadas de un ladrón o un asesino.

El granjero de Iowa no tiene ninguna disputa con el tendero de Stalingrado. Aquellos que dicen que esas disputas existen *mienten*.

No hay asuntos internacionales que no se puedan resolver por medios pacíficos, no en términos de gobierno supranacional, sino en términos de razón.

Maniobrando con ideologías indefinibles, jugando con la ignorancia de las masas, entidades inexistentes desfilan por el mundo como pesadillas en forma de dioses del Ismo.

Ningún interés en uno mismo puede ser tan grande como para exigir la masacre de la Humanidad. Aquel que lo exigiera, aquel que no lo evitara por todos los medios racionales, está demente. *No* hay justificación para la guerra.

Tras las cortinas del idioma y costumbres diferentes, se enseña a los pueblos a no reconocer ninguna afinidad con otros pueblos. Enseñados por sus propios terrores y gobernados por sus propias aberraciones, los líderes presentan otros ismos como cosas detestables.

Hoy en día no hay estado político perfecto en la Tierra, ni siquiera hay una buena definición del credo político perfecto. Los estados son las víctimas de las aberraciones internas y externas.

Dianetics se ocupa de la guerra porque hay realmente una carrera entre la ciencia de la mente y la bomba atómica. Puede que no haya generación futura para saber quién ganó.

Solo la racionalidad puede guiar al hombre a superar estas amenazas a su extinción.

La demencia no existe sin una confusión de definiciones y propósito. La solución al problema internacional no se encuentra en la regulación o la restricción de las armas, ni siquiera en el encierro de los hombres. Se encuentra en la definición de teoría política y de política en tales términos que no pueda haber malinterpretación de la claridad de los procesos; se encuentra en el establecimiento de metas racionales hacia las cuales puedan trabajar las sociedades colectiva e individualmente; y se encuentra en una competición intersocial de beneficios tan grandes que ninguno pueda prescindir de los demás.

La lucha primaria del hombre no es con el hombre; eso es demencia. La lucha primaria del hombre es con aquellos elementos que le oprimen como especie y bloquean su impulso hacia metas elevadas. La lucha del hombre es con los elementos, con el espacio y el tiempo, y con las especies que son destructivas para él. Apenas ha comenzado su conquista. Ahora mismo está armado con suficientes herramientas y ciencia suficiente para hacer posible la conquista del universo. No tiene tiempo para reñir ni permitirse rabietas ni andar echando pestes con el vecino sobre bombas atómicas.

El control de la energía atómica pone otros mundos a su alcance. ¿Por qué andar regateando por este? Parece posible que los últimos descubrimientos en el campo de la fotosíntesis lo alimenten y lo vistan como a un rey aun cuando multiplique por mil los miles de millones actuales que hay sobre la Tierra. ¿Por qué motivo puede pelear? ¿Por qué?

Dos hombres racionales entrarán en una competición de beneficios y valor y producción. ¿Son estas poderosas naciones, estos potentes, temibles, atronadores "gigantes", en realidad niños pequeños y maleducados, apenas cuerdos, que se gritan insultos mutuamente por la posesión de un gato muerto? ¿Qué hay de los ejércitos? Los ejércitos mueren. Si el poder da la razón, entonces Roma todavía rige el mundo. ¿Quién teme ahora a esta curiosidad arqueológica que fue Roma?

Hay una meta más alta, una meta mejor, una victoria más gloriosa que ciudades desvalijadas y muertos quemados por la radiación. Hay libertad y felicidad y abundancia y todo un universo que ganar.

Aquel que no lo vea, dista mucho de merecer gobernar. Aquel que se permita sus odios está demasiado demente para aconsejar.

¿Cuánto puede conquistar el hombre? Pierde si conquista al hombre. Gana si conquista sus propios miedos y conquista entonces las estrellas.

Ataca a los enemigos naturales del hombre, atácalos bien, y la guerra del hombre con el hombre no puede ser un problema de ahí en adelante. Esto es racionalidad.

Dianetics no está interesada en salvar al mundo, está interesada únicamente en evitar que el mundo sea salvado. ¡Una vez más sería fatal! Dianetics no está en contra de combatir; define qué se puede combatir. Esas cosas incluyen las fuentes del tormento del hombre dentro del individuo, dentro de la sociedad y los enemigos de toda la Humanidad. El hombre, confundido, no ha conocido a sus enemigos. Ahora son visibles; ¡ataca!

EL FUTURO DE LA TERAPIA

Dentro de veinte o cien años, la técnica terapéutica que se ofrece en este libro parecerá ser obsoleta. Si se demostrara que este no es el caso, entonces la fe del autor en la inventiva de sus congéneres no habrá estado justificada. Tenemos aquí algo que no ha existido antes, una ciencia de la mente invariablemente funcional. Los métodos de aplicación no pueden sino ser perfeccionados.

Todas las ciencias comienzan con el descubrimiento de los axiomas básicos. Progresan a medida que se descubren nuevos datos y el campo de acción de la ciencia se amplía. Continuamente surgen herramientas y técnicas varias, mejoradas y vueltas a mejorar. Los axiomas básicos, los descubrimientos iniciales de Dianetics, son verdades científicas tan sólidas que se verán alteradas poco. Los datos descubiertos mediante esos axiomas ya son muchos y aumentan diariamente. Las técnicas sobre el uso de esos datos, según se representan en este libro, se modificarán y mejorarán antes de que pase mucho tiempo. Su virtud en este momento es que estas técnicas funcionan y producen resultados buenos, sólidos y científicos.

En un momento dado hace tiempo alguien estableció los principios básicos que tenían que ver con el fuego. No había habido fuego controlado anteriormente. La cocina, la calefacción y, finalmente, la metalurgia crearon una nueva cultura. Los principios básicos del fuego no se han alterado mucho. Las técnicas empleadas para manejar el fuego poco después de que el hombre lo descubriera las consideraríamos algo obsoletas ahora. Hoy tenemos fósforos y encendedores y combustibles, pero justo después de que se comprendiera y se empezara a usar el fuego, se podrían haber considerado unos inventos maravillosos el torno de arco para hacer fuego, el pedernal y el acero; aun así, el hombre ya había estado usando el fuego con provecho durante cierto tiempo, como arma y como útil casero cuando se descubrieron o inventaron el torno de arco, el pedernal y el acero.

En el caso de la rueda, se establecieron principios básicos que no se han alterado hasta la fecha. La primera rueda funcional debió haber sido un asunto bastante poco manejable. Pero comparado con *ninguna* rueda, fue un milagro.

Así ocurre con la terapia de Dianetics. Los principios básicos, axiomas y descubrimientos generales de Dianetics constituyen un sistema que el hombre no poseía antes. Al igual que los primeros fuegos y las primeras ruedas, la terapia de Dianetics se puede mejorar enormemente. Ahora funciona; se puede usar ahora con seguridad y eficacia.

Hay dos inconvenientes concretos en esta técnica actual. Requiere más pericia del auditor de la que debiera ser necesaria, y no es tan rápida como podría serlo. No debería requerirse que el auditor hiciera ninguna computación de ningún tipo y, de hecho, se podría imaginar una terapia en la que el auditor no fuera necesario en absoluto, a pesar de que en la actualidad es vital. Un Clear completo no debería llevar más que un puñado de horas. Los problemas aquí son los de mejora en términos de que se requiera menos destreza y menos trabajo.

Se podría decir que es una imposición a un matemático y filósofo exigirle que resuelva todos los problemas él mismo y proponga todas las mejoras. De hecho, es una imposición que se le exija desarrollar cualquier técnica de aplicación en lo más mínimo, pues en cualquier sociedad debería haber una distribución del trabajo.

Cuando se completaron los axiomas y computaciones básicos fue imposible publicarlos, pues no había nadie a quien dar esta investigación para su aplicación. Por tanto, el trabajo se tuvo que llevar adelante hasta su máximo grado no solo de experimentación, sino de desarrollo y prueba de las técnicas de aplicación.

Se podría usar aquí una analogía de ingeniería de puentes. Supongamos que existen dos mesetas, una más alta que la otra, con un cañón entre ellas. Un ingeniero ve que si el tráfico pudiera cruzar el cañón, la meseta superior hasta ahora no utilizada, siendo mucho más fértil y agradable, se convertiría en el escenario de una nueva cultura. Se fija la meta de construir un puente. Se había supuesto que no se podía construir un puente a través del cañón y, de hecho, puesto que aquellos que estaban en la meseta inferior no podían ver el nivel superior, se negó la existencia de la meseta superior. El ingeniero, desarrollando nuevos principios sobre construcción de puentes y descubriendo nuevas propiedades en sus materiales, se las arregla para hacer que un puente cruce el cañón. Él mismo cruza e inspecciona la meseta cuidadosamente; otros cruzan por su puente y examinan el nuevo territorio con placer. Más y más gente cruza el puente. El puente es sólido y, aunque no es amplio, se puede pasar por él con seguridad. No se ha construido para tráfico rápido y denso. Pero contiene los principios y axiomas básicos según los cuales se puede salvar el cañón una y otra vez. Mucha gente comienza a aproximarse al cañón y a mirar hacia arriba.

¿Qué opinión tendrías de la sociedad de la meseta inferior si no hicieran más que gemir, lloriquear y discutir y no echaran una mano en absoluto en el asunto de ampliar el puente o de construir nuevos puentes?

En este manual, tenemos los axiomas básicos y una terapia que funciona.

¡Por el amor de Dios, pónganse manos a la obra y construyan un puente mejor! ✠

Términos *de* Dianetics

ABERRACIÓN: cualquier desviación o alejamiento de la racionalidad. En Dianetics se usa para incluir las psicosis, neurosis, compulsiones y represiones de todo tipo y clasificación.

ABERRADO: neologismo de Dianetics para cualquier individuo que padece de aberración.

AGRUPADOR: orden engrámica que hace que la línea temporal o los incidentes en ella se enreden de tal manera que la línea temporal parezca haberse reducido.

AUDITOR: individuo que administra la terapia de Dianetics. Auditar significa "escuchar" y también "computar".

BANCO DE ENGRAMAS: el lugar de almacenamiento en el cuerpo donde los engramas, con todas sus percepciones, se registran y se retienen y desde el que los engramas actúan sobre la mente analítica y el cuerpo.

BANCO DE MEMORIA ESTÁNDAR: lugar de almacenamiento en la mente donde todos los datos percibidos conscientemente (vista, sonido, audición, olor, sensación orgánica, cinestesia, táctil así como todas las computaciones mentales pasadas) se graban y retienen y desde donde se retransmiten a la mente analítica. Incluye todos los datos de naturaleza consciente desde la concepción hasta el "ahora".

BÁSICO: el primer engrama de cualquier cadena de engramas similares.

BÁSICO-BÁSICO: el primer engrama después de la concepción, el básico de todas las cadenas por la sola virtud de ser el primer momento de dolor.

BORRAR: causar que un engrama se "desvanezca" por completo por medio de relatarlo varias veces, en cuyo momento se archiva como memoria y experiencia.

CADENA: cualquier serie de incidentes en el banco de engramas que tienen un contenido similar.

CLEAR: el individuo óptimo, que ya no posee engramas.

Diccionario (definición de *clear* en inglés): brillante; despejado, por lo tanto, sereno; limpio; perceptible; capaz de discernir; comprensivo; libre de dudas; seguro; inocente; neto, como con más ganancia que deudas; libre de deudas; libre de cualquier enredo. *Verbo Transitivo*. Limpiar, como de la suciedad o la obstrucción; iluminar; liberar de la culpabilidad, etc.; abrir camino; desenredar. *Verbo Intransitivo*. Volverse claro y brillante. *Sustantivo*. Un espacio o lugar despejado.

DEMONIO: *circuito* de desviación en la mente, llamado "demonio" debido a que durante mucho tiempo así se le interpretó. Probablemente sea un mecanismo electrónico.

DESORIENTADOR: cualquier orden engrámica que hace que el paciente se mueva de una forma o en una dirección en la línea temporal que es contraria a las instrucciones del auditor o a los deseos de la mente analítica del paciente.

DIANETICS: (del griego *dia*, a través, y *nous*, mente o alma); lo que la mente (o el alma) le está haciendo al cuerpo.

DINÁMICA: impulso, empuje y propósito de la vida (¡SOBREVIVE!) en sus cuatro manifestaciones: uno mismo, el sexo, el grupo y la Humanidad.

ENGRAMA: cualquier momento de mayor o menor "inconsciencia" por parte de la mente analítica, que le permite a la mente reactiva grabar; el contenido total de ese momento con todos los percépticos.

LIBERADO: cualquier persona que se ha avanzado hasta un estado aproximado al normal de 1950, mediante la terapia de Dianetics, ya sea que se haya avanzado desde una condición de psicótico o neurótico. El acto de liberarse por medio de la terapia.

LÍNEA TEMPORAL: lapso temporal de un individuo desde la concepción hasta el tiempo presente, en que se encuentra la secuencia de sucesos de esta vida.

MEMORIA: cualquier cosa que, al percibirse, se archiva en el banco de memoria estándar y puede ser recordada por la mente analítica.

MENTE ANALÍTICA: la mente que computa, el "yo" y su conciencia.

MENTE REACTIVA: mente a nivel celular que no está "inconsciente", sino que siempre está consciente; la mente oculta, hasta ahora desconocida.

NEGADOR: cualquier orden engrámica que hace que un paciente crea que el engrama no existe.

ORDEN ENGRÁMICA: cualquier frase contenida en un engrama.

PERCÉPTICO: cualquier mensaje de los sentidos, como la vista, el sonido, el olor, etc.

PRECLEAR: cualquier persona a quien se ha iniciado en la terapia de Dianetics.

PRELIBERADO: cualquier paciente al que se ha iniciado en la terapia para lograr una Liberación de sus principales dificultades, psicosomáticas o aberrativas.

PSICOSOMÁTICO: cualquier desorden o enfermedad física generados por el cuerpo mismo.

REBOTADOR: cualquier orden engrámica que, cuando la mente analítica se le acerca en la línea temporal, hace que el paciente vuelva hacia tiempo presente.

REDUCIR: liberar un engrama de algún somático o emoción por medio de relatarlo.

RETENEDOR: cualquier orden engrámica que causa que un individuo permanezca en un engrama consciente o inconscientemente.

SIMBIONTE: cualquier entidad de vida o energía que ayuda a un individuo o al hombre en su supervivencia.

SOMÁTICO: término que se usa en Dianetics para designar el dolor, cualquier condición corporal experimentada cuando se contacta con un engrama; el dolor de una enfermedad psicosomática.

SÓNICO: recordar por medio de escuchar un sonido del pasado con el "oído de la mente".

SUPRESOR: las fuerzas exteriores que reducen las oportunidades de supervivencia de cualquier ser vivo.

VISIÓN: recuerdo por medio de ver una vista pasada con el "ojo de la mente".

DIANETICS
en el SIGLO XXI

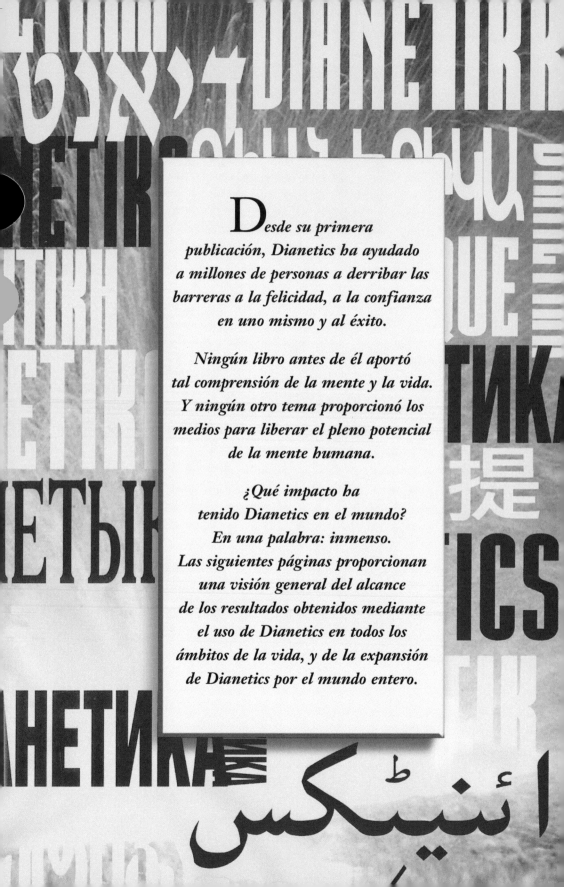

Desde su primera
publicación, Dianetics ha ayudado
a millones de personas a derribar las
barreras a la felicidad, a la confianza
en uno mismo y al éxito.

Ningún libro antes de él aportó
tal comprensión de la mente y la vida.
Y ningún otro tema proporcionó los
medios para liberar el pleno potencial
de la mente humana.

¿Qué impacto ha
tenido Dianetics en el mundo?
En una palabra: inmenso.
Las siguientes páginas proporcionan
una visión general del alcance
de los resultados obtenidos mediante
el uso de Dianetics en todos los
ámbitos de la vida, y de la expansión
de Dianetics por el mundo entero.

DIANETICS
en el SIGLO XXI

L. Ronald Hubbard, 1950

LA HISTORIA de Dianetics acaba de empezar. Qué otras cosas comienzan con el origen de una ciencia de la mente solo el mañana lo puede decir.

Así preparaba L. Ronald Hubbard a sus lectores para los avances que él sabía que sin duda vendrían a continuación, y así presentamos nosotros esta historia actualizada de Dianetics en el siglo XXI.

Apropiadamente, esa historia comienza con la publicación el 9 de mayo de 1950 de *Dianetics: La Ciencia Moderna de la Salud Mental*, y lo que correctamente se describió como una tormenta nacional de Dianetics. Entre otros barómetros del día estaban los 750 grupos de auditación que se formaron espontáneamente por todo Estados Unidos, y muchos miles más que se embarcaron en la *Terra Incognita* a medida que el título siguió ocupando la cima de una lista de *best sellers* del *New York Times*. Formando también un remolino de entusiasmo más allá de la primavera de 1950, estaban las extendidas Fundaciones de Investigación de Dianetics donde L. Ronald Hubbard dio conferencias, instruyó y de otras maneras respondió a una asombrosa demanda popular. No obstante, y precisamente como lo prometiera en su capítulo final de este libro, sin ninguna duda pronto se llevaría a cabo más investigación, y en concreto de acuerdo con lo que él designó como Plan B: una investigación concertada sobre la fuerza vital.

DIANETICS SERIES TODAY IN DAILY NEWS

One of the most controversial subjects of recent months–the new science of Dianetics–is comprehensively analyzed in the language of the layman, starting today in the Daily News.

A Daily News staff writer, with instructions to keep an open mind on the subject and make a thorough study of it, read L. Ron Hubbard's best-selling book, interview the author and observed classes of instruction.

What he read, what he saw and what he heard he reports today in the first of a series of articles offering an objective analysis of Dianetics.

To be well informed on this popular subject, start reading the series today on Page 2.

...tracts all types in L. A.

L. RON HUBBARD, YOUT...
It is science, he insists, ...

Hubbard's di...
they've all ...

(This is the first of a daily ser... newly formulated science of Di... known as Dianetic processing... impartial report on the claims a... mulator of scientific axioms of... attracted millions of adherents.

...on't
...ation

...cials scored decisively
...rst legal skirmish with
... county's Communist
...dinance.
...ward T. Bishop, of the
...rt Appellate Department,
... to the county in refusing
...mporary restraining order
...have enjoined the county
...ing its new anti-subversive

...nction was sought by the
...Civil Liberties Union on the
... three county ordinances vio-
...ederal constitution and would
...nconstitutional expenditure of
... money.
...dge Bishop set Sept. 14 for a
...on an order to show cause why
...s should not be enjoined.
...udge said that in his opinion "the
...rs' interest isn't jeopardized by my
...g to sign the order."
...ge Bishop explained that the
...st of money the county would spend
...forcing the ordinances between now
...ept. 14 "would not justify tying the
...y hands."
...The petitioners have a right to have
... case heard," he added, "but no right
...n advance judgement, which is what
...restraining order would mean."
...The court action came in the midst of a
...eting of county counsel Harold
...ennedy, Deputy Dist. Atty. Thomas P.
...nnerty Jr. and Lt. James Pascoe of the
...heriff's anti-subversive detail ... to hain-
...ner out the precise procedure to be fol-
...owed in making the arrest of known
...Reds.
At the conclusion of the meet-
...ing Kennedy said that "sufficient

(Continued on Page 45, Col. 1)

Dianetics: A study of the mind–fastest growing

L. RON HUBBARD LAUGHS READILY
Because "Dianetics is no solemn adventure"

HE EXPLAINS, DOES NOT DEFEND
"A science of mind was a goal ... of Man"

ALL OF LIFE WAS F...
"I began to think of me...

Dianetics – taking U. S. by storm

(continued from page 2)
was obvious that mind meters body function." He was later to conclude that "what has been called emotion is really in two sections: first, there is the endocrine system which, handled either by the analytical mind... or the reactive mind...brings emotional responses of fear, enthusiasm, apathy, etc." Glands were an instrument of body control!

Hubbard confesses he finally tired of listening with half an ear to lectures repeating the dictums of authority while he was doing his own thinking on other planes, and he left the university sans degree.

He went on a cruise to the West Indies aboard a four-masted

1930s and upon his return he encountered the necessity of nourishing the body as well as the mind.

During his student days he had begun to write pulp fiction and he turned to this as a means of livelihood. His first stock in trade were flying stories, to be followed by travel and adventure yarns and by science fiction.

When he married his economic problem was doubled, so he doubled his output. He became one of the most prolific and most successful writers in his field.

"I got pretty good at it. I wrote 100,000 words a month to support myself."

A note to critics here. Do not

trappings, he regards higher education as now administered as mere surface scratchings.

Neither will he offer any excuses for popular identification of him solely as a pulp author. Hacking out potboilers was a living and a means to an end. He regarded himself first and always the scholar and scientist.

By 1935 he was ready to begin some of the basic research, and by 1938 the primary axioms of Dianetics had been discovered and formulated. Hubbard at that time was so nearly tempted to send up a trial balloon that he wrote a book embracing the principles of his science, but he allowed the book to languish unpublish...

Filling the small amphitheater ...
They present manifold contra...
two-thirds are men, a statistic wh...

There are numbers of youn...
some of them bright-eyed and ...
vely turned out; some of them ...
underweight and of strained co...

And young men you might ...
ly expect to find in an art ...
alternately tight visaged and d...
thetic do they manage to co...
features.

Maiden ladies suffering ...
sterility of their middle ye...
already left them behind, g...
somehow forlorn.

A liberal sprinkling of th...
terparts, men no longer y...
privately decide have met ...
lusion but live on alone i...
light a glimmering hope...

A few of their peace...
them pink and plump un...
ous in the measure of we...
But they are no less a...
well-fed.

Conspicuously, a b...
younger men betray d...
and mannerisms of se...
As for the rest yo...
conventionally, clas...
'normal."

But all in the aud...
denominator—the t...
something very real...
are directing to the...
the smallest act an...
on the cramped sta...

For the man is...
is discoursing on...
yet mysterious...
turned, will rev...
right all the ma...
the organism 'cr...

N...
U...
4...

S...
M...
S...
bl...
co...
ai...

in...
to...
S...
U...

A...
bu...
S...
re...
ph...
w...
pl...
a...

'Roof' caves in on dozen bar patrons

Too much overhead forced the Keith Jones cocktail lounge at 727 South Hill street to close its doors today, but the management was philosophical about it—there's no use crying over spilled liquor.

Twelve patrons were quietly imbibing their group, said bartender Robert Keegan, 30, of 810 South Alvarado street, when the roof fell in.

It isn't exactly the roof, but three tons of overhang that broke loose from its anchorage over the bar. Everyone escaped serious injury, but Keegan suffered painful cuts of the hands when the mirror behind the bar was smashed.

Damage was estimated at $15,000, including destruction of a considerable supply of liquor stock.

Mrs. Opal Brownstein, 40, of 527 Carondelet street, was pinned by one arm to the fallen wreckage and was released by her husband, Irving, 39.

Dianetics believed key to increased zest for living

(Continued from Page 3)

I'd be a lot happier," commented this seemingly very happy man. Dianetics' list of positives, on the other hand, is a long one, by its composer's own recital.

It can remove the aberrations which make man a selfish and anti-social creature.

It can put an end to his psychosomatic illnesses, such as the common cold, arthritis, migraine, ulcers, allergies, asthma, sinusitis, bursitis, (hysterical) paralysis and (non-pathological) eye trouble, to mention only a few, and possibly a whole host of other ailments which up to now have not been recognized by medicine as psychosomatic in origin. As an example of the latter he reports:

"A number of general diseases are predisposed and perpetuated by engrams. Tuberculosis is one. Dianetics can rid society of the costly curse of alcoholism: "All alcoholics are alcoholic because of their engrams. Discharge the reactive engram bank . . . and the dipsomaniac can drink when he likes and stop."

It can largely discourage the "criminal" practice of abortion, a "crime committed against a child," and it can decimate crimes of violence where the penal system has failed.

It holds hope that man may at last dispense with the ugly institution of war, because wars are the end product of social aberrations at the national level: "By contagion of aberration, both nations (go) mad. Rationality alone can guide man past these threats to his extinction.

It can stamp out homosexuality, which is attributed to attempted abortion: ". . . with effective science to handle the problem, a society which would continue to endure perversion . . . doesn't deserve to exist."

Linked with psychosomatic illnesses, chronic mental derangements, be they cyclical or continuous, can be wiped out.

Dianetics can rectify the mental short circuits which bring accidental death, can increase longevity, minimize the pain of child bearing and present mankind with vast new intellectual vistas freeing him from the fetters imposed by Precedent and Authority.

"Advance comes from asking free-minded questions of nature, not from quoting the works and thinking the thoughts of bygone years," Hubbard argues. "So long as Aristotle remained the Authority for All, the Dark Ages reigned.

But best of all, he says, Dianetics is available to all.

The technique of Dianetic therapy, he insists, is basically simple and can be understood and applied to each other by any two reasonably intelligent people.

"No previous background in psychoanalysis or psychology is necessary.

That claim is the target on which professional men have trained their heaviest critical guns.

(Concluded tomorrow)

DIANETICS:
Husbands are auditing their wives; neighbors form discussion groups

(This is the third of a daily series published by the Daily News on the newly formulated science of Dianetics and the technique of mental therapy known as Dianetic processing. The series will continue an objective and impartial report on the claims and accomplishments of L. Ron Hubbard, formulator of scientific axioms of human thought processes which already have attracted millions of adherents.)

By JOHN CLARKE
(Daily News Staff Writer)

National headquarters of the Dianetic Research Foundation . . . but, like popular . . .

Yet even before the Foundation's local branch was opened and before Hubbard came here to lecture and conduct demonstrations of therapy students, the initial class of paying students, the movement had fanned out at an epidemic rate.

Dianetics clubs blossomed like wild flowers in the spring, organized by people who merely had read the book, "Dianetics: The Modern Science of Mental Health," expressly recommended to them by other people who had read the book.

Neighbors formed discussion groups, husbands began to "audit" their wives and wives their husbands, and seminars on such vaguely comprehended topics as "Survival Dynamics" and "The Optimum Individual" became . . . cultural fare on college cam-

ry, where aspiring auditors themselves are audited as well as auditing, or processing, preclears. It is something akin to the pre-graduation cramming of students everywhere. These are seeking to be certified by the Foundation as professional auditors.

Much of this type of training is performed on a team basis, with student A and student B alternating as auditor and pre-clear, the practitioner and patient.

Also much favored in polishing up students in the triad system, whereas student A audits student B, B audits C and C audits A.

Regarded as the "ideal" tryad is one in which all three members are of the same sex, the same general cultural level and whose relationship each to the others is friendly but not intimate.

Still another project involves the reservation of 20 to 30 rooms each weekend at the country club Hotel-Villa at 445 North Rossmore Avenue, where what obscurely described as "intensive auditing with chemical assist" is conducted on a continuous 4 hour basis.

Participating in these seminars of concentrated therapy each week are 40 student auditors and 20 pre-clears. For each four students there is a professional auditor. He is present not only for purposes of instruction but presumably to supervise the administration of the chemical "assists."

(continued on Page 12, Col 5)

...ement' in America

RESEARCH WAS HIS INSTRUMENT
"I knew what the principles were but ..."

...r tells birth of ...ific brainchild

...second of a daily series published by the Daily News on ...lated science of Dianetics and the technique of mental ...as Dianetic processing. The series will continue an ...partial report on the claims and accomplishments of L. ...formulator of scientific axioms of human thought ...already have attracted millions of adherents.

By JOHN CLARKE
(Daily News Staff Writer)

...bard is a onetime engineer, philosopher ...cer and prolific producer of science fiction of the ...ntastic, school of . . .

. . . by his own ...pendent thinker ...a rebel against ...rthodoxy.

. . . of 39 years, ...sacks of very red ...mobile features, ...less energy and

motivated out of ignorance (of Dianetics) which is deplorable, or (economic) self-interest, which is even more deplorable.

But if medical men, the book trade, the literary critics, contemporaries in the writing craft, economists, politicians and observers of human phenomena generally have been astounded,

in July that the ...ened its doors. ...3950 West Sixth ...courses opened ...y building hous- ...and 20 "process- ...South Park View

...ly acquired was a ...Hoover street and ...vard. This is the ...e," where advanced ...receive intensified ...guidance from ...nts.

...of practical laborato-

DIANETICS
New mental science helps to in... rationality, zest for living, claim

(This is the fourth of a daily series published by the Daily News on the newly formulated science of Dianetics and the technique of mental therapy known as Dianetic processing. The series provides an objective and impartial report on the claims and accomplishments of L. Ron Hubbard, formulator of scientific axioms of human thought processes which already have attracted millions of adherents.)

By JOHN CLARKE
(Daily News Staff Writer)

Spectacular success, particularly the sudden variety, does not bring rewards wholly unadulterated by tribulations, irritations and complications previously unexperienced.

L. Ron Hubbard has learned this lesson, if he did not know it before, in

he is pleased with explaining what it is.

Almost hourly, by way of illustration, he is called upon to rebuke the misconception that his theories and his conclusions constitute a new religion.

This is the most common of all the false notions about Dianetics which he is called upon to confront and attempt to batter down.

Although he asserts that all human behaviorisms can be accounted for without resort to metaphysics or mysticism, and although he does have a great deal to say about human morals and mores, Hubbard rejects and considers unfair the attempts which have been made to identify or confuse his (scientific) concepts with organized religions, religious philosophies, spiritual beliefs, faiths, cults or deitific venerations.

L. Ronald Hubbard impartió 155 conferencias públicas tan solo en 1950, para hacer frente a una demanda de Dianetics a nivel nacional.

The New York Times

OCTOBER 1, 1950

The Best Seller List

An analysis based on reports from leading booksellers in 36 cities, showing the sales rating of 16 leading fiction and general titles, and their relative standing over the past 3 weeks.

General

Sept. 10	Sept. 17	Sept. 24	This week	
1	1	2	1	Courtroom, *Reynolds*
3	3	3	2	Look Younger, Live Longer, *Hauser*
2	2	1	3	The Little Princesses, *Crawford*
	16	10	4	Kon-Tiki, *Heyerdahl*
4	4	4	5	**Dianetics,** *Hubbard*
7	6	5	6	The Mature Mind, *Overstreet*
	13	7	7	The Story of Ernie Pyle, *Miller*
5	7	6	8	Worlds in Collision, *Velikovsky*
9	9	12	9	Behind Closed Doors, *Zacherias*
11	11	10	10	Anybody Can Do Anything, *MacDonald*
6	5	9	11	Roosevelt in Retrospect, *Gunther*
8	8	8	12	John Adams and the American Revolution, *Bowen*
			13	Behind the Flyi...
10	10	13	14	Chicago Confide...
12	12	14	15	Springtime in P...

DAILY MAIL

EVENING ★★★ EDITION

ON INSIDE PAGES
State - A-12 · Regional B-8
Local - B-1 · Business - C-1
Sports - D-1 · Theater - D-14
Comics - D-16 · Weather - D-16

Dianetics-Overnight Whirlwind Success

A Mental Science That Unleashes the Mind

L. Ron Hubbard is a venture engineer, mathematician, philosopher, Naval Officer and prolific producer of science fiction of the space ship or fantasy school of literature.

He is, more, he has now become an independent thinker and as such a rebel against authority and orthodoxy.

He is a man of his own beliefs there, chunks of very old lore, large and middle futures, seemingly endless energy and much humor.

Energy and humor stand him in good stead. He uses ...

New High Reached on Home Sales

Council Votes to

New High Reached on Home Sales

[remaining columns of article text illegible]

DIANETICS SERIES TODAY IN DAILY NEWS

One of the most controversial subjects of recent months—the new science of Dianetics—is comprehensively analyzed in the language of the layman, starting today in the Daily News.

A Daily News staff writer, with instructions to keep an open mind on the subject and make a thorough study of it, read L. Ron Hubbard's best-selling book, interviewed the author and observed classes of instruction.

What he read, what he saw and what he heard he reports today in the first of a series of articles offering an objective analysis of Dianetics.

To be well informed on this popular subject, start reading the series today on Page 2.

El tema es inmenso y la senda de investigación exhaustiva. Pero basta decir que al cabo de doce meses, L. Ronald Hubbard realmente había identificado una fuerza vivificadora dentro de todo ser vivo. A esta la llamó *Theta*, y la distinguió como energía que existe separada y de forma distinta al universo físico tal y como lo conocemos. En lo que a eso respecta, *Theta* era una rendija en un muro tras el cual se encontraba un reino totalmente distinto de *Terra Incognita*. Era también una señal indicadora hacia un enunciado de lo más intrigante que hizo en su exposición de La Célula y el Organismo (Libro Dos, Capítulo Tres). A saber:

"A menos que postulemos un alma humana entrando en el espermatozoide y en el óvulo en el momento de la concepción, hay cosas que ningún otro postulado abarcará, excepto que estas células *sean* de algún modo sensibles y conscientes".

La primera etapa de dicha investigación culminó a mediados de 1951 con la publicación del siguiente libro de L. Ronald Hubbard sobre Dianetics, *La Ciencia de la Supervivencia*. Que el libro esté construido en torno a la Tabla Hubbard de Evaluación Humana mediante la cual uno puede predecir de modo certero el comportamiento humano y señalar la entrada adecuada al caso es también, por supuesto, significativo; pues aquí estaban los primeros refinamientos técnicos postulados durante las páginas anteriores.

Mientras tanto, y de la misma manera que se expuso en una página anterior en este libro, L. Ronald Hubbard desarrolló con indudable éxito un "galvanómetro muy sensible" con el que medir la entonces desconocida emisión de energía humana. De hecho, este fue el primero de una larga serie de electropsicómetros que se fueron desarrollando, más conocido hoy en día como *E-Metro*, y que mide el estado o cambio de estado mental. Así pues, en términos de Dianetics, los E-Metros pronto se emplearon para localizar engramas con una velocidad y precisión inimaginables.

El siguiente libro de L. Ronald Hubbard sobre Dianetics: La Ciencia de la Supervivencia.

L. Ronald Hubbard demostrando personalmente las técnicas de Dianetics con un E-Metro de los primeros días.

MAN'S SEARCH FOR HIS SOUL

L. Ronald Hubbard en la primera
Organización de Scientology en
Phoenix, Arizona, en 1952.

Sin embargo los fines más elevados de la investigación de L. Ronald Hubbard posteriores a la primavera de 1950 provinieron del mayor Plan C:

"Un intento por descubrir un nivel superior del origen y destino universales".

No hace falta decir que el tema es inconmensurablemente vasto, y a la larga comportaba ni más ni menos que una auténtica medición de esa postulada alma humana. (Dejemos constancia aquí de que la primera evaluación de este tipo se llevó a cabo con un electropsicómetro en Wichita, Kansas, a finales de 1951, con pruebas adicionales en Phoenix, Arizona, durante 1952). No hace falta decir también que los resultados de aquellas pruebas llenarían muchos otros libros de L. Ronald Hubbard, pero se resumen en esto: a los dos años de escribir el libro que ahora tienes en tus manos, L. Ronald Hubbard se convirtió en la primera persona que aisló e identificó científicamente el alma humana.

L. Ronald Hubbard a la larga dio en total más de 3000 conferencias para delinear los descubrimientos relativos a la mente y el espíritu humanos.

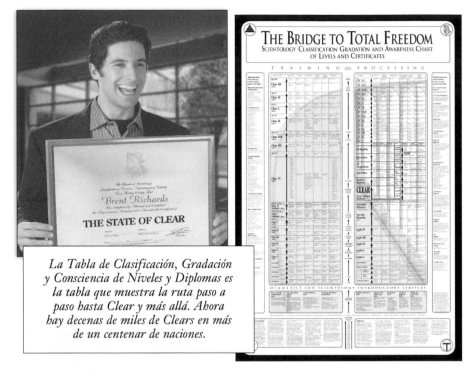

> *La Tabla de Clasificación, Gradación y Consciencia de Niveles y Diplomas es la tabla que muestra la ruta paso a paso hasta Clear y más allá. Ahora hay decenas de miles de Clears en más de un centenar de naciones.*

Este es, pues, el tema de *Scientology*, que fundó L. Ronald Hubbard en 1952. Literalmente significa "saber cómo saber", y se define como "el estudio y manejo del espíritu en relación consigo mismo, los universos y otra vida". Se extiende a partir de las verdades centrales de Dianetics y también las abarca, y es por tanto una religión totalmente práctica. De hecho, exactamente como has atisbado ahora el Estado de Clear, del mismo modo presenta Scientology una ruta paso a paso a estados incluso más elevados: estados ni siquiera imaginados previamente, pero no obstante absolutamente reales. En lo que a eso respecta, Scientology es ese Puente mejor que L. Ronald Hubbard pedía al concluir este libro. Scientology es esa amplia y firme ruta a una meseta inmensamente más elevada.

De ningún modo, sin embargo, concluyó la historia de Dianetics con la Fundación de Scientology. Pues como también predijera L. Ronald Hubbard:

"Los métodos de aplicación no pueden sino ser perfeccionados".

En consecuencia, y específicamente dirigidos a un progreso más rápido del preclear, él desarrolló procedimientos avanzados de Dianetics. Esos procedimientos están ahora disponibles en las Iglesias de Scientology en el mundo entero y, como consecuencia, ahora hay decenas de miles de Clears en más de cien naciones.

También a consecuencia del mayor avance de Dianetics existe todo lo que ahora se considera "sabiduría convencional" en lo que respecta a la mente humana: el diccionario médico universalmente estándar que impone a los médicos "Nada [debe] decirse en presencia del paciente que el paciente no deba oír, porque el paciente que no responde sigue estando consciente de los alrededores y puede oír lo que se dice" o el *London Sunday Times* que advirtió de manera similar a los médicos: "Los pacientes anestesiados a menudo oyen subconscientemente todo lo que se dice durante las operaciones y pueden sufrir efectos nocivos como resultado". Luego está el Movimiento Nacional de Natalidad que recomienda los partos en silencio, mientras escuelas enteras de pensamiento médico finalmente están aceptando el hecho de que la experiencia prenatal configura significativamente la personalidad.

Negative Comments by Surgeons Can Harm Unconscious Patients

Patients can hear during operations

Dianetics fue la primera publicación que manifestó que hablar durante la cirugía tiene un efecto negativo en el paciente inconsciente.

Finalmente (y aquí se encuentra la otra cara de la historia de Dianetics tras la primavera de 1950) está todo lo que este libro ha llegado a representar como movimiento mundial hacia sí mismo. En suma, no ha habido manual más popular de su clase en la historia. Desde su publicación original, *Dianetics* ha sido traducido a más de cincuenta idiomas y ha aparecido en unas 600 listas de *best sellers*.

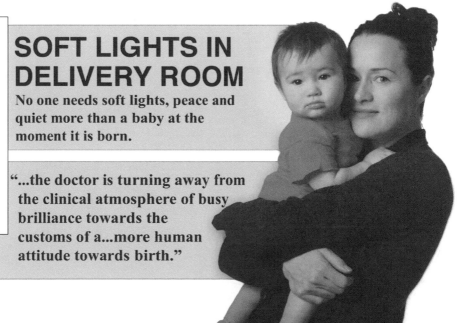

Hoy en día, la ciencia ha ratificado lo que todo dianeticista sabía en 1950: la experiencia prenatal y el nacimiento configuran significativamente la personalidad de una criatura.

SOFT LIGHTS IN DELIVERY ROOM

No one needs soft lights, peace and quiet more than a baby at the moment it is born.

"...the doctor is turning away from the clinical atmosphere of busy brilliance towards the customs of a...more human attitude towards birth."

The New York Times
BOOK REVIEW

PAPERBACK BESTSELLERS - NONFICTION

1. DIANETICS, by L. Ron Hubbard
2. RAND MCNALLY ROAD ATLAS
3. GARFIELD WORLDWIDE, by Jim Davis
4. WOMEN WHO LOVE TOO MUCH, by Robin Norwood
5. THE ARTHUR YOUNG TAX GUIDE

Lists Of Bests
"The best of the 'Best of' lists in one place."

Home | News | FAQ | Stats | Feedback   Login | Register

Random House Modern Library 100 Best Books of the 20th Century: Nonfiction (Reader's List)

The reader's poll for the best nonfiction published in the English language since 1900 opened on April 29, 1999 and closed on September 30, 1999 with a total of 194,829 votes cast.

#	TITLE	AUTHOR
1	Virtue of Selfishness	Ayn Rand
2.	**DIANETICS**	**L. Ron Hubbard**
3	Objectivism	Leonard Peikoff
4	101 Things To Do 'Til the Revolution	Claire Wolfe
5	God of the Machine	Isabel B. Paterson

Chicago Tribune

BESTSELLERS
Paperback

Dianetics	L. Ron Hubbard
Garfield Chews the Fat	Jim Davis

La incesante popularidad de Dianetics se mide también en más de 600 listas de best sellers a nivel mundial.

Hay grupos de Dianetics en miles de ciudades de más de 160 naciones con nuevos grupos formándose cada semana.

Décadas después de su primera publicación, no solo ganó el premio Century Award del semanario *Publishers Weekly* por haber estado en su lista de *best sellers* durante un periodo sin precedentes de 100 semanas, sino también apareció de nuevo en la lista de *best sellers* del *New York Times*. Además, esa popularidad es totalmente universal, con grupos populares, organizaciones y Fundaciones de Dianetics, desde Asia hasta África y por todas las Américas y Europa: más de 160 naciones en total. Por citar solo unos pocos ejemplos representativos: hay monasterios Tibetanos donde Dianetics sustituye ahora a la meditación introspectiva, y universidades donde Dianetics prácticamente ha desplazado a la psicología. Hay además cientos de oficinas estatales y municipales que ahora proclaman el 9 de mayo como "el Día de Dianetics", y el Sondeo de Lectores de la Biblioteca Moderna de Random House sitúa este libro entre las diez obras de no ficción más significativas del siglo XX. Mientras que a medida que continuamos adentrándonos en el siglo XXI, un nuevo lector toma un ejemplar en alguna parte del mundo cada 4.8 segundos, y se embarca así en el viaje que tú mismo has empezado ahora.

Lo lejos y rápido que uno progrese en ese viaje es, por supuesto, elección del lector. Pero ahora hay seminarios y cursos en miles de grupos de Dianetics ya establecidos por todo el mundo, por no mencionar a todas las iglesias y misiones de Scientology: y todo ello para hacer que vayas más deprisa hacia la comprensión personal de todo lo que acabas de leer.

Un nuevo lector recoge un ejemplar de Dianetics, en alguna parte del mundo, cada 4,8 segundos.

San Francisco, EE.UU.

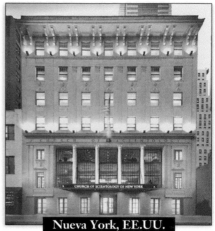

Nueva York, EE.UU.

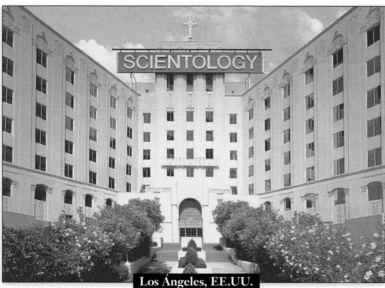

Los Ángeles, EE.UU.

Hoy en día Dianetics está floreciendo como parte de la religión de más rápido crecimiento en el mundo.

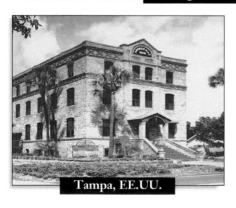

Tampa, EE.UU.

Los Ángeles, EE.UU.

Clearwater, EE.UU.

Washington, D.C., EE.UU.

Buffalo, EE.UU.

Stevens Creek, EE.UU.

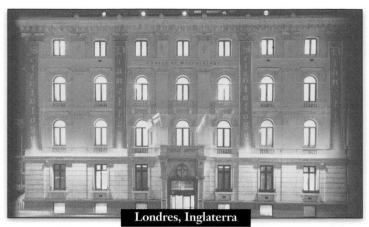

Londres, Inglaterra

Berlín, Alemania

Por todo el mundo existen cientos de Iglesias de Scientology con Fundaciones de Dianetics Hubbard.

Johannesburgo, Sudáfrica

Toronto, Canadá

Madrid, España

Hamburgo, Alemania

Milán, Italia

Copenhague, Dinamarca

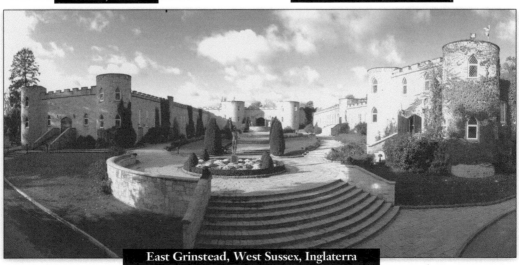

East Grinstead, West Sussex, Inglaterra

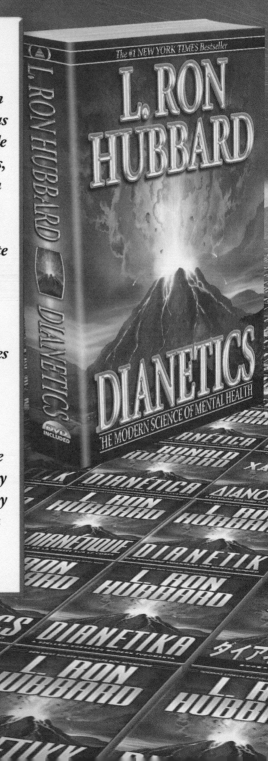

D ianetics es la solución a los problemas que afrontamos personalmente y como sociedad. En un mundo donde las razas se enfrentan a las razas, las naciones a las naciones, donde la violencia súbita hace añicos las vidas, donde los amigos y la familia padecen dolor, confusión y desdicha, este libro revela la única fuente común y el verdadero enemigo del hombre: la mente reactiva. Y proporciona la única tecnología para librarse de ella.

Dianetics ha soportado la prueba del tiempo, cambiando vidas por todas partes durante más de medio siglo.

El momento ha llegado para que tú, también, comiences la aventura. Ponte en contacto con la Fundación de Dianetics o con la iglesia de Scientology de tu localidad (véanse las Direcciones) y empieza a andar hoy por el camino a una vida mejor. Y que nunca vuelvas a ser el mismo.

APÉNDICE

Estudio Adicional
Libros y Conferencias por L. Ronald Hubbard

Los materiales de Dianetics y Scientology componen el conjunto más grande de información jamás reunido sobre la mente, el espíritu y la vida, rigurosamente perfeccionado y sistematizado por L. Ronald Hubbard durante cinco décadas de búsqueda, investigación y desarrollo. Los resultados de ese trabajo están contenidos en cientos de libros y más de 3000 conferencias grabadas. En cualquier Iglesia u Organización de Publicaciones de Scientology, se puede conseguir una lista y descripción completas de todas ellas, incluyendo las ediciones traducidas disponibles en tu idioma. (Véase la *Guía de los Materiales*).

Los libros y las conferencias mencionados a continuación forman los cimientos sobre los que se ha construido El Puente a la Libertad. Aparecen en la secuencia en que Ronald los escribió o los hizo disponibles. En muchos casos, Ronald dio una serie de conferencias inmediatamente después del lanzamiento de un libro nuevo para proporcionar una explicación y comprensión adicionales de estos hitos. Gracias a esfuerzos monumentales de traducción, esas conferencias están ahora disponibles y aparecen aquí junto con el libro que las acompaña.

Mientras que los libros de Ronald contienen los resúmenes de los avances sensacionales y de las conclusiones a medida que aparecían en el curso de la investigación y desarrollo, sus conferencias proporcionan el registro diario de la investigación y explican los pensamientos, conclusiones, pruebas y demostraciones que hay a lo largo de ese camino. En lo que a eso respecta, son el registro completo de todo el curso de la investigación, que proporcionan no solo los avances sensacionales más importantes en la historia del hombre, sino también el *porqué* y el *cómo* Ronald llegó a ellos.

Una ventaja importante del estudio cronológico de estos libros y conferencias es la inclusión de las palabras y términos que, cuando se usaron originalmente, se definieron con considerable exactitud por LRH. Más allá de una mera "definición", hay conferencias enteras dedicadas a la descripción completa de cada nuevo término de Dianetics y Scientology: que hizo posible el descubrimiento, su aplicación en la auditación así como su aplicación a la vida en sí. Como resultado, uno no deja detrás ningún malentendido, obtiene una comprensión conceptual completa de Dianetics y Scientology y capta los temas a un nivel que de otra manera es imposible.

A través de un estudio en secuencia, puedes ver cómo progresó el tema y reconocer los niveles más altos de desarrollo. La lista de los libros y conferencias que se presenta a continuación muestra dónde encaja *Dianetics: La Ciencia Moderna de la Salud Mental* en la línea de desarrollo. A partir de ahí puedes determinar tu *siguiente* paso o cualesquiera libros o conferencias anteriores que hayas podido pasar por alto. Entonces serás capaz de rellenar los huecos, no solo adquiriendo conocimiento de cada descubrimiento, sino una mayor comprensión de lo que ya hayas estudiado.

Este es el camino hacia saber cómo saber que abre las puertas a tu futura eternidad. Síguelo.

DIANETICS: LA TESIS ORIGINAL • La *primera* descripción de Dianetics que hizo Ronald. Originalmente estuvo en circulación en forma de manuscrito, fue copiada rápidamente y se pasó de mano en mano. Al correrse la voz se creó tal demanda de información adicional que Ronald concluyó que la única manera de responder a las preguntas era con un libro. Ese libro fue Dianetics: La Ciencia Moderna de la Salud Mental, que ahora es el libro de autoayuda más vendido de todos los tiempos. Descubre qué comenzó todo. Pues estos son los cimientos sólidos de los descubrimientos de Dianetics: los *Axiomas Originales*, el *Principio Dinámico de la Existencia*, la *Anatomía de la Mente Analítica* y de la *Mente Reactiva*, las *Dinámicas*, la *Escala Tonal*, el *Código del Auditor* y la primera descripción de un *Clear*. Aún más, estas son las leyes primarias que describen *cómo* y *por qué* funciona la auditación. Solo se encuentra aquí, en Dianetics: La Tesis Original.

DIANETICS: LA EVOLUCIÓN DE UNA CIENCIA • Esta es la historia de *cómo* Ronald descubrió la mente reactiva y desarrolló los procedimientos para deshacerse de ella. Escrito originalmente para una revista nacional, publicado para que coincidiera con la publicación de Dianetics: La Ciencia Moderna de la Salud Mental, inició un movimiento que se extendió como reguero de pólvora, casi de la noche a la mañana, tras la publicación de ese libro. Por tanto, aquí se encuentran, tanto los fundamentos de Dianetics como el único informe del viaje de descubrimientos de Ronald a lo largo de dos décadas y de la manera en que aplicó la metodología científica a los problemas de la mente humana. Lo escribió para que lo supieras. Por eso, este libro es de lectura obligada para todo dianeticista y scientologist.

DIANETICS: LA CIENCIA MODERNA DE LA SALUD MENTAL • *(Este Libro)* El inesperado acontecimiento que inició un movimiento mundial. Pues aunque Ronald había anunciado previamente su descubrimiento de la mente reactiva, eso solo había avivado el fuego de los que querían más información. Más concretamente: era humanamente imposible que un hombre llevara a Clear a todo un planeta. Ronald proporcionó el manual completo del procedimiento de Dianetics, que abarcaba todos sus descubrimientos anteriores y las historias de caso de la aplicación de esos avances sensacionales, para entrenar auditores a usarlos en todas partes. Habiendo sido un *best seller* durante más de medio siglo, habiéndose traducido en 50 idiomas, habiéndose impreso decenas de millones de ejemplares y en uso en más de 100 países de la Tierra, Dianetics: La Ciencia Moderna de la Salud Mental es sin discusión el libro más leído y más influyente sobre la mente humana que se haya escrito jamás. Y por eso siempre se le conocerá como el *Libro Uno*.

CONFERENCIAS Y DEMOSTRACIONES DE DIANETICS • Inmediatamente después de la publicación de *Dianetics*, LRH comenzó a dar conferencias en auditorios atestados de gente por todo Estados Unidos. Aunque se dirigía a miles de personas al mismo tiempo, la demanda siguió creciendo. Para satisfacer esa demanda, se grabó su presentación en Oakland, California. En estas cuatro conferencias, Ronald relató los acontecimientos que provocaron su investigación, y su viaje personal hacia sus descubrimientos pioneros. Después continuó con una demostración personal de auditación de Dianetics: la única demostración de Libro Uno que hay disponible. *4 conferencias.*

🎙 **CONFERENCIAS DEL CURSO PROFESIONAL DE DIANETICS:** *UN CURSO ESPECIAL PARA AUDITORES DE LIBRO UNO* • Tras seis meses de viajar de costa a costa, dando conferencias a los primeros dianeticistas, Ronald reunió a los auditores en Los Ángeles para un nuevo Curso Profesional. El tema era su siguiente descubrimiento arrollador acerca de la vida: el *Triángulo ARC*, que describe la interrelación de la *Afinidad*, la *Realidad* y la *Comunicación*. A lo largo de una serie de quince conferencias, LRH anunció muchas primicias, incluyendo el *Espectro de la Lógica*, que contiene una infinidad de gradientes desde lo correcto hasta lo incorrecto; el *ARC y las Dinámicas*; las *Escalas Tonales de ARC*; el *Código del Auditor* y cómo se relaciona con el ARC; y la *Tabla de Accesibilidad*, que clasifica un caso y dice cómo procesarlo. Aquí están, entonces, tanto la declaración final sobre los Procedimientos de Auditación del Libro Uno como el descubrimiento que serviría de base para toda la investigación posterior. Durante más de cincuenta años se pensó que los datos de estas conferencias se habían perdido y que solo estaban disponibles en notas de estudiantes publicadas en Notas sobre las Conferencias. Ahora se han descubierto las grabaciones originales, lo que ha hecho que estén ampliamente disponibles por vez primera. La vida en su estado más elevado, la *Comprensión*, está compuesta de Afinidad, Realidad y Comunicación. Y como dijo LRH: la mejor descripción del Triángulo de ARC que se puede encontrar está en estas conferencias. *15 conferencias.*

LA CIENCIA DE LA SUPERVIVENCIA: *LA PREDICCIÓN DEL COMPORTAMIENTO HUMANO* • El libro más útil que tendrás jamás. Desarrollado en torno a la *Tabla Hubbard de Evaluación Humana*, La Ciencia de la Supervivencia proporciona la primera predicción exacta del comportamiento humano. Esta tabla incluye todas las manifestaciones del potencial de supervivencia de un individuo, graduadas desde la más alta hasta la más baja, lo que hace que este sea el libro completo sobre la Escala Tonal. Conociendo solo una o dos características de una persona y usando esta tabla, puedes trazar su posición en la Escala Tonal, y de este modo conocer las demás, y obtener así un índice exacto de *toda* su personalidad, conducta y carácter. Antes de este libro el mundo estaba convencido de que los casos no podían mejorar, sino solo deteriorarse. La Ciencia de la Supervivencia presenta la idea de diferentes estados de caso y la idea completamente nueva de que uno puede subir por la Escala Tonal. Y ahí se encuentra la base de la actual Tabla de Grados.

🎙 **CONFERENCIAS DE LA CIENCIA DE LA SUPERVIVENCIA** • Como fundamento del desarrollo de la Escala Tonal y la Tabla de Evaluación Humana había un descubrimiento monumental: La *Teoría Theta*-Mest, contiene la explicación de la interrelación entre la Vida *(theta)* con el universo físico de Materia, Energía, Espacio y Tiempo: mest. En estas conferencias, impartidas a los estudiantes inmediatamente después de la publicación del libro, Ronald dio la más amplia descripción de todo lo que hay detrás de la Tabla de Evaluación Humana y su aplicación a la vida en sí. Además, también incluye la explicación de cómo la proporción entre *theta* y *entheta (theta enturbulada)* determina la posición de alguien en la Escala Tonal y los medios para ascender a los estados más altos. *6 conferencias.*

AUTOANÁLISIS • Las barreras de la vida son en realidad simplemente sombras. Aprende a conocerte a ti mismo, no solo una sombra de ti mismo. Contiene la más completa descripción de la consciencia, Autoanálisis te lleva a través de tu pasado, a través de tus potencialidades, de tu vida. En primer lugar, con una serie de autoexámenes y utilizando una versión especial de la Tabla Hubbard de Evaluación Humana, te sitúas en la Escala Tonal. Después, aplicando una serie de procesos ligeros, aunque poderosos, te embarcas en la gran aventura del autodescubrimiento. Este libro contiene también principios globales que alcanzan a *cualquier* caso, desde el más bajo hasta el más elevado, incluyendo técnicas de auditación tan eficaces que Ronald se refiere a ellas una y otra vez, durante todos los años siguientes de investigación en los estados más elevados. En resumen, este libro no solo eleva a la persona en la Escala Tonal, sino que puede sacarla casi de cualquier cosa.

PROCEDIMIENTO AVANZADO Y AXIOMAS • Con los nuevos y sensacionales descubrimientos sobre la naturaleza y anatomía de los engramas: "Los engramas son efectivos solo cuando el individuo mismo determina que serán efectivos", vino el descubrimiento del uso por un ser de un *Facsímil de Servicio:* mecanismo empleado para explicar los fracasos en la vida, pero que luego encierra a una persona en pautas de comportamiento perjudiciales y fracaso adicional. En consecuencia, llegó un nuevo tipo de procesamiento dirigido al *Pensamiento,* la *Emoción* y el *Esfuerzo,* detallado en los "Quince Actos" del Procedimiento Avanzado, y orientado a la rehabilitación del *Autodeterminismo* del preclear. De aquí que este libro también contenga una explicación global y sin excusas posibles de la *Responsabilidad Total,* la clave para desatarlo todo. Más aún, aquí está la sistematización de las *Definiciones, Lógicas* y *Axiomas,* que proporcionan tanto el compendio de todo el tema como la dirección de toda la investigación futura. *Véase el Manual para Preclears, escrito como manual de autoprocesamiento que acompaña a Procedimiento Avanzado y Axiomas.*

PENSAMIENTO, EMOCIÓN Y ESFUERZO • Con la sistematización de los Axiomas llegaron los medios para abordar puntos clave en un caso que podrían desenredar toda la aberración. *Postulados Básicos, Pensamiento Primario, Causa y Efecto,* y su efecto sobre cualquier cosa desde la *memoria* y la *responsabilidad* hasta el propio papel que juega un individuo en el hecho de conceder poder a los *engramas,* estos temas solo se abordan en esta serie. También se incluye aquí la descripción más completa que existe del *Facsímil de Servicio,* y por qué su resolución elimina las incapacidades que el individuo se ha autoimpuesto. *21 conferencias.*

Manual para Preclears • Los "Quince Actos" de Procedimiento Avanzado y Axiomas son paralelos a los quince Actos de Autoprocesamiento que se dan en el Manual para Preclears. Además, este libro contiene varios ensayos que dan la descripción más extensa del *Estado Ideal del Hombre*. Descubre por qué las pautas de comportamiento se vuelven tan sólidamente fijas; por qué parece que los hábitos no se pueden romper; cómo las decisiones de hace mucho tiempo tienen más poder sobre una persona que sus decisiones recientes; y por qué una persona mantiene en el presente experiencias negativas del pasado. Todo se explica claramente en la Tabla de Actitudes, un avance histórico sensacional que complementa la Tabla de Evaluación Humana, marcando el estado ideal de ser y las *actitudes* y *reacciones* de uno respecto a la vida. *El Manual para Preclears se usa en autoprocesamiento junto con Autoanálisis.*

La Continuidad de Vida • Acosado por peticiones de conferencias acerca de sus últimos avances, Ronald respondió con todo lo que querían y más en la Segunda Conferencia Anual de Auditores de Dianetics, que describe la tecnología que hay detrás de los pasos de autoprocesamiento del *Manual*, aquí está el *cómo* y el *porqué* de todo: el descubrimiento del *Continuum de Vida*, el mecanismo por el cual un individuo se ve compelido a continuar la vida de otro individuo que ha muerto o se ha marchado, generando en su propio cuerpo los padecimientos y hábitos del que partió. Combinadas con la instrucción del auditor sobre cómo usar la Tabla de Actitudes para determinar cómo iniciar cada caso en el gradiente correcto, aquí también, se dan instrucciones para la diseminación del Manual y por lo tanto, los medios para empezar el clearing a gran escala. *10 conferencias.*

Scientology: El Primer Hito • Ronald empezó la primera conferencia de esta serie con seis palabras que podrían cambiar el mundo para siempre: "Este es un curso sobre *Scientology*". A partir de aquí, Ronald no solo describió el enorme alcance del que hasta entonces era un tema completamente nuevo sino que también detalló sus descubrimientos sobre vidas pasadas. De ahí pasó a la descripción del primer E-Metro, y de su uso inicial para poner al descubierto la *línea theta* (la línea temporal completa de la existencia del thetán), como algo completamente distinto de la *línea genética del cuerpo* (línea temporal completa de los cuerpos y su evolución física), haciendo pedazos la mentira de la "vida única" y revelando la *línea temporal completa* de la existencia espiritual. Aquí está entonces el verdadero génesis de Scientology. *22 conferencias.*

La Ruta al Infinito: Conferencias de la Técnica 80 • Como Ronald explicó: "La Técnica 80 es la Técnica del *Ser o No Ser*". Con eso, dio a conocer la base crucial sobre la cual se apoyan la habilidad y la cordura: *la capacidad del ser para tomar una decisión*. Aquí están entonces: la anatomía del "quizás", las *Longitudes de Onda del ARC*, la *Escala Tonal de las Decisiones*, y los medios para rehabilitar la capacidad de un ser para Ser... casi *cualquier cosa*. *7 conferencias. (Para la Técnica 88, se requiere tener conocimiento sobre la Técnica 80, como se describe en Scientology: Una Historia del Hombre; que viene a continuación).*

SCIENTOLOGY: UNA HISTORIA DEL HOMBRE • "Esta es una narración verdadera y hecha con total frialdad de tus últimos 76 billones de años". Así empieza *Una Historia del Hombre*, anunciando la revolucionaria *Técnica 88*, que revela por vez primera la verdad acerca de la experiencia de la línea temporal completa y el enfoque exclusivo de la auditación en el thetán. Aquí está la historia desentrañada con el primer E-Metro, que define y describe los principales incidentes en la línea temporal completa que se pueden encontrar en cualquier ser humano: *los implantes electrónicos*, las *entidades*, la *línea temporal genética*, los *incidentes de entre-vidas, cómo evolucionaron los cuerpos* y *por qué te quedaste atrapado en ellos;* todos ellos se detallan aquí.

TÉCNICA 88: INCIDENTES DE LA LÍNEA TEMPORAL ANTES DE LA TIERRA • "La Técnica 88 es la técnica más hiperbólica, efervescente, espectacular, inexagerable, ambiciosa, superlativa, grandiosa, colosal y espléndida que la mente del hombre pudiera imaginablemente abarcar. Es tan grande como la línea temporal completa y todos los incidentes en ella. Es aquello a lo que la aplicas; es lo que ha estado ocurriendo. Contiene los enigmas y secretos, los misterios de todos los tiempos. Podrías resaltar el nombre de esta técnica como hacen con las atracciones de las ferias, pero nada que pudieras decir, ningún adjetivo que pudieras usar, describiría adecuadamente ni siquiera una pequeña fracción de ella. No solo aporrea la imaginación; te hace avergonzarte de imaginar cualquier cosa", es la introducción que Ronald hace de esta serie de conferencias que nunca antes había estado disponible, y que desarrolla todos los demás temas que aparecen en Una Historia del Hombre. Lo que te espera es la propia línea temporal completa. *15 conferencias.*

SCIENTOLOGY 8 - 80 • La *primera* explicación de la electrónica del pensamiento humano y del fenómeno de la energía en cualquier ser. Descubre cómo incluso las leyes del movimiento del universo físico tienen su reflejo en un ser, por no mencionar la electrónica de la aberración. Aquí está la unión entre theta y mest revelando qué *es* la energía, y cómo la *creas*. Fue este avance sensacional lo que puso de manifiesto el tema de los *flujos* del thetán, lo que a su vez se aplica en *cada* proceso de auditación hoy en día. En el título del libro: "8-8" significa *Infinito-Infinito*, y "0" representa al estático, *theta*. Se incluyen las *Longitudes de Onda de la Emoción*, la *Estética*, la *Belleza* y la *Fealdad*, el *Flujo de Entrada* y el *de Salida* y la *Escala Tonal por Debajo de Cero*, que es aplicable solo al thetán.

LA FUENTE DE LA ENERGÍA DE LA VIDA • Comenzando con el anuncio de su nuevo libro, Scientology 8-80, Ronald no solo dio a conocer sus grandes avances sensacionales sobre theta como Fuente de la Energía de la Vida, sino que detalló los *Métodos de Investigación* que utilizó para hacer ese y todos los demás descubrimientos de Dianetics y Scientology: las *Qs* y las *Lógicas;* métodos de *pensar* aplicables a cualquier universo o proceso de pensamiento. De modo que aquí se encuentran ambos: *cómo pensar* y *cómo evaluar todos los datos y el conocimiento*, y por lo tanto, el eje para la comprensión total tanto de Scientology como de la vida en sí. *14 conferencias.*

🎙 **EL MANDO DE THETA** • Mientras estaba preparando su nuevo libro y el Curso de Doctorado que estaba a punto de dar, Ronald reunió a los auditores para un nuevo Curso Profesional. Como dijo: "Por primera vez con esta clase, estamos dando pasos que van más allá de la palabra *Supervivencia*". Desde ese punto de vista, el Mando de Theta da la tecnología que tiende un puente al conocimiento desde 8-80 hasta 8-8008, y proporciona la primera explicación completa sobre el tema de la *Causa* y un cambio permanente de orientación en la vida de *mest* a *Theta*. *10 conferencias.*

SCIENTOLOGY 8-8008 • La descripción completa del comportamiento y potenciales de un *thetán*, y el libro de texto para las conferencias del Curso de Doctorado de Filadelfia y Los Factores: Admiración y el Renacimiento del Beingness. Como dijo Ronald, el título del libro sirve para fijar en la mente del individuo una ruta por la cual se puede rehabilitar a sí mismo, sus capacidades, su ética y sus metas: el logro del *infinito* (8) mediante la reducción del *infinito* aparente (8) del universo mest a *cero* (0) y el incremento del *cero* aparente (0) del universo propio hasta el *infinito* (8). Aquí se encuentran condensadas más de 80 000 horas de investigación, con un resumen y una ampliación de cada descubrimiento realizado hasta esa fecha y la trascendencia total que tienen esos avances sensacionales desde el nuevo punto de vista del *Thetán Operante*.

🎙 **CONFERENCIAS DEL CURSO DE DOCTORADO DE FILADELFIA** • Esta renombrada serie se yergue como el conjunto más grande de trabajo sobre la anatomía, el comportamiento y las potencialidades del espíritu del hombre que jamás se haya reunido, proporcionando los fundamentos en que se basa la ruta hacia Thetán Operante. Aquí se encuentran con todo detalle la relación del thetán con la *creación*, el *mantenimiento* y la *destrucción de universos*. Tan solo en lo que a eso se refiere, aquí está la *anatomía* de la materia, la energía, el espacio y el tiempo, y de cómo *postular* universos haciendo que existan. Aquí está también la caída del thetán desde las capacidades de la línea temporal completa, y las *leyes universales* por las cuales se restauran. En resumen, aquí está la sistematización de Ronald de los niveles más altos del beingness y el comportamiento de theta. En una conferencia tras otra desarrolla completamente cada concepto del libro de texto del curso: Scientology 8-8008, proporcionando el alcance total que *tú* tienes en el estado nativo. *76 conferencias y se adjuntan las reproducciones de los 54 diagramas originales de las conferencias hechos a mano por LRH.*

🎙 **LOS FACTORES: ADMIRACIÓN Y EL RENACIMIENTO DEL BEINGNESS** • Tras establecer completamente las *potencialidades* de un thetán, vino una mirada hacia afuera que tuvo como resultado el monumental descubrimiento de Ronald de un *solvente universal* y las leyes básicas del *universo* theta, leyes que, siendo bastante literales, son superiores a cualquier cosa: *Los Factores: Resumen de las Consideraciones del Espíritu Humano y el Universo Material.* Tan espectaculares fueron estos avances, que Ronald expandió el libro Scientology 8-8008, clarificando descubrimientos previos y añadiendo capítulo tras capítulo que, estudiado con estas conferencias, proporciona un nivel de postgraduado al Curso de Doctorado. Aquí están, pues, las conferencias que contienen el conocimiento de la *verdad universal*, desentrañando el enigma de la creación en sí. *18 conferencias.*

LA CREACIÓN DE LA HABILIDAD HUMANA: *UN MANUAL PARA SCIENTOLOGISTS* • Inmediatamente después del descubrimiento del Thetán Operante vino un año de investigación intensiva, para explorar el ámbito de un *thetán exterior.* A base de auditación e instrucción, además de 450 conferencias en este mismo lapso de doce meses, Ronald sistematizó todo el tema de Scientology. Y todo está incluido en este manual, desde un *Resumen de Scientology* hasta los fundamentales *Axiomas* y *Códigos.* Además, aquí está el *Procedimiento Intensivo* que contiene los afamados Procesos de Exteriorización de la *Ruta 1* y la *Ruta 2,* procesos diseñados directamente a partir de los Axiomas. Cada uno está descrito en detalle: *cómo* se utiliza el proceso, *por qué* funciona, la tecnología axiomática que subyace a su uso, y la explicación completa de cómo un ser puede romper los *acuerdos falsos* y las *barreras autocreadas* que lo esclavizan al universo físico. En resumen, este libro contiene el sumario definitivo de la habilidad OT de un thetán exterior y su consecución de forma permanente.

LAS CONFERENCIAS DE PHOENIX: LA LIBERACIÓN DEL ESPÍRITU HUMANO • Aquí se encuentra la visión panorámica completa de Scientology. Habiendo sistematizado el tema de Scientology en La Creación de la Habilidad Humana, Ronald impartió entonces una serie de conferencias de media hora para acompañar específicamente a un estudio completo del libro. Desde los puntos *esenciales* que subyacen a la tecnología: *los Axiomas,* las *Condiciones de la Existencia* y las *Consideraciones y los Factores Mecánicos,* hasta los procesos del *Procedimiento Intensivo,* incluyendo doce conferencias que describen a uno a los procesos del thetán exterior de la *Ruta 1,* todo está tratado por completo, suministrando una comprensión conceptual de la *ciencia del conocimiento* y la *habilidad OT del estado nativo.* Por tanto, aquí están los principios que forman los fundamentos sólidos sobre los que descansa todo lo demás en Scientology, incluyendo la integradora exposición de la religión y su patrimonio: *Scientology, Sus Antecedentes Generales.* Por tanto, esta es la serie de conferencias decisivas sobre la propia Scientology, y los fundamentos axiomáticos para toda búsqueda futura. *42 conferencias.*

¡DIANETICS 55!: *EL MANUAL COMPLETO DE LA COMUNICACIÓN HUMANA* • Junto con todos los sensacionales descubrimientos logrados hasta la fecha, se había aislado un factor único que era igual de crucial para el éxito en todo tipo de auditación. Como dijo LRH: "La comunicación es tan absolutamente importante hoy en día en Dianetics y Scientology, (como lo ha sido siempre en la línea temporal completa), que se podría decir que si pusieras a un preclear en comunicación, lo pondrías bien". Y este libro traza la anatomía y fórmulas *exactas,* pero anteriormente desconocidas, de la comunicación *perfecta.* La magia del ciclo de comunicación es *el* fundamento de la auditación y la razón primordial de que la auditación funcione. Los sensacionales avances que hay aquí abrieron nuevas perspectivas a la aplicación; descubrimientos de tal magnitud que LRH llamó a ¡Dianetics 55! el *Libro Segundo* de Dianetics.

EL CONGRESO DE UNIFICACIÓN: ¡COMUNICACIÓN! LIBERTAD Y CAPACIDAD • El histórico Congreso que anunció la reunificación de los temas de Dianetics y Scientology con la presentación de *¡Dianetics 55!* Hasta ahora, cada una había actuado en su propia esfera: Dianetics se dirigía al hombre *como hombre,* las primeras cuatro dinámicas, mientras que Scientology se dirigía a *la vida en sí,* las Dinámicas de la Cinco a la Ocho. La fórmula que serviría como fundamento para todo el desarrollo futuro estaba contenida en una simple palabra: *Comunicación.* Fue un avance capital, al que Ronald llamaría más adelante, "el gran avance sensacional de Dianetics y Scientology". Aquí están las conferencias de cuando ocurrió. *16 conferencias y las reproducciones adjuntas de los diagramas originales de las conferencias hechos a mano por LRH.*

SCIENTOLOGY: LOS FUNDAMENTOS DEL PENSAMIENTO-*EL LIBRO BÁSICO DE LA TEORÍA Y PRÁCTICA DE SCIENTOLOGY PARA PRINCIPIANTES* • Designado por Ronald como el *Libro Uno de Scientology*. Tras haber unificado y sistematizado completamente los temas de Dianetics y Scientology, llegó el perfeccionamiento de sus *fundamentos*. Publicado originalmente como un resumen de Scientology para su uso en traducciones a lenguas distintas al inglés, este libro es de valor incalculable tanto para el estudiante novicio de la mente, el espíritu y la vida, como para el avanzado. Equipado únicamente con este libro, uno puede comenzar una consulta y producir aparentes milagros y cambios en los estados de bienestar, capacidad e inteligencia de la gente. Contiene las *Condiciones de la Existencia*, las *Ocho Dinámicas*, el *Triángulo de ARC*, *Las Partes del Hombre*, el análisis completo de la *Vida como un Juego*, y más, incluyendo procesos exactos para la aplicación de estos principios en el procesamiento. De modo que aquí, en un libro, está el punto de partida para llevar Scientology a la gente en todas partes.

LAS CONFERENCIAS DEL CURSO PROFESIONAL HUBBARD • Si bien Los Fundamentos del Pensamiento es una introducción al tema para principiantes, también contiene una síntesis de los fundamentos para cada scientologist. Aquí están las descripciones profundas de esos fundamentos, cada conferencia es de media hora de duración y proporciona, uno por uno, un dominio completo de cada avance sensacional de Scientology: *Los Axiomas del 1 al 10; La Anatomía del Control;* el *Manejo de Problemas; Comenzar, Cambiar y Parar;* la *Confusión y el Dato Estable; Exteriorización; Valencias* y más: el *porqué* detrás de ellos, *cómo* es que ocurrieron y sus factores mecánicos. Y todo está unido por el *Código del Scientologist*, punto por punto, y su uso para crear realmente una nueva civilización. En pocas palabras, aquí están las conferencias de LRH que producen un *Scientologist Profesional*, alguien que puede aplicar el tema a todos los aspectos de la vida. *21 conferencias.*

LIBROS ADICIONALES QUE CONTIENEN LOS ELEMENTOS ESENCIALES DE SCIENTOLOGY

TRABAJO

LOS PROBLEMAS DEL TRABAJO: *SCIENTOLOGY APLICADA AL MUNDO DEL TRABAJO COTIDIANO* • Habiendo sistematizado todo el tema de Scientology, Ronald comenzó de inmediato a proporcionar el manual del *principiante* para que cualquiera lo aplicara. Como él lo describió: la vida está compuesta de siete décimas partes de trabajo, una décima parte de familia, una décima parte de política y una décima parte de ocio. Aquí está la aplicación de Scientology a esas siete décimas partes de la existencia incluyendo las respuestas al *Agotamiento* y el *Secreto de la Eficiencia*. Aquí está también el análisis de la vida en sí: un juego compuesto de reglas exactas. Si las conoces prosperas. Los Problemas del Trabajo contiene la tecnología sin la que nadie puede vivir, y que la pueden aplicar inmediatamente tanto scientologists, como los neófitos en el tema.

LOS FUNDAMENTOS DE LA VIDA

SCIENTOLOGY: UN NUEVO PUNTO DE VISTA SOBRE LA VIDA • Los elementos esenciales de Scientology para cada aspecto de la vida. Las respuestas básicas que te ponen en control de tu existencia, verdades para consultar una y otra vez: *¿Es Posible Ser Feliz?*, *Dos Reglas para una Vida Feliz*, *Integridad Personal*, *La Personalidad Anti-Social* y muchas más. En cada parte de este libro encontrarás verdades de Scientology que describen las condiciones de tu vida y proporcionan modos *exactos* para cambiarlas. Scientology: Un Nuevo Punto de Vista Sobre la Vida contiene un conocimiento que es fundamental para cada scientologist y una introducción perfecta para cualquier neófito en el tema.

AXIOMAS, CÓDIGOS Y ESCALAS

SCIENTOLOGY 0-8: EL LIBRO DE LOS FUNDAMENTOS • El compañero de *todos* los libros, conferencias y materiales de Ronald. Este es *el* Libro de los Fundamentos, que incluye datos indispensables que consultarás constantemente: los *Axiomas de Dianetics y Scientology; Los Factores;* una recopilación completa de todas las *Escalas*, más de 100 en total; listas de los *Percépticos* y *Niveles de Consciencia;* todos los *Códigos y Credos* y mucho más. En este único libro se condensan las leyes superiores de la existencia, extraídas de más de 15 000 páginas de escritos, 3000 conferencias y docenas de libros.

La Ética de Scientology:
La Tecnología de la Supervivencia Óptima

Introducción a la Ética de Scientology • Una nueva esperanza para el hombre llega con la primera tecnología funcional de la ética, una tecnología para ayudar a un individuo a levantarse de su caída por la vida y llegar a una meseta superior de supervivencia. Este es el manual global que proporciona los fundamentos cruciales: *Los Fundamentos de la Ética y la Justicia;* la *Honestidad;* las *Condiciones de la Existencia,* las *Fórmulas de las Condiciones* desde Confusión hasta Poder, los *Fundamentos de la Supresión* y su manejo; así como los *Procedimientos de Justicia* y su uso en las iglesias de Scientology. Aquí está la tecnología para superar cualesquiera barreras en la vida y en el viaje personal de subir por El Puente a la Libertad Total.

Purificación

Cuerpo Limpio, Mente Clara: *El Programa de Purificación Eficaz* • Vivimos en un mundo bioquímico, y este libro es la solución. Mientras investigaba los efectos dañinos que el consumo anterior de drogas tenía en los casos de los preclears, Ronald hizo el importante descubrimiento de que muchas drogas de la calle, en particular el LSD, permanecían en el cuerpo de una persona mucho tiempo después de haberse tomado. Observó que los residuos de las drogas podían tener efectos graves y duraderos, incluyendo el desencadenar "viajes" adicionales. La investigación adicional reveló que una gran gama de sustancias (drogas médicas, alcohol, contaminantes, productos químicos domésticos e incluso los conservantes de la comida) se podían alojar también en los tejidos del cuerpo. Por medio de la investigación de miles de casos, desarrolló el *Programa de Purificación,* para eliminar sus destructivos efectos. Cuerpo Limpio, Mente Clara detalla cada aspecto del régimen, totalmente natural, que puede liberarle a uno de los efectos dañinos de las drogas y otras toxinas, abriendo el camino al progreso espiritual.

MANUALES DE CONSULTA

¿QUÉ ES SCIENTOLOGY?

La obra de consulta enciclopédica esencial y completa sobre el tema y la práctica de Scientology. Este libro se diseñó para ser usado y contiene los datos pertinentes sobre cada aspecto del tema:

• La vida de L. Ronald Hubbard y su senda de descubrimientos

• El Patrimonio Espiritual de la religión

• Una descripción completa de Dianetics y Scientology

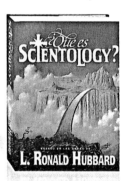

• La auditación: qué es y cómo funciona

• Los cursos: qué contienen y cómo están estructurados

• La Tabla de Grados de Servicios y cómo uno asciende a estados superiores

• El Sistema de Ética y de Justicia de Scientology

• La Estructura Organizativa de la Iglesia

• Una descripción completa de los muchos programas de Mejoramiento Social que la Iglesia apoya, incluyendo: Rehabilitación de Drogadictos, Reforma de Criminales, Alfabetización y Educación y la tarea de inculcar verdaderos valores de moralidad

Más de 1000 páginas con más de 500 fotografías e ilustraciones, este texto además incluye los Credos, los Códigos, una lista completa de todos los libros y materiales así como un Catecismo con respuestas a prácticamente cualquier pregunta relacionada con el tema.

Tú Preguntas y Este Libro Responde.

EL MANUAL DE SCIENTOLOGY

Los fundamentos de Scientology para uso cotidiano en cada aspecto de la vida que representan 19 cuerpos de doctrina tecnológica independientes. Es el manual más exhaustivo sobre los fundamentos de la vida jamás publicado. Cada capítulo contiene principios y tecnologías clave que puedes usar continuamente:

• La Tecnología de Estudio

• Las Dinámicas de la Existencia

• Los Componentes de la Comprensión: Afinidad, Realidad y Comunicación

• La Escala Tonal

• La Comunicación y sus Fórmulas

• Ayudas para Enfermedades y Lesiones

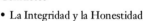

• Cómo Resolver los Conflictos

• La Integridad y la Honestidad

• La Ética y las Fórmulas de las Condiciones

• Soluciones para la Supresión y para un Entorno Peligroso

• El Matrimonio

• Los Niños

• Herramientas para el Trabajo

Más de 700 fotografías e ilustraciones te permiten aprender fácilmente los procedimientos y aplicarlos de inmediato. Este libro es realmente el manual indispensable para todo scientologist.

La Tecnología para Construir un Mundo Mejor.

Acerca de L. Ronald Hubbard

"**P**ara realmente conocer la vida", escribió L. Ronald Hubbard, "tienes que ser parte de la vida. Tienes que bajar y mirar, tienes que meterte en los rincones y grietas de la existencia. Tienes que mezclarte con toda clase y tipo de hombres antes de que puedas establecer finalmente lo que es el hombre".

A través de su largo y extraordinario viaje hasta la fundación de Dianetics y Scientology, Ronald hizo precisamente eso. Desde su aventurera juventud en un turbulento Oeste Americano hasta su lejana travesía en la aún misteriosa Asia; desde sus dos décadas de búsqueda de la esencia misma de la vida hasta el triunfo de Dianetics y Scientology, esas son las historias que se narran en las Publicaciones Biográficas de L. Ronald Hubbard.

L. Ronald Hubbard: Imágenes de una Vida presenta la perspectiva fotográfica general sobre el gran viaje de Ronald. Tomada de la colección de sus propios archivos, esta es la vida de Ronald como él mismo la vio.

En lo que se refiere a los muchos aspectos de esa rica y variada vida, están las Series de Ronald. Cada publicación se centra en una profesión específica de LRH: *Auditor, Filántropo, Filósofo, Artista, Poeta, Compositor, Fotógrafo* y muchas más, incluyendo sus artículos publicados en *Freedom* y sus *Letters & Journals* personales. Aquí está la vida de un hombre que vivió por lo menos veinte vidas en el espacio de una.

Para Más Información, Visita:
www.lronhubbard.org.mx

GUÍA DE LOS MATERIALES

¡Estás en una Aventura! Aquí está el Mapa.

GUÍA PARA LOS LIBROS Y CONFERENCIAS DE **DIANÉTICA Y SCIENTOLOGY** POR L. RONALD HUBBARD

- Todos los libros
- Todas las conferencias
- Todos los libros de consulta

Todo ello puesto en secuencia cronológica con descripciones de lo que cada uno contiene.

Tu viaje a una comprensión completa de Dianetics y Scientology es la aventura más grande de todas. Pero necesitas un mapa que te muestre dónde estás y adónde vas.

Ese mapa es la Guía de los Materiales. Muestra todos los libros y conferencias de Ronald con una descripción completa de su contenido y temas, de tal manera que puedas encontrar exactamente lo que *tú* estás buscando y lo que *tú* necesitas exactamente.

Como cada libro y conferencia aparece en secuencia cronológica, puedes ver *cómo* se desarrollaron los temas de Dianetics y Scientology. ¡Y lo que eso significa es que simplemente estudiando esta guía te esperan una cognición tras otra!

Las nuevas ediciones de cada libro incluyen extensos glosarios con definiciones de todos los términos técnicos. Como resultado de un programa monumental de traducciones, cientos de conferencias de Ronald se están poniendo a tu alcance en disco compacto con transcripciones, glosarios, diagramas de conferencias, gráficas y publicaciones a los que se refiere en las conferencias. Como resultado, obtienes *todos* los datos y puedes aprenderlos con facilidad, consiguiendo una comprensión *conceptual* completa.

Y lo que eso supone es una nueva Edad de Oro del Conocimiento que todo dianeticista y scientologist ha soñado.

Para conseguir tu Guía de los Materiales y Catálogo GRATIS, o para pedir los libros y conferencias de L. Ronald Hubbard, ponte en contacto con:

EE.UU. E INTERNACIONAL:
**Bridge
Publications, Inc.**
5600 E. Olympic Boulevard
Commerce, California 90022
www.bridgepub.com
Teléfono: 1-800-722-1733
Fax: 1-323-888-6210

REINO UNIDO Y EUROPA:
**New Era Publications
International ApS**
Smedeland 20
2600 Glostrup, Denmark
www.newerapublications.com
Teléfono: +800-808-8-8008
Fax: (45) 33 73 66 33

*Libros y conferencias también disponibles en las Iglesias de Scientology.
Véase* **Direcciones.**

DIRECCIONES

Dianetics es una precursora y un subestudio de Scientology, la religión de más rápido crecimiento en el mundo hoy en día. Existen Iglesias y Centros en ciudades de todo el mundo y se están formando nuevas continuamente.

Los Centros de Dianetics ofrecen servicios introductorios y pueden ayudarte a comenzar tu viaje, o pueden ponerte en marcha en la aventura de la auditación de Dianetics. Para obtener más información o para localizar el Centro de Dianetics más próximo a tu domicilio, visita el sitio web de Dianetics:

www.dianetics.org.mx
e-mail: info@dianetics.org

Cada Iglesia de Scientology tiene un Centro de Dianetics que ofrece tanto servicios introductorios como entrenamiento formal en el tema. También pueden proporcionar más información sobre los últimos descubrimientos del Sr. Hubbard en el tema de Scientology. Para más información visita:

www.scientology.org.mx
e-mail: info@scientology.org

También puedes escribir a cualquiera de las Organizaciones Continentales, que aparecen en la siguiente página, que te dirigirán directamente a una de las miles de Iglesias y Centros que hay por todo el mundo.

Puedes conseguir los libros y conferencias de L. Ronald Hubbard desde cualquiera de estas direcciones o directamente desde las editoriales que aparecen en la página anterior.

ORGANIZACIONES CONTINENTALES DE LA IGLESIA:

LATINOAMÉRICA
IGLESIA DE SCIENTOLOGY
OFICINA DE ENLACE CONTINENTAL
DE LATINOAMÉRICA
Federación Mexicana de Dianetics
Calle Puebla #31
Colonia Roma, México, D.F.
C.P. 06700, México

ESTADOS UNIDOS
CHURCH OF SCIENTOLOGY
CONTINENTAL LIAISON OFFICE
WESTERN UNITED STATES
1308 L. Ron Hubbard Way
Los Angeles, California 90027 USA

CHURCH OF SCIENTOLOGY
CONTINENTAL LIAISON OFFICE
EASTERN UNITED STATES
349 W. 48th Street
New York, New York 10036 USA

CANADÁ
CHURCH OF SCIENTOLOGY
CONTINENTAL LIAISON OFFICE
CANADA
696 Yonge Street, 2nd Floor
Toronto, Ontario
Canada M4Y 2A7

REINO UNIDO
CHURCH OF SCIENTOLOGY
CONTINENTAL LIAISON OFFICE
UNITED KINGDOM
Saint Hill Manor
East Grinstead, West Sussex
England, RH19 4JY

ÁFRICA
CHURCH OF SCIENTOLOGY
CONTINENTAL LIAISON OFFICE AFRICA
5 Cynthia Street
Kensington
Johannesburg 2094, South Africa

EUROPA

CHURCH OF SCIENTOLOGY
CONTINENTAL LIAISON OFFICE EUROPE
Store Kongensgade 55
1264 Copenhagen K, Denmark

**Church of Scientology
Liaison Office of Commonwealth
of Independent States**
Management Center of Dianetics
and Scientology Dissemination
Pervomajskaya Street, House 1A
Korpus Grazhdanskoy Oboroni
Losino-Petrovsky Town
141150 Moscow, Russia

**Iglesia de Scientology
Oficina de Enlace de Iberia**
C/ Miguel Menéndez Boneta, 18
28460; Los Molinos
Madrid, España

**Church of Scientology
Liaison Office of Italy**
Via Cadorna, 61
20090 Vimodrone
Milano, Italy

AUSTRALIA, NUEVA ZELANDA Y OCEANÍA

CHURCH OF SCIENTOLOGY
CONTINENTAL LIAISON OFFICE ANZO
20 Dorahy Street
Dundas, New South Wales 2117
Australia

**Church of Scientology
Liaison Office of Taiwan**
1st, No. 231, Cisian 2nd Road
Kaohsiung City
Taiwan, ROC

AFÍLIATE

A LA ASOCIACIÓN
INTERNACIONAL DE SCIENTOLOGISTS

La Asociación Internacional de Scientologists es la organización de afiliación de todos los scientologists unidos en la cruzada de más importancia sobre la Tierra.

Se otorga una Afiliación Introductoria Gratuita de Seis Meses a cualquiera que no haya tenido ninguna afiliación anterior de la Asociación.

Como miembro tienes derecho a descuentos en los materiales de Scientology que se ofrecen solo a Miembros de la IAS. Además recibirás la revista de la Asociación llamada *IMPACT*, que se emite seis veces al año, llena de noticias de Scientology alrededor del mundo.

El propósito de la IAS es:

"Unir, hacer avanzar, apoyar y proteger a Scientology y a los scientologists de todas las partes del mundo para lograr las Metas de Scientology tal y como las originó L. Ronald Hubbard".

Únete a la mayor fuerza que se dirige a un cambio positivo en el planeta hoy día y contribuye a que las vidas de millones de personas tengan acceso a la gran verdad contenida en Scientology.

Únete a la Asociación Internacional de Scientologists.
Para solicitar la afiliación,
escribe a la Asociación
Internacional de Scientologists
c/o Saint Hill Manor, East Grinstead
West Sussex, England, RH19 4JY

www.iasmembership.org

GLOSARIO EDITORIAL
DE PALABRAS, TÉRMINOS Y FRASES

Las palabras tienen a menudo varios significados. Las definiciones usadas aquí solo dan el significado que tiene la palabra según se usa en este libro. Los términos de Dianetics y Scientology aparecen en negrita. Al lado de cada definición encontrarás la página en que aparece por primera vez, para que puedas remitirte al texto si lo deseas.

Este glosario no está destinado a sustituir a los diccionarios estándar del idioma ni a los diccionarios de Dianetics y Scientology, los cuales se deberían consultar para buscar cualesquiera palabras, términos o frases que no aparezcan a continuación.

–Los Editores

abandonado: que se ha dejado a un lado, se ha prescindido de ello, y muestra signos de descuido. Pág. 107.

ABERRACIÓN: CUALQUIER DESVIACIÓN O ALEJAMIENTO DE LA RACIONALIDAD. EN DIANETICS SE USA PARA INCLUIR LAS PSICOSIS, NEUROSIS, COMPULSIONES Y REPRESIONES DE TODO TIPO Y CLASIFICACIÓN. (De los *Términos de Dianetics*). Del latín *aberrare*, desviarse de; latín *ab*, lejos y *errare*, andar errante. Básicamente significa errar, cometer equivocaciones o, más específicamente, tener ideas fijas que no son ciertas. La palabra también se usa en su sentido científico. Significa desviación de una línea recta. Si una línea debería ir de A a B, si está "aberrada" iría de A a algún otro punto, a algún otro punto, a algún otro punto, a algún otro punto, a algún otro punto y finalmente llegaría a B. Si se toma en su sentido científico, también significaría la falta de rectitud o ver de forma tan torcida como, por ejemplo, un hombre ve un caballo pero cree ver un elefante. Pág. i.

aberrado: afectado por *aberración*, cualquier desviación o alejamiento de la racionalidad. Pág. iv.

ABERRADO: NEOLOGISMO DE DIANETICS PARA CUALQUIER INDIVIDUO QUE PADECE DE ABERRACIÓN. (De los *Términos de Dianetics*). Pág. 16.

539

abracadabra: actividad o lenguaje complicados y a veces sin propósito con la intención de confundir; también, palabrería sin sentido, tonterías. Pág. 240.

absolutismo: creencia de que los absolutos existen y se pueden obtener, como por ejemplo la corrección o incorrección absolutas. Pág. 104.

abstracto: que se considera separado de realidades concretas o cosas reales. Una idea abstracta está basada en ideas generales o no concretas, más que en cosas y sucesos auténticos. Pág. 407.

académico: persona que tiene un alto grado de conocimiento en alguna rama particular del saber, especialmente en el campo de la literatura o la filosofía; aquellos que se han dedicado al estudio avanzado y han adquirido un conocimiento detallado en algún campo especial y que se dedican al análisis e interpretación de tal conocimiento. Pág. 481.

aceptar (algo) como una veleta: cambiar de opinión constantemente, como una veleta que cambia de dirección con el viento. Una *veleta* es una lámina de metal, usualmente ornamentada, colocada en la parte superior de un edificio en una varilla vertical para así moverse con libertad con el aire y mostrar la dirección desde la cual está soplando. Pág. 416.

acotar (con salvas): disparar tanto más lejos como más cerca de un blanco con el fin de encontrar la distancia de alcance. Se usa en sentido figurado. Pág. 214.

acribillar: disparar a algo con muchas armas al mismo tiempo. Se usa en sentido figurado. Pág. 214.

ACTH: (siglas del inglés, *adrenocorticotropic hormone* = *hormona adreno-corticotrópica*), hormona que se usa como fármaco en el tratamiento de alergias, artritis, asma y otros trastornos diversos. También estimula la producción de otras hormonas en el cuerpo. Pág. 111.

acupuntura: práctica o procedimiento médico chino que se dice que cura enfermedades o proporciona anestesia mediante el uso de agujas insertadas en puntos concretos del cuerpo. Pág. 475.

adrenalina: sustancia química segregada por las glándulas suprarrenales que aumenta la velocidad del corazón, la presión sanguínea, etc. Pág. 60.

adulador: que hace todo lo que otro quiere, a menudo para conseguir alguna ventaja para sí mismo. Pág. 181.

afirmación: algo que se declara o se expresa enfáticamente (como verdadero). Pág. 16.

aflicción: pena o padecimiento. Pág. 306.

afrenta: ofensa (a la dignidad de uno), como la que se considera un acto o muestra de falta de respeto deliberado. Pág. 126.

agente: causa activa. Pág. 382.

ágil: que se mueve, actúa, trabaja, procede, etc., con facilidad. Pág. 414.

agitar calabazas: alusión a la calabaza usada por los hechiceros con el propósito de ahuyentar a los demonios en rituales religiosos, etc. Las *calabazas* al tener la piel leñosa, se vacían y se usan para hacer instrumentos musicales, utensilios, etc. Pág. 204.

agregados (coloniales): grupo de organismos vinculados en una estructura interrelacionada que viven o crecen en estrecha asociación mutua. *Colonia* en este sentido significa grupo o masa de animales o plantas individuales de la misma clase, que viven o crecen en estrecha asociación. *Agregado* se usa en su sentido biológico, el acto o proceso de organismos que se juntan para formar un grupo. Pág. 63.

AGRUPADOR: ORDEN ENGRÁMICA QUE HACE QUE LA LÍNEA TEMPORAL O LOS INCIDENTES EN ELLA SE ENREDEN DE TAL MANERA QUE LA LÍNEA TEMPORAL PAREZCA HABERSE REDUCIDO. (De los *Términos de Dianetics*). Pág. 262.

agua de rosas: referente a *agua de lluvia* que se acumula en los huecos de los troncos de los árboles, popularmente se cree que es un remedio, especialmente para las verrugas. Pág. 410.

agudo: 1. referido a un sonido, a una voz, o a un tono musical, que tiene una frecuencia de vibraciones grande. Pág. 15.

2. intenso o grave. Pág. 95.

3. respecto a los sentidos o del sistema nervioso, de viva intensidad, con penetración incisiva, con rapidez para captar o responder a las impresiones; sensible (a las impresiones). Pág. 115.

aguijonear: impulsar o azuzar, como si se hiciera con un pincho o una vara puntiaguda. Pág. 319.

agujero en la cabeza, tanto como necesitar un: enfáticamente, no necesitar algo en lo más mínimo. Literalmente significa que necesita algo de la misma manera en la que una persona necesita un agujero real en su cabeza. Pág. 118.

"¡Ahí vienen los yankees!": referencia a una línea de "Over There" ("Ahí"), una canción patriota compuesta por el compositor americano George M. Cohan (1878-1942) acerca de los americanos que fueron a Europa (1917) a luchar en la Primera Guerra Mundial (un *yankee* o yanqui es un nativo de los Estados Unidos de América). Pág. 224.

ahorro del tiempo: sabia utilización o dosificación del tiempo para evitar desperdiciarlo. Pág. 460.

Ahrimán, Mazda y: *Ahura Mazda,* la deidad suprema y creadora de todas las cosas en el zoroastrismo (una antigua religión de Irán), y *Ahrimán,* un espíritu maligno y archirrival de la deidad Mazda. Pág. 421.

a la ligera: 1. sin pensamiento o preparación previos. Pág. 37.
2. tan despreocupado o informal que parece grosero o descuidado. Pág. 204.

a la luz de: con la ayuda de un cierto conocimiento de (algún hecho); teniendo (algo) en cuenta. Pág. 59.

alambre de cobre del 12: alambre que mide aproximadamente dos décimas partes de un centímetro de diámetro, más o menos el grosor de un gancho de alambre para la ropa. *Del 12* se refiere a una medida o escala estándar de medida para el grosor o diámetro de un objeto. Pág. 223.

albergar: mantiene un sentimiento en la mente o en el corazón por un largo tiempo y permite que crezca o se haga más profundo. Pág. 371.

al diablo con (las comidas, la trama): expresión que se usa para desearle un mal a algo, o para invalidar o rechazar algo, como si el diablo debiera llegar y llevarse tal cosa. Pág. 179.

Alegres Noventa: en la historia de Estados Unidos, el periodo de la década de 1890 recordado por sus éxitos y gran riqueza basada en el crecimiento de los negocios y de la industria. Los miembros de la fuerza laboral en expansión, esperando una mejor vida en las ciudades, encontraron en lugar de eso jornadas prolongadas y condiciones laborales poco saludables en muchos negocios y fábricas. Pág. 224.

Alejandro: Alejandro Magno (356-323 a. C.), general y rey de Macedonia (antiguo reino del norte de Grecia) que conquistó gran parte de lo que se consideraba entonces el mundo civilizado, extendiéndose desde la Grecia de hoy en día hasta la India. *Véase también* **desafiaría a Alejandro.** Pág. 288.

alférez: oficial del rango más bajo en la Marina de los Estados Unidos. (El presidente de Estados Unidos expide el grado de oficial con un *nombramiento* a los alféreces, lo que les concede autoridad como tales). Pág. 410.

alfombrilla, ser tratado como una: recibir un trato falto por completo de consideración, respeto. Pág. 372.

algas: organismos simples que viven en océanos, lagos, ríos, estanques, etc. Las algas se parecen a las plantas, pero difieren de ellas en que no tienen hojas, raíces ni tallos e incluyen a las algas marinas. Las algas usan la luz solar como energía para producir su propio alimento. Pág. 36.

al nivel de: en un nivel equivalente a algo. Pág. 10.

al por mayor: en grandes cantidades, como en "vender al por mayor". Pág. 132.

alojamiento: espacio de vivienda. Pág. 8.

altisonante: muy solemne o elevado; grandilocuente. Pág. 41.

altruista: que se preocupa o se dedica desinteresadamente al bienestar de los demás. Pág. 42.

alza el bate bien alto: rebotador que se encontraría en el contexto del béisbol, como una comunicación al bateador, el jugador que sostiene un largo palo de madera cilíndrico (bate) que usa para golpear la pelota que se le lanza. En este contexto se usa como un juego de palabras con doble sentido sexual en referencia al miembro masculino. Pág. 402.

amalgamar: mezclar con algo distinto que reduce su calidad; corromper debido a la mezcla. Una *amalgama* es una aleación o mezcla de dos metales por medio de fundirlos, o al mezclar un metal con otra sustancia. Pág. 425.

ambivalente: marcado por una coexistencia de actitudes o sentimientos opuestos, como amor y odio, hacia un objeto, idea, etc. Pág. 98.

ambiversión: estado de equilibrio entre la introversión y la extroversión. *Introversión* es la acción de dirigir el interés propio hacia dentro o hacia cosas que están dentro de uno y la *extroversión* es la acción de dirigir el interés propio hacia fuera o a cosas que están fuera de uno mismo. Pág. 464.

amniótico: relacionado con el *amnios*, membrana en forma de saco que se forma alrededor del embrión y que está llena de un fluido en el que flota el embrión, absorbiendo así las sacudidas y golpes. Pág. 160.

amortiguador: algo que disminuye o absorbe el golpe de un impacto. Pág. 191.

amour: palabra francesa que significa amor o afecto. Pág. 39.

amuleto: objeto con un supuesto poder mágico que se lleva en el cuerpo para protegerse contra el daño o el mal. Pág. 425.

analogía: comparación entre dos cosas que son similares en ciertos aspectos; a menudo se usa para explicar algo o para hacer que sea más fácil de comprender. Pág. 26.

analógico: que representa datos que tienen un valor que varía de forma continua proporcionalmente a lo que se está midiendo, como la temperatura. Por ejemplo, en un termómetro, una columna de líquido se expande o se contrae para dar una medida aproximada de la temperatura. Como el líquido se puede mover en un flujo continuo o ininterrumpido, en lugar de por pasos o valores fijos de dígitos numéricos, se dice que la medida es analógica en contraposición a digital. Pág. 407.

análogo: algo que tiene una analogía con otra cosa. Una *analogía* es una comparación entre dos cosas que son similares en ciertos aspectos; a menudo se usa para explicar algo o para hacer que sea más fácil de comprender. Pág. 461.

andar echando pestes con el vecino: quejarse o criticar algo con un vecino o asociado o con el objeto de menospreciar. Pág. 489.

anemia: afección de la sangre en la que hay insuficiencia de glóbulos rojos, dando como resultado dificultad para respirar, debilidad, etc. Pág. 89.

angustia: sensación que se experimenta cuando se tiene miedo o cuando se está preocupado. Pág. 33.

anhelante: que tiene o muestra un sentimiento de anhelo vago o arrepentido. Pág. 424.

antepasado: ancestro, antecesor. Pág. 157.

antes de tiempo: antes del final del periodo normal del embarazo. Pág. 333.

anticuerpos: proteínas producidas por ciertas células sanguíneas como defensa inmunológica primaria contra un ataque de virus específicos, bacterias o sustancias extrañas que penetran en el cuerpo. Pág. 124.

antipatía: sentimiento de aversión que se experimenta, en mayor o menor grado, hacia alguna persona, animal o cosa. Suele ir acompañado de un intenso deseo de evitar o darle la espalda a la cosa por la que se siente. Pág. 162.

antisocial: antagonista a la sociedad o al orden social, que evita a los demás o es hostil con ellos. Pág. 44.

antropológico: relativo a la ciencia que trata de los orígenes, el desarrollo físico y cultural, las características biológicas, las costumbres sociales y las creencias de la humanidad. Pág. 481.

antropomorfo: que se describe o que se piensa que tiene forma o atributos humanos. Del griego *anthropo*, humano y *morpho*, forma o estructura. Pág. 37.

AP: personalidad aberrada (del inglés *aberrated personality*) como está representada en el sujeto despierto. Pág. 151.

aparte: comentario que no es parte del diálogo real, pero que se realiza para dar información acerca de lo que está pasando. Tomado del teatro en donde un actor hace un comentario, generalmente dirigido al público, que los otros personajes en el escenario supuestamente no pueden oír. Pág. x.

a paso de tortuga: que se mueve lentamente. Una *tortuga* es un animal que es conocido por su lentitud de movimientos, de ahí a *"paso de tortuga"*. Pág. 270.

aplacar: hacer que alguien esté menos enfadado o se muestre menos hostil, habitualmente haciendo o diciendo cosas para agradarle. Pág. 374.

aplastado como un lenguado: inconsciente. Un *lenguado* es un pez plano que vive en el fondo del océano, habitualmente descansa sobre un costado y a menudo se encuentra parcialmente sepultado en el barro o en la arena, dando la apariencia de estar muerto o inconsciente. Pág. 298.

apropiadamente: de forma adecuada o que viene al caso. Pág. 355.

a propósito de: con respecto a algo; en relación con algo. Pág. 399.

aproximación: hecho, objeto o descripción que es similar a otra cosa, pero que no es exactamente igual. Pág. 407.

aptitud: destreza natural para hacer algo, como para aprender; capacidad; inteligencia. Pág. 379.

apuntar: recordarle a alguien algo que ha olvidado; proporcionar o suministrar información para ayudar a alguien a recordar algo. Pág. 350.

arbitrio judicial: acto o facultad de tomar una decisión o dictar sentencia por parte de un juez en un tribunal. Pág. 483.

archi-: elemento que forma palabras reforzando su significado, indicando superioridad o simplemente "muy". Pág. 64.

archivista: encargado del banco. "Él" se encarga tanto del banco reactivo de engramas como de los bancos estándar. Cuando el auditor o el "yo" le pidan un dato, él le entregará al auditor un dato a través del "yo". El archivista se trata en el Libro Tres, Capítulo Cinco, El Retorno, el Archivista y la Línea Temporal. Pág. 242.

arduo: que requiere gran esfuerzo, energía, etc.; agotador. Pág. 237.

Aristóteles: (384-322 a. C.) filósofo, educador y científico griego que creía que la Tierra era el centro de un universo esférico, que el alma no existe separada del cuerpo, que el conocimiento se basa solo en la experiencia sensorial y que algo es cierto o falso, sí o no, sin término medio. Pág. 156.

Aristóteles, péndulo de: principio del filósofo griego Aristóteles que dice que no hay término medio y que algo es o bien cierto o bien falso, sí o no, es o no es lo mismo que otra cosa. Pág. 240.

armamento: armas y suministros de guerra con los que está equipada una unidad militar. Pág. 101.

arquear las cejas: dar forma de arco a las cejas como expresión de preocupación. Pág. 239.

arrastrada por las calles: llevada por las calles en un carro, como castigo o para burla del público. Pág. 298.

arrogante: que actúa hacia otros como si fuera mejor o más importante que ellos. Pág. 214.

arsenal: sitio donde se fabrican y almacenan (o donde solo se almacenan) armas y munición de todo tipo, para las fuerzas militares y navales del país. Pág. 7.

artefacto: mecanismo u objeto ingenioso. Pág. 408.

artritis: inflamación de las articulaciones, que causa dolor, hinchazón y rigidez. Pág. 65.

asediado: atacado por todos los flancos. Pág. 160.

asiático: perteneciente o relativo a Asia o a su gente, sus prácticas y creencias. Pág. 309.

así y asá: de cierta manera, pero no especificada, como en: *"Qué era lo que había en el engrama que le afectaba así y asá".* Pág. 474.

aspecto: 1. lado o parte de algo; una faceta, fase o parte de un todo. Pág. x.

2. la manera en que algo se presenta a la mente o a la vista; una apariencia o cualidad en particular. Pág. 214.

astigmatismo: defecto visual causado por la curvatura desigual de la superficie del ojo. Impide que los rayos de luz se enfoquen y se vean con claridad, produciendo así una visión borrosa. Pág. 109.

ataque de parálisis: bloqueo de un vaso sanguíneo que va al cerebro que causa un suministro inadecuado de oxígeno, conduciendo a la parálisis de partes del cuerpo. Pág. 443.

atender: cuidar de alguien o algo. Pág. 333.

atenuado: debilitado o reducido en su fuerza, intensidad, efecto, cantidad o valor. Pág. 51.

atormentador: extremadamente perturbador o doloroso; molesto. Pág. 110.

AUDITOR: INDIVIDUO QUE ADMINISTRA LA TERAPIA DE DIANETICS. AUDITAR SIGNIFICA "ESCUCHAR" Y TAMBIÉN "COMPUTAR". (De los *Términos de Dianetics*). Pág. vii.

auditor: persona cuyo trabajo es examinar oficialmente los registros financieros de una empresa. Pág. 179.

autocontrol: *control automático,* en el que algo se controla a sí mismo, sin tener que ser llevado u operado por algo exterior. Por ejemplo: un avión puede funcionar con piloto automático, en el que la altitud y el rumbo se mantienen sin las manos del piloto en los mecanismos de control del avión. La relación entre el autocontrol y Dianetics se describe en el Libro Tres, Capítulo Nueve, Segunda Parte, sección titulada "Autocontrol". Pág. 377.

autohipnosis: acto o proceso de hipnotizarse a uno mismo; también, estado o condición hipnótica inducida por uno mismo; hipnosis que se aplica uno mismo. *Auto* significa uno mismo. Pág. 441.

Autoridad: supuesto experto o grupo de expertos cuyos puntos de vista y opiniones acerca de un tema es probable que se acepten sin dudarse e ignorando los hechos observables. Pág. 10.

autoritarismo: doctrina o teoría que está a favor de una obediencia absoluta a una persona o grupo de personas (autoridad), como por ejemplo en contra de la libertad individual. La terminación *-ismo* significa doctrina, teoría, sistema, etc. Pág. 215.

aventurarse: decirse o proponerse como una conjetura, en especial respecto a algo atrevido o aventurado. Pág. 9.

avivar: activar o intensificar; hacer más viva alguna cosa. Se usa en sentido figurado. De ahí: *"La pseudoprofesora que le hacía quedarse en el colegio para avivar su sadismo sobre él",* alude a una persona que aumenta la intensidad del disfrute de su sadismo al actuar cruelmente con su estudiante. Pág. 374.

axioma: enunciado de leyes naturales similar a los de las ciencias físicas. Pág. i.

ayer: el pasado. Pág. 19.

bacilo: *bacteria* (organismo microscópico de una sola célula) en forma de bastón, algunos de los cuales causan enfermedades. Del latín: *bacillum,* "bastoncito". Pág. 36.

Bacon: Francis Bacon (1561-1626), influyente filósofo inglés que creía que se debe abandonar cualquier prejuicio o idea preconcebida en el pensamiento científico y que la observación y experimentación precisas eran vitales en la ciencia. Ayudó a desarrollar el método científico para resolver problemas. Pág. 9.

bacteria: organismo unicelular, algunos de los cuales causan enfermedades. Pág. 112.

bajón: declive de un estado o calidad superior a una inferior. Pág. 292.

banalidad: declaración que se usa en exceso y en consecuencia carece de interés u originalidad, o que es aburridamente ordinaria. Pág. 398.

banco: lugar de almacenamiento de información, como en las primeras computadoras, donde se almacenaban los datos en un grupo o serie de tarjetas, a las que se llamaba banco. Pág. vi.

BANCO DE ENGRAMAS: LUGAR DE ALMACENAMIENTO EN EL CUERPO DONDE LOS ENGRAMAS, CON TODAS SUS PERCEPCIONES, SE REGISTRAN Y SE RETIENEN Y DESDE EL QUE LOS ENGRAMAS ACTÚAN SOBRE LA MENTE ANALÍTICA Y EL CUERPO. (De los *Términos de Dianetics*). Pág. vi.

BANCO DE MEMORIA ESTÁNDAR: LUGAR DE ALMACENAMIENTO EN LA MENTE DONDE TODOS LOS DATOS PERCIBIDOS CONSCIENTEMENTE (VISTA, SONIDO, AUDICIÓN, OLOR, SENSACIÓN ORGÁNICA, CINESTESIA, TÁCTIL ASÍ COMO TODAS LAS COMPUTACIONES MENTALES PASADAS) SE GRABAN Y RETIENEN Y DESDE DONDE SE RETRANSMITEN A LA MENTE ANALÍTICA. INCLUYE TODOS LOS DATOS DE NATURALEZA CONSCIENTE DESDE LA CONCEPCIÓN HASTA EL "AHORA". (De los *Términos de Dianetics*). Pág. 486.

Bara, Theda: (1890-1955) estrella americana del cine mudo que se hizo famosa por interpretar a una mujer irresistiblemente hermosa que atraía a los hombres haciéndoles caer en situaciones peligrosas o desastrosas. Pág. 224.

Barrymore: John Barrymore (1882-1942), actor americano que se estableció como uno de los intérpretes más destacados de su generación, muy famoso por su interpretación de Hamlet, de la obra del mismo nombre del dramaturgo inglés William Shakespeare. Pág. 225.

BÁSICO: EL PRIMER ENGRAMA DE CUALQUIER CADENA DE ENGRAMAS SIMILARES. (De los *Términos de Dianetics*). Pág. 227.

BÁSICO-BÁSICO: EL PRIMER ENGRAMA DESPUÉS DE LA CONCEPCIÓN, EL BÁSICO DE TODAS LAS CADENAS POR LA SOLA VIRTUD DE SER EL PRIMER MOMENTO DE DOLOR. (De los *Términos de Dianetics*). Pág. 156.

bastión: cualquier lugar fortificado para la defensa. Usado en sentido figurado. Pág. 425.

batallón: unidad militar con una cantidad aproximada de entre quinientos y ochocientos soldados. Pág. 9.

Bedlam: antiguo manicomio (su nombre completo es *Saint Mary of Bethlehem*) en Londres, conocido por el tratamiento inhumano que daba a sus internos. Pág. 8.

benefactor: aquel que realiza actos amables o buenos. Pág. 424.

Benzedrina: marca de un fármaco que aumenta la actividad física y mental, impide el sueño y disminuye el apetito. Pág. 437.

berbiquí: herramienta para taladrar consistente en un mango horizontal unido a un punzón. Pág. 15.

Bergson: Henri Bergson (1859-1941), filósofo francés que definió a la mente como pura energía, el *élan vital* o fuerza vital, responsable de toda la evolución orgánica. Pág. 280.

berrear: emitir gritos estridentes; por ejemplo, una criatura cuando llora. Pág. 398.

bien, estar: que sería adecuado, conveniente o apropiado bajo las circunstancias. Pág. 30.

"bien amados": cosas que se consideran con amor y afecto. Pág. 425.

bioquímica: ciencia que trata con la química de la materia viva. Pág. 11.

blasfemia: algo que se hace o se dice que muestra falta de respeto a Dios. Pág. 127.

bocas de riego: otro nombre que se da a las tomas de agua contra incendios. Pág. 425.

boil-off: la manifestación de periodos anteriores de inconsciencia, acompañada de atontamiento. La palabra es un término inglés que se refiere a la reducción de la cantidad de un líquido mediante su conversión a un estado gaseoso, como el vapor. El boil-off se describe en el Capítulo Nueve: Parte Uno, Mecanismos y Aspectos de la Terapia. Pág. 262.

bonito: inventivo, hecho u originado con inteligencia. Pág. 130.

Borneo: tercera isla más grande del mundo, situada a unos 640 kilómetros al este de Singapur en Indonesia, cerca de las Filipinas. Pág. 105.

borracho, El: popular drama escrito por William H. Smith (1806-1872) acerca de los males del alcohol y las virtudes de abstenerse de él. Escrito en 1844, se repuso numerosas veces, convirtiéndose en una de las obras que más ha estado en cartelera en Estados Unidos. Pág. 224.

BORRAR: CAUSAR QUE UN ENGRAMA SE "DESVANEZCA" POR COMPLETO POR MEDIO DE RELATARLO VARIAS VECES, EN CUYO MOMENTO SE ARCHIVA COMO MEMORIA Y EXPERIENCIA. (De los *Términos de Dianetics*). Pág. vi.

Boulder Dam: presa (ahora llamada Hoover Dam) ubicada en el río Colorado en la frontera entre Arizona y Nevada en Estados Unidos. Un importante logro de la ingeniería, con 221 metros de altura. Pág. 171.

BP: (del inglés, *basic personality*) las unidades de atención llamadas personalidad básica. Pág. 151.

bronca, echar una: regañar a alguien, especialmente por alguien con autoridad. *Regañar* es la acción de expresar un severo desacuerdo; reprender de forma severa. Pág. 363.

bucólico: característico, relacionado con o perteneciente a un bosque o selva; típico de la sencillez natural y agradable del campo. Pág. 42.

"buena onda": complaciente, que accede sin queja a lo que le pide un compañero. Pág. 438.

buena tinta, de: que se dijo o se recibió por una fuente fiable. Pág. 59.

bullicio: ruido que causa una gran cantidad de gente, como en una pelea o en un festejo en un lugar público. Pág. 39.

Bund: famoso enclave de Shanghai, China; se trata de un bulevar junto al río Huang-ho, flanqueado por parques y edificios de estilo europeo. Pág. 39.

bursitis: inflamación de un receptáculo lleno de líquido (bursa) que reduce la fricción en los puntos en que los huesos entran en contacto, particularmente el codo, la rodilla o el hombro. Pág. 65.

caballería: soldados a caballo a los que tradicionalmente se presenta en las películas americanas llegando al rescate de los que lo necesitan en el último momento crítico. Pág. 142.

"Caballería Estaba en Flor, Cuando la": título de una novela de Charles Major (1856-1913) que mostraba la caballerosidad y cortesía de los caballeros de los siglos XII y XIII en Inglaterra cuando estos estaban en el apogeo de su fama y prominencia. Pág. 217.

CADENA: CUALQUIER SERIE DE INCIDENTES EN EL BANCO DE ENGRAMAS QUE TIENEN UN CONTENIDO SIMILAR. (De los *Términos de Dianetics*). Pág. 94.

calaña: tipo, especie o clase. Pág. 119.

cálculo: rama de las matemáticas que se usa para determinar cantidades como el área de un objeto de forma irregular. Pág. 78.

calibrador: instrumento preciso de medida que tiene dos patas curvas que se pueden ajustar para determinar el grosor, diámetro y distancia entre superficies. Pág. 407.

Calígula: (12-41 d. C.) emperador romano (37-41 d. C.) tirano demente y cruel, mandó asesinar a la mayoría de sus familiares, se declaró dios a sí mismo, nombró administrador en jefe del gobierno romano a su caballo favorito, y finalmente fue asesinado por oficiales de su guardia. Pág. 65.

calumniado: que se ha hablado de ello de manera dañina o falsa; que se ha hablado maliciosamente de alguien. Pág. 64.

cama deslizable: cama de poca altura y con ruedas, que se puede deslizar debajo de otra cuando no se está usando. Pág. 331.

cambio de valencia: *véase* el Libro Tres, Capítulo Nueve, Parte Uno, sección titulada: "Cambio de Valencia". Pág. 343.

campañas de murmuraciones: propagación organizada de rumores con el fin de destruir la reputación de una persona, organización, etc. Pág. 473.

campo: 1. esfera de actividad, interés, acción u operación, etc. Pág. ii. 2. espacio en que existe una fuerza específica, que se puede medir. Pág. 2.

cantidad Q: factor o agente que no está identificado o que es de una identidad desconocida. Pág. 437.

Capo, Jimmie el: nombre inventado para el líder de una banda de delincuentes. *Capo* es un término italiano que significa jefe y se usa mucho para designar en concreto a los jefes de la mafia. Pág. 180.

caprichoso: que tiende a cambiar de manera impredecible o abrupta sin razón aparente; errático. Pág. 332.

"cara, yo gano; cruz, tú pierdes": yo gano pase lo que pase. De la frase *cara o cruz*, usada al echar una moneda al aire, cuando a alguien se le pide que adivine qué lado de la moneda caerá hacia arriba cuando ésta caiga y se pare. Si acierta, gana. *Cara* es el lado de una moneda que suele incluir la imagen de una cabeza (habitualmente una cara), y *cruz* es el lado opuesto. Pág. 125.

cardinal: de suma importancia; principal; primordial. Pág. 270.

carga: 1. almacenamiento o acumulación de energía. Literalmente, la carga es una acumulación de electricidad. Las cargas son positivas o negativas. Las cargas positivas repelen a las positivas y las negativas repelen a las negativas, mientras que las cargas positivas y negativas se atraen mutuamente. Pág. 69.
2. difusión (extensión gradual y total), como con la emoción, por ejemplo, la desesperanza. Pág. 79.

cariño: muestra de afecto. Una palabra de cariño (palabra que muestra afecto) se le dice a una persona que uno quiere. Pág. 77.

carmín: color rojo intenso teñido de púrpura. Pág. 104.

carraspear: aclarar la garganta de forma ruidosa. Pág. 432.

carrera de sacos: carrera en la que los contendientes tienen sus piernas impedidas dentro de un saco y se mueven a saltos. Pág. 134.

carretadas, a: en gran abundancia. Pág. 407.

cataclismo: acción física repentina y violenta que produce cambios en la superficie de la Tierra, como un terremoto o una inundación devastadora. Pág. 36.

catalizador: algo que actúa como estímulo para producir o acelerar un resultado. Pág. 190.

cataplasma: masa húmeda, caliente, blanda, como de harina, hierbas, mostaza, etc., a veces extendida en trapos, aplicada a las partes doloridas o inflamadas del cuerpo. Pág. 410.

catarral: marcado por la inflamación de las membranas nasales y de la garganta, causando un aumento de la producción de mucosidad, como ocurre en el resfriado común. Del griego *cata*, abajo y *rhein*, fluir. Pág. 3.

cáustico: hiriente o sarcástico, amargo o brusco, de ironía agresiva y maligna. Pág. 423.

cauterizado: quemado, carbonizado o chamuscado (como a causa de un choque eléctrico). Pág. 210.

cecear: pronunciar las *eses* haciéndolas sonar como *ces* o *zetas*. Pág. 452.

ceder: rendirse o someterse ante alguna fuerza, influencia, presión, etc. Pág. 118.

censor: en la teoría freudiana, aquella fuerza restrictiva que retiene los impulsos, ideas y sentimientos indeseables y repugnantes en lo inconsciente de un individuo. Pág. v.

censura: juicio que se hace o se da de una cosa. Pág. 483.

censurar: encontrarle defectos a algo y desaprobarlo; expresar un fuerte desacuerdo con algo. Pág. 298.

centinela: alguien o algo que vigila o cuida de algo, como un *centinela* militar, soldado apostado para vigilar algo o controlar el acceso a un lugar. Pág. 215.

César: Julio César (aprox. 100-44 a. C.), general y estadista romano que consideraba que el gobierno de Roma estaba corrupto, y que intentó "salvar" a Roma de la decadencia. Entre los años 58 y 50 a. C., César conquistó y sometió a los galos. Al finalizar la guerra en una población que oponía fuerte resistencia, él esperó hasta que esta se quedó sin suministro de agua, y luego les cortó la mano derecha a cuantos lucharon contra él. Esto sirvió de ejemplo a todos los demás que se resistieran a

Roma. En el 46 a. C. César fue nombrado dictador vitalicio de Roma, pero fue asesinado dos años después. Pág. 45.

cesar y desistir: dejar de hacer algo; hacer que algo no continúe o poner fin a algo. Pág. 180.

cese: paro temporal o completo. Pág. 36.

chiflado: alguien que está loco. Pág. 225.

chamán: sacerdote o sacerdotisa de quien se dice que actúa para retransmitir mensajes entre el mundo natural y el sobrenatural, y usa la magia para curar dolencias, predecir el futuro y contactar con las fuerzas espirituales y controlarlas. Su técnica para la curación del enfermo implica cantar canciones especiales y echar humo de tabaco sobre la persona, pues se cree que el tabaco tiene poderes mágicos. Pág. 7.

charla de terapia: conversación asociada con una situación particular, grupo de personas o profesión. Pág. 458.

charlatán: alguien que pretende tener un conocimiento o destreza expertos; farsante. Pág. 294.

chillar: llorar o gritar con fuerza y desagradablemente. Pág. 100.

choque de insulina: variedad de tratamiento de choque psiquiátrico introducida en los años treinta. El supuesto tratamiento consiste en una serie de inyecciones de una cantidad excesiva de insulina en el cuerpo, lo que produce convulsiones y un coma. Pág. 443.

cianuro: compuesto químico letal utilizado como veneno desde tiempos antiguos. Pág. 438.

cíclico: relativo a un ciclo o ciclos, caracterizado porque vuelve a ocurrir en ciclos. Un *ciclo* es un periodo de tiempo durante el que ocurre un acontecimiento, una secuencia de acontecimientos o algo característico, que a menudo se repite de forma regular. *Véase también* **maníaco** y **maníaco-depresivo.** Pág. 26.

ciencia: conocimiento; comprensión de hechos o principios, clasificados y facilitados en el trabajo, la vida o la búsqueda de la verdad. Una ciencia es un conjunto interrelacionado de verdades demostradas o de hechos observados, organizados sistemáticamente y unidos bajo leyes generales. Incluye tener métodos fiables para el descubrimiento de nuevas verdades dentro de su campo e indica la aplicación de métodos científicos a campos de estudio que previamente se consideraba que solo estaban abiertos a teorías basadas en criterios subjetivos, históricos o no demostrables y abstractos. La palabra *ciencia* se usa en este sentido, el sentido más fundamental y tradicional de la palabra, y no en el sentido de las *ciencias físicas* o *materiales*. Pág. i.

ciencia de (la mente): en usos tales como *ciencia del arte*, *ciencia de la mente*, la aplicación de métodos científicos en campos de estudio anteriormente considerados abiertos solo a aquellas teorías basadas en la opinión o en datos abstractos que no se pueden comprobar o demostrar. Pág. i.

cigoto: célula reproductora femenina que ha sido fertilizada por una célula reproductora masculina. Pág. x.

cinestésico: relativo a la cinestesia: percepción o sentido del movimiento, peso o posición del cuerpo según se mueven sus músculos, tendones y articulaciones. Pág. 21.

cinético: que tiene que ver con el movimiento. Pág. 75.

circuito: en electricidad, una ruta completa que recorre una corriente eléctrica y que lleva a cabo una acción concreta. En Dianetics, el término se usa para describir una parte de la mente que actúa como un circuito y que lleva a cabo varias funciones. Pág. 14.

circuito de desviación: alusión a un camino por el que se dirige parte o toda la corriente eléctrica para saltarse uno o más elementos de un circuito. Se usa para describir los circuitos demonio, que se colocan entre el "yo" y los bancos estándar, creando una desviación de la ruta normal. Pág. 66.

citar para estrados: llevar a juicio; llevar ante la justicia de los tribunales. Los estrados son las salas de los tribunales donde los jueces dan audiencia a los pleitos y dictan sentencia. Pág. 484.

citología: rama de la biología que trata de la estructura, función y periodo vital de las células. Pág. x.

clandestino: que se hace o se dice secretamente; hecho ocultándose de las autoridades o para eludir la ley. Pág. 224.

clarividencia: poder aparente para percibir cosas o acontecimientos en el futuro o más allá del contacto sensorial normal. Pág. 430.

clase de literatura: referencia a las revistas americanas de mediados del siglo XIX que supuestamente mostraban historias verdaderas acerca de las vidas, los problemas, los romances, etc., de gente cotidiana, poniendo énfasis en crímenes sensacionalistas y confesiones de amor. Mucho del material de estas historias, venía, según se dice, de mujeres que tenían acceso a historiales de caso reales. Pág. 415.

cláusula: sección concreta de un documento legal, normalmente numerada por separado, que dice que se debe o no se debe hacer algo en concreto. Pág. 217.

claxon de automóvil (de tipo pera): instrumento colocado en los antiguos vehículos y que se hacía sonar como advertencia, que consiste en un tubo en forma de trompeta en un extremo y una perilla de goma flexible en el otro. Al comprimirse la pera se expulsa aire por el extremo en forma de trompeta, emitiendo un sonido característico. Pág. 266.

CLEAR: EL INDIVIDUO ÓPTIMO, QUE YA NO POSEE ENGRAMAS. DICCIONARIO (DEFINICIÓN DE CLEAR EN INGLÉS): BRILLANTE; DESPEJADO, POR LO TANTO, SERENO; LIMPIO; PERCEPTIBLE; CAPAZ DE DISCERNIR; COMPRENSIVO; LIBRE DE DUDAS; SEGURO; INOCENTE; NETO, COMO CON MÁS GANANCIA QUE DEUDAS; LIBRE DE DEUDAS; LIBRE DE CUALQUIER ENREDO. (VERBO TRANSITIVO) LIMPIAR, COMO DE LA SUCIEDAD O LA OBSTRUCCIÓN; ILUMINAR; LIBERAR DE LA CULPABILIDAD, ETC.; ABRIR CAMINO; DESENREDAR. (VERBO INTRANSITIVO) VOLVERSE CLARO Y BRILLANTE. (SUSTANTIVO) UN ESPACIO O LUGAR DESPEJADO. (De los *Términos de Dianetics*). Pág. i.

clearing: la acción de llevar a clear. Pág. 14.

cleptómano: alguien con un impulso obsesivo por robar, especialmente cuando no hay necesidad económica. Pág. 260.

cloroformo: líquido tóxico incoloro que se utilizaba antes como anestésico. Pág. 436.

cloruro de amonio: sustancia incolora y cristalina que se usa en muchas medicinas para el resfriado y remedios para la tos. Pág. 439.

coartar: impedir o dificultar que ocurra algo. Pág. 487.

código penal: conjunto de leyes que se ocupan de diversos crímenes o delitos y sus penas legales. Pág. 483.

coeficiente de inteligencia: número al que se llega mediante tests destinados a indicar la inteligencia de una persona. (*Coeficiente* significa el factor constante en un producto y se refiere a la forma en que se calculan los tests para obtener la media para un determinado promedio de edad). Pág. 38.

cohesión: (de objetos) estado de permanecer juntos, o (de la gente) estar muy de acuerdo y trabajar bien juntos. Pág. 129.

coito: unión sexual. Pág. 176.

colar, hacer: hacer que algo se acepte como genuino, cierto, etc., por medio de artimañas; imponerle (una cosa) fraudulentamente (a una persona). Pág. 387.

coloquial: característico o apropiado a la conversación común o familiar más que a la conversación o a la escritura formal; informal. Pág. 2.

comatoso: de o que tiene que ver con un coma (estado de inactividad mental o física). Del griego *koma*, sueño profundo. Pág. 369.

comerse: superar o vencer a alguien o algo. Pág. 378.

compañía: unidad militar con una cantidad aproximada de tropas de entre sesenta y ciento noventa. Pág. 48.

compartimentar: dividir en aspectos, funciones, etc., separados. Pág. 2.

compenetración: relación armoniosa en la que las personas implicadas se comprenden entre ellas y se comunican bien. Pág. 377.

complejo: en psicoanálisis, un *complejo* es una serie de impulsos, ideas y emociones que imponen pautas de comportamiento habituales. Pág. 98.

componer: formar nuevas palabras por medio de unir palabras o sílabas (por ejemplo, portaaviones, anteojos, etc.). Pág. 27.

compuesto: sustancia que contiene dos o más elementos (sustancias que en sí mismas no pueden ser descompuestas en sustancias más simples) en proporciones exactas. Un compuesto puede estar formado de muchos elementos y usualmente tiene propiedades diferentes a aquellas de los elementos que la componen. Pág. 439.

compulsión: impulso irresistible que es irracional o contrario a la voluntad propia. Pág. 9.

conciliación: intento de establecer armonía y buena voluntad; el acto de calmar el enojo de alguien; hacer amistoso. Pág. 372.

condensador: aparato para acumular (de *condensar* que significa hacer más denso o compacto) y contener carga eléctrica. Un condensador consiste en dos superficies conductoras iguales pero con carga opuesta, que se mantienen separadas por medio de material aislante. Pág. 288.

condensar: reducir, contraer o hacer más pequeño. Pág. 262.

condicionamiento: proceso de cambiar supuestamente el comportamiento premiando o castigando a un sujeto cada vez que realiza una acción hasta que el sujeto asocia la acción con placer o con dolor. Esto está basado en experimentos que Ivan Petrovich Pavlov (1849-1936) llevó a cabo con perros. Pavlov le ofrecía comida a un perro mientras hacía sonar una campana. Después de repetir este procedimiento varias veces, el perro (anticipándose) segregaba saliva al sonar la campana, tanto si había comida como si no. Pavlov concluyó que todos los hábitos adquiridos por el hombre, incluso sus actividades mentales superiores, dependían de los reflejos condicionados. Un *reflejo condicionado* es una respuesta (por ejemplo, una secreción de saliva en un perro) producida por un estímulo secundario (por ejemplo, el sonido de una campana) que se asocia repetidamente con un estímulo original (por ejemplo, la vista de la carne). Pág. 61.

conducto: algo que forma un camino para canalizar un flujo, como de electricidad, permitiendo que pase de un sitio a otro. Pág. 85.

"conectar": interesar, encender su entusiasmo, como dándole a un interruptor para hacer que la electricidad fluya. Pág. 291.

conexión permanente: alusión a la aparente naturaleza soldada de los engramas que el analizador no puede sacar de circuito excepto mediante las técnicas de Dianetics. Pág. 96.

confucianismo: sistema de ética, educación y arte de gobernar enseñado por el filósofo chino Confucio (aprox. 551-479 a. C.) que daba énfasis al amor por la humanidad, la veneración de los ancestros, el respeto por los padres y la armonía en el pensamiento y la conducta. Durante la toma de poder por los comunistas a mediados del siglo XX, el confucianismo cayó en desgracia porque hacía hincapié en defender y respetar al gobierno que los comunistas querían derrocar. Pág. 167.

confundir: 1. causar confusión en algo, hacer que algo entre en confusión. Pág. ii.

2. hacer sentir confuso. Pág. 23.

conjuntivitis: inflamación de la membrana *conjuntiva*, membrana delicada que cubre los tejidos interiores del párpado y la parte blanca del globo ocular. Pág. 122.

consagrado: distinguido por ser santo; hecho o declarado sagrado para uso religioso. Pág. 7.

consternación: excitación confusa y angustiada; desaliento. Pág. 104.

constreñido: confinado con ataduras de algún tipo o como si así fuera, de forma que se le quita libertad; cautivo. Pág. 145.

contemplar: mantener en la vista; mirar u observar. Pág. 242.

contra-: prefijo que se usa para denotar la oposición y contrariedad de una cosa con otra. Pág. 59.

contramaestre: oficial de un barco cuyo trabajo es supervisar el mantenimiento del barco y su equipo. Pág. 282.

controlar: referencia al significado especializado de control en experimentos científicos. En este sentido, un *control* es un estándar o comparación para verificar los resultados de un experimento. *Controlando* significa excluyendo (controlando) ciertos factores para asegurarse de que no influyen en los resultados. Pág. 117.

controles: cosas que proveen un conjunto de estándares de comparación o medios de verificación, como en un experimento científico. Pág. v.

conveniente: práctico o eficaz para conseguir algún fin concreto; adecuado o ventajoso bajo ciertas circunstancias dadas. Pág. 251.

corbata del viejo uniforme del colegio, la: corbata con un patrón característico que usan los antiguos alumnos de una escuela particular, especialmente una escuela inglesa. El término se usa en sentido figurado para denotar al que la usa y el comportamiento y actitudes habitualmente asociadas con quienes la usan, en especial el conservadurismo y la lealtad al grupo. Pág. 87.

cordial: afectuoso, de corazón; alegre. Pág. 61.

cordita: polvo explosivo que arde sin humo que se usa en armas para impeler la munición. El nombre se refiere a las hileras en forma de cordel en las que se fabricaba. Pág. 15.

coronario: relacionado con el corazón humano en lo que se refiere a la salud. Pág. 65.

corporal: relativo al cuerpo humano (*castigo corporal* sería el castigo infligido directamente en el cuerpo). Pág. 167.

correa: banda de material flexible y fuerte que se usa en la maquinaria para transmitir movimiento o potencia. Una *correa de torno* sería una banda que se usa para hacer funcionar un torno de dentista. Pág. 180.

corrección personificada: persona que representa perfectamente alguna cualidad o atributo, tal como la rectitud en este caso. Pág. 258.

cósmico: relacionado con la totalidad del universo, en lugar de solo con la Tierra. Pág. 28.

crédito, dar: aceptar como cierta una afirmación, etc.; creer. Pág. 412.

credo: sistema de creencias o principios en general. Pág. 489.

creíble: que puede o merece ser creído o aceptado como cierto. Pág. 88.

cristal mágico curativo: tipo de cristal que se considera que tiene el poder de curar, como los que se encuentran en uso con ciertos hechiceros primitivos en Australia, de quienes se dice que creen que los dioses del cielo pusieron cristales curativos en la Tierra. *Cristal* hace referencia a una sustancia como una roca que parece hielo, como podría ser el cuarzo cristalizado, que es incoloro y transparente y se conoce también como cristal de roca. Pág. 7.

criterio: estándar para llevar a cabo un juicio o valoración de algo; regla o principio para evaluar o medir algo. Pág. 103.

crónico: que dura mucho tiempo u ocurre continuamente, como en una enfermedad, condición médica, etc. Pág. 81.

cronómetro: instrumento para medir el tiempo con precisión; un tipo de reloj muy preciso, como los que se usan para la navegación. Pág. 408.

cuaderno de bitácora: libro en que se registran los detalles de un viaje en barco o avión. Pág. 411.

cuello del útero: abertura en forma de cuello en la parte inferior de la matriz que conduce a la vagina. Pág. 298.

cuidarse: ser precavido o cuidadoso; ser cauteloso. Pág. 193.

curación por fe: curación que se cree haber logrado por la fe religiosa, la oración, etc. Pág. 210.

curar: resolver un problema o situación de forma que se rectifica (se corrige, se arregla o remedia) o se elimina. Pág. 8.

cursilería: algo ridículo o tediosamente pasado de moda o sentimental. Pág. 224.

custodio: encargado de custodiar (guardar con cuidado y vigilancia); persona a quien se le confía el cuidado de algo o alguien. Pág. 196.

da Vinci: Leonardo da Vinci (1452-1519), pintor, dibujante, escultor, arquitecto e ingeniero italiano que descubrió que la sangre circulaba y trazó con cierta precisión los vasos sanguíneos del cuerpo. Pág. 156.

Dalton, Jack: héroe de una obra como las de antes, *¡Maldito Jack Dalton!* escrita por Wilbur Braun en 1930. Jack está enamorado de la criada de su familia pero el villano de la historia conspira con una oportunista española (que quiere casarse con Jack) para drogar a la criada y enviarla a un manicomio. Jack frustra la conspiración y consigue a su amada. Pág. 224.

Dante: poeta italiano (1265-1321) que, en su obra más conocida: *La Divina Comedia*, describe su viaje imaginario por el infierno y el paraíso y presenta los horrores del infierno con poéticos detalles. Pág. 127.

dar lugar a: originar, producir, causar. Pág. 404.

dar origen: originar, producir, causar. Pág. 68.

Darwin: Charles Darwin (1809-1882), naturalista y escritor inglés que originó la teoría de la evolución mediante la selección natural que sostiene que todas las especies de plantas y animales se desarrollaron a partir de formas anteriores y que las formas que sobreviven son las que mejor se adaptaron al entorno. Pág. 63.

datos falsos: elementos de información que no corresponden a la verdad o a la realidad. Pág. 136.

de boca en boca: mediante la palabra, a diferencia de escribiendo o por otros métodos de expresión; oralmente. Pág. 105.

debilidad: falta menor o defecto en la personalidad o comportamiento; debilidad, como en: *"que no se dan cuenta de algunas de las debilidades en que puede incurrir el hombre en un estado aberrado".* Pág. 204.

dechado: (dicho de una persona o cosa) modelo de excelencia o perfección de cierto tipo. Pág. 424.

deducir: sacar conclusiones de un principio, proposición o supuesto. Pág. 315.

dejar: causar que algo o alguien esté en cierto estado, que llegue a estar de cierta forma. Pág. 69.

delirio: estado de excitación mental extrema, caracterizado por inquietud, habla confusa y alucinaciones. Pág. 8.

delirium tremens: afección causada por la ingestión excesiva y prolongada de alcohol y que se caracteriza por alucinaciones, confusión mental, agitación, sudores y temblores. Pág. 438.

delusión: creencia u opinión falsa persistente que se resiste a la razón y a la confrontación con los hechos reales. Pág. 69.

democracia: sistema de gobierno en el que el poder reside en el pueblo, que gobierna o bien directamente o bien a través de representantes libremente elegidos. Pág. 167.

DEMONIO: *CIRCUITO* DE DESVIACIÓN EN LA MENTE, LLAMADO "DEMONIO" DEBIDO A QUE DURANTE MUCHO TIEMPO ASÍ SE LE INTERPRETÓ. PROBABLEMENTE SEA UN MECANISMO ELECTRÓNICO. (De los *Términos de Dianetics*). Pág. 66.

denominador: algo que es común o característico de una serie de cosas, personas, etc. Pág. 25.

denuncia: cualquier cargo, acusación o criticismo severo. Pág. 8.

de paso: además; se aplica a cualquier cosa que se hace o a un efecto que se consigue sin pretenderlo directamente, como acompañamiento o consecuencia de otra cosa. Aprovechando la ocasión. Pág. 84.

Derechos del Hombre: referencia a todo documento o legislación (ley) que se podría redactar para servir como una garantía de los derechos básicos de los individuos, los principios de libertad humana, etc. Pág. 425.

dermatitis: inflamación de la piel que da como resultado enrojecimiento, hinchazón, comezón u otros síntomas. Pág. 113.

derviche girador: miembro de una orden religiosa turca de monjes. Como parte de su culto buscan el éxtasis girando y bailando al son de la música. *Derviche* es una palabra de origen turco que quiere decir "mendigo". Pág. 332.

desafiaría a Alejandro: referencia a un relato en el que Alejandro Magno (356-323 a. C.), marchó a la antigua ciudad de Gordio en Asia Menor. En la plaza de la ciudad había una carreta atada con una cuerda a una viga, de forma tan ingeniosa que nadie podía desatarla. Se le dijo a Alejandro que aquel que desatara el nudo gobernaría toda Asia. A esto, sacó su espada y de un solo tajo cortó la cuerda y continuó la conquista de gran parte de Asia. *Desafiar* aquí significa presentarle algo a una persona que la dejaría desconcertada. Pág. 388.

desbocado: sin ningún tipo de contención ni restricción; descontrolado. Pág. 340.

descarga: acción de liberar carga (enojo, miedo, pesar o apatía); alivio. Pág. 66.

descriptivo: que describe, explica o da los detalles característicos de alguna cosa. Pág. 32.

desechar: arrojar, rechazar, deshacerse de (un obstáculo o carga). Pág. 204.

desgaste: acción y efecto de desgastar, producir un debilitamiento gradual de la fuerza, la energía o el interés. Pág. 110.

desintensificar: disminuir la intensidad de algo, eliminando cualquier sensación, emoción, sentimiento, etc., fuerte o agudo. Pág. 339.

desistir, cesar y: dejar de hacer algo; hacer que algo no continúe o poner fin a algo. Pág. 180.

desmembrado: despedazado o mutilado; cortado o roto en partes. Pág. 459.

DESORIENTADOR: CUALQUIER ORDEN ENGRÁMICA QUE HACE QUE EL PACIENTE SE MUEVA DE UNA FORMA O EN UNA DIRECCIÓN EN LA LÍNEA TEMPORAL QUE ES CONTRARIO A LAS INSTRUCCIONES DEL AUDITOR O A LOS DESEOS DE LA MENTE ANALÍTICA DEL PACIENTE. (De los *Términos de Dianetics*). Pág. 262.

despiadado: inhumano, cruel, sin piedad. Se usa en referencia a una continuación de algo sin aflojar la fuerza o intensidad; característico de algo que nunca para o que es imposible parar. Pág. 129.

despótica: mujer arrogante, pendenciera, regañona, gruñona. Pág. 333.

despreocupadamente: que se hace descuidadamente o sin pensarlo; sin preocupación. Pág. 159.

desvalijado: en relación con un sitio, que se le ha quitado o extraído el contenido (los recursos, bienes, etc.) por la fuerza. Pág. 490.

detener: arrestar por haber hecho algo ilegal. Pág. 381.

detrimento: daño, desventaja o lesión. Pág. 208.

diabetes: enfermedad que impide la absorción normal de azúcar en una persona. Se caracteriza por una excesiva producción de orina y una sed anormal y en algunas de sus variantes puede hacer peligrar la vida de una persona. Pág. 114.

diabólico: a un grado extremadamente elevado. Pág. ix.

Dianetics: (del griego dia, a través, y nous, mente o alma); lo que la mente (o el alma) le está haciendo al cuerpo. (De los *Términos de Dianetics*). Pág. i.

difundir: extender o hacer que algo llegue a muchos lugares o a muchas personas. Pág. 109.

digital: alusión a números (como los del 0 al 9) que se usan en los sistemas de contar o medir. Pág. 407.

digresión: acción de romper el hilo del discurso y de hablar en él de cosas que no tengan conexión o que se alejen de aquello que se está tratando. Pág. 285.

dilucidar: referido a un asunto, ponerlo en claro o dar explicaciones que lo clarifican. Pág. ix.

Dinámica: impulso, empuje y propósito de la vida (¡sobrevive!) en sus cuatro manifestaciones: uno mismo, el sexo, el grupo y la Humanidad. (De los *Términos de Dianetics*). Pág. ii.

dinámico: del griego: *dynamikos*, poderoso. De ahí, fuerza motivadora o energizadora (de la existencia o la vida), como en *Principio Dinámico de la Existencia*. Pág. ii.

dinastía: familia o grupo de personas prominentes y poderosas cuyos miembros conservan su poder e influencia a través de varias generaciones. Del griego *dynasteia*; "señor". Pág. 7.

dipsómano: persona con un ansia incontrolable por las bebidas alcohólicas. Pág. 66.

disco (fonográfico): disco de vinilo (material de plástico, normalmente de 12 pulgadas, unos 30 cm, de diámetro) con surcos en los que se graba música, voz u otros sonidos. Se baja una aguja sobre el disco que está dando vueltas sobre una plataforma redonda y giratoria. La aguja encaja en las ranuras del disco y el sonido grabado en los surcos pasa a los altavoces para su reproducción. Pág. xi.

disco original: la copia maestra de un disco fonográfico, hecha de metal y que se emplea para hacer duplicados de discos fonográficos (discos planos de vinilo con surcos, en los que se graban música, voz u otros sonidos). El disco original tiene una serie de surcos y cuando se prensa contra un disco de vinilo caliente, estos surcos quedan reproducidos, de forma que el disco contenga una copia del sonido original. Pág. 157.

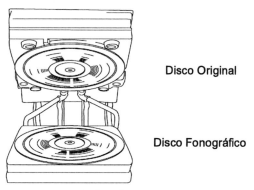

Disco Original

Disco Fonográfico

disertación: comunicación escrita o hablada acerca de un tema, en la que este se discute en profundidad. Pág. 171.

disfrazarse (de algo): fingir ser otra cosa. Pág. 286.

displicente: que muestra falta de seriedad e interés. Pág. 391.

distanciamiento: acto de desconectarse, separarse o salirse de la asociación con algo. Específicamente, en el sentido que se usa aquí significa un desinterés o una lejanía respecto a las preocupaciones de otros, como en "*distanciamiento profesoral*". Pág. 2.

distorsionante, espejo: alusión a un espejo construido para proporcionar una imagen distorsionada que se encuentra en los laberintos de espejos (atracción que consiste en una serie de salas y pasadizos, suelos resbaladizos o en movimiento, espejos distorsionantes y otros aparatos diseñados para sorprender o divertir). Pág. 362.

distribución: acción de dividir o asignar algo entre personas o grupos. Pág. 492.

Dixie: canción inspirativa acerca del sur de los Estados Unidos escrita en 1859 por el compositor americano Daniel Decatur Emmet (1815-1904). Pág. 400.

12, alambre de cobre del: alambre que mide aproximadamente dos décimas partes de un centímetro de diámetro, más o menos el grosor de un gancho de alambre para la ropa. *Del 12* se refiere a una medida o escala estándar de medida para el grosor o diámetro de un objeto. Pág. 223.

docilidad: condición de ser dócil (fácil de controlar o manejar). Pág. 11.

Doctor Sentencioso: nombre inventado. *Sentencioso* significa con tendencia a declarar cosas sabias y a menudo hacer juicios acerca de cuestiones morales. Pág. 409.

dorado: recubierto de una fina capa de oro o algo que lo parezca. Pág. 21.

dormitar: estar en un estado de inactividad, como si se estuviera dormido. Pág. 456.

"dos hombrecillos... colgados de sus talones": referencia a la tira motora y a la tira sensorial del cerebro. La *tira motora* es un área larga y estrecha del cerebro que según se cree controla el movimiento de los diversos músculos y los movimientos del cuerpo. La *tira sensorial* es un área larga y estrecha del cerebro, que según se cree controla los sentidos del cuerpo como la vista, el olfato, el tacto y el oído. El término médico para estas tiras del cerebro es *homunculus*, una palabra en latín que significa "hombre pequeño", para describir la función de cada parte de estas tiras que según se cree corresponden a la forma del cuerpo humano, con la parte superior de éstas controlando los pies, la parte media controlando el torso y la parte inferior controlando la cabeza, por lo tanto están "al revés". Para ilustrar la función de las tiras, las publicaciones médicas usan ilustraciones de dos hombrecillos colgados de sus talones (véase la ilustración). Pág. 354.

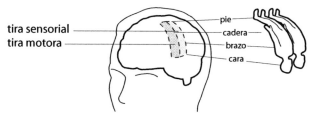

dosificación: suministrar (un fluido) en una cantidad medida o regulada. Pág. 51.

dramatis personae: en Dianetics, la gente que está presente en un engrama. Es una expresión en latín que literalmente significa gente (o personas) de un drama, y se usa para referirse a los actores o personajes en un drama u obra de teatro o a los que son parte de un acontecimiento real. Pág. 394.

dramatización: conjunto de acciones completamente irracionales. Se producen cuando un engrama está muy reestimulado. Cuando está en plena representación, el engrama se representa al pie de la letra y la persona es como un actor, interpretando como una marioneta el papel que se le dicta. La dramatización se describe enteramente en el Libro Dos, Capítulo Tres, La Célula y el Organismo. Pág. 82.

dramón: variación de la palabra *drama*, situación o serie de sucesos que implica a personajes vívidos o un conflicto intenso de fuerzas que recuerdan a una obra teatral. Aquí se refiere a ocasiones de *dramatización*, la representación de series completas de acciones irracionales. Pág. 224.

drenar: sacar o bombear fluidos, agua, electricidad, etc., afuera de algo. Pág. 85.

dub-in: término que se usa para referirse a una visión o recuerdo que son imaginarios. El término proviene de la industria cinematográfica. Hacer "dub" (doblar) en el cine es crear y añadir sonidos a una película después de terminar la filmación. Este proceso ("dubbing", o doblar) resulta en una banda sonora fabricada que al público le parecerá que de hecho sonaba cuando se rodó la imagen, pero gran parte de ella o toda se creó en el estudio mucho después de que se terminara la filmación, y luego se le hizo "dub-in". En Dianetics, "dub-in" indica recuerdo alterado, en donde la persona "ve" más de lo que estaba ahí o algo completamente diferente. Es imaginario, pero está segura de haberlo visto. Lo que ocurre es que sin el conocimiento analítico de la persona, parte de su mente está arrojando datos que no son verdaderos, y la persona te dirá mentiras. Pág. 231.

Durant, Will: William (Will) James Durant (1885-1981), historiador americano y autor popular de filosofía. A mediados de los años 20, Durant escribió *La Historia de la Filosofía*, libro acerca de la vida y obra de los más grandes filósofos del mundo. Escrito para que el hombre promedio pudiera entenderlo, vendió millones de ejemplares. *Dedicatoria*. Pág. v.

echar a rodar: en sentido figurado, una indicación para empezar a poner algo en movimiento o en acción. *Rodando* o *echar a rodar* significa empezar, comenzar, poner en funcionamiento. La palabra se usa en la industria cinematográfica como una orden del director al ayudante de director para que se ponga en marcha la cámara y el equipo de sonido. Pág. 340.

ectoplasma: material que supuestamente emana de los espíritus o fantasmas, haciendo posible que se materialicen y realicen hazañas físicas, como levantar objetos. Algunas personas también creen que es una sustancia etérea, blanquecina que se supone que sale de un médium durante un trance y que toma una forma humana o de una cara. (Un *médium* es una persona a través de la cual se dice que los espíritus de los muertos pueden ponerse en contacto con los vivos). Pág. 105.

ecuación: 1. término matemático que muestra que dos cosas tienen el mismo valor o son iguales una a la otra. También, por extensión, cualquier situación o problema con diversos factores variables, que se ha calculado y demostrado con precisión matemática. Pág. iii.

2. conjunto de factores, como hechos o ideas diferentes, que afectan a una situación y se tienen que considerar conjuntamente. Pág. 25.

ecuaciones de Lorentz-FitzGerald-Einstein: referencia a las ecuaciones de Hendrik Lorentz (1853-1928) y George Francis FitzGerald (1851-1901), quienes concluyeron que un cuerpo en movimiento muestra una contracción o reducción en la dirección de su movimiento según una cantidad que depende de cuánto se acerque a la velocidad de la luz. Este descubrimiento contribuyó más adelante al trabajo de Albert Einstein (1879-1955). Pág. 3.

Velocidades Bajas   Acercándose a la Velocidad de la Luz   Dirección del Movimiento

efectos, para los: en la práctica; virtualmente. Pág. 303.

eficacia: capacidad de producir un resultado o un efecto deseado; efectividad. Pág. 213.

egocéntrico: que lo ve todo en relación consigo mismo, y pone su propia persona en primer lugar en lo que dice. Pág. 300.

egsusheyftef: palabra inventada sin significado. Pág. 55.

Einstein: Albert Einstein (1879-1955), físico americano nacido en Alemania, cuyas teorías sobre la naturaleza de la masa y la energía llevaron al desarrollo de la bomba atómica. Pág. 3.

eje: centro alrededor del cual otras cosas giran o desde el cual irradian; fuente. Pág. 195.

electroencefalógrafo: instrumento para grabar la actividad eléctrica del cerebro. Pág. 280.

Ellis: Havelock Ellis (1859-1939), escritor inglés y médico que llevó a cabo estudios sobre la psicología del sexo. Pág. 126.

embarazar: quedar imposibilitado o frenado por algún obstáculo, por falta de soltura o por un sentimiento de embarazo. Pág. 401.

embotar: debilitar, hacer que algo sea menos activo y eficaz. Pág. 92.

embrión: criatura humana sin nacer, en las primeras etapas de desarrollo, concretamente desde la concepción hasta la octava semana. Pág. x.

embriónica, forma: en una etapa no desarrollada. Pág. 157.

embrollar: liar, enredar, revolver de forma desordenada. Pág. 202.

emersoniano: relativo a Ralph Waldo Emerson (1803-1882), ensayista, e idealista americano. Sus escritos, una serie de impresiones, máximas, proverbios y parábolas vagamente relacionados, abarcan temas como la independencia, la amistad, los modales, el carácter y asuntos similares. Pág. 335.

empalagoso: realizado con un deseo, emoción exagerados como el sentimentalismo. Pág. 190.

empedernido: obstinado, tenaz, que tiene un vicio o costumbre muy arraigados, como un *"criminal empedernido"*. Pág. 180.

encasquillarse: atascarse o retrasarse. Literalmente, el término se refiere al disparo retardado de un arma que no sale cuando se aprieta el gatillo o que sale tarde. Pág. 296.

endocrino: relacionado con el sistema de glándulas que segrega hormonas (sustancias químicas) de ciertos órganos y tejidos del cuerpo. Estas glándulas y sus hormonas regulan el crecimiento, el desarrollo y la función de ciertos tejidos y coordinan muchos procesos dentro del cuerpo. Por ejemplo, algunas de estas glándulas aumentan la presión sanguínea y el ritmo cardíaco durante momentos de tensión. Pág. 117.

endocrinología: rama de la biología que trata con las glándulas endocrinas y sus secreciones, especialmente en relación con sus procesos o funciones. Pág. 11.

engañoso: que parece ser bueno, sensato, correcto, lógico, etc., sin serlo realmente. Pág. 35.

engendrado: producido, originado. Pág. 473.

en general: teniéndolo todo en consideración. Pág. vii.

ENGRAMA: CUALQUIER MOMENTO DE MAYOR O MENOR "INCONS-CIENCIA" POR PARTE DE LA MENTE ANALÍTICA, QUE LE PERMITE A LA MENTE REACTIVA GRABAR; EL CONTENIDO TOTAL DE ESE

MOMENTO CON TODOS LOS PERCÉPTICOS. (De los *Términos de Dianetics*). Pág. v.

enquistar: encerrar o encapsular, o como si lo estuviera, en algo resistente. De *en*, llevar a un cierto estado o condición y *quiste*, una bolsa protectora, cerrada. Pág. 345.

enredado: que se involucra o intenta hacer frente a algo difícil, confuso, problemático, etc. Pág. 436.

enredar: complicar o confundir, embrollar. Pág. 216.

enterrado: colocado en una tumba; en sentido figurado, que ya no existe, que desapareció. Pág. 484.

entidad: algo que tiene una existencia individual real, algo que existe como unidad particular. Pág. 21.

entorno: ambiente, alrededor. Pág. 168.

entre dientes: expresión que indica que algo se dice murmurando o refunfuñando en voz baja, de forma casi inaudible. Pág. 146.

entregado: con toda la atención dirigida o enfocada sobre una cosa; dedicado casi con exclusividad a algo. Pág. 433.

entregarse: ceder a un deseo, sentimiento, etc., o satisfacerlo. Pág. 50.

entrenarse: adquirir, mediante el conocimiento, la práctica, etc., la capacidad de hacer algo. Pág. 60.

envidia del pene: en el psicoanálisis, el supuesto anhelo escondido, inexpresado de una hembra por un pene, conduciendo a sentimientos de inferioridad. Pág. 155.

equidad: cualidad de ser justo o imparcial; imparcialidad. Pág. 483.

equívoco: de naturaleza o carácter dudoso, cuestionable; sospechoso, como en: *"Han considerado rápidamente, entonces, que estas áreas eran equívocas"*. Pág. 23.

Eras de Oscurantismo: periodo de la historia europea que va desde el siglo V hasta principios del siglo XIV. El término hace alusión a la oscuridad intelectual, como la carencia de formación y educación durante este periodo, la pérdida de muchas destrezas artísticas y técnicas, y la desaparición virtual del conocimiento de las anteriores civilizaciones griega y romana. Pág. 34.

erosión: desgaste o destrucción graduales producidos a lo largo de un cierto periodo de tiempo. Pág. 459.

erudición: muestra o uso de un conocimiento o aprendizaje amplio y profundo. Pág. 369.

escaldamiento: acción de quemarse o lastimarse con un líquido caliente o vapor. Pág. 351.

escalón: nivel, como en una disposición u orden escalonados. Un *escalón* es uno de una serie de niveles en un área de actividad. Pág. x.

escamoso: cubierto o parcialmente cubierto con *escamas*, pequeños pedacitos de piel después de mudarse. Pág. 307.

escaso: apenas suficiente o adecuado. Pág. 215.

escolástico: persona involucrada en el *escolasticismo*, sistema de pensamiento cristiano que se extiende desde comienzos del siglo IX hasta finales del siglo XV (a finales de la Edad Media). El escolasticismo fue un esfuerzo por coordinar y alinear las creencias religiosas de la fe cristiana con la razón filosófica y por lo tanto fue un esfuerzo por darle un contenido racional y una comprensión más profunda a esa fe. Al hacerlo, los escolásticos discutieron y escribieron acerca de temas como la relación del hombre con Dios, el mal, el pecado, etc. Pág. 24.

escrúpulo: sentimiento de inquietud acerca de un punto de consciencia o de corrección en cuanto a la acción. Pág. 422.

Esculapio: dios de la medicina en la antigua Grecia y en Roma, cuyos descendientes, médicos-sacerdotes, practicaban su arte en magníficos templos. Como se suponía que una visita de Esculapio en sueños producía una cura de los enfermos, a los pacientes se les ponía a dormir (usando drogas y/o hipnosis) y sus sueños se interpretaban. Pág. 7.

espantoso: sumamente desagradable o angustiante. Pág. 162.

espartano: ciudadano de Esparta, una de las ciudades de la antigua Grecia donde para crear un pueblo guerrero, mataban a los niños considerados demasiado débiles para llegar a ser guerreros y enviaban a los niños a campos militares a la edad de siete años, donde aprendían a resistir bajo condiciones duras y una disciplina estricta. Pág. 181.

espectro: ámbito o extensión completa de algo, dispuesto en grados, con valores opuestos en sus extremos. Pág. 28.

espejismo: algo que aparenta falsamente ser real. En sentido literal, un *espejismo* es una ilusión óptica de una capa de agua en el desierto o en una carretera a altas temperaturas (por el sol, por ejemplo), que está causada por la distorsión que sufre la luz al pasar por capas alternas de aire caliente y frío. Pág. 292.

espejo distorsionante: alusión a un espejo construido para proporcionar una imagen distorsionada que se encuentra en los laberintos de espejos (atracción que consiste en una serie de salas y pasadizos, suelos resbaladizos o en movimiento, espejos distorsionantes y otros aparatos diseñados para sorprender o divertir). Pág. 362.

espiral descendente: cuanto más empeora un individuo, más capacidad tiene para ponerse peor. (*Espiral* aquí se refiere a un movimiento progresivamente descendente que marca un implacable deterioro de la situación, y se considera que toma la forma de una espiral. El término proviene de la aviación y se usaba para describir el fenómeno de un avión que desciende describiendo una espiral en círculos cada vez más cerrados, como en un accidente o en una acrobacia de un aviador experto, que si no se maneja puede resultar en una pérdida de control y en un accidente). Pág. 118.

espolear: picar con la espuela a la cabalgadura para que ande. Pág. 40.

esquizofrénico: persona que tiene dos (o más) personalidades aparentes. *Esquizofrenia* significa "tijeras" o "dos", más "cabeza". Literalmente: *división de la mente;* de ahí, *personalidad dividida.* Pág. 66.

estado de zombi: estado de falta de energía, entusiasmo o capacidad para pensar independientemente, en comparación a un *zombi,* un cuerpo muerto al que se le ha devuelto la vida otra vez. Pág. 8.

estanque para una rueda de molino: estanque que empuja la maquinaria de un molino por medio de la fuerza del agua en movimiento. (Un *molino* es un edificio equipado para moler o aplastar sustancias sólidas). Pág. 284.

estante: estructura de barras, alambres o ganchos, sobre los que se colocan o depositan artículos. Se usa en sentido figurado. Pág. 57.

estigma: marca de deshonra, algo que resta valor al carácter o reputación de una persona, grupo, etc. Pág. 33.

estigmatizado: caracterizado o marcado como deshonroso o muy malo. Pág. 34.

estímulo: cualquier acción o agente que causa o cambia una actividad en un organismo, órgano o parte, como algo que comienza un impulso nervioso, activa un músculo, etc. Pág. 15.

estoico: miembro de una antigua escuela griega de filosofía (300 a. C.) o sus seguidores, quienes actuaban sin verse alterados por la alegría, el pesar, el placer o el dolor. La escuela creía en aceptar con tranquilidad los acontecimientos que ocurrían como el resultado inevitable de la voluntad divina o el orden natural. Del griego *stoa* (porche), lugar en el que se enseñaba esta filosofía. Pág. 39.

estorbo: algo que impide u obstruye el progreso de uno. Pág. 246.

estrago: ruina, destrozo, destrucción o caos perturbador. Pág. 188.

estrechamanos: alguien que saluda o recibe (a todos) afectuosamente, especialmente con una apariencia de afecto excesiva o hipócrita. Pág. 288.

estricnina: droga amarga y venenosa obtenida de las semillas de ciertos árboles y plantas que se encuentran en lugares como la India, China, y el norte de Australia. Pág. 438.

estrógeno: hormona que desarrolla y mantiene características femeninas en el cuerpo. Pág. 117.

et al.: abreviatura para la frase en latín *et alia*, que significa "y otros". Pág. 240.

éter: líquido incoloro muy volátil (que se transforma en gas con mucha facilidad) que tiene un olor aromático y un gusto dulce, ardiente e intenso, que se usaba en el pasado como anestesia por inhalación para producir inconsciencia e insensibilidad al dolor. Pág. 73.

euforia: sensación de bienestar o júbilo, especialmente una que no tiene fundamento o es inapropiada según las circunstancias actuales. Pág. 119.

evapórate: en argot, exigir que alguien se largue, se vaya. Pág. 402.

evasivo: que se escapa de forma ingeniosa o diestra a la atención de alguien. Pág. 295.

evitar: impedir que ocurra algo desafortunado, peligroso o desastroso. Pág. 488.

evolucionar: desarrollar por medio de la *evolución*, el proceso natural desde una etapa temprana o parcialmente desarrollada hasta una condición más altamente organizada mediante una modificación gradual. Pág. 30.

exclusivo: disponible para una gente o un grupo en particular o que les pertenece únicamente a estos y que no se comparte con ningún otro, como la propiedad o cosas semejantes. Pág. 49.

excremento: desperdicio que expulsa un cuerpo. Pág. 60.

excursión: viaje o recorrido, especialmente uno corto, habitualmente por placer. Pág. 183.

execrable: altamente censurable, digno de aversión. Pág. 15.

exhaustivo: que no deja una sola parte sin examinar o considerar; completo; minucioso. Pág. vi.

exhortación: ruego, consejo o seria advertencia; petición o aviso apremiante. Pág. 66.

extracción de amígdalas: operación de extirpación de una o ambas amígdalas (pequeñas piezas redondeadas de carne a ambos lados de la garganta detrás de la lengua). Pág. 451.

fábula: declaración o creencia falsa. Pág. 68.

facultad: capacidad inherente de la mente o del cuerpo, como el sentido del olfato. Pág. 18.

familiar: que tiene que ver con una familia. Pág. 347.

fan-tan: juego de apuestas chino en que se colocan bajo un tazón un número desconocido de monedas u objetos. Se hacen apuestas sobre qué cantidad quedará después de que las monedas u objetos se quiten de cuatro en cuatro hasta que solo queden cuatro o menos. Pág. 180.

farero: persona que se dedica profesionalmente al mantenimiento y vigilancia de un faro. Pág. 413.

farol, jugarse un buen: referencia a jugar un juego en el que alguien usa un lenguaje jactancioso, sin intención de llevar a cabo lo que dice, sino simplemente con el propósito de influir en otro que permite que se le afecte de esa forma. Alude a un juego de cartas en el que uno hace una apuesta o desafía a un oponente, fingiendo tener una mejor mano de cartas que la que realmente tiene. Pág. 39.

Farragut: David Glasgow Farragut (1801-1870), oficial naval americano y héroe de la Guerra de Secesión (Guerra Civil de EE.UU. que tuvo lugar de 1861 a 1865). Durante una batalla, tras ver cómo un barco golpeaba una mina (llamadas en aquel tiempo torpedo) y se hundía, Farragut gritó las famosas palabras: "¡Al diablo con los torpedos! ¡A toda máquina!", y llevó a sus barcos a la victoria. Pág. 344.

fastidioso: molesto; irritante; exasperante. Pág. 261.

fauces, las: cualquier cosa que se asemeje a un agujero profundo que devora cosas o personas. Pág. 40.

Febris: en la mitología romana, *Febris* (fiebre) era la diosa que protegía a las personas contra la fiebre. Pág. 8.

Felis domesticus: gato doméstico. *Felis* es el nombre de la familia de los felinos, incluyendo a los gatos domésticos y los felinos salvajes como los leones, tigres, etc. Pág. 406.

fenobarbital: ácido cristalino de sabor amargo que se usa como sedante, hipnótico y anticonvulsivo. Un *anticonvulsivo* contrarresta las contracciones musculares violentas. Pág. 435.

fetiche: objeto natural o artificial (como dientes de animales o maderas talladas) que se cree entre algunos pueblos primitivos que tiene el poder de proteger y ayudar a sus poseedores. Pág. 425.

feto: ser humano nonato (que no ha nacido todavía) y que se encuentra en la matriz, desde el segundo mes de embarazo hasta el nacimiento. Pág. x.

fidelidad: adhesión al hecho o al detalle. Pág. 436.

fiebre reumática: enfermedad grave, caracterizada por fiebre, inflamación y dolor en las articulaciones y dolor de garganta, y que a menudo resulta en un daño permanente a las válvulas del corazón. Pág. 399.

figurín: alguien (usualmente un hombre o un muchacho) excesivamente elegante, engalanado y a veces débil y afeminado. Pág. 282.

filtro: en las radios, componente electrónico que bloquea ondas de radio indeseadas que viajan por el aire, de manera que la radio reciba una señal específica, correcta. Pág. 442.

fingido: que da a entender lo que no es cierto; simulado, aparente. Pág. 138.

fingimiento de la zarigüeya: fingir estar muerto, enfermo, dormido, inconsciente, etc. Una *zarigüeya* es un pequeño animal americano arborícola que está activo durante la noche y que habitualmente finge la muerte cuando se ve en peligro. Pág. 428.

física: ciencia que trata de la materia, la energía, el movimiento y la fuerza, incluyendo lo que son estas cosas, por qué se comportan como lo hacen y la relación entre ellas. Pág. i.

fisión en cadena: *véase* **reacción en cadena.** Pág. 176.

flebotomía: acto o práctica de abrir una vena para dejar que la sangre "impura" o "extra" salga del cuerpo como medida terapéutica. Del griego *flebo*, vena, y *tomos*, cortar. Pág. 120.

fluir y refluir: disminuir y aumentar; fluctuar constantemente, como en el movimiento de subida y bajada de las mareas oceánicas. Pág. 35.

fomentar: promover, impulsar o proteger algo, como en términos de crecimiento, desarrollo, o algo similar. Pág. 318.

fomento: acción y efecto de fomentar, promover, impulsar o proteger una cosa. Pág. 51.

forjarse castillos en el aire: hacerse ilusiones con poco o ningún fundamento. Pág. 387.

formular: expresar en una forma precisa; expresar de forma definida o sistemática. Pág. 20.

fotosíntesis: proceso mediante el cual las plantas verdes y otros organismos determinados usan la energía de la luz para convertir el dióxido de carbono y el agua en alimento. Pág. 195.

Frankenstein, Doctor: personaje de una novela de la novelista inglesa Mary Shelley (1797-1851). Frankenstein crea un monstruo en su laboratorio uniendo partes de cuerpos muertos y activando a la criatura con electricidad. Pág. 281.

Franklin, Benjamin: (1706-1790) filósofo, diplomático y científico americano. En 1747, comenzó a estudiar electricidad y posteriormente se hizo famoso por su experimento de la cometa, en el que hizo volar una cometa casera durante una tormenta y demostró que los rayos son electricidad. Pág. 280.

frígido: inhibido de poder experimentar excitación sexual durante la actividad sexual. Pág. 323.

fructífero: que produce fruto o resultados útiles. Pág. 306.

fruncir el ceño: contraer el entrecejo (el espacio entre las cejas), como expresión de concentración o de pensamiento profundo. *"Polisílabos que hacen fruncir el ceño"* se refiere al uso de palabras extensas (polisílabos) con un aspecto de concentración o de pensamiento profundo con el fin de impresionar a alguien. Pág. 2.

frustrar: oponerse; impedir que se cumpla un propósito. Pág. 79.

fuera del mapa: literalmente, que no se encuentra en un mapa. En sentido figurado esta frase se usa para referirse a alguien que se ha pasado los límites de áreas conocidas o cartografiadas. Pág. 481.

fulminante: que hace explosión. Pág. 115.

furibundo: que expresa furor o ira, o que está inclinado a enfurecerse. Pág. 424.

fusible: en sentido figurado, dispositivo para proteger de un choque, sobrecarga, etc. Del campo de la electricidad, en el que se introduce en un circuito eléctrico una tira de metal que se derrite fácilmente, la cual se funde (o "salta") y así interrumpe el flujo eléctrico para impedir daño si la corriente eléctrica siguiera aumentando más allá de un determinado nivel de seguridad. Pág. 67.

futilidad: poca o ninguna importancia o utilidad de algo. Pág. 178.

G-2: designación de la sección de inteligencia militar del ejército de Estados Unidos o del Cuerpo de Marines. Pág. 415.

Galeno: (aprox. 129-200 d. C.) médico griego que creía que el hígado convierte la comida en sangre la cual entonces fluía al resto del cuerpo y se absorbía. Su incontestable autoridad en medicina desalentó la investigación directa e inhibió el progreso médico hasta el siglo XVI, cuando el médico británico William Harvey (1578-1657) descubrió que la sangre circulaba por el cuerpo y la impulsaba el corazón, refutando así las teorías de Galeno. Pág. 156.

galo: habitante de una antigua región de Europa Occidental que comprende lo que es principalmente Francia y Bélgica hoy en día. Los galos fueron conquistados por los romanos en los años 50 a. C. Pág. 65.

galvanómetro: instrumento para medir pequeñas corrientes eléctricas.

gama: toda la escala o alcance de algo. Pág. 20.

ganado: caballos, vacas, toros, ovejas y otros animales útiles cuidados o criados en una granja o en un rancho. Pág. 137.

garra y colmillo: caracterizado por una lucha feroz o salvaje, como en la jungla. *Garra y colmillo* es una variación de *uñas y dientes*, a menudo usado en la frase *"defender con uñas y dientes"*, usando las uñas y los dientes como armas. Pág. 36.

gasa: pedazo de material que usa un doctor, una enfermera, etc., para limpiar algún orificio del cuerpo (como la nariz, por ejemplo). Pág. 154.

gasolina con alcohol: alusión a la mezcla de gasolina y alcohol. Como el alcohol es más barato que la gasolina y también puede ser consumido en el motor de un coche, se han hecho intentos por mezclar los dos. Sin embargo, el alcohol fácilmente absorbe el agua directamente del aire y cuando se intenta mezclar alcohol con gasolina, esta combinación de agua y alcohol se separa de la gasolina y puede causar daños a las partes del motor. Por lo tanto, la gasolina mezclada con el alcohol se considera dañina. Pág. 480.

génesis: la aparición de algo; la etapa inicial de un proceso de desarrollo; origen. Pág. 300.

Gengis Kan: (aprox. 1162-1227) conquistador mongol que fundó el mayor imperio de la historia y cuyos ejércitos, conocidos por su uso del terror, conquistaron muchos territorios y masacraron poblaciones de ciudades enteras ante la más mínima resistencia. Pág. 288.

genio, mal: mal carácter, temperamento difícil. Pág. 181.

genuino: auténtico, legítimo. Pág. 108.

gnomo: de acuerdo a la tradición, un miembro de una raza de seres enanos, deformes, que se supone que habitan en la tierra y guardan sus tesoros. Pág. 39.

gónada: órgano o glándula que produce células reproductoras; glándula sexual. Pág. 302.

gramática hegeliana: alusión al uso correcto de ciertos términos por parte de Georg Wilhelm Friedrich Hegel (1770-1831), filósofo alemán que determinó que el mundo contenía absolutos. El uso que Hegel hacía del lenguaje, reflejaba esta opinión. Por ejemplo, en el uso de la palabra "preciso" y la omisión de "muy preciso" o "no muy preciso"; las dos últimas consideradas como "mala gramática". Pág. 3.

gramático: persona que generalmente tiene un amplio conocimiento de gramática o del idioma, como su estructura, la escritura correcta, etc. También, de forma más general, aquellos que escriben acerca de los elementos o principios básicos de cualquier ciencia, arte, disciplina o práctica. Se hace alusión aquí específicamente a términos como *Realidad Absoluta* y *Verdad*, en donde el empleo de letras mayúsculas en esas palabras transforma su significado común en algo más absoluto y sin degradar su significado. Pág. 407.

grandilocuente: perteneciente o relativo al lenguaje poderoso y persuasivo que usa largas palabras para impresionar a otros. Pág. 2.

gregario: que vive en comunidades, dispuesto a asociarse con otros de la misma clase. Pág. 41.

gris: que le falta chispa o viveza; apagado. Pág. 15.

Guayana Británica: antiguo nombre de la *Guayana*, república independiente en la costa noreste de Sudamérica. Pág. 7.

haber, en su: que ha hecho, experimentado o adquirido algo que le será beneficioso a uno en el futuro. Pág. 204.

hacer key-in: literalmente, *key* significa "llave", un pequeño aparato manual para abrir, cerrar o accionar contactos electrónicos. *Key-in* se usa aquí para describir un engrama latente que se ha activado y que ahora está conectado. Pág. 141.

Hamlet: personaje central de una tragedia del mismo título, de William Shakespeare, que se publicó por primera vez en 1603. Dudando acerca de si vivir o morir, Hamlet recita los famosos versos: "Ser o no ser, esa es la cuestión...". Pág. 225.

Harvey: William Harvey (1578-1657), médico inglés que, usando procedimientos científicos y experimentación, descubrió que la sangre circula y que el corazón la impulsa por el cuerpo, refutando así las teorías de Galeno. Pág. iv.

hasta el absurdo: condición de llegar al punto de lo absurdo (obvia o totalmente insensato, ilógico; contrario a todo sentido común). Pág. 422.

hebefrenia: *(psiquiatría)* forma de demencia que se caracteriza por reacciones inadecuadas, como estupidez excesiva. Pág. 147.

hechicero goldi: hechicero de los goldi, pueblo tradicionalmente de cazadores y pescadores de un valle al sudeste de Siberia. En las ceremonias de sus hechiceros, se emplea el tambor para comunicarse con los espíritus. Pág. 7.

helio: gas muy ligero, incoloro, que se usa entre otras cosas para inflar globos, dirigibles, etc. Pág. 134.

heno: cubierta exterior, seca y no comestible del trigo y otros granos. Pág. 130.

hercúleo: de Hércules. En la mitología de la antigua Grecia y Roma, héroe de enorme fuerza y valor que recibió la orden de un rey de cumplir con doce tareas aparentemente imposibles. Pág. 174.

herida supurante: infección dolorosa que se produce en las heridas a piel abierta, que descarga pus (líquido amarillento compuesto de la parte líquida de la sangre más células muertas, bacterias, etc.). Pág. 122.

heroico: que tiene o muestra las cualidades propias de un héroe o es característico de estas. Un *héroe* es alguien que realiza acciones de extraordinaria valentía y que muestra gran valor, fuerza de carácter u otras cualidades admirables.

¡hete aquí!: frase que se usa para dirigir la atención a algo. Pág. 241.

híbrido: resultante de la mezcla de raza, origen, carácter, nacionalidad, etc. Pág. 168.

hindú: relacionado con el *hinduismo*, una religión de la India que enfatiza la libertad del mundo material a través de la purificación de los deseos y la eliminación de la identidad personal. Las creencias hindúes incluyen la reencarnación. Las escrituras sagradas del hinduismo incluyen los *Vedas*. Pág. 103.

hindú, trinidad: alusión a los tres grandes dioses del hinduismo: Brahma, el creador del universo; Visnú, el preservador del universo; y Siva quien personifica tanto las fuerzas destructivas como las procreadoras del universo. Una *trinidad* es una combinación o conjunto de tres elementos (como dioses, personas, cosas, etc.) que forman una unidad o están estrechamente relacionados entre sí. Pág. 421.

hioscina: droga usada como sedante o hipnótico. Pág. 435.

hipnoanálisis: método de psicoanálisis en el que se hipnotiza a un paciente para intentar conseguir datos analíticos y reacciones emocionales tempranas. Pág. 150.

hipnoscopio: cualquiera de los instrumentos usados para determinar si una persona es un sujeto hipnótico, como un imán hueco que se dice que le causa a una persona determinadas "sensaciones" cuando se coloca sobre su dedo si es un "buen" sujeto hipnótico. Pág. 281.

hipocondríaco: persona que sufre una ansiedad excesiva sobre su salud, a menudo con enfermedades imaginarias. Pág. 72.

Hipócrates: (aprox. 460-377 a. C.) médico griego conocido como el "padre de la medicina" y famoso por sus escritos sobre medicina incluyendo un juramento que servía como modelo para la práctica ética de la medicina. Pág. 310.

histamina: sustancia liberada en el cuerpo en respuesta a una alergia; ayuda al cuerpo a contraatacar las infecciones aumentando la cantidad de sangre y de otros fluidos en áreas afectadas, pero también produce reacciones incómodas como estornudar, ojos llorosos, nariz que moquea, comezón e inflamaciones de los tejidos corporales. Pág. 111.

historia natural: rama del conocimiento que abarca el estudio, la descripción y la clasificación de los objetos naturales, como son los animales, las plantas y los minerales. Pág. 305.

historial de caso: registro o informe de hechos, circunstancias, etc., relacionados con una persona o tema disponible para estudio o registro histórico. Pág. 142.

hoja de trabajo: hoja de papel en la que se registran horarios de trabajo, etc. Pág. 236.

hombre: cualquiera de las piezas usadas en un juego de mesa, como el ajedrez o las damas. Pág. 261.

hombrecillos colgados de sus talones: *véase* "dos hombrecillos... colgados de sus talones". Pág. 355.

hombro, arrimar el: ponerse a trabajar vigorosamente; esforzarse con energía hacia alcanzar un objetivo, habitualmente cooperando con otros. Pág. 169.

hormonas: sustancias químicas segregadas por las glándulas o tejidos en el cuerpo que regulan el crecimiento y desarrollo, controlan la función de varios tejidos corporales, apoyan las funciones reproductivas, y regulan el metabolismo (proceso usado para descomponer la comida para crear energía). Pág. 117.

huésped: en biología, referido a un organismo, que sirve de base para la vida de un parásito. Pág. 36.

Hume: David Hume (1711-1776), filósofo escocés que creía que todo el pensamiento y el conocimiento humanos estaban basados en la experiencia directa del mundo a través de los sentidos, y que intentó analizar los mecanismos de la mente para mostrar esto. Pág. 104.

idealismo: condición de albergar o perseguir la consecución de principios, propósitos, metas, etc., de carácter noble. Pág. 485.

identidad: igualdad exacta en cualidades o características; equivalencia o igualdad. Pág. 50.

identidad, pensamiento mediante: el tipo de pensamiento de la mente reactiva. Esta piensa en términos de identificación total, es decir, mediante *identidades,* una cosa *idéntica* a otra. Esto se puede enunciar como que todo es igual a todo, o A = A = A = A = A. La mente analítica piensa en diferencias y similitudes. Cuanto mejor puede uno distinguir diferencias, no importa lo diminutas que sean, y conocer la amplitud de esas diferencias, más racional es. Cuanto menos pueda uno distinguir diferencias y cuanto más se acerque uno a pensar en identidades, menos cuerdo está. Pág. 80.

ideología: sistema de ideas, doctrinas, opiniones, etc., o formas de pensar del individuo, clase, etc., especialmente como fundamento de teorías o sistemas económicos o políticos. Pág. 488.

idílico: con una belleza serena; tranquilo y apacible. Pág. 40.

idiosincrasia: características, hábitos, peculiaridades y demás que son típicos de un individuo. Pág. 22.

idiota: caracterizado por su extrema deficiencia en juicio o sentido común. Pág. 94.

ídolo con pies de oro: ser superior sin defecto; alguien que no puede hacer nada mal. Alusión en sentido figurado, y en contraste, al ídolo bíblico con cabeza de oro y pies de barro, es decir, algo que parece fuerte y admirable pero será destruido a causa de una debilidad o defecto subyacente. Pág. 424.

imaginería: palabra que expresa la formación de imágenes mentales, figuras o representaciones de cosas, o algo que pertenece a tales imágenes colectivamente. Pág. 20.

impedir: obstruir, obstaculizar. Pág. viii.

ímpetu: fuerza o motivo impulsor; impulso. Pág. 37.

implicado: que participa en algo como elemento o condición o circunstancia necesaria, como en *"no había Nirvana alguno implicado".* Pág. 116.

imponderable: cosa que no se puede averiguar o resolver por medio del pensamiento. Pág. 283.

imponible: que se puede gravar con un impuesto o tributo. Pág. 439.

imposición: exigencia desmedida con que se trata de obligar a alguien. Pág. 33.

improvisando unos giros: sustitutos temporales. Pág. 71.

impulsarse por su propia necesidad: mejorarse o fortalecerse a uno mismo como resultado de sus propios esfuerzos. Pág. 423.

incapacitación: incapacidad de llevar a cabo actividad normal; acto de volver algo incapaz o no apto. Pág. 85.

incidental: que ocurre de manera impredecible o sin ser planeado, junto con algo más. Pág. 139.

incondicionalmente: sin reserva, limitación, cuestión o duda. Pág. 424.

incongruencia: algo que no es coherente con otros factores de una situación. Pág. 271.

incuestionable: que no se presta a que se dude de ello; innegable. Pág. 462.

indeterminada: que permite la posibilidad de varios significados diferentes, como en: *"Esta es una buena actitud, indeterminada para un auditor"*. Pág. 271.

índices cruzados, sistema de: método en el que la materia de que se trata se anota en un sitio y este sitio lo remite a uno a otro sitio, como por ejemplo, un índice al final de un libro de referencias que anota todos los sitios en que se puede encontrar cierta materia en ese libro. Pág. 57.

indolencia: pereza e inactividad; tendencia a evadir el esfuerzo. Pág. 291.

inductivo: relacionado con la acción de sacar una conclusión basada en la observación (de hechos, fenómenos, etc.). Pág. 64.

inextricablemente: de una manera más allá de toda posibilidad de que se pueda desenredar. Pág. 428.

infamia: desgracia sobre la reputación de alguien causada por un acto o comportamiento deshonroso. Pág. 439.

ingeniar: crear o inventar. Pág. 72.

inherente: que existe en el carácter interno de algo o alguien como un elemento, cualidad o atributo permanente o inseparable. Pág. ix.

inorgánico: que no pertenece al cuerpo ni a sus partes (como sus órganos) o cosas físicas. Pág. iv.

inquietarse: sentir intranquilidad, ansiedad o preocupación. Pág. 218.

insensatamente: imprudentemente o de una manera que carece de juicio. Pág. 472.

insensible: incapaz de percibir mediante los sentidos o la mente. Pág. 393.

insidioso: que funciona o procede de forma imperceptible o aparentemente inofensiva, pero causando de hecho graves efectos. Pág. 301.

insinuar: sugerir, implicar algo o dar pistas de que algo es de cierta forma. Pág. 17.

instruir: enseñar un principio, procedimiento, tema, etc. Pág. 346.

instrumentos, ruido de los: referencia al sonido metálico de los varios instrumentos o herramientas que se usan en los partos, como tijeras, fórceps, jeringuillas, etc. Pág. 91.

insufrible: difícil o imposible de soportar; intolerable. Pág. 327.

íntegro: honesto y socialmente responsable; honorable. Pág. 292.

interacción: acto o caso de acción combinada; cooperación. Pág. 59.

interrogatorio, métodos de: referencia a la gran cantidad de preguntas y el tratamiento duro de la policía en los interrogatorios, infligiendo sufrimiento mental o físico para obtener información o una confesión. Pág. 460.

interruptor: mecanismo para encender o apagar la luz, como una cadena que cuando se tira de ella apaga la luz. Pág. 280.

intimidatorio: que asusta produciendo sumisión u obediencia. Pág. 381.

intolerante: que no tiene tolerancia, es decir, respeto a las ideas, creencias o prácticas de los demás cuando son diferentes o contrarias a las suyas propias. Pág. 333.

introversión: dirigir la atención de uno adentro o hacia cosas dentro de uno mismo. Pág. 449.

intuitivo: perteneciente o relativo a la intuición; que se conoce de manera directa e instintiva, sin ser descubierto o percibido conscientemente. Pág. 30.

invectiva: discurso o escrito crítico y violento contra algo o alguien. Pág. 97.

inversa, a la: al contrario. Expresión que introduce una idea que es contraria a la que se ha mencionado antes. Pág. 255.

inversión: cambio de posición, cambio al estado o condición opuesta. Pág. 246.

Ismo: doctrina, teoría, sistema o práctica característica. (Del sufijo -ismo). Pág. 488.

jacintos blancos, comprar: referencia a un verso de la poesía del escritor americano James Terry White (1845-1920) que dice así: "Si vos de la fortuna privado fuerais/ Y no más que dos panes de provisión/ Os quedara; vended uno y con la otra ración/ Comprad jacintos y así vuestra alma alimentarais". (Los *jacintos* son plantas con fragantes racimos de flores de forma acampanada en diferentes tonalidades). Pág. 39.

Jimmie el Capo: nombre inventado para el líder de una banda de delincuentes. *Capo* es un término italiano que significa jefe y se usa a menudo para designar a los jefes de la mafia. Pág. 180.

jocoso: gracioso, chistoso, burlesco, humorístico. Pág. 412.

joyita: algo que se asemeja o se aprecia como una piedra preciosa, por su belleza o valor. Usado de forma sarcástica. Pág. 257.

jugar a los dados: en un juego de azar llamado en inglés *craps*, tirar un par de dados. *Véase también* **siete, obtener un.** Pág. 119.

Junior: 1. niño, hijo, como en: "Pídele a Junior que te ayude con eso". Pág. 159.

2. más joven (normalmente designa al más joven de dos hombres que tienen el mismo nombre completo, como un hijo al que se le ha dado el mismo nombre que su padre). Pág. 257.

jurisprudencia: ciencia o filosofía de la ley; conocimiento sistemático de las leyes, costumbres y derechos de los hombres, en un estado o comunidad, necesario para la debida administración de la justicia. Pág. 483.

juventud ardiente: alusión a los jóvenes y a su comportamiento enérgico, vívido y espontáneo, particularmente en Estados Unidos durante la década de 1920. Pág. 224.

juzgar: formarse una opinión sobre algo o alguien; considerar, mirar algo, como si fuera de una u otra manera. Pág. 152.

Keats: John Keats (1795-1821), poeta inglés cuyas obras son conocidas por su dignidad, melodía y abundante imaginería. Pág. 384.

Keops: rey egipcio (reinó en el siglo XXVI a. C.) constructor de la mayor pirámide del mundo, conocida como la Gran Pirámide, en la cual se le enterró. Pág. 166.

key-in: literalmente, en inglés *key* es un interruptor para abrir, cerrar o conectar contactos electrónicos. Tener o hacer *key-in* se usa aquí para describir la acción que ocurre cuando un engrama latente se ha activado y ahora se conecta en un circuito. Pág. 80.

key-out: literalmente, en inglés *key* es un interruptor para abrir, cerrar o conectar contactos electrónicos. *Key-out* se usa aquí para describir la acción de los engramas al desactivarse y quedar desconectados. Pág. 135.

Kinsey: Alfred Charles Kinsey (1894-1956), biólogo americano que investigó el comportamiento sexual humano, entrevistó a unas 18 000 personas y publicó sus hallazgos en 1948 y en 1953. Pág. 257.

Korzybski: Alfred Korzybski (1879-1950), académico polaco-americano y fundador de la semántica general, una propuesta filosófica altamente organizada del lenguaje. Korzybski creía que el uso impreciso del lenguaje afectaba el comportamiento humano (las personas reaccionan física y mentalmente al significado de las palabras), causando confusión y comunicación inadecuada entre la gente. Korzybski creía que la clave para pensar era la capacidad de distinguir y que la identificación literal de una cosa con otra (cuando de hecho no eran idénticas) es lo que causaba dificultades e incluso demencia en el hombre. Pág. 77.

Kraepelin: Emil Kraepelin (1856-1926), psiquiatra alemán que desarrolló un sistema de clasificación de las enfermedades mentales. Pág. 457.

Krafft-Ebing: Barón Richard von Krafft-Ebing (1840-1902), psiquiatra alemán y autor de obras sobre desviaciones sexuales. Pág. 126.

la calle: el mundo cotidiano. Pág. 75.

lapsus linguae: equivocación al hablar, hecho involuntariamente. Pág. 66.

látigo de castigo: posición de ventaja o control. Literalmente, ventaja que se tiene y se puede usar para castigar o controlar a alguien o algo. Pág. 88.

látigo, blandir el: ejercer poder o autoridad (mediante el dolor). Pág. 84.

lavado de oro: acción de lavar (agitar junto con agua) piedras y otros minerales en un recipiente cilíndrico para que las partículas de oro al ser más densas que las rocas y el resto de los minerales, se queden en el fondo del recipiente. Pág. 378.

lenguado: pez marino de cuerpo casi plano y más largo que ancho, que tiene los dos ojos y las mandíbulas en un solo lado del cuerpo, y que vive siempre echado del mismo lado. Pág. 298.

lepra: infección de la piel y de los nervios caracterizada por costras blancas escamosas, deformidades, y la pérdida posterior de sensación. Pág. 164.

Lesbos: isla montañosa griega del Mar Egeo, frente a la costa de Turquía. Pág. 289.

Leucipo: filósofo griego (siglo IV a. C.) que creía que toda la materia estaba formada de átomos, que todas las propiedades observables de un objeto provienen del comportamiento de estos átomos y que este comportamiento de los átomos estaba totalmente determinado por adelantado. Mantenía que todo ocurría por una razón y por necesidad. Pág. 37.

leucotomía transorbital: operación psiquiátrica en la que se mete a la fuerza un picahielos a través de las cuencas oculares taladrando el delgado hueso que separa estas cuencas de los lóbulos frontales. La punta del picahielos se inserta entonces en los lóbulos frontales, y se cortan las fibras nerviosas que conectan estos con el resto del cerebro, lo que resulta en que el paciente se convierta en un vegetal emocional. Pág. 119.

levadura: organismo unicelular microscópico capaz de convertir azúcar en alcohol y dióxido de carbono, y por lo tanto se usa para producir el alcohol de la cerveza y el vino, y para hacer que el pan se esponje. Pág. ix.

Ley de la Afinidad: se puede interpretar la Ley de la Afinidad como la Ley de la Cohesión (fuerza que une). La falta de afecto o su privación se podría considerar como una violación de la Ley de la Afinidad. Para sobrevivir, el hombre tiene que estar en afinidad con el hombre. Pág. 77.

LIBERADO: CUALQUIER PERSONA QUE SE HA AVANZADO HASTA UN ESTADO APROXIMADO AL NORMAL DE 1950, MEDIANTE LA TERAPIA DE DIANETICS, YA SEA QUE SE HAYA AVANZADO DE UNA CONDICIÓN DE PSICÓTICO O NEURÓTICO. EL ACTO DE LIBERARSE POR MEDIO DE LA TERAPIA. (De los *Términos de Dianetics*). Pág. i.

libertinaje: abuso excesivo y sin medida de los apetitos propios, especialmente por los placeres sensuales. Pág. 33.

límite alguno, el cielo no es: variación e intensificación de la frase: *"el cielo es el límite"*, queriendo decir que no hay límite a lo que uno puede alcanzar, hacer, ganar, etc. Pág. 204.

lindo, de lo: en un grado extremo; de una manera intensa. Pág. 175.

línea de demarcación: lo que marca los límites de algo, o lo divide para que sus diversas partes estén separadas y sean identificables. Pág. 25.

LÍNEA TEMPORAL: LAPSO TEMPORAL DE UN INDIVIDUO DESDE LA CONCEPCIÓN HASTA EL TIEMPO PRESENTE, EN QUE SE ENCUENTRA LA SECUENCIA DE SUCESOS DE ESTA VIDA. (De los *Términos de Dianetics*). Pág. vii.

liquen: planta de color verde, gris o amarillo que a menudo aparece en rocas y en otras superficies como manchas planas. Pág. 36.

listillo: persona conocida por decir cosas agudas o brillantes, a veces para divertir a otros. Se usa aquí de forma sarcástica. Pág. 81.

llamar: dirigir o hacer señales a algo (como por ejemplo la mente) para que vaya a un lugar concreto. Pág. 324.

llave inglesa: herramienta mecánica en cuyo mango hay un dispositivo que al girar abre progresivamente más o menos las dos partes que forman la cabeza, hasta que se aplican a la tuerca o tornillo que se quiere mover. Pág. 319.

llevar el agua al molino de: variación de la expresión "llevar uno el agua a su molino", que significa aprovechar alguna circunstancia en provecho propio. Pág. 405.

llorica: persona, especialmente un niño, que llora con facilidad por cualquier motivo. Pág. 420.

Lo Cognoscible y lo Incognoscible de Herbert Spencer: alusión a la filosofía de Herbert Spencer (1820-1903), filósofo inglés conocido por aplicar las doctrinas científicas de la evolución a la filosofía y la ética. Spencer afirmaba que había dos clases de conocimiento: (1) el conocimiento ganado por el individuo, y (2) el conocimiento ganado por la especie. También creía que hay una realidad final básica más allá de nuestro conocimiento, a la que él llamaba lo "Incognoscible". Pág. 103.

lobotomía prefrontal: operación psiquiátrica en la que se hacen agujeros en el cráneo, penetrando en el cerebro y cortando los accesos nerviosos a los dos lóbulos frontales, lo que da como resultado que el paciente se transforme en un vegetal en el ámbito emocional. Pág. 119.

lóbulo: protuberancia o subdivisión redondeada de un órgano del cuerpo. Pág. 55.

lóbulo prefrontal: lóbulo situado en la parte delantera del cerebro. Un *lóbulo* es una protuberancia o subdivisión redondeada de un órgano del cuerpo. Pág. 55.

localizar (somáticos): buscar y encontrar el momento de recepción de un somático. Pág. 276.

Locke: John Locke (1632-1704), escritor, filósofo y político teórico inglés que argumentaba que la mente humana es un "pizarrón en blanco" al nacer, hasta que la experiencia comienza a "escribir" en ella. Creía que uno no puede saber nada a menos que haya sido parte de la propia experiencia. Pág. 104.

locomoción: la acción de moverse de un lado a otro. Pág. 86.

lógica aristotélica: método de lógica desarrollado por el filósofo griego Aristóteles que se basa en un par de premisas que, si se toman juntas, ofrecen una nueva conclusión. Por ejemplo: "Todos los árboles tienen raíces. Un roble es un árbol. Por lo tanto, un roble tiene raíces". Los datos y las conclusiones de la lógica aristotélica solo se pueden evaluar como sí o no, verdadero o falso. Pág. 305.

lógica de dos valores: sistema de lógica basado en el principio de que no hay término medio: algo es correcto o incorrecto, verdadero o falso, sí o no. Pág. 296.

lógica simbólica: el uso de los conceptos y técnicas de las matemáticas para resolver situaciones de la lógica. La *lógica simbólica* utiliza aquellas partes de la lógica que se pueden imitar matemáticamente y las manipula intentando resolver problemas de la lógica. Uno está manipulando significados en lugar de números. Pág. 78.

los hombres de buena voluntad: personas (sin importar el sexo o la edad) que son de buen corazón y tienen un deseo de hacer el bien a los demás. Pág. 205.

Lucrecio: (aprox. 98-55 a. C.) poeta romano autor de la obra inconclusa *Sobre la Naturaleza de Las Cosas,* poema didáctico en seis volúmenes que expone de manera resumida una ciencia completa del universo. Pág. 35.

lugar a, dar: provocar cierta cosa o ser causa de ella. Pág. 404.

lúgubre: sumamente deprimente o melancólico, especialmente de una manera lenta, seria o ridícula. Pág. 93.

Luz de Gas: novela de suspenso adaptada al teatro, del dramaturgo y novelista inglés Patrick Hamilton (1904-1962). En la obra, a una mujer de la época victoriana la lleva deliberadamente a la locura un esposo asesino, quien secretamente busca las joyas que le pertenecían a la difunta tía de la esposa (a quien él asesinó). Sus diferentes tretas, como hacer más tenues las lámparas de gas y fingir que solo su esposa se da cuenta ("demostrando" que ella está alucinando) se ven frustradas cuando un detective que se lo huele descubre su plan para matar a su esposa y el asesinato de su tía. Pág. 281.

Lysol: marca de un líquido desinfectante. Pág. 126.

Macbeth: protagonista de una obra de William Shakespeare, a la que da nombre. Macbeth se encuentra con tres brujas que predicen que será rey de Escocia pero que sus descendientes no mantendrán el trono. Macbeth consigue y mantiene el trono mediante múltiples asesinatos pero no consigue cambiar el resto de la predicción y muere asesinado en una batalla. Su mujer y cómplice, enloquecida por el remordimiento, también muere. Pág. 330.

machacar: trabajar en algo laboriosamente con el fin de llevarlo a un estado de extinción o disminución, etc. Pág. 352.

madre de la invención: del dicho: "La necesidad es la madre de la invención", lo que significa que una necesidad urgente a menudo le empuja a uno a encontrar una nueva solución. Pág. 37.

malaria: enfermedad infecciosa que se transmite por la picadura de mosquitos infectados, que es muy común en los países cálidos y se caracteriza por fuertes escalofríos y fiebres. Si no se trata médicamente puede ser mortal. Pág. 188.

maleficio: hechizo maligno. Pág. 175.

¡maldita sea!: expresión que se usa para mostrar enfado con alguien o algo; condenar. Pág. 321.

maligno: (referido a un tumor) caracterizado por un crecimiento incontrolado. Pág. 34.

mamut: mamífero extinguido de gran tamaño asociado con el elefante, que tenía pelo y grandes colmillos curvos; existió principalmente en el hemisferio norte y se extinguió hace más de 10 000 años. Pág. 35.

mandato: orden, algo que se manda. Pág. 28.

manía: interés extraño o excéntrico en algo; como en: *"Su 'simbología' es una manía mística"*. Pág. 362.

maníaco: 1. engrama maníaco, un engrama prosupervivencia altamente elogioso. Si un individuo cae presa de uno, su fuerza vital se ve canalizada directamente a través del engrama y su comportamiento, no importa lo entusiasta o eufórico, es en realidad muy aberrado, como en: *"Incluso puede ser un engrama maníaco y esto es horrible, pese a su aparente 'euforia'"*. Pág. 119.
2. frase en un engrama maníaco, como en: *"Si se añadiera: 'Es un encanto y una verdadera maravilla con las damas', entonces sería un engrama prosupervivencia* con *un maníaco"*. Pág. 142.

maníaco: 1. caracterizado por una manía, una excitabilidad anormal, sentimientos exagerados de bienestar, etc., como en: *"Esto sería una demencia de tipo maníaco"*. Pág. 119.
2. persona caracterizada por la *manía*, como en: *"Como en el caso del maníaco y en el de gran euforia"*. Pág. 286.

maníaco-depresivo: persona que alterna entre los extremos del frenesí (manía) y la depresión. Pág. 66.

manicomio: hospital psiquiátrico; asilo para lunáticos (personas que padecen locura). Pág. 66.

manifestación, en plena: exhibición completa, exhibiéndolo todo; completo en todos sus aspectos; que lo incluye todo. Pág. 97.

maniobrar: manejar algo con habilidad para obtener una ventaja. Pág. 488.

mano fría y dura de la muerte, detener la: parar, detener o frenar el proceso de la muerte de alguien. Pág. 424.

maquinador: que actúa de forma engañosa, haciendo planes secretos para su propio beneficio. Pág. 283.

maquinar: idear; concebir; tramar; planear. Pág. 188.

marioneta: títere manipulado desde arriba por hilos atados a sus extremidades. Pág. v.

martillo hidráulico: martillo propulsado por líquido a presión, como agua. Un *martillo* es uno de una serie de aparatos para golpear repetidamente, romper o forzar algo. Pág. 304.

masoquista: que obtiene placer (a veces sexual) del dolor, la degradación, etc., que se le inflige o se le impone, ya sea como resultado de sus propias acciones o de las acciones de otros. Pág. 325.

Matterhorn: famoso pico montañoso en los Alpes que se eleva a 4478 metros. Está situado en la frontera entre Suiza e Italia. Pág. 39.

Máuser: nombre de un rifle militar alemán que proviene del apellido del inventor, Peter Paul Mauser (1838-1914). Pág. 138.

Maxwell, James Clerk: (1831-1879), físico y matemático escocés que en 1864 describió la relación entre la electricidad y el magnetismo y cuya obra sentó las bases para los avances posteriores en el uso de la electricidad. Pág. 86.

Mazda y Ahrimán: *Ahura Mazda*, la deidad suprema y creadora de todas las cosas en el zoroastrismo (una antigua religión de Irán), y *Ahrimán*, un espíritu maligno y archirrival de la deidad Mazda. Pág. 421.

mecánica: 1. relacionado con o que incluye objetos materiales o fuerzas o condiciones físicas, como en: *"Que maneja todas las funciones mecánicas del vivir"*. Pág. 60.

2. relacionado o que tiene que ver con los *factores mecánicos*, los detalles de procedimiento u operación (de algo). Cuando se aplica a las teorías, los *factores mecánicos* representan la explicación de los fenómenos mediante la suposición de acción mecánica; la explicación de cómo funciona algo, como en: *"eso es un hecho mecánico, científico"*. Pág. 465.

mecánica: detalles de procedimiento o uso (de algo). Al aplicarse a las teorías, *mecánica* significa explicar los fenómenos mediante la suposición de acción mecánica; la explicación de cómo algo funciona. Pág. vi.

mecanicista: que pertenece a un *mecanismo*, estructura o sistema (de partes, componentes, etc.) que juntos llevan a cabo una función particular como ocurriría en una máquina. Pág. 472.

mecanismo: 1. estructura o sistema (de partes, componentes, etc.) que juntos llevan a cabo una acción en particular como ocurriría en una máquina, como en *"contempla por primera vez los mecanismos de la acción humana"* o *"el hombre tenía un mecanismo que grababa con una precisión diabólica"*. Pág. ix.

2. los medios por los que se produce un efecto o se lleva a cabo un propósito, en comparación a la estructura o sistema de partes de un aparato mecánico para llevar a cabo una función o hacer algo, como en: *"Que su única meta sea la supervivencia no significa que él sea el mecanismo óptimo de supervivencia que la vida haya logrado"*. Pág. 26.

medicina de palangana de barbero: alusión a los burdos servicios médicos que los barberos dieron durante muchos cientos de años, como el hacer sangrías (*véase* flebotomía). Durante este periodo, se creía que una amplia diversidad de enfermedades era causada por una sobreabundancia de sangre o de impurezas en ella. Al paciente se le cortaba a la altura del codo para dejar que la sangre "extra" o "impura" fluyera del cuerpo a una palangana, de ahí el término "medicina de palangana de barbero". Pág. 120.

medio: sustancia o entorno en que vive o crece de forma natural un organismo. Pág. 192.

melancolía: tristeza y depresión del ánimo; tendencia a estar triste, bajo de moral o deprimido. Pág. 146.

melodramón: variación humorística de *melodrama*, obra dramática que se caracteriza por emociones exageradas e incidentes sensacionales. Pág. 224.

MEMORIA: CUALQUIER COSA QUE, AL PERCIBIRSE, SE ARCHIVA EN EL BANCO DE MEMORIA ESTÁNDAR Y PUEDE SER RECORDADA POR LA MENTE ANALÍTICA. (De los *Términos de Dianetics*). Pág. v.

MENTE ANALÍTICA: LA MENTE QUE COMPUTA, EL "YO" Y SU CONSCIENCIA. (De los *Términos de Dianetics*). Pág. vii.

MENTE REACTIVA: MENTE A NIVEL CELULAR QUE NO ESTÁ "INCONSCIENTE", SINO QUE SIEMPRE ESTÁ CONSCIENTE; LA MENTE OCULTA, HASTA AHORA DESCONOCIDA. (De los *Términos de Dianetics*). Pág. iv.

Mesmer, Anton: (1734-1815), médico austriaco que fue un precursor de la práctica del hipnotismo en la medicina. Pág. 310.

metafísica: rama de la filosofía que trata de la naturaleza fundamental de la existencia o la naturaleza de la realidad última que está por encima de las leyes de la naturaleza, va más allá de ellas o es más que física. Aplicado por primera vez a los escritos de Aristóteles (384-322 a. C.), el término significa literalmente "después de la física", pues estos escritos venían después de su obra llamada *La Física*. Pág. ii.

metafísico: persona que se especializa en la metafísica o está versado en ella. *Véase también* **metafísica**. Pág. 407.

metalurgia: técnica o ciencia de trabajar en calentar metales para darles determinadas formas o propiedades deseadas. Pág. 491.

mielina, revestimiento de: materia blanquecina que rodea a algunas células nerviosas y facilita la transmisión de impulsos nerviosos. Antes de 1950, la teoría preponderante sostenía que la criatura humana era incapaz de grabar memoria alguna hasta la formación del revestimiento de mielina después del nacimiento. Pág. 155.

milenio: periodo de 1000 años. Pág. 103.

minar: atacar por medios indirectos, secretos o solapados, a menudo de manera gradual, comparable de algún modo a la acción de desgastar una base o cimiento. Pág. 170.

miopía: visión defectuosa de objetos distantes. Pág. 66.

misticismo: creencia de que el conocimiento directo o la unión con la verdad o lo divino (Dios, dioses o diosas) se logra mediante la percepción directa o la iluminación repentina más que por medio del pensamiento racional. Pág. ii.

Moloch: dios adorado por los países del antiguo Medio Oriente y a quien se supone que debían ofrecerse violentos sacrificios de niños. Pág. 411.

monitor: aparato o sistema que supervisa, regula, controla o dirige el rendimiento de algo. Pág. 55.

monocorde: monótono, insistente o sin variaciones. Pág. 411.

monologuista: persona que entrega un *monólogo:* drama en el cual habla un solo actor. Se usa aquí para referirse a hablar consigo mismo. Pág. 256.

monomaníaco: caracterizado por la *monomanía*, concentración tal en un solo objeto o idea como para sugerir un trastorno mental. Pág. 288.

monótono: caracterizado por una igualdad ininterrumpida, debido a una completa falta de distinción en el énfasis, importancia, calidad, etc. Literalmente, es una sucesión de sonidos en un tono que no varía. Pág. 7.

monstruosidad: 1. persona que está desarrollada de forma anormal, formada en contra del curso ordinario de la naturaleza; deforme. Pág. 194.

2. ejemplo excesivamente malo o chocante. Pág. 422.

montaña rusa: referencia a una situación o condición que está caracterizada por cambios repentinos, extremos y que se repiten a menudo, o por subidas y bajadas persistentes o violentas, como una fluctuación entre estar en conflicto y en armonía o entre una gran felicidad y desesperación. El término viene de los parques de atracciones donde una montaña rusa es un tren con vagones abiertos que se desplazan por una vía elevada, con curvas pronunciadas sobre fuertes inclinaciones y que produce caídas repentinas y aceleradas para los pasajeros que van en busca de emociones. Pág. 93.

moralista: maestro o estudiante de la moralidad; pensador o escritor interesado en los principios y problemas morales, específicamente cualquiera de los moralistas cristianos de la Edad Media (del siglo V al XIV). En sus escritos, los moralistas establecían que una persona debería seguir ciertas virtudes (cualidades de bondad) al determinar si las acciones eran correctas o incorrectas, buenas o malas, y que la gente maligna merecía una vida infeliz. Pág. 24.

morfina: poderosa droga que se usa en la medicina para aliviar el dolor fuerte; su uso prolongado puede llevar a la adicción. El nombre viene del latín *Morpheus*, el dios romano del sueño. Pág. 436.

motor: relacionado con el movimiento muscular o que lo implica. Pág. v.

mujer de la vida alegre: expresión usada para describir a las prostitutas, en especial para aquellas que trabajan independientemente y por lo tanto retienen todo el dinero ganado. Pág. 224.

muela del juicio: uno de los cuatro dientes posteriores de cada parte de la mandíbula, superior e inferior, de los seres humanos. Son los últimos dientes en salir. Pág. 140.

mujer repudiada: variación de la frase *"En el infierno no hay furia como el de la mujer despreciada"*, que significa que nadie tiene más furia o cólera que una mujer cuyo amor se ha rechazado o que piense que su valor o dignidad han sido insultados, etc. Pág. 472.

mutación: cambio estructural repentino en el material hereditario de las células del organismo que resulta en un rasgo o característica nuevo que no se encuentra en los padres, en contraste con una variación resultante de generaciones de cambio gradual. *Hereditario* significa que tiene que ver con los rasgos o características transmitidos de generación en generación mediante la reproducción. Pág. 26.

Napoleón: Napoleón Bonaparte (1769-1821), general francés que se coronó emperador de Francia en 1804. Sus constantes guerras para expandir el territorio francés acabaron dejando al país más pequeño que cuando él tomó el poder, con medio millón de hombres muertos. La declaración de que él redujo la estatura de los franceses una pulgada se refiere a su acción de situar a los militares franceses de mayor estatura (mientras que él era bajo) en posiciones peligrosas en las que era más probable que cayeran muertos. Pág. 45.

narcosíntesis: hipnotismo inducido mediante drogas en donde el paciente se somete a la psicoterapia mientras se encuentra bajo el efecto de dichas drogas y en un "sueño profundo". *Narco* es la abreviatura de narcótico y significa droga que produce hipnosis, adormecimiento, sopor, somnolencia. *Síntesis* en este sentido significa la combinación de elementos separados de sensación o de pensamiento en un todo. El nombre lo crearon psiquiatras que usaban drogas en la Segunda Guerra Mundial, intentando "reconstruir (sintetizar) a los soldados desintegrados o destrozados". Pág. 150.

Nation, Carrie: (1846-1911) reformadora americana que abogaba por abstenerse de las bebidas alcohólicas. Se hizo famosa por hacer incursiones en bares y destrozar las botellas de alcohol y el mobiliario de los bares con una hachuela. Pág. 224.

Naturaleza: el poder físico creativo y regulador que se concibe como si estuviera operando en el mundo material y como la causa inmediata de todos sus fenómenos. A menudo se representa como si tuviera cualidades o carácter humano, por ejemplo; la Madre Naturaleza. Pág. ix.

naturaleza de la bestia, la: carácter esencial o cualidades inherentes de una cosa, persona, etc. *Naturaleza* significa la combinación innata o inseparable de las propiedades que tiene algo que le dan su carácter fundamental. *Bestia* significa una cosa o persona de una clase particular. Pág. 455.

naturalista: persona que estudia la naturaleza, especialmente mediante la observación directa de animales y plantas. Pág. 27.

náuseas matutinas: náuseas y vómitos acompañados a veces de mareos, dolores de cabeza, etc., que afectan a algunas mujeres durante los primeros meses de embarazo. Pág. 191.

nebulosidad: materia informe que se supone que existió antes de la creación del universo, caracterizada por ser vaga, brumosa, con una ausencia de formas o rasgos definidos. Del latín *nebula*, que significa neblina, vapor o nube. Pág. 35.

nebuloso: vago, oscuro, confuso; poco claro. Pág. 14.

NEGADOR: CUALQUIER ORDEN ENGRÁMICA QUE HACE QUE UN PACIENTE CREA QUE EL ENGRAMA NO EXISTE. (De los *Términos de Dianetics*). Pág. 245.

negligente: culpable de descuidar su obligación. Pág. 9.

neologismo: palabra acuñada recientemente o un significado de una palabra existente ampliado recientemente. Pág. 16.

nervios, si te fallan los: variación de *si te traicionan los nervios*, que significa *"si pierdes la confianza, el valor o el control propios"*. *Fallar* significa abandonar o fallarle a alguien cierta cosa bajo un poder o fuerza en oposición. *Nervio* se refiere al valor, la serenidad y la firmeza mentales de uno en circunstancias peligrosas. Pág. 345.

neurocirujano: alguien que practica la cirugía sobre cualquier parte del sistema nervioso, incluyendo el cerebro. Pág. 8.

neurología: estudio científico o conocimiento de la anatomía, funciones y enfermedades de los nervios y del sistema nervioso. Pág. 18.

neurona: célula que transmite los impulsos nerviosos y es la unidad básica funcional del sistema nervioso; también llamada *célula nerviosa*. Pág. 85.

neurosis: estado emocional que contiene conflictos y datos emocionales que inhiben las aptitudes o el bienestar del individuo. Pág. 9.

neurosis de combate: afección caracterizada por ansiedad, irritabilidad, depresión, etc., que ocurre después de una experiencia de combate prolongada o grave. Pág. 460.

Newton: Sir Isaac Newton (1642-1727), científico y matemático inglés cuyos descubrimientos y teorías sobre las leyes de la gravitación y el movimiento sentaron las bases de gran parte de los progresos científicos que han tenido lugar desde su época. Pág. 9.

nido de víboras: entre los pueblos primitivos, un gran foso que contenía serpientes venenosas donde se echaba a las víctimas para su ejecución o como prueba de resistencia. Se usa en sentido figurado para expresar un lugar o situación sumamente caótico o desagradable. Pág. 415.

ninfómana: que padece *ninfomanía*, deseo sexual anormalmente excesivo e incontrolable en una mujer. Pág. 333.

Nínive: ciudad más antigua y populosa (aprox. 700 a. C.) del antiguo imperio asirio (ahora norte de Irak). Tenía un complicado sistema de canales y acueductos, amplias calles, jardines y palacios, y un muro circular de 12 kilómetros que la circundaba. Pág. 171.

niño prodigio: joven brillante y con mucho talento. Pág. 291.

Nirvana: meta de los hindúes. Las creencias del hindú incluyen que la "realidad es uno" (Brahma) y que la salvación última y la liberación del ciclo interminable del nacimiento a la muerte se logra cuando uno se funde o queda absorbido en la "divina realidad única", con una pérdida completa de la existencia individual. Pág. 116.

nivel de necesidad: grado en que un individuo siente la necesidad de seguir un determinado curso de acción. Pág. 135.

nomenclatura: sistema establecido de nombres o designaciones como los que se usan en una ciencia o arte en particular. Pág. 2.

nostálgico: caracterizado por la *nostalgia*, sentimiento, mezcla de felicidad, tristeza y añoranza cuando se recuerda a una persona, un lugar o un acontecimiento del pasado, o el pasado en general. Del griego *nostos*, un hogar al que se vuelve y *algos*, dolor. Pág. 87.

novato: referido a una persona, que no tiene experiencia o que es nueva en una actividad, tal como un recién llegado a las regiones agrícolas y mineras del oeste de los Estados Unidos, no habituado a las privaciones. Pág. 378.

objeto acosado: algo a lo que se le está atacando o cazando, como un animal o pájaro que el hombre u otro animal está intentando cazar para comérselo. Pág. 37.

obra: producto del trabajo creativo, como una producción teatral. *Véase también* villano de la obra. Pág. 60.

obstáculo: cosa o factor que sirve para frenar, parar o impedir que ocurra algo. Pág. vii.

obstétrico: relativo al cuidado y tratamiento de la mujer en el alumbramiento y durante los periodos anteriores y posteriores al parto. Pág. 436.

ocular: relacionado con los ojos o la vista. Pág. 16.

oficial de los servicios secretos: oficial militar responsable de recoger y procesar información (sobre fuerzas hostiles, por ejemplo) especialmente por medios secretos. Pág. 57.

ojo de la mente: capacidad de imaginar o de recordar imágenes o escenas, de "ver" cosas con la mente; capacidad de ver una visión mental que consiste en una vista imaginaria o rememorada, en contraposición a una que se vio realmente en aquel momento. Pág. 19.

oler: adivinar o sospechar algo que pasa ocultamente; percibir, sentir que algo va a suceder, como en "se huele el peligro". Pág. 20.

olfatorio: que pertenece al sentido del olfato. Pág. 18.

Olimpo: el *Monte Olimpo*, la montaña más alta de Grecia, que se creía que era el hogar de los dioses. Pág. 40.

omnipresente: presente en todas partes al mismo tiempo. Pág. 294.

operador: individuo que dirige una sesión de hipnosis; hipnotizador. Pág. 177.

operar: hacer algo; llevar a cabo una tarea o labor. Usado en este contexto con el doble sentido (como ejemplo de una declaración en un engrama) de hacerle una operación quirúrgica a una persona. Pág. 57.

opio: droga adictiva preparada a partir del jugo de adormidera (planta con grandes flores rojas, naranjas o blancas). Pág. 435.

oportunismo: arte, política o práctica de sacar ventaja de la oportunidad o de las circunstancias, especialmente sin tener en cuenta los principios ni las consecuencias finales. Pág. 37.

ORDEN ENGRÁMICA: CUALQUIER FRASE CONTENIDA EN UN ENGRAMA. (De los *Términos de Dianetics*). Pág. 228.

orgánico: perteneciente al cuerpo o a las partes del cuerpo. Pág. iii.

órgano del pensamiento: el cerebro. Pág. 87.

origen, dar: originar, producir, causar. Pág. 68.

ornamentado: decorado con *ornamentos*, accesorios, artículos o detalles usados para embellecer la apariencia de algo a lo que es añadido o de lo que es parte, como en *"la civilización más esplendorosamente ornamentada"*. Pág. 8.

ortopedia: rama de la medicina que se encarga del tratamiento de deformidades, enfermedades y lesiones de los huesos, articulaciones, músculos, etc. Pág. 112.

oscilar: 1. moverse a lo largo de un área; variar de un punto a otro. Pág. 358.
2. fluctuando (de acuerdo con la acción de un engrama). Pág. 358.

oscuro: que no se puede percibir con claridad; difícil de distinguir. Pág. 15.

oso pardo: gran oso típico de Norteamérica. Pág. 137.

óvulo: célula reproductiva femenina. Pág. 87.

óxido nitroso: gas de olor y sabor dulce que se usa en odontología y en cirugía para dejar inconsciente al paciente. Pág. 139.

pacto: contrato hecho entre dos partes; mutuo acuerdo o comprensión. Pág. 466.

pagano: que se caracteriza por la adoración de muchos dioses, como en las religiones de los antiguos romanos y griegos. Pág. 33.

pájaro jub-jub: pájaro imaginario, conocido por su naturaleza feroz, que aparece en las obras del escritor inglés Lewis Carroll (1832-1898), quien lo creó. Pág. 235.

palabrería: lo que alguien dice; charla o parloteo. Pág. 222.

paladín: persona que defiende o lucha por una persona o una causa. Pág. 446.

palito de madera de naranjo: palo delgado, redondeado con extremos afilados de una madera dura de naranjo, de textura delicada, utilizado para hacer manicure. Pág. 298.

panacea: remedio para todos los males o dificultades. Pág. 330.

panem et circenses: pan y circo en latín. Diversión pública proporcionada por el gobierno en un esfuerzo por impedir que la población cause disturbios. Esta frase se refiere a las costumbres de la Roma antigua de proporcionar diversiones públicas oficiales (juegos) y distribuir comida gratis como medio de mantener contento al pueblo. Pág. 283.

panza: barriga, vientre, especialmente cuando es abultado. Pág. 259.

parábola: historia simple que ilustra o enseña una verdad, lección moral, etc. Pág. 181.

paráfrasis: explicación o interpretación de un texto, generalmente para hacerlo más claro. Pág. 386.

parálisis regresiva: inhabilidad muscular para mover todo el cuerpo o parte de este, algunas veces acompañada de temblores involuntarios de las extremidades. Pág. 162.

paranoico-esquizofrénico: persona que sufre de esquizofrenia y cuyas alucinaciones, delusiones de grandeza, magnificencia, etc., o delusiones de persecución son destacadas. *Véase también* **esquizofrénico.** Pág. 71.

parar en seco: causar un paro o una pausa repentina e inesperada. Pág. 384.

paratirina: hormona que segrega la glándula paratiroides. Pág. 117.

paratiroides: *glándula paratiroides,* que consiste en cuatro pequeñas glándulas que funcionan como una glándula. Estas glándulas se encuentran en la parte frontal del cuello cerca de la glándula tiroides. La paratiroides segrega una sustancia (hormona) en la sangre que ayuda a regular la cantidad de calcio y otros minerales en el cuerpo. Estos minerales son necesarios para un gran número de procesos corporales, incluyendo el crecimiento de los huesos, los músculos y las funciones de los nervios. Pág. 121.

parchís: juego de mesa jugado por cuatro o menos personas en el que los movimientos de las piezas a lo largo de una ruta compuesta de cuadros lo determinan las tiradas de los dados. Pág. 261.

paresia: psicosis causada por una destrucción amplia del tejido cerebral que ocurre en algunos casos de sífilis (enfermedad grave que se transmite sexualmente). Pág. 238.

pases de manos: en hipnotismo, las acciones de mover la mano por encima o junto al cuerpo de un sujeto, lo que supuestamente da como resultado un estado hipnótico. Pág. 240.

Pasteur: Louis Pasteur (1822-1895), químico francés que a finales del siglo XIX formuló *la teoría microbiana de la enfermedad,* que dice que la enfermedad se transmite por gérmenes que atacan al cuerpo. Se hizo célebre por su descubrimiento de que la producción deseada de alcohol en el proceso de fermentación sucede de hecho debido a la levadura (un pequeño organismo unicelular). Encontró que el vino se vuelve amargo debido a los gérmenes que entran en él mientras se está haciendo, y mostró que estos gérmenes pueden destruirse mediante la aplicación de calor controlado. Esto se pasó a conocer como *pasteurización* y también se aplicó para destruir los gérmenes en la leche. (La *fermentación* es un proceso químico que descompone materiales orgánicos como ocurre cuando el organismo microscópico de la levadura descompone el azúcar en alcohol y el gas de dióxido de carbono). Pág. ix.

pasteurella pestis: nombre de la bacteria que causa la peste bubónica. *Véase también* **peste bubónica.** Pág. 36.

paternidad: hecho o estado de ser padre de un niño. Pág. 430.

patología: 1. ciencia o estudio de las causas y la naturaleza de la enfermedad. Pág. 123.

2. cualquier condición que sea una desviación de la que es saludable y normal, como es una enfermedad. Pág. 112.

patológico: que constituye o indica enfermedad. Pág. 10.

Pavlov: Ivan Petrovich Pavlov (1849-1936), fisiólogo ruso, famoso por sus experimentos con perros. Pavlov le ofrecía comida a un perro mientras hacía sonar una campana. Después de repetir este procedimiento varias veces el perro (anticipadamente) segregaba saliva al sonar la campana, tanto si se ofrecía comida como si no. Pavlov concluyó que todos los hábitos adquiridos por el hombre, incluso sus actividades mentales superiores, dependían de reflejos condicionados. Un *reflejo condicionado* es una respuesta (por ejemplo, la secreción de saliva en un perro) producida por un estímulo secundario (por ejemplo, el sonido de una campana) que se asocia repetidamente con un estímulo original (por ejemplo, la vista de la carne). Pág. 175.

pedante: cosas que muestran un énfasis innecesario en puntos menores o triviales de aprendizaje, mostrando una erudición que carece de juicio o sentido de la proporción. Pág. 2.

pedernal y acero: método de comenzar un fuego a partir de las chispas que produce un pedernal (un tipo de piedra dura) cuando se le golpea con hierro o acero. Pág. 491.

penates: en las creencias religiosas romanas antiguas, los dioses de un hogar o estado. Pág. 8.

pendenciero: inclinado a riñas o discusiones. Pág. 31.

péndulo de Aristóteles: principio del filósofo griego Aristóteles que dice que no hay término medio y que algo es o bien cierto o bien falso, sí o no, es o no es lo mismo que otra cosa. Pág. 240.

penicilina: potente fármaco que se usa para tratar infecciones y enfermedades graves causadas por bacterias. Pág. 163.

pentotal sódico: sustancia que se usa como un anestésico general, y en psicoterapia como un hipnótico. Pág. 150.

percepción: impresiones o resultados mentales de percibir los sentidos; cosas que son percibidas. Pág. v.

percepción extrasensorial: percepción o comunicación ajena a la facultad sensorial normal, como en el caso de la telepatía. Pág. 383.

PERCÉPTICO: CUALQUIER MENSAJE DE LOS SENTIDOS, COMO LA VISTA, EL SONIDO, EL OLOR, ETC. (De los *Términos de Dianetics*). Pág. 16.

perdurable: que continúa sin cambio; resistente, duradero. Pág. 86.

personalidad básica: el individuo mismo. La persona, menos su dolor, sus dramatizaciones y la mente reactiva y su contenido. Pág. 151.

persuadir: inducir, mover, llevar a alguien con razones a creer o hacer algo. Pág. 111.

perverso: muy cruel y malvado. Pág. 39.

pesado: soso, sin interés; aburrido hasta el punto de ser agobiante. Pág. 193.

peste bubónica: enfermedad muy contagiosa y a menudo fatal de tipo epidémico transmitida por las pulgas de las ratas infectadas, que estuvo muy extendida por toda Europa y Asia en el siglo XIV. También conocida como la Peste Negra. Pág. 36.

piedra angular: principal cimiento sobre el que se construye o desarrolla algo. De la piedra que une dos paredes en una intersección. Pág. 483.

pigmeo: persona de pequeño tamaño, capacidad o fuerza. Pág. 170.

pirita: compuesto brillante de hierro y azufre, que a menudo se confunde con el oro. El nombre de pirita viene de la palabra griega *pyr*, que quiere decir fuego. Pág. 378.

pista falsa: algo que aparta la atención del tema central. Pág. 471.

pistola estaba cargada, no sabía que la: afirmación defensiva usada para explicar un disparo accidental, y que ha llegado a significar una acción destructiva cometida por falta de previsión, predicción u observación. Pág. 36.

pituitrina: alusión a las hormonas producidas por la *glándula pituitaria*, una pequeña glándula más o menos del tamaño de un guisante que se encuentra bajo el cerebro cerca del centro del cráneo. La glándula pituitaria segrega hormonas que controlan o influencian un amplio abanico de funciones corporales, incluyendo las actividades de otras glándulas determinadas. Pág. 117.

plagado: lleno, infestado; se dice sobre todo en referencia a algo que causa problemas. Pág. 377.

plancton: colección de pequeños organismos microscópicos, incluyendo las algas, que flotan o van a la deriva en grandes cantidades en las aguas dulces o saladas o cerca de la superficie y son alimento de peces y otros organismos mayores. Pág. 36.

plano: nivel de existencia, consciencia o desarrollo. Pág. iv.

Platón: (427-347 a. C.) filósofo griego conocido por sus trabajos sobre leyes, matemáticas, filosofía y ciencias naturales. Platón creía que los artistas y poetas no creaban porque poseían un conocimiento especial sino que estaban capturados por una inspiración irracional, un tipo de "locura divina". Pág. ix.

polaridad: cualidad o condición de un cuerpo u organismo físico que manifiesta propiedades opuestas o en contraste, como en un imán, donde un extremo es positivo y el otro negativo. De ahí, una polaridad opuesta o diferente sería la condición de tener propiedades o poderes opuestos a alguna otra cosa. Pág. 245.

polisílabo: palabra que contiene varias (poli) sílabas, especialmente cuatro o más; una palabra o parte de una palabra pronunciada con un solo sonido de la voz. Ejemplo: simplicidad (sim pli ci dad). *"Polisílabos que hacen fruncir el ceño"* se refiere a largas palabras algunas veces empleadas por aquellos que actúan de manera muy docta y seria. Pág. 2.

poner la otra mejilla: aceptar agravios o insultos sin buscar venganza; negarse a desquitarse. Pág. 372.

por mucho que: a pesar del hecho. *"Por mucho que"* implica que algo es verdad a pesar de que hay algunos obstáculos o condiciones opuestas. Pág. 219.

porte: apariencia, comportamiento o postura de una persona, especialmente las expresiones faciales, como indicación de humor o carácter. Pág. 129.

postulado: algo que se sugiere o supone como cierto como base para razonar. Pág. 9.

prácticamente: muy cercanamente; casi. Pág. 36.

preámbulo: declaración, hecho, evento, etc., introductorios; elemento preliminar. Pág. 315.

precedente: ocasión o caso anterior que se toma o que se puede tomar como ejemplo o regla para casos posteriores, o mediante el cual se puede apoyar o justificar algún acto o circunstancia similar. Pág. 156.

precepto: regla, instrucción o principio que guía las acciones de alguien, especialmente la que guía el comportamiento moral. Pág. 280.

PRECLEAR: CUALQUIER PERSONA A QUIEN SE HA INICIADO EN LA TERAPIA DE DIANETICS. (De los *Términos de Dianetics*). Pág. 125.

predisposición: condición de estar inclinado, es decir, propenso a contraer una enfermedad, afección, etc. Pág. 81.

PRELIBERADO: CUALQUIER PACIENTE AL QUE SE HA INICIADO EN LA TERAPIA PARA LOGRAR UNA LIBERACIÓN DE SUS PRINCIPALES DIFICULTADES, PSICOSOMÁTICAS O ABERRATIVAS. (De los *Términos de Dianetics*). Pág. 216.

premisa: declaración planteada u ofrecida para que se considere, se acepte o se adopte. Pág. 63.

presa Grand Coulee: presa sobre el río Columbia en el estado de Washington, Estados Unidos. Es una de las estructuras de concreto más grandes del mundo y una fuente importante de energía eléctrica. Pág. 284.

presciencia: conocimiento de cosas antes de que existan u ocurran. Pág. 104.

prestar atención: tener en cuenta o en consideración algo. Pág. 310.

prestigio: posición o estimación a ojos de otros; influencia; reputación. Pág. 413.

procesar: pasar a través de los pasos de un procedimiento oficial para propósitos de registro o examen, previos al inicio o al final de un periodo de servicio militar. Pág. 460.

proceso mecánico: proceso que opera con acciones definidas y específicas, produciendo un resultado invariable; proceso cuyas acciones se pueden explicar mediante la suposición de acciones mecánicas o de cómo funciona algo. Pág. 230.

profusión: gran cantidad o cuantía. Pág. viii.

progenie: niños, descendientes o hijos considerados como grupo o colectivamente. Pág. 45.

progresión geométrica: serie de números, como 1, 2, 4, 8, 16, 32, 64, 128, 256, 512, 1024, etc., donde cada número es multiplicado por una cantidad constante (en este ejemplo, por 2), para llegar al siguiente número. El resultado es que el siguiente número cambia por una cantidad cada vez mayor a medida que avanza la progresión. Pág. 28.

pronombre personal: pronombres que muestran por su forma si se refieren a la persona que habla, como "yo" en: *"Yo comeré"*; la persona a la que se le habla, como "tú" en *"tú trabajas duro"*; o la persona o cosa de la que se habla, como "él" en *"él está caminando"*. Un *pronombre* se usa en lugar de un nombre, como "él" en lugar de Pepe. Pág. 84.

pronosticar: predecir, presagiar. Pág. 482.

propiciación: emoción de bajo nivel por debajo de enojo y cerca de apatía. La *propiciación* es el acto de intentar agradar o satisfacer a alguien de una manera calculada para ganarse su favor, para defenderse o protegerse uno mismo frente a su rechazo, ataque, etc. Pág. 372.

protoplasma: líquido incoloro, gelatinoso que está presente en las células de todas las plantas, animales y humanos y consiste en la materia viva de las células de las plantas y de los animales. Pág. 74.

pseudo-: palabra que se combina con otras para dar un significado de "falso" o "fingido". También algo aparentemente similar a otra cosa, como en *pseudoenfermera, pseudomadre, pseudopadre*, etc. Pág. 141.

psicoanálisis profundo: en psicoanálisis, práctica en la que supuestamente se descubren datos ocultos y luego se evalúan por el paciente. Pág. 150.

psicometría: realización de tests a individuos para averiguar su inteligencia, aptitud, diversos rasgos de la personalidad, etc. Pág. 379.

psicosis: conflicto de órdenes que reduce gravemente la capacidad de la persona para resolver sus problemas en su entorno hasta un punto en que no puede adaptarse a alguna fase vital de las necesidades en su entorno. Pág. xi.

PSICOSOMÁTICO: CUALQUIER DESORDEN O ENFERMEDAD FÍSICA GENERADO POR EL CUERPO MISMO. (De los *Términos de Dianetics*). Pág. i.

psique: la mente. Pág. 64.

psíquico: perteneciente o relativo a la mente humana. Pág. 14.

puesto en la picota: sometido a desprecio, ridículo o desdén público. Pág. 64.

punto fundamental: la parte central o más importante de un tema de algo. Pág. 37.

pura: total y completa. Se usa para enfatizar la extensión ilimitada de algo, como en "por pura necesidad". Pág. 152.

purista: caracterizado por el *purismo*, adhesión rígida a la corrección o insistencia en ella, especialmente en el lenguaje o el estilo. Pág. 3.

purito Pittsburgh: puro barato, delgado, largo, hecho toscamente, de la ciudad de Pittsburgh, al sudoeste de Pennsylvania, EE.UU. Pág. 425.

purulenta: que genera pus (fluido amarillento que consiste en la parte líquida de la sangre más células muertas, bacterias, etc.) debido a infección. En sentido figurado, que produce una irritación continua. Pág. 309.

Q, cantidad: factor o agente que no está identificado o que es de una identidad desconocida. Pág. 437.

que se lleva la palma: (al describir cualidades indeseables) sobresalientes en su tipo; sin rival. Pág. 414.

quedar en el punto de salida: dejar bastante atrás. El *punto de salida* se refiere al punto en la pista de carreras que marca donde comienza una carrera. Pág. 107.

quejumbroso: que se queja a menudo, de forma exagerada o sin motivo. Pág. 258.

quieto: en el béisbol, el haber llegado exitosamente a una base. Pág. 95.

quinina: droga de sabor amargo usada para aliviar el dolor y la fiebre y que antaño era el único tratamiento disponible para la malaria. Pág. 388.

quiste: bolsa protectora cerrada que contiene un fluido o un material semisólido. Pág. 144.

racial: referente a la Humanidad; la raza humana. Pág. iii.

ramera: mujer de mala fama; prostituta. Pág. 297.

rasguear la lira: referencia figurativa a la poesía acompañada de un instrumento musical, como un arpa, una guitarra, una lira, etc., que se rasgueaba (se tocaba pasando los dedos por varias cuerdas en un mismo movimiento) produciendo la música que acompañaba a la composición poética. Pág. 376.

reacción en cadena: alusión a la *reacción en cadena* que tiene lugar cuando la porción central de un átomo (núcleo) se divide (fisiona) en partes más pequeñas, saliendo estas partes más pequeñas expulsadas hacia fuera y haciendo que se dividan otros átomos, que a su vez dividen otros y así sucesivamente, en una reacción en constante expansión. Pág. 303.

Realidad Absoluta: en algunas escuelas de pensamiento, un concepto usado para explicar la existencia afirmando que hay una realidad final que está por encima, o va más allá, de las leyes de la naturaleza o es más que física. Dichas escuelas proponen una Realidad Absoluta que se concibe que existe en y por sí misma sin relación con ninguna otra cosa. Pág. 407.

reanudación: acción y efecto de reanudar (continuar con algo que se había interrumpido, como después de un paro temporal). Pág. 473.

REBOTADOR: CUALQUIER ORDEN ENGRÁMICA QUE, CUANDO LA MENTE ANALÍTICA SE LE ACERCA EN LA LÍNEA TEMPORAL, HACE QUE EL PACIENTE VUELVA HACIA TIEMPO PRESENTE. (De los *Términos de Dianetics*). Pág. 260.

recalcitrante: que se resiste al control, desafía la autoridad o a la guía. Pág. 473.

reciente: perteneciente a un periodo cercano al tiempo presente. Pág. 377.

recóndito: muy escondido, reservado y oculto. Pág. 169.

reconsiderado: pensado cuidadosamente; considerado con detenimiento. Pág. 86.

recorrer completamente: consumir la influencia negativa de algo; borrar. Pág. 432.

recriminar: censurar, criticar o juzgar negativamente. Pág. 331.

recto: directo, sin desviaciones; que avanza con un rumbo directo sin que nada inusual se interponga. Pág. 292.

recurrir: acudir a algo como solución, como en: *"se le pide al lector que recurra a sus propios conocimientos"*. Pág. 114.

recurso: algo o alguien a quien se le puede pedir ayuda, apoyo, protección o seguridad; una fuente de ayuda o de fuerza. Pág. 10.

REDUCIR: LIBERAR UN ENGRAMA DE ALGÚN SOMÁTICO O EMOCIÓN POR MEDIO DE RELATARLO. (De los *Términos de Dianetics*). Pág. 235.

reestimulación: condición en que se percibe en el entorno del organismo una aproximación del contenido de la mente reactiva o de alguna parte de ella. Pág. 80.

reestimulación artificial: reestimulación por la terapia, en contraste a la que tiene lugar en el entorno. Pág. 291.

refinado: libre de tosquedad u ordinariez; cultivado; elegante. Pág. 74.

regla de oro: regla ética de conducta que normalmente se formula como: "Haz a los demás lo que querrías que te hicieran a ti". Pág. 143.

regocijo: júbilo, gozo o alegría, especialmente cuando se caracterizan por la risa. Pág. 146.

regresión: vuelta de un sujeto a un estado anterior del desarrollo afectivo, mental o físico a causa de conflictos no resueltos. Pág. 328.

regresivo: 1. relativo a regresar en la mente de uno a un periodo o etapa de la vida anterior como resultado de una enfermedad mental. Pág. xi. 2. que retrocede a una condición peor; que va en declive. Pág. 162.

relatar: contarle algo a alguien; dar una descripción de un suceso o experiencia. Pág. 234.

relato: narración de una serie de sucesos, acciones, diálogos, etc. Un relato, literalmente, es un texto escrito, como una novela, etc. Pág. 267.

relevante: relacionado de forma significativa o íntima; pertinente. Pág. 104.

remisión: 1. condición en la que un incidente no está a la vista después de varios relatos, como en: *"Un engrama que se ha llevado a remisión"*. Pág. 267. 2. acción de caer, ir en declive, en cuanto a carácter, valor o cantidad, como en: *"El paciente experimentó una remisión de todos los somáticos"*. Pág. 154.

Renacimiento: periodo de la historia europea desde principios del siglo XIV al siglo XVII, notable por un renovado interés por el arte, la literatura y el conocimiento. Durante este periodo, muchos eruditos y artistas rechazaron la cultura de la Era del Oscurantismo y volvieron a tomar el espíritu de los griegos y los romanos en sus propias obras artísticas. *Renacimiento* se deriva de una palabra en latín para "renacer". Pág. 34.

renegar: negar la verdad, existencia o hecho de algo. Pág. 420.

reñir: discutir malhumoradamente sobre algo sin importancia. Pág. 489.

reóstato: aparato que actúa en un circuito eléctrico para aumentar o disminuir gradualmente el flujo de corriente, como en el caso de las luces en las que se puede variar su luminosidad. Pág. 281.

reprender: regañar a alguien con fuerza o largamente. Pág. 298.

represión: acción, proceso o resultado de suprimir memorias o deseos inaceptables llevándolos al inconsciente o manteniéndolos fuera de la mente consciente. Pág. 125.

reprochar: dirigir quejas, censuras o cosas desagradables a alguien, especialmente acerca de sus debilidades o fallos. Pág. 381.

rescoldo: fuego de brasa que se conserva bajo la ceniza, para que arda lentamente. Pág. 291.

resina: sustancia pegajosa marrón o negra, obtenida de la madera del pino, con un olor característico y que se usa en pinturas y barnices. Pág. 20.

resistente: capaz de soportar condiciones difíciles; con respecto al cuerpo humano significa ser robusto y de buena salud. Pág. 73.

respuesta relámpago: véase el Libro Tres, Capítulo Nueve, Primera Parte, sección titulada: "La Respuesta Relámpago". Pág. 343.

resuelto: motivado por determinación y propósito o mostrándolos. Pág. 44.

resultante: que ocurre como resultado o como consecuencia de algo. Pág. 166.

retahíla: serie o conjunto de elementos que están, suceden o se mencionan uno tras otro. Pág. 196.

RETENEDOR: cualquier orden engrámica que causa que un individuo permanezca en un engrama consciente o inconscientemente. (De los *Términos de Dianetics*). Pág. 245.

retorcerse: demostrar incomodidad o sufrimiento haciendo gestos que lo indican. Pág. 479.

retorno a la matriz: alusión a la teoría psiquiátrica de que la gente tiene un deseo oculto de volver a la "seguridad" y "comodidad" de la matriz. Pág. 159.

retrasado mental: persona que carece de las facultades mentales normales; estúpido, poco inteligente. Pág. 442.

retraso: lentitud en el aprendizaje o condición de quedarse atrás respecto al progreso normal de los demás. Pág. 264.

retroactivo: que se extiende en alcance o efecto hasta abarcar asuntos que han ocurrido en el pasado. Pág. 312.

retroceso: disminución o declive respecto a la prosperidad, las destrezas artísticas y técnicas y el aprendizaje (como la desaparición virtual del conocimiento de las anteriores civilizaciones griega y romana durante la Era del Oscurantismo). Pág. 34.

reverie: leve estado de "concentración" que no hay que confundir con la hipnosis; en la reverie, la persona está completamente consciente de lo que está ocurriendo en el presente. Pág. vii.

revestimiento de mielina: materia blanquecina que rodea a algunas células nerviosas y facilita la transmisión de impulsos nerviosos. Antes de 1950, la teoría preponderante sostenía que la criatura humana era

605

incapaz de grabar memoria alguna hasta la formación del revestimiento de mielina después del nacimiento. *Véase también* mielina. Pág. 155.

revisar a fondo: llegando hasta el fondo de la cosa que se trata; sin limitarse a los detalles o a las apariencias. Pág. 174.

revolotear: moverse inestablemente, hacia delante y hacia atrás, por aquí y por allá, con movimientos rápidos y a menudo irregulares. Pág. 407.

revoltijo: masa confusa; embrollo. Pág. 319.

rienda suelta, dar: permitir la manifestación o el curso de algo. Expresar o representar un impulso, emoción, etc., como uno previamente olvidado o reprimido. Pág. 375.

rimbombante: expresado de una manera magnífica, llena o impresionante. Pág. 2.

rodar un engrama, echar a: en sentido figurado, una indicación para poner algo en movimiento o en acción. *Rodar* significa empezar, comenzar, poner en funcionamiento. La palabra se usa en la industria cinematográfica como una orden de un director o director asistente para poner en acción a la cámara y equipo de sonido. Pág. 340.

rodear: atacar por todos los flancos. Pág. 377.

Rohmer, Sax: seudónimo del escritor británico Arthur Sarsfield Ward (¿1883?-1959) creador del misterioso doctor Fu Manchú. Rohmer describió al famoso genio criminal en una serie de novelas publicadas entre 1913 y 1959. Las conspiraciones del doctor Fu fallaban a menudo debido a que empleaba mujeres espías que se enamoraban del hombre equivocado. Pág. 127.

ropas de montar: traje típicamente usado por un jinete, que incluye una chaqueta, unos pantalones especiales que son anchos en la cadera y estrechos alrededor de las pantorrillas, y una gorra semiesférica con una pequeña visera. Pág. 429.

Ross, Ronald: (1857-1932) médico británico, conocido por establecer la conexión entre los mosquitos y la malaria. Pág. 188.

Rousseau, Jean Jacques: (1712-1778) escritor francés e influyente filósofo político cuya teoría más conocida era la del "hombre natural", una creencia de que el hombre era esencialmente bueno y capaz en su estado natural pero que había sido corrompido por la civilización. Propuso una "renovación espiritual" para el hombre a través de la vuelta a la naturaleza. Pág. 42.

sacerdocio: grupo de personas que reclaman u obtienen conocimiento, comprensión o poder especial o exclusivo en un campo o área específica. Pág. 168.

sadismo: tipo de comportamiento en que se obtiene placer haciendo daño a otros y haciéndoles sufrir física o mentalmente. Pág. 126.

salir en la lavada: aparecer o descubrirse una cosa cuando ya parecía que no iba a salir a la luz. La expresión se usa en el sentido de que algo acaba resolviéndose satisfactoriamente y saliendo bien. Pág. 367.

salobre: salado, con sabor a sal. Pág. 79.

salón: cuarto en una casa usado principalmente para recibir y entretener invitados. Pág. 425.

salvar: vencer un obstáculo, pasando por encima o a través de él, como en *"salvar el cañón"*. Pág. vii.

sanatorio: institución para el tratamiento y la recuperación de los enfermos mentales o de aquellos que tienen enfermedades crónicas. Pág. 7.

Sangre y Arena: alusión al relato de 1922 y película del mismo título. Un atractivo torero, después de ser infiel a su mujer, recibe una cornada mortal en el ruedo. Cuando se lo llevan, dejando un rastro de sangre en la arena, muere en los brazos de ella diciendo: "Te quiero solo a ti". Pág. 224.

sarcástico: caracterizado por palabras que quieren decir lo opuesto de lo que parecen decir y tienen la intención de burlarse o insultar a alguien o algo. Pág. 352.

sarna: enfermedad infecciosa de la piel de los animales, y a veces de los humanos, que tiene como resultado pérdida de pelo, costras y comezón. Pág. 84.

Schopenhauer: Arthur Schopenhauer (1788-1860), filósofo alemán conocido por su filosofía del pesimismo, y que creía que la voluntad de vivir es la realidad fundamental y que esta voluntad, siendo una lucha constante, no se puede satisfacer y solo causa sufrimiento. Pág. 130.

secoya: árbol gigante, originario de California y Oregón, de los que se han encontrado restos en periodos tan antiguos como el periodo jurásico, entre 180 y 135 millones de años atrás. Las secoyas (también llamadas secuoyas) están entre los seres vivos de mayor longevidad, algunas de ellas llegando a alcanzar 2000 años de edad y alturas de más de 100 metros y diámetros de tronco de hasta 10 metros. Pág. 36.

secreto: razón o explicación que no es evidente de forma inmediata o general; respuesta. Pág. 121.

secta: grupo caracterizado por una enorme o excesiva devoción a alguna idea o cosa; especialmente, esa devoción considerada como poco convencional, rara o pasajera. Pág. 104.

selección natural: proceso mediante el cual las formas de vida que tienen características que les hacen ser más capaces de adaptarse a presiones concretas del entorno, como son los depredadores, los cambios climáticos, la contienda por el alimento o por el apareamiento, tenderán a sobrevivir y a reproducirse en mayores cantidades que otros de su especie, asegurando así la perpetuación de esas características favorables en generaciones sucesivas. Un *depredador* es un animal que caza otros animales para sobrevivir o cualquier otro organismo que se comporte de forma similar. Pág. 123.

semántico: relativo a los diferentes significados de las palabras u otros símbolos, o derivado de estos; relacionado con el significado en el lenguaje. Pág. 58.

sembrado: desperdigado o esparcido por un área. Pág. 341.

seminal: relacionado con el *semen*, fluido fecundador de hombres y animales machos. Pág. 126.

Señora Doña: título respetuoso para una mujer. Pág. 409.

sensación orgánica: condición del organismo (u órganos en el cuerpo) durante el momento del engrama. Pág. 14.

sensacionalista: relacionado o perteneciente a un *diario sensacionalista*, un diario que habitualmente es de la mitad del tamaño de uno común, con muchas imágenes e historias cortas, a menudo sensacionales. Pág. 374.

sentada (una cosa), dar por: suponerla como no susceptible ya de duda o discusión. Pág. 37.

Sentencioso, Doctor: nombre inventado. *Sentencioso* significa con tendencia a declarar cosas sabias y a menudo hacer juicios acerca de cuestiones morales. Pág. 409.

ser unicelular: organismo compuesto de una sola célula. Pág. 156.

servicio secreto: agencia o departamento de un gobierno, como el Servicio Secreto en los Estados Unidos, cuyo deber es proteger al presidente o al jefe de estado. Pág. 71.

sextante: instrumento que usan los navegantes para determinar la posición de las estrellas y así determinar la propia. Del latín *sextans*, la sexta parte, llamado así porque el arco del instrumento es la sexta parte de un círculo. Pág. 410.

Shakespeare: William Shakespeare (1564-1616), dramaturgo y poeta inglés, considerado como el mejor dramaturgo de todos los tiempos. Varios pasajes de sus obras incluyen alusiones al hecho de que el corazón controla la circulación sanguínea. Pág. 156.

siete, obtener un: referencia a un juego de dados llamado en inglés *craps*, un juego en el que se tiran dos dados y en el cual un primer tiro de 7 (u 11) gana, un primer tiro de 2, 3 o 12 pierde, y un primer tiro de 4, 5, 6, 8, 9 o 10 puede ser ganador solo volviendo a sacar el mismo número antes de sacar un 7. Si saca un 7 pierde. Pág. 119.

sífilis: enfermedad infecciosa, normalmente de transmisión sexual, que avanza en tres etapas. En la etapa final, la enfermedad puede atacar al cerebro, a la espina dorsal y a otras partes del cuerpo, causando ceguera, sordera, enfermedad mental, paros cardíacos, parálisis y deformidades óseas. Pág. 459.

signos de sumatorios: símbolos que se usan en matemáticas avanzadas para mostrar la cantidad total de cosas sumadas en conjunto. Pág. 3.

silbando mientras Roma arde: variación de *tocando la lira mientras Roma arde*, alusión a la leyenda del emperador de Roma Claudio César Nerón, de quien, en julio del 64 d. C., se dijo que estaba tocando una lira mientras un gran fuego consumió y destruyó la mayor parte de la ciudad de Roma. Pág. 219.

silogismo: tipo de argumento que consiste en tres afirmaciones del tipo que las dos primeras implican la conclusión. Por ejemplo: "Todo árbol tiene raíces. Un roble es un árbol. Por lo tanto, un roble tiene raíces", o "Solo los árboles tienen raíces. Un ave no es un árbol. Por lo tanto, un ave no tiene raíces". Pág. 406.

SIMBIONTE: CUALQUIER ENTIDAD DE VIDA O ENERGÍA QUE AYUDA A UN INDIVIDUO O AL HOMBRE EN SU SUPERVIVENCIA. (De los *Términos de Dianetics*). Pág. iii.

simbólogo: alusión a los psiquiatras que creen que los sueños representan simbólicamente la experiencia cotidiana de alguien y sus "deseos reprimidos". Pág. 256.

Simón Simplón: referencia a un cuento infantil que habla de un niño cuya madre le dice: "Ten cuidado cuando salgas a jugar. Tengo seis pasteles enfriándose en el escalón de la puerta así que ten cuidado con pisar esos pasteles". Tomando literalmente las instrucciones de su madre, el niño sale al porche y pisa, con mucho cuidado, justo en el centro de cada pastelillo. Pág. 140.

sin cartografiar: que no aparece ni se puede localizar en un mapa; inexplorado; desconocido, como lugar o región. Pág. 481.

sinopsis: exposición breve o condensada que da una visión general de algo. Pág. i.

sinuoso: que tiene ondulaciones, ondulado, serpenteante. Referido a las ondas de calor que se elevan del paisaje formando ondulaciones durante el calor del día. Pág. 369.

sinusitis: inflamación de uno o los dos senos nasales (cavidades huecas en el cráneo que desembocan en las fosas nasales). Pág. 65.

sioux: grupo de pueblos indígenas americanos que habitaban en las planicies septentrionales de Norteamérica, que ahora viven principalmente en la parte central del norte de Estados Unidos. Pág. 310.

sistema de índices: método de archivo secuencial de información, extremadamente detallado, mediante listas alfabéticas de nombres, lugares, temas, etc., o por categorías específicas, fechas, épocas, sucesos, etc. Pág. 57.

sistema nervioso autónomo: aquella parte del sistema nervioso que regula las actividades involuntarias, aparentemente automáticas, como el ritmo cardíaco, la respiración y la digestión. Pág. 118.

sitiar: rodear en la guerra con fuerzas propias las del enemigo o una posición, para atacarlas o tomarlas sin que puedan retirarse, ni recibir refuerzos o auxilio. Pág. 615.

sobrecogido: lleno de temor y *asombro* debido a algo que se considera misterioso, poderoso o algo similar. Pág. 8.

sobrenombre cariñoso: cualquier nombre que se emplea de forma demostrativa de cariño o afinidad, para nombrar a una persona en vez del suyo propio. Pág. 397.

Sócrates: (aprox. 470-399 a. C.) filósofo griego del que se decía que creía en un "demonio" (es decir, una voz interior). El demonio aparentemente le prohibía a Sócrates hacer cosas, pero nunca lo alentaba a hacer cosas buenas, únicamente predicciones de buena o mala suerte, o advertencias cuando estaba a punto de tomar una decisión incorrecta. Pág. 65.

sodomía: coito anal u oral con un miembro del mismo sexo o del sexo opuesto. Pág. 325.

soldado: fijado con *soldadura*, cualquier unión de metales mediante un metal que se derrite a bajas temperaturas y que cuando se calienta fluye hacia la juntura entre partes metálicas para unirlas. *Soldar* se usa en la electrónica para unir firmemente dos partes de modo que la electricidad fluya entre ellas. Por lo tanto, unido, fijado o consolidado (a algo). Pág. 96.

solemnidad: caracterizado por un sentimiento, carácter o apariencia serio o dignificado. Pág. 477.

SOMÁTICO: TÉRMINO QUE SE USA EN DIANETICS PARA DESIGNAR EL DOLOR, CUALQUIER CONDICIÓN CORPORAL EXPERIMENTADA CUANDO SE CONTACTA CON UN ENGRAMA; EL DOLOR DE UNA ENFERMEDAD PSICOSOMÁTICA. (De los *Términos de Dianetics*). Pág. 21.

sombra: ilusión, falsa representación de la realidad. Pág. 69.

sometido: restringido o hecho más cauto; dominado. Pág. 64.

SÓNICO: RECORDAR POR MEDIO DE ESCUCHAR UN SONIDO DEL PASADO CON EL "OÍDO DE LA MENTE". (De los *Términos de Dianetics*). Pág. 21.

sopor: adormecimiento; estado en el que uno parece estar dormido. Pág. 397.

soportar: resistir, tolerar, aguantar. Pág. 39.

Spencer, Herbert: (1820-1903) filósofo inglés conocido por aplicar las doctrinas científicas de la evolución a la filosofía y la ética. Spencer afirmaba que había dos clases de conocimiento: (1) el conocimiento ganado por el individuo, y (2) el conocimiento ganado por la especie. También creía que hay una realidad final básica más allá de nuestro conocimiento, a la que él llamaba lo "Incognoscible". Pág. 9.

Stalingrado: antiguo nombre de Volgogrado, ciudad industrial y portuaria en el suroeste de Rusia sobre el Río Volga. Pág. 488.

sucesión: progresión en un movimiento de avance continuo. Pág. 260.

sudar tinta: trabajar laboriosamente y con mucho esfuerzo durante muchas horas; esforzarse a fondo en una labor o un trabajo. Pág. 218.

sugestión positiva: en hipnosis, sugestión u orden que se le da a un sujeto hipnotizado, quien entonces la obedece inconscientemente. También, cualquier frase u orden en la mente que actúa como una dada a una persona hipnotizada. Pág. 72.

sulfamida: referencia a *drogas sulfa*, cualesquiera de un grupo de drogas antes usadas para tratar una variedad de infecciones. Pág. 163.

sumatorios del cálculo matemático: el *cálculo infinitesimal* es una rama de las matemáticas que se usa para determinar cantidades como el área de un objeto de forma irregular (en contraste al área de un cuadrado o un círculo). Al hacer tales cálculos, muchas cifras se suman en conjunto (sumatorio). Pág. 78.

super-: sobre o más allá, más o más alto, sobre el ámbito, capacidad, alcance, etc. Pág. 103.

superabundancia: cantidad mucho mayor a la suficiente o necesaria; gran exceso. Pág. 103.

superficial: ejecutado rápidamente con poca atención a los detalles. Pág. 15.

supermoral: preocupado demasiado con juzgar la calidad buena o mala de acción y carácter humanos. Pág. 216.

supranacional: fuera o más allá de la autoridad de un gobierno nacional. Pág. 488.

SUPRESOR: LAS FUERZAS EXTERIORES QUE REDUCEN LAS OPORTUNI-DADES DE SUPERVIVENCIA DE CUALQUIER SER VIVO. (De los *Términos de Dianetics*). Pág. 34.

susceptible de: que puede someterse con éxito a una acción, proceso u operación. Pág. 90.

swami: título honorario que se otorga a un maestro religioso hindú. Pág. 116.

tácito: que no se expresa ni se declara abiertamente, sino que está implícito o sobreentendido. Pág. 385.

taciturno: callado, silencioso y melancólico. Pág. 225.

táctil: sentido del tacto. Pág. 21.

taimado: astuto, disimulado. Que muestra destreza e ingenio para engañar a otros. Pág. 181.

tajante: absoluto, directo, claro o positivo; sin restricción. Pág. 440.

tálamo: centro de retransmisión de la información sensorial en el cerebro. Pág. 18.

talismán: objeto marcado con signos mágicos y que se cree que proporciona poderes o protección sobrenaturales a su portador. Pág. 425.

talón de Aquiles: punto, porción o área vulnerable. De la historia del guerrero griego Aquiles, a quien se sumergió poco después de su nacimiento en un río mágico para tratar de darle una invulnerabilidad divina. Las aguas realmente lo hicieron invulnerable, excepto por el talón desde el que se le sujetó. Durante una guerra, lo mató una flecha envenenada que le dio en ese punto. Pág. 302.

tam-tam: cualquiera de los diversos tambores, como los de las tribus indias o africanas, que se golpean usualmente con las manos y que utilizan a menudo los hechiceros o las sociedades tribales para expulsar a los demonios o a los espíritus malignos del cuerpo de alguien. Pág. 204.

tapetito: diminutivo de tapete, pieza pequeña, por ejemplo de encaje, que se coloca debajo de platos, floreros u objetos parecidos, como decoración o para proteger las superficies. Pág. 422.

tartamudo: persona que habla o lee con pronunciación entrecortada y repitiendo las sílabas, a menudo deteniéndose antes de decir las cosas de forma correcta. Pág. 108.

tecnicolor: con colores brillantes e intensos. Este término viene del proceso de películas comerciales llamado *Technicolor*, usado para hacer películas en color. Pág. 384.

telepatía: comunicación directamente desde la mente de una persona a la de otra sin hablar y sin escribir o sin ningún otro signo ni símbolo. Pág. 104.

tenacidad: cualidad o propiedad de ser tenaz, continuar persistentemente, mantenerse firme en algo; dureza. Pág. 134.

tendinitis: inflamación de un tendón, tejido duro que conecta el músculo y el hueso. Pág. 225.

tensión: presión mental o emocional; suspenso, ansiedad o agitación intensas y reprimidas. Pág. 164.

teoría de obligar mediante el dolor: práctica psicológica de infligir dolor, privación (la acción de quitarle o negarle algo a alguien, de forma que no pueda disfrutar de ello o poseerlo) u otras consecuencias desagradables a un individuo para hacerle evitar lo que la práctica considera una acción o un comportamiento indeseables. Pág. 178.

terapia: administración y aplicación de las técnicas y procedimientos de Dianetics para resolver los problemas que tienen que ver con el comportamiento humano y la enfermedad psicosomática. Pág. iii.

tergiversación: acto de hablar con mentiras o de forma engañosa; relatar con falsedad o crear una impresión incorrecta; mentir. Pág. 234.

Terra Incognita: región desconocida o inexplorada. Literalmente, en latín, "tierra desconocida". Pág. 1.

terreno, ceder: ceder ante la fuerza o ante una disputa vigorosa; retirarse. Pág. 218.

testosterona: hormona que desarrolla y mantiene las características masculinas en el cuerpo. Pág. 117.

θ (theta): el símbolo para la octava letra del alfabeto griego. Pág. 133.

timbre: objeto simbólico que se coloca encima del escudo de armas (grupo de emblemas y figuras normalmente dispuestas encima o alrededor de un escudo y que sirve como emblema especial de alguna persona, familia o institución). Pág. 477.

tinta, sudar: trabajar laboriosamente y con mucho esfuerzo durante muchas horas; esforzarse a fondo en una labor o un trabajo. Pág. 218.

tira del cordel: acción de tirar de un *cordel de luz*, un cordón que cuelga de un techo o mesilla de noche y opera una luz eléctrica. Pág. 91.

tira motora: área larga y estrecha del cerebro que se cree que controla el movimiento de los diversos músculos y los movimientos del cuerpo. *Motor* significa, relacionado con, o que es un nervio que pasa del sistema nervioso a un músculo, conduciendo un impulso que causa movimiento. (Véase el texto para descripción adicional). *Véase también* dos hombrecillos... colgados de sus talones. Pág. 354.

tira sensorial: área larga y estrecha del cerebro, que según se cree controla los sentidos del cuerpo tales como la vista, el olfato, el tacto y el oído. *Sensorial* significa conectado con la recepción y transmisión de impresiones de los sentidos. (Véase el texto para una mayor descripción). *Véase también* "dos hombrecillos... colgados de sus talones". Pág. 354.

tira somática: en Dianetics, un mecanismo de la mente que localiza momentos de tiempo para el individuo. Está bajo las órdenes del auditor, y bajo tales órdenes puede volver a localizar incidentes. En el campo de la medicina, es lo que se conoce como una tira motora y una tira sensorial, dos tiras del cerebro que se cree que controlan la función motora (el movimiento físico) y la función sensorial. Puesto que Dianetics no depende de los descubrimientos ni conclusiones estructurales y puesto que no está definitivamente determinado que estas tiras en el cerebro lleven a cabo esas funciones, el término *tira somática* se usa en Dianetics para describir la *función* de lo que el campo médico llama tiras motoras y sensoriales. *Véase también* "dos hombrecillos... colgados de sus talones". Pág. 339.

tiroides: *glándula tiroides*, que regula el crecimiento del cuerpo y el metabolismo (la velocidad con que las células convierten el oxígeno y los nutrientes en energía y calor para uso del cuerpo). La glándula tiroides está ubicada en la parte frontal del cuello. Pág. 302.

tiroidina: referencia a las hormonas segregadas por la glándula tiroides. Pág. 117.

tocador: habitación pequeña y elegantemente amueblada, donde una dama puede retirarse para estar sola o para recibir a sus amistades íntimas. Pág. 422.

tomo: libro, especialmente el muy pesado y extenso. Pág. 9.

tonelada: gran cantidad de peso. Una *tonelada* equivale a 1000 kg. Pág. 373.

tonterías: cosas que tienen poca o ninguna importancia. Pág. 126.

toparse: dar o encontrarse con algo. Pág. 368.

topectomía: operación de extirpación de una o ambas partes del cerebro. Pág. 238.

tópico: declaración sosa, poco original o vacía acerca de un tema moral, especialmente la que se expresa como si fuera importante o útil. Pág. 335.

tormento: dolor, ansiedad extrema, tribulación emocional o sufrimiento causado por dificultades mentales o físicas. Pág. 178.

torno de arco para hacer fuego: antiguo aparato que consistía en un arco de madera con una cuerda atada a cada extremo y un palo afilado (o un hueso) que se usaba como taladro. La cuerda se enrolla alrededor de la parte superior del taladro y se mueve el arco de lado a lado mientras que la punta del taladro permanece fija en un lugar contra otro trozo de madera. La fricción resultante creada por el giro de la punta hace que la madera se caliente lo suficiente para empezar a arder. Pág. 491.

Torquemada: Tomás de Torquemada (1420-1498), monje católico y jefe de la Inquisición Española durante quince años en los que se ejecutó a 2000 personas por tener creencias diferentes a las de la Iglesia. Su nombre se ha convertido en un sinónimo de crueldad. Pág. 288.

torre del calabozo: principal torre interior de un castillo medieval que servía como vivienda de un noble y su familia, y que se usaba como un baluarte defensivo final cuando el castillo era sitiado. Pág. 430.

torrente: estallido o flujo de muchas cosas al mismo tiempo o en una rápida sucesión. Pág. 107.

torrente de la consciencia: flujo ininterrumpido de pensamientos y sentimientos que atraviesan la mente. Pág. 107.

tortuga, a paso de: que se mueve lentamente. Una *tortuga* es un animal conocido por su lentitud de movimientos, de ahí *"a paso de tortuga"*. Pág. 270.

tracto: sistema de órganos o partes del cuerpo que funcionan en conjunto para suministrar el paso de algo, como el aire, la comida o los desechos de productos corporales. Pág. 3.

trance: estado de semiinconsciencia, aparentemente entre el dormir y el estar despierto, en el que la capacidad de funcionar voluntariamente puede estar suspendida. Pág. 18.

trance amnésico: trance profundo de una persona como si durmiera, que la hace susceptible a recibir órdenes. *Amnésico* en este sentido se refiere al hecho de que la persona normalmente no recuerda lo que ocurrió durante el estado de trance profundo. Pág. 115.

transatlántico: barco grande para pasajeros, correspondencia, cargamento, etc., especialmente uno que sigue una ruta regular. Pág. 408.

transferencia: término de psicoterapia, proceso por el que alguien, como un paciente, reorienta inconscientemente sentimientos, miedos o emociones hacia otra persona, a menudo el analista. La teoría es que los sentimientos del paciente no se originan en la situación actual sino que simplemente repite sentimientos anteriores que tuvo por otros (por ejemplo acerca de un padre) en algún momento anterior. Pág. 246.

transformista: artista u otra persona que está adiestrada en cambiar rápidamente de un disfraz o personaje al siguiente. Pág. 100.

transitorio: breve, de corta duración, temporal; en oposición a crónico (de larga duración). Pág. 30.

trascender: ir más allá del límite o ámbito de algo. Pág. 525.

trastornado: mentalmente alterado; demente. Pág. iii.

trastorno: enfermedad o condición que es problemática o requiere remedio. Pág. iv.

tratamiento: uso de las técnicas y procedimientos de Dianetics para resolver los problemas que tienen que ver con el comportamiento y la enfermedad psicosomática. Pág. i.

tratar de suplir la falta de: sustituir temporalmente por algo de una clase inferior, o usar medios inferiores. Pág. 7.

trato: manera de hablarle a una persona concreta, a menudo caracterizada por una cierta actitud, como en: *"Un trato compasivo"*. Pág. 77.

traviesa: cualquiera de las barras paralelas atravesadas a las que están fijas las vías de un tren. Pág. 32.

Trece Rituales para Alcanzar la Bienaventuranza Celestial y el Nirvana: nombre inventado de un libro. Pág. 217.

tribulación: gran sufrimiento o pena; desgracia. Pág. 374.

trinidad: combinación o conjunto de tres elementos (como dioses, personas, cosas, etc.) que forman una unidad o están estrechamente relacionados entre sí. Pág. 421.

trinidad hindú: alusión a los tres grandes dioses del hinduismo: Brahma, el creador del universo; Visnú, el preservador del universo; y Siva quien personifica tanto las fuerzas destructivas como las procreadoras del universo. Una *trinidad* es una combinación o conjunto de tres elementos (como dioses, personas, cosas, etc.) que forman una unidad o están estrechamente relacionados entre sí. Pág. 421.

troncos, atasco de: amontonamiento de troncos que causan un bloqueo en un río. Pág. 293.

truco de la cuerda hindú: truco de magia, de origen oriental, en el que un mago suspende una cuerda en el aire, por la que luego sube una persona y aparentemente desaparece. Pág. 104.

tuberculosis: grave enfermedad infecciosa por la cual aparecen inflamaciones en los pulmones y otras partes del cuerpo; alguna vez clasificada como una de las causas más comunes de muertes en el mundo. Pág. 113.

úlcera de estómago: herida que se forma en el tejido del estómago o en los órganos adyacentes debido a la secreción de excesivo ácido digestivo, causando a veces dolor estomacal crónico. Pág. 111.

Unión, la: los Estados Unidos. Pág. 205.

universo: todo lo que existe en todos sitios; todo el continuum espacio-tiempo en el que existimos, junto con toda la materia y la energía dentro de ella, en contraste con solo el universo observable. Pág. 9.

usurpar: tomar o agarrar algo (sin autoridad o derecho); emplear indebidamente. Pág. 287.

utópico: relacionado o parecido a la utopía, un ideal de un sitio o estado perfecto. La palabra "utopía" se usó por vez primera en un libro del mismo nombre del escritor inglés Tomás Moro, en 1516. *Utopía* es un relato de una sociedad ideal, en la que hay justicia e igualdad para todos los ciudadanos. Pág. 169.

vacilación: titubeo en cuanto a opinión, voluntad o sentimientos; duda al elegir opiniones o cursos a seguir. Pág. 225.

válvula: alusión a un *tubo de vacío*, aparato que en su tiempo se usó ampliamente en electrónica para controlar los flujos de corrientes eléctricas. Se le llama tubo de vacío porque es un tubo o bombilla de cristal cerrado herméticamente, del que se ha extraído casi todo el aire para mejorar el flujo eléctrico. Pág. 442.

vapuleo: manejo rudo y descuidado al que algo o alguien se ve sometido; destrozo. Pág. 165.

vaquero del sombrero blanco: alusión a un buen chico o héroe que respeta la ley tal y como se les presenta en las películas del Oeste, donde típicamente llevaban un sombrero blanco. Pág. 421.

vaquero del sombrero negro: alusión a un villano que va contra la ley tal y como se les presenta en las películas del Oeste, donde típicamente llevaban un sombrero negro. Pág. 421.

variable: algo que está sujeto a cambio. El término se usa normalmente en matemáticas y en la ciencia donde representa algo desconocido o impredecible. Una *variable* a menudo se contrasta con una *constante* la cual es conocida e invariable. Pág. 9.

variable incontrolable: factor, en una situación o problema, que se comporta de manera errática, extraña o impredecible. El término variable es más común en las matemáticas y la ciencia, donde representa algo desconocido o impredecible. Una variable a menudo se contrasta con una constante, la cual es conocida e invariable. Pág. 70.

vector: cualquier cosa que tenga tanto dirección como cantidad. Por ejemplo: la fuerza es un vector, en tanto que tiene dirección y cantidad, pero la masa no es un vector pues no tiene dirección. Pág. 52.

Vedas: los escritos filosóficos más antiguos de los que hay constancia. Constituyen la literatura sagrada más antigua de los hindúes (los nativos de la India) y comprenden más de un centenar de libros que todavía existen. Hablan de la evolución, de la llegada del hombre a este universo y la curva de la vida, que es nacimiento, crecimiento, degeneración y deterioro. La palabra *veda* significa conocimiento.

venirse: tener un orgasmo, eyacular. Pág. 257.

veracidad: exactitud o precisión. Pág. 414.

Verdad: en algunas escuelas de pensamiento, lo que se piensa que es cierto, real o auténtico en un sentido general o abstracto, una verdad que no tiene matices sino que es completa y total en sí misma. La visión de tales escuelas es que esta "Verdad" se encuentra más allá del ámbito de la experiencia humana y, por tanto, no puede realmente ser conocida por nadie. Pág. 407.

vesícula biliar: bolsa muscular con forma de pera adherida a la superficie inferior del hígado, en la cual se almacena y concentra un fluido producido por el hígado y usado en la digestión de las grasas. *Trastornos de la vesícula biliar* se refiere a la formación de pequeñas masas duras en la vesícula biliar, que causan dolor y dificultades en la digestión de las grasas. Pág. 235.

Viejo del Mar: personaje en la historia de Simbad el Marino, donde el Viejo del Mar (un dios marino) fuerza a Simbad a llevarlo sobre sus hombros durante días hasta que Simbad emborracha al viejo a tal punto que este se cae. El término ha llegado a significar una carga onerosa, intolerable, de la que es difícil o imposible deshacerse. Pág. 171.

viga: barra larga de hierro o acero que se usa como elemento principal de soporte para puentes y edificios altos. Pág. 105.

villano de la obra: persona o cosa que es culpable o responsable de lo que es dañino o va mal en alguna actividad o situación. *Obra* se refiere a una obra de teatro o película en que el *villano* es el personaje cuyas malvadas motivaciones o acciones forman un elemento importante en la trama y a quien se culpa por un mal o dificultad concreta. Pág. 421.

virus: organismo diminuto capaz de reproducirse únicamente dentro de otro organismo vivo. Los virus en sí mismos no tienen vida, no pueden reproducirse y, a diferencia de organismos vivos, no están hechos de células. Pág. 63.

visera verde: pieza verde semejante a la que tienen las gorras en la parte delantera para dar sombra a los ojos, pero suelta, y que se sujeta por medio de una goma o cinta. Las viseras verdes se relacionaban tradicionalmente con personas que trabajaban arduamente, como los redactores de periódicos, contables, oficinistas, etc. Pág. 242.

VISIÓN: RECUERDO POR MEDIO DE VER UNA VISTA PASADA CON EL "OJO DE LA MENTE". (De los *Términos de Dianetics*). Pág. 21.

vista por radar: capacidad de un individuo para "ver" cosas en lugares remotos, como hacen los radares. Un *radar* es un aparato electrónico diseñado para detectar e identificar objetos remotos enviando ondas de radio y midiendo el tiempo que requieren las ondas de radio para volver al aparato que las ha mandado. Pág. 387.

vivisección: acción de cortar un cuerpo para examinar la estructura y la relación de las partes o cosas similares. Pág. 446.

voluntad: poder de elección, de decisión, de poner en práctica el deseo de uno. Pág. iv.

vorágine: remolino grande, fuerte o violento; de ahí, una situación turbulenta, desordenada. Pág. 181.

vudú: conjunto de creencias y prácticas originarias de África que incluyen la magia y el supuesto ejercicio de poderes sobrenaturales con la ayuda de espíritus malignos. Pág. 475.

WCTU: Unión de Mujeres Cristianas por la Moderación (del inglés *Women's Christian Temperance Union*), organización fundada en 1874 que lleva a cabo campañas en contra de la consumición de alcohol. *Moderación* significa la práctica de no consumir bebidas alcohólicas. Pág. 438.

x: en la ecuación $VP = ID^X$, es el símbolo de una potencia desconocida (en matemáticas, una *potencia* es las veces que una cantidad dada se multiplica por sí misma. Por ejemplo 3^3 es 3 por 3 tres veces = 27). Aquí, la "x" indica que la dinámica de la persona (D) podría multiplicarse por sí misma un número desconocido de veces. Esto se escribió para alentar el descubrimiento de lo que pudiera ser la potencia de la dinámica y concluir así algunos medios de establecer un valor potencial mediante la psicometría. Pág. 51.

x, factor: elemento o circunstancia importante pero desconocido. Pág. 95.

"yo": (en filosofía y en otros campos) la fuente del pensamiento; la persona en sí, a diferencia del cuerpo, que es consciente de ser ella misma; el alma. Pág. vii.

yo astral: *cuerpo astral*, creencia en el pensamiento místico en la existencia de una especie de un cuerpo espiritual o un "doble" del cuerpo físico. Se creía que este cuerpo astral se podía separar del cuerpo físico. Pág. 104.

Zamba, Doctor: nombre inventado. Pág. 409.

zanjar: ocuparse de algo de manera concluyente; resolver. Pág. 233.

zarigüeya, fingimiento de la: fingir estar muerto, enfermo, dormido, inconsciente, etc. Una *zarigüeya* es un pequeño animal americano arborícola que está activo durante la noche y que habitualmente finge la muerte cuando se ve en peligro. Pág. 428.

zombi: literalmente, un cuerpo muerto al que se le ha devuelto la vida otra vez. De ahí, cualquiera que le falte capacidad para pensar de forma independiente y que le falte energía, entusiasmo, etc. Pág. 8.

zumbido de tres mil ciclos: sonido extremadamente agudo. *Ciclo* se refiere a una vibración. Cuantas más vibraciones tiene una onda sonora, más aguda es. Pág. 439.

Índice Temático

Gráfica Descriptiva de Supervivencia

descripción, 28-32

interpretación más amplia, 34

Gran Charlatán, 294, 314, 408

Gran Sanador, 314

tiempo, 294

Grecia, 168, 310

Edad de Oro, 7, 9

grupo

Dinámica Tres, iii, 43

supervivencia, 42

valor potencial, 51

grupos obligados

menor eficiencia, 169

Guayana Británica, 7

guerra, 8, 167, 487-490

Dianetics y, 489

no hay justificación para, 488

Tono 1 internacional, 487

H

hábito

definición, 51

hacer frente a la realidad, 14, 19, 477

Hamlet, 225

Harvey, William, iv, ix, 156

hechicero, 9, 105

hechicero goldi, 7

hecho, evaluación, 2

hindú, 103

escritos, 481

trinidad, 421

hioscina, 435

hiper-audición

definición, 233

hiper-sónico, 232

hiper-visión, 232

hiper-vista

definición, 232

hipnoanálisis, 150

candados, 369

hipnosis

"cuando toque mi corbata", ejemplo, 69-70, 73, 79-80, 426

definición, 115

descripción, 460

Dianetics, 245

droga, *véase* **hipnotismo con drogas**

efecto, 70

experimento, 115

herramienta de laboratorio, 70

maníaco formado durante, 142

no justificada en Dianetics, 441

olvidar, 309

revivificación, 18

se usó para investigación, luego se abandonó, 246

sueño, 150

variable incontrolable, 70

hipnosis con drogas, 176

hipnóticos, 435-436